mandelbaum *verlag*

Studien zum Südlichen Afrika, Bd. 12

Walter Sauer

EXPEDITIONEN INS AFRIKANISCHE ÖSTERREICH

Ein Reisekaleidoskop

mandelbaum *verlag*

© Wien 2014
Dokumentations- und Kooperationszentrum Südliches Afrika (SADOCC)
Elfriede Pekny-Gesellschaft zur Förderung von Southern African Studies
in Österreich, A-1040 Wien, Favoritenstraße 38/18/1
www.sadocc.at

www.mandelbaum.at

ISBN 978-3-85476-451-9
ISBN 978-3-901446-14-6

Lektorat: Inge Fasan
Kartographie: Magdalena Waygand
Umschlaggestaltung und Satz: Michael Baiculescu
Cover: „La Déesse de l'amour" (Romuald Hazoumè 2013, Kunsthaus Graz)
Druck: Holzhausen, Wolkersdorf

INHALT

8	Vorwort
11	Zwischen Alpen und Kilimanjaro
69	Wien
71	Afrikanisches Wien aktuell
73	I. Innere Stadt
98	II. Leopoldstadt, XX. Brigittenau
107	III. Landstraße
119	IV. Wieden, V. Margareten
126	VI. Mariahilf, VII. Neubau
137	VIII. Josefstadt, IX. Alsergrund
146	X. Favoriten, XI. Simmering, XII. Meidling, XXIII. Liesing
158	XIII. Hietzing
169	XIV. Penzing, XV. Rudolfsheim-Fünfhaus
175	XVI. Ottakring, XVII. Hernals
181	XVIII. Währing, XIX. Heiligenstadt
191	XXI. Floridsdorf, XXII. Donaustadt
199	Burgenland
201	Afrikanisches Burgenland aktuell
202	Eisenstadt und Umgebung
208	Nordburgenland
212	Mittel- und Südburgenland
219	Niederösterreich
221	Afrikanisches Niederösterreich aktuell
222	St. Pölten, Unteres Traisental
229	Alpenvorland
234	Wachau und Waldviertel
243	Weinviertel und Marchfeld
250	Wiener Becken
257	Oberösterreich
259	Afrikanisches Oberösterreich aktuell
260	Linz
269	Mühlviertel
275	Traunviertel

281	Salzkammergut
287	Hausruck- und Innviertel
295	**Salzburg**
297	Afrikanisches Salzburg aktuell
298	Stadt Salzburg
313	Flachgau
317	Tennengau, Pongau, Lungau, Pinzgau
325	**Tirol**
327	Afrikanisches Tirol aktuell
328	Innsbruck
339	Oberland
347	Unteres Inntal
354	Osttirol
357	**Vorarlberg**
359	Afrikanisches Vorarlberg aktuell
360	Bregenz
365	Vorarlberg Land
379	**Steiermark**
381	Afrikanische Steiermark aktuell
382	Graz
382	I. Innere Stadt
388	II. St. Leonhard, III. Geidorf
393	IV. Lend, V. Gries
399	Vom Grazer Becken ins Ausseerland
404	Mur-Mürz-Furche
410	Oststeirisches Hügelland
417	**Kärnten**
419	Afrikanisches Kärnten aktuell
420	Klagenfurt
425	Klagenfurter Becken
429	Oberkärnten
436	Unterkärnten
442	Gedruckte Quellen und Literatur
451	Abbildungsverzeichnis
453	Orts- und Personenindex

„Die ersten Jazzkonzerte im Ennstal, die warn a ziemliches Wagnis.
Habn's amal probiert bei uns spüln, a so a Combo auf Liezen.
Dann hat der alte Goldgruber sofort gsagt:
‚Negermusi brauch ma koane!'
Aber der Maunz Franz aus Weng, der hat si net beirren lassen,
und er hat a super Gruppn eingladn,
des war Ende sechzger Joar, Dollar Brand hat er damals no ghoaßn,
Abdullah Ibrahim hoaßt er jetzt.
Und die san da wirkli nach Weng kumman,
war a wunderschöner Sonntagnachmittag,
und sie habn Instrumente aufgstellt,
sie habn akustisch gspült
also koa Soundcheck und des ganze technische Zeug.
Und weil's so schen woar, habn's no an Spaziergang gmacht
und san Richtung Kletzenberg aufegangen,
habn si die Gegend a weng angschaut.
Ganz oben am Kletzenberg san drei Bauern im Schattn glegn
mit eanara Lederhosn an und an Most mit und a poar Krapfn.
Die habn si da a gmiatliche Stund gmacht und habn da abegschaut,
wer da daher kimmt.
Weil normalerweis kennen's jedn, der da daherkeman kann,
Aber sie habn's net kennt. Sie habn's net kennt!
Wias ganz nah warn, habn's gsegn, die kena ma net kenna,
die san sicher no nia da gwen,
aber freindli, wias san, habn's eane umgeschrian ‚Griaß eng God!'
Die habn des rein verbal natürli überhaupt ned verstandn,
aber emotional habn's sofort gmerkt: Des san gmiatliche Burschen.
Der Dollar Brand, wie er da abegschaut hat, dem is a Satz eingfalln, den er amal glesen hat:
„Der Anblick eines nackten Wilden in seiner natürlichen Umgebung
ist ein Erlebnis, das niemals wieder vergessen werden kann."
Und ganz intuitiv hat er eana so an mütterlichen afrikanischen Jodler umegsungen.
Die Bauern haben sofort gwußt, um was's geht,
haben gschwind no amal abebissen vom Krapfen und no amal trunken vom Most,
dann sans beinhart eingfalln, man merkt genau an welcher Stöll:
Schwarzsteiermark grüßt Schwarzafrika!"

Broadlahn LIVE (2001)

VORWORT

Ein gelungenes Beispiel kultureller Begegnung, von dem die österreichische Musikgruppe „Broadlahn" auf einer CD gemeinsam mit dem Literaten Bodo Hell und dem Akkordeonisten Otto Lechner berichtet. Waren solche idyllischen Verhältnisse vor einigen Jahrzehnten die Regel? Oder überwogen jene, die „koa Negermusi" brauchten? Gab es im ländlichen Gebiet mehr Offenheit gegenüber Menschen afrikanischer Herkunft als in den von Rassismus angekränkelten Städten? Oder war es genau umgekehrt – Urbanität als Chance für Weltoffenheit und Toleranz? Waren religiöse Milieus, in denen man schwarze Menschen von der Weihnachtskrippe her kannte, integrationsbereiter als säkulare? Oder gaben ökonomische Motive den Ausschlag – je geringer die Vernetzung mit (post-)kolonialen Wirtschaftsinteressen, desto weniger Rassismus?

Fragen über Fragen ... Ob wir im folgenden Antworten finden, sei dahingestellt – vielleicht aber Indizien. Wir versuchen herauszufinden, wann, wie und zu welchem Zweck es in Österreich Begegnung, Auseinandersetzung mit Afrika gegeben hat. Geographisch gesehen ist dieses Buch somit eine Ausweitung des „Afrikanischen Wien", das ich gemeinsam mit anderen Autor/inn/en 1996 vorgelegt habe und das auf überraschend großes Interesse gestoßen ist (die thematischen Stadtspaziergänge, die das Dokumentations- und Kooperationszentrum Südliches Afrika, *www.sadocc.at*, nach wie vor abhält, sind eine Folge davon). Die Übertragung des Konzepts auf ganz Österreich erforderte jedoch die Erschließung neuer Quellen und die Einbettung in verschiedene politische Kulturen. Als geborener Wiener hoffe ich, dieser Herausforderung einigermaßen gerecht geworden zu sein.

In die „Expeditionen ins afrikanische Österreich" ist viel neue Forschung eingeflossen, aber auch der politische Diskurs der letzten Jahre und der veränderte rechtliche Rahmen. Die Hoffnung auf mehr „Offenheit für Menschen anderer Sprachen und Kulturen ... eine großzügigere Asylpolitik, eine gezielte Förderung von Integrationsmaßnahmen auf kulturellem, aber auch auf sozialem und wirtschaftlichem Gebiet ... Auseinandersetzung mit den Problemen Afrikas und seiner Menschen ...", wie sie das Vorwort von 1996 noch zum Ausdruck brachte (Häupl, in: Sauer 1996, 8), ist zwar nicht verschwunden, aber doch ziemlich gedämpft. Sicher ist im Vergleich zu 1999, dem Tod von Marcus Omofuma und der Konfrontation zwischen einer von Populismus getriebenen staatlichen Macht und der „Minderheitsgesellschaft" afrikanischer Herkunft („Operation Spring": *www.schnittpunkt-film.com*), eine gewisse Entspannung feststellbar. Manche glauben sogar einen „Alaba-Effekt" zu erkennen. Dessenungeachtet sind viele, auch grundsätzliche Probleme nach wie vor ungelöst. Wir müssen uns den Ursachen dieser Situation stellen, nämlich dem – wie ich meine – (neo-)kolonialistisch geprägten Charakter der europäischen bzw. österreichischen Beziehungen zu Afrika und seinen Menschen.

Diese Prägung versuche ich anhand von Spuren zu erschließen, die Afrikabeziehungen und Afrikainteressen im kollektiven gesellschaftlichen Bewußtsein hinterlassen haben. Da es sich um einen „Reiseführer" besonderer Art handelt, der zu „sehenswerten" Orten führen soll, sind diese Spuren in der Regel materielle Objekte im öffentlichen Raum, beispielsweise Straßennamen, Kirchen, Museen, Denkmäler und dergleichen. Im Vordergrund steht also „tangible heritage" in der Terminologie der UNESCO. Ausdrucksformen von „intangible heritage" hingegen, die per definitionem nicht permanent sichtbar sind (wie Musik-, Theater- oder Filmaufführungen, Ausstellungen, Erinnerungen etc.), erwiesen sich als schwer integrierbar, auch wenn sie zur Formierung von Afrikabildern einen wesentlichen Beitrag leisten. Ich habe mich bemüht, an passender Stelle Hinweise zu geben, ohne nach Vollständigkeit zu streben.

Repräsentationen von Afrika oder von Afrikaner/inne/n im öffentlichen Raum unterliegen letztendlich – wenn wir von Zufälligkeiten absehen – der Definitionsmacht gesellschaftlicher Autoritäten. Straßen werden von kommunalen Gremien benannt, Museumsobjekte von Kuratoren ausgewählt (oder entfernt), Gemälde von Kirchenpatronen beauftragt. Über weite Strecken spiegeln die Afrikabilder in unseren Köpfen daher Afrikabeziehungen und auf diesen basierende Afrikainteressen wider. In einem einleitenden Kapitel habe ich versucht, eine Übersicht dazu zu geben.

Viele der politischen (wirtschaftlichen usw.) Interessen, die Afrikabeziehungen und somit Afrikabildern zugrundeliegen, sind kontrovers. Aktivist/inn/en weisen z. B. seit Jahren auf koloniale Raubkunst in Museen hin *(www.modernghana.com/author/ KwameOpoku)*, auf Logos der Werbegraphik, die als problematisch empfunden werden, oder auf Handlungsbedarf bei topographischen Bezeichnungen. Hier ist Auseinandersetzung angesagt. Ebenso gilt es, positive Veränderungen wahrzunehmen oder zu initiieren, etwa neue afrikabezogene Straßennamen, wie es sie in manchen Gemeinden bereits gibt bzw. geben soll (etwa einen Nelson Mandela gewidmeten repräsentativen Ort in Wien), oder Lokale, Ausstellungen usw., die geeignet sind, problematische Bilder Afrikas aufzulösen und durch realistische zu ersetzen.

Vielen, die durch ihre Ideen und ihre Mitarbeit zur Entstehung dieses Buches beigetragen haben, möchte ich an dieser Stelle herzlich danken:
– den Verantwortlichen in Gemeinden, Pfarren, Archiven und Museen, die mir Zugang zu vielen Objekten und Informationen ermöglicht haben und denen ich mit meiner ständigen Fragerei zu Afrika vermutlich oft auf die Nerven gegangen bin;

- den Beamten und Beamtinnen in den Landesregierungen sowie Expert/inn/en verschiedenster Disziplinen, die mir mit inhaltlichen und fachlichen Hinweisen zur Seite gestanden sind, sowie allen Freundinnen und Freunden, die mir Einsichten in lokale Verhältnisse vermittelt und meine Texte testgelesen oder eigene beigesteuert haben – Fehler und Irrtümer gehen dennoch auf meine Rechnung;
- den Mitarbeiter/inne/n in den Bibliotheken und Fotoarchiven sowie im Bundesdenkmalamt für ihre unbürokratische Betreuung und die oft großzügige Überlassung von Illustrationen;
- allen Sponsoren und Subventionsgebern sowie den engagierten Personen innerhalb von Institutionen, die diese Publikation ermöglicht haben;
- Gabriela Csulich, Kerstin Lahr und Magdalena Waygand für Unterstützung bei Recherche und Endredaktion, Inge Fasan für das sorgfältige Lektorat sowie meinem umsichtigen Verleger Michael Baiculescu;
- und last but not least meinem Bruder, Manfred Sauer, der den Verlauf dieses umfangreichen Projekts mit viel Interesse, Unterstützung und Humor begleitet hat.

Dieses Buch ist in erster Linie ein Österreich- und erst sekundär ein Afrikabuch. Es möchte den Stellenwert beleuchten, den der sog. schwarze Kontinent in Bewußtsein und Weltbild von Österreicherinnen und Österreichern einnahm und einnimmt. Rassismus und Sklaverei, Imperialismus und (Neo-)Kolonialismus stehen dabei im Zentrum. Dieses Buch soll zeigen, welche Werte oder Klischees das Verhalten der hiesigen „Mehrheitsgesellschaft" gegenüber Afrikaner/inne/n bestimm(t)en. Es möchte sensibel machen für die Spuren, die Afrika und seine Menschen in Österreich gezogen haben und noch ziehen. Sie können es als kulturgeschichtliche Einführung lesen und/oder als Steinbruch für multikulturelle Pädagogik verwenden. Aber auch als ein touristisches Handbuch, das Sie auf Ihrer individuellen afrikanischen Expedition in die neun österreichischen Bundesländer begleitet.

Wien, 25. Mai 2014
Tag der afrikanischen Einheit

PS: Wir haben uns um größtmögliche Genauigkeit bemüht, aber – alles ist im Fluß, wie der griechische Philosoph sagt. Ich übernehme daher keine Gewähr für Zugänglichkeit, Öffnungszeiten, Ausstellungsobjekte, Adressen etc. Erforderlichenfalls konsultieren Sie bitte die betreffenden Webseiten oder rufen Sie vor einem Besuch sicherheitshalber an.

PPS: Vollständigkeit war nie geplant, aber vielleicht habe ich ja auch Wichtiges übersehen oder liege in meiner Interpretation ganz daneben? Über Ergänzungen, Richtigstellungen oder Kommentare würde ich mich freuen: walter.sauer@univie.ac.at.

ZWISCHEN ALPEN UND KILIMANJARO

*Eine kleine Geschichte der österreichisch-afrikanischen Beziehungen
bis zum Ende der Kolonialzeit*

Afrika ist kein neues Thema für Österreich, eher im Gegenteil. Verbindungen zwischen der kleinen Region in Mitteleuropa und dem großen Kontinent im Süden bestanden schon vor zweitausend Jahren. Das mag erstaunlich sein, wird aber vor dem Hintergrund der Verhältnisse rund um die Zeitenwende verständlich. Damals bildete das Römische Reich einen riesigen Herrschafts- und Wirtschaftsraum mit Zentrum im Mittelmeer. Zum einzigen Mal in der bisherigen Geschichte waren Nordafrika, der Nahe und Mittlere Osten sowie ein Großteil Europas vom Schwarzen Meer bis an die schottische Grenze in einem einheitlich verwalteten Staatsgebilde verbunden. Ab dem Jahr 15 v. Chr. umfaßte dieses auch das gegenwärtige Österreich, ausgenommen das Gebiet nördlich der Donau.

VON DER DONAU BIS ZUR SAHARA:
Die römische Antike (20 v. Chr. bis ca. 500 n. Chr.)

Die Verlockung Ägyptens. Natürlich wissen wir nicht genau, welche Vorstellungen man damals in *Raetia*, *Noricum* oder *Pannonia Superior* – den drei Provinzen auf dem Gebiet der Austria Romana – über *Mauretania*, *Numidia*, *Africa Proconsularis*, *Aegyptus* oder *Creta et Cyrenaica* hatte. Wir können aber vermuten, daß der personelle Austausch in der höheren Verwaltung, die Verlegung von Truppen von einer Grenzregion in eine andere und nicht zuletzt die allgemeine Migration die Verbreitung länderspezifischer Kenntnisse sowie fremder Denkweisen und Religionen begünstigten, zumindest in Teilen der Bevölkerung.

Auch die heimischen Provinzen hatten an der Mobilität Anteil. Manche „Landsleute" machten in Nordafrika Karriere, beispielsweise Publius Aelius Crispinus aus Leibnitz, dessen Laufbahn zum Statthalter Mauretaniens in den 170er Jahren als „die im Verwaltungs- und Heeresdienst erfolgreichste eines Norikers" beurteilt wurde (Ruprechtsberger I, 1981, 20), oder Publius Aelius Flavius (➜ST. PÖLTEN/NÖ), der in eine führende Funktion in Algerien aufstieg. Andere gingen als Händler/innen nach Nordafrika, so eine Titinia Primula „origine Norica" um die Mitte des 2. Jhs. Mehrfach wurden ganze Legionen oder Teile von solchen aus dem Donauraum nach Afrika verlegt.

Umgekehrt verlief es ebenso. Funktionsträger aus den afrikanischen Provinzen kamen im Rahmen ihrer Laufbahn auch nach Noricum; allein in der Regierungszeit Traians und Hadrians gab es „mit Q. Caecilius Redditus, Claudius Paternus Clementianus und C. Censorinus Niger drei norische Provinzialprokuraturen …, die aufgrund ihrer Ämterlaufbahn enge Beziehungen zu Afrika und der Provinz Mauretania

Marmorstatue der Isis-Noreia (Virunum, Kärnten)

hatten" (Groh 2005, 97; ➡ KLAGENFURT/KTN.). Wenn es die Sicherheit erforderte, zog man Truppen an der Donau zusammen, so in den Jahren 171/2 maurische Reiterkohorten („equites Afrorum et Maurorum") im Krieg gegen die Markomannen und Quaden. Solche Einheiten brachten in ihrer Ausrüstung u. a. Kamele mit, die man in Österreich erst wieder im Spätmittelalter sehen sollte. Auch Geschäftsleute aus Afrika waren im Alpen- oder Donauraum aktiv. Zwei Händler aus dem heutigen Marokko, ein Surulus und ein Orosius, kauften um die Mitte des 1. Jhs. am Kärntner Magdalensberg Eisenwaren ein – Noricum besaß für die Erz- und Eisenversorgung Roms einen wichtigen Stellenwert.

Ob und inwieweit es sich in solchen Fällen um Menschen dunkler Hautfarbe handelte, ist schwer zu sagen. Daß auf einem Militärgrabstein in Petronell aus der Zeit um das Jahr 80 ein Quintus Septimius als „Niger" (also „der Schwarze") bezeichnet wird, könnte ein Hinweis auf seine Hautfarbe sein, genausogut aber ein Name; Ähnliches gilt für einen „Nigrinus", der auf einem Grabstein in Melk erwähnt wird. In jedem Fall ist es wahrscheinlich, daß schwarze Menschen im römischen Österreich lebten. Inschriften aus dem späten 2. Jh. belegen, wie erwähnt, Einsätze von „afrikanischen" und „maurischen" Soldaten, und ein Verzeichnis aus dem 5. Jh. spricht von einem oberösterreichischen Kastell namens „ad Mauros", vermutlich Eferding. Zum Teil wurden die Militär- und Polizeiaufgaben entlang des Limes also von afrikanischen Truppen erfüllt. Auch der Einsatz schwarzer Sklaven in den Villen der Oberschicht ist wahrscheinlich.

Migrant/inn/en aus Nordafrika etablierten neue Lebensweisen und Religionen, von denen sich wohl auch Einheimische angesprochen fühlten. Vor allem die Isisverehrung gelangte im 1. Jh. in die nördlichen Provinzen. Hier wurde die ägyptische Göttin häufig mit der früheren Landespatronin Noreia gleichgesetzt. Grundmauern eines Isis/Noreia-Heiligtums wurden in Hohenstein im Glantal ausgegraben, Reste einer noch größeren Anlage haben sich in ➡ FRAUENBERG/STMK. erhalten. Diese „besteht aus einem prostylen Tempel mit den Maßen 20 mal 11,5 Meter; an der Nordseite ist eine flache Apsis angefügt. Östlich des Tempels wurde ein gemauertes Becken freigelegt, das in Analogie zu anderen Isistempeln als das im Kult der Isis notwendige ‚Nilwasserbecken' interpretiert wurde ... Bei den Grabungen fanden sich zahlreiche Architekturteile, die Einblick in die architektonische Gestaltung des Heiligtums geben könnten. Als Entstehungszeit wird das späte 1. Jh. n. Chr. angenommen, was gut zur Förderung des Isiskults durch die Flavier passen könnte" (Gassner/Jilek/Ladstätter 2002, 226 f.).

Neben der Isis verehrte man noch andere ägyptische Götter. Den Sieg Marc Aurels über die Quaden am 11. Juni 172 zum Beispiel bewirkte ein „Blitz- und Regenwunder", das von einem Teil der Soldaten auf das Eingreifen des Toth zurückgeführt wurde; zur selben Zeit befand sich der berühmte Harnuphis, ein ägyptischer Magier und Schriftgelehrter, in Vindobona am Kaiserhof. Fundstücke aus Wien, Carnuntum oder Salzburg

Statue des Priesters Chai-hapi, um 1200 v. Chr.

deuten auf die Verehrung von Apis, Serapis und Jupiter Ammon. Auch das prominenteste Stück unter den ägyptischen Altertümern im römischen Wien, die im Jahr 1800 entdeckte und heute im Kunsthistorischen Museum gezeigte Statue des Priesters Chai-hapi (➔WIEN I), dürfte aus einem kultischen Zusammenhang stammen. „Wenngleich die Zahl der bekannten Zeugnisse der ägyptischen Religion im Ostalpenraum nicht an jene der syrischen Götter oder gar des Mithraskultes heranreicht", fassen Expertinnen zusammen, „spielten sie doch eine wichtige Rolle" (ebda. 266).

Mit dem Niedergang des Römischen Reiches riß dieser ägyptisch ausgerichtete Afrika-Diskurs ab, das nordafrikanische Erbe ging größtenteils verloren. Gleichwohl ist die vergessene Tradition von Bedeutung: Mit der Verehrung der Isis hatte sich erstmals eine afrikanische Religion auf dem Gebiet des heutigen Österreich etabliert – bis in die Gegenwart sollte dies das einzige Phänomen dieser Art bleiben.

Biblisch-frühchristliche Diskurse. Einen weiteren Diskurs initiierte das Christentum. Ursprünglich eine orientalische Sekte wie andere auch, gewann es in unseren Breiten vor allem seit der sog. konstantinischen Wende an Relevanz; ab 380 war es Staatsreligion. Damit erschloß sich Europa eine ungeheure Vielfalt religiöser Vorstellungen und historischer Traditionen aus dem Orient für den geistigen Nachvollzug und für die Umsetzung in der Kunst. Afrika war in den verschiedensten Motiven präsent. Die Moseserzählung des Alten Testaments z. B. schilderte Ägypten als einen Ort der Unterdrückung und Gefangenschaft, ein Topos, der auch für die Afrikavorstellungen des Judentums zentral werden sollte. An anderen Stellen wurden Völker, die den Israeliten feindselig gegenüberstanden – wie die Kushiten oder Äthiopier –, als dunkelhäutig beschrieben. „Schwarz" stand symbolisch also für Heidentum. Teilweise Konträres konnte man im Neuen Testament lesen. Hier fungierte Ägypten als ein Ort der Zuflucht für die Heilige Familie während der Verfolgung durch Herodes (➜TULLN/NÖ). Die Geschichte vom Kämmerer der äthiopischen Königin Kandake, der sich vom Diakon Philippus taufen ließ, unterstrich die Bekehrungswilligkeit von schwarzen Menschen. Hinzu kamen die Apostel- und Heiligenlegenden der Frühzeit, die z. B. über die Missionstätigkeit des Matthäus in Äthiopien oder über die mönchischen Eremiten in der Wüste erzählten. Sie zeichneten in Summe kein nur negatives, aber auch kein durchgängig positives Bild Afrikas. Zwar hatte das Christentum ab dem 4. Jh. im Norden des Kontinents Fuß fassen können, doch war dies um den Preis vieler Martyrien und heftiger theologischer Konflikte geschehen. Matthäus war in Äthiopien letztlich hingerichtet worden, Götter wie Isis oder Osiris zeigten sich oft in dunkler Gestalt, und wohl auch deshalb galt „schwarz" den ägyptischen Mönchen als Synonym für Versuchung. Johannes Cassianus z. B. erzählte im frühen 5. Jh. von einem Einsiedler namens Apa Johannes, dem der Teufel „in Gestalt eines häßlichen Äthiopiers" erschienen war. Generell bezeichnete die koptische Tradition Ägypten als einen „schwarzen Kontinent".

Kein Wunder, daß die Praxis der frühchristlichen Gemeinden in Nordafrika gegenüber schwarzen Christen ambivalent war. Auf der einen Seite stand ihre Hautfarbe für „Unzucht" und „Heidentum", auf der anderen lag es im Interesse der Hierarchie, die Gründung einer schwarzen Kirche – also ein neues Schisma – zu verhindern. Augustinus († 430), selbst berberischer Herkunft und als Bischof in Algerien tätig, vertrat eine klare Position: Sogar den Äthiopiern, den „fernsten und widerwärtigsten [!] Angehörigen" der Menschheit, wäre das Evangelium geoffenbart worden. Deshalb müsse eine wahrhaft „katholische" (d. h. umfassende) Kirche auch für sie offen sein (Ennaratio in psalmum LXXII, 12).

Das Festhalten der Kirchenleitung an ethnisch diversen Gemeinden spiegelte sich allerdings nicht in der visuellen Repräsentation von Glauben und Tradition wider. Das Christentum hatte sich in den ersten drei Jahrhunderten hellenisiert, und damit war die Anpassung an die ästhetischen Konventionen der Epoche verbunden gewesen – „weiß" blieb also die Norm. Sowohl die zentralen Personen der Heilsgeschichte (Jesus, Maria, die Drei Könige usw.) als auch die frühen ägyptischen Heiligen (Katharina von Alexandrien, Apollonia, Antonius Eremita usw.) wurden stets als „europäisch" imaginiert – eine ikonographische Konstante von der frühchristlichen Katakombenmalerei bis zu den biblischen Szenen von ➡Lambach/OÖ (Ende 11. Jh.) und darüber hinaus. Ich rede hier nicht einer stylishen Exotisierung der biblischen Geschichte das Wort. Mit der Ausblendung nicht-hellenisierter Images verringerte sich jedoch auch die Chance für außer-europäische Gläubige, sich in der kirchlichen Bilderwelt wiederzufinden, ja mehr noch: Mit der ästhetischen Einstufung schwarzer Menschen als „häßlich" hielt schon im Frühchristentum ein diskriminierendes Element in das Gemeindeleben Einzug. Für die Missionsgemeinden in Europa wurde es zudem verabsäumt, die Idee einer multikulturellen und multiethnischen Kirche zu etablieren, die als Modell eines offenen und toleranten Weltverständnisses fungieren hätte können.

Martyrium des hl. Matthäus in Äthiopien (Glasfenster der Göttweiger Stiftskirche, um 1440; die dunkle Gesichtsfarbe des Henkers nicht original)

So war es ein ambivalentes und zudem weitgehend auf den Norden des Kontinents beschränktes Bild, das Bibel und frühchristliche Tradition von Afrika vermittelten. Sicher werden viele der in Nordafrika geführten Diskussionen im Donauraum, wo die Zahl schwarzer Menschen geringer war, nur theoretisch relevant gewesen sein. In einer Hinsicht aber hatte das ägyptische Frühchristentum auch eine überraschende praktische Wirkung – nämlich in der Person des hl. Severin. Dieser war ein römischer Würdenträger gewesen, der aus unbekannten (politischen?) Gründen Jahre im oberägyptischen Exil verbringen hatte müssen. Seine ungewöhnlichen Aktivitäten, entfaltet in der 2. Hälfte des 5. Jhs. zwischen Favianis (➡Mautern/NÖ) und Boiotro jenseits von Passau, waren darauf gerichtet, der Zivilbevölkerung den Übergang von der zusammenbrechenden römischen Verwaltung in die Herrschaft fremder Fürsten zu erleichtern – analog dem Vorbild der großen Äbte in den Wüstenklöstern, die er im Exil kennengelernt hatte. Neben seinem politisch-diplomatischen und karitativen Wirken gründete er mehrere Klöster, deren Gedankenwelt und Riten an das koptische Mönchstum erinnern. Weit vom Format eines nur lokalen Heiligen entfernt, begegnet uns in Severin eine überragende Persönlichkeit frühchristlich-ägyptischer Prägung, frühchristlich-ägyptischer Solidarität mit Ufernoricum.

DIE ZEIT, IN DER WIR KAUM VONEINANDER WUSSTEN:
Das Mittelalter (6. bis 15. Jahrhundert)

Frühmittelalter. Für die folgenden Jahrhunderte liegen uns kaum Informationen über Beziehungen zwischen Mitteleuropa und Afrika vor. Der verbindende Rahmen des Imperium Romanum war zerfallen, sowohl in Europa als auch in Nordafrika fanden politische und soziale Umwälzungen statt, und von den früheren Netzwerken in Migration und Kommunikation blieb nur weniges erhalten. Erst mit der schrittweisen Konsolidierung des fränkischen bzw. dann Heiligen Römischen Reiches ergab sich erneut eine Basis, von der aus Beziehungen zu entfernten, auch außereuropäischen Staaten gepflegt werden konnten. 973 empfing Kaiser Otto I. beim Hoftag von Quedlinburg Delegierte aus Byzanz, Rom, Benevent, Polen, Böhmen, Ungarn, Bulgarien und Dänemark, und einige Wochen später erwiesen ihm sogar „afrikanische" Gesandte ihre Reverenz. Dabei handelte es sich wohl um Repräsentanten des arabischen Kalifats von Córdoba (Dynastie der Umayyaden), das einen Teil Nordafrikas beherrschte.

Offen bleibt, ob solche Delegationen auch das heutige Österreich passierten oder ob sie die unwegsamen Alpenpässe nicht eher mieden. Einem nordafrikanischen Reisenden, dem wahrscheinlich vom Judentum zum Islam konvertierten Kaufmann Ibrahim Ibn Yaqūb, verdanken wir die erste Erwähnung von Prag. Aus seinen und anderen Berichten wissen wir auch Bescheid über die kommerziellen Verhältnisse der Region in den 960er Jahren. In bescheidenem Umfang waren es Luxusgüter, die man aus dem Orient importierte: Trona aus Unterägypten zum Beispiel – ein Mineral, das für die Glaserzeugung wertvoll war –, kostbare Stoffe aus Byzanz oder Elfenbein, das als Werkstoff für das Kunsthandwerk der Romanik fungierte. Da der Schatz der Babenberger zum größten Teil verloren ist, hat sich in Österreich wenig erhalten.

Der Export erreichte eine ziemliche Dimension, zumindest in einem bestimmten Segment: „Schon im 9. Jh. wurde zwischen Deutschland und den mohammedanischen Ländern ein sehr erheblicher Handel mit Sklaven betrieben." (Verlinden 1970, 4). Dabei handelte es sich wohlgemerkt um „weiße" Sklavinnen und Sklaven – Menschen aus Nord- und Osteuropa, Rußland und dem Kaukasus, die im Orient als Krieger, Haremsfrauen oder Eunuchen begehrt waren. Eine der relevanten Handelsrouten des 9. und frühen 10. Jhs. lief über den bayrisch-oberösterreichischen Raum, wie wir aus der Zollordnung von Raffelstetten (Nähe Linz, um 905) wissen: „Die Kaufleute aber, das sind die Juden und andere Kaufleute, sollen, woher immer sie kommen … den gerechten Zoll zahlen, sowohl von den Sklaven als auch von anderen Gütern, so wie es immer in früheren Zeiten gewesen ist" (§ 15). Abgesehen davon, daß auch die lokale Bevölkerung über Sklaven verfügte (§ 5), gelangte die menschliche Ware über Venedig in den Nahen Osten und nach Ägypten bzw. über Frankreich nach Spanien und Nordwestafrika. Daß vereinzelt auch afrikanische Sklaven nach Europa gelangten, ist denkbar.

Zu einer geistigen Auseinandersetzung mit Afrika bestand wenig Anlaß. Kenntnisse über den Kontinent im Süden waren vielfach verlorengegangen, direkte persönliche Beziehungen nicht mehr vorhanden. Generell fiel das Afrikawissen des Frühmittelalters hinter jenes der Antike zurück.

Kreuzzugsdiskurse. Vor allem französische Eliten, das Papsttum und der Zisterzienserorden trieben die Errichtung eines Satellitenstaates im „Heiligen Land" voran. Bullen und Ablässe, wandernde Prediger und prominente Minnesänger mobilisierten die Oberschicht, deren Gefolge sowie Freiwillige und Abenteurer verschiedener sozialer Herkunft. Selbst in entlegenen Burgen des Mühlviertels wurden – ein Detail – Kreuzfahrerschwerter gefunden.

Spätestens ab dem Fünften Kreuzzug (1217–21) war das europäische Vorgehen primär gegen Ägypten gerichtet, die politische und wirtschaftliche Basis der Ayyubiden. Unter den Führern dieses Kreuzzugs befand sich der österreichische Herzog Leopold VI., ein Kämpfer gegen alles Böse. Schon in früheren Jahren hatte er in Südfrankreich gegen die Albigenser, in Spanien gegen die Mauren gefochten, und als einen, „der die Ketzer sieden kann", charakterisiert ihn ein zeitgenössischer Dichter (Thomasin von Zirklaere, Der welsche Gast V, 12685). Im Spätsommer 1217 nahm Leopold erneut das Kreuz, nun „zur Befreiung des Heiligen Landes", und er wurde von einer Gruppe prominenter Aristokraten begleitet: Hadmar von Kuenring, Abt Rudolf von Melk, Engelbert von Auersperg, Ulrich von Stubenberg (der in Damiette verstorben sein soll: ➤Kapfenberg/Stmk.), Reimbert von Mureck, Dietmar von Liechtenstein, Truchseß Berthold von Emmerberg, Ulrich von Klamm, Marschall Ulrich von Falkenstein, Graf Ulrich von Eppan, Graf Adalbert von Tirol oder Friedrich von Pettau; auch ein Ahnherr der Esterházys, Emmerich Estoras, soll damals in Ägypten gefallen sein (➤Forchtenstein/Bgld.). Abgesehen von Karl V. war Leopold „der Glorreiche" der einzige heimische Herrscher, der persönlich Krieg in Afrika führte.

Die Herausforderungen des Kreuzzugs hatte man unterschätzt. Erst nach dreimonatigen Kämpfen nahmen die Kreuzfahrer einen gewaltigen Turm ein, der den Zugang zum Hafen von Damiette sperrte – Leopold soll sich dabei hervorgetan haben, kehrte danach aber in die Heimat zurück. Es dauerte weitere zwei Jahre, bis die Europäer im November 1219 die Stadt selbst erobern, ihre Bewohner/innen versklaven und ihren Reichtum ausplündern konnten. Am Ende war für sie aber weder ein Vorstoß auf Kairo erfolgreich, noch konnten sie Damiette halten; 1221 zog wieder der Sultan in die Hafenstadt ein.

Am staufischen Kaiserhof stand man den Kriegen im Orient ambivalent gegenüber. Einerseits spielte man mit dem Gedanken, Verbündete von außerhalb Europas

AFRIKAWISSEN IN ÖSTERREICH UM 1200

Was wußte man in unseren Breiten im Hochmittelalter über Afrika? Einen gewissen Eindruck davon vermitteln die Bibliothekskataloge der heimischen Klöster. Auch wenn wir nicht sagen können, mit welcher Intensität die hier verzeichnete Literatur (wir sprechen wohlgemerkt von Handschriften) gelesen oder vorgelesen wurde, spiegelt sie doch Inhalte wider, die einer gelehrten Oberschicht lokal zugänglich waren.

Grundlegend war natürlich die Heilige Schrift, von der man gewisse Vorstellungen über Afrika ableiten konnte. Weiters waren fast überall die Texte des Augustinus vorhanden, vor allem „De Civitate Dei", ein Hauptwerk der mittelalterlichen Theologie. Aber auch andere Kirchenväter waren vertreten. Selten hingegen, wenn überhaupt, fanden sich säkulare Autoren – was nicht heißen muß, daß man von ihnen nichts wußte.

Beginnen wir mit der Geographie: Augustinus, der Nordafrikaner, hatte dazu wenig geschrieben. Erst später entwickelte die kirchliche Literatur mehr Interesse. Beda Venerabilis († 735) ging in „De natura rerum Liber" auf die Lage des Paradieses und der vier dort entspringenden Flüsse ein, von denen der Nil „nicht weit vom Atlasgebirge" an die Oberfläche trete (Herkenhoff 1990, 138). Bedas Buch war in Salzburg schon im frühen 9. Jh. vorhanden, seit dem 12. Jh. auch in Melk, Klosterneuburg, St. Lambrecht, Admont oder Millstatt. Teilweise erwarb man noch weitere, ähnlich gestrickte Autoren wie den sog. Physiologus (in St. Lambrecht oder Salzburg im 12. Jh.). Und auch Weltkarten durften nicht fehlen.

Eine solche „Mappa Mundi" aus dem Stift St. Peter ist in einer Handschrift aus dem frühen 9. Jh. erhalten. Sie ist nach Süden hin ausgerichtet und in Klimazonen eingeteilt. Horizontal gesehen bilden „Europa" die nördliche (kalte), „Asia" und „Africa" zusammen die südliche (heiße) Hälfte der Welt; vertikal wird die linke, östliche Hälfte (Asien und ein Teil Europas) als trocken, die rechte, westliche (Afrika und der andere Teil Europas) hingegen als feucht eingestuft; zusätzlich sind die Himmelsrichtungen, die vier Elemente sowie die Jahreszeiten verzeichnet. Interessierte konnten also folgendes wissen: Afrika liegt im Südwesten der Erde, sein Klima ist heiß und feucht, und wenn es dort Sommer ist, ist es in Osteuropa, der gegenüberliegenden Erdregion, Winter. Immerhin schon ein Anfang!

Geschichte wurde im Wesentlichen von den Erzählungen der Bibel bzw. den ägyptischen Mönchs- und Märtyrertraditionen abgedeckt, deren Faktizität man keineswegs bezweifelte. Darüber hinaus war in Göttweig schon im 11. Jh., in anderen Klöstern später, die „Historia persecutionis Vandalicae seu Historia africana" von Victor Uticensis verfügbar – eine der frühesten zeitgeschichtlichen Schriften der Nach-Antike. Sie beschreibt die grausame Herrschaft der arianischen Vandalen in Nordafrika. Der heute ebenfalls in der Nationalbibliothek aufbewahrte Göttweiger Codex ist auf österreichischem Boden vermutlich das älteste Buch zur Geschichte Afrikas überhaupt.

Anthropologie: Aus der griechisch-römischen Überlieferung (Plinius d. Ä.) wußte man zunächst, daß der Erdrand von seltsamen Wesen bewohnt war. Dies wurde durch die Kirchenväter bestätigt: „Da machte Antonius sich auf durch die Wälder, daß er den Menschen [Paulus den Einsiedler] finde. Nicht lange, so kam ihm ein Tier entgegen, Hippocentaurus genannt, das war halb ein Pferd und halb ein Mensch, und wies ihm mit stummen Zeichen zur rechten Hand. Darnach begegnete ihm ein Tier, das trug Palmenfrüchte und war oben eines Menschen Bild und unten einer Geiß Gestalt. Antonius beschwor es bei Gott, daß es ihm sage, wer es sei. Es antwortete ‚Ich bin Satyrus, ein Gott der Wälder nach dem Irrglauben der Heiden.'" (Zit. n. de Voragine 1917, 146).

Genaueres konnte ein gelehrter Mönch den „Etymologiarum sive Originum Libri XX" des Isidor von Sevilla († 636) entnehmen, einem stark von Augustinus beeinflußten Werk, das die Stifte Göttweig, St. Peter und St. Lambrecht schon früh erwarben. Da wurde etwa von den *Artabatiten* (den auf allen Vieren Gehenden) und den *Skiapoden* (Einbeinigen) in Äthiopien berichtet, von den *Satyrn* in der ägyptischen Wüste oder den *Antipoden* (mit umgedrehten Füßen und acht Zehen) in Libyen. Auch wenn man nie Kontakt zu solchen Wesen hatte – die Paulus/Antonius-Legende schien ihr Vorhandensein zu bestätigen.

Welche Vorstellungen aber hatte man über die Menschen? Zunächst einmal, daß sie eine dunkle Hautfarbe hatten – auch das war der Heiligen Schrift

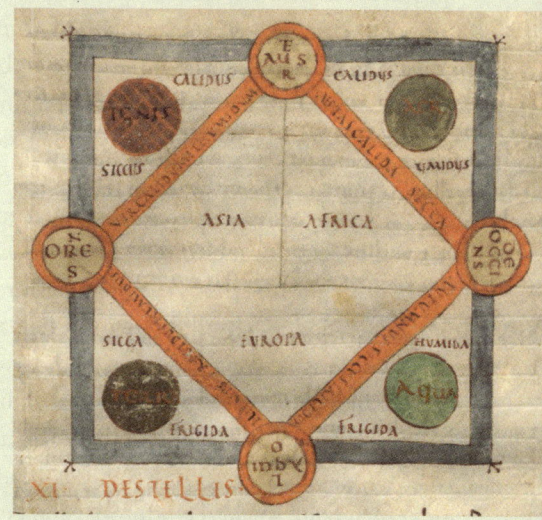

Salzburger Weltkarte, um 818

zu entnehmen. Wissenschaftlich war dieser Umstand aus antiker Sicht leicht erklärlich. Maria Aegyptica zum Beispiel hatte 47 Jahre lang in der Wüste Buße getan, ihr Leib war daher „nackt und von der Sonne ganz schwarz gebrannt" (ebda. 374). Allerdings präsentierte sich auch das Böse (der Teufel) in schwarzer Gestalt, wie die Mönchserzählungen des spätantiken Ägypten belegten. Cassians „Collationes patrum" z. B. waren in fast allen heimischen Klöstern verbreitet, so im 12. Jh. in Heiligenkreuz und St. Peter.

Begegnete man nun einem schwarzen Menschen, was um 1200 kaum anders als im Kontext der Kreuzzüge vorkam, so bestand das Problem darin zu unterscheiden, ob es sich um einen Gläubigen handelte, der laut Augustinus in die Kirche integriert werden mußte, oder um den Teufel in äthiopischer Gestalt, vor dem die Wüstenväter warnten. Aber wie sollte man das erkennen, noch dazu, wo es Krieg gab?

gegen die islamische Herrschaft im Nahen Osten zu finden. Bischof Otto von Freising, ein Bruder des österreichischen Herzogs Heinrich II., dem staufischen Kaiserhaus verwandt und ihm politisch eng verbunden, berichtete von einem Priesterkönig Johannes, der über „Yndien" regieren und gegen die Seldschuken gekämpft haben sollte; allerdings war unklar, wo genau sich dessen Reich befand, ein Kontakt kam nicht zustande. Andererseits strebten die Staufer – vor allem nach der Erwerbung Siziliens 1194 – ein multikulturelles Imperium mit mediterranem Schwerpunkt an, also tatsächlich ein „neues Rom". Die angedachte Vereinigung normannischer, byzantinischer und muslimischer Traditionen erforderte im Inneren eine Art von Toleranz und im Äußeren eine Verständigung mit den Staaten des Orients. Vor allem Friedrich II. (reg. 1212–1250), der u. a. einen Handelsvertrag mit Tunis abschloß und durch den Verhandlungsfrieden von Jaffa 1229 zumindest temporär den Zugang zu den Heiligen Stätten erreichte, ging aktiv in diese Richtung.

Die Kreuzzüge veränderten das Image Afrikas in unterschiedlicher Weise. Auf der einen Seite spielte Feindpropaganda eine wichtige Rolle. Man griff auf das negative Image Ägyptens im Alten Testament zurück und identifizierte den Islam im Nahen Osten mit der pharaonischen Unterdrückung. In Österreich setzte dieser Trend mit dem sog. Millstätter „Exodus" ein, einem Schlüsselwerk der deutschsprachigen Kreuzzugsliteratur überhaupt. Inhaltlich eine Nachdichtung der Moseserzählung, sieht das in der 2. Hälfte des 11. Jhs. entstandene Epos in der erfolgreichen Flucht der Israeliten „uon ir nôte manichualt" eine Chiffre für die „Befreiung" des Heiligen Landes. Ganz klar wird Hautfarbe hier politisch instrumentalisiert, indem Pharaos Herrschaft über das „auserwählte Volk" als Unterdrückung durch „alswarze" oder „heideniske môre" (Verse 3043, 3256 u. ö.) beschrieben wird.

Schon bevor ein Erstkontakt mit schwarzen Menschen erfolgte – was für Mitteleuropäer in der Regel in einem Kreuzzug der Fall war –, war deren Bild also vorgeprägt. Nicht zuletzt stand man den sog. „Azepart" gegenüber, afrikanischen Soldaten, die in Ägypten und im Nahen Osten kämpften: „Von überaus gespensterhaftem Aussehen" seien sie gewesen, schreibt ein Chronist des Dritten Kreuzzugs 1189–92, an dem auch der österreichische Herzog Leopold V. teilnahm, „draufgängerisch und unnachgiebig, von häßlicher Gestalt, so wie sie auch anderen fremden Menschen eigentümlich war [sic!], von schwarzer Hautfarbe, von riesiger Statur, von schrecklicher Wildheit, Leute, die anstelle von Lederhelmen einen roten Kopfschurz tragen und in den Händen rohe Keulen mit eisernen Zacken schwangen, deren Schlägen, wenn sie niedersausen, weder Helm noch Panzer widerstehen konnten" (zit. n. Martin 1993, 23).

Über die Kreuzzugsepoche hinaus blieb die Breitenwirkung solcher Diskurse spürbar. Sie zeigt sich etwa an den „Concordantiae Caritatis", einem um 1355 entstandenen, reich illustrierten Handbuch für Prediger. Ägypten, „diese verdunkelte und durch ihre Nachlässigkeit erblindete Welt" (fol. 108r), scheint hier als ein „Reich des Todes" auf, genauso wie Äthiopien (fol. 235r). Autor Ulrich von Lilienfeld war nicht zufällig Abt eines Zisterzienserklosters, das im Umfeld der Kreuzzugseuphorie gegründet worden war. Natürlich ist sein *opus magnum* primär allegorisch und nicht als Beschreibung der realen Welt gemeint, doch war dies beim Predigen wohl schwer zu trennen.

Auf der anderen Seite zog die Kreuzzugsbewegung gerade durch ihre Breite auch gegenteilige Effekte nach sich. Feindbildern standen die Erweiterung des geographischen Weltbilds und eine Verbesserung des Informationsstands über den Orient gegenüber. Abseits der Kämpfe bestand weiters die Möglichkeit zur persönlichen Begegnung mit Menschen (nicht zuletzt Frauen), mit der Kultur und dem hohen Lebensstandard des Orients. „Die Verfeinerung der Speisekarte durch bisher unbekannte Früchte und Gewürze", faßt Alphons Lhotsky zusammen, „die der Kleidung durch Textilien, die im Okzident zu den größten Seltenheiten gehört hatten, die des Wohnraumes durch Tapisserien und schöne Möbel, die Übernahme des Papiers, des indisch-arabischen Ziffern- und Stellenwertsystems, nicht zuletzt die des Schachspieles, die Bekanntschaft mit unzähligen technisch-gewerblichen Kunstgriffen und Verfahren ... die Belebung der im Abendlande arg heruntergekommen Quadrivialfächer durch die weit überlegenen physikalischen, chemischen, aber auch medizinischen Kenntnisse der Orientalen, die dauernde Anregung der Phantasie durch Märchen- und Sagenstoffe – all das war für die bisher in ihrer Art so selbstsicheren Abendländer eine erschütternde Offenbarung der unleugbaren Tatsache, daß es dort, jenseits des Mittelländischen Meeres, eine teils häretische, teils gar unchristliche Menschheit gab, die über Güter verfügte, von denen man in Europa oft nicht einmal die Namen kannte ..." (Lhotsky 1970, 253 f., gek.).

In vielen Fällen brachten Kreuzfahrer solche Errungenschaften mit nach Hause und eröffneten dadurch Teilen der Oberschicht einen exotisierenden Lifestyle. Als Zeugnis dafür hat sich in Klosterneuburg das sog. Schreibzeug des hl. Leopold erhalten, eine ägyptische Elfenbeinarbeit aus dem 12. Jh. Von den kostbaren Seidenkleidern mit ihren „lichtgewirkten Borten", die man nach dem Zeugnis des Nibelungenliedes (um 1200 im Bereich der Diözese Passau entstanden) aus „Marocco" und „Libya" importierte, ist nichts mehr vorhanden, robustere Zeugnisse des Kulturkontakts aber finden sich an unvermuteter Stelle, so der kufische Schriftzug in der Johanneskapelle von ➔PÜRGG/STMK. von ca. 1160. Auch die Verwendung stereotypisierter „Mohren"-Figuren in der Heraldik – im österreichischen Spätmittelalter v. a. im Wappen des Bischofs von Freising – spiegelt ein Ergebnis der Kreuzzüge wider: „Azepart" karikierend auf das eigene Wappenschild zu malen, hieß in gewisser Weise, sich ihren Mut und ihre Kraft anzueignen.

Positive Afrika-Images in Kunst und Literatur. Literarisch wurde dieser Modetrend im Ritterepos umgesetzt, einer vom Hochadel geförderten neuen Form von Literatur. Exotisierend oder nicht – erstmals seit Jahrhunderten wurden die ästhetischen und moralischen Vorstellungen des Frühchristentums revidiert: „Viele Frauen fand er auf der Burg. Er wurde von der Königin mit eigner schwarzer Hand entwaffnet. Eine Decke von Zobel und ein wohlgeschmücktes Bett – darin ward ihm eine heimliche

Die Königin von Saba (Nikolaus von Verdun, Klosterneuburg, 1181)

Ehre angetan. Niemand war mehr bei ihnen; denn die Jungfrauen gingen hinaus und schlossen hinter sich die Tür. Da genoß die Königin einer lieben süßen Minne mit Gahmuret, ihres Herzens Bräutigam, so ungleich auch beider Haut war." (Parzival 44, 17–30, um 1200)

Nicht nur durch die Liebesnacht des weißen Ritters mit der schwarzen Belakane gewannen die Epen Wolfram von Eschenbachs paradigmatischen Charakter. Zunehmend ging es ihm auch um die Herausarbeitung innerlicher Werte, die für weiße und schwarze Aristokraten gleichermaßen galten. Mochte der „Mohr" in politischer und religiöser Hinsicht ein Gegner sein, als „Ritter" verkörperte er dieselben inneren Werte und war sozial ebenbürtig. In seinem Alterswerk „Willehalm" (um 1217, unvollendet) gelangte Wolfram in der Figur des Feirefiz – des farbigen Sohnes von Gahmuret und Belakane aus dem „Parzifal" – zu einer radikalen Konsequenz daraus: „... daß nach wahrhaft christlicher Auffassung alle Menschen gleichwertige Kinder desselben Schöpfers seien, daß jeder Kampf zwischen Heiden und Christen ein Kampf unter Verwandten und Brüdern [!] sei." (Müller 1983, 46). Die Idee der Gleichberechtigung von Kulturen und Religionen, von Schwarz und Weiß, liegt hier bereits nahe – eine bis heute kaum eingelöste Vision.

Auch in der Kunst fanden erstmals positiv besetzte schwarze Figuren in die Bilderwelt Eingang: die „Königin von Saba" auf der Kanzelverkleidung der Stiftskirche von ➡KLOSTERNEUBURG/NÖ und der neuinterpretierte Mauritius, ein der Legende nach ägyptischer Legionskommandant und Märtyrer, der seit altersher als Schutzpatron des Reiches galt und dessen Lanze zu den Reichskleinodien zählte (heute Schatzkammer, Wien I). Seine bisherige Statue am Magdeburger Dom ließ Friedrich II. um 1240 durch die Figur eines afrikanischen Ritters ersetzen – ausgerechnet ein „Mauritius niger" (Hans Werner Debrunner) sollte sein supranationales Imperium symbolisieren!

Beide Kunstwerke zeigen in einer für ihre Epoche unglaublichen Radikalität ein aristokratisch-internationalistisches Afrikabild, wie es später das Image des schwarzen Königs verkörpern sollte. Freilich sollte es bis dahin noch Jahrhunderte dauern – das Ende der Kreuzzüge hatte die Suche nach schwarzen Bündnispartnern obsolet gemacht. Erst als man tatsächlich auf einen „Erzpriester Johannes" stieß – nämlich in Äthiopien, mit dem der Papst ab dem frühen 14. Jh. in Delegationsaustausch stand –, wurde der Diskurs um die Positivbewertung schwarzer Menschen neuerlich in Gang gesetzt. Anhand verschiedenster Konstrukte und Überlegungen begann man den König Äthiopiens als Nachkommen eines jener „Weisen" zu identifizieren, die laut Matthäusevangelium dem neugeborenen Christkind ihre Reverenz erwiesen hatten. Johannes von Hildesheim, der gelehrte Prior des Karmeliterklosters in Kassel und Berater Kaiser Karls IV. (der in seiner Repräsentation die staufische Tradition wieder aufleben ließ) stellte in seiner „Historia Trium Regum" um 1370 die Sache endgültig klar: „Caspar, der König von Tharsis und der Insel Egrisoulla, der dem Herrn die Myrrhe schenkte, war der Größte unter ihnen; er war ein schwarzer Äthiopier, daran ist kein Zweifel." (Christern 1963, 38). Je mehr geographische Vorstellungen man hatte, desto stärker wurden sog. „Drei Könige" als Repräsentanten der damals bekannten Kontinente verstanden.

Die Konzeptualisierung wichtiger Personen der Heilsgeschichte als „äthiopisch" stellte allerdings eine Herausforderung dar. In einer weitgehend analphabetischen ländlichen Gesellschaft waren visuelle Botschaften von weit größerer Relevanz als heute. Schwarze Menschen in das kirchliche Bildrepertoire aufzunehmen, hatte daher politische Symbolkraft und war mehr als modische Extravaganz oder die simple Illustrierung einer biblischen Geschichte. Offenbar gab es Widerstand seitens des

Klerus – gerade Mitte des 14. Jhs. schrieb Ulrich von Lilienfeld sein großes Buch. An der Figur des schwarzen Königs konkretisierte sich eben ein neues, integratives Image von Afrika, das sich von den Haßbildern der Kreuzzüge unterschied. Mit ihm war – nach den Worten von Paul H. Kaplan – die Frage nach der Bedeutung von Hautfarbe bzw. die Erarbeitung eines Verhaltenscodes gegenüber denjenigen, denen eine dunkle angeboren war, verbunden. Jahrhunderte, bevor Afrikanerinnen und Afrikaner tatsächlich in die Alpentäler kamen, waren dort also schon Rollenbilder vorhanden, aufgrund derer Einheimische sich orientieren und ihre Interaktion schwarzen Menschen gegenüber ausrichten konnten. Die vielleicht frühesten Beispiele hierzulande sind die Skulptur des äthiopischen Königs im Stephansdom aus den frühen 1460er Jahren sowie ein Tafelbild des ehemaligen Hochaltars im Schottenstift (➜Wien I).

Mit dem „schwarzen König" wurde Afrika zum Bestandteil nicht nur der Kunst, sondern auch der katholischen Liturgie und des Brauchtums. Die Drei Könige wurden als Teil eines göttlich geführten „Weltregiments" verstanden, an dem sie alle, auch der schwarze, Anteil hatten – eine Botschaft der Egalität, freilich nicht ohne Brüche. Denn sie ging erstens über die Grenzen des christlichen Weltverständnisses nicht hinaus: Nur der *fromme* schwarze König war akzeptiert, das Verhältnis zu „heidnischen" Herrschern hingegen – und als solche sollte man die realen Könige Afrikas bald kennenlernen – blieb davon unberührt. Und zweitens war und blieb das Motiv der „Drei Könige" ein aristokratisches Projekt, das in Zeiten sozialer Unzufriedenheit und antifeudaler Konflikte nicht unbedingt auf Sympathie stieß. Wie die weniger Gebildeten und speziell das bäuerliche Volk den schwarzen Pilger zum Christentum erlebten, ob als sympathisch oder doch als unheimlich, richtete sich also wohl danach, welche Erläuterungen die Prediger gaben. Fühlten sich diese der Offenheit eines Augustinus verpflichtet? Oder folgten sie Ulrichs Handbuch, das in schwarzen Menschen Heiden und Feinde sah?

Migration, Wallfahrt und Eroberung. Migrant(inn?)en aus Afrika waren im Verlauf dieser Epoche in Mitteleuropa wohl kaum präsent. Einzelne mögen Aufnahme an Fürstenhöfen oder bei reichen Händlern gefunden haben – ob freiwillig oder kriegsgefangen, sei dahingestellt –, nur gelegentlich dürften afrikanische Reisende durch österreichisches (ab 1278/82 habsburgisches) Gebiet gekommen sein. Die Informationslage ist freilich spärlich. Der Hinweis auf einen „Altmannus niger", der in einer Schenkungsurkunde aus Wien-Dornbach 1216 erwähnt wird, ist unklar und bleibt jedenfalls vereinzelt. Daß Kaiser Friedrich II. seinen Einzug in Wien 1237 als multikulturelles Ereignis inszenierte, wie in anderen Städten, ist denkbar, aber nicht sicher: „Wie es der kaiserlichen Erhabenheit ansteht, so zog er daher in großer Glorie, und es folgten ihm die vielen Quadrigen mit Gold und mit Silber beladen, mit Byssus und Purpur, mit Gemmen und köstlichem Gerät. Er führte mit sich Kamele, Maultiere und Dromedare, Affen und Leoparden, auch viele Sarazenen und dunkle Äthiopier, die sich auf mancherlei Künste verstanden und als Wachen dienten für Gelder und

„Drî môren vil swarz": Die älteste bildliche Darstellung von Afrikanern in Österreich (Chronik von den 95 Herrschaften, Ende 14. Jh.)

Schätze." (Kantorowicz 1973, 370). Jedenfalls war die heimische Bevölkerung von der Entourage des staufischen Kaisers, der mit den Babenbergern in Streit lag, beeindruckt: Auch im österreichischen Raum hören wir von einem „falschen Kaiser Friedrich", einem Hochstapler, der fünfzig Jahre später mit „drî môren vil swarz" durch die Lande zog. Auch von äthiopischen Mönchen, die im Kontext der Kirchenverhandlungen nach Europa kamen, wird berichtet; 1517 ersuchten sieben von ihnen im Benediktinerstift Melk um Herberge und um Erlaubnis, in ihrem Ritus die Messe zu feiern.

Umgekehrt dürften auch Mitteleuropäer kaum dauerhaft in Afrika gelebt haben. Wallfahrten nach Jerusalem, häufig über Ägypten und den Sinai verlaufend, wurden von den Sultanen seit dem erwähnten Frieden von Jaffa toleriert; innerhalb bestimmter Grenzen durfte der Franziskanerorden die Pilger betreuen. Freilich – das Klima zwischen dem christlichen Europa und dem islamischen Orient war vergiftet, das Wallfahrten nicht ohne Risiko. 1434 flehten zwei in Kairo inhaftierte heimische Pilger, Christoph von Liechtenstein und Pilgrim von Puchheim, den venezianischen Dogen an, für ihre Freilassung zu intervenieren. Auch die Jerusalem-Fahrt König Friedrichs III. zwei Jahre später war von Gefahr überschattet, ob der vorgesehene Abstecher der mehr als 50 Personen umfassenden Gruppe nach Kairo zustande kam, ist ungeklärt. Noch Ritter Martin Baumgartner aus Kufstein, der 1507 im Zuge einer Wallfahrt nach Ägypten kam, berichtet von Schikanen, allerdings eher von Seiten privater Personen und weniger der Behörden.

Grabstein Friedrichs von Chreuzpeck (Baden)

Gleichzeitig ging der Kreuzzug auf der Iberischen Halbinsel weiter – die Reconquísta. 1212 hatten die christlichen Königreiche einen entscheidenden Sieg gegen die Almohaden errungen, eine berberische Dynastie, die den Süden von Spanien beherrschte. Neben der „Rückgewinnung" Andalusiens geriet nun auch zunehmend Nordafrika ins Visier. 1344 wurde Algeciras erobert, 1415 das jenseits der Meerenge gelegene Ceuta. Daß sich Ritter aus ganz Europa an diesem Langzeitkrieg beteiligten, war den portugiesischen und spanischen Königen natürlich willkommen; ihre Anwerbung wurde durch päpstliche Ablässe, wie sie normalerweise nur Kreuzfahrern zustanden, gefördert.

Aus religiösen Ambitionen, Abenteuerlust oder militärischer Profilierungssucht (oder einer Mischung all dessen) beteiligten sich auch österreichische Adelige an der Reconquísta. Einer derselben war Friedrich von Chreuzpeck, ein kriegslüsterner Zeitgenosse, der in zahlreiche Fehden inner- und außerhalb Europas verwickelt war und 1360 als Landjägermeister des habsburgischen Erzherzogs Rudolfs IV. verstarb. Ähnlich rühmte sich der weitgereiste Sänger Oswald von Wolkenstein, 1415 an der Eroberung von Ceuta teilgenommen zu haben. Vierzig Jahre später halfen der schwäbische Ritter Georg von Ehingen und sein Salzburger Begleiter, die Stadt gegen Marokko zu verteidigen (➯SAALFELDEN/SBG.). Hier fokussierte sich ein neuer „Kreuzzug": Ceuta, bis heute eine Außengrenze der EU, galt als der Schlüssel zu ganz Afrika – „clavis tocius Africe".

ZWIESPÄLTIGE „ENTDECKUNGEN":
Die Frühe Neuzeit (16. bis 17. Jahrhundert)

„Victoriosissimo ac potentissimo principi Maximiliano Dei gratia Romanorum imperatori semper Augusto ..." (Krendl 1980, 20). In wohlgesetzten Worten, wenngleich ziemlich verspätet, teilte Manuel I., König von Portugal und der Algarve diesseits und jenseits des Meeres in Afrika, Herr über Guinea sowie die Eroberung, die Schiffahrt und den Handel mit Äthiopien, Arabien, Persien und Indien, am 26. August 1499 seinem Cousin, dem Kaiser, die Erschließung des Seewegs nach Asien mit.

Schon Monate vorher war ein Schiff aus der Flotte Vasco da Gamas, die mit Unterstützung eines kenyanischen Sultans die Route nach Indien befahren hatte, nach Lissabon zurückgekehrt. Ohne es zu wissen, begann Portugal ein Vakuum, das durch den Rückzug Chinas aus dem Indischen Ozean entstanden war, zu füllen. Manuels Vorstellungen zufolge sollte die neuerschlossene Region politisch unter portugiesischer Kontrolle bleiben, kommerziell aber lizensierten Händlern aus befreundeten Staaten zugänglich sein.

Handel und Expansion. Des Königs Vorschlag stieß auf Interesse. Als erste beteiligten sich Handelshäuser aus Florenz und anderen italienischen Städten an den portugiesische Flotten. 1505, koordiniert von den Augsburger Welsern, folgten drei von deutschen Firmen finanzierte Karavellen. Auf einer davon, der „Lionarda", befand sich als Chronist Balthasar Springer, ein Tiroler aus ➯VILS im Außerfern – soweit wir wissen der erste „Österreicher", der die lange Fahrt über das Kap der Guten Hoffnung nach Indien und retour absolvierte.

Auch die damals erfolgreichste deutsche Firma, das Augsburger Handelshaus Fugger, profitierte von den „Entdeckungen". Bei der Ausrüstung sowohl der portugiesischen als auch der spanischen Flotten spielte Kupfer eine entscheidende Rolle, ebenso wie Silber war es in Übersee auch als Tauschgut gefragt. Als Finanziers der Habsburger aber hatten sich die Fugger um 1500 eine dominierende Stellung im Tiroler Bergbau gesichert (➯SCHWAZ/T) und kontrollierten darüber hinaus auch Minen in

Kärnten und der heutigen Slowakei. Vom dortigen Kupfer wurde Anfang des 16. Jhs. etwa die Hälfte über Venedig und Alexandria in die Levante verkauft, während ein Großteil der alpenländischen Produktion über Sevilla in den Amerika- und über Lissabon in den Afrika- und Indienhandel gelangte. 1548 zum Beispiel sicherte der Antwerpener Fugger-Vertreter Portugal „die Lieferung von 7500 Zentnern Messingringen, 24000 Töpfen, 1800 breitrandigen Töpfen, 4500 Barbierbecken und 10500 Kesseln innerhalb von drei Jahren zu. Diese Messingwaren waren, wie der Vertrag explizit festhält, für den Guineahandel [und somit großteils für den Einkauf von Sklaven, Anm.] bestimmt …" (Häberlein 2006, 80). Mehr als zwanzig Tonnen Kupferschalen sowie viele andere Gegenstände aus Fugger'schen Beständen wurden vor einigen Jahren im Wrack eines 1533 vor der Küste Namibias gesunkenen Schiffes entdeckt. So gab es vorderhand zwar keine direkten Handelsbeziehungen zwischen dem heutigen Österreich und dem subsaharischen Afrika – die entwickeltesten Sektoren der heimischen Ökonomie aber gerieten in den Bann der frühkolonialen Weltwirtschaft.

Wieviel man in Österreich von der Zerschlagung der mittelamerikanischen Kulturen durch spanische Conquistadoren, den einsetzenden Sklavenhandel in Westafrika oder den Terror der portugiesischen Flotte gegen unbotmäßige Städte an der Swahiliküste wußte, ist schwer zu sagen. Die Prioritäten der hiesigen Habsburger – 1522 hatte man die Territorien zwischen einer „spanischen" (Karl V.) und einer „österreichischen" Linie (Ferdinand I.) geteilt – lagen anderswo: bei der Niederwerfung des antifeudalen Widerstands, dem Kampf gegen den populären Protestantismus und der Verteidigung gegen das Osmanische Reich. Letztere freilich inkludierte auch das Mittelmeer. Im Kampf um die politische Hegemonie in diesem Raum waren die mehr oder weniger autonomen osmanischen Provinzen in Nordafrika (Tripolis, Tunis, Algier) sowie Marokko von strategischer Bedeutung. Korsaren, insbesondere Khair ad-Din Barbarossa († 1546), hatten sich unter den Schutz des Sultans gestellt und mit dessen Hilfe einen Großteil der nordafrikanischen Küste erobert, 1534 sogar Tunis. Karl V. ließ sich zu einem „Heiligen Krieg" motivieren. Im Juni 1535 landete seine Armada in der Nähe des antiken Karthago. Nach mehrwöchiger Belagerung gelang die Eroberung der Festung Goleta, die den Zugang zu Tunis blockierte. Dort kam es zu einer Meuterei, bei der die christlichen Sklaven befreit und die Verteidiger überwältigt wurden. Die Stadt wurde dennoch von den europäischen Soldaten geplündert und verwüstet, das Leid der Zivilbevölkerung muß gravierend gewesen sein. Trotzdem blieb das Unternehmen ein Teilerfolg. Von Algier aus setzte Khair ad-Din seine militärischen Aktionen fort, nicht einmal die politische Stabilität in Tunis selbst war gesichert (➡Innsbruck/T), und in der Seeschlacht von Preveza konnte das Osmanische Reich 1538 seine Vorherrschaft im Mittelmeer für Jahrzehnte behaupten. Ein Versuch des Kaisers, Algier zu erobern, scheiterte 1541 zur Gänze.

Museumsstücke lassen erkennen, daß in gewissem Umfang auch die österreichischen Lande in diesen „Kreuzzug" eingebunden waren (➡Wien IV; ➡Judenburg/ Stmk.). Weiters ist anzunehmen, daß immer wieder nicht nur einzelne Adelige

(➡Tragwein/OÖ), sondern auch Söldnergruppen in Nordafrika oder im Mittelmeer kämpften; eine solche Rekrutierungsaktion durch Gabriel von Salamanca, den Erbauer von Schloß Porcia (➡Spittal/Ktn.), ist für 1537 belegt. Viele Landsknechte kamen aus den armen Gebieten Vorarlbergs. Unter Führung des zum Grafen erhobenen Condottiere Jakob Hannibal von Hohenems waren sie z. B. 1564 an der Eroberung eines Stützpunkts in Marokko beteiligt (➡Hohenems/Vbg.). So ist es kein Zufall, daß wir in Westösterreich mehr vom Freikauf kriegsgefangener Söldner aus türkischem oder nordafrikanischem Gewahrsam hören als in Ost- und Südösterreich, wo verschleppte Zivilisten im Vordergrund standen. „1674 wurde Lukas Scherer aus Feldkirch in einem Feldzug gegen die Türken gefangengenommen und in die Sklaverei verschleppt. ... Da nahm er zur Lieben Frau in Rankweil seine Zuflucht ... und entrann glücklich der Gefangenschaft." (Gugitz III, 1956, 218).

Abgesehen von Wundern waren Verhandlungen über Lösegeld die einzige Möglichkeit, um Sklaven frei zu bekommen. Weder die Militärintervention von 1535 noch die holländischen und britischen Blockaden von Algier, Tunis und Tripolis 1617 und 1620 konnten das Problem lösen. Hier lag die Chance des Trinitarierordens, der sich dem Freikauf christlicher Gefangener aus den Händen der Sarazenen widmete und ein bis ins 19. Jh. nachwirkendes „Redemptionsbewußtsein" etablierte (➡Wien VIII).

Der Konflikt in Nordafrika begründete aber noch eine zweite Tradition – den „Tunis-Mythos". Karl selbst hatte seine Expedition öffentlichkeitswirksam vermarktet, durch Flugschriften, spektakuläre Auftritte in Italien oder die grandiose Reportage des belgischen Hofmalers Jan Cornelisz Vermeyen. Dessen riesige Zeichnungen von 1546 bzw. die nach ihnen gewebten Tapisserien (➡Wien I) geben einen lebendigen Eindruck vom kriegerischen Geschehen in Tunis. Die Heroisierung Karls V. blieb bis ins 19. Jh. hinein spürbar; noch im Habsburgersaal der Laxenburger Franzensburg, ja in der Pfarrkirche von Breitensee (➡Wien XIV) wird er als Befreier der christlichen Sklaven gefeiert.

Sklavenhandel und Sklaverei. Welcher Hohn! Denn die Stützpunkte, die Portugal und später auch andere europäische Staaten entlang der afrikanischen Küsten errichteten, dienten dem Handel, und nachgefragt wurden neben Lebensmitteln, Gold und Elfenbein zunehmend auch schwarze Sklaven. Daß die Erblande schon früh einbezogen wurden, war eher Zufall: Anläßlich der Vermählung zwischen Friedrich III. und der portugiesischen Prinzessin Leonore in Lissabon erhielt der einflußreiche Ritter Christoph Ungnad 1451 einen Sklaven zum Geschenk – derlei Präsente für ausländische Ehrengäste waren üblich. Wir können zwar nicht sagen, ob Ungnad den jungen Mann tatsächlich auf seine Stammburg in ➡Eberndorf/Ktn. (oder sonstwohin in Österreich) brachte oder ob er ihn auf der Rückreise irgendwo „verlor" oder verkaufte. In jedem Fall aber kam mit Perablanco – unserer Kenntnis nach – der erste afrikanische Sklave ins Eigentum eines heimischen Aristokraten.

Drei charakteristische Szenarien lassen sich im Hinblick auf die Rekrutierung schwarzer Sklav/inn/en im habsburgischen Österreich der Frühen Neuzeit erkennen. Erstens wurden solche seit dem 15. Jh. über den portugiesischen oder spanischen Handel erworben. 1676 löste die Rückkehr des Grafen Harrach aus Spanien geradezu einen Boom aus. Ein Großteil des Hochadels beschäftigte im 18. Jh. schwarze Diener: Neben Harrach finden wir Kaunitz, Lobkowitz, Liechtenstein, Esterházy, Khevenhüller, Schrattenbach, Kolowrat oder Seilern, in wenigen Fällen auch das Kaiserhaus.

Eine zweite Quelle waren die kriegerischen Konflikte im Mittelmeer, darunter das vom Malteserorden spiegelbildlich betriebene Korsarentum. Schon 1573 notierte Freiherr Jakob v. Boymont, ein prominenter Südtiroler Politiker, sein Vetter, ein Landsknechtsführer in Sizilien, habe ihm „ain moren zu ain laggey geschenkht, der im ob 100 cronen gestanden"; dieser sei ihm freilich „yber ain zeit zu Innsprugg entloffen" (Straganz 1896, 57). Besatzungen und Passagiere gekaperter osmanischer Schiffe wurden auf Sklavenmärkten verkauft (➜Herberstein/Stmk.) und gelangten so nach Mitteleuropa; selbst ein Erzbischof wünschte sich zwei junge Schwarze als Geschenk (➜Stadt Salzburg).

Drittens befanden sich afrikanische Soldaten oder Sklaven auch unter den Gefangenen, die vom habsburgischen Heer in Ungarn oder auf dem Balkan gemacht und an Offiziere oder Bürgerliche verkauft wurden. 1690 z. B. erfahren wir von einer „Aithiopissa Turca" namens Anna Elisabeth, einer Magd des armenischen Großhändlers Diodato, einer der ersten namentlich bekannten schwarzen Frauen Österreichs. Die Taufe solcher Gefangener wurde als politisch-religiöser Triumph inszeniert, wie das Beispiel eines „Balthasar" zeigt, der 1629 auf einem Rappen und in einem „mohrischen Habit" mit Turban zum Stephansdom gebracht wurde und diesen nach einer demütigenden Zeremonie in einem „teutschen Mantel und Hut" auf einem Schimmel wieder verließ.

Juristisch wurden Verkauf und Haltung von Kriegsgefangenen als eine Materie des Wirtschaftsrechts betrachtet und 1595 von der Hofkammer, die für derlei Angelegenheiten zuständig war, geregelt. Die Betroffenen waren demnach als „fahrendes Gut" anzusehen und konnten – anders als leibeigene Bauern – nach Gutdünken des Besitzers „possidirt, verkhaufft, verschenckht, vertauscht vnnd damit gehandelt werden, wie mit anders aines Jeden aigenthumblichen guet, vnnd sonderlich mit ainem andern vnuernunfftigen Vieh ..." (zit. n. Sauer/Wiesböck 2007, 47). Ob es sich um Muslims oder Christen handelte, spielte dabei keine Rolle, anderslautende päpstliche Weisungen waren in Vergessenheit geraten (➜Aspach/OÖ). Faktisch kamen solche extremen Verhältnisse hauptsächlich im Militär vor, im zivilen Bereich wird man eher von einer dem Status der Dienstbarkeit vergleichbaren Lage auszugehen haben; auch bei diesem war die persönliche Freiheit ja weitgehend eingeschränkt.

„Exotisches" Personal war seit dem Mittelalter Bestandteil adeliger Repräsentation, welche im Rahmen der „höfischen Gesellschaft" mit Rangordnung und somit Einfluß verbunden war. Ein nicht unwichtiges Element dabei war das standesgemäße

Tunis-Feldzug: Einschiffung zur Rückfahrt (Tapisserie nach Jan Cornelisz Vermeyen, 1721)

Porträt, das den Aristokraten/die Aristokratin in Begleitung eines kleinwüchsigen Afrikaners/einer kleinwüchsigen Afrikanerin zeigte; Tizian hatte 1523 das ikonographische Schema dafür entwickelt. Die schwarzen Sklav/inn/en bzw. Diener/innen repräsentierten freilich nicht nur, sondern arbeiteten auch – die Berufspalette reichte von Botengänger, Dienstmagd und Kutscher bis zu Leibwächter, Kammerdiener und Butler. Solange sie jung, ansehnlich und willfährig waren – ihre körperliche Besonderheit also nützlich sein konnte –, ist eine gute Behandlung wahrscheinlich: repräsentatives Auftreten, luxuriöse Kleidung und einigermaßen erträgliche Lebensumstände. Kritisch wurde es im Fall von Alter, Krankheit, Ungehorsam oder – auch das kam vor – von politischer Dissidenz. 1704 wurde Jacob Bock, ein junger Mann aus Angola, der sich an einem Straßenprotest beteiligt hatte, gehängt (➜Wien I).

„Entdeckung" – Eroberung. Zweifelsohne war die gesellschaftliche Oberschicht dieser Zeit von der Entdeckung der „Neuen Welt" fasziniert: Man hatte Zugang zu neuen Kenntnissen und Erfahrungen, es entwickelte sich eine curiositas, also „Neugier", wie sie im Mittelalter tabuisiert und dem Hochmut (einer der sieben Todsünden) zugerechnet gewesen war. Man erfreute sich an Kostbarkeiten, welche den Weg nach Europa gefunden hatten. Kunst- und Wunderkammern waren eine Möglichkeit, sich und seinen Gästen Facetten der Globalität zu präsentieren. Hier kam *curiositas* zum Ausdruck, aber auch der Nachweis einer zur Beschaffung exotischer Kostbarkeiten erforderlichen politischen und kommerziellen Potenz.

Für die österreichischen Habsburger bot die Verwandtschaft mit den Königshäusern Spaniens und Portugals eine gute Gelegenheit zum Erwerb. Vor allem Karl V.

schenkte viele exotische Objekte an die Familie weiter und legte somit indirekt den Grundstein zu einigen der frühesten Kunstkammern nördlich der Alpen: in ➡Wien (1553), ➡Innsbruck/T (nach 1564) und Prag (nach 1570). Weitere bedeutende Sammlungen wurden von den Grafen Esterházy in ➡Forchtenstein/Bgld. oder von den Prälaten in ➡Kremsmünster/OÖ angelegt.

Gegenstände afrikanischer Provenienz waren in den Kunstkammern nicht vorrangig vertreten – anders als in Amerika oder Indien hatte man in Afrika kaum ins Landesinnere vordringen können, die europäische Präsenz beschränkte sich auf Stützpunkte an den Küsten. Dennoch wurden immer wieder auch von dort seltene Objekte eingekauft, die in Europa astronomische Preise erzielten und künstlerisch verarbeitet wurden: Kokosnüsse, Nashorn-Hörner oder Seychellen-Nüsse – Exotica, wie sie sich zum Beispiel in der kaiserlichen Kunstkammer fanden (➡Wien I).

„Lebende Pendants" zu den Kunst- und Wunderkammern (E. Schleicher) waren botanische Gärten und Menagerien. Löwen und Bären, Luchse und ein „indianischer Rabe" z. B. wurden von Maximilian (II.) in Kaiserebersdorf gehalten, ganz abgesehen von dem indischen Elefanten, den er von seiner spanischen Cousine erhalten hatte (➡Innsbruck/T). Indem Maximilian das Tier „seiner Freiheit beraubte, brach er seine Macht und Unbesiegbarkeit und demonstrierte gleichzeitig seine eigene" (Seipel 1998, 64). Das Ereignis war nicht nur für Zeitgenossen eine Sensation, sondern regt Kulturschaffende bis heute an – literarisch José Saramago mit „Die Reise des Elefanten", filmisch Karl Saurer mit „Rajas Reise", unter Mitwirkung von P. V. Rajagopal.

Bessere Verkehrsverbindungen erleichterten auch das Reisen nach Übersee. Wallfahrt und „adelige Kavalierstour", gelegentlich auf Afrika und den Orient ausgedehnt, flossen mit der Zeit ineinander. War früher der Besuch der Heiligen Stätten im Vordergrund gestanden, werden nun säkulare, ja geradezu touristische Interessen faßbar.

Vom späteren Hofkammerrat Hieronymus Beck von Leopoldsdorf wird z. B. berichtet, er habe im Verlauf seiner Ägypten- und Kleinasientour (gegen 1550) seinen Namen „ueber dem Eingange der großen Pyramide von Gihze" einmeißeln lassen (Hormayr 1828, 23). Der kaiserliche Gesandte in Konstantinopel, Ogier Ghislain de Busbecq, kaufte um 1560 mit der Sitzstatue des Gemnef-hor-bak die erste ägyptische Antiquität für die Wiener Sammlungen an. Interesse an den pharaonischen Ruinen zeigte auch Hanns Christoph Teufel (1588–1590), der in seine Notizen eine Zeichnung der Cheopspyramide aufnahm; der humanistisch gebildete Adelige aus Niederösterreich gestaltete seine Wallfahrt bewußt als „Entdeckung" des Orients. Ein Oberösterreicher, Christoph Carl Fernberger, sollte sogar als „Weltenbummler" Berühmtheit erlangen. Die achtjährige Reise, die ihn nach Westafrika, Brasilien, in den Pazifik, nach Kalifornien, Indien und letztlich Südafrika führte, war 1621 allerdings durch ein Mißgeschick in Gang gesetzt worden (➡Eggenberg/OÖ).

Allerdings: Die „Begegnung" mit anderen Völkern und Kulturen fand nicht auf gleicher Augenhöhe statt – „Entdeckung" hieß in der Regel auch „Unterwerfung". Deutlich kam dies zum Ausdruck in den pompösen Staatsinszenierungen der Renais-

Innsbrucker Hochzeit 1580: „Saturn" in Begleitung von „Mohren" (Aquarell, Sigmund Elsässer)

sance, in denen der Gedanke der Huldigung durch den Erdkreis, also letztlich der Weltherrschaft, eine wachsende Rolle spielte. Schon Maximilian I., der politische Propaganda meisterlich beherrschte, bezog sich 1512 in seinem „Triumphzug" auf diese neue, imperialistische Rolle Europas in der Welt. Gegen Ende der von ihm selbst konzipierten Parade marschierten die „kalikutischen Leut", schwarze Bewaffnete aus Indien bzw. (in der Holzschnittfassung) aus Afrika, Asien und Amerika: „Diese lewt sein underworffen [!] den löblichen Cronen und hewsern vor angetzaigt" (Michel/Sternath 2012, 107 u. 243). Graphiker Hans Burgkmair entnahm die Vorlagen für diese Szene dem Bericht des erwähnten Balthasar Springer, der 1509 die frühesten Abbildungen von Menschen im subsaharischen Afrika sowie in Indien publiziert hatte.

Maximilians virtueller „Triumphzug" fand seine Entsprechung in der Wirklichkeit – in realen Aufzügen und einer dafür bestimmten Architektur. Ein schulemachendes Exempel setzte Karl V., als er nach dem Tunis-Feldzug als Triumphator durch Italien zog und als neuer Scipio Africanus (der ursprüngliche hatte bekanntlich Hannibal besiegt), als neuer Caesar gar gepriesen wurde: „Auf einem Wagen lagen sechs Mohren am Fuße eines mit Trophäen beladenen Altars in Ketten geschlagen …" (Vasari, in: Kohler ²2000, 246). Auch in Österreich bot sich Gelegenheit. So marschierten bei der Kolowrat-Hochzeit 1580 in Innsbruck auch schwarze Männer als Fußvolk allegorischer Figuren, mit Federschurz und Federkrone angetan. Der prunkvoll bekleidete afrikanische König wurde in diesen Inszenierungen zum „Mohren"-Sklaven, der sich nicht nur durch seine dienende Rolle, sondern auch durch weitgehende Nacktheit unterschied. Der aus (meist weiß-rot-blauen) Straußenfedern gebildete Lendenschurz, die Federkrone und die Glasperlen im Ohr wurden zum charakteristischen Stereotyp des überseeischen Menschen. Ab dem 17. Jh. fand dieses auch in die Volkskultur Eingang (➜Linz/OÖ, ➜Hall/T), in der Fasnacht (➜Nassereith/T) und anderem Brauchtum (➜Bad Aussee/Stmk.) hat es sich bis heute erhalten.

Ein ikonographisches Sujet, das sowohl *curiositas* als auch Dominanzanspruch zum Ausdruck brachte, war jenes der „Vier Kontinente", der gemeinsamen Darstellung Europas, Afrikas, Asiens und Amerikas, oft im Rückgriff auf die Antike mit stereotypen Attributen versehen („Africa" z. B. mit einer Elefantenkappe). Nehmen wir die frühen und meist säkularen Darstellungen in den Blick, so hängt ihr Auftreten eng mit den Veränderungen des Weltbildes zusammen. „Die Erdteile … werden zu klassifizierenden Begriffen: die geographische Bezeichnung dient dazu, zusammenfassend von Erdbewohnern zu sprechen, die ihrer Gestalt und ihren Lebensbedingungen nach tatsächlich oder scheinbar verwandt sind und in benachbarten Gebieten wohnen." (Köllmann/Wirth u. a. 1967, 1134 f.). Stehen in dieser „kosmologischen" Auffassung die Kontinente in einem weitgehend nicht-hierarchischen Verhältnis zueinander (etwa bei Rubens um 1615, ➜Wien I), so begann bald eine „imperiale" Interpretation einzusetzen, die auf die Huldigung der Kontinente gegenüber Herrscher/Dynastie/ Land (➜Linz/OÖ), Fernhandel (➜Wien II) oder, v. a. im 18. Jh. und ganz stark im Tiroler Barock, Religion ausgerichtet war (➜Götzens/T); die Erdteile nahmen dabei also tributleistende, untertänige oder adorierende Positionen ein. Von daher lag es nahe, eine Hierarchie zwischen den Erdteilen einzuführen und Europa als einen übergeordneten Kontinent zu konzipieren. Wiederum war es die Festkultur, in der dies am frühesten stattfand: 1571 z. B., als man in Wien die Hochzeit Erzherzog Karls mit Maria von Bayern als Sieg der von Europa unterstützten Göttin Juno über Jupiter und die übrige Welt inszenierte.

Die europäische Überseewahrnehmung dieser Epoche hatte also generell ein Doppelgesicht: Sie reduzierte die mentalen Beschränkungen früherer Jahrhunderte, blendete zugleich aber die Mechanismen aus, durch die man Zugriff auf die Neue Welt hatte und imstande war, sich ein neues Weltbild zu formen: Sklavenhandel und koloniale Eroberung. Die neue Offenheit für globale Zusammenhänge war somit nicht nur eine Folge der „Entdeckungen" der Renaissance, sondern leistete ihnen und somit dem Kolonialismus späterer Jahrhunderte auch Vorschub, sozusagen als eine geistige Produktivkraft der frühkapitalistischen Expansion über Welt und Natur.

GROSSMACHT IM ZENIT:
Das 18. Jahrhundert

Imperiale Phantasien. Die Aussichten müssen für die regierende Elite der Monarchie um 1700 extrem aufregend gewesen sein. Der militärische Vorstoß der Hohen Pforte war vor Wien abgewehrt, unter dem Kommando Prinz Eugens waren Ungarn und große Teile des Westbalkans eingenommen worden, durch die Unterdrückung des Protestantismus glaubte man seine Herrschaft auch im Inneren stabilisiert. Und das Aussterben der spanischen Linie der *Casa d'Austria* gab zudem Anlaß zur Hoffnung, das iberische Königreich samt seinen überseeischen Kolonien zu übernehmen – sofern die Ansprüche Frankreichs abgewendet werden konnten.

Erst 1714, nach Jahren verlustreicher Kämpfe, wurde deutlich, daß dies Illusion gewesen war. Immerhin erhielt Karl VI. in den Friedensschlüssen von Rastatt und Baden den spanischen Besitzstand in Italien und den Niederlanden (das spätere Belgien) zugesprochen, 1718 wurde Sardinien mit Sizilien vertauscht. Damit hatte Österreich die größte territoriale Ausdehnung seiner Geschichte erreicht und war auch im Mittelmeer zur Großmacht und zum Nachbarn Afrikas geworden. Verschiedenste Materien, nicht zuletzt die leidige „Seeräuberfrage", erforderten eine Intensivierung der Kontakte. Auch wenn Österreich 1735 Neapel und Sizilien abgeben mußte, setzten sich diese Beziehungen fort; oft weilten Delegationen aus Nordafrika monatelang zu Verhandlungen in Wien, zuletzt 1783 die marokkanische (➜WIEN III).

Vor dem Hintergrund der „spanischen Euphorie" akzentuierten sich um die Wende zum 18. Jh. Phantasien einer habsburgischen Weltherrschaft, am deutlichsten formuliert in Beduzzis Deckenfresko im niederösterreichischen Landhaus, „Providentia erteilt dem Haus Habsburg den Auftrag zur Weltherrschaft" (1710, ➜WIEN I). Zunehmend stoßen wir auf visuelle Repräsentationen des Kampfes gegen „Andere", die als „schwarz" und speziell „afrikanisch" charakterisiert werden: Carpoforo Tencallas 1676 entstandene „Schlacht bei Muret" in der Dominikanerkirche zum Beispiel (➜WIEN I) oder Johann Michael Rottmayrs „Alexanderschlacht" von 1709 in der Alten Residenz (➜STADT SALZBURG). Am stärksten in die Breite wirkte zweifellos das „Matamoros"-Motiv, die Verehrung des Apostels Jakobus d. Ä. als Kreuzzugsheiligen nach spanischem Vorbild. Zahlreiche Kirchen entlang des Jakobswegs, von ➜SCHWECHAT/NÖ bis ➜INNSBRUCK/T und darüber hinaus, wurden nun entsprechend ausgestattet, selbst andere Heilige, ziemlich krampfhaft, zu Kreuzzugshelden stilisiert (➜ZWETTL/NÖ).

All diese Darstellungen sind nicht gegen Afrika per se gerichtet, sondern symbolisieren allgemein den Kampf gegen Dissens: Der schwarze „Andere" meinte häretische Europäer genauso wie andalusische Mauren oder widerspenstige antike Perser. Unterschwellig aber wurde dadurch ein Bewußtsein der Legitimität militärischen Vorgehens gegen Menschen anderer Kultur, Religion oder Weltsicht, symbolisiert durch schwarze Hautfarbe, vermittelt – ein Bewußtsein, das hundert Jahre später zur Propagierung kolonialer Eroberung in Übersee genutzt werden konnte.

Der hl. Antonius von Padua erobert Oran (Elisabethinenkloster Wien, 1732)

Mission in Übersee. Auf den Spuren der portugiesischen und spanischen Galeeren hatte auch die Mission der katholischen Kirche neue Chancen erhalten. Vorangetrieben wurde sie – wie die Gegenreformation – zunächst von den Jesuiten. Schon einer der Mitbegründer des Ordens, Franciscus Xaverius (1506–52), hatte die Missionierung in Süd- und Ostasien übernommen und dadurch eine beachtenswerte Dynamik ausgelöst; 1622 wurde er heiliggesprochen. Etwa ein Jahrhundert lang sollte es freilich dauern, bis die Rekatholisierung der habsburgischen Lande insofern gefestigt war, daß auch von hier aus Missionare nach Übersee entsendet werden konnten. Da die Christianisierung Afrikas weitgehend gescheitert war, standen Lateinamerika und China im Vordergrund. Als einen der wenigen heimischen Jesuiten in Afrika kennen wir den Südtiroler Bruder Georg Winterer, der 1750/51 als Kunsttischler in Angola tätig war. Allerdings liefen auch die für China bestimmten Missionare afrikanische Häfen an und machten dort ihre Erfahrungen. Gottfried von Laimbeckhoven z. B., der spätere Bischof von Nanking, schilderte 1740 als einer der ersten Österreicher die Praktiken der Sklavenhändler in Moçambique: daß sie „um jeden Flaschen-Keller Brand-Wein aber / der sie in Portugall etwann 10. Gulden gekostet / einen wohlgemachten Sclaven einhandeln / welchen sie nachmalen zu Bahia in Brasilien leichtlich um 150. auch öfters um 200. und mehr Gulden verkauffen" (Laimbeckhoven 1740, 60). Auch die Franziskaner, die in und südlich von Ägypten missionierten, hatten einigen Zulauf.

Der Missionsdiskurs war von Ambivalenzen geprägt. Auf der einen Seite wurden Afrika bzw. Außereuropa als „unberührte", für das Christentum bereite Gebiete verstanden. Die Heidenmission fungierte ja als Sinnbild für die Bekehrung in der Heimat (vgl. die Einführung sog. Volksmissionen), und nur glaubenswillige „Mohren" konnten als Vorbild für Europa dienen. Vor allem in jesuitisch kontrollierten Regionen (Steiermark, Oberösterreich und Tirol, kaum Salzburg) verbreitete sich ab Mitte des 17. Jhs. das Motiv der Heidentaufe, das anhand eines Unterwerfungsrituals in Übersee das Wohlverhalten des Individuums im Inland ansprach (frühestes Beispiel: ➡Millstatt/Ktn.). Und mehr als das: Mit dem Image des „Täuflings" wurden Afrikaner/innen zumindest in der Umsetzung durch die Kunst, wohl aber auch im Bewußtsein, von Erwachsenen zu Kindern (➡Wien I).

Auf der anderen Seite war es unvermeidlich, die Gefahren der Mission zu betonen – nicht nur, weil dies zum „Heldenimage" der Missionare beitrug, sondern auch, weil man realiter vielfach mit Problemen, ja Fehlschlägen konfrontiert war. So erinnerte man sich im jesuitischen Ambiente an das Schicksal der japanischen Märtyrer, in franziskanischem an die Hinrichtung des Liberatus Weiss (➡Graz I). Es war nicht einfach, die Balance zwischen beiden Polen zu halten. In Predigten wurden außereuropäische Völker im Vergleich zu Europäern zwar als „dankbarer" charakterisiert, zugleich aber auch als „wilder". Auch in der Kunst wurde die Ermordung von Missionaren thematisiert, ohne daß man den antikolonialen Charakter dieses Widerstands reflektierte.

Überseehandel. Nicht zufällig rückte die Pestsäule von 1694 eine Weltkarte in unmittelbare Nähe des Kaisers, mit Fokus auf den Seeweg nach Indien (➡Wien I). Schon vorher hatte man versucht, den Handel mit dem Osmanischen Reich zu verstärken; eine erste Orientalische Kompagnie hatte die militärische Zuspitzung 1683 ff. allerdings nicht überlebt. Erst die territorialen Gewinne des Spanischen Erbfolgekriegs und der Ausbau der maritimen Kapazitäten (1719 Gründung des Freihafens Triest) lie-

„Afrikanische Mahrtyre, welche mit pferd durch dorn und hecken geschleift werden"
(Zeichnung, J. M. Rottmayr zugeschrieben)

ßen die habsburgische Großmacht erneut an den Ausbau des Fernhandels denken. Neben zoll- und verkehrspolitischen Maßnahmen setzte man auf das in Westeuropa übliche Modell halbstaatlicher Unternehmen, die – mit entsprechender Unterstützung – einen möglichst profitablen Warenaustausch organisieren sollten. 1719 rief man eine zweite Orientalische Kompagnie ins Leben, deren Aktionsradius das Osmanische Reich umfaßte, aber auch den Atlantikhandel im Blick hatte (➔GROSS-SIEGHARTS/NÖ). 1722 wurde weiters eine (erste) Ostindien-Kompagnie mit Sitz in Oostende gegründet, einem erprobten Fernhandelszentrum, das einige Jahre vorher den Habsburgern zugefallen war. Mit Förderung u. a. des Prinzen Eugen legte die Firma einen beachtlichen Start hin, errichtete befestigte Stützpunkte an der indischen Koromandelküste sowie im chinesischen Kanton (Guangzhou), und ihre kommerziellen Aktivitäten entwickelten sich – sehr zum Mißfallen der westeuropäischen Konkurrenz – ziemlich günstig.

Das Ende kam aus politischen Gründen: Angesichts fehlender männlicher Nachkommen war Karl VI. bemüht, den Sanktus der anderen Großmächte zur Erbfolge seiner Tochter Maria Theresia zu erkaufen, und so wurde das Unternehmen 1732 als Zugeständnis an Großbritannien und die Niederlande aufgelöst. Die Folgen waren langfristig gravierend. Gerade im Überseehandel – einem Motor der kapitalistischen Entwicklung und letztendlich der Industriellen Revolution – begann die Monarchie zu stagnieren, kolonialistische Interessen und kolonial-praktische Erfahrungen entwickelten sich in Österreich daher langsamer bzw. wurden als weniger relevant eingeschätzt als im westlichen Europa.

Ende der 1740er Jahre wurden Handelsverträge mit Tunis, Tripolis und Algier geschlossen. Vereinzelt hören wir im Anschluß von Geschäften mit Afrika. Speik aus Kärnten und der Steiermark z. B. war im nordafrikanischen Harem für die weibliche Körperpflege gefragt (➜Speikkogel/Stmk.), Textilprodukte aus Freistadt und Metallwaren aus der Erzbergregion wurden nach Ägypten geliefert, böhmische und venezianische Glasperlen gelangten bis ins südliche Afrika.

Nach Jahren unternahm man einen zweiten Anlauf. Mit Förderung Maria Theresias errichtete die böhmische Textilwirtschaft eine Niederlassung in Cádiz, das sich zum führenden Amerikahafen Spaniens entwickelt hatte; offensichtlich dachte man also an eine Verstärkung des Exports in die Kolonien. Angeregt von William Bolts, einem im Streit geschiedenen Manager der British East India Company, wurde weiters 1775 eine (zweite) Ostindische Kompagnie gegründet. Mit einer kleinen Flotte operierte sie im Indischen Ozean; das Flaggschiff, „Joseph und Theresia", war u. a. mit 25 vom Staat beigestellten Soldaten bemannt und mit 32 Kanonen bestückt. Im Mai 1777 schloß Bolts „Verträge" mit den Führern der lokalen Volksgruppe der Tembe in der Delagoa Bay (Maputo, Moçambique), die nicht nur das Territorium entlang der Bucht zwecks Anlegung einer österreichischen Siedlung „verkauften", sondern auch freien Zutritt, agrarische Nutzung und unbeschränkten Handel im Hinterland sowie die Errichtung von Festungsanlagen zugestanden; einer von ihnen, Bilêne Masoûmo, unterstellte sich sogar der Protektion Seiner Majestät des Kaisers, wovon er sich Unterstützung gegen seine Konkurrenten erhoffte. Die Habsburgermonarchie hatte also ihre Kolonie in Afrika! Bolts und seine Leute kurbelten den Handel aggressiv an; jährlich sollen im Durchschnitt 75.000 Pfund Elfenbein sowie eine unbekannte Anzahl von Sklaven exportiert worden sein; Maria Theresia hatte der Firma nämlich explizit auch eine Lizenz zum Sklavenhandel erteilt! Bolts dachte an ein Handelsimperium im Indischen Ozean, in dessen Rahmen Elfenbein und Sklaven nach Mauritius und Indien (Stützpunkte wurden in Mangalore und auf den Nikobaren gegründet) und umgekehrt indische Stoffe nach Ostafrika verkauft werden sollten. Die Profite aus diesem Arrangement müssen erheblich gewesen sein, gelangten aber nie nach Österreich. Bolts hatte Geheimverträge mit Geschäftspartnern geschlossen, die in Wien unbekannt blieben. So war auch das Interesse begrenzt, die Kolonie im Krisenfall militärisch zu sichern, ganz abgesehen davon, daß Joseph II. dem Unternehmen ohnehin skeptisch gegenüberstand. 1781 eroberte Portugal, zu dessen kolonialer Interessensphäre Moçambique gehörte, die Delagoa Bay zurück, die Kompagnie meldete in der Folge Konkurs an.

Nicht nur ökonomisch, auch ideell blieb der Indische Ozean ein – letztlich unverwirklichter – Traum. Künstler wie Johann Bergl gossen ihn in exotische Bilder: in den Schlössern Ober St. Veit (➜Wien XIII) und Donaudorf (➜Wien XIV) oder im Stift ➜Melk; auch im Kärntner Schloß Pöckstein wurde das Tafelzimmer „affricanisch" ausgemalt (1780), aber all das machte das einfache, naturnahe Leben der überseeischen „Wilden" auch nicht zur Realität. Gerade unter der aufgeklärten Elite des späten 18. Jhs. ist eine Art von Zivilisationskritik erkennbar. Feldmarschall Laudon inszenierte sein Grabmal als Allegorie der politischen Vergänglichkeit („Laudongrab" in Wien XIV), Marschall v. Lacy ließ in Neuwaldegg eine kreisförmige Baumgruppe schaffen, um an das Grab Rousseaus (!) zu erinnern, Bankiers wie Geymüller oder Fries gestalteten ihre Landsitze zu freimaurerischen Refugien (➜BAD VÖSLAU). „Der Garten wurde für sie als geheime Tempelritter zu einer mittelalterlichen Landschaft, als Anhänger und Erneuerer von uralten Mysterien zu *Ägypten* und im Sinne der Moralvorstellungen zu einem *irdischen Elysium* der Toleranz ... Der ägyptische und der gotische Stil wurden als Vehikel von neuen Hoffnungen, Kritik am herkömmlichen Kunstverständnis und als Zeichen der Toleranz gegenüber den Weltreligionen präsentiert." (Hajós 1989, 59 u. 52).

Black Diaspora. 1780 schickte die Ostindische Kompagnie zwei chinesische Bootsknechte, Athah und Ajavv, nach Wien, sie wurden sogar von Maria Theresia empfangen. Möglicherweise kam auch Victoria, ein schwarzes Mädchen von der Koromandelküste, in einem solchen Kontext nach Wien. Einen Michael Anjou brachte Hofgärtner Franz Boos 1788 aus Mauritius oder von der Malabarküste mit. Ob sie den alten Mann kannten, der täglich in orientalischem Outfit seine langen Spaziergänge machte? Gar von seiner bewegten Vergangenheit wußten?

Angelo Soliman war als Kind von Sklavenjägern in Afrika geraubt und nach Sizilien verkauft worden. Mit dem Abzug der österreichischen Truppen 1735 kam er an den Fürsten Lobkowitz, nach dessen Tod an Feldmarschall Joseph Wenzel von Liechtenstein, einen der prominentesten Aristokraten der Monarchie. Solimans höfische Karriere, die ihm mit Glück einen hohen Spielgewinn bescherte, endete zwar 1768 abrupt durch eine unerlaubte Heirat; das Vermögen ermöglichte seiner Familie allerdings eine bürgerliche Existenz in der Vorstadt (➜WIEN III). 1781 trat Soliman der aufklärerischen Freimaurerloge „Zur Wahren Eintracht" bei, in der er mehrere hohe Ämter bekleidete. Ein Musterbeispiel von Integration? Zeit seines Lebens vielleicht. Nach seinem Tod im November 1796 wurde sein Leichnam allerdings in einem Hof der Nationalbibliothek taxidermisch präpariert, und bei der Neueröffnung des kaiserlichen „Physikal-, Kunst-, Astronomie- und Naturkabinetts" ein Jahr später bildete seine ausgestopfte Figur eine besondere Attraktion (➜WIEN I).

Angelo Solimans ungewöhnlicher Lebenslauf und die entwürdigenden Geschehnisse nach seinem Tod sind in ihrer Ambivalenz charakteristisch nicht nur für die Haltung des 18. Jhs. gegenüber Menschen aus Afrika, sondern für das doppelte Gesicht der Aufklärung insgesamt. Auf der einen Seite stand die Tendenz zu persönlicher Emanzipation: Dienst gegen Kost und Quartier begann sich aufzulösen, Geldlöhne wurden bezahlt und privates Wohnen erlaubt. Sklaverei und unfreie persönliche Verhältnisse begannen sich zu lockern, wozu die Zivilcourage der Betroffenen ebenso beitrug wie die theresianischen Reformen. 1758 erklärte die Landesfürstin die Sklaverei von Getauften für aufgehoben, hielt sie aber für sog. Heiden weiterhin aufrecht. Erst in den 1780er Jahren setzten Juristen den Grundsatz durch, alle Personen bei Betreten österreichischen Bodens oder eines österreichischen Schiffes als frei zu betrachten, was in der Praxis allerdings bis weit ins 19. Jh. hinein kaum funktionierte. 1811 wurde die Sklaverei in Österreich durch das Allgemeine Bürgerliche Gesetzbuch ohne Einschränkung abgeschafft, vier Jahre später stimmte der Kaiser der Erklärung des Wiener Kongresses über ein Verbot des (transatlantischen) Sklavenhandels zu. Unter linken josephinischen Publizisten kam es zu Diskursen gegen Sklavenhandel und Sklaverei, insbesondere in Johann Pezzls „Faustin", 1783; „Abolitionismus" trat zumindest in säkularen Kreisen an die Stelle der „Redemption".

Auf der anderen Seite schlugen die fortschreitende koloniale Diskriminierung und ein wachsender naturwissenschaftlicher Rassismus zu Buche. Schon

Porträt Angelo Solimans
(nach Johann Nep. Steiner, um 1760)

im 16. Jh. hatten Naturwissenschafter – in Abgrenzung zu Augustinus – die These entwickelt, jene menschenähnlichen Wesen, auf die Seefahrer in anderen Erdteilen trafen, wären unbeseelt und zählten nicht zu den Menschen (➜STADT SALZBURG). Der Gedanke wurde von der Naturwissenschaft weitergeführt. Carl v. Linnés „Systema naturae", 1767 in 12. Auflage erschienen, verband physiologische Kriterien mit politischen: Europäer würden von Sittlichkeit regiert, Afrikaner aber von Willkür: „Weißheit als Zeichen sozialer Überlegenheit und Schwarzheit als Zeichen sozialer Minderwertigkeit sind naturalisiert." (Fuchs 2003, 51). Auch im Alltag begann sich das Image zu verschlechtern. Schwarze Heilige oder Schwarze Madonnen wurden als peinlich erlebt, Menschen dunkler Hautfarbe als häßlich bewertet und mit „typisch afrikanischen Eigenschaften" wie „Wildheit" oder „Geilheit" in Verbindung gebracht. Angesichts schlechter Bildung und entsprechend geringen Chancen auf dem Arbeitsmarkt fanden sich freigelassene Sklaven in der Armutsfalle wieder (➜WIEN III). Zwar konnten sie sich gegen Ende des 18. Jhs. eines Zuwachses an persönlicher *Freiheit* erfreuen – soviel an Freiheit vor 1848, 1867 und 1918 eben möglich war –, sozial aber sahen sie sich mit einer ihnen zugeschriebenen *Fremdheit* konfrontiert, die sie weitgehend daran hinderte, die Früchte dieser eingeschränkten Freiheit auch zu ernten.

GROSSMACHT OHNE KOLONIEN?
Österreich(-Ungarn) und die europäische Herrschaft in Afrika (1815–1918)

Wiener Kongreß, 1814/15. Wahrscheinlich wäre es unrealistisch gewesen, den Anspruch auf Kolonien zu stellen. Kapstadt vielleicht, das Großbritannien erobert hatte? Inseln im Indischen Ozean? Oder doch in der Ägäis? Aber die Flotte der Monarchie war wenig leistungsstark, die Wirtschaft stand vor dem Kollaps. Und der Preis, den man zahlen hätte müssen? Die politische Führung – Kaiser Franz I. von Habsburg-Lothringen und Staatskanzler Clemens Wenzel Fürst von Metternich – entschied realistisch dagegen. Vorbei die Träume des vergangenen Jahrhunderts, lieber die Großmacht Österreich auf dem Kontinent stärken. Aber, wie sich zeigen sollte, genügte auch das, um imperialistische Interessen der Monarchie außerhalb Europas zu wahren.

Drei Dossiers (wie man heute sagen würde) waren zu verfolgen. Erstens die „Freiheit der Meere", also eine unbehinderte Schiffahrt in Mittelmeer und Atlantik. Die Rückkehr zur Friedenswirtschaft ließ den Fernhandel in den Fokus der Wirtschaftspolitik treten, überseeischen Destinationen wurde verstärkt Augenmerk gewidmet, Brasilien z. B. oder China. In jedem Fall war die Meerenge von Gibraltar zu passieren, eine durch die Seeräuberei der Küstenbevölkerung ebenso wie durch staatlich lizenziertes Korsarentum gefährdete Zone. Schon während des Kongresses hatte die Verweigerung der traditionellen „Geschenke" zur Kaperung von österreichischen Schiffen geführt. 1828 ordnete der marokkanische Sultan Mulay Abd er-Rahman neuerlich eine Beschlagnahme an – die reich beladene, für Rio de Janeiro bestimmte „Veloce" war davon betroffen. Österreichische Kriegsschiffe bombardierten zwar im Jahr darauf marokkanische Hafenstädte, hatten aber weniger Erfolg als erwartet. Man einigte sich 1830 auf einen Friedens- und Handelsvertrag, was eine neuerliche Zahlung an den Sultan erforderte, dafür aber heimischen Schiffen die freie Atlantikpassage garantierte.

Das zweite Dossier betraf den freien Handel mit Ägypten, wo der osmanische Statthalter Muhammad Ali mit tiefgreifenden Reformen begonnen hatte. Um 1830 zählte Österreich zu den größten Handelspartnern Ägyptens, Muhammad Ali schickte Studenten nach Österreich, um sie hier technisch ausbilden zu lassen (➔ VORDERNBERG/STMK.). Das Geschäft verlief aus verschiedenen Gründen nicht reibungslos. Zwischenhändler führten Klage über das staatliche Handelsmonopol in Ägypten, das die Profitmargen der ausländischen Firmen beschränkte. Hinzu kam die Diskussion unter den europäischen Mächten. Fürst Metternich legte besonderes Augenmerk auf das „Equilibrium" zwischen denselben; Großbritanniens primär ökonomisch motivierte Warnung vor einer Abspaltung Ägyptens vom Osmanischen Reich fiel auf fruchtbaren Boden. Gedrängt von einer britisch-österreichischen Initiative autorisierte der Sultan eine Militärintervention gegen die Militärpräsenz Ägyptens im

Beschießung der marokkanischen Hafenstadt El Araïsh (Larache) durch österreichische Kriegsschiffe am 3. Juli 1829 (Ölgemälde von Alexander Kircher)

Nahen Osten, an der 1840 neben britischen, osmanischen und russischen Schiffen auch die habsburgische Kriegsmarine teilnahm. Rund um den Kampfeinsatz, dessen österreichische Beteiligung der junge Erzherzog Friedrich kommandierte, entwickelte sich patriotische Begeisterung (➔ECKARTSAU/NÖ). Heimische Firmen erhielten nun vergünstigten Zugang zum Sudan, und die Monarchie hatte deutlich gemacht, daß sie ihre Zugehörigkeit zum „Europäischen Konzert" für wichtiger hielt als ein etwaiges „Sonderverhältnis" zu Ägypten.

Drittens der Suezkanal, ein Projekt, das kolonialistische Kreise in Frankreich seit Beginn der 1830er Jahre popularisierten und in dem Österreich als einer der drei Hauptaktionäre einstieg. Der in Aussicht genommene Kanal war auf die Bedürfnisse des europäischen Asienhandels ausgerichtet – und nicht auf die Interessen Ägyptens. Pläne einer Durchstechung des Isthmus wurden vom alten Muhammad Ali daher regelmäßig abgelehnt oder zumindest verzögert. Vor allem in Triest stieß das Projekt auf großen Widerhall. Metternich übte Druck auf Muhammad Ali zugunsten einer Baugenehmigung aus und versuchte im Einklang mit seiner europäischen Balancepolitik gleichzeitig, die Souveränität der Hohen Pforte sowie internationale Kontrolle über Höhe und Verteilung der Kanalgebühren zu sichern. Nicht zuletzt hielt er eine „Neutralisierung" des Projekts für wünschenswert. Die Frage, ob der Kanal von Ägypten selbst kontrolliert werden sollte, stellte sich in Europa ohnehin nicht.

Koloniale Ambitionen. In Triest hatte sich gegen Ende des Vormärz eine kolonialistische Lobby gebildet, deren Exponenten ab 1848 die Wirtschaftspolitik des neoabsolutistischen Regimes bestimmten. Als Grundstock eines Staatenblocks zwischen

Frankreich und dem Zarenreich sollte Österreich als Drehscheibe für den mittel- und nordeuropäischen Handelsverkehr mit der Levante, mit Afrika sowie – nach Eröffnung des Suezkanals – mit Asien fungieren.

Zwar ging man nicht so weit wie jene Deutschnationalen, die während der Revolutionszeit im Sinne Friedrich Lists (➡Kufstein/T) eine „Erweiterung des Vaterlandes" in der „rohen Urwüchsigkeit der menschenleeren Natur anderer Welttheile" gefordert hatten, wie der Kremsmünsterer Benediktiner und Abgeordnete zur Frankfurter Nationalversammlung Beda Piringer (Sageder 1983, 12). Aber man suchte Stützpunkte entlang der Suezroute, die der Versorgung der Schiffe und womöglich Zwecken darüber hinaus dienen sollten, begann de facto also doch, an Territorialgewinn in Übersee zu denken.

Anfang 1850 errichtete der neue Kaiser, Franz Joseph, ein Honorarkonsulat in Khartoum, der Hauptstadt des ägyptischen Sudan, von dem aus der Handel mit Zentralafrika bzw. Abessinien betrieben werden sollte. Ende desselben Jahres übernahm er auch die Patronanz über die vom Heiligen Stuhl gestartete und vom slowenischen Jesuiten Ignacij Knoblehar geführte Sudan-Mission, die in enger Abstimmung mit dem Konsulat agierte (➡Wien III). Ein junger Diplomat, Konstantin Reitz, sah seine Aufgabe vor allem darin, die Kontrolle der ägyptischen Verwaltung über den Elfenbein- und Sklavenhandel auf dem Weißen Nil zu durchbrechen. In einer von ihm selbst als dramatisch geschilderten Konfrontation mit dem ägyptischen Gouverneur am 20. November 1851 setzte er in der Tat die unbeschränkte „Handelsfreiheit" durch; chaotische Raubzüge europäischer – auch österreichischer – Händler in den heutigen Südsudan folgten. Reitz richtete seine Aufmerksamkeit zudem auf Äthiopien, das ihm „bald auf dem Punkt anzulangen [schien], wo es ebenfalls in die Gewalt einer an Intelligenz und bürgerlichen Tugenden überlegenen, europäischen Macht fallen wird, und dies muß zu seinem eigenen Vortheile und zu dem der es unterwerfenden Macht geschehen" (zit. n. Sauer 2011, 22).

Rund um dieses „offizielle" Engagement gruppierten sich mehrere angeblich „private" koloniale Projekte: Von einer „Plantage" im Sudan war die Rede, einer Deportationskolonie für Sträflinge am Blauen Nil; zwecks Ansiedlung von Emigranten sollte Grundbesitz „unter selbständiger österreichischer Territorialhoheit" erworben werden usw. Verschiedene, meist unter der Hand verbreitete Schriften sprachen sogar von Eroberung: „Erstreckte sich die Herrschaft Oesterreich's bis in jene Gegenden, dann würde gewiß jeder Sclavenhandel enden, – und Habsburg's donnernde Kanonen möchten die unverbesserlichen Menschenfleischhändler bald eines Besseren belehren …" (zit. n. ebda., 18).

Zwei solche Projekte lassen sich politisch orten – niemand Geringerer als der Kommandant der Kriegsmarine, Erzherzog Ferdinand Maximilian, zeichnete für sie verantwortlich. Zum einen startete im April 1857 die zweijährige Weltumsegelung der Fregatte „Novara", ein aufsehenerregendes Unternehmen, das sich offiziell der (natur-)wissenschaftlichen Forschung sowie der Anbahnung von Handelskontakten widmete. Der Öffentlichkeit unbekannt war allerdings ihr Geheimauftrag: die Erklärung der Inselgruppe der Nikobaren, die bereits 1778 von William Bolts in Besitz genommen worden war, zur Kolonie. Schon Anfang der 1850er Jahre hatte das Handelsministerium etwaige Rechtsansprüche darauf prüfen lassen, und auch an der Malabarküste sollten Subventionen an die lokale katholische Kirche das Klima für ein österreichisches Engagement schaffen.

Zum anderen wurde im März desselben Jahres ein junger Leutnant, Wilhelm von Tegetthoff, zu einer geheimen Mission ins Rote Meer entsendet. „Der … Bau des Kanals von Suez, der durch diesen zur Wichtigkeit gelangende Handel mit Indien und dem übrigen Asien und endlich selbst auch die Notwendigkeit für die österreichische Monarchie, ein Besitztum für Deportation zu erhalten …, machen es für Österreich wünschenswert, im Roten Meer eine Insel oder einen Küstenstrich an demselben zu besitzen …", notierte er als seinen Auftrag; konkret wurde an die Insel Sokotra gedacht (zit. n. Sauer ²2007, 49). Das unprofessionell durchgeführte Unternehmen stand allerdings unter keinem guten Stern (➡GRAZ II) und scheiterte, genauso wie der Nikobaren-Plan, nicht zuletzt aus finanziellen Gründen.

Verschiedene katholische Kreise waren weiters in der Tradition des Sklavenfreikaufs tätig. Italienische Missionare schmuggelten in den 1850er Jahren hunderte afrikanische Mädchen, meist aus Äthiopien, dem Sudan oder Ägypten stammend, nach Europa und brachten viele davon in österreichischen Frauenklöstern unter. Hier sollten sie „zivilisiert", religiös erzogen und auf einen Missionseinsatz in Afrika vorbereitet werden. Der Plan scheiterte kläglich. Die meisten Mädchen erkrankten, oft schwer traumatisiert, schon nach kurzer Zeit tödlich; nur wenigen gelang die Rückkehr in die Heimat oder wenigstens eine Integration ins klösterliche Leben (➡KLAGENFURT/ KTN.). Das ach so gut gemeinte Projekt, das weder die soziale Realität in Afrika reflektierte noch in den europäischen Abolitionsdiskurs paßte, wurde letztlich behördlich unterbunden.

Scramble for Africa. Wie kaum ein anderer heimischer Politiker hatte Erzherzog Ferdinand Max den kolonialistischen Zeitgeist des damaligen Europa erkannt; angesichts der österreichischen Niederlagen in Italien, der desaströsen Staatsfinanzen und der innenpolitischen Krise verschwanden diese Pläne jedoch in der Versenkung. Weder waren sie politisch durchsetzbar, noch standen die erforderlichen Ressourcen zur Verfügung. Im Gegenteil: Gerade das liberale Bürgertum, das sich in den 1860er Jahren zunehmend Mitsprache in Staatsangelegenheiten erkämpfte, stand den militaristischen Überseeabenteuern des Neoabsolutismus – nicht zuletzt dem Engagement in Mexiko (➡WIEN XIII) – skeptisch gegenüber. Daraus resultierte die ab den 1870er Jahren – einer entscheidenden Phase für Afrika – tatsächlich feststellbare und im europäischen Kontext ungewöhnliche Zurückhaltung der Monarchie („Österreich-Ungarn" ab 1867) in kolonialpolitischen Fragen. 1871 legte Ministerpräsident Friedrich Beust die Außenpolitik auf ein Bündnis mit Deutschland fest und definierte den Balkan – nicht Afrika – als österreich-ungarisches Interessengebiet.

Das hieß nicht, daß man auf liberaler Seite nicht an der Verstärkung des außereuropäischen Handels interessiert gewesen wäre; v. a. der 1869 fertiggestellte Suezkanal – an dessen Eröffnung Kaiser Franz Joseph teilnahm – belebte die Erwartung der Exportwirtschaft. Noch im selben Jahr wurden günstige Verträge mit China, Japan und Thailand geschlossen, mit Marokko, Tunis und Liberia bestanden solche schon, mit Zanzibar und Ägypten wurden weitere verhandelt. In Ostafrika wurden Konsulate sowie eine neue Linie des Lloyd eröffnet, und die Wiener Weltausstellung 1873 öffnete der orientalistischen Beschäftigung mit Nordafrika und Asien Tür und Tor. „Eine Welt liegt vor uns … wo der Handelsgeist täglich unerhörte Triumphe feiert, wo die ganze Ueberlegenheit europäischer Thatkraft und europäischer Cultur, vor welcher tausendjährige Reiche in den Staub versinken [!], sich geltend macht …", so der Wirtschaftsmagnat Pasquale Revoltella (zit. n. ebda., 54 f.). 1875/76 kam die große Künstlerreise nach Kairo zustande, an der u. a. Hans Makart, Franz Lenbach, Leopold Carl Müller und der Mäzen Karol Lanckoroński (➜WIEN XIX) teilnahmen.

Man orientierte sich an der Idee des „informal empire", strebte nach Handel und „Zivilisation", hielt sich bei territorialen Erwerbungen aber auffällig zurück. Nicht einmal zur Zeichnung von Kongo-Aktien konnte der belgische König Leopold II., der mit der Kaiserfamilie verwandt war und in dessen Sinn die vom Finanzminister gegründete „Afrikanische Gesellschaft" agierte, Österreich-Ungarn bewegen. Zwar wurde der Kongostaat anerkannt – wie ja alle kolonialen Erwerbungen europäischer Staaten in Wien ratifiziert wurden, wie es zu ihrer Gültigkeit notwendig war –, doch mit dem Bemerken des Außenministers, daß „wir … diesen Fragen absolut ferne stehen …" (zit. nach ebda., 63). Halbherzig wurde eine Handelsmission in den Kongo geschickt, die ein eher kärgliches Ergebnis brachte (➜SOOSS/NÖ).

Wenn gegen Ende des Jahrhunderts wieder ein Stimmungsumschwung erfolgte, dann nicht zuletzt wegen des wachsenden Handelsbilanzdefizits. Ökonomen und politische Lobbies, aber auch Reisende und Publizisten setzten sich für eine rasche Erwerbung von Kolonien ein – solange es noch „freie" Landstriche in Übersee gab. 1893 beantragte die Firma Krupp – eines der wichtigsten Unternehmen der heimischen Stahl- und Rüstungsindustrie – bei der Kriegsmarine die Entsendung von Schiffen in den Pazifischen Ozean, um Lagerstätten von Nickelerz zu prospektieren. Admiral Maximilian von Sterneck, ein Befürworter kolonialer Landnahmen, entsprach diesem Ersuchen gerne. Die geplante Besetzung der Salomonen-Insel Guadalcanal zwei Jahre später scheiterte allerdings an der entschlossenen Verteidigung durch die Bevölkerung; fünf Expeditionsteilnehmer blieben tot auf der Strecke (➜BERNDORF/NÖ). Jahre später wurde mit Vorarbeiten für die Erschließung von Ölquellen in Anatolien und im heutigen Irak begonnen, diese infolge des Kriegsausbruchs allerdings nicht zu Ende geführt.

Neben dem Interesse an Rohstoffsicherung spielte die Auswanderungslobby eine wichtige Rolle. Einer ihrer Exponenten, Fürst Friedrich Wrede (➜ST. GILGEN/SBG.), war in einer privaten Gesellschaft aktiv, die von Spanien Rio de Oro, die heute von Marokko besetzte Westsahara, pachten oder kaufen wollte; obwohl von Außen-

und Handelsministerium sowie vom Fürsten Liechtenstein gefördert, kam das Unternehmen 1899/1900 infolge des zu geringen Interesses heimischer Industrie- und Bankenkreise nicht zustande. Mehrfach wurden Emigrationsprojekte in Richtung Afrika gestartet, so die „Freiland"-Expedition 1894 nach Kenya oder der zionistische Siedlungsplan 1904 in Uganda.

Nicht zuletzt die Kriegsmarine erwies sich wieder als treibende Kraft. Der „Österreichisch-Ungarische Flottenverein", dessen Ehrenschutz der Thronfolger übernommen hatte, stand in einem Naheverhältnis zur 1894 gegründeten „Österreichisch-Ungarischen Kolonialgesellschaft", die u. a. in einer „Denkschrift" vom April 1917 für die Erwerbung von Kolonien eintrat. Der Erste Weltkrieg wurde in diesen Kreisen als Chance betrachtet, endlich zu Gebieten in Afrika zu kommen – nämlich auf Kosten Frankreichs und Großbritanniens. Noch Anfang 1918, als sich die eigene Niederlage schon abzuzeichnen begann, hielt man an irrealen Hoffnungen fest: „Wahrscheinlich ist, daß sich in Afrika große Grenzverschiebungen und Gebietsveränderungen aller Art ergeben werden und diese – vielleicht letzte – Gelegenheit soll von uns nicht mehr versäumt ... werden ... Waren wir im Kriege stark, so dürften wir uns bei friedlichen Erwerbungen von so großer Tragweite nicht als schwach erweisen." (Hey 1918, 2).

Reisen im kolonialen Kontext. Hatten sich, von Ausnahmen abgesehen, in den Jahrzehnten vorher in erster Linie Missionare und ihr weltliches Personal ins Landesinnere Afrikas gewagt, um den Glauben zu verbreiten, so begann sich das Reise- und Migrationsverhalten ab der Mitte des 19. Jahrhunderts zu verändern. Dies betraf sowohl den sozialen Hintergrund der Reisenden als auch den Zweck ihres Aufenthalts im „dunklen Kontinent". Daß es dabei nicht nur um einzelne Individuen ging, sondern zum Teil um ganze Berufsgruppen, die gezielt im Orient und in Afrika plaziert wurden, deutet darauf hin, daß im Hintergrund eine wachsende koloniale Dominanz am Werk war. So stiegen ab den 1850er Jahren zunächst Ärzte in hohe Beraterfunktionen bei führenden Politikern oder Institutionen in Ägypten, dem übrigen Osmanischen Reich und sogar in Persien auf (➡Ebensee/OÖ). Nach dem ägyptischen Staatsbankrott 1876 folgten Experten für Verwaltungs- und Steuermanagement, welche Schuldenrückzahlung und Budgetsanierung durchsetzen sollten, für Österreich am bedeutendsten Rudolf Slatin (➡Wien XIII). Weiters verdingten sich Unteroffiziere und Soldaten als Söldner bei der „Association Internationale pour l'Exploration et la Civilisation de l'Afrique Centrale" des belgischen Königs, die – wie der Kroate Dragutin Lerman – ihre Rolle bei der Eroberung des Kongobeckens spielten.

Bei diesen Projekten ist der koloniale Hintergrund relativ deutlich – erstaunlicherweise gibt es in Österreich aber wenig Forschungstradition dazu. Stärker widmeten sich sowohl populäre als auch akademische Schriften den „Entdeckungsreisen", die gemeinhin als „unpolitisch" und „forschungsorientiert" gelten – wichtig für die Konstruktion eines nicht-kolonialistischen Geschichtsbilds der Monarchie. Weitgehend unterschiedliche Aktionen werden diesem Leitmotiv undifferenziert zugeordnet: Emil Holub, ein böhmischer Arzt, der – unter dem Eindruck der Reisen David Livingstones – ab 1872 Südafrika, Botswana, Zimbabwe und Zambia bereiste und seine Expeditionen als Feldforschung und Exportanbahnung verstand (➡ WIEN II) ebenso wie Graf Samuel Teleki, bei dessen zweijähriger Jagdreise 1887/88 nach Tanzania und Kenya ja tatsächlich der Lake Turkana „entdeckt" wurde (➡ WIEN X), oder Oscar Baumann, der in den 1890ern im Auftrag deutscher Kolonialkreise Expeditionen ins Hinterland Deutsch-Ostafrikas führte (➡ WIEN III).

Daß all diese Unternehmungen in kolonialem Kontext agierten und in vielfältiger Weise mit kolonialen Interessen verflochten waren – selbst zu Zeiten, in denen die Regierung in Wien die Erwerbung überseeischer Territorien nicht aktiv betrieb –, wurde ausgeblendet, teilweise unter Nichtbeachtung wichtiger Quellen. Immerhin spricht die Instruktion des Marinekommandanten Maximilian Daublebsky von Sterneck für das 1884 nach Westafrika entsendete Schiff „Helgoland" Bände: „Die Zeitungen sind voll von Dementis, daß es Oesterreich gar nicht einfällt, auswärtige Colonien, Factoreien etc. zu gründen, jedenfalls wäre es dermalen viel zu früh, daran zu denken, nichtsdestoweniger aber ist es keine Unmöglichkeit [...] Männer der Wissenschaft, Forscher, Handelsleute könnten ja künftiges Jahr das Schiff begleiten und eine unauffällige Expedition mit bestimmten Zwecken, wenn auch nicht ausgesprochen, daraus entstehen. Eine Ansiedlung unserer Auswanderer könnte vielleicht inscenirt werden." (Zit. n. Höbelt 1987, 760).

Ob individuelle „Forschungsreisen" dieser Zeit tatsächlich koloniale Aufträge mit sich führten, ist bei derzeitiger Quellenlage nicht zu sagen. Belegt aber ist, daß die Kriegsmarine Offiziere für private Überseereisen jahrelang frei- und ihnen Waffen zur Verfügung stellte – beides etwa im Fall Telekis, der mit Erzherzog Rudolf persönlich befreundet war –, daß Expeditionsführer (wie Baumann) vom Militärgeographischen Institut ausgebildet wurden und daß man wie erwähnt auch den Rohstoffhunger der Firma Krupp auf den Salomonen zu befriedigen suchte.

Doch selbst abgesehen von direkter staatlicher Beteiligung implizierten diese Reisen koloniale Elemente. In ihrem Bestreben, „unbekanntes" Territorium zu „entdecken", waren die Karawanen, die sich von Kapstadt, Zanzibar oder Djibouti aus ins Landesinnere schlugen, ein geostrategischer Faktor. Projekte, die von der jeweils an der Küste tonangebenden europäischen Macht als Konkurrenz eingeschätzt wurden, erhielten keine Erlaubnis (wie die „Freiland"-Emigranten 1894), andere galten als nützliche Aufklärung in bisher unbekannten Gebieten und konnten daher passieren, wie Teleki oder Rudolf Kmunke 1911/12 in Uganda. Mit ihren hunderten Trägern und Soldaten sowie der teilweise heftigen Gewalt gegen die lokale Bevölkerung, mit deren Hilfe Nahrungsmittel, Träger oder ortskundige Führer erpreßt wurden, handelte es sich ohnehin um massive Eingriffe, welche die soziale und ökologische Balance in den bereisten Gebieten oft auf Jahre hinaus ruinierten; sowohl in Bezug auf Teleki/Höhnel 1888 in Kenya als auch auf Baumann 1892 in Rwanda und Burundi wird geradezu von Massakern berichtet.

Fast alle „Entdeckungsreisenden" versuchten, ihr Heimatland zur Gründung von Kolonien in den von ihnen bereisten Landstrichen zu bewegen – allerdings ohne Erfolg. Kein Wunder, daß unter ihnen Frustration herrschte und nicht wenige von ihnen ihren Dienst anderen Staaten offerierten: Portugal z. B. (Welwitsch, ➡ MARIA SAAL/KTN.), Belgien (s. o.), Großbritannien (Slatin, ➡ WIEN XIII) oder Deutschland (Baumann; Seiner ➡ FELDBACH/STMK.), seltener Frankreich.

Oscar Baumann – Honorarkonsul in Zanzibar

Verglichen mit Reisenden anderer europäischer Staaten unterschied sich das Verhalten der österreichischen kaum – außer, daß sie über weniger oder weniger offensichtliche Rückendeckung der Regierung verfügten. Wenn sie nicht (wie Baumann) einer direkten Eroberung Vorschub leisteten, dann einer indirekten Durchdringung kolonial unberührter Gebiete. Sie produzierten ausgezeichnete Landkarten, berichteten über Rohstofflager und Straßenverhältnisse oder studierten lokale Sprachen – alles wertvolle Voraussetzungen für die schließliche Eroberung. Indem sie Hilfsdienste für den europäischen Kolonialismus in Afrika insgesamt leisteten, substituierten sie in gewisser Weise eine staatliche Überseepolitik Österreich-Ungarns.

Vom „edlen Wilden" zum „Neger". Hatte man im späten 18. Jh. noch das „Edle" am typisierten Außereuropäer geschätzt, so trat in Folge immer stärker das „Wilde" hervor. Afrika wurde nicht nur als sozial marginalisiert gedacht, sondern auch als zivilisatorisch primitiv. Sehen wir ab von den entstehenden wissenschaftlichen Diskursen, scheint das Image Afrikas und von Afrikaner/inne/n bereits in der 1. Hälfte des 19. Jhs. stark abgewertet gewesen zu sein.

Ein frühes Indiz dafür lieferte 1819 die Schaustellung einer Gruppe namenloser „Buschmenschen" im Wiener Prater. Schon daß sie „ihren Tanz und ihren G'sang produzirt[en]", erregte das „Grausen" des Publikums (Eipeldauer 1819, 28 ff.). Zwar wurde der Höhepunkt des vorgesehenen Programms behördlich untersagt, der Impresario bot aber „Privatvorführungen" an, die nur für Ausgewählte zugänglich waren, vermutlich zu höheren Preisen: „Der Buschmann ißt lebendiges Federvieh! Rupft's, zupft's, beißt ihm den Kopf ab, und das alles in einer G'schwindigkeit und manschart als wenn er einen gebratenen Fasan vor sich hätt, so daß ihm das Blut von dem armen Thier über das Kien hinunter lauft."

Quer durch alle sozialen Schichten war um 1850 die Überzeugung von der Primitivität außereuropäischer Menschen verbreitet. Über die Konsequenzen daraus war man allerdings verschiedener Meinung. „Ihr Geist ist in den widersinnigsten Aberglauben versunken", schrieben die Missionare im Sudan über die Bari, „der Gedanke eines lebendigen schöpferischen Gottes ... ist ihnen fremd und tröstet sie nicht in den Uebeln, die sie umringen, und denen sie ohne Kleidung, ohne wohlverwahrtes Obdach, ohne Erfahrung und Kenntniß schutzlos hingegeben sind." Dennoch schien „ihr Gemüth für alles Gute empfänglich, ihr Verstand der Belehrung zugänglich ..." zu sein (Marienverein 1851, 5). Im säkularen Bereich hingegen ging man nicht mehr von der Bildungsfähigkeit schwarzer Menschen aus. Erzherzog Ferdinand Max z. B., der führende Überseepolitiker der Monarchie, bezeichnete Afrikaner/innen als eine „Schattenrasse", die „auf einer niedrigeren Stufe als die übrige Menschheit" stünde (Springer 1974, 21).

Mit der Durchsetzung des Liberalismus 1867 verstärkte sich dieser Trend. Die im Staatsgrundgesetz garantierte Freiheit der Wissenschaft ermöglichte nun auch die Rezeption von Rassentheorien, deren öffentliche Verbreitung bisher als Leugnung der Schöpfungslehre verboten gewesen war. Durch den schwindenden Einfluß der katholischen Kirche und die Lockerung der Zensur vergrößerten sich auch Spielräume für die öffentliche Präsentation „unanständiger" und „primitiver" Motive, was sich medial vor allem in den populär werdenden Karikaturen bemerkbar machte, also ab dem letzten Viertel des Jahrhunderts.

Auch die populären Bücher und Vorträge von Reisenden trugen wenig zu einem realistischen Afrikabild bei. Abgesehen von einem auffallenden Interesse an der körperlichen Beschaffenheit von Afrikaner/inne/n – gedacht als Beitrag zur rassentheoretischen Forschung – wurden sozio-kulturelle Klischees jeder Art weitergegeben und mit der Autorität von „Dortgewesenen" verfestigt. „Pünktlichkeit und Verläßlichkeit zählen eben nicht zu den Tugenden, welcher sich die braunen und schwarzen Erdenbürger rühmen dürfen", hieß es da etwa, oder: „Solcherart lebt der Neger in den Tag hinein, ohne an die Zukunft zu denken ..." Bei Konflikten wurde die „Wildheit" hervorgehoben: „M. sah wie ein wilder Stier aus, als er mit geballten Fäusten dastand; aus seinen weit hervortretenden Augen schossen giftige Blicke ...", und kein Wunder, daß auch die Sprache von Einheimischen als „rauh, hart und abstoßend" beschrieben wurde, ihre Lieder als „lärmend und unmelodisch, ihre Tänze grotesk ... bei gleichzeitigem ‚hu hu hu'-Geheule" (alle Zitate nach Höhnel 1892).

„Typisch Afrikanisches" fand auch in die bürgerliche Eventkultur Eingang – ob es sich um die Namensgebung eines Wiener Geselligkeitsvereins handelte (➔ WIEN XVIII) oder um ein Sommerfest in Ried im Innkreis. Dieses war als Persiflage von David Livingstones Appell zur Erforschung und „Zivilisierung" Afrikas gestaltet: „Auch spielte die wilde Musik ... in ihren berauschenden, feurigen Weisen und versetzte sie zurück in die tropischen Länder. Schnell griffen sie jeder zum Spieße und verderbenbringenden Mordwaffen, und ahmten nach der Schwarzen Mienen, Geberden und Stellungen unter bengalischen Flammen und tanzten herum wie die Wilden um's nächtliche Feuer ..." (Rieder Wochenblatt, 28. 6. 1875). Nicht zuletzt die Tiroler Fasnacht griff diese Klischees auf. Beim Telfer Schleicherlaufen 1890 z. B. nahm „eine

Graf samuel Teleki auf seiner Reise in Ostafrika

Negermusikkapelle, wahrhaft afrikanische [!] Weisen spielend [teil], ihr folgte ein von Negern gezogener Haremswagen, in dem 3 weiße Sklavinnen, nach orientalischer Sitte gekleidet, saßen" (zit. n. Pfaundler 1981, 12). 1900, als aktueller Bezug, wurden „Buren" und „Engländer" in den Aufmarsch integriert.

Auch rassistische Diskurse, die in Westeuropa und in Südafrika geführt wurden, fanden nun Eingang. Die Vergewaltigung weißer Frauen durch Schwarze (das britisch-koloniale *black peril*-Trauma) wurde zum künstlerischen Thema, etwa seitens des tschechischen Malers Jaroslav Cermák oder durch Carl von Blaas (➡ INNSBRUCK/T). Selbst Johann Baptist Reiter, ein wenig exotischer Maler, produzierte die „Entführung einer Christin durch Beduinen" bzw. einen „Abessinier [der ein] weißes Mädchen geraubt" (Strobl 1963, 101), was zeigt, wie sehr das Motiv ein breiteres Publikum bewegte. Noch stärker ins Irrationale gesteigert wurde das Sujet durch die Vorstellung der Schändung weißer Frauen durch Affen (➡WIEN XIII).

Wurde die säkulare Öffentlichkeit weithin von „Neger"-Klischees beherrscht, so verstärkte sich im katholischen Bereich das von der Mission bereits grundgelegte Kinderimage. Teils in Reaktion auf die von Leopold II. gestartete Antisklavereibewegung – eine PR-Kampagne zugunsten der belgischen Eroberung des Kongobeckens –, teils begleitend zur Kolonialpolitik des Deutschen Reiches, teils aus anderen Gründen hatte sich zur Jahrhundertwende eine relativ breite Missionsbewegung etabliert; Namen wie Maria Theresia Ledóchowska (➡BERGHEIM/SBG.), Arnold Janssen (➡MARIA ENZERSDORF/NÖ) oder Franz Pfanner (➡LANGEN/VBG.) wären hier

Großbritanniens Kolonialsoldaten (Karikatur der Herrenzeitschrift „Muskete", 1914)

zu erwähnen. Breitenwirksam wurde v. a. die effiziente und methodisch neue Wege gehende Spendenwerbung der Petrus-Claver-Sodalität, die afrikanische Kinder, die von Traditionalismus wie Islam gleichermaßen bedroht wären, in den Vordergrund stellte. Immer wieder wurde aber auch versucht, Mission und Kolonialpolitik stärker zu verzahnen, v. a. während des Weltkriegs: „Ein für Österreich-Ungarn siegreicher Frieden kann es zu einer Kolonialmacht erheben, ein Begriff, der mit dem einer Großmacht immer untrennbarer verknüpft ... ist; diese Kolonialpolitik aber muß wie in

Deutschland so auch in Österreich-Ungarn von selbst zu einer regern und freiern Missionstätigkeit führen ..." (Schmidlin 1916, 104).

Antikoloniales Bewußtsein war kaum vorhanden. Unter den wenigen Aufrechten waren Ferdinand Blumentritt, ein Lehrer, der den anti-kolonialen Freiheitskampf auf den Philippinen unterstützte, oder der Sprachwissenschaftler Leo Reinisch, der zum Kritiker der Rassenlehre wurde (➔WIEN XIX). Breitenwirksam waren ihre Positionen wahrscheinlich nicht, rassistische oder Rassismus inkludierende sozialpopulistische Argumente fanden größere Verbreitung. Georg von Schönerer z. B., der umstrittene deutschnationale Exponent der Monarchie, machte sich Argumente, die auf die Besserstellung von ehemaligen Sklaven in den USA gerichtet waren, für seine Zwecke zunutze: „Wenn nun von manchesterlicher Seite gesagt wird, daß es den Leuten doch nicht so schlecht gehe, da ihre notwendigsten Bedürfnisse gedeckt seien, so sage ich: ‚Die knappe Befriedigung der allernotwendigsten Lebensbedürfnisse, die genossen die schwarzen Negersklaven in den Zuckerplantagen des südlichen Nordamerika auch; die Neger sind aber ein tief unter uns stehendes semitisches [!] Volk. Unsere einheimischen und stammverwandten Arbeiter aber sind unsere Brüder und sollen als solche von der Gesetzgebung ein menschliches Dasein gewährleistet haben'." (Schönerer 1914, 144). In dieselbe Richtung argumentierte der Nationalökonom Eugen v. Philippovich: Lieber sollten sich die Philanthropen doch um den „deutschen Arbeiter" kümmern als um die „Primitiven" ... (➔WIEN XVIII).

KLEINSTAAT UND KOLONIALE ORDNUNG
Republik und NS-Herrschaft (1918–1960)

Ende 1918 brachte in mehr als einer Hinsicht einen kolonialpolitischen Paradigmenwechsel mit sich – zumindest international. Erstens war durch den Sieg der Alliierten der Versuch des Deutschen Reiches abgewehrt worden, per Krieg den kolonialen Besitzstand neu zu verteilen – worauf die österreichische Koloniallobby ihre Hoffnungen gesetzt hatte. Zweitens entstand durch die Gründung des Völkerbundes erstmals in der Geschichte eine multilaterale Vereinigung, in der außereuropäische Staaten, ja selbst Noch-Kolonien Mitglieder waren: aus Afrika zunächst Liberia und Südafrika, in späteren Jahren auch Abessinien und Ägypten. Und, mehr als das, etablierte sich der Völkerbund durch sein Mandatssystem als völkerrechtliche Autorität über früher deutsch, osmanisch oder österreichisch (Triest) beherrschte Gebiete, womit die Perspektive einer staatlichen Unabhängigkeit für dieselben verbunden war.

Drittens nahm der Widerstand in den afrikanischen Kolonien zu, was sich nicht nur in Unabhängigkeitsforderungen an die Versailler Konferenz äußerte, sondern auch in der Gründung von antikolonialen Formationen (1912 African National Congress in Südafrika, 1919 Wafd-Partei in Ägypten). Und viertens brachten die von Frankreich ausgehende Begeisterung über westafrikanische Kunst („négrophilie") sowie die beginnende US-Amerikanisierung des gesellschaftlichen Lebens (Jazz) eine neue, positive Wahrnehmung schwarzer Menschen mit sich.

Daß keiner dieser internationalen Trends vom politischen und gesellschaftlichen Mainstream im neuen Österreich aufgenommen wurde, ist bemerkenswert. Immerhin hatten sich durch die Niederlage im Weltkrieg, den Zerfall des Reiches, den Sturz des Kaisertums sowie die halbherzige Gründung einer eigenständigen Republik der innenpolitische Rahmen wie auch die außenpolitischen Möglichkeiten wesentlich verändert. Dennoch kam es zu keiner Distanzierung von kolonialistischem und rassistischem Gedankengut – der Paradigmenwechsel blieb, abgesehen von Minderheitspositionen, aus.

Kolonialfrage, Emigration und Außenpolitik. Angesichts ihrer politischen und wirtschaftlichen Abhängigkeit von den Siegerstaaten des Weltkriegs – den großen Kolonialmächten – genoß die junge Republik wenig außenpolitischen Spielraum; als kleines Binnenland in kolonialen Fragen mitmischen zu wollen, erschien ohnehin absurd. Dessenungeachtet blieb kolonialistisches Denken im öffentlichen Diskurs der Republik präsent. Sympathien für die Rückgabe der früheren Kolonien an Deutschland („Kolonialrevisionismus") waren vor allem in deutschnationalen Kreisen Wiens, Niederösterreichs, Kärntens und der Steiermark verbreitet. Vorträge von „alten Afrikanern" wie Robert Unterwelz füllten die Säle (➡Friedberg/Stmk.), einschlägige Bücher wurden aufgelegt, und es gründeten sich kolonialistische Vereine mit Einfluß auf Verwaltung und Regierung. Von letzterer wurde nicht gegengesteuert, im Gegenteil bahnten sich koloniale Phantasien zunehmend einen Weg ins politische (christlichsoziale) Establishment.

Ein sozialpolitischer Dauerbrenner mit kolonialen Implikationen war die sog. Auswandererfrage. Angesichts verbreiteter Zweifel an der Lebensfähigkeit der Republik und anhaltender ökonomischer Probleme stellte sie sich mit einer im Vergleich zu früher verstärkten Dringlichkeit. Die Aktion des politischen Extremisten Peter Waller, der 1928 mit angeblich mehr als 10.000 Anhänger/inne/n zu Fuß nach Äthiopien aufbrach, um dort Siedlungsraum für heimische Arbeitslose zu schaffen (➡Matrei/T), war ein Alarmzeichen und ließ – schon um außenpolitische Verwicklungen zu vermeiden – einen Handlungsbedarf der Behörden erkennen. Neben den Parteien traten die Arbeiterkammern für entschiedene Maßnahmen ein, um Ausländerbeschäftigung in Österreich zu beschränken und Österreicherbeschäftigung im Ausland zu fördern. 1925 wurde eine „Denkschrift" an den Völkerbund gerichtet: „Aus den angeführten Tatsachen ergibt sich, daß nur die Herstellung der vollen Freizügigkeit auf dem internationalen Arbeitsmarkt für Österreich eine fühlbare Erleichterung seiner Schwierigkeiten bei der Bekämpfung der Arbeitslosigkeit bringen könnte. Von besonderer realer Bedeutung wäre unter den gegebenen Verhältnissen die Unterstützung der Auswanderungsaktion nach Nordamerika und die Erschließung des reichsdeutschen Arbeitsmarktes." (Denkschrift 1925, 23). Landwirtschaftsminister Andreas Thaler führte 1933 persönlich Tiroler Emigrant/inn/en nach Brasilien an („Dreizehnlinden"), Unterrichtsminister Emmerich Czermak, letzter Vorsitzender der Christ-

Ledóchowska: Kinderpatenschaften im Geist der „Redemption"

lichsozialen Partei, ließ im selben Jahr Sympathien für Pläne zur Umsiedlung der Juden nach Madagaskar erkennen. Die kolonialistische Idee eines „unbesiedelten" Afrika oder Amerika, das nur auf europäische Landnahme wartete, prägte nach wie vor das Bewußtsein.

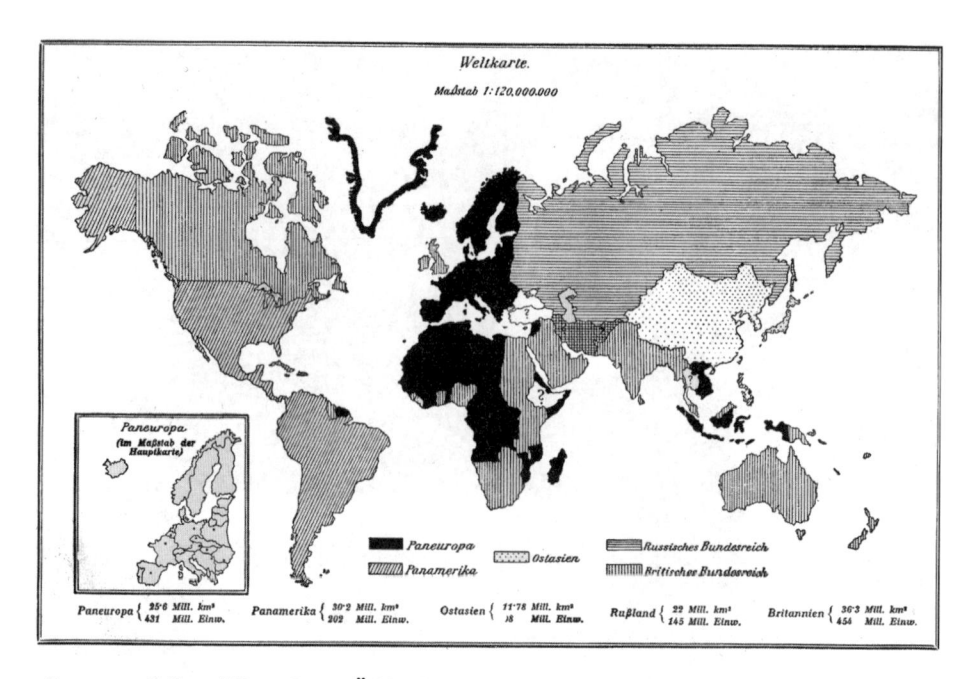

„Paneuropa": Ungeklärter Status Äthiopiens und der Türkei

Ein weiteres Beispiel für den kolonialistischen Grundcharakter des politischen Denkens in der Ersten Republik war Richard Coudenhove-Kalergis Paneuropa-Projekt. Hier wurde nicht nur der Zusammenschluß Frankreichs, Deutschlands und anderer europäischer Festlandstaaten, sondern auch der ihrer jeweiligen Kolonien und Mandatsgebiete angedacht: „Um die Zukunftsmöglichkeiten Paneuropas richtig einzuschätzen, müssen auch seine Kolonien in Betracht gezogen werden. ... Durch einheitliche Organisation und rationelle Erschließung seines afrikanischen Kolonialreiches, das an Ausdehnung dem asiatischen Rußland nahekommt, könnte Paneuropa alle Rohstoffe und Nahrungsmittel, die es braucht, selbst erzeugen und so auch wirtschaftlich unabhängig werden." (Coudenhove-Kalergi I, 1926, 35 f.). „Pan-Europa" baute also vom Prinzip her auf der Fortexistenz einer kolonialen Weltordnung auf.

Abgesehen von der Wertschätzung, derer sich Coudenhove-Kalergis Projekt in christlichsozialen Kreisen erfreute, waren auch die kolonialrevisionistischen Lobbies aktiv. Mehrere Mitglieder im Kabinett Dollfuß standen nachweislich mit diesen in Verbindung, u. a. Handelsminister Friedrich Stockinger, der im Ministerrat vom 14. Juli 1933 den Antrag stellte, „bei der nächsten Tagung des Völkerbundes die Übertragung eines Mandates für eine Kolonie an Österreich anzustreben". Dadurch könnten „Betätigungsmöglichkeiten für unsere Staatsangehörigen außerhalb des Landes" geschaffen und „ein außerordentlich wertvoller moralischer Eindruck auf unsere Bevölkerung" erzielt werden; mit „Rücksicht auf die klimatischen Verhältnisse [kämen dafür] Deutsch-Südwestafrika oder Deutsch-Südostafrika in Betracht" (zit. n. Dorner-Brader 1984, 186–188 u. 198 f.). Nach kontroverser Diskussion wurde grundsätzlich beschlossen, „sich mit der Frage der Erlangung eines Kolonialmandates für Österreich weiter zu beschäftigen".

Diese bizarre – und natürlich folgenlose – Episode ist nicht nur von Interesse im Hinblick auf die Hartnäckigkeit, mit der sich koloniale Ambitionen in der Staatsführung hielten, sondern charakterisiert auch die österreichische Haltung zu einer wichtigen Kompetenz des Völkerbundes, dem Mandatssystem. Als Mechanismus zur Erlangung einer eigenen „Kolonie" wollte man dasselbe durchaus nutzen, der eigentliche Zweck des Arrangements aber, die Vorbereitung der dem Völkerbund unterstehenden Territorien auf die staatliche Unabhängigkeit, wurde ganz ignoriert. Dies war bereits 1928 deutlich geworden, als die vom jamaikanischen Bürgerrechtskämpfer Marcus Garvey geführte „Universal Negro Improvement Association" in einer Petition an alle Mitglieder des Völkerbundes die Dekolonisierung Afrikas verlangte; als erster Schritt wurde die Übergabe der Mandatsgebiete Tanganyika und Südwestafrika an einheimische Regierungen gefordert. Bezeichnend, daß der zuständige österreichische Botschafter nicht nur realpolitisch mit Hinweis auf die britischen Interessen reagierte, sondern sich dezidiert auch die rassistische Polemik gegen die französischen Kolonialsoldaten im Rheinland zu eigen machte: „Es ist nicht ohne Unverfrorenheit, dass in dieser ‚Petition' besonders auf die Leistungen der Neger während des Weltkriegs auf Seite der Alliierten hingewiesen ... wird." (Zit. n. Sauer 2008, 21).

Aus dieser Perspektive erschien auch die Zusammensetzung des Völkerbundes, der eigentlich die staatliche Existenz Österreichs garantierte, problematisch. Selbst Coudenhove-Kalergi fand es „unwürdig", daß „Südamerikaner, Ostasiaten und transozeanische Briten ... einen entscheidenden Einfluß aus[üben] auf die politische Gestaltung Europas" (I, 1926, 74). Vor diesem Hintergrund wird auch verständlich, daß Österreich seine Mitgliedschaft kaum zur Herstellung engerer Kontakte zu außereuropäischen Staaten oder Dominien nützte, was volkswirtschaftlich Sinn gemacht hätte. Selbst die einzige bestehende Verbindung, jene zu Äthiopien, riß bald ab.

1923 hatte Wien mit Erich Weinzinger einen Honorarkonsul für Addis Abeba ernannt und drei Jahre später den Handelsvertrag von 1905 erneuert; noch 1926 aber wurde dieses Konsulat auf italienisches Betreiben geschlossen. Von Rom wurden Skandalberichte über die „abessinische Sklaverei" verbreitet, was v. a. die Position Äthiopiens als Mitglied des Völkerbundes schwächen sollte. Das österreichische Echo darauf war erheblich, nicht zuletzt durch ein Pamphlet des Wiener Rechtsanwalts Roman Prochazka, den die äthiopische Regierung 1933 des Landes verwiesen hatte, „weil er sich Äthiopiern gegenüber verächtlich benommen und nazistische Propaganda innerhalb der ausländischen Gemeinden betrieben hatte" (übers. n. Tafla 1994, 201).

1935 startete Benito Mussolini die italienische Militärintervention gegen Äthiopien, die vom Völkerbund als Aggression verurteilt und mit Sanktionen beantwortet wurde. Österreich und Ungarn – beide faschistisch regiert und Italien per Bündnis verbunden – sowie Albanien stimmten dagegen. Um die italienischen Truppen mit Zahlungsmitteln zu versorgen und gleichzeitig die äthiopische Währung zu schwächen, überließ Österreich Rom sogar das Prägerecht für den Maria-Theresien-Taler. Im Gegenzug sicherte Italien zu, „im Rahmen der Möglichkeit den Wünschen der österreichischen und der ungarischen Regierung nach Beteiligung ihrer Volkswirtschaft, ihrer technischen Elemente und ihrer spezialisierten Arbeitskräfte an der wirtschaftlichen Ausbeutung Abessiniens gebührend Rechnung zu tragen" (Mikoletzky 1978, 501). Nun wollte man das österreichische Konsulat in Addis Abeba neu eröffnen; der Plan verzögerte sich aber und wurde im März 1938 obsolet, als Hitlerdeutschland – mit Mussolinis Zustimmung – Österreich besetzte.

Antikoloniales und koloniales Denken. Vereinzelt führten die Unterstützung der italienischen Aggression gegen Äthiopien durch die Regierung und die damit verbundene Schwächung des Völkerbundes zu Unmut. Berichten der (bereits illegalen) „Arbeiter-Zeitung" zufolge soll es in der Garnison Linz sogar zu Protesten gekommen sein. Immerhin war im Verlauf der Ersten Republik auch internationale Solidarität zum Thema geworden – erstmals in der Geschichte! Vor allem Medien im Umkreis der Kommunistischen Partei (KPÖ) berichteten über antikolonialen Widerstand und riefen zur Unterstützung desselben auf. 1925 zum Beispiel wurde eine Kampagne „Hände weg von China und Marokko" gefahren, 1932 eine Kundgebung gegen die Hinrichtung von sieben afroamerikanischen Jugendlichen in den USA organisiert. In abgeschwächter Form vertrat auch die Sozialdemokratische Arbeiterpartei (SDAP) eine kritische Position; 1927 organisierte sie – auf Initiative der Freien Gewerkschaften – eine landesweite Vortragstournee des südafrikanischen Arbeiterführers Clements Kadalie.

Die unterschiedliche Intensität, mit der die Strömungen der Arbeiterbewegung auf antikoloniale Entwicklungen reagierten, hing mit unterschiedlichen ideologischen Positionen und mit der Politik ihrer jeweiligen Dachverbände zusammen. Während sich die KPÖ – im Sinne der Kommunistischen Internationale – zum Selbstbestimmungsrecht der Völker bekannte, hielt die SDAP zumindest für Afrika an einer „zivilisatorischen Mission" Europas fest; nur durch die europäische Arbeiterklasse würde die Emanzipation der Völker realisiert werden können – eine Haltung, die von Rücksichtnahme auf die in der Sozialistischen Internationale tonangebenden französischen und englischen Sozialdemokratien geprägt war. Tendenziell sahen die Kommunisten auch in kolonial unterdrückten *bürgerlichen oder feudalen Schichten* Träger des antikolonialen Widerstands, während die Sozialdemokraten auf das *Proletariat* fokussierten, das in Afrika kaum vorhanden war.

Wie auch immer – Kolonialpolitik war zum Gegenstand eines kritischen Diskurses geworden, zumindest in linken Medien und unter linken politisch Interessierten. Die breite Öffentlichkeit wurde davon freilich kaum tangiert. Deren Afrikabild speiste sich in erster Linie aus populär gehaltenen Büchern von Geschäftsreisenden, Wissenschaftlern oder Touristen – von Leuten also, die „es wissen mußten". Da las man z. B.: „Einer regelrechten, zielbewußten Betätigung nach europäischen Begriffen sind die Neger fast ausnahmslos abhold. Steht man nicht unausgesetzt hinter ihnen, so ar-

Clements Kadalie mit Vertreter/innen der Gewerkschaftskommission (1927)

beiten sie nur, wenn es sie freut und was ihnen gerade zusagt ..." (Weidholz 1935, 16). Oder: „... ihr von Natur aus schwerfälliger Sinn passt sich nicht leicht einer fremden Umgebung an, und vor allem leisten sie jedem Versuch, die Zivilisation zu ihnen zu bringen, unermüdlichen Widerstand." (Eberl-Elber 1936, 168). Auch das Kino spielte im Zeichen der sich entwickelnden Filmkultur eine wichtige Rolle: In Wien wurde Afrika z. B. als Kontinent wilder Tiere („Von Schönbrunn nach Afrika", Weidholz 1928) und/oder wilder Menschen gezeigt („Entfesseltes Afrika", 1932), gar als „Das letzte Paradies" (Schomburgk, 1932). Es fällt auf, daß der geographische Fokus in der Regel auf Westafrika lag, einer Region, die touristisch weniger erschlossen war als die südlichen oder östlichen Teile des Kontinents und die damit stärker den Klischees von einer „unberührten" oder „ursprünglichen" Welt entsprach. Auch die politisch motivierte Wahl Kameruns als einer früheren deutschen Kolonie spielte wohl eine Rolle, wie die im Zeichen der NS-Kolonialpropaganda veröffentlichten Bücher von Ernst Alexander Zwilling, Adolf Staffe oder Alfred Weidholz vermuten lassen.

Nicht nur für Touristen, auch für die Wissenschaft bildete die Suche nach dem „Ursprünglichen" das Motto. Nicht Häfen, Städte oder die kolonial geprägten Küstengesellschaften waren von Interesse, sondern das Hinterland, marginalisierte bäuerliche oder nomadisierende Gruppen. Ethnologisch herrschte ein Paradigma vor, in dem „eine unveränderte zeitlose Gegenwart imaginiert und die reine ursprüngliche Kultur gesucht wurde. ... drückt sich dies in der wiederkehrenden Gegenüberstellung der Begriffe ‚zivilisiert' und ‚primitiv' aus, ein Gegensatzpaar, das sie [Etta Becker-Donner] in ihren Beschreibungen von Individuen, ethnischen Gruppen, Lebensarten und Glaubensvorstellungen immer wieder bemüht" (Plankensteiner 2011, 27). Letztlich ging es um die Suche nach „reinen" Urtypen von Kultur, Sprache oder „Rasse", was in kolonialpraktischer Hinsicht der sozialen Lenkung unterworfener Völker dienen sollte. Ebenso der Suche nach dem „Ursprünglichen" widmete sich die völkerkundliche Schule von Pater Wilhelm Schmidt, welche die Existenz eines „Ur-Monotheismus" postulierte und damit Thesen einer Höherentwicklung der Gesellschaft vom Einfachen zum Komplexen widersprach. Schmidts Lehre strebte die Wiedergewinnung einer katholischen Hegemonie über die Wissenschaft an und war insofern ein „gegenreformatorisches" Projekt (Marchand 2003, 295; ➡Maria Enzersdorf/NÖ).

Neben Ethnologie und Linguistik spielte die physische Anthropologie eine wichtige Rolle. Auch in Österreich bildete die Rekonstruktion von Abstammungsgeschichte und „rassischen" Hierarchien einen Schwerpunkt des naturwissenschaftlichen Clusters, wobei man sich methodisch auf Relikte menschlicher Körper (Schädel, Knochen) bzw. auf die Vermessung von lebenden Individuen stützte. Allein Viktor Lebzelter, später Direktor der Anthropologischen Abteilung des Naturhistorischen Museums, soll während seiner Reise im Südlichen Afrika 1926–28 über zehntausend Menschen vermessen haben, viele davon gegen expliziten Widerstand. Was die Beschaffung menschlicher Überreste betrifft, wurden neben einschlägigen Händlern Krankenhäuser und Gefängnisse kontaktiert, erforderlichenfalls aber auch Friedhöfe geplündert. „Der Sammler ist in diesen Gegenden einzig und allein auf den Raub angewiesen, wenn er durch Zufall von Menschen verlassene Begräbnisstätten entdeckt", hatte ein Schiffsarzt 1893 von den Salomonen berichtet (Szilvássy 1978, 33). Auch die Umtriebe Rudolf Pöchs in Südafrika 1907–09 sind vor diesem Hintergrund zu sehen (➡Wien XIV; Weiss-Krejci 2013).

Egal, ob man von der Dichotomie zwischen einer „oberflächlich europäisierten" Küstenbevölkerung und „reinen Primitiven" im Hinterland ausging oder ob man Afrikanerinnen und Afrikaner pragmatisch als Arbeitskräfte, Vermessungsobjekte oder zu Missionierende ansah – die Vorstellung, es könnte sich bei ihnen in wenigen Jahren um Staatsbürger/innen handeln, war absurd. Selbst der Aufstieg der Évolués in Frankreich stieß in Österreich auf Kritik, z. B. in Lugmayers Kommentar zum Programm der christlichen Arbeiterschaft Österreichs 1924: „Schon lesen wir von Negern, die Mitglieder von Pariser Gerichtshöfen sind. Es ist der natürliche Gang, daß die strebsameren Köpfe unter diesen Völkern nach und nach in die Offiziersstellen und Beamtenstellen eindringen, daß sie den Handel durchsetzten – ganz wie die Hilfsvölker des alten Rom ... Denken wir uns diesen Gang folgerichtig weiter, so sind wir in 200 Jahren als Europäer verschwunden. Unsere Nachkommen können dann für Neger, Chinesen und Juden Vieh hüten und Steine klopfen." (Zit. n. Koller 2001, 309).

Kein Wunder, daß trotz der Begeisterung einzelner über traditionelle westafrikanische Kunst – wie von Gustav Klimt (➡Wien VII) oder Rudolf Wacker (➡Bre-

GENZ/VBG.) – das Auftreten schwarzer Menschen in der Öffentlichkeit kontrovers war. Afroamerikanische Ensembles z. B. hatten in Österreich-Ungarn seit dem letzten Jahrzehnt des 19. Jhs. konzertiert und fanden nach 1918 ihren Weg noch häufiger nach Wien – und nicht ohne Erfolg. Zeitungen hingegen berichteten eher „negativ und spiegelten sowohl die Meinung breiter konservativer Publikumsschichten wider wie auch die Konkurrenz- und Existenzängste bodenständiger Musiker und rassistische Vorurteile nationaler Kreise. … ‚Musik war es sicher nicht, was diese Herren boten …'" (Schulz 2003, 14). Nach der skandalumwitterten Premiere von Ernst Kreneks Oper „Johnny spielt auf" Ende 1927 führte das erste Gastspiel Josephine Bakers im Jahr darauf zum Höhepunkt eines jahrelangen Kulturkampfs – mit Kundgebung der Nationalsozialisten, Diskussion im Parlament, einer Hetzpredigt des Kardinals und Protest-Kirchengeläute. Der Auftritt einer schwarzen Frau im Bananenröckchen (also die Persiflage des seit der Renaissance gängigen „Mohren"-Stereotyps) bot den Anlaß, darüber hinaus aber ging es um grundsätzliche Fragen, nämlich um den angeblichen „Untergang des Abendlandes", bewirkt durch US-amerikanische Popularkultur. Zufällig oder nicht – am 12. März 1938, dem Tag des deutschen Einmarschs, hielt ein Bregenzer Arzt genau dies in einem Zeitungsbeitrag fest, „Mischehen mit fremdrassigen Ehepartnern" trügen neben „Negermusik und anderen ausländischen Moden" zum Zerfall des deutschen Volkes bei (Pichler 2007, 209).

NS-Herrschaft in Österreich. Das rassistische gesellschaftliche Klima, das weite Teile der Christlichsozialen Partei und der katholischen Kirche erfaßt hatte und dem auch die geschwächte Linke nicht entschieden genug entgegentrat, zählte zu den ideologischen Faktoren, die dem Nationalsozialismus den Weg bereiteten. Die Rassenpolitik des faschistischen Deutschland, ab März 1938 schrittweise auf Österreich übertragen, stieß zunächst kaum auf Widerstand. „Auch wenn Jüdinnen und Juden, jüdische ‚Mischlinge' und ‚Zigeuner' im Vordergrund der Erfassungstätigkeit des Rassenpolitischen Amtes [in Wien] standen, finden sich in den Unterlagen doch immer wieder Hinweise auf Angehörige anderer Gruppen … – z. B. Chinesen, Japaner, Inder oder Perser, aber auch ‚Neger' und ‚Negermischlinge'." (Czech, in: Sauer 2007, 159). Gegen sie wurde mit behördlichen Schikanen, Schul- und Auftrittsverboten, zum Teil auch mit Sterilisierung vorgegangen. „Rassenphysiologen" wie Robert Stigler (➔STEYR/OÖ) untersuchten tausende Kriegsgefangene außereuropäischer Herkunft unter entwürdigenden Umständen. Etwa sechzig Afrikaner, meist politisch engagierte Linke aus Nord- oder Französisch-Westafrika, wurden im Konzentrationslager Mauthausen inhaftiert, viele von ihnen ermordet, einige überlebten (➔MAUTHAUSEN/NÖ). Auch unter den Wiener „Spiegelgrundkindern" befand sich ein schwarzer Bub (Eltern britische Staatsbürger), dessen Schicksal nicht geklärt ist.

Die Kolonialvereine wurden in den „Reichskolonialbund" integriert, der sich mit einer aggressiven Kampagne in Österreich etablierte. Es wurde darauf hingewiesen, so der „St. Pöltner Anzeiger" am 3. Dezember 1938, „daß wir Ostmärker nun ja an der

Ost- und Nordsee und mit unseren Kolonien auch an den großen Weltmeeren, dem Atlantischen, Indischen und Stillen Ozean liegen; daß diese Kolonien durch das Versailler Zwangsdiktat uns geraubt, nun von den Mandataren des Völkerbundes verwaltet und ausgebeutet werden …". Über tausend Mitglieder allein aus St. Pölten und Umgebung wurden zu diesem Zeitpunkt bereits gemeldet – vielfach zusätzlich zum, oft aber auch statt eines Beitritts zur NSDAP. Im Mai 1939 fand in Wien unter großer Publizität die Jahrestagung des „Reichskolonialbundes" statt, bei der u. a. eine hochrangige italienische Delegation begrüßt wurde. Parallel dazu wurden einschlägige Filme („Deutsches Land in Afrika") gezeigt, in den Folgemonaten tourte eine Ausstellung „Deutsches Afrika" durch Niederösterreich, bei der u. a. acht „eingeborene Askaris" zur Schau gestellt wurden. Der Plan einer großen Kolonialausstellung kam zunächst zwar nicht zustande, doch wurde im Dezember eine Sonderschau des Naturhistorischen Museums gezeigt, die dem Thema „Ostmarkdeutsche als Forscher und Sammler in unseren Kolonien" gewidmet war. Vorgestellt wurden u. a. Rudolf Pöch (➜Wien XIV), Oscar Baumann (➜Wien III), Ernst Alexander Zwilling (➜St. Pölten/NÖ) oder Franz Seiner (➜Feldbach/Stmk.). Hier waren auch jene lebensgroßen „Plastiken der wichtigen Rassentypen, aus welchen sich die Eingeborenenbevölkerung der deutschen Kolonien zusammensetzt" (Pietschmann 1939, 28), zu sehen, die noch 1978 im berüchtigten „Rassensaal" des Naturhistorischen Museums Verwendung finden sollten – „offensichtliche Beispiele, wie Vorurteile und Weltanschauung in Wissenschaft und Museumsarbeit hineinspielen" (Oppenauer 2003, 38).

Die Hoffnung auf Wiederkehr der Kolonien erwies sich freilich ebenso als Chimäre wie die Planungen für ein deutsches „Mittelafrika", das den deutschen Besitzstand sogar noch ausweiten sollte. Für nicht wenige Österreicher/innen wurde Afrika zum militärischen Einsatz- oder Fluchtgebiet. Abgesehen von speziellen Verbindungen (➜Zwettl/NÖ; ➜Bernstein/Bgld.) sind es v. a. Gräber und Kriegerdenkmäler (in Altenberg b. Linz sogar „mit Erde aus Tunis"), die an die Teilnehmer am Nordafrika-Feldzug 1941/43 erinnern. Vor kurzem wurden auch die Schicksale der Flüchtlinge, die u. a. im heutigen Senegal oder in Côte d'Ivoire, in Nigeria, Angola, Kenya, Malawi, Tanzania, Zimbabwe, Südafrika oder Mauritius Zuflucht fanden, dokumentiert (Franz/Halbrainer 2014).

Nach dem Weltkrieg: Herausforderungen der Dekolonisation. Wien wurde am 13. April 1945 von sowjetischen Truppen befreit, zwei Wochen später proklamierten die wiederbegründeten politischen Parteien die Unabhängigkeit – von der „Anschlußsehnsucht" der Ersten Republik waren sie vorderhand geheilt –, bis zum Frühmorgen des 8. Mai befand sich ganz Österreich unter der Kontrolle der Alliierten, in deren Einheiten sich nicht wenige Kolonialsoldaten befanden (➜Feldkirch/Vbg.; ➜Klagenfurt/Ktn.).

International waren Eckpfeiler der Nachkriegsordnung bereits eingeschlagen worden: 1944 mit der Gründung der Bretton-Woods-Institutionen und, ein Jahr später, der Vereinten Nationen – alle bezeichnenderweise mit Sitz in den USA. Die europäischen Kolonialmächte waren zwar siegreich, aber als Juniorpartner aus dem Krieg hervorgegangen, und neben dem gegen Ende 1945 einsetzenden Kalten Krieg stellte die Unabhängigkeit der asiatischen und afrikanischen Kolonien für sie eine zentrale Herausforderung dar. 1946 erfolgte die Staatsgründung im französischen Mandatsgebiet Syrien, 1949 folgten Indien und Indonesien; auch die Machtübernahme Mao Tse Tungs in China im selben Jahr bedeutete eine generelle Absage an koloniale Manöver in Asien. Vietnam erkämpfte 1954 durch den Sieg gegen Frankreich die Unabhängigkeit wenigstens seines nördlichen Landesteils, und auch in Afrika nahm der antikoloniale Widerstand zu, in Französisch-Algerien und Britisch-Ostafrika sogar militärisch. Mit der Verstaatlichung des Suezkanals beseitigte das revolutionäre Ägypten Oberst Nassers 1956 eine imperialistische Erblast.

Carlos Grey Key, inhaftiert in Mauthausen

Auch in Österreich selbst hatten sich die Rahmenbedingungen im Vergleich zu 1918 merklich verändert. Trotz der Zerstörungen des Krieges und der Schwierigkeiten des Wiederaufbaus gab es ein klares Bekenntnis zu einem eigenständigen Staat und den antifaschistischen Konsens der demokratischen Kräfte (Allparteienregierung SPÖ, ÖVP und KPÖ bis 1947, danach Große Koalition). Mindestens ansatzweise wurden Maßnahmen der „Entnazifizierung" getroffen. Die vom NS-Regime auf- bzw. ausgebaute Schwerindustrie wurde verstaatlicht und entwickelte sich zu einer wichtigen ökonomischen und technologischen Basis der Zweiten Republik – nicht zuletzt für die Exportwirtschaft, für die außereuropäische Absatzmärkte zunehmend Bedeutung erlangten (➡Linz/OÖ). Gegenteilig schlugen die weitgehende Elitenkontinuität in der Hochbürokratie, im Gerichtswesen und in den freien Berufen zu Buche. Auch die bis zur Erklärung der immerwährenden Neutralität 1955 einseitige Westorientierung im Kalten Krieg sowie das taktisch motivierte Liebäugeln mit den Stimmen der „Ehemaligen" sind zu erwähnen. Letzteres führte zur Wiedererrichtung einer deutschnationalen Partei (VdU).

Auch wenn volle außenpolitische Handlungsfreiheit erst mit dem Staatsvertrag von 1955 erzielt wurde – die Herstellung bilateraler Beziehungen erfolgte schon früher; insgesamt etwa 40 – auch außereuropäische – Staaten hatten Österreich 1948 diplomatisch anerkannt. Als besonders heikel galt der Vorgang bei Äthiopien, dessen Annexion durch Italien Österreich 1937 ratifiziert hatte, was komplizierte völkerrechtliche, aber auch politische Fragen aufwarf. Seitens der außenpolitischen Sektion des Bundeskanzleramts wurde daher eine möglichst unspektakuläre Aufnahme bilateraler Beziehungen bevorzugt. Der Besuch Kaiser Haile Selassies im November 1954 – überhaupt der erste offizielle Aufenthalt eines afrikanischen Staatsoberhaupts in Österreich – wurde von der heimischen Öffentlichkeit als exotische Sensation wahrgenommen (➡ Bad Aussee/Stmk.). Die als Konsequenz geplante Errichtung einer Gesandtschaft in Addis Abeba kam allerdings vorerst nicht zustande.

Im „Unabhängigkeitsjahr" 1960 war Österreich in Afrika nur durch Gesandtschaften in Kairo (err. 1947) und Pretoria (err. 1955, 1962 zur Botschaft aufgewertet) sowie durch ein Honorarkonsulat in Léopoldville (Belgisch-Kongo) vertreten; die erste Botschaft in einem unabhängig gewordenen Staat nahm Ende 1962 in Lagos ihre Tätigkeit auf. Umgekehrt unterhielten in den 1950er Jahren nur Ägypten und Südafrika Gesandtschaften in Österreich, es folgten Tunesien und Marokko.

Auch auf multilateraler Ebene wurde Afrika zum Thema – durch den Beitritt Österreichs zu den Vereinten Nationen im Dezember 1955. In New York, wo bereits heftig über koloniale Fragen diskutiert wurde, suchte man eine diesbezügliche Involvierung zunächst zu vermeiden, mehr noch: Abgeordnete beider Großparteien zeigten sich über antikoloniale Tendenzen erschüttert, etwa „daß in dieser … Organisation die weiße Rasse nur mehr in einem sehr geringen Maße vertreten" war (Barthold Stürgkh, ÖVP) oder „eine Milliarde farbiger Menschen … in Rebellion gegen die Macht der Weißen" stünde (Karl Czernetz, SPÖ; zit. n. Hödl 2004, 72). Je mehr sich allerdings die Zusammensetzung der UNO im Gefolge der Dekolonisierung veränderte – die Zahl afro-asiatischer Stimmen in der Generalversammlung wuchs –, desto stärkeres Augenmerk mußte man notgedrungen der „Dritten Welt" widmen; „tiers monde" – so hatte der Ökonom Alfred Sauvy 1952 die (ehemaligen) Kolonien in Anlehnung an den „tiers état" der Französischen Revolution genannt. Mehrheiten für österreichische Anliegen wurden des öfteren gebraucht, etwa für die Ansiedlung internationaler Organisationen in Wien (1957 kam als erste die International Atomic Energy Agency/IAEA) oder im Zusammenhang mit dem Südtirolkonflikt. Auch aufgrund solcher Überlegungen entsprach Österreich im Herbst 1960 dem Ersuchen von UN-Generalsekretär Dag Hammarskjöld um Beteiligung an der Kongo-Mission (➡ Wien XXI) und votierte am 14. Dezember auch für die umstrittene „Erklärung

Haile Selassie auf der Durchreise in Linz (1954)

über die Gewährung der Unabhängigkeit an koloniale Völker und Länder" (Res. 1514), bei der sich die Kolonialmächte sowie die USA, Südafrika und die Dominikanische Republik der Stimme enthielten.

Diese zaghafte Weiterentwicklung der heimischen Außenpolitik, auf der später die UN-Kandidatur Kurt Waldheims sowie Bruno Kreiskys Annäherung an die Bewegung der Blockfreien aufbauen konnten, wurde rhetorisch von der Beteuerung kolonialer Unbelastetheit begleitet. Ältere Thesen dieser Art waren schon im Österreich-Patriotismus der Nachkriegszeit aktualisiert worden, vom außenpolitischen Establishment um 1960 wurden sie gebetsmühlenartig wiederholt. Daß die Habsburgermonarchie nie über Kolonien verfügt hätte, erwies sich als ein funktionales Argument dafür, unter ehemaligen Kolonien Sympathien für das neutrale Österreich zu erwerben. Daß das Argument freilich ein komplexes Thema simplifizierte und zum Teil überhaupt unrichtig war, blieb ebenso undiskutiert wie der Umstand, daß damit auch kein Anlaß mehr bestand, kolonialistische Bewußtseinstraditionen und anhaltende rassistische Perzeptionen schwarzer Menschen aufzuarbeiten und zu bewältigen. Die Leugnung der kolonialen Verstrickung Österreichs wurde somit zu einer weiteren Lebenslüge der Zweiten Republik.

Dem entsprach das geringe Engagement von Regierung wie Gesellschaft in Sachen antikolonialer Politik. „Das österreichische Volk ... [habe] immer den Kampf der Völker und Nationen, die nicht die volle Freiheit besaßen, mit größter Sympathie verfolgt", hatte der österreichische Delegierte in der Kolonialdebatte der UNO erklärt („Arbeiter-Zeitung", 15. 12. 1960). In Wirklichkeit standen große Teile der politisch interessierten Öffentlichkeit dem Aufstieg antikolonialer Bewegungen negativ bis skeptisch gegenüber. Zwar bestanden in einzelnen Materien – Portugal in Afrika, Suezkrise – Unterschiede zwischen den Parteien, insgesamt aber waren „die Afrikabilder [einschlägiger Debatten im Nationalrat] zwischen 1955 und 1965 ... von der Vorstellung ‚geschichtsloser', ‚unreifer', ‚rückständiger', ‚barbarisch-unzivilisierter', ‚unselbständiger' Staaten geprägt. Die Souveränität dieser Staaten würde zum Ausbruch von ‚Chaos', ‚Zerstörung', ‚Willkür' und ‚Anarchie' führen" (Pfeffer 2012, 111). Detto in den Medien. So bewertete z. B. „Die Presse" den Sieg Kwame Nkrumahs in Ghana folgendermaßen: „Das Wahlergebnis ... brachte einer kompromißlos nationalistischen Partei mit bedenklichem kommunistischem und dem dort unvermeidlichen mystischen Einschlag einen so überwältigenden Sieg, wie man ihn meist nur für die Kandidatenlisten in den totalitären Ländern erlebt"; es sei sogar zu erwarten, daß fast „sämtliche Abgeordnete ... Eingeborene, d. h. Schwarze sein werden" (18. 2. 1951).

Gegenüber Südafrika, wo seit 1948 eine Schwesterpartei der NSDAP an der Macht war und die bestehende Rassendiskriminierung systematisch verschärft wurde, gab es keine Berührungsängste von Seiten der Behörden. So ermöglichte es das (SPÖ-geführte) Sozialministerium 1952 einer südafrikanischen Kommission, Arbeitskräfte für die Bergwerke von Transvaal zu rekrutieren; diese sollten in Kursen „mit der Behandlung von Eingeborenen [!] vertraut gemacht werden" (zit. n. Sauer 2012, 100). Obwohl es nach dem Massaker von Sharpeville 1960 und in den Jahren danach vereinzelt auch in Österreich zu Protesten kam (➡FELDKIRCH/VBG.), stimmte das Außenministerium in den frühen 1960er Jahren seine Afrikapolitik weitgehend mit Südafrika ab.

Auch innerhalb der Linken, ja innerhalb der SPÖ, war das Verhältnis zu nationalen Befreiungsbewegungen kontrovers. Josef Hindels, ein Repräsentant der austromarxistischen Tradition, war schon 1951 für eine „bedingungslose Anerkennung der nationalrevoutionären Unabhängigkeitsbewegungen" eingetreten, auch wenn diese „unausgegoren und widerspruchsvoll erscheinen" (Keller 2010, 123). Karl Czernetz, ein Vertreter der „Mitte", hatte dies zurückgewiesen: „Stünden hinter den orientalischen [sic] Revolutionen ... nicht die Eroberungsabsichten des neuen Sowjetimperialismus, dann wäre die Entscheidung ... klar und einfach ... man muß den farbigen Völkern die Freiheit geben, auf die sie ein Anrecht haben. Man muß gleichzeitig den Versuch machen, mit ihnen zu Verständigung über ihre neu gewonnenen Freiheiten zu gelangen ... natürlich ohne jede gewaltsame Intervention versuchen, die Kräfte der Demokratie, des wirtschaftlichen und sozialen Fortschritts in diesen Ländern gegen ihre nationalreaktionären Herrenklassen zu unterstützen ..." (ebda.). Trotz solcher Bedenken bildete sich in der zweiten Hälfte der 1950er Jahre ein Komitee sozialistischer Jugendlicher, das den algerischen Freiheitskampf aktiv unterstützte – selbst in informeller Abstimmung mit der KPÖ – und dabei von Teilen der Partei- und Gewerkschaftsführung unterstützt wurde.

Erste Demo gegen Apartheid-Südafrika in Wien (1960)

Diskussionen und Aktivitäten wie diese blieben außerdem auf Minderheiten beschränkt – der Großteil der Bevölkerung war in keiner Weise außen-, geschweige denn afrikapolitisch interessiert. Es gab keine systematische Aufarbeitung von rassistischen oder kolonialistischen Mentalitäten, keine entwicklungspolitische Bildung, keine über Geographie hinausgehende afrikanische Landeskunde in den Schulen; die Erwachsenenbildung war vom Kalten Krieg beherrscht, die Massenmedien von der Tradition der 1930er Jahre. Die Zahl schwarzer Menschen in Österreich, die als Korrektiv hätten dienen können, war äußerst gering – nie war Österreich „weißer" als nach 1945.

Filme wie „Quax in Afrika" – ein NS-Streifen, der erst ab 1953 gezeigt werden durfte – oder Peter Alexanders „Münchhausen in Afrika" (1958) verfestigten das Klischee des „nackten Primitiven", das von der Medienmaschine des deutschen Faschismus einzementiert worden war. Spielfilme und Dokumentationen – wie „Afrika addio" (1966) – suggerierten ein Scheitern der Dekolonisation und ihr Ausarten in blutige Kriege. Reisebücher stellten aktuelle Vorgänge in einen überzeitlichen Zusammenhang: „Auch das freie Afrika von heute ist nichts weiter als die Fortsetzung des alten, noch nicht europäisch überstrichenen Afrika auf neuer Ebene. ‚Präsident einer demokratischen Republik' besagt an sich gar nichts. Wesentlich ist das Individuum – und das ist in Afrika ein Negrider, in Europa ein Europider ... So bleibt denn ein Negerstaat zu allen Zeiten ein Negerstaat ..." (König 1962, 54).

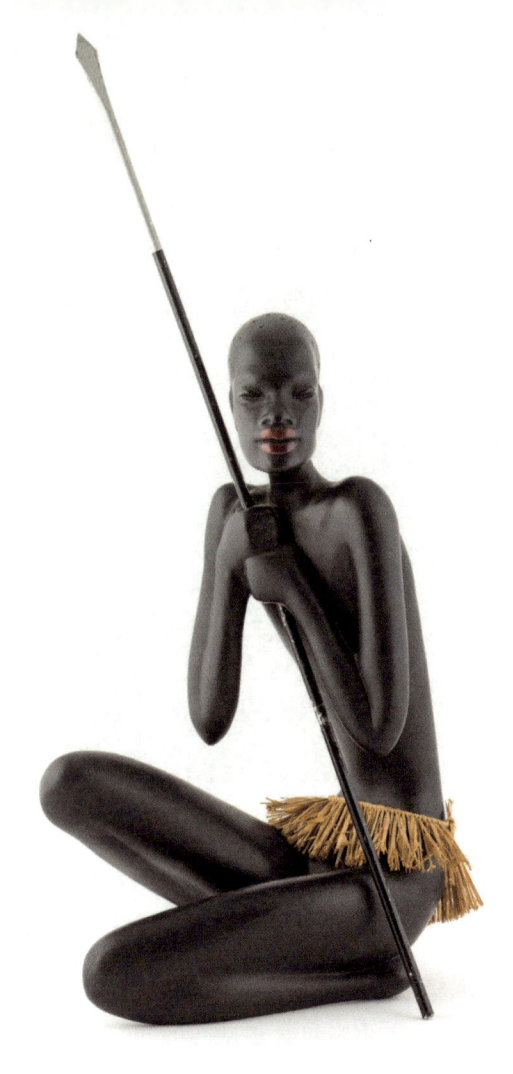

Krieger mit Speer
(Gmundner Keramik Modell Nr. 2302)

Es verwundert nicht, daß das Bild des nackten, allenfalls mit Baströckchen angetanen Wilden als beherrschendes Stereotyp afrikanischer Menschen der 1950er Jahre dominierte – in Filmen und Karikaturen, aber auch in den populären Keramikfiguren Leopold Anzengrubers und anderer Manufakturen dieser Zeit. Sie fungierten als Anhaltspunkte eines exotischen Eskapismus in einen geschichts- und zivilisationslosen, dadurch aber auch weniger sittenstrengen Kontinent. „Die Exotik, Sinnbild des Unerreichbaren, wurde als Dekor in die muffige Stube geholt. Aus Tropenhölzern, Bambuslampen, Drahtnegern im Baströckchen und Südseepalmen auf dem Buschhemd entstand ein surrealer Cocktail, in dem keine Konsumgrenzen mehr zu existieren schienen. In einer mit Surrogaten von Ferne dekorierten statischen Überall-Welt konnte man den Gefahren realer Entfernung fern bleiben." (Kos 1985, 184). Die Realität auszublenden – das war freilich keine gute Ausgangslage dafür, einem Kontinent, der sich von den Fesseln kolonialer Herrschaft zu befreien begann, zu *begegnen*.

WIEN

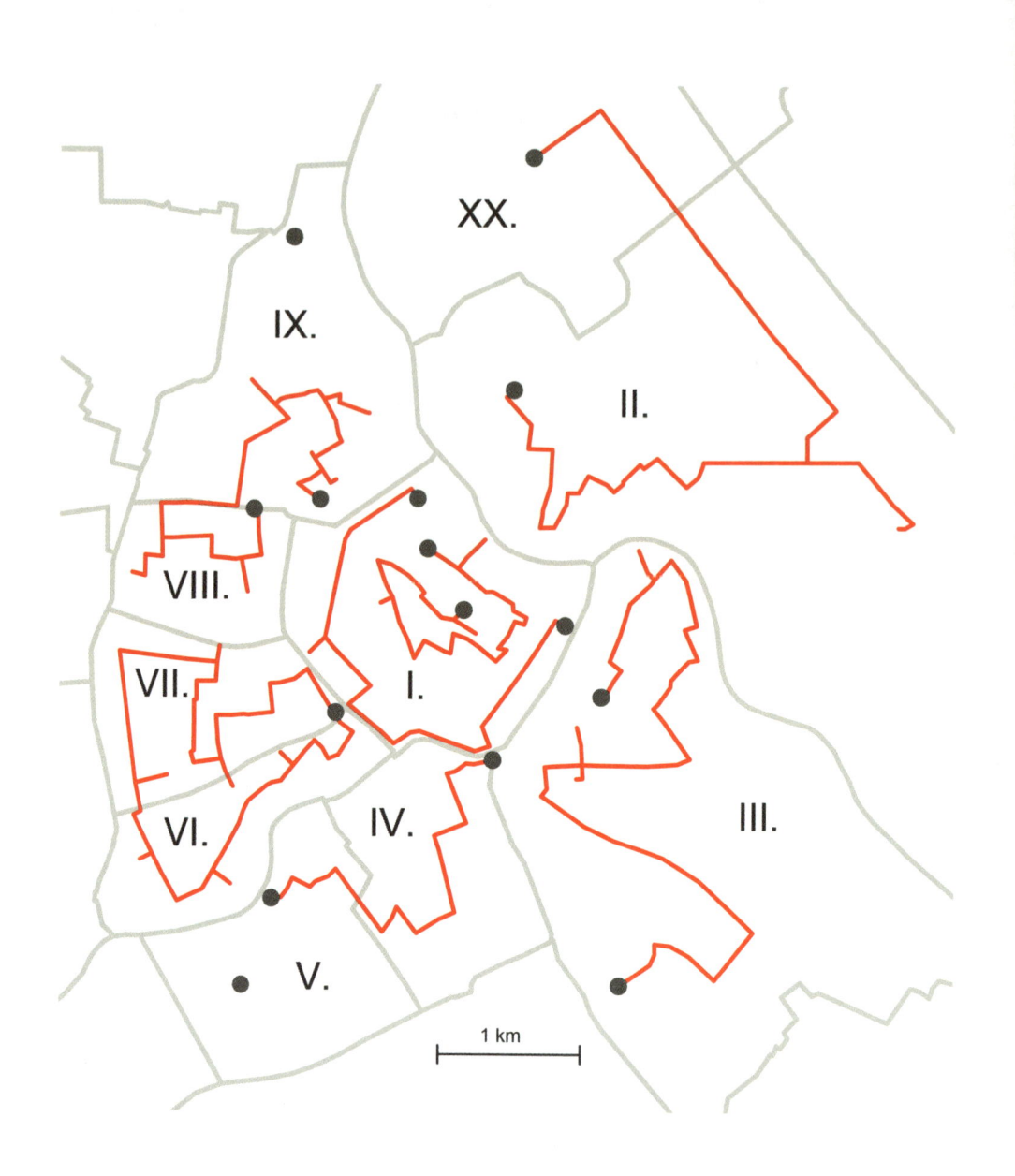

AFRIKANISCHES WIEN AKTUELL

Außenpolitik: Als Bundeshauptstadt ist Wien Sitz der für Außen- und Außenwirtschaftspolitik, Entwicklungszusammenarbeit, Integration und Flüchtlingspolitik zuständigen Ministerien und Institutionen sowie von UN-Organisationen; laufend erfolgen Höflichkeits- oder Informationsbesuche offizieller Delegationen bzw. von Botschaftern im Rathaus, zahlreiche Eintragungen afrikanischer Staatsoberhäupter und Persönlichkeiten im „Goldenen Buch der Stadt Wien" (beginnend mit Kaiser Haile Selassie 1954, vorläufig letzter 2009 der frühere Präsident von Mali, Amadou Toumani Toure); Besuche des Bürgermeisters in Afrika sind nicht bekannt, 2012/13 Visiten der Bürgermeister von Khartoum und Tripoli; Wien unterhält keine Städtepartnerschaften, geht aber befristete Kooperationen ein (z. B. 2012 und 2013 mit Sudan und Tunesien); enge Zusammenarbeit mit „PaN – Dachverband der österreichisch-ausländischen Gesellschaften"; vereinzelt afrikanische Straßenbenennungen; zahlreiche Honorarkonsulate afrikanischer Staaten.

Wirtschaft: Wien ist Standort zahlreicher österreichischer wie internationaler Konzerne mit Verbindungen zu Afrika. Investitionen/Joint Ventures z. B. seitens Agrana (Ägypten, Marokko, Südafrika), Casinos Austria (Ägypten, Südafrika 2009 aufgegeben), Mayr-Melnhof (Tunesien), RHI (Südafrika, Algerien), Schenker (Südafrika), Plasser & Theurer (Südafrika), Kapsch (Südafrika: kontroverses Mautsystem in Johannesburg), VAMED (Büros in Gabun, Ghana, Nigeria, Libyen, Senegal), K&K Invest (Sierra Leone); südafrikanischer Großinvestor in Österreich ist Mondi (1992 Papierfabriken Frantschach und Neusiedler samt Imperium in Osteuropa gekauft); größter Afrika-Importeur ist die ÖMV (Libyen, Tunesien, Nigeria). Exporteure sind u. a. Wienerberger (Marokko, Ghana), Waagner-Biro (Ghana, Marokko, Algerien, Burkina Faso, Uganda, Namibia, Moçambique), Finalit (Ägypten: Restaurierung der Cheopspyramide); im Consulting-Bereich tätig Human Dynamics (Südafrika, Swaziland, Malawi, Afrikanische Union).

Entwicklungszusammenarbeit: EZA und humanitäre Hilfe der Stadt wurden nach 2000 neu strukturiert; Förderung von Projekten u. a. in Äthiopien, Benin, Burkina Faso, Kenya, Moçambique, Namibia, Rwanda, Südafrika (u. a. Architektur), Tanzania, Uganda; Praktika für ausld. Ärzte/Ärztinnen und Medizintechniker/innen durch Krankenanstaltenverbund, u. a. aus Nigeria oder Ghana *(www.wien.gv.at/politik/international/md-eui/publikationen/index.html)*. Es gibt zahlreiche private Entwicklungs- und humanitäre Organisationen bzw. Initiativen, teils auch bundesweit tätig; neben den später vorgestellten z. B. HUMANA (Altkleidersammlung), Jugend eine Welt (epol. Praktika), World Vision (Kinderpatenschaften), Entwicklungshilfeklub (Mikroprojekte), Jane Goodall-Institut (Tierschutz) u. a.; traditionell werden Ferienaufenthalte von Kindern aus der Westsahara organisiert.

Kultur: Seit einigen Jahren ambitionierte Auseinandersetzung mit Afrika bei den Wiener Festwochen (Teboho Mahlatsi/Südafrika, Mahamat-Saleh Haroun/Tschad 2007; Brett Bailey/Südafrika 2010, William Kentridge/Südafrika, Panaibra Gabriel Canda/Moçambique 2014); Ausstellungen: seit den 1960er Jahren zum antiken Ägypten im Kunsthistorischen Museum/KHM bzw. zu bäuerlicher westafrikanischer Kultur im Museum für Völkerkunde/MVK, Erweiterungen dieses Repertoires in den 1990er Jahren auf Design (MAK), Ägyptenrezeption (KHM), royale oder Alltagskunst (MVK), postkoloniale Diskurse (MAK), weniger auf moderne afrikan. Kunst; Musik: westafrikanische Weltmusik im Konzerthaus (Salif Keïta, Cesaria Evora, Fatoumata Diawara u. a.), Afrojazz u. a. in Porgy & Bess, WUK, Sargfabrik, div. Festivals. In Wien leben zahlreiche Kulturschaffende afrikanischer Herkunft wie Tarek Eltayeb oder Chibo Onyeji (Schriftsteller), Amadou Sow (Maler), Elisabeth Bakambamba Tambwe (Performance), David Wurawa (Schauspieler), Mamadou Diabaté (Musiker), Johan Botha (Sänger) sowie zahlreiche Musikgruppen wie Insingizi/MoZuluArt u. a. (*www.kultureninbewegung.org*).

Diaspora: Ende 2013 waren in Wien gemeldet: 23.965 Afrikaner/innen, darunter ca. 8.600 aus Ägypten, 3.900 aus Nigeria und 2.100 aus Tunesien (letzte verfügb. Angabe d. Statistik Austria); breite soziologische Streuung – von UN-Diplomat/inn/en bis zu Asylwerber/inne/n. Es bestehen aktive Community-Strukturen: Vereine, meist auf nationaler Basis, übergreifend u. a. National Association of Nigerian Community Austria, Pan-African Forum, Verein der afrikan. Student/inn/en, Pamoja – The Movement of the young African Diaspora in Austria, Schwarze Frauen Community; als Kommunikationsebene die Afrika-Vernetzungsplattform mit Subkomitees in Graz, Linz und Salzburg; weiters Afro-Shops, Restaurants, Medien etc.; seitens der „Mehrheitsgesellschaft" zahlreiche Integrationsprojekte und -initiativen, v. a. für Flüchtlinge und Asylwerber/innen (Caritas, Asylkoordination usw.), Rechtsberatung, vereinzelte Lockerungen des Zugangs zum Arbeitsmarkt; Fälle rassistischer Diskriminierung (gewalttätige Übergriffe, Beschimpfungen, Beschmierungen etc.) dokumentiert von *www.zara.or.at*; diesbezügliche Beschwerden mehrfach von der Gleichbehandlungskommission untersucht.

I. INNERE STADT

RUNDGANG IM ZENTRUM

STEPHANSPLATZ
Dom- und Metropolitanpfarrkirche St. Stephan

Afrika nicht als heidnisch, sondern als anerkannten Teil der christlichen Welt zu zeigen – das war die Botschaft des schwarzen Heiligen Königs. Im Stephansdom, der prominentesten Kirche des Landes, fand sie vielleicht ihren frühesten Niederschlag, nämlich in der Darstellung der „Epiphanie" – der drei Weisen, der Madonna und des Jesuskindes – rund um einen der rechten Pfeiler. Der afrikanische König ist gut sichtbar; mit Krone über dem Turban, kurzem Wams und herabhängenden Stiefelstulpen ist er modisch gekleidet, in seiner linken Hand hält er das Horngefäß für die Myrrhe. Da das Langhaus Mitte des 15. Jhs. eingewölbt wurde und man die Statuen wohl erst nachher aufstellte, werden sie um 1460 datiert; manche wollen rheinisch-niederländischen Einfluß erkennen.

Daß es noch nicht selbstverständlich war, sich biblische Personen als schwarze Menschen vorzustellen, zeigt der Vergleich mit dem einige Jahre früher (1447) entstandenen „Wiener Neustädter Altar" im linken Seitenschiff. Hier repräsentieren die Weisen unterschiedliche Altersstufen und sind alle weiß. Die konservative Gestaltung von Bemalung und Schnitzerei spricht für eine Entstehung des Altars in provinziellem Umfeld. Bald nach Mitte des 15. Jhs. scheint man in Wien also das Sujet des schwarzen Königs von einer fortgeschritteneren Kunstszene in Westeuropa übernommen zu haben, und von hier strahlte es mit einer gewissen Zeitverzögerung auf das flache Land aus. Damit begann sich auch die positivere Sichtweise Afrikas zu verbreiten.

Zweihundert Jahre später blickte man ganz anders auf schwarze Menschen – der Glaubensbruder war zum Glaubensfeind mutiert. 1690 stiftete Freiherr Nikolaus Wilhelm Beckers von Walhorn, der Leibarzt Kaiser Leopolds I., einen Altar zu Ehren des heiligen Franz Xaver im linken Seitenschiff.

Das farbenprächtige Gemälde zeigt den berühmten Jesuiten, wie er an der Spitze europäischer Soldaten gegen ein schwarzes Heer in den Krieg zieht. Offenbar wird auf den antikolonialen Widerstand in Südindien, Sri Lanka und auf den malaiischen Inseln gegen die Etablierung der portugiesischen Herrschaft angespielt; die militärischen Erfolge wurden dem Gebet des Missionars zugeschrieben.

Singerstrasse 7
Kirche des Deutschen Ordens

Kreuzigungsszenen sind auf gotischen Altären nicht selten, hier allerdings mit einer Besonderheit. Der Mittelteil des Hochaltars zeigt Christus und die beiden Schächer am Kreuz, hoch über den Köpfen der trauernden Hinterbliebenen sowie (rechts vorne) den Stephaton, der Christus einen Essigschwamm an den Mund gehalten haben soll. Hinter diesem: ein großgewachsener Afrikaner, der mit seiner linken Hand auf den Gekreuzigten hinweist. Der Centurio Longinus vielleicht, der von zwei Evangelien mit dem Ausspruch „Wahrlich, dieser war Gottes Sohn" zitiert wird? In jedem Fall wird ein Vertreter Afrikas als Zeuge des Martertodes Christi und als Bekenner des Glaubens – ähnlich dem schwarzen König – dargestellt. Lokales Gedankengut war das freilich nicht: Der künstlerisch bedeutende Flügelaltar wurde 1520 in Mechelen geschnitzt und kam erst im Verlauf der Regotisierung der Kirche in den 1860er Jahren nach Wien.

Graben
„Zum schwarzen Elephanten"

Bis Ende des 19. Jhs. schloß ein querstehender Baublock den Graben nach Südosten ab, die Apotheke „Zum schwarzen Elephanten".
Der erste „österreichische" Elefant war im Triumphzug von Genua bis Wien geführt worden – eine sensationelle Show, nicht zu-

Das „Elefantenhaus" am Graben (18. Jh.)

letzt im Hinblick auf die Ansprüche Erzherzog Maximilians auf den Kaiserthron. Mehrere indische Wärter begleiteten ihn. Am 14. April 1552 fand der festliche Einzug über die Kärntner Straße zum Graben statt. Zur Erinnerung an das Ereignis wurde ein bunt bemaltes Relief aus Sandstein angebracht, auf dem der Elefant mit Reiter verewigt war; lateinische und deutsche Inschriften erklärten die Szene. 1715 war das Relief bereits so verwittert, daß es der Apotheker durch ein Fresko ersetzen ließ; 1789 wurde auch dieses entfernt, Ende des 19. Jhs. das ganze Haus demoliert.

Der Elefant wurde nach seiner Ankunft in die Menagerie von Kaiserebersdorf gebracht (➜ WIEN XI).

Pestsäule

Um die Wende zum 18. Jh. begann der frühkoloniale Warenhandel mit Südostasien, der in Westeuropa längst eingesetzt hatte, auch die obersten Kreise der Monarchie zu interessieren. Und zwar so sehr, daß er sogar auf dem Dreifaltigkeitsdenkmal, das Kaiser Leopold I. nach der Pestepidemie von 1679 gelobt hatte, Berücksichtigung finden sollte. Einige der prominentesten Architekten und Bildhauer – Johann Bernhard Fischer von Erlach, Lodovico Burnacini und Paul Strudel – realisierten hier bis 1694 ein vom Hof festgelegtes, mit zahlreichen Symbolen angereichertes Programm: Während ein Engel die von ihrer Krankheit zerfressene Pest in den Abgrund stürzt, betet auf der Ebene darüber der Kaiser zur Dreifaltigkeit. Links neben ihm erinnert eine vergoldete Krone an die Regierungsgeschäfte, und das Relief unmittelbar dahinter spielt auf eines derselben an: den Überseehandel, auf den man große Hoffnungen setzte. Symbolisiert wird er durch die kartographische Darstellung des Seewegs rund um das Kap der Guten Hoffnung nach Indien. Bis man die Hoffnungen auf profitable Überseegeschäfte umsetzen konnte – mit der sog. Ersten österreichischen Ostindien-Kompagnie 1722 – sollte es freilich noch jahrelang dauern.

BOGNERGASSE 5
„Zum Schwarzen Kameel"

1619 eröffnete der Händler Johann Baptist Cameel eine Gewürzkrämerei, die er in Anspielung auf seinen Familiennamen benannte. Als das Haus mit einer beliebten Weinstube 1901 neu errichtet wurde, gab man dem Lokal einen ägyptischen Bezug; das Bronzerelief mit Wüste und Palme vor einer Pyramide kopiert zum Beispiel eine Medaille des Khediven Abbas Hilmi II. (➜ WIEN IV), die 1895 in Kairo geprägt worden war. Das exotische schwarze Kamel fungiert nicht nur im schmiedeeisernen Geschäftszeichen über dem Eingang, sondern auch im Logo des Restaurants als sympathischer Blickfang *(www.kameel.at)*. Orientalismus in der Werbegraphik!

Meister des Schottenaltars: Anbetung (Wien, um 1470)

Freyung 6
Museum im Schottenstift

Höhepunkt der Kunstsammlungen des Benediktinerklosters sind die Tafeln des gotischen Hochaltars der Stiftskirche; Figuren und Schnitzwerk sind verschollen, und von den ursprünglich 24 Gemälden werden hier 19 im Original gezeigt, zwei weitere sind Kopien nach Originalen im Belvedere. Der von einem niederländisch beeinflußten Meister vermutlich in Wien geschaffene, 1469 datierte Flügelaltar zählt zu den Hauptwerken der Spätgotik in Österreich. Die Szene „Anbetung der Könige" (hier als Kopie) zeigt die vermutlich älteste malerische Darstellung des afrikanischen Königs in Österreich – eines eleganten jungen Edelmanns, der sich dem Christuskind mit Zurückhaltung nähert. Außerhalb Wiens kommt das Motiv erst ab den 1480er Jahren vor (➔WIEN III). Im Prälatensaal (nur mit Führung) ist als Langzeitprovisorium das barocke Hochaltarbild ausgestellt, die „Himmlische Glorie" von 1671, eines der Hauptwerke von Joachim Sandrart (➔LAMBACH/OÖ). Vom Typus her stellt das riesige Gemälde ein Allerheiligenbild dar, das mit einer Himmelfahrt Mariens verbunden ist. Bemerkenswert, daß sich auf der linken Seite ein schwarzer Heiliger befindet, der mit aufgerissenen Augen das Geschehen verfolgt. Was Sandrart zu dieser Darstellung – die in der Skizze zum Gemälde noch nicht vorhanden war – bewog, ist unbekannt; manche sehen in der Figur den dritten heiligen König, andere den vom Diakon Philippus getauften äthiopischen Kämmerer, der ja nach seinem Tod in den Himmel gekommen sein müßte …

Herrengasse 14
Café Central

1896 wurde eine Gruppe „Aschanti" – angeblich Angehörige des von Großbritannien eroberten Königreichs der Asante in Ghana – im sog. Tiergarten Am Schüttel präsentiert (➜ Wien II). Unter den zahllosen Schaulustigen befand sich auch der Schriftsteller und Stammgast im Café Central, Peter Altenberg (1850–1919). Seine eher einseitigen Annäherungen an die Asante-Mädchen verarbeitete er in einem 1897 in Berlin publizierten Buch „Ashantee". Obwohl selbst keineswegs frei von exotistischen Klischees, entwickelte er hier eine Kritik am Rassismus der sogenannten feinen Gesellschaft, den er aus der Perspektive der Schaugestellten miterlebt hatte. Eine Lithographie von Bertha Czegka aus dem Jahr 1902 zeigt Altenberg gemeinsam mit einer jungen Asante-Frau im Café Central.

Herrengasse 13
Ehem. Niederösterreichisches Landhaus (nicht öffentlich zugänglich)

Nach einem Programm des Hofhistoriographen Giovanni Comazzi schuf Antonio Beduzzi 1710 das Deckenfresko im ehemaligen

> *Abstecher:* Strauchgasse 3. Die Österreichische Entwicklungsbank, eine 100%ige Tochter der Österreichischen Kontrollbank, wurde 2008 gegründet. Über sie werden Finanzierungen oder Beteiligungsgeschäfte in Entwicklungs- und Schwellenländern nach entwicklungspolitischen Kriterien abgewickelt, d. h. zu besseren als marktüblichen Konditionen. Damit soll ein Beitrag zu Investitionen geleistet werden, um in den betreffenden Ländern Arbeitsplätze zu schaffen, das Steueraufkommen zu erhöhen und Devisen ins Land zu bringen. Unterstützende Maßnahmen wie Marktstudien oder Schulungen sollen die Wirkung dieser Projekte verstärken. Im Rahmen der Tätigkeit der OeEB 2012/13 stand Afrika gegenüber Rußland oder Zentralasien allerdings im Hintergrund; Projekte betrafen den südafrikanischen Bankensektor sowie multilaterale Finanzorganisationen, die u. a. Mikrokredite in Ghana, Kenya oder Tanzania finanzierten *(www.oe-eb.at)*.

Die Asante-Schau

„Das soll die Schönste sein" sagen die Besucher, „eine beauté ihrer Heimath. Wo liegt dieses Aschanti?! Nun, für eine Negerin – – –. Stolz ist sie, wirklich unsympathisch. Was glaubt sie eigentlich, dieses Mohrl?! Eine Ehre sollen wir uns machen, ihren Schmarrn zu kaufen?! Nicht einmal ansehen möchte sie uns, während sie unser Geld nimmt für Le Ta Kotsa, Zahnkraut. Gewiss ein Schwindel. Hast du Heimweh?! Unsere Verkäuferinnen würden ein schlechtes Geschäft machen. Musst freundlich sein, Schatzerl, thut dir ja Niemand was. Frieren thut sie, der arme Hascher. No, no, no, no, nur nicht gleich aufbegehren! Was bist du zu Hause?! Eine Gnädige?! Du wirst es noch billiger geben. Ein arroganter Fratz. Adieu. Es ist nichts aus ihr herauszubekommen. Goodbye, Mohrl, thu' dir nichts an. Es wird schon besser werden. Servus."

„Bènjo, bènjo – – – –!" (Geh' zum Teufel, packe dich.)

*

„Es ist kalt und ganz feucht, Tioko. Überall Wasserlachen. Ihr seid nackt. Was sind diese dünnen Leinensachen?! …"

„Wir dürfen Nichts anziehen, Herr, keine Schuhe, nichts, sogar ein Kopftuch müssen wir ablegen. ‚Gib es weg', sagt der Clark, ‚gib es weg. Willst du vielleicht eine Dame vorstellen?'"

„Warum erlaubt er es nicht?!"

„Wilde müssen wir vorstellen, Herr, Afrikaner. Ganz närrisch ist es. In Afrika könnten wir so nicht sein. Alle würden lachen. Wie ‚men of the bush', ja, diese. In solchen Hütten wohnt Niemand. Für dogs ist es bei uns, gbé. Quite foolish. Man wünscht es, dass wir Tiere vorstellen. Wie meinen Sie, Herr?! Der Clark sagt: ‚He, Solche wie in Europa gibt es genug. Wozu braucht man Euch?! Nackt müsst Ihr sein natürlich.'"

Peter Altenberg

Festsaal der niederösterreichischen Stände: „Providentia erteilt dem Haus Habsburg den Auftrag zur Weltherrschaft". Während die Figur der Austria neben der göttlichen Vorsehung im Zentrum des riesigen Gemäldes sitzt, verkünden Engel Jupiters Prophezeihung an Aeneas: „Nec metas rerum nec tempora pono / imperium sine fine dedi" („Weder Grenzen der Dinge noch der Zeiten setze ich ihnen, Herrschaft ohne Ende habe ich ihnen gegeben" – Vergil, Aeneis I, 278–79). Allegorische Darstellungen im Umkreis symbolisieren nicht nur die den beiden Linien der Habsburger damals unterworfenen Länder, sondern auch potentiell zu erwerbende Gebiete sowie die vier Kontinente.

„Damit wir den Österreichern nicht zu schmeicheln scheinen", schrieb Comazzi, „sind in den vier Ecken des Gewölbes die vier Weltteile: Europa, Afrika, Asien und Amerika anzubringen, welche mit dem Finger auf Landkarten zeigen, was von den Österreichern in der Wirklichkeit, nicht der Fabel nach, besessen wird; und weil sie kein Reich in Asien besitzen, so zeige dieses auf das gestürzte Kreuz, und erflehe sich, in Ketten gefesselt, von österreichischen Kräften die Freiheit, auf daß nicht Syrien, welches das Vaterland Gottes, des Menschen und unserer rechtgläubigen Religion ist, in der Sklaverei der Barbaren verbleibe" (Feuchtmüller 1957, 2). Ganz stimmt das freilich nicht mit der Ausführung überein. Die reich geschmückte afrikanische Königin mit ihren schwarzen Putten zeigt mit ihrem Finger auf das Kap der Guten Hoffnung, wo die protestantischen Niederlande 1652 einen Stützpunkt errichtet hatten – zweifellos nicht habsburgisches Territorium. Oder machte man sich Hoffnungen, irgendwann einmal auch Südafrika zu erobern?

Das Deckengemälde ist neben der Pestsäule und dem Augartenpalais (➡ WIEN II) der sprechendste Ausdruck österreichischer Überseephantasien um 1700, die von der

Abstecher MINORITENPLATZ, Kirche Maria Schnee. In seinem populären Gemälde von 1736, „Das Wunder des hl. Nikolaus", schildert Daniel Gran eine Episode aus der „Legenda Aurea": Der Bub Adeodatus, dessen Vater ein großer Verehrer des Heiligen ist, wird von einem feindlichen König gefangengehalten, vom heiligen Nikolaus aber befreit. Gran charakterisiert den bösen Herrscher mittels eines Turbans als „Türken"; seinem Hofstaat gehören zwei schwarze Sklaven an (rechte Seitenwand rückwärts).

Im malerischen Arkadengang entlang der rechten Seitenfront der Kirche sind Grabmäler aus dem ehemaligen Friedhof eingemauert. Hier findet sich auch ein Gedenkstein mit der heraldischen Figur eines Afrikaners (Seitenansicht des Kopfes mit Stirnbinde). Es handelt sich um das Wappen von Thomas Puccio, einem Malteserritter, der bei der Eroberung Esztergoms durch kaiserliche Truppen 1595 zu Tode kam. 1996 ging ich fälschlich noch davon aus, Puccio wäre afrikanischer Abstammung gewesen. Nachforschungen in Florenz, wo das Wappen der Familie häufig vorkommt, ließen mich dies korrigieren.

Hoffnung getragen waren, auch Spanien und sein Imperium in Lateinamerika übernehmen zu können.

HERRENGASSE 7
Bundesministerium für Inneres

Die heftigen Konfrontationen der Behörden mit afrikanischen Aktivist/inn/en, wie sie die Zeit rund um den Tod Marcus Omofumas (➡ WIEN VII) prägen, sind mittlerweile zwar abgeebbt – ein Symbol für restriktive Ausländer- und Asylpolitik ist das Ministerium aber geblieben. Zwar ist Asylpolitik seit Mitte der 1990er Jahre zunehmend durch EU-Richtlinien bestimmt, doch „… spielte Österreich bei der Aushandlung dieser Politik eine im Verhältnis zur Bedeutung Österreichs überproportionale Rolle, insbesondere als Vorreiter einer restriktiven Asylpolitik bzw. durch die Blockade … von Reformen in der Phase der Adaptierung der EU-Richtlinien (2011 bis 2014). Nach heftigen innenpolitischen Debatten vor allem unter Innenministerin Maria Fekter (ÖVP) ist es zuletzt zu einer sachlicheren Diskussion gekommen. Proteste von Flüchtlingen wegen der Überfüllung des Erstaufnahmezentrums ➡ TRAISKIRCHEN und Mängeln in der Grundversorgung führten zu einer breiten öffentlichen Diskussion, z. B. über das de facto Arbeitsverbot für AsylwerberInnen. Politisch Verantwortliche in den Ländern reagierten zuletzt auch schneller auf Mißstände in der Grundversorgung." (Herbert Langthaler, *www.asyl.at*).

JOSEFSPLATZ 2
Österreichische Nationalbibliothek

Errichtet 1723 bis 1726 von den beiden Fischer von Erlach, ist der fast 80 Meter lange Prunksaal in einen ovalen Kuppelbe-

Abstecher MINORITENPLATZ 8, Bundesministerium für Europa, Integration und Äußeres *(www.bmeia.gv.at)*. Die Bilanz hinsichtlich Afrikas fällt durchwachsen aus. Erfreulich, daß es während der dritten österreichischen Kandidatur für den UNO-Sicherheitsrat zur Gründung einer eigenen Afrika-Abteilung (in Sektion II) kam. Deren Spielräume sind jedoch angesichts der leider häufig üblichen Unterordnung von Außen- unter Innenpolitik und der weitgehenden Übernahme von EU-Positionen beschränkt. Bilaterale Besuche heimischer Spitzenpolitiker in Afrika gab es 2012/13 nur einen (in Nigeria), von afrikanischen in Österreich immerhin mehrere (aus Sudan, Moçambique, Tanzania und Lesotho). Dialogseminare, teilweise über regierungsnahe Institute organisiert, widmeten sich der Trennung von Nord- und Südsudan. Man bemüht sich um eine Vertretung der Afrikanischen Union in Wien. Multilateral unterstützt Österreich Initiativen in afrikarelevanten Abrüstungsfragen (z. B. Verbot von Landminen und Streumunition), kaum aber politische oder wirtschaftliche Forderungen Afrikas (ständiger afrikanischer Sitz im UN-Sicherheitsrat, entwicklungspolitische Kohärenz der EU-Außenhandelspolitik). Die Beteiligung des Bundesheeres an sog. Friedenseinsätzen (Tschad, Mali, Zentralafrikanische Republik), für die das Verteidigungsministerium zuständig ist, steht im Kontext der (neutralitätswidrigen) NATO-Annäherung bzw. der Militarisierung der EU und ist nicht Ausdruck eines besonderen Afrikainteresses, wenngleich sie in Bundesheer und Landesverteidigungsakademie zur Entwicklung entsprechender Kompetenzen geführt hat.

Sektion VII des Ministeriums ist für die politische Ausrichtung der Entwicklungszusammenarbeit (EZA) zuständig, während die praktische Umsetzung in die Austrian Development Agency bzw. die Österreichische Entwicklungsbank ausgelagert ist. Anfang der 1990er Jahre wurden „Schwerpunktländer" definiert (in Afrika: Burkina Faso, Kap Verde [ausgelaufen], Äthiopien, Uganda, Rwanda [ausgelaufen] und Moçambique), darüber hinaus bestehen sektorielle Prioritäten, unter denen Projekte auch in anderen Ländern durchgeführt werden können. Die trotz internationaler Verpflichtungen (OECD, EU) geringe Mittelausstattung der EZA wurde durch Sparmaßnahmen der Bundesregierung in den letzten Jahren weiter eingeschränkt, was zu heftigen Protesten der NGOs führte (➡ WIEN VII); weitgehend kommentarlos hingenommen wurde hingegen die Einbeziehung von Balkan- und Zentralasien-Staaten in den Kreis der Empfängerländer. Auch die Qualität der Entwicklungszusammenarbeit (Einrechnung von Budgetposten von geringer entwicklungspolitischer Relevanz) wird kritisiert.

reich und zwei Seitenflügel gegliedert, von denen derjenige beim Eingang dem Krieg, der gegenüberliegende (wo der Kaiser eintreten konnte) dem Frieden gewidmet ist. Die Decke ist mit Fresken ausgestattet, ein Hauptwerk des erwähnten Hofmalers Daniel Gran.

Unter der Kuppel zunächst die Apotheose des Kaisers und seiner Tugenden, darunter eine rund um das Oval laufende Folge von Loggien und Balkonen, auf denen sich die „Hohe Schule von Athen", „die bey Versamblung deren Gelehrten geübte Wissenschafften, und erlernete Künsten durch acht Abtheilungen ... präsentiert", wie es in der schriftlichen Vorgabe für den Maler hieß (Knab 1977, 61). Aus der ersten Figurengruppe der Friedensseite sticht eine dunkelhäutige Person heraus: „ein Egyptier [hält] ein Sprach-Rohr / damit die Aussprüche der Wahrsagungs-Kunst in der Stille können zu wissen gemacht werden" – Ägypten wird als Quelle geheimen Wissens verstanden, eine verbreitete Vorstellung der Frühen Neuzeit.

Die Personen noch weiter links repräsentieren „die Wissenschafft der Alterthümer und der Müntzen", unter ihnen „ein noch junger Mann / welcher mit der lincken Hand ein Egyptisches Götzen-Bild darreichet; mit der rechten aber ein Buch ergreifft. Über diese gesammlete Schätze der verflossenen Zeiten bezeigen zween Zuschauer ein sonderbares Vergnügen".

Heute hat die Nationalbibliothek weniger mit „egyptischer Wahrsagerei" als mit seriöser Forschung und Vermittlung zu tun *(www.onb.ac.at)*. Neben der Druckschriftensammlung mit Millionen von Büchern und Objekten möchte ich auf zwei Spezialkollektionen aufmerksam machen: die *Papyrussammlung* (samt Museum), mit etwa 180.000 altägyptischen, koptischen u. a. Papyri die weltweit größte ihrer Art und von der UNESCO als Weltkulturerbe eingestuft (Eingang Heldenplatz); und die *Kartensammlung* sowie das angeschlossene *Globenmuseum* (Eingang Herrengasse 9) mit zahlreichen Landkarten außereuropäischer Kontinente, u. a. aus dem Besitz der Fugger und des Prinzen Eugen, und etwa 650 historischen Weltkugeln.

Im linken Seitenflügel des Gebäudes, der den Prunksaal mit der Augustinerkirche verbindet, war früher das kaiserliche „Physikal-, Kunst-, Astronomie- und Naturkabinett" untergebracht. 1797 wurde es mit einer besonderen Attraktion neu eröffnet: dem ausgestopften Körper eines bekannten Wiener Afrikaners. „Angelo Soliman war in stehender Stellung mit zurückgerücktem rechten Fuße und vorgestreckter linker Hand dargestellt", so ein Augenzeuge, „mit einem Federgürtel um die Lenden und einer Federkrone auf dem Haupte, die beide aus roten, weißen und blauen, abwechselnd an einander gereihten Straußfedern zusammengesetzt waren. Arme und Beine waren mit einer Schnur weißer Glasperlen geziert und eine breite aus gelblichweißen Münz-Porcellanschnecken (Cyprea Moneta) zierlich geflochtene Halskette hing tief bis an die Brust herab" (zit. n. Sauer 2007, 80). Erst 1806 wurden die Präparate Solimans, des Tierwärters Michael Anjou (➜WIEN XIII) und zweier anderer schwarzer Personen aus der Schausammlung ins Depot verbracht, wo sie 1848 verbrannten.

JOSEFSPLATZ 1
Augustinerkirche

Eine ägyptische Pyramide als Grabmal einer kaiserlichen Prinzessin – gewöhnungsbedürftig! Formal nach dem Vorbild der römischen Cestius-Pyramide gestaltet, erregte das 1798–1805 vom Bildhauer Antonio Canova errichtete Werk zum Gedenken an Erzherzogin Maria Christina einiges Aufsehen. Die Beschränkung auf eine Pyramide als Totenkammer führt zum Fehlen christlicher Symbolik; an einem Genius mit schlafendem Löwen vorbei schreiten die Tugend mit einem Gefäß in der Hand, begleitet von zwei Mädchen mit Totenfackeln, sowie die Barmherzigkeit mit einem blinden Greis am Arm. Die Szene könnte freilich auch als Auferstehung (leeres Grab) gedeutet werden.

Wie auch immer: Die Hofpfarrkirche birgt eines der bemerkenswertesten Zeugnisse der Ägyptomanie in Wien (➧WIEN VII).

Links neben der Pyramide liegt der Eingang in die Loretokapelle (Herzgruft der Habsburger) mit einer Statue der „Schwarzen Madonna" von 1627, eine der frühesten Kultstätten dieser Art im habsburgischen Machtbereich. Die Verehrung der Madonna von Loreto – das Urbild soll nach dem Verlust des Heiligen Landes 1291 von Engeln ins italienische Loreto gebracht worden sein – wurde von Kaiser Ferdinand II. nach der Rückeroberung Böhmens 1621 forciert und stand klar in einem anti-protestantischen und anti-osmanischen Kontext. Die schwarze Hautfarbe, die später zu Diskussionen führen sollte, deutete die orientalische Herkunft des Gnadenbildes an und brachte vielleicht auch die den Marienstatuen zugeschriebene apotropäische Funktion (Abwehr von Schlangen und Ketzern) zum Ausdruck (Matsche 1978, 109 f). Von Wien aus vollzog sich die Verbreitung des Gnadenbildes in die einzelnen Regionen der Monarchie (➧LORETTO/BGLD.).

KÄRNTNER STRASSE 16
Mosaik

Österreich-Ungarn als Mittelpunkt – so sah man sich um die Wende zum 20. Jh. gerne. 1896 wurde das Hotel Meißl & Schadn errichtet, eine der vornehmsten Gastronomiebetriebe der Monarchie. Der beliebte Genre- und Porträtmaler Eduard Veith dekorierte die Rückseite des Etablissements mit einem großflächigen Mosaik (1896). Die einzelnen Kontinente sind rund um „Europa" gruppiert, dessen helles Licht – wohl der „Fortschritt" – die ganze Welt überstrahlt. Die einzelnen Erdteile werden durch zeitgenössische Klischees charakterisiert. „Afrika" z. B. durch ägyptische Symbole sowie durch einen kostbar gekleideten Beduinen, der ein reich beladenes Dromedar aus dem „dunklen Kontinent" ins „Licht der Zivilisation" bringt. So betrachtet, spiegelt das Mosaik die vom Imperialismus geschaffene internationale Arbeitsteilung (Rohstofflieferanten im Süden versus Warenproduzenten im Norden) gut wider.

FRANZISKANERPLATZ 4
**Franziskanerkloster
(nicht öffentlich zugänglich)**

In einem der Nebenräume des Kreuzgangs erinnert ein barockes Gemälde an den seliggesprochenen Franziskanerpater Liberatus Weiss, der als Missionar in Äthiopien wirkte und 1716 gesteinigt wurde. Das noch im selben Jahrhundert entstandene Gemälde propagiert – wie auch andere Zeugnisse der Ordenstradition – das Klischee des „grausamen Wilden". Erst durch das Zweite Vatikanische Konzil konnte das Trauma des „Missionarsmords" gelegentlich aufgearbeitet werden (➧GRAZ I).

Abstecher: SEILERSTÄTTE 15/10. Während Angola in Wien mit einer Botschaft vertreten ist, unterhält Österreich in Luanda ein Honorarkonsulat im Amtsbereich der Botschaft Pretoria. Während die politischen Beziehungen wenig intensiv sind, war Angola mehrmals Destination von Missionen der Wirtschaftskammer, die sich um die Hebung der Exporte bemüht. 2012 wurden heimische Waren im Ausmaß von immerhin 26 Mio. Euro nach Angola exportiert, v. a. Maschinen/Fahrzeuge und nicht-alkoholische Getränke. Importiert wurde allerdings praktisch nichts – Österreich deckt seinen Erdölbedarf v. a. in Nigeria.

POSTGASSE 4
Dominikanerkirche

Ende des 17. Jhs. war das Afrikabild fließend und in jede Richtung hin ambivalent, was hier anschaulich illustriert wird. Betrachten wir zunächst die prächtige Kanzel, gestiftet um 1680 von der Rosenkranzbruderschaft. Sie trägt das Motto TOTO DIFFUNDITUR ORBE: „Auf der ganzen Welt wird das Evangelium verbreitet." Demgemäß trägt der Schalldeckel der Kanzel eine Darstellung der Evangelisierung der vier Kontinente: Europa mit der Kirche, Asien als orientalisch geschmückte Frau, Amerika mit der Fackel des aufleuchtenden Lichtes und Afrika als ein eilig zur Verkündigung herbeieilender „Mohr". Das repräsentiert den Kontinent als eine hoffnungsvolle Missionsdestination.

Ganz gegensätzlich ein Fresko von Carpoforo Tencalla an der linken Seitenwand des Presbyteriums (1676). Es stellt die „Schlacht bei Muret" dar, also den Sieg des französischen Königs über die Fürsten des Languedoc 1213. Gegen jede historische Wahrheit (die Originalszene spielt in Südfrankreich) wird der feindliche Heerführer als ein turbanbedeckter Schwarzer gezeichnet, der Sieger, der den entscheidenden Schlag führt, hingegen als Weißer. Generell wird hier also der Konflikt zwischen „wahrem" und „häretischem" Glauben durch unterschiedliche Hautfarben charakterisiert – eine Farbsymbolik, die später leicht auf die europäische Kolonialpolitik übertragen werden konnte. Allerdings: Wie in St. Stephan stellte man sich die an solchen Konflikten Beteiligten als sozial Gleichrangige vor, personifiziert in zwei adeligen Heerführern. Die soziale und physiologische Deklassierung von Außereuropäern erfolgte erst im 19. Jh.

Dr.-Ignaz-Seipel-Platz
Jesuitenkirche

Ein höchst ungewöhnliches Motiv! Die prächtige Kanzel aus Nußholz mit Perlmutteinlagen und vergoldeten Schnitzereien zeigt die vier Evangelisten und die vier Tugenden, überragt von der Figur des stehenden Jesuitenheiligen Franz Xaver. Mit seiner rechten Hand tauft er gerade einen „Mohrenknaben", der in spanische Hoftracht gekleidet ist. Zu seiner Linken kniet ein weiterer, offensichtlich noch ungetaufter Bub, der nur einen Lendenschurz aus Straußenfedern trägt. Die Botschaft, die sich an Afrika gleichermaßen wie an Österreich richtet: Taufe/Mission hat mit angemessener Kleidung zu tun, sie ist gleichbedeutend mit „Zivilisation".

Die Kanzel entstand 1703–05 im Zuge der Neugestaltung der Kirche durch den Ordensarchitekten Andrea Pozzo.

Sonnenfelsgasse 11
Galerie Sonnenfels

Die von Wolfgang Klein 1991 gegründete Galerie ist auf „authentische Stammeskunst" spezialisiert (das meint wohl „traditionelle" Kunst). Mehrmals pro Jahr werden neue Objekte in hoher Qualität angeboten. Es handelt sich um Masken, Skulpturen, Waffen, Textilien, Schmuck usw., die der Galerist, der Westafrika viele Jahre lang bereiste, in der Regel selbst importierte *(www.galerie-sonnenfels.at)*.

Sonnenfelsgasse 13
Galerie Benedict

Wohl ein Zufall, daß sich gleich im Nebenhaus eine auf moderne afrikanische Kunst spezialisierte Galerie etabliert hat. Der Eigentümer, Benedict C. Onyemenam, vertritt Künstler/innen aus Nigeria wie Nike Davies-Okundaye von der „Oshogbo School of Art", die von Susanne Wenger inspiriert wurde (➡ KREMS/NÖ), Peju Alatise, Joseph Eze oder Nyornuwofia und Kofi Agorsor aus Ghana oder der Kenyaner John Sayala *(www.galerie-benedict.at)*.

HOHER MARKT
Ehem. Hinrichtungsstätte

Samstag, 23. August 1704: Eine riesige Menschenmenge hat sich auf dem Platz versammelt, Stadtguardia und Bürgerwehr riegeln den Platz vor dem alten Gerichtsgebäude, der Schranne (Hoher Markt 5), ab, in der Mitte ist ein Galgen errichtet. „Eodem wurde ein getauffter Mohr / Nahmens Jacob Bock / welcher im jüngst erregten Tumult sich am meisten / vergriffen ... / auffgehenckt." (Wiennerisches Diarium, 23.–27. 8. 1704).

Das Todesurteil in der „Wiener Zeitung"

Wenige Tage vorher, an einem blauen Montag, hatten betrunkene Kutscher und Dienstboten mit Polizisten zu raufen begonnen; selbst Verstärkungen des Militärs konnten den Auflauf kaum unterdrücken, ein Passant wurde von einer verirrten Kugel getötet. Rebellionen der Unterschicht, die ihre Unzufriedenheit mit der schlechten sozialen Lage des öfteren zum Ausdruck brachte, waren damals nicht selten. Von all den Beteiligten am „Lakaientumult" wurde allerdings nur ein einziger verhaftet: ein etwa zwanzigjähriger junger Mann aus Angola („Königreich Kongo"), der durch seine Hautfarbe leicht erkennbar war. Nachdem man ihn in der Schranne verhört und getauft hatte, wurde er zum Tod durch Erhängen verurteilt – eine Todesart, die nur bei politischen Delikten zur Anwendung kam. 2004 brachte der angolanische Journalist Abel Abraão diese tragische Geschichte in Rádio Nacional de Angola – die Sendung führte bei Hörerinnen und Hörern zu großer Betroffenheit. Wäre nicht eine Gedenktafel zur Erinnerung an den Justizmord angebracht?

WIPPLINGERSTRASSE 12
„Zum schwarzen Mohren"

1592 wurde die Apotheke erstmals erwähnt, und zwar unter der Bezeichnung „ad signum aethiopis" (später „Zum schwarzen Äthiopen" oder „Zum Mohren"). Es muß dies wohl eine werbewirksame Benennung gewesen sein, sonst hätte man sie ja nicht gewählt; Begriffe wie „Äthiope" oder „Mohr" wurden nicht unbedingt als abwertend verstanden (➡ WIEN II). Vielleicht nahm man auf die mittelal-

Abstecher: FRANZ-JOSEFS-KAI 27, *afrikanet.info.* „Stell deine Tasche nicht auf den Boden, das mag ich gar nicht", begrüßt mich simon INOU [sic] lachend in seinem kleinen Büro. „Bei uns in Kamerun glaubt man, das bringt Unglück!" Na gut, auch wir haben unsere Alltagstabus. 2003 gründete simon gemeinsam mit Ossiri Gnaoré (➔WIEN VI) eine Informations- und Diskussionsplattform der afrikanischen Community im Internet. Heute ist sie ein Projekt von M-Media, einem 2005 gegründeten Verein zur Förderung interkultureller Medienarbeit und wird von INOU und Clara Akinyosoye redigiert. *afrikanet.info* zählt neben Radio Afrika (➔WIEN IV) zu den führenden journalistischen Aktivitäten im Rahmen der heimischen afrikanischen Diaspora. Neben der laufend aktualisierten Website werden auch gedruckte Materialien publiziert, etwa das „Medienhandbuch Migration & Diversität" (zuletzt 2013) oder der Lagebericht „Schwarze Menschen in Österreich" (2010). Aufsehen erregten die Plakatkampagne „Black Austria" oder INOUs Kritik am Mohrenbräu-Logo (➔DORNBIRN/VBG.). Kaum großjährig, hatte simon im autoritär regierten Kamerun die einzige unabhängige Jugendzeitschrift des Landes, „Le Messager des Jeunes", gegründet. 1995 nutzte er seine Teilnahme an einer Konferenz in Graz und suchte um politisches Asyl an. „Wir haben vielleicht nicht dieselbe Vergangenheit", so seine Botschaft an Österreich, „aber bestimmt eine gemeinsame Zukunft. Mit Ausschlußmechanismen hat noch nie jemand etwas erreicht, arbeiten wir daher zusammen, damit wir eine tolle Zukunft haben."

terlichen Gerüchte vom äthiopischen Priesterkönig Johannes Bezug, in dessen Land allerlei Wundermittel vermutet wurden? Die portugiesische Umschiffung der Südspitze Afrikas und die „Entdeckung" Abessiniens von Ostafrika aus hatten um 1500 den Mythos wiederbelebt: „Unser Land strömt über von Honig, und hat überall Milch im Ueberfluss", hatte es 1165 im angeblichen Brief des Erzpriesters an den Kaiser von Konstantinopel geheißen. „In einem unserer Gebiete ist kein schädliches Gift, noch quakt ein schwatzender Frosch je, kein Scorpion ist hier, noch schleicht unter den Gräsern die Schlange ... Der Quell entspringt kaum drei Tagreisen fern vom Paradise, aus dem Adam vertrieben wurde. Hat jemand dreimal von jenem Quell gekostet, so wird er an jenem Tage keine Schwäche empfinden ... Unter Uns weilt kein Armer; alle Gäste, alle Fremden bewirthen Wir. Weder Diebe noch Räuber, weder Ehebruch noch Geiz finden sich bei Uns. Wir sind Alle der Wahrheit beflissen und lieben Uns gegenseitig. Kein Laster herrscht bei Uns." (Zit. n. Oppert 1864, 31ff.).

Aus diesem neu erwachten Interesse ist es wohl zu erklären, daß sich zahlreiche Apotheken in Deutschland und Österreich als „Mohrenapotheken" benannten (➔GRAZ IV). Allerdings: Je stärker man mit Äthiopien in Kontakt kam, desto geringer wurden die Illusionen, und das Image des Landes wurde negativ (➔GRAZ I).

DEN RING ENTLANG

Stubenring 5
Museum für Angewandte Kunst (MAK)

„Sie gehört zu den schönsten, wertvollsten und berühmtesten, wenn auch nicht zu den umfangreichsten Orientteppichsammlungen der Welt", meint Kuratorin Angela Völker zur 2014 neugestalteten Kollektion. „Ihren Schwerpunkt, ‚klassische' Teppiche des 16. und 17. Jhs., verdankt sie dem ehemaligen österreichischen Kaiserhaus." Aus Kairo stammen z. B. die sog. Mamelukenteppiche, darunter der weltweit einzige erhaltene Seidenteppich des frühen 16. Jhs.; wie er in habsburgischen Besitz kam, ist leider unbekannt.

Mamelukenteppich (16. Jahrhundert)

Das „k. k. Österreichische Museum für Kunst und Industrie" wurde 1864 gegründet, in den folgenden Jahren errichtete Heinrich v. Ferstel das repräsentative Gebäude, Anfang der 1990er Jahre wurde es als MAK neu eröffnet. Von Anfang an bestand Interesse an orientalischem, wenn auch nicht unbedingt afrikanischem Design. Objekte wurden bei diversen Weltausstellungen gekauft, teilweise auch bei Reisen im Nahen und Fernen Osten erworben.

Stubenbastei 6–8
GRG 1 Stubenbastei

Seit 2003 – anläßlich des 50jährigen Bestehens der UNESCO initiiert und aufgebaut von Josef Stehle – besteht eine Partnerschaft zwischen dem Gymnasium Stubenbastei und der Volksschule von Ouarmini, ca. 20 km südlich von Ouagadougou, der Hauptstadt von Burkina Faso. Einzelne Projekte vor Ort – z. B. Schulküchen – wurden finanziell unterstützt, vor allem aber sollen „das gegenseitige Lernen gefördert und afrikanische Länder nicht nur als Spendenempfänger wahrgenommen werden", sagt Maria Sonnweber, eine der Koordinator/inn/en der Aktivitäten. So werden im Unterricht westafrikanische Themen wie Sprachenvielfalt, afrikanische Literatur, Filmkunst, Mythen etc. behandelt. Im Rahmen eines Wahlpflichtfachs kam es 2011 zu einer zehntägigen Studienreise nach Burkina

Faso, in deren Verlauf die Schulen in Ouarmini und Tinsouka, das Nelson Mandela Lyçée in Ouagadougou und das germanistische Institut der Universität besucht wurden; für den Großteil der Gruppe war es die erste Begegnung mit einem afrikanischen Land. Durch die Umbenennung in „Verein für Kulturaustausch mit Schulen in Burkina Faso" soll die Partnerschaft nun auf andere Schulen ausgeweitet werden.

Hegelgasse
Straßenname

1865 – das liberale Bürgertum schickte sich an, seinen Teil der Staatsmacht zu erobern – wurde der bei der Anlegung der Ringstraße entstandene Straßenverlauf nach dem deutschen Philosophen benannt. Georg Wilhelm Friedrich Hegel (1770–1831) war zwar nie in Afrika gewesen und auch sonst kein besonderer Experte dafür, geschichtstheoretisch aber fühlte er sich sehr wohl in der Lage, den Platz dieses Kontinents im Rahmen der menschlichen Entwicklung zu bestimmen: „Der Neger stellt den natürlichen Menschen in seiner ganzen Wildheit und Unbändigkeit dar: von aller Ehrfurcht und Sittlichkeit, von dem, was Gefühl heißt, muß man abstrahieren, wenn man ihn richtig auffassen will; es ist nichts an das Menschliche Anklingende in diesem Charakter zu finden." (Zit. nach Martin 1993, 9). Indem man Afrika „Zivilisation" absprach, wurde selbst das Klischee des „Schwarzen Feindes" noch verschlechtert. Mit seiner These der Geschichtslosigkeit Afrikas trug Hegel wesentlich zum Rassismus des 19. und 20. Jhs. bei.

Karlsplatz 5
Künstlerhauskino

Der linke Pavillon des Künstlerhauses wurde 1947–1949 zu einem Kino umgebaut, die Außenseiten des Eingangsportals schmückte Leopold Schmid mit Sgraffiti zum Thema „Film". So stehen auf der rechten Seitenwand eine Arbeiterin und eine Trachtenfigur für den Heimatfilm, asiatische und afrikanische Figuren für die Romantik exotischer Länder. Auf der linken Seite symbolisieren Caesar und eine schwarze Kleopatra sowie ein Ritter das historische Genre, ein Bergsteiger den Expeditions-, ein Clown den Unterhaltungsfilm. Interessant, welche Kategorien man damals für wichtig hielt – heute stünden sicher Action- und Kriminalstreifen an erster Stelle. Die symbolistische Aufladung der Figuren führte natürlich zu einer klischeehaften Gestaltung. So wird der Afrikaner als halbnackter Speerwerfer („wild", „kriegerisch") vor einer angedeuteten Urwaldlandschaft gezeichnet.

Friedrichstrasse 12
Sezession

Zeitgenössische Konservative haben an Joseph Maria Olbrichs Sezessionsgebäude auch die Bezugnahme auf den vor-antiken Orient kritisiert: „Sie [die Architekten] ziehen es vor, Anleihen bei den Ägyptern und Assyrern zu machen, wenn sie ihre Neuformen bilden, unbekümmert darum, daß solche atavistische Rückfälle nichts anderes sind als Rückfälle in Barbarci." (Neue Freie Presse, 9.11.1898). In der Tat hatte sich Olbrich einige Jahre vorher mit der Architektur ägyptischer Grabmäler, die ähnliche Pylonen- und Kuppelelemente aufweisen wie die Sezession, beschäftigt.

Neben dem „Krauthappel", wie die Sezession lokal genannt wird, ist die eindrucksvolle „Marc Anton"-Gruppe des Bildhauers Arthur Strasser (1854–1927) plaziert. Sie wurde 1900 für die Pariser Weltausstellung geschaffen. Strasser hatte 1892 gemeinsam mit Charles Wilda (➡ Wien XXIII) eine Reise nach Ägypten unternommen und seither mit Erfolg ägyptische Motive in sein Schaffen eingebaut. Mit „Marc Anton" nahm er auf das Kleopatra-Motiv Bezug: Marcus Antonius war der Liebhaber der letzten ägyptischen Pharaonin und nahm sich nach der Niederlage gegen Octavianus (den späteren Kaiser Augustus) gemeinsam mit ihr 30 v. Chr. das Leben. Die Bronzeplastik zeigt den römischen Spitzenpolitiker im Wagen, gezogen von zwei Löwen und einem Panther, auf dem Höhepunkt seiner Macht.

Neue Burg (Heldenplatz)
Weltmuseum Wien

1928 wurde die ethnographische Sammlung des Naturhistorischen Museums in ein Museum für Völkerkunde übergeführt. Sein Bestand umfaßt heute nahezu 200.000 Inventarnummern, darunter ca. 43.000 aus Afrika. Die umfangreiche Sammlung reflek-

Figuren zweier Hofzwerge des Königreichs Benin, Westafrika (Nigeria), 14./15. Jh.

tiert die kulturelle Vielfalt des Kontinents. Zu den ältesten Teilen des Bestandes gehören Bronzen und Elfenbeinarbeiten aus dem Königreich Benin sowie afro-portugiesische Elfenbeinschnitzereien aus dem 16. Jh. Die meisten Objekte wurden vor 1918 erworben und erzählen nicht nur von vergangenen afrikanischen Lebenswelten, sondern auch von ihrem Transfer nach Europa im Kontext des Kolonialismus und der entstehenden Wissenschaft der Völkerkunde.

„Heute befindet sich das Museum in einer Umbruchsphase und wird Ende 2016 die Schausammlung neu eröffnen. Mit der Neukonzeption verabschiedet es sich von der bislang üblichen Strukturierung nach Regionalgebieten. Im Mittelpunkt werden vielmehr einzigartige Kulturschätze aus aller Welt stehen sowie Geschichten darüber, wie sie nach Österreich gelangten, was sie heute über die Herkunftsregionen erzählen und den Menschen dort und hier bedeuten. Damit soll die Besonderheit der Sammlungen des Weltmuseums Wien im internationalen Kontext hervorgehoben und ihr herausragender Stellenwert in der österreichischen Museumslandschaft betont werden. Dieses Konzept bietet auch die Möglichkeit, vom kulturellen Reichtum der Erde zu erzählen, ohne Brüche und fragwürdige schwarze Flecken in der Geschichte zu verhehlen. Darauf aufbauend schlägt das Museum neue Brücken zu den Herkunftsgesellschaften und will das Publikum daran teilhaben lassen.

In fünfzehn thematischen Schausälen und vier Bereichen eines sogenannten ‚Korridors des Staunens', der die Fülle und Vielfalt der Sammlungen zeigen wird, werden zahlreiche afrikanische Objekte zu sehen sein. Ein Saal wird den Kunstschätzen aus dem Königreich Benin und den kaiserlichen Geschenken des äthiopischen Kaisers Menelik II. an Kaiser Franz Joseph gewidmet sein.

Die Umstände, wie sie nach Wien gelangten, sind zwar grundsätzlich verschieden, doch hängen beide mit der Kolonialisierung des afrikanischen Kontinents zusammen. Die beiden Sammlungen in Wien sind Folge dieser historischen Umstände, und die wertvollen Objekte erzählen nicht nur von der Geschichte und Pracht der beiden Reiche und ihrer höfischen Kultur, sondern sind auch ein Vermächtnis, das an deren Niedergang erinnert.

Wichtige Beispiele der Kunst Zentral-, Süd- und Westafrikas werden in einem weiteren Saal zu sehen sein, der die Schätze des Museums aus allen Weltregionen in den Fokus stellt. Ein Bereich wird u. a. Forschung und Sammlungen von Pater Paul Schebesta aus dem zentralafrikanischen Ituri-Wald aus heutiger Perspektive beleuchten (➔ MARIA ENZERSDORF/NÖ). Im ‚Korridor' ist eine Präsentation von afrikanischen Musikinstrumenten, Haushaltsgeräten und einer Vielzahl an Masken und Figuren geplant." (Barbara Plankensteiner; *www.weltmuseumwien.at/staunen/sammlungen*).

BURGRING 5
Kunsthistorisches Museum

Aus den Kunstsammlungen der Habsburger entstand im Lauf der Zeit eine umfangreiche Kollektion, die seit dem 18. Jh. wissenschaftlich geordnet wurde. Am 17. Oktober 1891 wurde das neue Museumsgebäude der Architekten Karl Hasenauer und Gottfried Semper eröffnet.

Erst knapp davor war das Stiegenhaus fertig geworden: das große Deckengemälde „Apotheose der Kunst" von Mihály Munkácsy mit 40 Zwickelbildern, die sich mit den verschiedenen Stilepochen auseinandersetzen sollten. Mit diesen war die „Künstler-Compagnie" beauftragt worden, eine Ateliergemeinschaft, an der auch Gustav Klimt beteiligt war. Auf ihn entfielen zwei „Ägypten"-Bilder auf der Eingangsseite. Klimt ging dabei von Objekten des Ägyptischen Museums in Kairo bzw. europäischer Sammlungen aus. Er begnügte sich „nicht mit einer Zusammenstellung von sorgfältig ausgewählten Zeugnissen der materiellen Kultur Ägyptens, sondern verstand es darüber hinaus, einer für die altägyptische Kultur ganz wesentlichen Ideenwelt Ausdruck zu verleihen, nämlich der besonderen Auffassung der Ägypter über das Fortleben nach dem Tod" (Czerny 2009, 276).

Ägyptisch-Orientalische Sammlung: Die kaiserliche Sammlung ägyptischer Altertümer umfaßte 1824 bereits fast viertausend Exponate und wurde laufend erweitert. Dekoriert wurden die für die ägyptische Sammlung bestimmten Säle (Hochparterre rechts) mit Kopien der Wandmalereien aus dem Felsgrab Chnumhoteps II. in Beni Hassan (zuvor bei der Weltausstellung 1873 gezeigt: ➡ WIEN II); drei Granitsäulen, die Kaiser Franz Joseph 1869 zum Geschenk erhalten hatte und die vermutlich von einem Tempel des Mittleren Reiches stammen (19. Jh. v. Chr.), wurden als tragende Elemente eingebaut. Weitere Erwerbungen erfolgten durch den Ankauf der Miramare-Sammlung von Erzherzog Ferdinand Max sowie durch die archäologischen Grabungen Hermann Junkers (➡ WIEN XXIII) in Giza Anfang des 20. Jhs. – Thema einer Ausstellung des KHM 2013. Von einem Wiener Industriellen wurde 1914 der Kauf der Kultkammer (= oberirdische Verehrungskapelle des Grabes) des Beamten Kaninisut aus dem Alten Reich (25. Jh. v. Chr.) finanziert. „Die Wiener Sammlung zählt weltweit zu den bedeutendsten Sammlungen ägyptischer Altertümer. Die mehr als 12.000 Objekte datieren in einen Zeitraum von fast 4500 Jahren, von der ägyptischen Vor- und Frühzeit (um 4000/3500 v. Chr.) bis in die frühchristliche Epoche. Die thematischen Schwerpunkte der Sammlung liegen im Bereich von Relief und Skulptur", sagt Direktorin Regina Hölzl.

Kunstkammer: Die frühere Sammlung für Plastik und Kunstgewerbe, 2013 unter neuem Namen und in neuer Form wiedereröffnet, enthält edelste Werke der Edelsteinschneide- sowie Silber- und Goldschmiedekunst. So schnitt man z. B. in der Renaissance Kameen mit Porträts schwarzer Menschen aus Halbedelstein oder konstruierte mechanische Kunstwerke mit exotischen Menschen und Tieren (Trompeterautomat 1582). Unter den „Exotica" (Saal XXV) finden sich zahlreiche aus indischen und afrikanischen Werkstoffen verfertigte Gegenstände: manieristische Schnitzereien aus Elfenbein, Rhinozeroshorn oder Korallen sowie prächtige Straußeneipokale. Besonders bemerkenswert ist die goldene Kanne aus einer geschnitzten Seychellennuß (1602), die Rudolf II. um den enormen Betrag von 4.000 Gulden kaufte.

Gemäldegalerie: Als einen der Höhepunkte sehe ich „Die vier Weltteile" von Peter Paul Rubens an (um 1615); Africa von einem weißhäutigen, bärtigen Nilgott und einer dunklen, rubingeschmückten Afrikanerin symbolisiert, die Kontinente sind untereinander weitgehend gleichrangig dargestellt. Andere Bilder zeigen schwarze Menschen in verschiedenstem Kontext. So stellt „Das Schicksal der irdischen Überreste Johannes des Täufers" von Geertgen tot Sint Jans einen Lanzenträger unter den Soldaten des Herodes (nach 1484) dar, Paolo Veroneses „Judith mit dem Haupt des Holofernes" eine afrikanische Dienerin (um 1582). Manche Gemälde spielen auf koloniale Entwicklungen an, etwa das sog. Madagaskarporträt aus der Werkstatt Van Dycks: „Thomas Graf Arundel und seine Gemahlin Alatheia Talbot, auf Madagaskar zeigend", wo sie koloniale Interessen gehabt haben sollen (um 1639/40).

Tapisseriensammlung: Beeindruckend sind die riesigen Vorzeichnungen zum „Feldzug Kaiser Karls V. nach Tunis", einer Serie von zwölf Teppichen von Jan Cornelisz Vermeyen, der 1535 selbst an der Intervention teilnahm. Die 1554 gewebten Stücke befinden sich in Madrid, für Wien wurden 1712 und 1721 nach zehn noch vorhandenen Originalentwürfen neue Exemplare hergestellt. Die Tapisserien schildern den Verlauf des Kriegszugs Karls V. gegen Khair ad-Din Barbarossa (➡INNSBRUCK/T). Vermeyen war Augenzeuge der Intervention – er hat sich mehrmals selbst dargestellt – und erhebt somit den Anspruch der Authentizität. „Diese bildliche Rhetorik überblendet jedoch die Tatsache, dass die Teppiche den erfolgreichen Feldzug aus der Perspektive des siegreichen Kaisers wiedergeben und der nachträglichen Legitimation dieser politisch umstrittenen Unternehmung zuarbeiten." (Werner 2005, 70).

BURGRING 7
Naturhistorisches Museum

1885 konnte die kaiserliche Naturaliensammlung (➡JOSEFSPLATZ) in das neue Gebäude übersiedeln, dessen Längsfassaden mit überlebensgroßen Darstellungen der fünf Kontinente geschmückt sind. „Afrika", an der Rückfront, zeigt die imposante Figur einer wilden Jägerin auf den Ruinen der ägyptischen Hochkultur. Im Kontext der Innenausstattung sind die Wandbilder der Schausäle im Hochparterre bemerkenswert, u. a. „Die Eiszeit in Afrika", ein „Dorf der Niamniam in Central-Afrika", der „Markt in Tunis", die „Tempeln [sic] von Phylae" oder ein „Kaffern-Kraal Süd-Afrika". Hier befand sich ursprünglich die ethnologische Sammlung, die 1927 ins heutige Weltmuseum (➡NEUE BURG) ausgegliedert wurde. Ein Gemälde in der geologischen Abteilung zeigt das Big Hole im südafrikanischen Kimberley in einem frühen Stadium des Diamantenabbaus, technikgeschichtlich interessant. Stuckfiguren in der Kuppel versinnbildlichen weiters verschiedene Zweige der Naturwissenschaften, wobei z. B. die Zoologie durch einen europäischen Jäger, die Ethnographie durch Angehörige von „Naturvölkern" symbolisiert wird.

Die Struktur der Schausammlung ist von einer wissenschaftlich-systematischen – nicht geographischen – Anordnung der Objektgruppen gekennzeichnet. Afrika ist somit in allen Abteilungen vertreten. Ich hebe einige Objekte aus der zoologischen Abteilung hervor: das vollständige Exemplar des Quastenflossers *Latimeria chalumnae* in Saal 26, den man als ausgestorben ansah, bis er 1938 von einer südafrikanischen Zoologin wiederentdeckt wurde; in Saal 28 die (Nil-) Krokodile, in den Sälen 30/31 den Afrikanischen Strauß, die größte derzeit lebende Vogelart, und eines der wenigen erhaltenen Skelette der ausgestorbenen Dronte aus Mauritius (➡EFERDING/OÖ); in den Sälen 34/35 das große Präparat eines Afrikanischen Elefanten (Schulterhöhe 3,5 m), dem Museum 1981 von der Republik Zimbabwe geschenkt, sowie ein vom Grafen Wickenburg gespendetes afrikanisches Nashorn; in Saal 38/39 Löwen und diverse Affenarten, darunter ein Gorilla-Präparat aus dem Kongo. Und haben Sie gewußt, daß viele heimischen Vogelarten für ihr Winterquartier nach Afrika fliegen (Saal 29), etwa Störche und Flußseeschwalben bis nach Südafrika (➜Rust/Bgld.)?

Mit einer politisch brisanteren Thematik befaßt sich die Anthropologische Sammlung (Säle 15/16). Ist es möglich, aus physiologischen Kennzeichen eine Hierarchie menschlicher „Rassen" abzuleiten? Diesem Konzept war die 1978 eröffnete Ausstellung – im besonderen Saal 17: „Die heute lebende Menschheit (Rassenkunde)" – verpflichtet. Hier wurden Thesen des führenden NS-Rassentheoretikers Egon von Eickstedt unkommentiert übernommen und Menschen anhand körperlicher Merkmale mit sozio-kulturellen Bewertungen versehen. Z. B. wären „Negride" durch Jahrhunderte fremdbeherrscht gewesen (Hamitenthese), „erst in den letzten Jahrzehnten [hätten sie] ihr Geschick selbst in die Hand" genommen; „Europide" wären als älteste „Großrasse" und als Weiterentwicklung des *homo sapiens* anzusprechen, „Mongolide" und „Negride" hätten sich erst später entwickelt (Szilvássy 1978, 30, 107 u. 130).

Internationale Kritik führte 1993 auch in Österreich zu Diskussionen (u. a. parlamentarische Anfrage der Grünen); 1996 wurde der sog. „Rassensaal", drei Jahre später die gesamte Ausstellung geschlossen. Aber was nun? Nach langer Pause eröffnete das Museum 2012 eine von Direktorin Maria Teschler-Nicola komplett neugestaltete Ausstellung „Evolution des Menschen". Ohne den Begriff „Rasse" zu verwenden, werden hier grundlegende Themen wie das Verhältnis des Menschen zu den Primaten, der aufrechte Gang, Gehirnentwicklung und Sprachfähigkeit, Gebrauch des Feuers und von Werkzeugen etc. diskutiert und didaktisch gut umgesetzt. Daß der *homo sapiens* aus Afrika stammt, ist ebenso selbstverständlich wie das Vermeiden kultureller Wertungen. Eine meiner Ansicht nach sehr gelungene Schau!

Volksgartenstrasse 4
Tunesischer Kultur- und Sozialverein

Knapp 3500 Menschen tunesischer Herkunft lebten 2011 laut amtlicher Statistik in Österreich, ca. zwei Drittel davon in Wien, sie sind damit die drittgrößte Community aus Afrika. Die erste Einwanderungswelle aus Tunesien kam in den 1970er Jahren, v. a. Arbeitskräfte für die Industrie (z. B. Glanzstoffwerke St. Pölten). In den 1980er und -90er Jahren folgten Krankenschwestern, später dann politische Flüchtlinge; diese etablierten ihren eigenen Verein.

Der Tunesische Kultur- und Sozialverein, seit etwa zehn Jahren an dieser Adresse, sei zunächst vom autoritären politischen System Tunesiens dominiert gewesen, erläutert Hassan Soukni, Sozialattaché an der Botschaft (➜Wien XIX). Seit der „Jasmin-Revolution" hätten sich die Verhältnisse aber geändert, es gebe eine Öffnung für Tunesier/innen aller politischen Richtungen, nicht zuletzt auch für Frauen, die früher kaum vertreten gewesen seien. Regelmäßig finde Arabisch-, Englisch- und Deutschunterricht statt, gebe es Aktivitäten für Frauen und Studierende, fallweise auch Workshops, Fotoausstellungen (z. B. „Tunesia through Austrian eyes") oder Vorträge; natürlich seien auch Österreicher/innen willkommen *(www.tawasol.at)*. Insgesamt bestünden in Wien heute acht oder neun tunesische Vereine.

Im selben Gebäude befindet sich auch der Ägyptische Club, ein alteingesessener Treffpunkt der ägyptischen Community (nur für Mitglieder).

Baptista Ismael Machaieie und Luís Júnior Dava (Parlamentsdirektion von Moçambique) mit der kürzlich verstorbenen Nationalratspräsidentin Barbara Prammer, 2010

Dr.-Karl-Renner-Ring 3
Parlament

Apartheidkritische Abgeordnete spielten in den 1980er Jahren eine wichtige Rolle bei der Durchsetzung von Wirtschaftssanktionen gegen Südafrika. Damals kamen auch erste Kontakte zu AWEPA zustande, der „Association of West-European Parliamentarians against Apartheid" (heute „Association of European Parliamentarians with Africa").

Dieses Engagement wollte man fortsetzen, auch wenn der Systemwechsel in Südafrika 1994 sowie Österreichs Beitritt zur Europäischen Union im Jahr darauf die Rahmenbedingungen veränderten. 1998 diskutierten 300 Abgeordnete und Repräsentant/inn/en der Zivilgesellschaft aus beiden Regionen im Parlament über aktuelle Themen, etwa die kontroverse EU-Handelspolitik.

2002 gründete die damalige Vorsitzende des Entwicklungspolitischen Unterausschusses, Inge Jäger (SPÖ), die österreichische AWEPA-Sektion; ihr gehören heute mehr als 100 aktive und ehemalige Mandatare zum Nationalrat und zum Bundesrat aus allen Fraktionen an. Vier Jahre später konnte der „Parlamentarische NordSüdDialog" starten, der sich eine Stärkung der entwicklungspolitischen Kompetenz im österreichischen Parlament sowie die Partnerschaft mit bzw. Unterstützung des Parlaments von Moçambique zum Ziel setzt; seit 2012 ist auch das portugiesische Parlament daran beteiligt. Neben regelmäßigen Konsultationen auf Präsidenten- und Abgeordnetenebene wird die Assembleia da República in Maputo vor allem bei der Verbesserung der Infrastruktur, der Weiterbildung der Mitarbeiter/innen und der Öffnung des Parlaments für seine Bürger/innen unterstützt.

Nationalratspräsidentin Barbara Prammer: „Ich unterstütze die Bemühungen des Projekts, mit seinen Informationen und Veranstaltungen das entwicklungspolitische Bewußtsein der Nationalratsabgeordneten und Bundesratsmitglieder weiterzuentwickeln. Ein Konsens wäre wünschenswert, daß Entwicklungspolitik nicht nur auf der

Finanzierung von entwicklungspolitischen Projekten und Budgets basiert, sondern daß von der Landwirtschafts- über die Bildungspolitik bis hin zu den internationalen Welthandelsregeln Kohärenz in allen Politikbereichen notwendig ist. Nur durch dieses Bewußtsein für entwicklungspolitische Verantwortung in allen Politikbereichen kann langfristig eine Verbesserung der Lebensbedingungen in Entwicklungsländern gelingen." *(www.nordsueddialog.org).*

Universitätsring 1
Universität Wien

Ein festlicher Anlaß, als der ehemalige südafrikanische Erzbischof, Anti-Apartheid-Politiker und Friedensnobelpreisträger Desmond Mpilo Tutu 2009 zum Ehrendoktor ernannt wurde – auf Antrag der Evangelisch-Theologischen Fakultät. Nur zwei afrikanischen Persönlichkeiten war diese Ehrung früher zuteil geworden: dem ägyptischen UN-Generalsekretär Boutros Boutros-Ghali und der algerischen Schriftstellerin Assia Djebar, beiden 1995.

Wien ist die einzige Universität in Österreich, an der Afrikaforschung institutionell verankert ist – zwar in „Orchideenfächern" (die ein früherer Finanzminister abschaffen wollte), aber immerhin: an den Instituten für Afrikawissenschaften (➡ WIEN IX) und für Ägyptologie (➡ WIEN XIX). Darüber hinaus ist Afrika in Kultur- und Sozialanthropologie, Geographie, Anglistik oder Geschichte ein regelmäßiges Thema, ebenso in der „Internationalen Entwicklung". Leider heißt das nicht, daß jede/r Studierende im Lauf ihres/seines Studiums mindestens einmal mit Afrika konfrontiert wird …

Offizielle Beziehungen seitens der Alma Mater zur afrikanischen Wissenschaftsszene scheinen erweiterungsfähig. Es gibt eine einzige Partnerschaft – mit der University of Pretoria, die in Hinkunft intensiviert werden soll. Zum Vergleich: Mit Asien bestehen 18 Partnerschaften, mit Amerika 19.

Ehrendoktorat an Erzbischof Tutu, 2009 mit Rektor Georg Winkler und Dekan James A. Loader

Zelinkagasse 2
Austrian Development Agency

2004 als Agentur für die Umsetzung der Programme und Projekte der öffentlichen EZA gegründet. Die ADA, die im Eigentum des Bundes steht, wickelt jährlich an die 500 Programme und Projekte ab, teils aus Mitteln des nationalen Budgets, teils mit Finanzierung der Europäischen Kommission. Von Anfang an sollten Kooperationen mit österreichischen Firmen (oder solchen aus dem EWR-Raum) eingegangen werden – die sog. Wirtschaftspartnerschaften; zur Stärkung derselben werden seit 2012 auch Mittel der Entwicklungsbank eingesetzt. Die ADA ist darüber hinaus Hauptansprechpartnerin für heimische NGOs, die in den Schwerpunktländern bzw. -regionen aktiv sind bzw. die sich um die entwicklungspolitische Bildungs- und Öffentlichkeitsarbeit kümmern. 2012 betrugen die öffentlichen Leistungen für Entwicklungszusammenarbeit 0,28 % des Bruttosozialprodukts – 0,7 % sollten es laut OECD-Vereinbarung sein. Umgerechnet waren dies 861 Mio. Euro. Etwa zwei Drittel davon wurden vom Finanzministerium vergeben, zum großen Teil an multilaterale Organisationen wie den Europäischen Entwicklungsfonds und die Vereinten Nationen. Der zweitgrößte Posten entfiel auf das Wissenschaftsressort und besteht fast zur Gänze aus den sog. indirekten Studienplatzkosten, dem aus dem Universitätsbudget herausgerechneten Anteil für Studierende aus Entwicklungsländern. Erst an dritter Stelle folgte der von der ADA verwaltete Anteil, der sich inkl. Dritt- und EU-Mittel auf ca. 110 Mio. Euro belief. Der gestaltbare Teil der öffentlichen Entwicklungszusammenarbeit Österreichs im bilateralen Bereich – also der tatsächlich vor Ort durchgeführten Programme und Projekte – lag 2012 also nur bei etwa 10 % des ohnehin kleinen und von Sparmaßnahmen betroffenen Gesamtbudgets.

II. LEOPOLDSTADT
XX. BRIGITTENAU

Obere Augartenstrasse 1
**Augartenpalais
(nicht öffentlich zugänglich)**

Inmitten einer wüstenartigen Gegend, in der sich Schlangen und ein Löwe tummeln, sitzt eine kaum verhüllte Afrikanerin mit einem Skorpion in der linken und einem überquellenden Getreidekorb in der rechten Hand. Neben ihr zwei nackte Sklaven, die mit einem großen Korallenstrauch beladen sind. Auch aus den anderen Kontinenten werden Lasten herbeigeschafft – zu dem großen Segelschiff, das von einem weiblichen Genius auf einer Wolke gehalten wird und Europa zugeordnet ist.
Anhand von Personifikationen der „Vier Erdteile" verherrlicht das monumentale Deckenfresko im Ovalsaal des Sängerknaben-Palais den weltweiten Handel. Es stammt großteils von Jonas Drentwett, der sich mit Signatur und Selbstporträt verewigt hat, und entstand in den frühen 1690er Jahren.

Bauherr des Schlosses war der Handelsmann und Ratsherr Zacharias Leeb. Ob und in welcher Weise er in Übersee engagiert war, wissen wir nicht – die Vision einer aktiven Rolle der Habsburgermonarchie im Indischen Ozean lag Ende des 17. Jhs. jedoch in der Luft (➡ Wien I). 1736 wurde die Liegenschaft von Leebs jüngstem Sohn, Abt Robert von Heiligenkreuz, angekauft; auf ihn geht die religiöse Ergänzung des ursprünglich rein säkularen Bildprogramms zurück.

Grosse Pfarrgasse 23
Elefant

Über die Taborstraße stadteinwärts verlieren wir uns im Gassengewirr der alten Leopoldstadt. Straßen- und Hausnamen mit exotischem Touch waren hier populär, etwa das Hausschild „Elefant".

Taborstrasse 16
**Alte Apotheke
(nicht öffentlich zugänglich)**

Die sog. Alte Apotheke (heute Büro) ist mit barocken Deckenmalereien aus dem 2. Viertel des 18. Jhs. geschmückt, Kunsthistorikern zufolge handelt es sich um allegorische Darstellungen der vier Erdteile. Es werden vier Personen (drei Frauen und ein Mann) mit heilkräftigen Materialien gezeigt. Eine dunkelhäutige Frau (Africa?) scheint mit dem seltenen Symbol des Einhorns auf. Dieses stand im mittelalterlichen Symbolismus für Jungfräulichkeit und für Heilkraft.

1614 wurden die Barmherzigen Brüder nach Wien berufen. Schwerpunkt des Ordens lag auf der Führung von Spitälern, in denen Arme kostenlos oder gegen geringes Entgelt medizinisch behandelt wurden – wichtig in einer Zeit ohne öffentliches Sozialsystem. Unter den Patient/inn/en der Barmherzigen Brüder in Wien fanden sich viele Migrant/inn/en, darunter auch afrikanischer Herkunft.

Taborstrasse 10
(Grosse Mohrengasse 5)
Ärzte ohne Grenzen

„Ärzte ohne Grenzen" ist die österreichische Partnersektion der weltweit größten medizinischen Hilfsorganisation, Médecins Sans Frontières (MSF), hierzulande seit 1994 etabliert. Sie leistet medizinische Nothilfe in Ländern, in denen die Gesundheitsstrukturen zusammengebrochen sind oder Bevölkerungsgruppen unzureichend versorgt werden: Wiederaufbau von Gesundheitszentren, mobile Kliniken in ländlichen Gebieten, Impfprogramme, medizinische Versorgung in Flüchtlingslagern, psychologische Betreuung, Wasser- und Sanitärprojekte sowie Unterstützung von Straßenkindern.

Aus Spendengeldern werden Projekte in afrikanischen Ländern unterstützt, in acht davon fanden 2014 Freiwilligeneinsätze statt: Ägypten, Äthiopien, DR Kongo, Nigeria, Südsudan, Tschad, Swaziland und Zentralafrikanische Republik. Etwa ein Drittel aller Einsätze ging nach Afrika – kein gutes Zeichen für den Zustand der Gesundheitsversorgung auf dem Kontinent *(www.aerzte-ohne-grenzen.at)*.

Wie andere Entwicklungsorganisationen lehnt „Ärzte ohne Grenzen" die heute gängige Vereinnahmung von medizinischen Strukturen durch das Militär kategorisch ab. „Im Ernährungszentrum in Mogadischu, in der Klinik für vergewaltigte Frauen und Mädchen im Kongo oder im Feldspital vor Aleppo haben diese Grundsätze ganz konkrete Auswirkungen auf Gelingen oder Misslingen eines Hilfseinsatzes", so eine Vertreterin der Organisation (Wiener Zeitung, 6. 3. 2013).

GROSSE (KLEINE) MOHRENGASSE
Straßennamen

Benannt sind die Gassen nach heute verschwundenen Hausschildern des 18. Jhs. Welche Bedeutung hatte der Begriff „Mohr" damals? Eine ziemlich verwirrende.
Religiös gesehen wurden damit Muslims bezeichnet (z. B. die „weißen Mohren", die man in Marokko bekriegte ➜HOHENEMS/VBG.), genauso aber auch Anhänger/innen von traditionellen Religionen, also „Heiden". Physiologisch stand nicht einmal ihre Hautfarbe fest – wurde in der alten Literatur doch von „Mohren" berichtet, die „wohl nur eine schwartze gelbe Haut gehabt, andere dem weissen noch näher gekommen seyn mögen" (Zedler 21, 1739, 864). In Wien bezeichnete man z. B. 1686 einen verstorbenen Chinesen als „Mohr". Ganz allgemein mag der Begriff also für Menschen in oder aus vage bekannten überseeischen Gegenden gestanden sein.
Wenn man den Begriff auf dunkle Hautfarbe beschränkte, dann umfaßte er Menschen unterschiedlichen sozialen Hintergrunds, also afrikanische Könige ebenso wie schwarze Sklaven, die nach Europa und Amerika verkauft wurden. Je stärker sich aber die sklavereibasierte atlantische Ökonomie verwurzelte, desto üblicher wird die Gleichsetzung von „Mohr" und „Sklave" geworden sein, für die um 1800 das einseitig negativ konnotierte Wort „Neger" aus den romanischen Sprachen ins Deutsche übernommen wurde.
In der Barockzeit wurde der Begriff zudem auch als Berufsbezeichnung für schwarze Menschen im adeligen Dienst gebraucht, die ja häufig (ehemalige) Sklaven waren; „Hof-Mohr" bezeichnete eine gehobene Position im Gefolge eines Aristokraten.
Was lernen wir also aus der Bedeutungsgeschichte? Daß der konkrete Begriffsinhalt vom Kontext abhing. Und daß die vor- oder innerstädtischen Bürger, die ihren Wohnsitz als (großes, kleines, schwarzes oder sonstiges) „Mohrenhaus" deklarierten, damit wohl kaum ein rassistisches Bekenntnis ablegen, sondern eher ihre Vertrautheit mit der Existenz von „Mohren" zum Ausdruck bringen wollten: mit der Existenz von Menschen aus Übersee, die im Gefüge der ständischen Gesellschaft zu „Wiener Typen" geworden waren.

AFRIKANERGASSE
Straßenname

Manche „Mohren" blieben besonders in Erinnerung, etwa die 1783 in Wien weilende marokkanische Gesandtschaft. Mehrere Straßen und Lokale wurden zu ihren Ehren getauft, im Prater brannte man ein „Marokkanisches Blumenfest" ab, und der Aufklärer Pezzl tarnte seine Gesellschaftskritik als „Marokkanische Briefe" (1784). 1862 wurde die Marokkanergasse in der Leopoldstadt wegen Namensgleichheit mit jener in ➜WIEN III in Afrikanergasse umbenannt.

PRATERSTERN
Tegetthoff-Denkmal

Die Säule mit den bronzenen Schiffsrümpfen ist dem Sieger der Seeschlacht von Lissa (1866) gewidmet. Neun Jahre vorher – daran erinnert das Denkmal nicht – war Tegetthoff weniger erfolgreich gewesen. Im Auftrag von Erzherzog Ferdinand Max (➜WIEN XIII) war der steirische Jungoffizier ausgeschickt worden, um die Erwerbung der Insel Sokotra am Ausgang des Roten Meeres zu betreiben. Auf der langen Reise durch den Sudan und entlang des Horns von Afrika ging freilich alles schief, was schiefgehen konnte. Letztlich wurden Tegetthoff und der deutsche Naturforscher Theodor Heuglin im November 1857 im heutigen Somalia gefangengenommen und erst gegen Lösegeld freigelassen. Der verletzte Heuglin entschloß sich zur Rückkehr, Tegetthoff schlug sich nach Sokotra durch, konnte seinen Auftrag aber nicht mehr erfüllen. Und am schlimmsten: Die angeblich geheime „fact-finding mission" hatte eine Menge Staub aufgewirbelt; 1866 besetzte Großbritannien die Insel.

OSWALD-THOMAS-PLATZ 1
Pratermuseum

1993 wurde das Museum in neuer Konzeption eröffnet – Objekte und Informationen zur Sozialgeschichte des Vergnügens in Wien. Ein Thema, das in einiger Hinsicht sensibel ist, ging (geht) das Vergnügen des breiten Publikums doch nicht selten auf Kosten von Minoritäten: Behinderte, Menschen mit körperlichen Besonderheiten oder eben „Fremde" wurden – oft in unmittelbarer Nähe mit Tieren – präsentiert und dienten der Belustigung. Viele Objekte des Museums beziehen sich auf sog. „Menschenschauen", also die Ausstellung ganzer Gruppen von „Exot/inn/en", etwa im sog. Somalidorf 1910.

„Ethnographische Modellfigur", möglicherweise aus „Präuschers Panoptikum"

Manche Exponate stammen noch aus „Präuschers Panoptikum", das in eher geschmackloser Weise anatomische Darstellungen gesunder oder erkrankter Körperteile in Form von Spiritus- oder Wachspräparaten gezeigt hatte. Natürlich gab es auch Ganzkörperfiguren – Darstellungen der „verschiedenen Völkerracen", darunter „Neger" und „Kaffern" aus diversen Regionen Afrikas, sogar eine „Büste der berühmten Hottentotten-Venus" war zu bewundern. Angesichts des heutigen Erfolgs der „Körperwelten"-Schau (2013 sogar im Naturhistorischen Museum!) sollten wir freilich nicht zu kritisch sein …

AUSSTELLUNGSSTRASSE
Straßenname

Benannt zur Erinnerung an die Weltausstellung von 1873. Neben der riesigen, 1937 abgebrannten Ausstellungshalle „Rotunde" (situiert auf dem heutigen Messegelände, am Ende der Kaiserallee) waren von den teilnehmenden Ländern 200 Pavillons errichtet worden, darunter auch ein großer „Palast des Vizekönigs von Ägypten" mit Minaretts und einer Kuppel. „Im Inneren war die kostbare Dekoration besonders beeindruckend: Die beiden zum Hof offenen Hallen hatten Plafonds mit reichem Gold- und Farbenschmuck, und sowohl der Harem als auch der Empfangssaal des Hausherrn für männliche Besucher waren verschwenderisch mit orientalischem Luxus ausgestattet. Darüber hinaus gab es die Nachbildung eines Felsengrabs, das etwa 2.500 v. Chr. angelegt worden war, sowie ein einfaches ägyptisches Bauernhaus zu besichtigen." (Storch 1995, 144).
Und nicht nur architektonisch war Afrika präsent, wie uns die zehnjährige Maria Theresia Ledóchowska in ihrem Tagebuch mitteilt: „… gingen wir zum Wigwam der Neger. Es standen dort viele Schwarze jedoch wie Köche angezogen, welche mit den Leuten die dorthin kamen Spaß machten. Das

Schaustellungen in Wien

Seitdem der Prater für die Öffentlichkeit zugänglich war (1766), hatte er sich zu einem beliebten Freizeitgelände entwickelt. Gegen Ende des 19. Jhs. wurde es verstärkt Mode, sich über Agenturen Menschen aus Übersee zur Schaustellung zu besorgen. 1890 beispielsweise ließ ein Impresario neben seiner „Zwergenshow" auch „einen Neger und ähnliche Attraktionen" auftreten; 1903 wurde die „Blumenstadt" in der Gegend des heutigen Riesenrads durch die Darbietungen einer „Dahomey-Karawane" mit 25 Amazonen eröffnet, und in den 1920er Jahren engagierte die „Apollo-Schau" u. a. „Chinesentruppen, Gedankenleserinnen, Schnellzeichner, die dicke Rosl aus München, Akrobaten und tanzende Negerinnen" (Pemmer/Lackner 1935, 76 u. ö.). Otto Rudolf Schatz hielt diese Atmosphäre in seinem 1929 entstandenen antirassistischen Gemälde „Schaustellung" fest.

Weiters konzentrierten sich die exotischen Präsentationen in der ehemaligen Menagerie „Am Schüttel", zwischen heutiger Sportklub- und Schüttelstraße, die 1894 für „ethnographische Schaustellungen" umgewidmet wurde. „So kommen nun 1895 Zulukaffern und Matabele, 1896 und 1897 Aschanti, 1898 indische Fakire und Senegambier, 1899 Bischari, Siamesen, Japaner und Kabylen, 1900 Derwische, Beduinen, Buren [!], Kaffern." Während diese „Menschenschauen" auf der einen Seite durch rassistische Inszenierungen und die Betonung des „Primitiven" im Fremden gekennzeichnet waren, gab man fallweise auch volksbildnerischen Tendenzen Raum. „Gute und schlechte Eigenschaften sind beim Neger zusammengewürfelt, wie ja auch wir Weisse uns nicht rühmen können, von allen Untugenden frei zu sein", hieß es etwa im Programmheft zur „Ethnographischen Schaustellung 1899" über Westafrika.

Die Asante-Dörfer 1896/97 regten Peter Altenberg zu seinem Buch „Ashantee" an, das anhand der Begegnung des Autors mit dem Mädchen Nabadu dem dekadenten Wiener Bürgertum das Ideal eines freien, natürlichen und einfachen Lebens gegenüberstellt (➧ WIEN I). Freilich waren auch Altenberg und sein Kreis von Vorurteilen nicht frei. So schrieb Helga Malmberg, die mit ihm 1910 das „afrikanische Dorf" der Internationalen Jagdausstellung besuchte. „Die schönste unter den Mädchen war die junge geschmeidige Chadidja, die Tochter des Häuptlings und die beste Tänzerin des ganzen Dorfes. Ihre Gelenke waren zart und dünn wie die einer Gazelle. Ihre samtigen schwarzen Augen hatten einen feuchten Tierblick [sic!]." (Bisanz 1987, 70).

Zelt wo sie waren, war mit bunten Figuren bemalt." (Zit. nach Bielak 1931, 28). In der Tat hatte man die ursprünglich indianischen Kellner durch „Negergarçons" ersetzt, die beim Publikum besser ankamen – Authentizität war sowieso nur vorgespielt.

ILGPLATZ 7
Cirkus- und Clownmuseum

Das kleine, engagiert gestaltete Museum mitten im Stuwerviertel möchte „den Blick des Besuchers auf die vielschichtigen Unterhaltungsformen in Wien seit der Biedermeierzeit [richten], die heute großteils verschwunden sind" (Museumsführer).

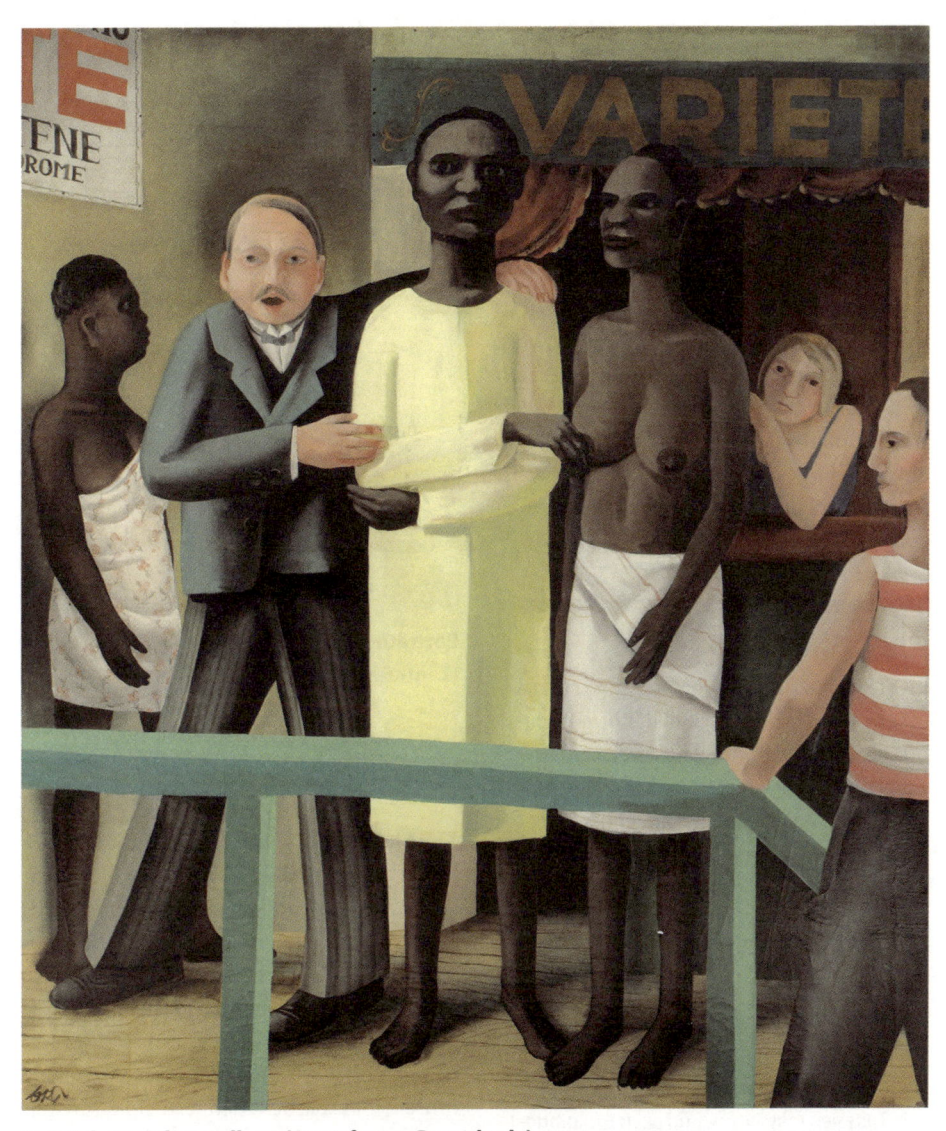

O. R. Schatz, Schaustellung (Ausrufer vor Praterbude), 1929

Zahlreiche farbenprächtige Plakate, Kostüme, Fotos usw. illustrieren typische Elemente des Entertainments. Auch den problematischen Freak-Shows wird eine kleine Abteilung gewidmet, Völkerschauen und die Schaustellung sog. exotischer Menschen werden nur am Rande gestreift.

Ein weiterer Schwerpunkt ist den Biographien bzw. Arbeitsbedingungen der Artistinnen und Artisten gewidmet, ein Aspekt, auf den selten geachtet wird. Schwarze Unterhaltungskünstler/innen fehlen allerdings, etwa der US-amerikanische Löwenbändiger Ledgar Delmonico, der um 1900 in Wien Berühmtheit erlangte, oder der ägyptische Praterausrufer Ali Hahsan, der sich 1866 freiwillig zum Einsatz gegen Preußen meldete. Aber, versichert Museumsleiter Robert Kaldy-Karo, die Archive und Depots des Museums seien riesig, vielleicht finde sich doch noch das eine oder andere!

SCHÖNNGASSE
Straßenname

Alois Schönn (1826–1897) war ein österreichischer Maler, der sich unter dem Eindruck der Franzosen auf orientalische Szenen spezialisierte. 1852 unternahm er eine Studienreise, die ihn u. a. in die Türkei, nach Ägypten und Tunis führte (➡ GRAZ I). Schönn war auch Mitarbeiter in Georg Ebers' monumentalem Werk über Ägypten (1879/80) und steuerte große Gemälde zur Ausstattung des Naturhistorischen Museums bei. Für seine Verdienste bei der Weltausstellung erhielt er den Franz-Josephs-Orden.

Abstecher: TRABRENNSTRASSE 6–8, Österreichische Mineralölverwaltung AG. Die ÖMV ist für einen Großteil der österreichischen Erdölimporte verantwortlich und überhaupt der größte Importeur aus Afrika. 2012 standen „Brennstoffe und Energie" bei den Afrika-Importen bei weitem an erster Stelle, das Volumen lag fast bei 1,8 Mrd. Euro und damit bei fast drei Viertel aller Importe aus diesem Kontinent. Größte Lieferländer waren Nigeria und Libyen, von wo die Lieferungen seit der „Revolution" jedoch stark fluktuieren und 2013 praktisch auf null sanken. Die ÖMV weitete daher ihre Präsenz in Tunesien massiv aus, und auch Explorationen südlich der Sahara wurden intensiviert; 2013/14 las man von begonnenen Projekten in Gabun, Madagaskar und Namibia.
Versuche, im Rahmen internationaler Konsortien Ölvorräte auch im Südsudan zu erschließen, waren 2001 auf Proteste von Menschenrechtsgruppen gestoßen, die negative Auswirkungen der Ölwirtschaft auf die lokale Bevölkerung kritisierten. Deshalb und angesichts der wachsenden Kriegsgefahr (Sezession 2011) verkaufte die ÖMV ihre Rechte 2003 an eine indische Firma.

Porträtbüste auf Schönns Grab (Zentralfriedhof)

ENGERTHSTRASSE 163
Integrationshaus

Der Grundstein wurde in den frühen 1990er Jahren gelegt. Viele Flüchtlinge suchten angesichts des kriegerischen Zerfalls von Jugoslawien Aufnahme in Österreich. Ihre Versorgung erfolgte in Massenquartieren, die Betreuung beschränkte sich auf ein Minimum. Vor diesem Hintergrund fand sich eine Gruppe von Künstler/inne/n, Architekt/inn/en, Sozialarbeiter/inne/n und Juristen rund um den Musiker Willi Resetarits zusammen, um eine Alternative anzubieten. Es wurde die Idee eines Hauses geboren, in dem Flüchtlinge und Asylwerber/innen mit besonderem Betreuungsbedarf Unterstützung erhalten sollten. 1995 zogen die ersten Familien in das renovierte frühere Bürogebäude ein – dies war zugleich der Start der psychosozialen Betreuungsprojekte für Erwachsene. Später wurde auch mit arbeitsmarktpolitischen Schulungen sowie mit spezieller Betreuung für unbegleitete minderjährige Flüchtlinge begonnen. Etwa ein

Viertel der betreuten Hausbewohner/innen kommt aus afrikanischen Ländern, die meisten aus Nigeria.

HOLUBSTRASSE
Straßenname

Motiviert durch die Schriften David Livingstones ließ sich Emil Holub (1847–1902) als Arzt bei den Diamantenminen in Kimberley (Südafrika) nieder; was er dabei verdiente, sollte seine geplanten Expeditionen finanzieren. 1875, 17 Jahre nach Livingstone, gelangte auch er zu den Viktoriafällen in Zimbabwe und anschließend zur Residenz des Lozi-Königs Sipopa in Sesheke (heute Zambia). Die Weiterreise stromaufwärts endete in einer Katastrophe, ein Boot kenterte in den Stromschnellen des Zambezi.

Nach Österreich-Ungarn zurückgekehrt heiratete Holub 1883 die 18jährige Tochter des Verwalters der Rotunde, Rosa, die ihn auf seine zweite Expedition begleitete. Dabei sollten nicht nur österreichische Waren vermarktet werden, Holub dachte vielmehr auch an die Ansiedlung von Emigranten, die in einer Art Doppelherrschaft mit dem ihm sympathischen König Kgama III. im heutigen Botswana eine Art Kolonie gründen sollten.

Trotz Warnungen drang die Gruppe in das Gebiet der Ila („Maschukulumbe") im heutigen Zambia ein. Sie wurden für Spione gehalten, im August 1886 überfallen, ihr Lager geplündert. Nur mit Mühe konnten sie Kapstadt erreichen.

Bis zu seinem Tod 1902 widmete sich Holub der Auswertung seiner zahlreichen Sammlungen, aus denen er vieles für Schulen und Museen stiftete. Heute ist Holub vor allem im Prager Náprstek-Museum bzw. in Wien im Naturhistorischen und Weltmuseum vertreten.

HELLWAGSTRASSE 3/2
Ar-Rasheed-Moschee

„Das Nigeria Islamic Forum wurde 1996 gegründet, um westafrikanischen Muslimen den Vollzug der Gebete in ihren eigenen Sprachen, beziehungsweise auf Englisch, zu ermöglichen und ihnen eine ‚heimatliche' Plattform für sozio-kulturelle Aktivitäten zu geben. In den Anfangsjahren war der Verein in Privatwohnungen, im Afroasiatischen Institut und im Islamischen Zentrum in Wien beheimatet, bis 2004 das Souterrain-Lokal bei der U-Bahnstation Dresdner Straße angemietet wurde.

Das Nigeria Islamic Forum beherbergt einen Aufenthalts- und einen Gebetsraum. Laut eigenen Angaben betreuen drei aus Ghana stammende Imame abwechselnd die Mitglieder in religiösen Belangen. Einer der Imame absolvierte ein islamisches Theologiestudium in Ägypten, die beiden anderen erhielten ihre religiöse Ausbildung an Scharia-Instituten in Libyen und Saudi Arabien. Alle drei Imame sind der deutschen Sprache mächtig.

Emil und Rosa Holub

Exotische Gemeindebaukunst

Mehrere tausend künstlerische Objekte wurden im Rahmen des Wiederaufbaus nach dem Zweiten Weltkrieg in kommunalen Wohnanlagen geschaffen, etwa die Hälfte davon Mosaike; Recherchen zufolge hatten nur die wenigsten Darstellungen einen politischen Inhalt. Die meisten zeigten Tiere, heimatkundliche Szenen (auch problematisch, z. B. „Kampf gegen die Türken Am Tabor", Taborstrasse 63), sportliche Ereignisse oder ähnlich unverfängliche Themen. Auch ferne Länder wurden zum Thema gemacht – eine Art von Gemeindebau-Exotismus (➔Wien VII). Nur – ob der zur Völkerverständigung beitrug?

Beispiele sind in allen Bezirken zu sehen, in denen ein entsprechender Anteil von Gemeindebauten vorhanden ist, so auch in Wien II/XX. In der Wohnhausanlage Vorgartenstrasse 55/Engerthstrasse 82 zum Beispiel wurden 1954 zwölf Mosaike zum Thema „Völkerfamilien" angebracht, jedes mit einem „exotischen Menschenpaar". Das waren „Araber", „Nordländer", „Japaner", „Türken", „Inder" oder eben „Neger" (gerade dieses Mosaik ist infolge eines später eingebauten Aufzugs leider nicht mehr sichtbar, vielleicht sogar zerstört). Antwortet diese „Völkerfamilie" auf den Rassismus des Nationalsozialismus? Mag sein, auch wenn die Darstellungen klischeehaft sind. Aber immerhin wurde hier die Gemeindebaubevölkerung visuell mit „anderen" Menschen konfrontiert.

Meistens war das nicht der Fall. Im Chopinhof (Am Tabor 1–3) gestaltete Otto Eder 1959 eine Spielplastik mit Kunststein-Intarsien als „Kamel". Ähnlich steht es im städtischen Kindergarten in der Machstrasse 4–6, wo wir eine Metallplastik „Nashorn mit Jungem" von Rudolf Kedl (1963) finden. Sicher, Vorschulkinder sollen die Tierwelt kennenlernen. Aber warum nicht auch die Menschenwelt?

Die Mitglieder des Vereins sind Sunniten und folgen vorwiegend der hanafitischen Rechtsschule. Der Verein hat ca. 60 Mitglieder und finanziert sich allein aus den Mitgliedsbeiträgen.

Neben dem Freitagsgebet, welches inzwischen vorwiegend auf Englisch gehalten wird, treffen sich die Mitglieder auch an Sonntagen, um gemeinsam Koranexegese zu betreiben und aktuelle tagespolitische Themen zu diskutieren. An Wochenenden werden auch Koranlesekurse für Kinder angeboten, und – je nach finanzieller Lage – werden Gastvorträge zu unterschiedlichen Themen geboten und Gastprediger eingeladen. Obwohl der Verein ‚Nigeria Islamic Forum' heißt (er wurde von Nigerianern gegründet), ist er Anlaufstelle für Menschen anderer westafrikanischer Länder und gilt als einzige schwarzafrikanische Moschee Wiens." *(www.islam-landkarte.at)*.

III. LANDSTRASSE

BEATRIXGASSE 10
Hier wohnte Ida Pfeiffer

1797 in Wien geboren begann sie nach der Trennung von ihrem Mann zu reisen. 1841 schloß sie an eine Pilgerfahrt nach Jerusalem einen Abstecher nach Ägypten an, ihr Tagebuch wurde als „Reise einer Wienerin in das heilige Land" veröffentlicht. Es folgten eine Fahrt nach Skandinavien sowie zwei Weltreisen, jeweils durch den Verkauf von Büchern bzw. Sammlungsobjekten finanziert. 1856/57 weilte sie mit einem französischen Bekannten in Madagaskar, wurde jedoch wegen dessen Beteiligung an einem Umsturzversuch gegen Königin Ranavalona deportiert. Persönlich konservativ und – was ausländische Sitten anbelangt – vorurteilsbehaftet, ist Ida Pfeiffer gleichwohl zum Vorbild vieler reisender Frauen geworden. Sie starb 1858 an einer Tropenkrankheit, ihre „Reise nach Madagaskar" erschien 1861 posthum in zwei Bänden. Ursprünglich lag sie in St. Marx begraben, später erhielt sie ein Ehrengrab auf dem Zentralfriedhof (➜WIEN XI).

BAUMANNGASSE
Straßenname

Mehr als in anderen Bezirken konzentrieren sich auf der Landstraße koloniale Reminiszenzen. Oscar Baumann (1864–1899) begleitete schon in jungen Jahren die österreichische Kongo-Expedition (➜SOOSS/NÖ), mußte diese aber krankheitshalber verlassen; die Zeit bis zur Genesung verbrachte er auf der Insel Bioko in Äquatorialguinea. Drei Jahre später mißlang der Versuch, gemeinsam mit dem deutschen Verleger Hans Meyer den Kilimanjaro (Tanzania) zu besteigen. Meyer und Baumann wurden von Bushiri bin Salim, einem Anführer des wäh-

Porträtrelief auf dem Ehrengrab

1938 zerstört: Gedenktafel an Oscar Baumann

**Ein neues Wiener Denkmal:
Rainië binti Abedi**

rend ihrer Reise ausgebrochenen antikolonialen Aufstands, gefangengenommen.

1892, nachdem Hermann von Wissmann (➡ WEISSENBACH/STMK.) den Widerstand gebrochen hatte, wurde Baumann von Kolonialverbänden in Deutschland mit Expeditionen ins Landesinnere beauftragt. Als erster Europäer kämpfte er sich bis nach Rwanda/Burundi durch, wo Oraltraditionen ihn als brutalen Eroberer schildern. 1896 wurde er zum österreichisch-ungarischen Konsul in Zanzibar ernannt, starb jedoch kurz darauf an einer tropischen Krankheit. Seine ursprünglich aggressive kolonialistische Einstellung hatte sich in den letzten Lebensjahren – wohl unter dem Einfluß seiner einheimischen Lebensgefährtin Rainië binti Abedi – gemildert; bei der europäischen Bevölkerung Zanzibars galt Baumann deshalb als Sonderling.

1912 schuf der Bildhauer Josef Engelhart zum Gedenken an seinen Jugendfreund ein fast vollplastisches Bronzerelief, das 1918 an der Ecke Beatrixgasse/Baumanngasse enthüllt wurde. 1938 wurde das Relief eingeschmolzen. Baumann hatte bei den Nazis offenbar schlechte Karten – sei es, weil er gegen den deutschen Kolonialverbrecher Carl Peters ausgesagt hatte, sei es, weil man eine Spur jüdischer Abstammung ausfindig machte oder die visuelle Präsenz von Afrikanern im öffentlichen Raum nicht tolerierte. Eine neue Gedenktafel erinnert seither an den Chordirektor Adolf Kirchl, zu dessen Ehren die Gasse 1938 umbenannt wurde (rückgängig 1945).

In einer kulturellen Performance habe ich gemeinsam mit Stella Asiimwe am 21. September 2013 das Baumann-Denkmal symbolisch wiedererrichtet und in ein Rainië-binti-Abedi-Denkmal umgewidmet – zu Ehren der Swahili-Frau, die einen Kolonialisten zähmte.

Baumann ist auf dem Salzburger Kommunalfriedhof begraben (➡ SALZBURG STADT), ein „wiederentdeckter" Gedenkstein ist jetzt im Bereich Geologie des neuen WU-Campus in Wien II. aufgestellt.

LANDSTRASSER HAUPTSTRASSE 4A
**Elisabethinenkloster
(nicht öffentlich zugänglich)**

„Siehe Nur auff Jesum hin / Er heylet ohne Medicin." Gottseidank war das nur symbolisch gemeint, in der Praxis setzte die Apotheke der 1709 gestifteten „Hospitalschwestern der hl. Elisabeth" sehr wohl Medikamente ein. Die Einrichtung der beiden Räume mit ihren Glas- und Faencegefäßen, Holz- und Zinnbüchsen, Mörsern und Apothekerwaagen zeigt dies deutlich.

Die Gewölbe des sog. Materialraums sind mit Temperamalereien zum Thema „Vier Kontinente" geschmückt. Afrika wird durch zwei mit Federbüschen geschmückte Afrikaner dargestellt, von denen der eine eine Fahne trägt, der andere einen Elefantenstoßzahn mit Korallen und Perlen hält und mit der rechten Hand auf zwei weitere Stoßzähne deutet; Elfenbeinpulver wurde ja als

Heilmittel verwendet. Im Hintergrund eine Ruinenlandschaft mit eingestürzten Türmen, vielleicht eine Anspielung auf das von den Römern zerstörte antike Karthago.

Im Oratorium der Kirche wird eine in Österreich seltene Darstellung aus der Barockzeit aufbewahrt: Antonius von Padua als Eroberer der Hafenstadt Oran (ähnlich: ➡ HOPFGARTEN/T). Diese hatten spanische Truppen 1732 unter dem symbolischen Oberbefehl des Franziskanerheiligen erobert. Das Bild stammt vielleicht aus dem Invalidenhaus, das sich dem Kloster gegenüber befand. Von einer Wolke aus blickt der Heilige auf die Stadt herab, die von Schiffen angegriffen wird, er trägt eine braune Kutte mit roter Schärpe und Admiralshut und hält einen Degen in der rechten Hand. „S. Antonius Pad. hat in disen Aufzug, mit welchem ihne der Spanische admiral in der Franciscaner Kirchen zu Alicante bekleidet alle Mohren aus Oran verjaget", sagt eine Inschrift. An der Küste wirft ein herbeilaufender Algerier die Hände verzweifelt in die Höhe (Abb. S. 36).

HANSALGASSE
Straßenname

1886 nach Martin Ludwig Hansal (1823–1885) benannt, einem ehemaligen Lehrer an den österreichischen Missionsschulen im Sudan, ab 1863 österreichischer Konsul.
Die sog. Mission für Central-Afrika war der Versuch Österreichs ab 1850, gegen den Widerstand islamischer und christlicher Sklavenhändler und in Rivalität mit Italien und Großbritannien nilaufwärts vorzudringen, um Zentralafrika für Mission, Wissenschaft und Handel zu erschließen. Manche planten die Gründung einer österreichischen Kolonie, in Rom hoffte man sogar auf einen „Jesuitenstaat" im Sudan. Von Khartoum aus gründete der slowenische Jesuit Ignacij Knoblehar mehrere Stationen im Südsudan, fast bis zur ugandischen Grenze. Trotz großer Anstrengungen scheiterte das Unternehmen jedoch an Krankheiten und einheimi-

Lager der Expedition nach Central-Afrika am Nil, 1853

schem Widerstand. 1860 wurde Gondokoro geschlossen, die Reste der österreichischen Präsenz im Sudan fielen 1885 dem antikolonialen Aufstand des Mahdi zum Opfer (→Wien XIII). Auch Hansal kam während der Eroberung Khartoums ums Leben.

Kolonitzplatz
Weißgerber Pfarrkirche

„Anno Domini 1683 am Margarethentage erstürmten die Türken das Kirchlein – steckten es in Brand und ermordeten den Seelsorger vor dem Tabernakel", so die Inschrift. Der Abschluß des rechten Seitenschiffs wurde 1942 von Rudolf Holzinger mit einer Geschichte der alten Margaretenkirche bemalt. Allerdings sehr speziell: Als Repräsentant der osmanischen Aggression drängt sich ein schwer bewaffneter schwarzer Soldat in den Vordergrund. Offenbar gehen Wildheit und Grausamkeit von diesem Afrikaner aus und nicht von dem Türken, der fast passiv in zweiter Reihe steht. Schwarze Truppen im osmanischen Heer gab es natürlich, aber sie als eigentliches Feindbild des Abendlands zu konzipieren,

> *Abstecher:* Angelo Soliman-Weg. 2013 benannte die Stadt Wien die Unterführung zum Donaukanal-Radweg nach dem Sklaven, Kammerdiener, Hausbesitzer und Freimaurer Angelo Soliman (ca. 1720–1796), dem bekanntesten Austro-Afrikaner der Frühen Neuzeit. Mehrere Jahre lang hatte seine Familie in der Weißgärbervorstadt (auf Löwengasse 13) gewohnt.
>
> **Silhouettenporträt Solimans, um 1780/85**

blieb im wesentlichen dem 20. Jh. vorbehalten. Die mit der Besetzung des Rheinlands durch französische Kolonialsoldaten einsetzende Propaganda („Schwarze Schmach") hatte offenbar auch im katholischen Bereich gegriffen ... (→Dornbirn/Vbg.).

Wo wohnte Angelo Soliman?

1768–1783 stand das Haus Löwengasse 13 im Besitz von Magdalena, Solimans Ehefrau. Hier wohnte die Familie, solange sich Angelo bei Liechtenstein in „Ungnade" befand, also etwa fünf Jahre. Das Haus, ein umgebauter Stadel, hatte im Erdgeschoß eine kleine und im ersten Stock eine größere Wohnung mit zwei Zimmern, Kammer und Küche; im Hof befand sich ein Wirtschaftsgebäude.

Blenden wir einige Jahre zurück. Soliman – als Kind irgendwo in Afrika geraubt, von einer sizilianischen Adeligen gekauft – stand ab 1735 im Dienst des kaiserlichen Generals Lobkowitz. Seine erste Wiener Bleibe war also das Palais Lobkowitz (I., Lobkowitzplatz 2), das sein Herr 1745 gekauft hatte. Es folgten Jahre in Ungarn, bis Angelo 1754/55 endgültig nach Wien übersiedelte, nun im Gefolge von Joseph Wenzel Liechtenstein. Dieser residierte im „großen" Majoratshaus in der Innenstadt (I., Herrengasse 8). Zweifellos lernte Angelo auch das Sommerpalais in der Roßau kennen (➜ WIEN IX) sowie den zweiten Stadtpalast (I., Minoritenplatz 4), in dem ein anderer Zweig der Familie wohnte.

1768 führte Angelos unerlaubte Hochzeit mit Magdalena, Witwe nach Christiano, zu seiner Entlassung und somit auch zum Verlust der Wohnung. Immerhin hatte er für diesen Notfall (oder Glücksfall?) vorgesorgt und einen Teil seines Frankfurter Spielgewinns in Kauf und Renovierung eines Hauses „Unter den Weißgärbern" investiert. Erst 1773, als ihn der neue Fürst Liechtenstein anstellte, zog die dreiköpfige Familie in die Herrengasse zurück.

1781 wurde Soliman in die Freimaurerloge „Zur wahren Eintracht" aufgenommen. Diese traf sich zunächst im ersten Stock des Hauses „Zum silbernen Hut" (I., Bauernmarkt 8), übersiedelte ein Jahr später aber ins Haus „Zum rothen Krebs" (I., Vorlaufstraße 2/Marc-Aurel-Straße 5). Soliman nahm an beiden Adressen an Versammlungen der Loge teil.

1790 – Liechtensteins altes Stadtpalais wurde abgerissen und durch einen Neubau ersetzt – stand wieder Wohnungssuche an. Angelo und seine Tochter Josepha übersiedelten ins nahegelegene Haus „Zum Rothen Mandl" (I., Freyung 9). Sie mieteten eine Wohnung im dritten Stock, bestehend aus zwei Zimmern, einer Küche, einer Holzschupfe und einem Bodenabteil. Auf der Ansicht des belebten Platzes von Canaletto ist das Gebäude gut sichtbar.

Am 21. November 1796 starb Angelo an den Folgen eines Schlaganfalls. Zwei Tage darauf fand auf dem Währinger Allgemeinen Friedhof (XVIII., Währinger Park) (s)eine Beerdigung statt. Zwischenzeitlich hatte man nämlich in einem Hof des Naturalienkabinetts (➜ WIEN I) mit der Präparierung seiner Leiche begonnen – Angelos ausgestopfter Körper war für dieses Museum bestimmt.

HETZGASSE
Straßenname

1755 errichtete ein französischer Impresario in der Vorstadt „Unter den Weißgärbern" ein hölzernes Amphitheater mit einer Kapazität von mehreren tausend Personen. Hier fanden grausame Tierhetzen statt, die trotz Kritik beliebt waren. Erst als das Theater 1796 einem Brand zum Opfer fiel, wurden Tierhetzen von den Behörden verboten.

Auch Artisten und Kraftsportler traten hier auf, darunter schwarze Menschen, die wohl ebenfalls für „tierisch wild" gehalten wurden. 1793 beispielsweise ließ man einen russischen Bären von den mitgebrachten Hunden der Besucher zerreißen; sollten diese ihn aber „nicht nach Wunsch bedienen", so die Werbung, „steht eine Kuppel Mohren bereit, denen er nicht viel abgewinnen wird" (Hetzzettel vom 29. 6. 1793).

Untere Weissgerberstrasse 13 / Kegelg. 34–38 / Löweng. 41–43
Kunsthaus Wien / Hundertwasserhaus

Kaum bekannt ist, daß Afrika dem jungen Friedensreich Hundertwasser (1928–2000) wichtige Anregungen für seine Entwicklung vermittelte. Monatelange Aufenthalte in Marokko und Tunesien beeinflußten einige seiner berühmtesten Bilder, etwa den „Europäer, der sich seinen Schnurrbart hält" oder „Gelbe Schiffe – Das Meer von Tunis und Taormina" (beide 1951): „In der Nähe von Tunis, im phantastischen Dorf Sidi Bou Said, ganz oben mit Blick aufs Meer Richtung Europa. Mit den Mundbooten begonnen. In Taormina, einem ebenso wunderbaren Ort in Sizilien, mit Blick auf Afrika beendet. Die Häuser sind teils arabisch-tunesisch blau, teils sizilianisch-europäisch aus rotgebrannten Ziegeln …" (zit. nach Fürst 2002, II 209).

Im Kunsthaus sind auch die vom Künstler gestalteten Briefmarken ausgestellt: 1977 entstand ein Entwurf für eine Briefmarke der Kap Verden (1982 von der Österreichischen Staatsdruckerei produziert), 1979 erschien eine Serie von ihm im Senegal. „Eine Briefmarke ist eine wichtige Sache. Obwohl sie im Format sehr klein ist, trägt sie eine Botschaft. … Sie ist eine Brücke zwischen Völkern und Ländern …", schrieb Hundertwasser dazu.

Die von Hundertwasser und Josef Krawina geplante und 1985 eröffnete Wohnhausanlage zählt zu den meistfotografierten Sehenswürdigkeiten der Stadt. Sie ist Ausdruck von Hundertwassers Streben nach einer organischen Verbindung von Natur und Architektur. Löwenfiguren wie z. B. Rudolf v. Alt-Platz tragen dem *genius loci* des Viertels Rechnung.

Rochuskirche
Altarbild

O je, Zahnweh! Vielleicht hilft es, die heilige Apollonia anzurufen, die Schutzpatronin der Zahnleidenden und Zahnärzte. Warum sie das wurde? Im Verlauf einer Christenverfolgung Mitte des 3. Jhs. sollen ihr bei der Folter die Zähne ausgerissen worden sein. Deshalb wird sie meist mit einer großen Beißzange in der Hand dargestellt – so auch auf dem Gemälde des mittleren rechten Seitenaltars (um 1690). Ob die Geschichte wahr ist, weiß man nicht, aber schon die Vorstellung allein ist grausig. Apollonia wurde – nicht verwunderlich – sehr verehrt; daß sie eine Glaubenszeugin des ägyptischen Frühchristentums gewesen war, geriet allerdings in Vergessenheit.

Arenbergpark
Tierplastik

Ursprünglich Garten des in den 1950er Jahren abgerissenen Palais Arenberg. Die Anlage wird von den überdimensionierten Flaktürmen der Hitlerzeit dominiert. Nach dem Zweiten Weltkrieg wurde der Park neu gestaltet und nach dem im KZ ermordeten sozialdemokratischen Politiker Robert Danneberg benannt. Der niederösterreichische Bildhauer Josef Schagerl schuf 1958 die Plastik „Elefant".

Weitere „exotische" Zeugnisse der sog. Gemeindebaukunst der Nachkriegszeit im 3. Bezirk sind ein „Flußpferd mit Jungem" von Rudolf Schmidt (Abb.) sowie ein „Krokodil" von Rudolf Beran, beide im Gemeindebaukomplex Erdbergstraße 16–28.

NEULINGGASSE 38
Geologische Bundesanstalt

1849 als k. k. Geologische Reichsanstalt gegründet, widmet sich die Anstalt nicht nur der kartographischen Erfassung der geologischen Struktur Österreichs, sondern auch der Erforschung von Rohstoff- und Wasservorräten und bewegt sich somit in einem wirtschafts- und umweltpolitisch relevanten Fachbereich. In ihren Forschungen war Afrika früher prominenter vertreten als heute – nicht unbeeinflußt von kolonialen Erwägungen. Eine kleine Ausstellung im Foyer ist dieser Epoche gewidmet. Abgesehen von der Novara-Expedition wird u. a. auf Oskar Lenz eingegangen, der ab 1873 als Adjunkt hier beschäftigt war und deshalb für die Afrikareisen, die er im Dienst von deutschen Organisationen unternahm (Gabun, Angola bzw. Marokko, Mali, Senegal), freigestellt werden mußte (➜SOOSS/NÖ). Auch Heinrich von Foullon-Norbeeck, der 1896 auf Guadalcanal erschossene Geologe der Salomonen-Expedition (➜BERNDORF/NÖ), war Mitarbeiter der Reichsanstalt.

NEULINGGASSE 29/6/20
Botschaft der Republik Côte d'Ivoire

Schritt für Schritt haben wir uns dem Diplomatenviertel genähert. Während Côte d'Ivoire (auch mit Blick auf die internationalen Organisationen) in Wien eine Botschaft unterhält, betreut Österreich den westafrikanischen Staat vom Senegal aus; am Regierungssitz Abidjan besteht ein Honorarkonsulat. Côte d'Ivoire ist Österreichs größter Lieferant von Kakao (2012 im Wert von 13 Mio. Euro), auch die Exporte liegen relativ hoch, 2012 bei 14 Mio. Euro, v. a. Maschinen/Fahrzeuge sowie Baumwollgewebe.

Abstecher: STROHGASSE 14C, Botschaft von Burkina Faso. Der westafrikanische Staat ist seit 1993 Schwerpunktland der heimischen Entwicklungszusammenarbeit, nicht zuletzt dank der langjährigen Vorarbeit der Österreichischen Jungarbeiterbewegung (➜WIEN VI). Auf diplomatischer Ebene ist Österreich in Ouagadougou durch ein Kooperationsbüro der ADA vertreten, die zuständige Botschaft befindet sich in Dakar (Senegal). Im März 2011 statteten die entwicklungspolitischen Sprecher/innen der Parlamentsparteien Burkina Faso einen Besuch ab. Der bilaterale Außenhandel ist gering, jedoch bestehen Verbindungen auf Schul- und Forschungsebene (➜HALL/T, ➜WIEN XVIII).

Abstecher: REISNERSTRASSE 29/5: Botschaft der Republik Sudan. Österreich betreut den Sudan von Kairo aus, in Khartoum besteht ein Honorarkonsulat. Ein Abkommen über wirtschaftliche und technische Zusammenarbeit gibt es seit 1977. Der Sudan ist eine nicht unwichtige Exportdestination in Afrika (2012 Ausfuhren von fast 24 Mio. Euro, aber praktisch keine Einfuhren), in den nächsten Jahren steht jedoch die Entschuldung von 1,6 Mrd. Euro ausständiger Kredite an. Im Zusammenhang mit der Sezession des Südsudan, für den jetzt die österreichische Botschaft in Äthiopien zuständig ist, fanden mehrere Dialogkonferenzen in Österreich bzw. Vermittlungsmissionen vor Ort statt.

Marokkanergasse
Straßenname

Zunehmend verstärkten sich im 18. Jh. die Beziehungen der Monarchie zu Nordafrika, wozu ein Friedens- und Handelsvertrag mit den sog. Seeräuberstaaten und der kurzfristige Besitz Siziliens durch die Habsburger wesentlich beitrugen. Botschafter aus Nordafrika kamen immer wieder nach Wien. Die glanzvollste Gesandtschaft war jene des Paschas von Tanger, Muhamed Ben Abdil Melak, die am 20. Februar 1783 in Wien eintraf – ein gesellschaftliches Ereignis ersten Ranges (➜Wien II). Auch das Polizeimuseum Wien (Marokkanergasse 4) informiert über diesen Staatsbesuch. Die diplomatischen Beziehungen zu Marokko hatten ihre eigenen Höhen und Tiefen (➜Ghegastrasse). Anläßlich des tausendjährigen Jubiläums der ersten Nennung Österreichs 996 gratulierte König Hassan II. von Marokko mit einem besonderen Geschenk: einer Kopie des Neéjarine-Brunnens der Stadt Fès, ausgeführt von den Handwerksmeistern Moulay Hafid Mdaghri Aloui und Kamal Bellamine. Das prächtige Architekturkleinod wurde 1999 Ecke Marokkanergasse/Zaunergasse aufgestellt und von der damaligen Staatssekretärin Benita Ferrero-Waldner eröffnet – Teil einer lebendigen marokkanischen Szene (➜Wien VI).

Rennweg 6
Belvedere

Als ein „Museum österreichischer Kunst", untergebracht in einem der schönsten Barockpaläste Österreichs, versteht sich das Museum, hier sollte man also Afrikas Stellenwert im Rahmen der heimischen Kunst erkennen können.
Im ehemaligen Prunkstall wurde ein „Schaudepot mittelalterlicher Kunst" ein-

Der Pascha von Tanger bei Kaiser Joseph II. (1783)

Josef Danhauser, Die Klostersuppe (1838)

gerichtet (Öffnungszeiten beachten). Spätgotische Tafelbilder aus mehreren Bundesländern geben einen Überblick über die Entwicklung der „Drei Könige". Wie zu erwarten, tritt der schwarze König erst auf den späteren Bildern auf, also im letzten Viertel des 15. Jhs. Interessant, wie sich manche Künstler bemühten, ihn als einen stolzen, attraktiven Adeligen darzustellen und ihm womöglich auch eine realistische Physiognomie zu verleihen; Afrikanern war man ja noch selten begegnet. Andere ließen den schwarzen König bescheiden abseits stehen, zeigten ihn gar als einen, der mit erhobenem Zeigefinger belehrt wird. Schon in frühen Umsetzungen des Sujets also sind abwertende Tendenzen zu bemerken. Beachtenswert ist auch der schwarze „hl. Mauritius" von Marx Reichlich (Salzburg, Anf. 16. Jh.).

Im Oberen Belvedere werden in wechselnden Konstellationen Objekte aus den Sammlungen gezeigt. Aus dem Barock greife ich den „Sieg des heiligen Jakob von Compostela" (um 1762–64) heraus, eine Joseph Winterhalder zugeschriebene Wiedergabe des zerstörten Deckenfreskos von ➡SCHWECHAT/NÖ, oder „Samsons Rache" des Südtiroler Malers Johann Georg Platzer, auf dem ein erschrockener schwarzer Kellner zum Zeugen der Vernichtung des Philistertempels wird (1730/40). Dem sog. Biedermeier entstammen die aufeinander bezogenen Genrebilder „Der reiche Prasser" bzw. „Die Klostersuppe" von Josef Danhauser (1836, 1838): Bei der Ausspeisung der Armen treffen der bankrotte Prasser und sein früherer schwarzer Diener aufeinander. Von den zahlreichen orientalistischen Gemälden des Museums – denen sich 2012 die von Sabine Grabner gestaltete Ausstellung „Orient und Okzident" widmete – sind im Augenblick Leopold Carl Müllers berühmter „Markt in Kairo" sowie sein „Sphinxgesicht von heute" zu sehen, weiters die „Wäscherinnen am Nil" von Charles Wilda (➡WIEN XXIII). Von Hans Makarts Ägyptenbildern ist nichts ausgestellt, auch nicht die „Jagd auf dem Nil", ein Kaleidoskop männlicher erotischer Phantasien in pharaonischem Gewand.

Männliche Phantasien kriegerischer Art ziehen sich durch Architektur und Dekoration des Oberen Belvedere, 1721–22 von Johann Lukas von Hildebrandt für Prinz Eugen von Savoyen errichtet. Dieser stand damals als Hofkriegsratspräsident, Oberbefehlshaber der Armee und Statthalter der österreichischen Niederlande auf dem Höhepunkt seiner Macht, was vor allem im Marmorsaal betont wird. Quasi als Kontrast gab es mehrere „Groteskenzimmer", v. a. den gleichnamigen Saal im Unteren Belvedere, der eigentlichen Residenz. Unter all den „Akanthusranken, Maskarons, verschlungenen Schlangenleibern, halbleibigen Genien, Vasen, Emblemen, Fabelwesen aus Mensch, Tier, Ranke gemischt …" (Österreichische Galerie 1963, 97) finden sich mehrere „Mohren" mit farbenprächtigem Federkleid und -schmuck – ein exotischer Touch, mit dem der Maler Jonas Drentwett seine manieristischen Phantasien steigerte.

Sphingen und Fabeltiere bevölkern auch den Garten, der zur Zeit Eugens mit südafrikanischen und karibischen Pflanzen bebaut war. Schon 1713 erwähnt der Prinz seinen Plan, eine Menagerie einzurichten, wobei ihm Versailles als Vorbild diente. Mit dem Bau des Oberen Belvedere wurde diese in das rennwegseitige Rondeau übersiedelt, dessen Segmente jeweils für bestimmte Tierarten bestimmt waren. Unter den zahlreichen außereuropäischen Tieren gab es 1730 bereits fünf Strauße sowie einen jungen Löwen.

Rennweg 25
Botschaft der Bundesrepublik Nigeria

Nigeria ist nach Südafrika der zweitwichtigste Handelspartner Österreichs auf dem afrikanischen Kontinent, und Nigerianer/innen machen die zweitgrößte afrikanische Bevölkerungsgruppe in Österreich aus. Schon allein daraus ergibt sich die politische Relevanz. Im Vergleich zur intensiven Kooperation in den 1980er Jahren (1979 Eröffnung des Steyr-Daimler-Puch-Werks in Bauchi, 1982 des Voest Alpine-Stahlwerks in Warri) haben sich die wirtschaftlichen Beziehungen allerdings gelockert. Importe beliefen sich 2012 auf 909 Mio. Euro (v. a. Erdöl), die Exporte nur auf 114,5 Mio. (v. a. Maschinen/Fahrzeuge, fast 30 Mio. Tülle und Spitzen), wofür die Verschuldung Nigerias und innenpolitische Konflikte verantwortlich gemacht werden.

Österreich unterhält eine Botschaft in Abuja bzw. eine Außenhandelsstelle in Lagos. 2010 besuchte der nigerianische Justizminister Wien, im Jahr darauf der österreichische Vizekanzler und Außenminister Spindelegger Abuja, Lagos und Sokoto. Investitionsschutz und die Situation der Christen in Nigeria sind bilaterale Themen, aber auch Probleme der nigerianischen Diaspora: Asylfragen, das Vorgehen der Polizei (➜Wien VII), Drogenhandel und Imageprobleme.

Künstlerisch nachhaltig auf beiden Seiten war das Wirken von Susanne Wenger (➜Krems/NÖ), und in den letzten Jahren wurden auch die Textil-Beziehungen zum kulturellen Thema (➜Dornbirn/Vbg.).

National Association of Nigerian Community Austria: Nigerian Carnival (29. Juni 2013)

Waisenhauskirche, Heidentaufe (Ausschnitt)

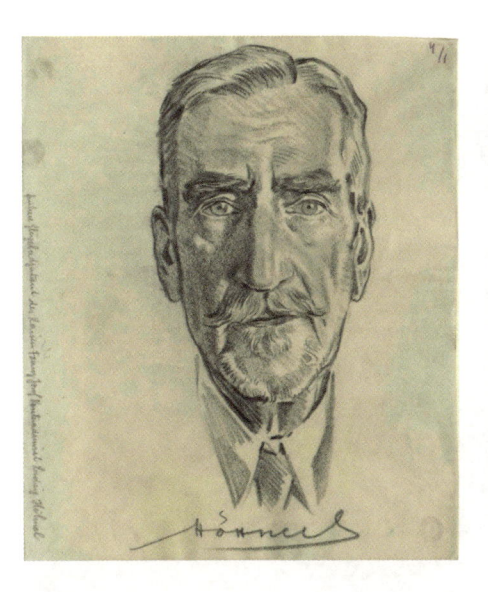

Rennweg 27 (= Reisnerstrasse 61)
Wohn- und Sterbehaus Ludwig v. Höhnels

In einer Wohnung, die angeblich einem ethnologischen Museum ähnelte, lebte hier der „Afrikaspezialist" der Monarchie und Leiter der k.u.k. Äthiopien-Delegation des Jahres 1905 (➜ Wien X). Bis zu seinem Tod 1942 widmete sich Höhnel, Träger in- und ausländischer Auszeichnungen und Mitglied von sieben geographischen Gesellschaften, seiner Autobiographie und anderen Schriften. In den schwierigen Jahren nach dem Ersten Weltkrieg wurde er vom US-Millionär William Astor Chanler unterstützt. Sein Nachlaß – zahlreiche Manuskripte, Korrespondenzen und Fotos sowie eine Sammlung ethnographischer Objekte – sollte nach dem Tod der Erben Mitte der 1970er Jahre an die Akademie der Wissenschaften kommen, ist aber größtenteils verschollen.

Rennweg 91
Waisenhauskirche

Die 1770–1775 erbaute, reich geschmückte Kirche war für die religiöse Betreuung der in der Baumwollspinnerei des Waisenhauses arbeitenden Kinder bestimmt. In ihrem ikonographischen Programm spielen daher Kinder eine Rolle. Mehrfach wird auf Afrika Bezug genommen, z. B. am Herz Jesu-Altar (links vorne). In glasverschlossenen Öffnungen des Sockels knien (betende? klagende?) afrikanische Figuren, eine ungewöhnliche Darstellung, die möglicherweise an das traurige Schicksal ungetauft verstorbener Heidenkinder erinnern sollte; rechts seitlich des Altarbildes eine überlebensgroße Figur des hl. Franz Xaver beim Taufen eines „Mohren"-Knaben in charakteristischem Outfit. Eine weitere Darstellung findet sich auf einem Relief an der Kanzel: „Wie der H. Franc Xav. die Indianer tauft". „Indianer" und „Mohren" wurden, wie man sieht, geographisch nicht exakt zugeordnet; wichtig war die exotische Herkunft der Täuflinge – und natürlich ihre vorausgesetzte Bereitschaft, ja Sehnsucht, sich taufen zu lassen (➜ Wien I).

Ghegastrasse / Arsenal Objekt 1
Heeresgeschichtliches Museum

Kriegsgeschichte museal zu präsentieren, ohne ins Militaristische zu verfallen, ist eine besondere Herausforderung. Ansätze gibt es hier immerhin: Den Slogan „Kriege gehören

ins Museum" finde ich z. B. positiv, und die Ausstellung von „World Vision" über Kindersoldaten, die im Februar 2014 hier zu sehen war, ebenso *(www.hgm.or.at)*.
Traditionell widmet sich die Präsentation in dem beeindruckenden orientalistischen Prunkbau aus den 1850er Jahren (Theophil Hansen) dem Ruhm der k. u. k. Armee, mittlerweile ergänzt durch den weniger ruhmvollen Ersten Weltkrieg, die Zwischenkriegszeit sowie den Zweiten Weltkrieg; ein Kapitel über den österreichischen Partisanenwiderstand wäre wünschenswert, wofür man gern einige Hakenkreuze einsparen könnte.

Afrika ist zweifach ein Thema. Erstens: In den Heeren der Osmanen kämpften auch Afrikaner. Das war den Militärs natürlich bekannt, sie machten ja schwarze Gefangene, die wie andere „Beutetürken" auf Sklavenmärkten verkauft wurden. Ein Fresko von Carl Blaas in der sog. Ruhmeshalle (siehe Bild oben) nimmt darauf Bezug. Zweitens: Eine eigene Abteilung im Parterre dokumentiert die Kriegsmarine im 19. und 20. Jh. Hier findet sich auch eine Reminiszenz an den Einsatz österreichischer Kriegsschiffe gegen Marokko 1829. Letztlich wurde eine diplomatische Lösung gefunden und der alte Vertragszustand wiederhergestellt.

IV. WIEDEN
V. MARGARETEN

Schwarzenbergplatz 14
**Haus der Kaufmannschaft
(nicht öffentlich zugänglich)**

„Allegorie des Handels" nennt sich das große Deckengemälde von Julius Schmid im Festsaal; bei der Eröffnung am 7. November 1903 soll es sogar die Aufmerksamkeit des Kaisers auf sich gezogen haben. Unter dem Schutz Merkurs und der Minerva thront eine weibliche Verkörperung Wiens. Vertreter/innen der Erdregionen bringen ihre Tribute: Asien (verkörpert durch eine Japanerin, einen Türken und einen Araber) und Amerika (ein sombrerotragender Mexikaner) liefern Luxuswaren, Afrika und Europa – jeweils durch schwer tragende Männer dargestellt – Mineralien und Holz. Im Hintergrund Vindobonas eine große Fabrik, in der die Rohstoffe verarbeitet werden.

Schmid, in jungen Jahren Mitarbeiter von Makart, war Professor an der Akademie der Bildende Künste und gehörte dem konservativen Lager der Wiener Künstlerschaft an. Die Allegorie ist natürlich geschönt – die Außenhandelsverflechtung der Monarchie um 1900 war eher gering. Allerdings wurden große Anstrengungen zur Erschließung von außereuropäischen Märkten unternommen (➡ WIEN XIX), und zum Teil nicht ohne Erfolg. 1912 lag Österreich-Ungarn unter den größten Handelsnationen der Welt immerhin an 9. Stelle.

1903 wurde das neubarocke Bürohaus für das Gremium der Wiener Kaufmannschaft errichtet, heute Sparte Handel der Kammer der Gewerblichen Wirtschaft Wien. Auch die Architektur der Fassade nimmt auf die

Weltwirtschaft Bezug. Attikafiguren über dem Dachansatz symbolisieren links den Handel zu Lande (Atlas und Merkur), rechts jenen zur See (Triton und Nereiden). Über den Fenstern im Erdgeschoß stellen steinerne Gesichtsmasken die Handelspartner Österreich-Ungarns zur Jahrhundertwende dar: Europa, Arabien, Afrika, Amerika und China.

Karlsplatz
Wien Museum

Afrikabezüge gibt es in der derzeitigen Dauerausstellung nur wenige: den Wappenstein beispielsweise, den Kaiser Karl V. einem Teilnehmer des Feldzugs nach Tunis verliehen hat („BARBARI 1535"), das Hauszeichen der Apotheke „Zum schwarzen Mohren" vom ausgehenden 17. Jh. (➡ WIEN I) oder einen äthiopischen Büffelledschild aus der Türkenbeute von 1683. Und vielleicht noch das eine oder andere.

Sonderausstellungen des Museums versuchten in den letzten Jahren gegenzusteuern und präsentierten eine alternative Sicht von Stadtgeschichte und -gesellschaft: „WIR. Zur Geschichte und Gegenwart der Zuwanderung nach Wien" z. B. hatte 1996 auch einen Abschnitt zu Afrika, „Phantom Fremdes Wien 1991/2004" von Lisl Ponger ging aus ethnokultureller Sicht auf die außereuropäische Diaspora ein. 2011 wurde „Angelo Soliman. Ein Afrikaner in Wien" zu einer sehr

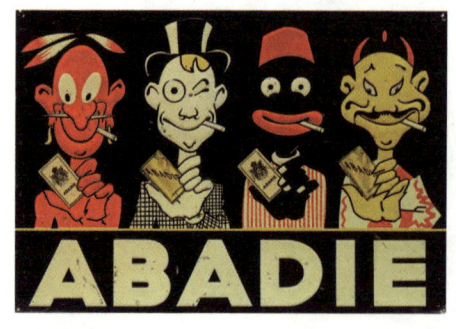

„Vier Kontinente" in der Zigarettenwerbung, um 1920

erfolgreichen Schau, nicht zuletzt, weil sie auch das Afrikabild der Wiener Populärkultur des 19. und 20. Jhs. thematisierte (Abb.). Neben Migration stand immer wieder auch die Auseinandersetzung mit der „Fremde" im Vordergrund, so 2003/4 in „Orientalische Reise: Malerei und Exotik im späten 19. Jahrhundert" oder 2008 in „Zauber der Ferne".

2019/20 soll das Museum am derzeitigen Standort, aber in erweiterten Räumlichkeiten und wohl auch mit neuer Konzeption wiedereröffnet werden. Eine Gelegenheit, Wien stärker als Weltstadt zu präsentieren und seine Beziehungen zu Übersee – auch zu Afrika – in den Vordergrund zu rücken?

Argentinierstrasse 28
Radio Afrika Center

1997 bedeutete die Etablierung von Radio Afrika einen Einschnitt in der Entwicklung der heimischen Afro-Medienlandschaft. Initiatoren waren Alexis Nshimyimana-Neuberg, mit Radioerfahrung in Rwanda, sowie Samuel Ogbonna, Vorsitzender der Vereinigung nigerianischer Studenten. Im Rahmen des Kanals OKTO gelang später auch die Etablierung eines „Afrika TV".

„Das leitende Ziel von Radio Afrika TV ist es, mit medialen Mitteln gegen Vorurteile, Klischees und Stereotype über Afrikaner/innen und Afrika anzukämpfen", sagt Alexis Nshimyimana-Neuberg. „Radio Afrika TV gilt als Kommunikationsplattform und Empowerment der afrikanischen Communities in Österreich. Unsere konkreten Aktivitäten spiegeln diese Ziele wider: Täglich sendet Radio Afrika International drei Stunden (Ö1 Campus/Radio Orange 94.0); Afrika TV gestaltet ein 30-minütiges Wochenprogramm via OKTO TV, und darüber hinaus werden diverse Projekte zur Förderung der Integration und Bewußtseinsbildung durchgeführt. Mit geringen Mitteln hat unser Verein bewiesen, daß das Bild Afrikas in Österreich

Radio Afrika: Alexis in seinem Element

bzw. in Europa korrigiert werden kann. Das bessere Kennenlernen von Afrikaner/inne/n und Österreicher/inne/n bzw. Personen anderer Herkunftsländer ist das beste Instrument, um Vorurteile und sämtliche Kommunikationsbarrieren abzuschaffen." *(www. radioafrika.net)*.

FAVORITENSTRASSE 15 UND 15A
Theresianum

1615 ließ Kaiser Matthias an dieser Stelle ein Sommerschloß errichten, die „Favorita", später wurde es größer und moderner wiederaufgebaut. Die Orangerie dieses Schlosses, für die „italienische, capische [südafrikanische] und canarische Pflanzen" angekauft wurden, war ebenso wie der Park eine Berühmtheit. Unter Maria Theresia wurde die Favorita zu einem Adelsinternat unter Leitung der Jesuiten bestimmt, 1883 auch die „Orientalische Akademie" des Außenministeriums hierher verlegt. Ihre Nachfolgerin ist die – seit 1996 ausgegliederte – Diplomatische Akademie, die fallweise auch Schulungskurse für afrikanische Diplomat/inn/en durchführt.
Auch das in Nachfolge des theresianischen Internats entstandene Privatgymnasium, das „Theresianum", ist von Interesse: Bis zum Sturz der Monarchie in Ägypten, 1954, wurden königliche Prinzen und andere Adelssprößlinge regelmäßig zum Unterricht an das renommierte Institut geschickt, z. B. auch der spätere Khedive Abbas II. Hilmi (reg. 1892–1914, ➡GRAZ II). Als Dank für seine Ausbildung überließ er dem Theresianum eine Sammlung ägyptischer Altertümer, von denen in der alten Bibliothek noch einige Mumien aufbewahrt werden.

MÖLLWALDPLATZ 5
Vienna Institute for International Dialogue and Cooperation (VIDC)

Als es 1962 auf Initiative des damaligen Außenministers Bruno Kreisky zur Gründungskonferenz eines Wiener Instituts für Entwicklungsfragen kam, nahmen daran prominente afrikanische Politiker wie der Gewerkschafter Tom Mboya aus Kenya oder Ahmed Ben Salah aus Tunesien teil. Das neugeschaffene Institut verstand sich als Thinktank für globale Fragen der Entwicklungspolitik. Die erste öffentliche Aktivität war die Vortragsreise des führenden nigerianischen Psychiaters und Sozialmediziners Thomas Adeoye Lambo sowie weiterer afrikanischer Expert/inn/en durch mehrere europäische Städte. Ob im Bereich des Nord-

Tom Mboya mit Bruno Kreisky und Ahmed Ben Salah (1968)

Süd-Dialogs, der Bildungsarbeit oder der entwicklungspolitischen Forschung, Afrika blieb immer ein inhaltlicher Schwerpunkt. Der 1996 eingerichtete Kunstbereich „Kulturen in Bewegung" organisierte zahlreiche Gastspiele afrikanischer Künstler/innen, wurde zur Agentur für zugewanderte Künstler/innen und setzte mit den Festivals SURA ZA AFRIKA oder KE NAKO AFRIKA österreichweite Impulse. Bei den Kampagnen und Aktionstagen der Antidiskriminierungsinitiative FairPlay trugen afro-österreichische Fußballer mit ihren Statements wesentlich zur Bekämpfung von Rassismus bei.

In den letzten Jahren haben der Dialog mit den „African Communities" in Österreich und das Thema „Diaspora Engagement" an Bedeutung gewonnen. Gemeinsame Initiativen, wie der Afrika Club, bilden neue Räume für die intellektuelle und politische Auseinandersetzung – mit dem Kontinent Afrika als auch mit dem afrikanischen Österreich. „Wir arbeiten mit Afrikanerinnen und Afrikanern zusammen, nicht weil sie arm sind, sondern weil sie großartige Leistungen erbringen", sagt Franz Schmidjell.

In Bürogemeinschaft mit dem VIDC findet sich der Evangelische Arbeitskreis für Weltmission *(www.eawm.at)*. „Aus der Abkürzung ‚EAWM' lassen sich drei verschiedene Statements ablesen, wofür wir stehen: 1. Evangelischer Arbeitskreis für Weltmission, das heißt, wir reflektieren darüber, wie die ‚Weltmission' der evangelischen Kirche in Österreich in unserer heutigen Zeit aussehen kann. 2. Eine andere Welt mitgestalten. Wir wollen durch unseren Einsatz das Gesicht der Welt verändern, indem wir uns für Globale Gerechtigkeit einsetzen (Advocacy). 3. Durch Engagement für Entwicklungszusammenarbeit und Weltmission wollen wir zur Veränderung der Lebensbedingungen, vor allem der Armen, beitragen. Seit 1951 arbeiten wir durch Partnerschaftsarbeit auf Augenhöhe mit Kirchen/Gemeinden in unseren Einsatzgebieten in Afrika, nämlich Kamerun, Ghana, Sudan und Südafrika zusammen, um gemeinsam für die Gleichberechtigung aller Menschen und das Recht auf Bildung und Gesundheit für alle einzutreten." (Manfred Golda, Desirée Bauerstatter).

FAVORITENSTRASSE 38/STIEGE 18/1
Dokumentations- und Kooperationszentrum Südliches Afrika (SADOCC)

„Viele in meinem Land fragen sich, warum sich Menschen in aller Welt gegen die Apartheidpolitik engagierten und heute das freie Südafrika in seiner Entwicklung unterstützen," sagt Jody Kollapen, heute Richter am High Court in Pretoria. Vielleicht weil die Leugnung der Menschenrechte in einem Land ihre Gültigkeit weltweit in Frage stellt? Vielleicht weil sie es untragbar fanden, daß Teile von Politik und Wirtschaft die Rassendiskriminierung in Südafrika unterstützten? Vielleicht aus Begeisterung für das Projekt einer nichtrassistischen Gesellschaft?

So irgendwie könnte auch die Motivation der ersten Aktivist/inn/en gelautet haben, die 1960 – das Regime in Südafrika hatte eben den Ausnahmezustand verhängt, Nelson Mandela war in den Untergrund gegan-

Gespräch mit Wellington Chibebe, Gewerkschafter aus Zimbabwe, in der SADOCC-Bibliothek (2012)

Keine künstlerische Bedeutung

Im September 1987 ermöglichte die Firma EZA (➜Köstendorf/Sbg.) dem berühmtesten moçambikanischen Maler eine künstlerische Performance: Gemeinsam mit Schüler/inne/n aus Margareten gestaltete Malangatana Ngwenya im Hof des damaligen Geschäftslokals Obere Amtshausgasse 38 ein ca. 25 m² großes Wandbild. „Malangatana geht spontan auf sie zu", schrieb Gerd Haslinger darüber, „ermuntert sie zum Malen – alles, ohne eine sprachliche Kommunikationsbasis zu haben –, und im Nu pinseln alle drauf los. Skeptisch betrachten wir das Treiben, denn die Kinder malen Häuser, Schiffe, und bei Größeren mischt sich auch ein Ottifant ins Bild. Malangatana wartet ab und greift punktuell ein. Überall, wo er anfängt, verändert sich das Bild, werden die strengen Formen lebendiger, fließender, die Farben bunter, kräftiger und – interessanterweise – wenn er geht, um wo anders zu arbeiten, malen die Kinder weiter in diesem Stil. Es entsteht, Stück für Stück, eine fröhliche, urwüchsige Welt von Blumen und Sonnen, Fabelwesen und Gesichtern, Menschen und Tieren, die an einigen Punkten jedoch auch umschlägt in streng abstrakte, geometrische Figuren, die plötzlich auch ihren Platz haben." (Zit. n. Sauer 1996, 171).
1999 wurde das Lokal verkauft, und die neuen Eigentümer hatten kein Interesse mehr. Im Mai ersuchte SADOCC Kulturstadtrat Peter Marboe um Unterschutzstellung des Gemäldes. Dieser schaltete das Bundesdenkmalamt ein.
Dort wurde die Sache geprüft, und am 30. September 1999 teilte das Landeskonservatorat mit: „Die im Denkmalschutzgesetz geforderte künstlerische, historische und oder kulturelle Bedeutung ist in diesen [sic!] Fall jedoch nicht gegeben, so daß eine Unterschutzstellung leider nicht in Betracht kommen kann."
Mehr Kulturbewußtsein hatte man in Penzing – dort ist nämlich das zweite Wandbild, das Malangatana mit Schüler/inne/n malte, erhalten (➜Wien XIV)!

gen – als erste protestierten. 1976 wurde eine überparteiliche Anti-Apartheid-Bewegung gegründet, die sich als Lobby zur Unterstützung des African National Congress und für wirtschaftliche Sanktionen gegen Pretoria etablierte. 1991 erhielt die Organisation den Bruno-Kreisky-Preis für Verdienste um die Menschenrechte.

Im April 1994 wurden die ersten freien Wahlen in der Geschichte Südafrikas abgehalten. Kurz vorher löste sich die Anti-Apartheid-Bewegung wegen „Erreichung des Vereinszwecks" auf, als Nachfolgeorganisation wurde SADOCC gegründet. Ende 1993 eröffnete der damalige namibische Landwirtschaftsminister, Anton von Wietersheim, das neue Zentrum *(www.sadocc.at)*.

SADOCC unterhält eine Fachbibliothek zum Südlichen Afrika, publiziert die Zeitschrift „INDABA" und organisiert eine monatliche Veranstaltungsreihe. Hier werden Forschungsergebnisse und Projekte präsentiert, stellen sich interessante Persönlichkeiten aus Südafrika und Namibia, Zimbabwe, Angola, Zambia oder Moçambique vor. Höhepunkte der politischen Tätigkeit: 1998 eine Konferenz von Parlamentariern und Repräsentanten der Zivilgesellschaft aus dem Südlichen Afrika und der EU im Parlament sowie 2012 die von SADOCC initiierte Restitution der menschlichen Überreste des Ehepaars Klaas und Trooi Pienaar an Südafrika (➔ WIEN XIV). Kleine Projekte leisten konkrete Unterstützung – in den letzten Jahren ging es etwa um Empowerment von obdachlosen Frauen in Kapstadt oder (gemeinsam mit dem südafrikanischen Sportverband) um Schwimmunterricht für schwarze Kinder.

WIEDNER HAUPTSTRASSE
Wirtschaftskammer

Die Wirtschaftskammer Österreich und ihre Außenwirtschafts-Zentren (die früheren Außenhandelsstellen) sind maßgebliche Faktoren bei der Förderung des Außenhandels. In Afrika bestehen derzeit sechs Vertretungen: in Nordafrika in Kairo, Tripolis, Algier und Casablanca, in West-/Zentralafrika in Lagos, im Südlichen Afrika in Johannesburg mit Außenstelle in Nairobi *(https://www.wko.at)*.

STRAUSSENGASSE
Haus- und Straßennamen

Wir erinnern uns an einige exotische Namen, wie sie vor Einführung der Hausnummern in den Vorstädten verbreitet waren. Die Straußengasse ist z. B. nach einem Gasthausschild benannt. Noch ein weiteres Wirtshaus in der Unteren Amtshausgasse trug die Bezeichnung „Zum goldenen Strauß"; hier war noch 1924 eine Straußenfigur zu sehen. Weiters gab es diverse Löwenhäuser (auf Kleine Neugasse 9 und Wiedner Hauptstraße 36 sind die alten Hauszeichen noch erhalten) sowie „Zum Mohren" und „Zur Flucht nach Ägypten".

SCHÖNBRUNNER STRASSE
(RAMPERSTORFFERGASSE)
Pfarrkirche Margareten

Im Giebelfeld des von Johann Ferdinand Hetzendorf von Hohenberg entworfenen Hochaltars befindet sich ein prachtvolles vergoldetes Relief zum Thema „Flucht nach Ägypten" – mit Kamel und Palmen (1771).

Wirtschaftskammer und Afrika

Zur Zeit seiner größten Ausdehnung Anfang der 1980er Jahre umfaßte das Netzwerk der Bundeswirtschaftskammer in Afrika noch 14 Büros. Damals, 1981, war der Anteil der österreichischen Exporte nach Afrika mit 5,1 % aller Ausfuhren auf seinem Höchststand. In der Folge sank er allerdings bis auf 0,67 % (1997 und 1999) ab, pendelte sich in den letzten Jahren wieder auf eine Bandbreite zwischen 1,06 und 1,43 % ein.

Mit Abstand wichtigster Partner der österreichischen Exportwirtschaft auf dem Kontinent ist seit einigen Jahren Südafrika, das rund ein Drittel der Afrikaexporte aufnimmt (im Jahr 2012 rd. 548 Mio. Euro). Danach folgen Algerien (220 Mio.), Ägypten (193 Mio.), Nigeria, Marokko, Libyen und Tunesien.

Während es zu Zeiten der Verstaatlichten Industrie in Österreich gerade deren Unternehmen waren, die das Afrikageschäft dominierten, ist es heute eine sehr breite Palette von Firmen – von Klein- und Mittelbetrieben bis zur Großindustrie –, die sich erfolgreich auf dem Kontinent bewegen. Österreich liefert vor allem hochwertige Produkte wie Maschinen, Anlagen und Fahrzeuge, aber auch bearbeitete Waren wie Holz und Metallwaren, chemische Erzeugnisse, Papier und Papierwaren etc. In Westafrika zählen Stickereien aus Vorarlberg immer noch zu den größten Importposten. In den letzten Jahren haben insbesondere Energiegetränke aus Österreich die afrikanischen Märkte erobert.

Die Liste der österreichischen Exportbetriebe, die auf den afrikanischen Kontinent liefern, liest sich wie das „Who is Who" der österreichischen Wirtschaft. Es sind praktisch alle Branchen vertreten, und es sind Exportbetriebe aus allen Bundesländern, die Afrika bearbeiten. Österreichische Niederlassungen gibt es nur relativ wenige in Afrika. Lediglich Südafrika liegt mit rund 50 Niederlassungen oberhalb der Wahrnehmungsschwelle. Auch in Bezug auf Österreichs Importe spielt Afrika eine eher bescheidene Rolle. Der Anteil Afrikas an den Gesamtimporten schwankte zwischen 3,89 % im Jahr 1985 und 0,91 % im Jahr 1998. In den letzten Jahren lag die Bandbreite zwischen 1,01 bis 1,9 %.

Die Riege der Lieferländer wird vom Erdölland Nigeria angeführt (909 Mio. Euro im Jahr 2012), gefolgt von Südafrika, von wo Erze, Kohle, Ferrolegierungen und Zellstoff kommen (370 Mio.). Etwa die Hälfte aller Importe aus Afrika besteht aus mineralischen Brennstoffen, insbesondere Rohöl, und anderen Rohstoffen wie Erzen und Kohle.

Die Tätigkeit der Handelsdelegierten, die vor einigen Jahren zu Wirtschaftsdelegierten mutierten, hat sich über die Jahrzehnte stark verändert. Waren es bis in die 1980er Jahre eher sprachgewandte Abenteurertypen, die weitgehend alleine auf sich gestellt vor Ort agieren mußten, sind es heute Kollegen, die mit Elektronik im Taschenformat agieren. Ich selbst hatte das Privileg, beides zu erleben. Ende der 1970er Jahre in Khartoum waren wir auf den 14tägigen Kurier und das Monstrum einer Telexmaschine angewiesen, zuletzt in Johannesburg hat mich der Laptop überallhin begleitet bzw. reichte es, das Smartphone mitzuhaben. Seinerzeit waren Messen und Muster von größter Wichtigkeit für die Firmen, heute ist man ohne gute Web-Seite nicht existent. Was gleich geblieben ist, ist die Unverzichtbarkeit auf persönliche Kontakte.

Stefan Pistauer

VI. MARIAHILF
VII. NEUBAU

MARIAHILFER STRASSE 1
Denkmal für Marcus Omofuma

An der „Grenze zwischen Kunst und Kommerz" – so formulierte es der grüne Bezirksvorsteher Thomas Blimlinger – mahnt der Gedenkstein für Marcus Omofuma zur Besinnung. Der über drei Tonnen schwere Steinblock, 2003 von Ulrike Truger aus afrikanischem Granit gehauen, wurde zunächst ohne Genehmigung vor der Staatsoper aufgestellt; angesichts einer baupolizeilichen Abtragungsdrohung bemühte man sich um einen endgültigen Standort.
Omofuma, ein aus Nigeria stammender Asylwerber, wurde nach der Ablehnung seiner Berufung am 1. Mai 1999 in Begleitung dreier Polizisten nach Bulgarien abgeschoben. Gefesselt und mißhandelt erstickte er während des Flugs nach Sofia, weil Mund und Atemwege durch Klebebänder blockiert waren. Die beteiligten Beamten wurden im August 2002 wegen fahrlässiger Tötung schuldig gesprochen, blieben aber weiter im Dienst. Der erste Todesfall eines afrikanischen Häftlings in Polizeigewahrsam – mehrere sollten folgen – markierte einen traurigen Höhepunkt der Aggressivität gegen Asylwerber/innen und schwarze Menschen im allgemeinen, die Österreich um die Jahrtausendwende erschütterte, geschürt von der Wiener FPÖ und der „Kronen-Zeitung".
Jahrelang war das Denkmal Ziel rassistischer Attacken und wurde häufig mit Ku-Klux-Klan-Symbolen beschmiert. Seit Installierung einer nächtlichen Beleuchtung ging die Zahl dieser Vorfälle zurück.

RAHLGASSE 5
Aux Gazelles

Über die Rahlstiege gleich gegenüber steigen wir hinunter nach Mariahilf. 2002 wurde in einem ungenutzten Lager ein marokkanisches Restaurant eingerichtet. International würden Mode, Design und Lifestyle à la Marrakesch schon lange geschätzt, schrieb „Die Presse" damals, und dieser Trend käme langsam auch nach Österreich. „Aux Gazelles" ist zu einem beliebten Bestandteil der au Maroc-Szene Wiens geworden (➜ NEUBAUGASSE 84).
Das Lokal bietet eine gute Küche und verfügt über ein großes Dampfbad (Hammām), in dem traditionelle Massagen in Anspruch genommen werden können; darüber hinaus finden Veranstaltungen und Ausstellungen mit nordafrikanisch/orientalischem Fokus statt (*www.auxgazelles.at*).

Boulevardpresse schürte Hysterie

„Giuditta" bei den Mörbischer Festspielen (2003)

LEHARGASSE
Straßenname

An der Einmündung in die Gumpendorfer Straße erinnern wir uns an „Giuditta", die letzte Operette von Franz Lehár (1870–1948). Sizilianische Emigrant/inn/en und Soldaten, darunter Octavio mit seiner Geliebten, befinden sich 1930 auf dem Weg ins italienisch beherrschte Libyen. Der Marschbefehl für den jungen Mann, aber auch der Umstand, daß Giuditta „über heißes afrikanisches Blut" verfügt, zerstören ihre Idylle in einer weißen Villa am Mittelmeer. Jahre später treffen sie im Nachtklub „Alhambra" in Tripolis wieder aufeinander … Lehárs melodramatische Operette wurde 1934 in der Staatsoper uraufgeführt. Einige Lieder sind noch heute bekannt („Meine Lippen, sie küssen so heiß …"), weniger geläufig ist der koloniale Hintergrund der Handlung: Libyen, 1911 von Italien erobert, erreichte seine Souveränität erst 1951 (➜WIEN XIX).

THEOBALDGASSE 16
Galerie Habari

In dem malerischen Zinshaus, in dem Lehár seine Operetten komponierte, eröffneten Lore Sander und Werner Pilz 1997 ihre Galerie. Künstlerische ebenso wie entwicklungspolitische Interessen standen bei der Gründung Pate, und so liegen die Schwerpunkte von HABARI nicht nur auf dem Verkauf von qualitätsvollem Design und Kunsthandwerk aus Afrika, sondern auch auf der Förderung eines positiven Afrikabildes. Der Name kommt aus dem Swahili, in dem „Habari gani" so viel bedeutet wie: „Hast du was zu erzählen? Wie geht es dir?" Neben moderner Kunst – etwa Steinplastik aus Zimbabwe oder Gemälden aus Tanzania – bietet das Geschäft hochwertige De-

**Fußball-WM 2010 in Südafrika:
Lore Sander mit Vuvuzelas**

signprodukte aus 29 afrikanischen Ländern, u. a. auch Wohnaccessoires, Tischdekor, Textilien oder Schmuck. Partner in Afrika sind meist selbständige Unternehmer/innen, Kooperativen oder einzelne Kunsthandwerker/innen, die marktgerecht entlohnt werden und oft mit Entwicklungsprojekten verbunden sind *(www.habari.at).*

Capistrangasse 8/10
Menschen für Menschen

1981 rief der österreichische (in Deutschland geborene) Schauspieler Karlheinz Böhm, bekannt durch seine Rolle als junger Kaiser in der „Sissi"-TV-Trilogie der 1950er Jahre, zu einer Spendenaktion für die Opfer von Hungerkatastrophen in Afrika auf:
„Ich bin in den sechziger Jahren irgendwann mal in einer Sackgasse gewesen in meiner eigenen Entwicklung – nicht nur beruflich, sondern auch menschlich. Ich fing an, politisches Bewußtsein zu entwickeln. Ich fing an, mich aus dieser ‚bürgerlichen Ruhe' zu befreien … zum erstenmal passierte in meinem Leben ein Ausbruchsversuch. Ich war mir klar, daß ich in der geschlossenen Welt des Konservativismus Schiffbruch erlitten hatte. Ich hatte als Achtzehn-, Neunzehn- oder Zwanzigjähriger meine eigene Revolution nie vollzogen … Es war vor allem der Hunger in der Welt, der mich verzweifelt machte, der Hunger und das Elend in der Dritten Welt, das unvorstellbare Ausmaße annimmt, während wir im Reichtum ersticken. Und den Kampf dagegen fand ich von einem bestimmten Moment meines Lebens an genauso wesentlich wie den Kampf gegen die Aufrüstung, den Kampf für den Frieden oder für eine bessere Gesellschaftsordnung." (Böhm 1983, 14–16 [gek.]).
Aus dem Spendenaufruf von damals entstand die Organisation „Menschen für Menschen". Stand ursprünglich die Sahelzone im Vordergrund des Interesses, so konzentrierte man sich bald auf Äthiopien, wo

Karlheinz Böhm

ebenfalls Hungersnot herrschte. Daß ein Land gewählt wurde, das damals von einem linken Militärregime regiert wurde und nicht mehr vom Kaiser, führte mancherorts zu Kritik – Böhm wies sie stets zurück. Die internationale Hilfsaktion Mitte der 1980er Jahre (Life Aid-Konzerte etc.) verfestigte allerdings das Image Afrikas als Hungerkontinent. Anfang der 1990er wurde Äthiopien, mittlerweile von rechtsgerichteten politischen Kräften regiert, zu einem Schwerpunktland der heimischen Entwicklungszusammenarbeit. MfM-Projekte beziehen sich auf Ernährungssicherung, nachhaltige Ressourcennutzung und die Rechte von Frauen. „Menschen für Menschen" war 2011 in neun ländliche Entwicklungsprojekte involviert und unterhielt ein berufsbildendes College sowie ein Kinderheim. Weiters wurden Schulen, Straßen, Brücken und Wasserleitungen gebaut. Vorwürfe finanzieller Unregelmäßigkeiten in Deutschland führten Ende 2013 zum teilweisen Rückzug von Böhms Ehefrau Almaz aus der Leitung der Stiftung *(www.menschenfuermenschen.at).*
Karlheinz Böhm starb am 29. Mai 2014 und wurde auf dem Kommunalfriedhof der ➡Stadt Salzburg begraben.

Fritz-Grünbaum-Platz 1
Haus des Meeres

Flaktürme in Wien – sollen sie unzerstörbare Mahnmale gegen Faschismus und Krieg sein oder kommerziell und kulturell nutzbare Attraktionen für ein breites Publikum? Während der politische Streit darüber bis heute nicht verebbt ist (heute nimmt immerhin die Ausstellung „Erinnern im Innern" auf die problematische Vergangenheit des Bauwerks Bezug) und die esoterische Aufschrift eines US-Künstlers auch nichts zur Lösung beitrug, handelte eine Gruppe meeresbiologisch Interessierter rasch: 1965 wurde im ehemaligen Flakturm Esterházypark das erste Seewasseraquarium Österreichs eröffnet. In den folgenden Jahren systematisch ausgebaut, zeigt der beliebte Privatzoo (2012 Rekord mit über 430.000 Besuchern) auch zahlreiche Fische und Reptilien aus afrikanischen Binnen- und Ozeangewässern: Buntbarsche von der afrikanischen Seenplatte, Chamäleons aus Madagaskar, Puffottern aus den Trockengebieten des Kontinents. In der Terrarienabteilung sind u. a. Krokodile sowie Gift- und Riesenschlangen zu sehen, darunter afrikanische Pythons und die ägyptische Königskobra. Im 2000 angebauten Tropenhaus sind vor allem Vögel aus Ostafrika bemerkenswert, so Reisfinken aus Zanzibar oder Dreifarbenglanzstare aus Kenya *(www.haus-des-meeres.at)*.

Marchettigasse 3
Bundesrealgymnasium 6

„Angeregt durch die vor 27 Jahren von Prince Kum'a Ndumbe III. ins Leben gerufene Stiftung ‚AfricAvenir International' in Douala werden vom Unterrichtsministerium Schulpartnerschaften zwischen Österreich und Kamerun initiiert. Seit 2007 versuchen das BRG 6 Marchettigasse und das Collège du Levant in Douala, Afrika, in vielfältigen Projekten von der Peripherie ins Zentrum des Interesses zu rücken: Begleitend zum Film ‚Bamako' werden interdisziplinäre Unterrichtsmaterialien zum Globalen Lernen entwickelt; inspiriert durch das vorkoloniale Epos ‚Masomandala' verfassen und illustrieren Schüler/innen ‚Märchen aus anderen Welten'; im Rahmen des Sparkling Science Projekts ‚My life – my style – my future' werden gemeinsam mit dem Institut für Nachhaltige Entwicklung jugendli-

Abstecher: GUMPENDORFER STRASSE 37–39, Ossiri's Lernakademie. „Man kann nicht immer nur jammern. Ich liebe dieses Land, und ich wollte etwas aus meinem Leben machen." Heute ist er auf dem besten Weg dazu: 1961 in Côte d'Ivoire geboren, studierte Ossiri Richard Gnaore Germanistik. 1986 kam er nach Österreich und absolvierte die Diplomatische Akademie. Im Jahr 2000 gründete er ein Nachhilfeinstitut, aus dem später die heutige Lernakademie entstand. Zwischen 150 und 180 Personen werden hier unterrichtet, in der Regel Zuwanderer. Angeboten werden zertifizierte Deutschkurse auf verschiedenen Ebenen sowie eine Trainerausbildung in Deutsch als Fremdsprache. In den letzten Jahren hinzugekommen sind ein Lehrgang für Kindergärtner/innen und Angebote für Montessori-Pädagogik. Pläne für die Zukunft hat der erfolgreiche Bildungsmanager genug … *(www.lernakademie.at)*.

che Lebenswirklichkeiten und Lebensstile in Hinblick auf ihre Zukunftsfähigkeit überprüft; projektorientierter Unterricht zur ‚Sprachenvielfalt an unserer Schule' berührt und begeistert zum Internationalen Tag der Muttersprachen 2013 nicht nur die 1A am BRG 6 Marchettigasse, sondern auch die 6è am Collège du Levant. Wiederholte persönliche Begegnungen bilden die vertrauensvolle Basis zu diesem interkulturellen Dialog." (Ilse Mautner; *www.marchettigasse.at*).

GUMPENDORFER STRASSE
(ECKE BRÜCKENGASSE)
Pfarrkirche St. Ägyd

In der harmonischen, 1765–70 errichteten Vorstadtkirche befinden sich zwei bemerkenswerte Gemälde: Auf dem Seitenaltar links rückwärts ein großformatiges Altarbild „Die Anbetung der Könige", das dem Kapuzinerpater Cosmas da Castrofranco zugeschrieben wird und aus der kaiserlichen Kunstkammer Rudolfs II. in Prag stammen soll (um 1600); es zeigt einen phantastisch gekleideten schwarzen König mit Dienerschaft und langer Kamelkarawane im Hintergrund.

Der gegenüberliegende Altar trägt das Gemälde „Der hl. Franz Xaver predigt den Heiden" (Jan Erasmus Quellinus, 1661). Dem Heiligen wird ein betender, demütig wirkender Afrikaner zugeführt. Im Unterschied zum arabischen Raum galt der „schwarze Kontinent" in der Barockzeit als erfolgversprechende Missionsdestination.

Bruno Buchwieser jun. und sein Freund aus Obervolta

MITTELGASSE 16
Österreichische Jungarbeiterbewegung

Bruno Buchwieser sen. gründete an dieser Adresse 1911 einen Baumeisterbetrieb. Für die Herausbildung seines Firmenimperiums waren Aufträge für Kirchen- und Klosterbauten förderlich. Sohn Bruno Buchwieser jun. wurde 1945 zum Einsatzleiter für den Wiederaufbau des Stephansdoms ernannt.
Um den spürbaren Arbeitskräftemangel in Wien zu lindern, richtete er ein „Erstes österreichisches Jungarbeiterinternat" ein, aus dem ab 1946 die Österreichische Jungarbeiterbewegung (ÖJAB) entstand, eine Vereinigung christlich-patriotisch gesonnener Lehrlinge und Facharbeiter, in der Buchwiesers patriarchalischer Führungsstil den Ton angab. Eher durch Zufall kam er in Kontakt mit Denis Tapsoba, einem Priester aus Obervolta (heute Burkina Faso), und engagierte sich mit zunehmender Begeisterung in Entwicklungsprojekten. 1966 wurde Buchwieser zum ersten diplomatischen Vertreter des Landes in Österreich bestellt.

EZA im Kalten Krieg

Letztlich war es ein Zufall, daß Burkina Faso Schwerpunktland der heimischen Entwicklungszusammenarbeit wurde. 1959 – noch mitten im Kalten Krieg – organisierten die ÖJAB und andere Organisationen eine konservative Gegenkampagne zu den Weltjugendfestspielen, die damals in Wien abgehalten wurden. „Eine Ausstellung unter dem Titel ‚Unbesiegter Glaube' stellte die Christen in der kommunistischen Welt dar. Die Kirchenhierarchie wollte die Eröffnung nicht vornehmen, um die Situation der Kirche in den Oststaaten nicht noch mehr zu erschweren, Politiker lehnten aus Neutralitätsgründen ab, so daß Buchwieser die Eröffnung vornahm. Bei dieser Gelegenheit kam ein junger afrikanischer Geistlicher zu Buchwieser, der schon Frankreich, die Schweiz und die Bundesrepublik Deutschland bereist und bisher keine konkrete Hilfe gefunden hatte. Sein Anliegen: junge Afrikaner wurden nach Moskau, Prag, Budapest oder Warschau eingeladen, um dort ihre Ausbildung zu erhalten. Dies aber sei gefährlich, denn so werde die Jugend Afrikas kommunistisch sein. ... Verblüfft fragte Buchwieser, wo Obervolta sei." (Ritschel, o. J., o. S.)
1961 kamen die ersten Jugendlichen aus Burkina Faso zur Lehrlingsausbildung nach Österreich. Ab 1965 wurde mit der Errichtung eines Berufsbildungszentrums in Ouagadougou begonnen (Ende 1995 in einheimische Verwaltung übergeben). Als Gegenstück entstand 1968 in Zusammenarbeit mit der WKÖ das Berufspädagogische Institut in Mödling, das Kurse für junge Arbeiter/innen in und aus Dritte-Welt-Ländern durchführte *(www.bpi.ac.at)*.

Auch wenn Burkina Faso heute über eine Botschaft verfügt (➡ WIEN III), ist das Honorarkonsulat mit der Jungarbeiterbewegung verbunden geblieben. Die Organisation führt seit Anfang der 1960er Jahre entwicklungspolitische Aktivitäten in Westafrika durch und arbeitet eng mit der 1966 gegründeten Österreichisch-Burkinischen Gesellschaft zusammen *(www.oejab.at)*.

APOLLOGASSE 4
Globale Verantwortung

Die Arbeitsgemeinschaft für Entwicklung und Humanitäre Hilfe fungiert seit 2008 als Dachverband der großen Nichtregierungsorganisationen für Entwicklungszusammenarbeit und Katastrophenhilfe. Sie kritisiert die geringe budgetäre Dotierung der österreichischen Entwicklungspolitik (das international vorgegebene Ziel von 0,7 % des Bruttosozialprodukts wurde noch nie auch nur annähernd erreicht) und setzt sich in Studien und Positionspapieren für eine qualitative Verbesserung der Entwicklungszusammenarbeit ein *(www.globaleverantwortung.at)*.

NEUBAUGÜRTEL
Afrikanischer Businesscluster

In den vielfach von Zuwanderern bewohnten Vierteln entlang des Gürtels (➡ WIEN XVI) siedeln sich häufig Dienstleistungsbetriebe mit migrantischem Hintergrund an, neben ex-jugoslawischen und türkischen auch afrikanische. Als Anlaufstellen für die jeweilige Community, aber auch als Integrationsschienen (Behördenkontakte etc.) spielen sie eine wichtige Rolle. Angesichts geringer Kapitalausstattung, steigender Mietpreise und Veränderungen der Konsumentenschaft ist die Fluktuation allerdings hoch, viele Shops sehen sich nach einigen Jahren gezwungen zu schließen, so Ende 2013 „Baby's Beauty Salon" der freundlichen Millicent Tetteh-Klu aus Ghana.

Auf WESTBAHNSTRASSE 54, befindet sich der Salon „Substyle". Subrinah Dolischka aus Nigeria bekennt sich zum „Natural Hair Movement", einer Bewegung von schwarzen Frauen vor allem in den USA, die ihr Haar nicht mehr künstlich glätten wollen. Der Trend zu den natürlichen krausen Locken ist Ausdruck eines neuen Selbstbewußtseins, erklärt Subrinah, die in Zukunft auch Haar-Workshops für schwarze Mädchen veranstalten will.

Auf KANDLGASSE 46 stoßen wir auf „Prosi – Exotic Supermarket". Kunden und Kundinnen aus über 120 verschiedenen Ländern können sich in dem Supermarkt an einem umfassenden Sortiment an Lebensmitteln aus dem asiatischen, afrikanischen und lateinamerikanischen Kontinent erfreuen. Im angeschlossenen Kosmetikgeschäft findet man afro-amerikanische Kosmetik, Haarteile und vieles mehr. Der aus Indien stammende Geschäftsführer Prince Pallikunnel kam vor 22 Jahren nach Österreich, um Wirtschaft zu studieren. Prosi gründete er vor 13 Jahren, der Name steht für „Politness, Respect, Obedience, Service, Intimacy" *(www.prosi.at)*. Mehrere Afroshops befinden sich in unmittelbarer Umgebung, so auf WIMBERGERGASSE 8 das „Mande Masa", eine Kombination aus Boutique und Friseursalon. Youssouf Simbo Diakité, der Obmann das Vereins afrikanischer Student/inn/en, hat es gegründet *(www.mandemasa.at)*.

NEUBAUGÜRTEL 50 beherbergt „ATCO – World of Exotic Food & More". Das Geschäft führt Lebensmittel aus dem asiatischen und afrikanischen Raum sowie Kosmetika und Haarteile *(www.atco.at)*. J.S. Mangat, geboren in Uganda, leitet das Geschäft. Im Supermarkt herrscht eine nette Atmosphäre, das Personal ist sehr freundlich.

Etwas abseits der Route, auf LERCHENFELDER STRASSE 139, befindet sich „Pat Kitchen", ein kleines Lokal, in dem die Nigerianerin Patricia Obi typisch westafrikanische Hausmannskost serviert: Tilapia-Fisch, Okra- oder Palmsuppe sowie natürlich Fufu (Kerstin Lahr).

Neustiftgasse 89–91
Wohnhausanlage

Über dem Eingang des 1955/56 errichteten Gemeindebaus springt ein Mosaik von Josef Stoitzner-Millinger zum Thema „Welthandel" ins Auge. Das Motiv „Vier Kontinente" wird hier wirtschaftlich interpretiert. Links unten bringen ein Afrikaner und eine Afrikanerin in einem Kahn Früchte herbei. Das asiatische Paar rechts unten ist auch nur Warenlieferant, aber „zivilisierter" ausgeführt, besser gekleidet und mit Segelschiffen im Hintergrund. Klar ist, wer diese Welt dominiert: Amerika (gemeint wohl die USA) rechts oben, mit ein bißchen Wildwest-Romantik versehen, und vor allem Europa im linken oberen Viertel des Mosaiks. Hier konzentrieren sich Städte, Industrie und technische Forschung, hier findet die Verarbeitung der von den „Entwicklungsländern" gelieferten Naturprodukte statt. Europa und Amerika sind durch eine Eisenbahnbrücke sowie Schiffs- und Fluglinien miteinander verbunden. Das Mosaik ist bemerkenswert, weil es als eines der wenigen Werke der exotischen „Gemeindebaukunst" nicht nur Tiere, sondern auch Menschen zeigt. Allerdings bleibt es einer neokolonialen und patriarchalischen Weltsicht verhaftet.

> *Abstecher:* Neubaugasse 84, Restaurant Petit Maroc. Ursprünglich ein Geschäft für nordafrikanisches Kunsthandwerk, bauten es Moh el Hamdaoui und Samad Najib 2009 zu einem kleinen Restaurant um *(www.petitmaroc.at)*. In den Medien stieß die „cuisine marocaine" auf begeisterten Widerhall. Spezialität sind in lehmgebrannten Tagines gegarte Gerichte. Diese Töpfe, original aus Marokko importiert, sind im Lokal auch zum Kauf erhältlich (➜ Wien IX).

Hermanngasse 17
„Zum schwarzen Mohren"

1836 errichtet, wurde die Fassade im Zuge des Umbaus durch eine Pfeifenfirma 1923/24 stark verändert. Ein lebensgroßer bärtiger „Mohren"-Kopf mit malerischem Turban und riesiger Pfeife ist seither über dem Eingangstor montiert (Figur von K. Hagenauer) – neben den Portalfiguren „Zum blauen Löwen" (Myrthengasse 10) und „Zum rothen Löwen" (Burggasse 70) das letzte exotische Hauszeichen auf dem alten Schottenfeld.

Der historische und assoziative Zusammenhang von Orient und Tabak wurde früher vom Tabakmuseum illustriert, das im Muse-

Löwenjagd, Pfeife aus Elfenbein, Ende 19. Jh.

Wege des Elfenbeins

In der Mondscheingasse befand sich bis in die frühen 1960er Jahre die letzte Elfenbeinschnitzerei Wiens. In früheren Jahrhunderten war die Verarbeitung von Elfenbein ein wesentliches Element der luxuriösen Repräsentation an den Höfen des hohen Adels gewesen. Später wurde das wertvolle Material, das hauptsächlich aus Elefantenstoßzähnen gewonnen wird, vor allem zu Gebrauchsgegenständen, Klaviertasten oder chirurgischen Plastiken verarbeitet. Und zu Souvenirs für Touristen, wie Meister Franz Strankmüller 1949 einer Journalistin erzählte: „In Kisten haben wir die Lieferungen weggeschickt. Der Krüger-Park in Südafrika war ein Hauptabnehmer. Sie werden doch sicher schon von diesem Naturschutzpark gehört haben … Natürlich will fast jeder Besucher ein Andenken mitnehmen, und was wäre da besser geeignet gewesen als kleine Elfenbeinnachbildungen der Tiere, die es im Park gibt. Na, und da habe ich ganze Tierherden verschickt, Elefanten, Giraffen und Gazellen." (Das Kleine Blatt, 1. 10. 1949). Absurd, oder?

umsquartier angesiedelt war und 2003 nach der Übernahme von Austria Tabak durch den britischen Konzern Gallaher leider aufgelöst wurde (Abb. S. 133).

Andreasgasse 7
Möbel Museum Wien

1998 wurde das ehemalige Hofmobiliendepot neu eröffnet, in einem vergrößerten und neu gestalteten Ambiente. Auch eine in Vergessenheit geratene Kostbarkeit wurde restauriert: das „Ägyptische Kabinett" der Wiener Hofburg.
Es war der Geburtstagswunsch von Maria Ludovica d'Este gewesen, der dritten Gemahlin von Kaiser Franz I.: „Was ich dir in meublen kost, kostet dich eine andere Frau in Pferden, Bällen, Unterhaltungen, von denen verlange ich nichts, nur eine schöne Wohnung", schrieb sie am 14. Dezember 1809 an ihren Ehemann (Ottilinger 1993, 74). Zwischen 1810 und 1812 entstanden also 24 in verschiedensten Stilen dekorierte Räume, darunter neben chinesischen und türkischen Zimmern auch ein „Ägyptisches Kabinett" mit „Isisfiguren als Caryatiden", wie ein Besucher 1815 berichtete. Vorbild für die Gestaltung war vermutlich Giovanni Battista Piranesis „Caffé degli Inglesi" in Rom (1769).

Ägyptisches Kabinett: Architekturzeichnung für die Restaurierung

Neubaugasse 12–14
Tanzstudio Move on

Vor zwanzig Jahren gründete der in Ghana geborene Chris Nii Laryea Steiner ein Tanzstudio, das schnell zu einem beliebten Ort für Bewegung avancierte *(www.moveon.at)*. Chris studierte in Accra Politik- und Betriebswissenschaften sowie Tourismus, sein Tanzdiplom erhielt er von der Academy of Arts and Music. Anschließend erweiterte er seine Ausbildung in London und New York. Das Studio bietet zeitgenössische Tänze, klassisches Ballett, Jazzdance, Afrodance, aber auch Pilates und eigens von Chris entwickelte Kurse wie „chrisnetiCS" und „bodyworCS" an.
Wenige Schritte davon entfernt, auf Amerlingstrasse 15 im 6. Bezirk, verwandelte Steiner das ehemalige Café Amerling 2007 in „keke's Café & Bar" *(www.kekes.at)*, ein stimmungsvolles Lokal, in dem karibische und westafrikanische Gerichte und Getränke serviert werden, u. a. auch ghanaisches Bier (Kerstin Lahr).

Siebensterngasse 39
Café Nil

Das Café wurde 1989 von dem Ägypter Halim Hassan gegründet. Neben Kaffee lassen sich hier in gemütlicher Atmosphäre Frühstück, Mittag- und Abendessen genießen, unter anderem ägyptische und arabische Spezialitäten *(www.cafenil.at)*. Viele Lebensmittel tragen das Bio-Gütesiegel und kommen aus fairem Handel. Lamm- und Rindfleisch sind aus Österreich, Schweinefleisch gibt es nicht. Der Extraraum, in dem schon die eine oder andere kulturelle Veranstaltung stattgefunden hat, kann auch privat gemietet werden. Der Name des Lokals hat mit einer der ältesten österreichischen Zigarettenmarken zu tun, denn die Marke „Nil" war früher mit dem silbernen Zeichen eines ägyptischen Handelsschiffs des Nil-Flusses bedruckt. Mittlerweile ist das Lokal allerdings zur Gänze rauchfrei, was zur Abnahme der Besucherzahlen führt. Das Café wurde nach dem Vorbild alter Kaffeehäuser in Alexandria und Kairo gestaltet, Tische, Sessel und Lampen sind aus Ägypten importiert (Kerstin Lahr).

Burggasse 19
„Zum schwarzen Mohren"

1749 wurde das seinerzeitige Bäckerhaus am Spittelberg erbaut, trotz etlicher Renovierungen ist die namensgebende Plastik an der reizvoll dekorierten Barockfassade erhalten geblieben: ein „Mohren"-Knabe mit Köcher und Schild. Auch anderswo im heutigen 7. Bezirk war „Mohr" eine gängige Hausbezeichnung (➜Wien II), darüber hinaus bestanden „Löwen"-, „Elefanten"- und „Straußen"-Häuser. Andere exotische Namen waren „Zu den drei Königen" oder „Zum goldenen Dattelbaum".

Museumsplatz 1
Museumsquartier

Afrika ist in den 2001 adaptierten kaiserlichen Stallungen immer wieder ein Thema *(www.mqw.at)*. „Klimt persönlich" im Leopold Museum thematisierte 2012 das Interesse des Malerfürsten an afrikanischer Plastik: „Das Schöne ... sind die Plastiken dieser Congoneger! Sie sind herrlich und prachtvoll – man schämt sich – daß die in ihrer Art so viel mehr können als wir. Ich war ganz ‚weg'!" (1914; Klimt persönlich 2012, 10). Auch die Kunsthalle kann auf Ausstellungen mit Afrikarelevanz verweisen, „Africa screams" oder „Yinka Shonibare" (beide 2004/05) zum Beispiel.
Die stärker pädagogisch orientierten Einrichtungen des Museumsquartiers für Kinder scheinen hinsichtlich Afrika offener als die zeitgenössische „Hochkultur". Immer wieder finden sowohl im Kindermuseum ZOOM

als auch im Dschungel Wien ambitionierte Ausstellungen oder Theaterproduktionen mit Afrikabezug statt. 2011 beispielsweise brachte die Inkululeko Yabatsha School of Arts, ein professionelles Ensemble aus Zimbabwe, in Zusammenarbeit mit dem Theatro Piccolo ein berührendes Stück über die ugandische Kindersoldatin China Keitetsi zur Aufführung. Innocent Nkululeko Dube, der Gründer der aus einem Schülertheater in Bulawayo entstandenen Gruppe, stellte in einem Interview fest: „Wir wollen stets ein reales Bild von Afrika transportieren, und das inkludiert eben sowohl reich, glücklich und gut, aber auch arm, traurig und schlecht. Wir wollen nicht nur das eine Bild von Afrika kreieren, sondern alle Gesichter zeigen. Unser Motto ist: Sei ein Spiegel der Gesellschaft! Und ein Spiegel lügt eben nicht." (Konrad 2011, 24 f.).

Szenenfoto „China K." (2011)

VIII. JOSEFSTADT
IX. ALSERGRUND

Alser Strasse 17
Ehem. Trinitarierkirche

Seit den Kreuzzügen war der Loskauf christlicher Gefangener aus muslimischer Haft (die „Redemption") ein wichtiges Thema. Teilweise ging es um Soldaten, die in feindliche Hände gefallen waren, teilweise um verschleppte Zivilisten oder um Matrosen von gekaperten Schiffen im Mittelmeer – darin taten sich übrigens beide Seiten hervor (➡Herberstein/Stmk.). 1198 wurde der Trinitarierorden ins Leben gerufen, der Spenden sammeln und Gefangene im Orient freikaufen sollte. Die bettelnden „Weißspanier", wie sie wegen ihrer Ordenstracht hießen, waren eine bekannte Erscheinung (➡Oberwölbling/NÖ). Wenn sie mit befreiten Gefangenen zurückkehrten, wurde das groß gefeiert, und die Betroffenen stellten ihre Ketten in Wallfahrtskirchen zur Schau oder stifteten Votivbilder; nur wenige sind freilich erhalten (➡Mariazell/Stmk.).

Durch den Krieg mit der Hohen Pforte gewann der Gefangenenfreikauf auch für Mittel- und Osteuropa an Brisanz. 1688 erhielten die Trinitarier von Leopold I. die Erlaubnis, eine Kirche in der Alservorstadt zu bauen, 1704 entstand eine „Dreifaltigkeitsbruderschaft der gefangenen Christen", die sich v. a. der Spendensammlung widmete. Mehr als tausend Europäer wurden von der österreichischen Trinitarierprovinz zwischen 1734 und 1750 aus osmanischer Haft freigekauft, zwischen 1760 und 1783 waren es genau 600, fast alles Männer und mehr als die Hälfte von ihnen aus Algier. Interessanterweise waren die Preise pro freigekauftem Gefangenen in Nordafrika wesentlich höher als z. B. in Konstantinopel. Etwa ein Viertel war weniger als ein Jahr versklavt gewesen, ein Fünftel hingegen mehr als fünf Jahre.

Heute erinnert hier wenig an die Rolle der Trinitarier; als die Minoriten die Kirche übernahmen, brachten sie ihre eigene Ausstattung mit (➡Kirchschlag/NÖ). Nur im Kreuzgang sind Ovalbilder mit Porträts von „Weißspaniern" aus dem 18. Jh. erhalten (Abb.).

Florianigasse 8
Gedenktafel

Anläßlich einer Kongreßteilnahme 1909 wohnte der Arzt und Kulturphilosoph Albert Schweitzer (1875–1965) hier im Hotel. Vier Jahre später ging er als Missionsarzt nach Französisch-Westafrika (Lambarene, im heutigen Gabun) und gründete dort ein Spital. Neben seiner weltweit bekannt gewordenen Tätigkeit als „Urwaldarzt" entwickelte Schweitzer eine ethische Philosophie, die auf der grundlegenden Ehrfurcht vor dem Leben aufbaut. 1952 erhielt er für sein (in den USA umstrittenes) Eintreten gegen die Atomrüstung den Friedensnobelpreis. In seinen Schriften beobachtete Schweitzer immer wieder die Zerstörung der traditionellen einheimischen Gesellschaft in Afrika durch den Kolonialismus, ohne freilich politische Konsequenzen im Sinn eines antikolonialen Engagements daraus zu ziehen. Die Gedenktafel wurde im Jänner 1957, ungewöhnlicherweise noch zu Lebzeiten, enthüllt. Albert Schweitzer genoß vor allem in protestantischen Kreisen Österreichs große Verehrung. Mehrfach wurden Straßen nach dem bedeutenden Theologen und Humanisten benannt.

Albert Schweitzer beim Verfassen des Appells gegen die atomare Aufrüstung (Kreidezeichnung von Wilhelm Kaufmann, 1957)

Lederergasse 23
Melker Hof

1852 als Zinshaus des Klosters Melk errichtet. Über dem Durchgang zum 4. Hof ist das Hauszeichen des Vorgängergebäudes „Zum Elefanten" (um 1800) eingemauert; ursprünglich steinfarben, ist es in den letzten Jahren bunt geworden und stellt einen angenehmen Blickfang dar.

Laudongasse 40
Südwind-Agentur

„Afrika ist uns sehr nahe und mit uns verbunden. Wir bekommen viel aus den afrikanischen Ländern. Wir importieren für uns alltägliche Güter wie Blumen, Kakao oder Fisch. Doch die internationalen Handelsbeziehungen sind ungerecht und faire Arbeitsbedingungen oft nicht gegeben. Und wir exportieren auch viel – nämlich hochgiftigen Elektroschrott. Unser Müll schädigt in Ghana Menschen, insbesondere Kinder, und Umwelt auf Generationen", schreibt Geschäftsführerin Elfriede Schachner. „Südwind setzt sich als entwicklungspolitische Nichtregierungsorganisation seit über 30 Jahren dafür ein, diese Ungerechtigkeiten zu thematisieren und ihnen Einhalt zu gebieten. Wir machen das mit öffentlichkeitswirksamen Aktionen, Informationsar-

Südwind-Agentur gemeinsam mit Partnerorganisationen in Ghana

beit, Kampagnen, (außer)schulischer Bildungsarbeit und Lobbying." Südwind baut seine inhaltliche Arbeit auf den Grundsätzen des 1979 gegründeten Österreichischen Informationsdienstes für Entwicklungspolitik (ÖIE) auf, 1997 in Südwind Entwicklungspolitik umbenannt (*www.suedwindagentur.at*).

Albertplatz
Isisbrunnen

Nicht nur die adeligen Salons, auch die Vorstädte hatten ihre Ägyptomanien. 1833/34 wurde in Breitenfeld eine lange geforderte Wasserstelle errichtet. Es handelte sich um den ersten gußeisernen Brunnen Wiens, sein Wasser erhielt er aus der Wasserleitung vom Gallitzinberg zur Hofburg. Als Schutzherrin wählte man die ägyptische Isis: Auf einem Sockel inmitten des achteckigen Beckens steht die gußeiserne Kopie einer antiken Marmorstatue der ägyptischen Göttin, die kurz vorher für die kaiserliche Kunstsammlung erworben worden war. Der Brunnen ist somit nicht nur ein bedeutendes technikgeschichtliches Denkmal, sondern legt auch Zeugnis für das im Vormärz gegebene Ägypteninteresse des Wiener Bürgertums ab, das im Zeichen florierender Handelsbeziehungen zur osmanischen Nilprovinz stand.

Abstecher: Lange Gasse 30/4, CARE Österreich. „CARE International ist weltweit eine der größten privaten Hilfsorganisationen im Kampf gegen Armut. In Österreich ist sie durch die in der Nachkriegszeit versendeten CARE-Pakete bekannt. Im Jahr 2012 kam die Arbeit von CARE International – nachhaltige Entwicklungsprojekte, Katastrophenhilfe und Wiederaufbau – mehr als 83 Millionen Menschen zugute, wobei ein Schwerpunkt auf der Stärkung von Frauen und Mädchen liegt. CARE Österreich wurde 1986 als achtes Mitglied von CARE International gegründet und hat im vergangenen Jahr mehr als 50 Projekte in 25 Ländern betreut. Rund ein Drittel des Projektaufwandes wurde von CARE Österreich 2012 in Afrika umgesetzt. Eines der Schwerpunktländer war Äthiopien: Dort werden Projekte im Bereich Verbesserung der sanitären Bedingungen, Ernährungssicherheit und Dürrebekämpfung umgesetzt. In Uganda implementiert CARE seit mehr als 6 Jahren ein großes Programm zur Stärkung (der Rechte) von Frauen. Die Organisation mahnt immer wieder – zuletzt am Beispiel von Mali –, dass humanitäre Hilfe Vorrang vor militärischen Einsätzen erhalten müsse."
Thomas Haunschmid (*www.care.at*)

Albertplatz, Isisbrunnen

ALSER STRASSE 8
„Zum Tiger"

Wohlig räkelt sich ein raubtierartiges Ungetüm über dem Eingang zu diesem 1861 erbauten Wohnhaus. Es handelt sich um das Ladenschild der seinerzeitigen Apotheke „Zum Tiger". Exotische Hausnamen waren in der Alservorstadt häufig. Noch heute besteht die „Löwenapotheke" (Josefstädter Straße 25), die Alserbachstraße hieß bis 1862 Weiße Löwengasse und Mariannengasse 30 „Zum kleinen Mohren". Auf Piaristengasse 56–58 ist das Hauszeichen „Zur Flucht in Egypten" (1795) noch im Hauseingang erhalten.

SPITALGASSE 2, HOF 5
Institut für Afrikawissenschaften

Nach 100 Jahren gemeinsamer Geschichte wurden die Fächer Ägyptologie (➡ WIEN XVIII) und Afrikanistik 1977/78 getrennt, für letzteres entstand ein eigenständiger Lehrstuhl. „Afrika" als Spezialisierung auf einen Kontinent ist eine Querschnittsmaterie, die von unterschiedlichen Disziplinen und mit unterschiedlichen Methoden erforscht werden kann. In der Geschichte der Forschungsrichtung standen zunächst sprachwissenschaftliche (➡ WIEN XIX) und archäologische (➡ WIEN XXIII) Zugänge im Vordergrund, später wurden verstärkt landeskundliche (Hans Günther Mukarowsky) und entwicklungspolitische Themen (Walter Schicho) behandelt; auch an der Errichtung der Studienrichtung „Internationale Entwicklung" war das Institut maßgeblich beteiligt *(http://afrika.univie.ac.at)*.

Heute besteht ein Pluralismus unterschiedlicher Forschungs- und Lehransätze. Archäologie ist v. a. durch die Erforschung der frühen Königreiche im Sudan abgedeckt (Michael Zach). Linguistische Themen betreffen verschiedene westafrikanische Sprachen sowie Kiswahili; zuständig dafür ist mit Adams Bodomo aus Ghana einer der wenigen Professoren afrikanischer Herkunft an der Uni Wien. Intensiver als früher werden Geschichte und Gesellschaftspolitik Afrikas behandelt (Kirsten Rüther).

Über die Entwicklung der heimischen Afrikaforschung und ihre Protagonisten informiert *www.afrikanistik.at*.

Abstecher: JOSEFSTÄDTER STRASSE 99. Von afrikanischem Kunsthandwerk über Gewand, Stoffe und Schmuck findet man im „Jamu Afrika" vielerlei; für afrikanische Frisuren kann man sich nach Terminvereinbarung von Yaya Li Fontaine, der Besitzerin und ausgebildeten Friseurin, auch Rastazöpfe machen lassen. Yaya – eine absolute Gegnerin von Kinderarbeit – ist senegalesisch-guineischer Abstammung und eröffnete ihr Geschäft vor zwölf Jahren. „Jamu" kommt aus ihrer Muttersprache Wolof und bedeutet „Glück" (*www.jamu-afrika.at*; Kerstin Lahr).

SENSENGASSE 3
C3 – Centrum für Internationale Entwicklung

Neben der Österreichischen Forschungsstiftung für internationale Entwicklung (ÖFSE) sind die Schulservicestelle BAOBAB, die Frauensolidarität und andere entwicklungspolitische Organisationen in diesem aus Mitteln der öffentlichen EZA teilfinanzierten Zentrum vereinigt *(www.centrum3.at)*. Die vor allem von Studierenden frequentierte Bibliothek ist die größte wissenschaftliche und pädagogische Fachbibliothek zu internationaler Entwicklung, Frauen/Gender und Globalem Lernen. Neben Bibliothek und Dokumentation ist die ÖFSE auch in internationaler Entwicklungsforschung engagiert, immer wieder finden Diskussionen, Buchpräsentationen etc. zu relevanten Thematiken statt.

WÄHRINGER STRASSE 41
Friseursalon Akwaba Rose

Seit einigen Jahren führt Rose Gnagora aus Côte d'Ivoire das sympathische Geschäft, in dem nicht nur kunstvolle westafrikanische Frisuren angeboten werden, sondern fallweise auch Veranstaltungen stattfinden, z. B. im März 2013 eine Lesung des zimbabwe'schen Autors Tendai Huchu *(www.akwaba.at)*.

FÜRSTENGASSE 1
Palais Liechtenstein

Leider nur mehr bei Führungen und Veranstaltungen zu besichtigen – das Gartenpalais Liechtenstein, das eine der bedeutendsten privaten Kunstsammlungen der Welt beherbergt. Erbaut um 1700 im Auftrag von Fürst Johann Adam I. zählte es architektonisch zu den prunkvollsten Barockschlössern Wiens. Gegen Kriegsende war es gelungen, die von NS-Deutschland mit Ausfuhrverbot belegten Kunstwerke nach Liechtenstein zu bringen, wohin die Fürsten geflohen waren, 2004 kehrte ein Teil nach Wien zurück und wurde öffentlich zugänglich gemacht. Leider nur wenige Jahre lang!
Schon im Vestibül empfing die Besucher/innen eine Kostbarkeit – Fürst Liechtensteins Goldener Wagen, mit dem er 1760 die Braut des Kronprinzen aus Parma nach Wien begleitet hatte (➜ WIEN XIII). Während die Bibliothek – mit in Grisailletechnik gemalten

Abstecher: WÄHRINGER STRASSE 55, menzel Galerie Nordafrika. 1998 gründete die frühere Buchhändlerin Renate Anna Menzel diese renommierte Galerie, die nicht nach ihr benannt ist: „menzel bedeutet in Nordafrika soviel wie Rastplatz, Station, Haus", erfährt man *(www.menzelgalerie.com)*. Menzel hütet und vermittelt bedeutsames Erbe aus dem nomadisch-bäuerlichen Leben Nordafrikas, das heute weitgehend durch die Globalisierung vernichtet ist. Die Betonung liegt auf Berberkultur, der autochthonen Gesellschaft der Region, in den meisten Maghreb-Ländern marginalisiert und unterdrückt. Frauen hatten wesentlichen Anteil an dieser jahrtausendealten Kultur, Textilien und Töpferei entstammen der weiblichen Sphäre, sie wurden im Haus für die Familie und den Stamm gefertigt, und jedes Stück ist ein Unikat. Ausstellungen – zur Eröffnung bei obligatem Thé à la Menthe – finden ungefähr viel Mal im Jahr statt. Eine neue Facette der schon traditionellen Präsenz Marokkos in Österreich (➜ WIEN III).

Rubens, Venus vor dem Spiegel (LIECHTENSTEIN, The Princely Collections, Vaduz–Vienna)

Allegorien der vier Erdteile im sog. Alexanderzimmer (Weltherrschaft!), Afrika durch einen Elefanten symbolisiert – für Wechselausstellungen konzipiert war, wurde in den Prunkräumen im ersten Stock die permanente Schau präsentiert.

Einen Höhepunkt bildete das Gemälde „Venus vor dem Spiegel" von Peter Paul Rubens (um 1614/15). Über einen Spiegel nimmt die nackte Göttin Blickkontakt mit dem Betrachter auf, während ihr eine schwarze Sklavin bei der Morgentoilette hilft. Nicht selten endeten junge Männer und Frauen aus Afrika, die zu Opfern einer Sklavenjagd geworden waren, als Dienstboten der europäischen Oberschicht. Rubens, der die meiste Zeit seines Lebens in Antwerpen, der wichtigsten Hafenstadt der spanischen Niederlande, verbrachte, war mit diesen Verhältnissen ohne Zweifel vertraut.

DIETRICHSTEINGASSE 10
„Drey Mohren"

Es gab viele exotische Hausnamen im 9. Bezirk – einer hat sich an diesem 1712 errichteten Wohnhaus erhalten (Stuckrelief über dem Eingangstor). Nach diesem Schild hieß die Liechtensteinstraße bis 1862 „Drey Mohrengasse".

WÄHRINGER STRASSE 15
Ethiopian Restaurant

Es wurde 2011 von einem äthiopischen Ehepaar eröffnet und steht im Zeichen des ehemaligen Kaisers Haile Selassie und des Symbols des äthiopischen Kaiserhauses – des „Lion of Judah". Bei äthiopischer klassischer Musik kann man hier landestypische Haupt- und Nachspeisen zu moderaten Preisen genießen. Angeboten werden Mittagsmenüs (auch vegetarisch). Freitag und Samstag ab 20 Uhr bzw. nach Vereinbarung gibt es die Möglichkeit, gegen einen kleinen Unkostenbeitrag an der Kaffeezeremonie teilzunehmen, bei der Kaffeebohnen aus dem äthiopischen Hochland geröstet und gestampft werden (*http://members.aon.at/ethiopianrestaurant*; Kerstin Lahr).

TÜRKENSTRASSE 3
Afro-Asiatisches Institut Wien

„In den vergangenen Jahrzehnten war das AAI in Wien die erste Adresse für Studierende aus Afrika und Asien. Die ‚Türkenstraße 3' war eine afro-asiatische Miniaturwelt. Männliche junge Afrikaner prägten die Optik der Cafeteria, obwohl nur ganz wenige Afrikaner – im Unterschied zu heute – in Wien lebten. Der Lesesaal, die Bibliothek (ÖFSE), die Mensa und diverse Stipendienprogramme verliehen dem AAI das Gesicht einer außeruniversitären Institution. Das Institut erfüllte dadurch den Zweck, der im Art. III § 2 seiner alten Statuten festgehal-

Abstecher: Lichtental. 1995 eröffnete Ibrahim Hakim-Ali aus dem Sudan auf LIECHTENSTEINSTRASSE 130A das SAGYA, ein vor allem unter Student/inn/en beliebtes Restaurant, benannt nach dem in Westafrika seit Jahrtausenden verwendeten Göpelschöpfwerk (*www.sagya.co.at*). Was nach der Absiedlung der Wirtschaftsuniversität aus AUGASSE 24–26 werden soll, weiß man nicht – zumindest die sechs großen Fayence-Mosaiken des Wiener Surrealisten Helmut Leherbauer (alias Leherb) in der Eingangshalle sollen aber erhalten bleiben. Entstanden zwischen 1980 und 1992 in Faenza, sind sie den fünf Erdteilen sowie der Arktis/Antarktis gewidmet – zweifellos der bedeutendste heimische Beitrag des 20. Jhs. zur Ikonographie der Kontinente. Zu Recht werden jedoch die klischeehafte Zeichnung derselben sowie die Abwertung Afrikas kritisiert.

ten war, und galt als attraktive Lernstätte für österreichische (europäische), afrikanische, asiatische und lateinamerikanische Studierende. Aufgrund der Übersiedlung der Bibliothek in die Berggasse (heute Sensengasse) hat das AAI im Wesentlichen seine Rolle als wissenschaftliche Bildungsstätte für viele Menschen verloren, die sich über den afroasiatischen Raum informieren wollten.

Im Grunde wurde das Institut in der sensibelsten Zeit des Kalten Krieges 1959 von Kardinal Dr. Franz König als Haus des Dialogs von Menschen unterschiedlicher Kulturen und Religionen gegründet. Diesem Gründungsauftrag, der in der heutigen Zeit noch immer mehr an Bedeutung gewinnt, folgt das Institut. Das Ziel des AAI-Wien ist und bleibt somit ein Miteinander-leben-lernen. 100 Studierende aus 32 Nationen wohnen im Studentenhaus, verschiedenste Vereine und Gruppierungen von Menschen mit Zuwanderungsgeschichte nutzen das Haus als Treffpunkt, Versammlungs- und Veranstaltungsort, neben der Kapelle findet man Hindutempel und islamischen Gebetsraum, beide zur Zeit ihrer Gründung die ersten in Wien. Im Rahmen des Dialogprogramms finden im Jahr ca. über 200 Bildungs- und Begegnungsveranstaltungen statt, von Kochworkshops über Vorträge und Diskussionen bis zu interreligiösen Begegnungen für Schulklassen, und nicht zuletzt stammen die Mitarbeiter/innen des AAI-Wien aus dreizehn Ländern. Auf diese Weise pflegt das Institut in diesen Tagen sein Motto: ‚Für eine Kultur des Friedens in einer Welt der Vielfalt'." (Espérance-Francois Bulayumi, AAI-Wien).

Schwarzspanierstrasse 13
Albert Schweitzer Haus

1966 wurde das evangelische Studentenheim fertiggestellt, die Fassade der ehemaligen Schwarzspanier- und späteren Evangelischen Garnisonkirche miteinbezogen. Die Benennung des Gebäudekomplexes, in dem auch die Evangelische Akademie Wien ihren Sitz hat, erfolgte programmatisch nach dem protestantischen Theologen (➜Florianigasse 8).

„Mit Albert Schweitzer hat man damals ein neues Konzept von internationaler Solidarität verbunden, bis die Afrikaner zu uns kamen und sagten, für uns ist Albert Schweitzer leider ein Repräsentant des patriarchalischen Christentums. Aber das trifft nicht unsere Motivation ... Bei Albert Schweitzer waren folgende Dinge maßgebend: Der Theologe und Arzt, nicht der große Kirchenmann, sondern der in bestimmten gesellschaftlichen Situationen arbeitende Christ, der als Pionier nach Afrika geht und dort keine Missionsstation gründet, die Missionen waren ja mit ihm nicht so sehr einverstanden, sondern der ein Krankenzentrum gründet, nicht durch die Afrikaner, sondern für sie, aber mit voller Berücksichtigung ihrer kulturellen Eigenart ... Das dritte ist, daß Albert Schweitzer als engagierter Pazifist eine Rolle spielte ...", so der langjährige Leiter der Akademie, Ulrich Trinks.

Abstecher: Grünentorgasse 19, Restaurant „Couscous". „Attia El Masri kommt aus der Stadt Ismailia, die nordöstlich von Kairo am Suezkanal liegt. Er war Profifußballer, spielte in der ägyptischen Nationalmannschaft und in der Mannschaft von Ismailia. 1991 ging er nach Deutschland, nachdem es sich aber als schwierig erwies, einen Vertrag als Profifußballer zu bekommen, trainierte Attia El Masri bei verschiedenen Clubs in Österreich, wo er schließlich eine Arbeitsgenehmigung und – durch die Verpflichtung beim ASV 13 – ein Visum erhielt. 1992 beschloss er, sich beruflich umzuorientieren, und besann sich seiner zweiten Leidenschaft, dem Kochen.'" (Karin Chladek, *www.couscous.at*)

In den 1970er und 1980er Jahren des letzten Jahrhunderts entwickelten sich die Evangelische Akademie Wien und das Albert Schweitzer Haus zu einem wichtigen Begegnungszentrum zwischen Angehörigen unterschiedlicher Konfessionen und gesellschaftspolitischer Richtungen. U. a. von hier aus wurde ab 1970 die Unterstützung für das Antirassismusprogramm des Weltkirchenrates in Form einer bundesweit eingesetzten Ausstellung „Afrika 2000" organisiert; auch die österreichische Anti-Apartheid-Bewegung wurde hier gegründet (➜WIEN IV). Daß das Haus eine Plattform für politisch unterschiedlich orientierte, auch außerhalb des Mainstreams agierende Gruppen bleibt, ist – trotz mancher gegenteiliger Erfahrung – zu hoffen.

Auf SCHWARZSPANIERSTRASSE 15 finden wir die „Südwind-Buchhandlung", eine wichtige Fundgrube für Dritte Welt-bezogene Literatur.

Ulrich Trinks

ROOSEVELTPLATZ
Votivkirche

Zur „Sühne" für ein mißglücktes Attentat auf den absolutistisch regierenden Kaiser Franz Joseph wurde die Kirche 1856–1879 errichtet. Architekt war der junge Heinrich Ferstel, die Finanzierung erfolgte aus „freiwilligen" Spenden der Kronländer. Auch befreundete Staatsoberhäupter trugen zur geplanten „österreichischen Ruhmeshalle" bei, etwa der Vizekönig von Ägypten, Said Pasha, der 123 Blöcke Alabaster und Marmor aus Alexandria spendete. Unter anderem wurden die Säulen des Hochaltars, der Kanzel, das Kommuniongitter und der Taufstein aus den ägyptischen Materialien verfertigt. Heute versteht sich die Votivkirche als ein „Vienna International Religious Centre" der Begegnung mit fremdsprachigen kirchlichen Gemeinden sowie mit Touristen. Die beeindruckenden, oftmals exotischen Liturgien stehen in Kontrast zum ideologischen Charakter der Kirche. Dieser zeigt sich etwa in der Taufkapelle (1. Kapelle rechts neben dem Seiteneingang), die der missionarischen Sendung Österreichs gewidmet ist. Nach den Zerstörungen des Zweiten Weltkriegs hatte man Mitte der 1960er Jahre mit der Anfertigung neuer Glasfenster begonnen. Laut dem von Propst Anton Maria Pichler erstellten Programm wurden jene der Taufkapelle österreichischen Missionaren gewidmet. Neben je einem „China-", „Asien-" und „Amerika-Fenster" gestaltete die Wiener Künstlerin Christine Feldmann-Rätz auch ein „Afrika-Fenster". Es zeigt in seiner oberen Hälfte Ordensaufnahme und Martyrium des Franziskanerpaters Liberatus Weiss – man beachte die blutrünstige, fast karikaturhafte Darstellung der Afrikaner (➜GRAZ I). Die untere Hälfte des Fensters wiederum stellt das Wirken der von Gräfin Maria Theresia Ledóchowska (1863–1922) ins Leben gerufenen „St. Petrus-Claver-Sodalität" dar (➜BERGHEIM/SBG.). Auch

X. FAVORITEN
XI. SIMMERING
XII. MEIDLING
XXIII. LIESING

Kaiser-Ebersdorfer Strasse 297
Schloß Kaiserebersdorf

hier ist interreligiöse Begegnung nicht wirklich ein Thema.

Ende 2012 sorgte die Besetzung der Kirche durch afghanische und pakistanische Asylwerber aus ➡Traiskirchen/NÖ, die zum Teil mit einem Hungerstreik gegen die österreichische Asylpolitik protestierten, für Aufsehen. Im Zentrum ihrer Forderungen standen bessere Lebensbedingungen, der freie Zugang zum Arbeitsmarkt sowie ein generelles Bleiberecht. Durch Vermittlung der Caritas und anderer Hilfsorganisationen, von denen die 63 Kirchenbesetzer ideell und materiell betreut wurden, konnten sie im März 2013 befristet in leere Räume des Servitenklosters in der Roßau übersiedeln.

Wenig erinnert heute daran, daß das kaiserliche Jagdschloß im 16. Jh. zur Aufbewahrung wilder Tiere diente. Auch der 1552 nach Wien gebrachte Elefant war hier untergebracht. Leider verendete er schon am 18. Dezember des folgenden Jahres; sein Wärter, wahrscheinlich ein indischer Mahout, wurde beschuldigt, den Tod durch Nachlässigkeit verursacht zu haben. Daß auch die immensen Belastungen schuld gewesen sein könnten, denen man das Tier ausgesetzt hatte, daran dachte man offenbar nicht.

Der Kadaver des in ganz Mitteleuropa bekannt gewordenen Bullen wurde mehrfach „verwertet". Aus den Knochen des rechten Vorderfußes und des Schulterblattes ließ der Wiener Bürgermeister Sebastian Huetstokker 1554 den bekannten „Elefantenstuhl" anfertigen, der später an das Stift ➜KREMSMÜNSTER/OÖ kam. Die Haut des Tieres wurde präpariert, und die originalgroße Figur zählte zu den Sehenswürdigkeiten des Schlosses. 1555 berichtet ein böhmischer Priester, man habe ihm „einen todten Elephanten" gezeigt, „der ausgestopft und so aufgestellt war, wie er lebend gestanden; auf ihm war die Figur desjenigen, der, wie ich glaube, ihn lebend geleitet, aufgestellt, nämlich ein Mohr mit einem Bogen, wie dies üblich" (zit. n. Opll 2004, 253). Ob es sich dabei um einen ausgestopften Menschen handelte oder um eine Schnitzfigur, wissen wir nicht.

Unglaublich, aber wahr: Von dem Elefanten des 16. Jhs. existiert ein Foto! In späteren Jahren wurde das Präparat nämlich dem bayrischen Herzog geschenkt, und bis 1950 stand es im Inventar des Nationalmuseums in München. Dort wurde es 1928 fotografiert (Abb.).

An weiteren exotischen Tieren wurden in Kaiserebersdorf ein Löwenpaar, ein Bär, ein Luchs und ein „indianischer Rabe" (Papagei) gehalten; später kamen noch Affen und Strauße hinzu (➜NEUGEBÄUDESTRASSE). Ein Mosaik von Anton Krejcar, „Bürgerpaar und Elefant", erinnert an der rückwärtigen Fassade des Stefan-Achatz-Hofes (MÜNNICHPLATZ 1, bei Stiege 5) an die kaiserliche Menagerie.

MÜNNICHPLATZ
Kaiserebersdorfer Pfarrkirche

In der heimeligen barocken Dorfkirche hängt an der rechten Seitenwand ein Gemälde „Taufe des hl. Franz Xaver", ein Werk des kaiserlichen Hof- und Kammermalers Peter Strudel, um 1700. Während ein weißer (europäischer) Täufling als Erwachsener dargestellt wird, ist der schwarze (exotische) ein kleiner Bub. Der Prozeß der Verkindlichung Afrikas hatte bereits begonnen.

NEUGEBÄUDESTRASSE
Schloß Neugebäude

„Zwei Stunden von Wien liegt ein Garten … wo der Kaiser wilde Bestien und seltene Tiere halten läßt, als Löwen, Löwinnen und junge Löwen, die an Ort und Stelle geworfen wurden" (ÖKT II, 1908, 18). Schon in der ältesten Beschreibung des gewaltigen Renaissanceschlosses wird die Menagerie erwähnt, die 1607 von Kaiserebersdorf hierher verlegt worden war. Eine 1649 entstandene Ansicht zeigt einen riesigen „Baum- oder Thiergarten" an den Außenseiten des Schloßparks gelegen, der von einem „Spatzierfeld" durch einen breiten Graben getrennt ist. Archäologischen Erkenntnissen zufolge wurden die Löwen in einem trockengelegten Fischbehälter gehal-

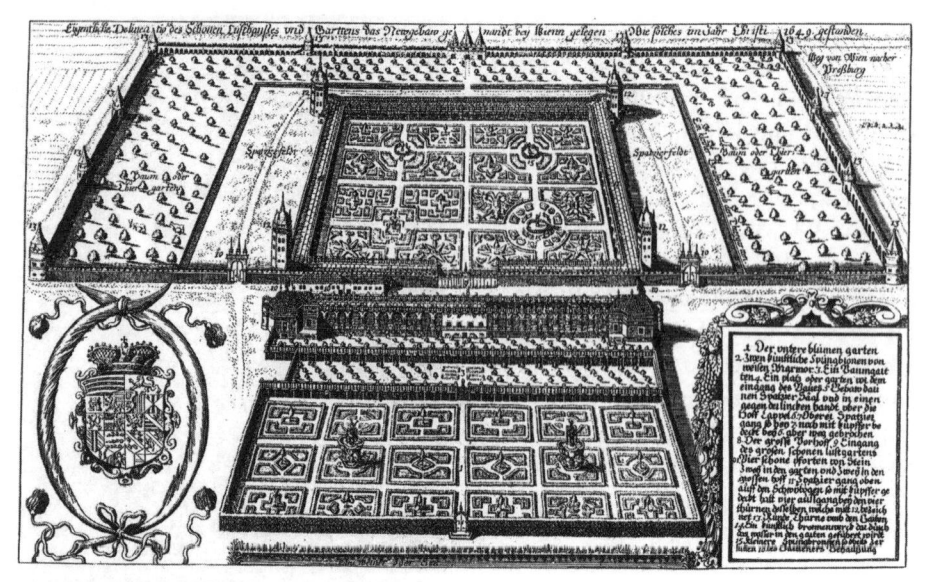

Schloß Neugebäude, 1649

ten, entlang dessen Oberkante eine hölzerne Galerie lief. 1714 beherbergte die Menagerie vier erwachsene Löwen, zwei erwachsene Löwinnen, drei junge Löwen, fünf erwachsene und zwei junge Tiger, zwei Tigerkatzen, drei Bären, fünf Luchse, einen Meerhasen, einen Biber, zwei indianische Adler und einen Kasuar – nicht schlecht! Heute ist das Schloß weitgehend abgebrochen, ein Teil wurde revitalisiert und wird für Veranstaltungen genutzt.

Daß der Kaiser exotische Tiere hielt, beschäftigte die Phantasie der Bevölkerung ungemein – gerade das war ja auch erwünscht. Noch in der Nachkriegszeit prägte die Menagerie die Selbstdarstellung des Bezirks. So findet sich im Hof von SIMMERINGER HAUPTSTRASSE 85 ein sorgfältig gearbeitetes Relief aus dem Jahr 1960, das verschiedene Tiere (Löwe, Bären, Elefant) zeigt. Für den Hof des Gemeindebaus SIMMERINGER HAUPTSTRASSE 13–17 gestaltete niemand Geringerer als Alfred Hrdlicka 1960/61 eine Plastik „Spielende Löwen".

SIMMERINGER HAUPTSTR. 232–244
Zentralfriedhof

Auch an Wiens berühmter, 1874 eröffneter Totenstadt ist Afrika nicht spurlos vorübergegangen. Einerseits wurden bekannte Afrikaforscher bzw. -reisende der Kolonialzeit durch die Zuerkennung von Ehrengräbern gewürdigt. Andererseits ist migrationsbedingt ein Gräbersektor für die Islamische Ägyptische Gemeinschaft entstanden, die auch eine nach Mekka gerichtete Gebetsnische erbaute (Tor 3, Gruppe 27A). Die ägyptische Community trug offenbar als erste für die angemessene Bestattung ihrer Angehörigen Sorge. Erst später wurde der neue islamische Friedhof in Liesing errichtet.

Aus den Ehrengräbern (Tor 2) nenne ich folgende:

Gruppe O (links neben dem Haupteingang, Tor 2):

– *Ida Pfeiffer* (1797–1858), die auf ihren Weltreisen auch Ägypten und Madagaskar besuchte (➜ WIEN III). Das Grabmal besteht aus schwarzem und weißem Marmor (Porträt der Verstorbenen) mit bronzenen Flachreliefs (Segelschiff auf

rauher See), gekrönt von einer Weltkugel, die von einem Delphin getragen wird;
- *Rudolf Pöch* (1870–1921), kontroverser Anthropologe (➮WIEN XIV) mit Frau *Hella*, eine schlichte Marmorstele mit Bronzeporträt.

Gruppe 32 A und B (auf der Straße zur Lueger-Gedächtniskirche links):
- *Alois Negrelli von Moldelbe* (1799–1858), der Schöpfer der ursprünglichen Pläne für den Suezkanal (➮WIEN XXI). Das an Pyramiden erinnernde Grabmal von Angela Stadtherr wurde 1929 vom Österreichischen Ingenieur- und Architekten Verein gewidmet. Negrelli war früher auf dem Friedhof von St. Marx begraben, eine schlichte Grabplatte erinnert dort noch an ihn.

Gruppe 14 A und B (auf der Straße zur Lueger-Gedächtniskirche rechts):
- *Hans Makart* (1840–1884), der bedeutende Maler des Wiener Historismus, der durch eine auf seiner Orientreise entstandene großformatige Gemäldeserie das Ägypten-Bild einer Generation mitgestaltete. Grabsäule mit Bronzerelief (Porträt) von Edmund Hellmer.
- *Emil Holub* (1847–1902) mit Ehefrau *Rosa* (1865–1958), der bedeutende österreichisch-tschechische Forschungsreisende im Südlichen Afrika (➮WIEN II). Das von Richard Jakitsch gestaltete Ehrengrab zeigt die Porträtbüste Holubs mit seiner jungen trauernden Witwe; bei meinem letzten Besuch (im Februar 2014) war das Grab mit einem tschechischen Blumenbouquet dekoriert.
- *Alois Schönn* (1826–97), bedeutender Orientmaler (➮WIEN II).
- *Rudolf Höhnel* (1857–1942), Offizier der Kriegsmarine, mehrfach auf Expeditionen in Ostafrika, über die er in Reiseberichten und seiner Autobiographie publizierte (➮WIEN X).

Neue Israelitische Abteilung (Tor 4):
Dieser Teil des Friedhofs wurde in den 1920er Jahren angelegt und nach Zerstörung durch den Nazi-Faschismus in den 1960er Jahren wiederaufgebaut. Hier holt uns jedoch der Nahe Osten ein: Ein im Mai 2000 errichtetes Monument erinnert an die „gefallenen israelischen Soldaten 1948–1998". Damit sind mehrere Kriege mit Ägypten inkludiert: der Arabisch-Israelische Krieg von 1948/49, der Sechstagekrieg 1967 und der Jom-Kippur-Krieg 1973. Entspricht es der österreichischen Neutralitätspolitik, im öffentlichen Raum eine Gedenkstätte nur für die Toten einer kriegführenden Partei zu errichten? Und warum gerade auf dem Zentralfriedhof? Österreicher können ja nicht unter den „israelischen Soldaten" gewesen sein, denn das wäre Söldnertum gewesen und somit strafbar.

BRAUNHUBERGASSE 20
Evangelische Kirche

Regelmäßig konzertiert hier der Ghana Minstrel Choir, eine von Kojo und Akossiwa Taylor gegründete Sängervereinigung; das erste offizielle Konzert fand am 22. März 1997 aus Anlaß des 40. Unabhängigkeitstages der Republik Ghana statt. Der Chor singt ein traditionelles Repertoire aus Ghana und legt Wert auf die Feststellung, daß diese Lieder von Afrika aus nach Amerika gelangten, nicht umgekehrt. Die Auftritte fin-

Friedhofs-Ägyptomanie: Stadtrat Karl Meißl

Absberggasse 35
Ankerbrotfabrik

Der ehemalige Neue Getreidesilo der Ankerbrotfabrik – ein markantes Industriedenkmal des traditionellen Arbeiterbezirks. Im Mai und Juni 2013 wurden drei Fassaden von renommierten Street Art-Künstlern neu gestaltet, die Straßenseite von der Südafrikanerin Faith47. Hatte sich diese in einer früheren Periode vorwiegend mit den sozialen Disparitäten ihrer Heimat auseinandergesetzt, so wird ihren neueren Arbeiten eine Wende zu spirituellen Aspekten nachgesagt. Darauf deutet auch der Titel ihres riesigen Gemäldes hin: „The immense gap between past and future" – die Gegenwart also, vor der eine grau in grau dargestellte Frau die Augen verschließt. So zumindest meine Interpretation. Faith47 schrieb mir dazu: „yes you're near the mark in your interpretation, but in fact there can be multiple ways of deciphering the language of an image, and mostly, it is not with words that we can ex-

den in verschiedenen (meist evangelischen) Kirchen statt, die Sänger/innen können aber für Anlässe aller Art gebucht werden *(www.ghanaminstrelchoir.at)*. Bei größeren Events wie dem „Christmas Gospel in Simmering" werden auch kulinarische Spezialitäten aus Ghana verkauft. Die afrikanische Diaspora hat es im 11. Bezirk nicht leicht – aber wenigstens im kirchlichen Raum war es ihr möglich, Fuß zu fassen!
Unser Weg führt über die Geiselbergstraße nach Favoriten.

Die Künstlerin und ihr Werk

Geiselbergstraße

Für den amtsführenden Landespolizeikommandanten spricht die Statistik eine klare Sprache: „Die Kriminalitätsrate ist hier nicht signifikant höher als im Wiener Durchschnitt", rechnet Karl Mahrer vor. „Hier" ist dabei der 400-Meter-Radius um das Asylwerberheim „Haus Jupiter" an der Grenze zwischen dem 3. und dem 11. Wiener Gemeindebezirk. Ein Haus, das in den vergangenen Wochen zum Kristallisationspunkt vager Ängste, Vorurteile und handfester Interessen geworden ist.

Begonnen hat die Geschichte am Abend des 22. Juli [2007], einem Sonntag. In der nahe dem „Haus Jupiter" gelegenen Geiselbergstraße kommt es vor einem Lokal zu einer Schlägerei. Ein betrunkener Gast rastet aus und beginnt einen vermeintlichen Nebenbuhler zu attackieren. Andere Gäste versuchen den Tobenden zu beruhigen, er schlägt einen Kontrahenten k.o., erst die alarmierte Polizei kann ihn festnehmen.

Nun passiert so etwas in jeder größeren Disco immer wieder. Das Besondere an diesem Fall: Die Beteiligten waren gebürtige Afrikaner. „Schwarze" also. Und schon beginnt die Geschichte vor Klischees zu strotzen. Vorurteile, die sich bei näherer Betrachtung doch als Tatsachen herausstellen.

Denn natürlich hört es sich wie ein Klischee an, wenn man den Anrainer, der die Szenen fotografiert und seine Bilder an die Kronen Zeitung verkauft hat, als xenophoben Pensionisten beschreibt, der sich „umzingelt" fühlt. Der zwar lästert, aber sich nicht traut, mit seinem Namen dafür einzustehen. Der zwar persönlich kein schlechtes Erlebnis mit einem Afrikaner gehabt hat, aber viele Gerüchte über Zwischenfälle kennt: Drogen, Razzien in den illegalen afrikanischen Lokalen, ständig Schlägereien. (…)

Nicht minder klischeehaft, wenn die „Krone" das Stammtischgeplauder übernimmt und Fotos von dem Zwischenfall vor dem Lokal dann mit „Wie im Bürgerkrieg: Hochaggressiv und in Schlägerlaune laufen die Schwarzafrikaner aufeinander zu" beschreibt. Um einige Tage später das benachbarte Asylwerberheim und die Schlägerei zu junktimieren – offenbar weil die Anrainer im Heim den Hort des Unheils orten, obwohl weder die fünf Leichtverletzten noch der Tobende dort wohnen.

Die Liste der Vorurteile, die in diesem Fall doch die Wahrheit sind, lässt sich fortsetzen: Dass die beiden afrikanischen Lokale in der Geiselbergstraße innerhalb einer Woche behördlich geschlossen worden sind, weil die Betreiber gar keine Gewerbeberechtigungen hatten, etwa. Dass FPÖ-Obmann Hans Christian Strache sofort von der „Schwarzafrikaner-Straßenschlacht" spricht und die Schließung des „Haus Jupiter" fordert. Dass weder die Anrainer noch die Bewohner des Asylwerberheims jemanden aus der anderen Gruppe persönlich kennen.

Es ist exakt diese Mixtur aus tatsächlichen Verhaltensweisen und Denkmustern, die schließlich zum fast unüberwindbaren Klischee erstarrt. Die die von Bewohnern in der eher tristen Gegend um die Geiselbergstraße tatsächlich gefühlte Angst vor den Fremden verbreitet. Objektiv berechtigt ist diese „Angst vorm schwarzen Mann" nicht, wie die kartengestützte Kriminalstatistik der Exekutive eben zeigt. Nur weiß Landespolizeikommandant Mahrer, dass „das subjektive Sicherheitsgefühl der Bewohner nicht immer mit den Daten korrelieren muss".

Michael Möseneder (Standard, 9. 8.2007).

plain images, but with feeling. at least that's how i see it."

Die Dekorierung des Silos erfolgte im Zusammenhang mit dem Kunstprojekt CASH, CANS & CANDY der Wiener Galerie Hilger, die das 2009 auf einem stillgelegten Teil der Großbäckerei entstandene Kulturareal mitbetreibt.

Der Neue Getreidesilo wurde 1926/27 aus Stahlbeton errichtet und erzielt durch seine fensterlosen, hochaufragenden Straßenfronten eine monumentale Wirkung. Die beiden anderen Wände wurden von US-amerikanischen Künstlern gestaltet.

REUMANNPLATZ 23
Amalienbad

Wertvolle architektonische Elemente gingen zwar durch Kriegseinwirkung verloren, aber manches hat sich erhalten. So das runde Warmwasserbecken des Saunabereichs im Art-déco-Stil, mit sehenswerten ägyptisierenden Papyrussäulen. Der alte Glanz wurde im Zug der Sanierung 2012 wiederhergestellt. Das Amalienbad wurde 1923–36 errichtet und galt als Symbol für die Gesundheits- und Sozialpolitik des Roten Wien.

ALXINGERGASSE 6
Dreifaltigkeitskirche

Die „Dienerinnen des Heiligen Geistes" sind der weibliche Zweig der in den Niederlanden entstandenen „Gesellschaft des Göttlichen Wortes" (➜MARIA ENZERSDORF/NÖ). Das denkmalgeschützte Kirchengebäude ist eine Saalkirche mit neuromanischen Formen; Ende der 1950er Jahre wurde sie neugestaltet. Bemerkenswert ist eine Holzskulptur über dem linken Seitenaltar, eine Schutzmantelmadonna, unter deren (Schutz-)Mantel sich Vertreter aller Kontinente, also auch Afrikas, flüchten (➜JENNERSDORF/BGLD.). Die Figurengruppe stammt von Franz Schütz und seiner Werkstatt (1962).

Die Steyler Missionsschwestern sind heute in zehn afrikanischen Ländern vertreten, aktuelle Projekte, die von Wien aus unterstützt werden, liegen u. a. im Südsudan.

QUARINGASSE 13
Kindergarten

Im Garten vor dem Gebäude eine interessante Spielplastik aus Kunststein, „Drei Elefanten", von Ilse Pompe (1964). Ein gutes Beispiel für die im Rahmen der Wiener Gemeindebaukunst seit den 1950er Jahren üblich werdende Darstellung exotischer Tiere, die neben die konventionellen Darstellungen von „Jahreszeiten" oder „Kinderspielen" trat (➜WIEN II).

Abstecher: KURPARK OBERLAA, ehem. Sascha-Filmstadt. Hier standen einmal Städte wie Memphis, Karthago oder Jerusalem! Natürlich nur für's Kino. Wir reden von der großen Ära der österreichischen Stummfilmproduktion.

Anfang der 1920er Jahre suchte die Sascha Filmindustrie ein Gelände für Dreharbeiten im Freien. Die Ziegelgründe am Laaerberg boten „die gewünschte landschaftliche Staffage, hügelige Geländeformen, an deren Hängen die geplanten Großbauten errichtet werden sollten, sowie talähnliche Einschnitte und kleine Teiche. Zudem befand sich der Laaerberg außerhalb des bewohnten Gebiets, was für den spektakulären Untergang von Sodom und Gomorrha notwendig war ... Landschaftsgestalterisch wurden die Seen mit Schilf- und Rohrgewächsen versehen und echte Palmen in der sonst kargen Gegend ausgesetzt. ... Für die Massenszenen wurden bis zu 3.000 Artisten und Komparsen eingesetzt" (Zitate nach Loacker/Steiner 2002).

Von den spektakulären Schwarzweißfilmen, die im Verlauf der 20er Jahre hier gedreht wurden, hatten drei ihren Plot in Nordafrika: Die nicht erhaltene „Rache der Pharaonen" (1925) knüpfte an die Entdeckung des Tutanchamun-Grabes an; ägyptische Nationalisten planen einen Anschlag gegen die ausländischen Grabschänder. Ein weiterer Monumentalfilm, „Salammbo", zeigte die unglückliche Liebesgeschichte zwischen der Tochter des Heerführers von Karthago und dem Anführer der libyschen Truppen – Stoff für „orientalische" Intrigen, dramatische Kämpfe und irrationale Kulte.

Den größten Publikumserfolg aber erzielte „Die Sklavenkönigin" (1924). Für die Dreharbeiten war das Gelände am Laaerberg in eine pharaonische Stadt verwandelt worden – mit spektakulären und reich dekorierten Architekturen, etwa einem „Tempel des Ptah", der gigantischen Vergrößerung einer Statue im Kunsthistorischen Museum. Machtkämpfe an der Spitze des Staates werden mit dem Auszug der Israeliten aus Ägypten und der Affäre des Kronprinzen mit einem israelitischen Mädchen kombiniert. Neben den technischen Effekten des Films bewirkten vor allem die von Regisseur Michael Kertész choreographierten Massenszenen den großen Erfolg.

„Die Sklavenkönigin": Prozession vor dem Tempel des Ptah

Auch im Antonie-Alt-Hof (LEEBGASSE 102–106), Anfang der 1950er Jahre erbaut, befindet sich eine exotische Plastik, „Wasserbüffel mit Knabe".

KHLESLPLATZ
Altmannsdorfer Kirche

Vor der Kirche ist die überlebensgroße Statue des hl. Augustinus aufgestellt, ursprünglich eine Brunnenfigur auf dem Platz zwischen dem ehem. Augustinerkloster und der Kirche. „Den Ketzern bin ich ein Blitz, der Kirche ein Fluß (der Weisheit)", lautet übersetzt die Inschrift auf dem Sockel. Kirchenlehrer Augustinus war afrikanischer Abstammung und verbrachte einen Großteil seines Lebens als Philosoph und Prediger in verschiedenen nordafrikanischen Städten, 430 verstarb er als Bischof von Hippo Regius im heutigen Algerien. Wie andere führende Gestalten des antiken „christlichen Afrika" – Antonius, Katharina von Alexandrien, Apollonia etc. – wurde auch bei ihm der afrikanische Hintergrund ausgeblendet, ikonographische Darstellungen zeigen ihn meist als Europäer. Eine der wenigen mir bekannten Ausnahmen: die Inschrift auf der Augustinuspforte auf dem Salzburger Mönchsberg, in der Erzbischof Paris Lodron den Heiligen [übersetzt] so charakterisierte: „Dem ersten Vorwerke Afrikas, dem scharfen Hammer der Irrgläubigen, dem großen Bischof von Hippo, Augustin, weiht dieses gegen die Irrgläubigen gerichtete Vorwerk Paris 1623." (Martin 1966, 88). Dessenunge-

Abstecher: LUDWIG-VON-HÖHNEL-GASSE. 1958, wohl als verspätetes Geschenk zu seinem 100. Geburtstag, wurde der Zubringer zum Verteilerkreis Favoriten nach dem „Afrikaexperten" der Monarchie benannt (➡ WIEN III). Ludwig Ritter von Höhnel (1857–1942), Marineoffizier und später Konteradmiral, fungierte 1886–88 als Begleiter der Jagdexpedition des siebenbürgischen Grafen Samuel Teleki ins heutige Tanzania und Kenya. Daß er auf Jahre hinaus von der Kriegsmarine freigestellt und großzügig ausgerüstet wurde, entsprach den kolonialistischen Plänen des Marinekommandanten Graf Sterneck, ging aber auch auf eine Intervention von Kronprinz Rudolf zurück. Ihm zu Ehren nannten sie den See im Hinterland, den sie als erste Europäer erreichten, den „Rudolf-See", heute Lake Turkana. Schwere Auseinandersetzungen mit der lokalen Bevölkerung, die sich der riesigen Karawane entgegenstellte, waren der „Entdeckung" vorausgegangen.
Einige Jahre später begleitete Höhnel den jungen US-Millionär William Astor Chanler auf eine Jagdexpedition nach Ostafrika. Nach seiner Rückkehr machte er als Marineadjutant Kaiser Franz Josephs Karriere, 1905 wurde er mit der Leitung einer Handelsdelegation nach Äthiopien betraut (➡ WIEN XIII).

Telekis Expedition im Kikuyuland

achtet blieb es der modernen afrikanischen Theologie vorbehalten, Augustinus als einen der ihren zu reklamieren.

Über ALTMANNSDORFERSTRASSE 154–156 (ägyptischer Hort und Kindergarten al-Andalus) gelangen wir zur

GUTHEIL-SCHODER-GASSE 68–76
Gemeindebau

Auf dem Gelände der 1960 errichteten Wohnhausanlage befindet sich u. a. eine Elefantenplastik von Susanne Peschke-Schmutzer. Den Kindern macht sie jedenfalls Freude …

WIENERBERGSTRASSE 14–14A
Gemeindebau

Die Stiegeneingänge der 1959/60 errichteten Wohnhausanlage sind mit großflächigen ornamentalen Sgraffiti geschmückt,

> Abstecher nach Inzersdorf: AIDAGASSE, OTHELLOGASSE. Mehrere Inzersdorfer Straßennamen beziehen sich auf Giuseppe Verdi und seine Opern; die Benennungen erfolgten alle 1960. „Aida", aus Anlaß der Eröffnung des Suezkanals 1869 komponiert, ist ein Hauptwerk der italienischen Ägypten-/Afrika-Romantik. Beachtenswert, daß Äthiopien – lange bevor Italien tatsächlich dort einmarschierte – hier bereits als Feindesland fungiert. Die Figur des Shakespear'schen „Othello" wiederum markierte für das Theater den Übergang vom Stereotyp des edlen „Mohren" zum kolonial abgewerteten „Wilden"; das Drama wurde 1604 uraufgeführt, in einer Zeit, in der die Diskriminierung schwarzer Menschen in England zunahm.

die Symbole aus verschiedenen Erdteilen darstellen – eine etwas esoterische Version der „Vier Kontinente": glücksbringende indianische Totemzeichen, Regenten des chinesischen Kalenders, Symbole aus einem Mythos der Osterinsel und auf Stiege 4 eine „Bilderschrift der Bidjogo (Afrika)" von Godwin Ekhart. Letztere nimmt auf das populäre Werk „Im Reich der Bidyogo. Geheimnisvolle Inseln in Westafrika" von Hugo Adolf Bernatzik (➔WIEN XIX) Bezug. So entspricht das große Krokodil, das von

Bernatzik: Tempelmalerei aus Une

Fair und Sensibel

„1999 waren der Tod von Marcus Omofuma in Polizeigewahrsam (➜WIEN VII) und die umstrittene ‚Operation Spring' nicht nur ein Schock für Menschen afrikanischer Herkunft, sondern ließen auch in der Polizei Handlungsbedarf erkennen. Im Frühjahr 2000 trat eine (inter-)nationale Expertenrunde zusammen, um das Spannungsfeld ‚Polizei und AfrikanerInnen' zu diskutieren. Ein Vorschlag bestand in der Schaffung eines Pilotprojekts, das ein offenes Zugehen der Polizei auf die ‚Black Community' und die Sensibilisierung auf beiden Seiten fördern sollte. Ein wesentliches Ziel dieser Initiative war und ist es bis heute, bei Polizeibediensteten und in der Bevölkerung das Bewußtsein dafür zu stärken, daß die Mehrheit der Menschen mit afrikanischem Migrationshintergrund mit Drogen nichts zu tun hat.

Mit umfassender Information der ortsansässigen Bevölkerung und durch zwischenmenschliche Begegnungen arbeitet ‚Fair und Sensibel Österreich' mittlerweile in Bürogemeinschaft mit dem eigens geschaffenen Referat ‚Minderheitenkontakte' der Landespolizeidirektion Wien. Gemeinsames Ziel ist ein besseres Miteinander in Österreich, unabhängig von ethnischer Herkunft, Hautfarbe, Religion, Behinderung und sexueller Orientierung. Durch die gemeinsame Arbeit von Polizistinnen und Polizisten mit den für den Verein tätigen Menschen mit Migrationshintergrund wird gelungene Integration authentisch vermittelt und vorgelebt. Erfolgreich integrierte zugewanderte Menschen können für andere Migrantinnen und Migranten zu Vorbildern werden.

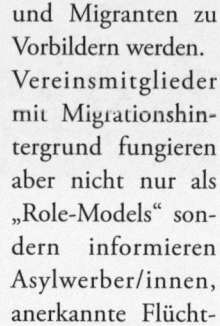

Vereinsmitglieder mit Migrationshintergrund fungieren aber nicht nur als „Role-Models" sondern informieren Asylwerber/innen, anerkannte Flüchtlinge und Zugewanderte auch über österreichische Gesetze, Verhaltensnormen und andere Regeln. Gleichzeitig wird die Wichtigkeit des Erlernens der deutschen Sprache immer wieder hervorgehoben – wenn keine Kommunikation stattfindet, gedeihen Feindbilder am besten. Die Beratungsstelle des Vereins ist jeden 1. und 3. Montag im Monat besetzt, zwischen 16.30 und 18.00 Uhr im Lokal „Motelli", Meidlinger Hauptstraße 3. Anmeldung erwünscht unter *office@fairundsensibel.at* oder per Telefon 01 31310-45903."

Brigitt Albrecht *(www.fairundsensibel.at)*

drei kleineren und einem Hai umgeben ist, der Wandmalerei eines Tempels auf der Insel Une (Bissagos-Archipel, Guinea-Bissau). Auch die rot-gelb-schwarze Ornamentik lehnt sich an traditionelle Verzierungen der Bidyogo an, mit denen Bernatziks Buch illustriert ist.

WILDAGASSE
Straßenname

Charles Wilda (1854–1907) zählte zu den prominenten Orientmalern der Monarchie. Er studierte an der Wiener Kunstakademie, u. a. bei August Eisenmenger und Leopold Carl Müller, unternahm mehrere Reisen in den Orient. 1892 z. B. fuhr er mit dem gleichaltrigen Bildhauer Arthur Strasser (➜ WIEN I) nach Ägypten, wo er sich Anregungen für sein künstlerisches Werk holte. Wildas Genrebilder zeigen Straßenszenen oder als „typisch" angesehene Interieurs. Gerühmt wird sein fast impressionistisch anmutender Umgang mit Farben, etwa in dem Gemälde „Wäscherinnen am Nil" (Belvedere Museum). Im Jahr 1900 kaufte Kaiser Franz Joseph um 5000 Kronen das Ölbild „Abessynische Madonna" an. Wilda ist auf dem Zentralfriedhof begraben.

LEINMÜLLERGASSE 1
Friedhof Rodaun

Hier befindet sich das Grab des umstrittenen Ägyptologen Hermann Junker (1877–1962; Teil N, Gruppe 1, Nr. 91). Junker war katholischer Priester, hatte in Bonn und Berlin Ägyptologie studiert und sich 1907 als Privatdozent an der Wiener Universität habilitiert. Seine Grabungen in el-Kubanieh (Nubien) trugen zu seiner Ernennung zum Ordinarius für dieses Fach bei. In den 1920er Jahren war er zweifellos *die* zentrale Figur der österreichischen Ägyptologie und maßgeblich an der Gründung des Instituts

Hermann Junker, um 1930

Abstecher: NIEDERHOFSTRASSE 26, LICHT FÜR DIE WELT. „Afrika ist für mich ein Kontinent, der unheimlich berührt und fasziniert", schreibt Rupert Roniger. „Seine Schönheit und kulturelle Vielfalt sind atemberaubend. Aber auch unsere engagierten Projektpartner und viele selbstbewußte Menschen mit Behinderungen, die ihr Leben selbst in die Hand nehmen, beeindrucken mich immer wieder. Als Geschäftsführer setze ich mich seit mehr als 18 Jahren dafür ein, daß Menschen mit Behinderungen auch in benachteiligten Regionen des globalen Südens ihre Rechte wahrnehmen können, medizinisch versorgt und in die Gesellschaft inkludiert werden. In den 25 Jahren unserer Tätigkeit ist es uns mit der großzügigen Unterstützung von vielen Österreicher/innen gelungen, daß rd. 7,5 Mio. Menschen augenmedizinische Versorgung, aber auch rehabilitative Hilfe erhalten haben. Ein Großteil der Spenden ist dabei Menschen in Afrika zugute gekommen. Das erfüllt mich mit großer Dankbarkeit und Freude. Sorgen bereitet mir hingegen, daß Österreich seine Versprechen hinsichtlich Entwicklungszusammenarbeit weiterhin nicht erfüllt und die finanziellen Mittel weit unter den versprochenen 0,7 %-Zielen liegen. Denn LICHT FÜR DIE WELT hat eine Vision: Menschen mit Behinderungen sollen gleichberechtigt am Leben teilhaben können. Egal ob in Österreich, Europa oder Afrika." *(www.lichtfuerdiewelt.at)*

Inklusiver Unterricht in Burkina Faso

für Ägyptologie und Afrikanistik 1923 beteiligt (➜ WIEN XVIII).
Gleichzeitig weisen Forscher jedoch auf Junkers Einbindung in „antisemitische und deutschnationale Universitätsnetzwerke" hin. Anfang der 1930er Jahre Professor in Kairo und 1938 als Unterrichtsminister im „Anschlußkabinett" Hauptverantwortlicher für die „Säuberung" der Universitäten von jüdischen Studierenden und Lehrenden. Schon als Direktor des Deutschen Archäologischen Instituts in Kairo war er 1933 freiwillig der NSDAP beigetreten. „Junker war im Nationalsozialismus nicht das Opfer, zu dem er sich nach 1945 gern stilisierte, erklärt die Wiener Ägyptologin Julia Budka, er war weit mehr als nur einer der vielen ‚Mitläufer'." *(http://derstandard.at/1361240485214).*

XIII. HIETZING

Schönbrunner Schlossstrasse 47
Schloß Schönbrunn

„Heute morgen unternahmen wir eine Ausfahrt zum kaiserlichen Schloss in Schombrun", schrieb 1781 ein Besucher von den Kanaren, einer spanischen Kolonie in Afrika. „Der Eingangsbereich und der Hof sind majestätisch und die Architektur angenehm. Es enthält große Säle, viele und heitere Zimmer mit Böden aus feinem Holz und einige chinesische Kabinette. Äußerst sonderbar ist der Salon, bestimmt für die Hoftänze,

Apotheose der habsburgischen Herrschaft: Der Seehandel (Große Galerie, Gregorio Guglielmi, 1761)

mit Spiegeln und Kronleuchtern von mehr als tausend Lichtern ausgestattet ..." (zit. n. König 2007, 22). Schon gegen Ende des 18. Jhs. war die vom Hofarchitekten Nikolaus Pacassi umgebaute Sommerresidenz zum touristischen Magnet geworden. Hier inszenierte sich das Kaisertum des Heiligen Römischen Reiches, das mit dem österreichischen Landesfürstentum verbunden (im konkreten Fall sogar verheiratet) war, in spektakulärer, im Vergleich zur beengten Hofburg opulenter Weise. Spielte Afrika dabei eine Rolle?

Schloß. Im sog. Karussellzimmer finden wir das großformatige Bildprotokoll des „Damenkarussells" vom 2. Jänner 1743 (Martin van Meytens oder Werkstatt). Anläßlich der Wiedereroberung Prags hatte Maria Theresia dieses spektakuläre Event in der Winterreitschule abhalten lassen und sich trotz ihrer Schwangerschaft daran beteiligt. Im Prinzip handelte es sich um ein „Türkenkopfrennen", d. h. die beteiligten Damen mußten mit ihren Pistolen, Degen oder Lanzen „Türken"- und „Mohren"-Köpfe aus Holz oder Papiermaché treffen, wofür sie Punkte erhielten (➜STADT SALZBURG). „Herunten auf den renn-platz befanden sich 8 zierliche an denen behörigen Orthen eingetheilete statuen, so theils mohren, theils asiatische figuren vorstelleten, und diesen wurden die zum turnier erforderliche köpfe aufgesetzet." (Zit. n. Seitschek 2007, 414). Sechs solcher Figuren sind bei einigem Bemühen zu sehen: zwei laufende „Mohren" im Mittelfeld, jeweils daneben eine keulenschwingende Herkulesgestalt und im Hintergrund zwei türkisch kostümierte Gestalten.

Im anschließenden Zeremoniensaal begegnen wir einem „realen" Afrikaner – Angelo Soliman. Auf dem Gemälde der linken Wandseite, „Einzug Isabellas von Parma 1760 in Wien", befindet er sich unter den Haiduken, die den „Goldenen Wagen" des Fürsten Liechtenstein begleiten.

Schloßpark. Mit ihren Quer- und Diagonalalleen hat sich die große Anlage aus der 2. Hälfte des 18. Jhs. das Gepräge französischer Gartenarchitektur erhalten. Diese sollte eine ästhetische, aber auch eine ideologische Botschaft vermitteln, nämlich „die Herrschaftsansprüche der Habsburger als römische Imperatoren des Deutschen Reiches" (Hajós 2003, 9). Im Einklang mit der Gartentheorie des Absolutismus wurde diese Botschaft durch botanische und architektonische Bezüge vermittelt. Hier kommt Afrika zwei Mal ins Bild.

Erstens durch die „Ruinen von Karthago" (heute Römische Ruine), 1778 vom Hofarchitekten Johann Ferdinand Hetzendorf von Hohenberg angelegt. Das in die Erde versunkene Bauwerk inszeniert den Zusammenbruch der von Rom besiegten nordafrikanischen Kultur, ein Gedanke, der von den Denkmälern Hannibals und seines römischen Gegners Fabius Cunctator im Gartenparterre aufgenommen wird.

Zweitens durch den sog. Obelisken (1777). Ursprünglich „Sibyllengrotte" genannt, bezieht er sich auf jene Szene bei Vergil, in der Aeneas das Tor zur Unterwelt durchschrei-

Botanischer Garten, Palmenhaus, Wüstenhaus. Im Hietzinger Teil des Schloßparks liegt das Große Palmenhaus (1880–1882), das größte Glashaus seiner Art auf dem europäischen Kontinent. Der höhere Mittel- und die beiden Seitenpavillons bilden drei verschieden temperierte Klimazonen, in denen die Pflanzenwelt aller Erdteile gezeigt wird: im zentralen Bereich Pflanzen des Mittelmeergebietes, der Kanaren, aus Südafrika, Amerika und Australien, im nördlichen solche aus China, Japan, der Himalayaregion und Neuseeland, im südlichen tropische und subtropische Gewächse *(www.bundesgaerten.at)*.

Eigentlich als Aufbewahrungsort der botanischen Raritäten der kaiserlichen Sammlungen wurde 1905 das sog. Sonnenuhrhaus fertiggestellt; im Zweiten Weltkrieg schwer beschädigt, wurde es generalsaniert und 2004 als „Wüstenhaus" neu eröffnet. Die über vierhundert ausgestellten Pflanzenarten stammen aus der Sammlung der Bundesgärten. Es geht v. a. um Sukkulenten und Kakteen, also um wasserspeichernde Pflanzen, die in karger und trockener Umgebung überleben können. Die Osthalle, wo

tet und unter vielen Gefahren das Elysium erreicht. Dort werden ihm ein Goldenes Zeitalter und die Weltherrschaft Roms prophezeit. Durch die Krönung der Grottenarchitektur durch einen Obelisken nimmt Hohenberg zugleich ein kosmisches Symbol des pharaonischen Ägypten auf. Pseudo-Hieroglyphen beschreiben die „Geschichte des Hauses Habsburg bis auf Maria Theresia", wobei v. a. zwei Motive ins Auge springen: eine „Isis lactans" – Göttin Isis mit dem Horusknaben auf dem Schoß – sowie die Übergabe eines Schwerts durch Isis an einen Gott mit Sonnenscheibe auf dem Kopf (Osiris oder Horus), umgeben von den habsburgischen Kronen. Eine Symbolik, mit der wohl die gemeinsame Regentschaft Maria Theresias und ihres Sohnes Joseph II. gemeint ist (Beatrix Hajós).

Österreich als neues Rom und als neues Ägypten – als drittes Bauwerk steht die „Gloriette" für die Hoffnung auf einen ewigen Frieden, den Beginn des Goldenen Zeitalters unter habsburgischer Ägide *(www.schoenbrunn.at)*.

Welwitschia mit Selfie des Autors

der Rundgang beginnt und endet, ist Afrika und dem Nahen Osten gewidmet. Zu den großen Attraktionen zählen die beiden Exemplare der *Welwitschia mirabilis* – ein weibliches, ein männliches –, die vom Botanischen Garten Frankfurt zur Verfügung gestellt wurden; die Pflanze wurde erstmals vom österreichischen Wissenschaftler Friedrich Welwitsch in Angola beschrieben (➔ MARIA SAAL/KTN.).

Die Westhalle ist zur Gänze der Pflanzenwelt Madagaskars gewidmet.

Die Kultivierung fremdländischer Pflanzen ist in Schönbrunn schon für 1660 bezeugt. Etwa hundert Jahre später wurde ein sog. Holländischer Garten gegründet – hauptsächlich Holländer waren an seinem Aufbau beteiligt, und daher wurden viele Pflanzen aus den niederländischen Kolonien erworben. Joseph II. beabsichtigte, diesen Garten zu erweitern, und beauftragte Franz Boos mit einer Beschaffungsreise in den Indischen Ozean.

Boos kehrte 1788 mit einer ganzen Schiffsladung voll Pflanzen und Tiere zurück, die in den sog. Caphäusern untergebracht wurden. Seine Expedition legte den Grundstein zum afrikanischen Teil der historischen Pflanzensammlung der Österreichischen Bundesgärten (nicht öffentlich zugänglich). Über 60.000 Pflanzenraritäten aus allen Erdteilen werden hier sowohl in Gewächshäusern als auch im Freiland kultiviert; so gibt es eine über 100 Arten zählende Kollektion von Palmen und eine europaweit wahrscheinlich unübertroffene Kakteensammlung, die u. a. eine uralte *Fockea capensis* enthält, das letzte Exemplar der von Boos mitgebrachten Raritäten. Das Alter dieser ältesten noch lebenden sukkulenten Topfpflanze der Welt wurde von einem britischen Botaniker auf tausend Jahre geschätzt; Wiener Fachleute geben ihr „nur" achthundert!

Tiergarten. Ein weiter Weg ist zurückgelegt worden von den barocken Menagerien bis zu den heutigen Tiergärten, die sich an den Kriterien artgerechter Tierhaltung orientieren und neben Forschungs- vor allem Bildungszwecke verfolgen. In Schönbrunn hatte es schon im 16. Jh. ein künstliches Jagdgehege gegeben. 1751/52 legte Jean Nicolas Jadot nach dem Vorbild von Versailles und des Belvedere (➔ WIEN III) eine halbkreisförmige Menagerie an.

Ursprünglich brachten die Expeditionen v. a. exotische Vögel und Affen mit, 1799 kamen aus Südafrika zwei Zebras; eine erste Giraffe wurde dem Kaiser 1828 vom ägyptischen Vizekönig geschenkt, und seither erwarb man Giraffen ziemlich regelmäßig aus dem Sudan. An afrikanischen Tieren gab es im 19. Jh. neben verschiedenen Vögeln (inkl. Strauße) Kamele und Dromedare, vereinzelt auch Elefanten, ab 1816 wieder Löwen aus Tunesien und dem Senegal, Meerkatzen aus Senegambien, dem Sudan, Südafrika und dem Kongo, Affen aus Südafrika, Guinea und Äthiopien, Hyänen und Nilfüchse aus Ägypten usw. Flußpferde und Schimpansen kamen erst im 20. Jh. nach Schönbrunn.

Im Zuge der Neugestaltung des Tiergartens (so heißt er nämlich, nicht „Zoo"!) unter

Neue Konzepte zum Artenschutz

Artenschutz in Afrika ist ein Thema, das seit Bernhard Grzimeks 1959 veröffentlichtem Bestseller „Serengeti darf nicht sterben" (und seiner Verfilmung) die Menschheit in aller Welt bewegt. Ein Erbe davon ist aber auch die unterschwellige Einstellung im Westen, daß alle Wildbestände in Afrika bedroht seien und ihre einzig gerechtfertigte Nutzung der Fototourismus sei. Diese Haltung ist dem Artenschutz freilich nicht unbedingt nützlich. Denn obwohl in vielen afrikanischen Landstrichen – vor allem in West- und Zentralafrika – die Wildbestände beinahe verschwunden sind, haben sich die pauschalen Befürchtungen als unbegründet erwiesen. Vor allem das Südliche Afrika beweist das Gegenteil. Hier hat ein neues Konzept der nachhaltigen, konsumptiven Nutzung die Anzahl auch von „charismatischen" Tierarten wesentlich gesteigert und damit letztlich das Überleben dieser Arten positiv beeinflußt.

Die Erkenntnis der Industrieländer in den 1960er Jahren, daß internationaler Handel eine zunehmende Bedrohung für viele exotische Arten darstellen könnte, resultierte 1975 in der Gründung von CITES, der „Convention for the International Trade in Endangered Species". CITES, auch Washingtoner Artenschutzübereinkommen genannt, ist das größte und bedeutendste internationale Abkommen in diesem Bereich und reguliert den Handel von ca. 35.000 Tier- und Pflanzenarten, die in Schutzanhängen gelistet sind.

Artenschutz kann jedoch nur dann längerfristig erfolgreich sein, wenn er die elementaren wirtschaftlichen Bedürfnisse der einheimischen Bevölkerungen einbezieht. Denn Nationalparks und Reservate stehen durch das steigende Bevölkerungswachstum zunehmend unter existentiellem Druck, und immer mehr kommt auch Gebieten außerhalb von Nationalparks eine Bedeutung im Artenschutz zu. So leben zum Beispiel in Botswana während der Regenzeit 60 % der Elefantenpopulation außerhalb von Schutzgebieten, in Zimbabwe sind es permanent an die 10.000 Exemplare. Diese Regionen aber bilden die Lebensgrundlage der einheimischen Bevölkerung, die sich landwirtschaftliche Ressourcen mit Wildtieren (und Pflanzen) teilen müssen.

Ausgehend von Zimbabwe hat sich im Südlichen Afrika seit den 1980er Jahren ein alternativer Ansatz zum Management von natürlichen Ressourcen außerhalb von Nationalparks entwickelt, der langfristig für alle Entwicklungsländer richtungsweisend sein wird. Das Konzept des sogenannten „community-based natural resource management" (CBNRM) involviert ein Zurückdrängen der regulativen Rolle des Staates und eine sukzessive Übertragung der Verantwortung des Artenschutzes – primär der Nutzungsrechte – auf einheimische Bevölkerungsgruppen, die ihren Lebensraum auf extensiven Flächen außerhalb von Schutzgebieten mit Wildtieren teilen. Solche Projekte laufen heute in Zambia, Südafrika, Namibia, Botswana oder Tanzania. Nutzungsrechte können auch einen gut regulierten Jagdtourismus inkludieren.

Es bleibt zu hoffen, daß die meist erfolgreichen Anstrengungen im Südlichen Afrika und ihre positiven wirtschaftlichen Auswirkungen eines Tages auch für weiter nördlich gelegene Länder des afrikanischen Kontinents Beispielwirkung zeigen.

Max Abensperg-Traun

Helmut Pechlaner wurden neue Unterkünfte für die Affen und Großkatzen geschaffen, im Juni 1995 auch eine „Afrika-Anlage" eröffnet. Blauhalsstrauße, Elenantilopen und Damarazebras leben hier friedlich zusammen. Im Jahr darauf folgte das neue Elefantenhaus mit Freianlage. Heute beherbergt der Wiener Tiergarten sieben (afrikanische) Elefanten, das jüngste (weibliche) Exemplar wurde am 4. September 2013 im Tiergarten geboren. Sie ist weltweit das erste mit gefrorenem Sperma gezeugte Elefantentier. Ihr Name wurde im Rahmen einer Onlineabstimmung ermittelt – die meisten Stimmen wurden für „Iqhwa" abgegeben, was im südafrikanischen isiZulu für „Eis" stehen soll *(www.zoovienna.at).*

Am Platz
Kaiser-Maximilian-Denkmal

Ferdinand Maximilian (1832–1867) war der prononcierteste Repräsentant einer österreichischen Kolonialpolitik im Neoabsolutismus. Als jüngerer Bruder Kaiser Franz Josephs stieg er zum Kommandanten der Kriegsmarine auf, deren politischen Einfluß er förderte. Mit der Weltumseglung der Fregatte „Novara" (1857–59) betonte er international die Großmachtposition der Monarchie, die insgeheim geplante Inbesitznahme der Nikobaren im Indischen Ozean kam jedoch nicht zustande. Auch ein anderes Geheimprojekt, die Erwerbung der Insel Sokotra am Ausgang des Roten Meeres, scheiterte (➡Graz II). 1863 nahm er das Angebot feudal-klerikaler Kreise aus Mexiko an, sich dort zum Kaiser ausrufen zu lassen, und fungierte als Gallionsfigur einer französischen Militärintervention gegen die rechtmäßige republikanische Regierung. Nach dem Abzug der ausländischen Truppen konnte er sich allerdings nicht halten und wurde wegen Hochverrats hingerichtet (➡Hardegg/NÖ). 1871 wurde die Statue von Johann Meixner errichtet.

Der aus österreichischer Sicht schockierende Ausgang des Mexiko-Abenteuers hatte, rückwirkend betrachtet, auch sein Gutes: Zur europäischen Kolonialpolitik in Übersee, insbesondere zur Aufteilung Afrikas, hielt Österreich-Ungarn etwa eine Generation lang deutlich Abstand.

Am Platz 2
Bezirksmuseum Hietzing

Daß Afrika in einem lokalen Museum eine – sogar beträchtliche – Rolle spielt, passiert nicht oft. Hier ist es aber erfreulicherweise der Fall, stammten doch zwei im Kontext Afrikas wichtige Persönlichkeiten aus dem heutigen Hietzing: Friedrich Julius Bieber (➡Auhofstrasse 144–144a) und Rudolf Slatin (➡Gemeindeberggasse 26). Slatin ist durch Fotos, persönliche Erinnerungsstücke und Uniformen vertreten, Bieber durch Teile seiner Äthiopiensammlung, die das Museum 1980 von der Familie kaufte. Ein Raum im 2. Stock ist zur Gänze Biebers Andenken gewidmet; zahlreiche weitere Objekte befinden sich im Depot. Neben biographischen Dokumenten und historischen Fotos sind v. a. ethnographische Gegenstände zu sehen.

Abstecher: MAXINGSTRASSE 34: Gedenktafel. Schon in seinem Gemälde „Jazzband" hatte Carry Hauser 1927 gegen Rassismus Stellung genommen; daß er 1938 mit Berufsverbot belegt wurde und ins Exil gehen mußte, paßt ins Bild. Nach seiner Rückkehr 1945 engagierte er sich gegen Antisemitismus, nukleare Aufrüstung und den Vietnamkrieg. Mehrere Afrikareisen ab 1967 (u. a. Tunesien, Kamerun, Kenya) verarbeitete er in charakteristischen Bildern. Bei einem Aufenthalt in Südafrika war er empört über die „Mißachtung der Ureinwohner und Verächtlichungmachung ihrer metaphysischen Welt" durch die Apartheid. Afrika war für ihn „ein Symbol für die Zukunft und zugleich ein Prüfstein für die Westeuropäer in ihrem Umgang mit Gewalt, Rassismus, Ausbeutung und kolonialer Unterdrückung" (Cabuk 2012, 194). Hauser wurde in einem Ehrengrab auf dem nahegelegenen Hietzinger Friedhof bestattet.

BOSSIGASSE 14
(ECKE AUHOFSTRASSE 61–63)
Wohnhausanlage

Mit den Siedlungen, von der Gemeinde nach dem Krieg auf unverbauten Flächen des Bezirks errichtet, kam auch die Überseeromantik der 1950er Jahre, eine Elefantenskulptur von Christa Vogelmayer z. B. (1954) oder die Bronzegiraffe des Wotruba-Schülers Hannes Haslecker im Rudolfine-Muhr-Hof (Volkgasse 1–13).

AUHOFSTRASSE 144–144A
F. J. Biebers Wohn- und Sterbehaus

Kolonialpolitisch stand Österreich-Ungarn zwar mit Italien im Bündnis, für Exporteure aber war Äthiopien eine interessante Destination, gerade weil es noch unabhängig war. Schon früh hatte sich ein Beamter des Handelsministeriums, Friedrich Julius Bieber (1873–1924), auf das ostafrikanische Reich spezialisiert, und im Laufe der Zeit entwik-

F. J. Bieber mit unbekannten äthiopischen Adeligen (1905)

„Die Afrikaleidenschaft der Familie Bieber"

titelte „Die Presse", und weiter: „Der Großvater erforschte das Kaffaland, der Vater durchquerte Tibesti, der Sohn ‚lernt' noch in Liberia" (10. 4. 1960). Nun ja, lassen wir journalistische Formulierungen beiseite, aber bemerkenswert ist die von „Friedrich Julius" begründete Familientradition schon.

Otto Bieber (1906–88), einem Büromaschinenhändler, ist ein Gutteil der Erinnerung an seinen Vater zu verdanken. 1936 organisierte er eine erste Ausstellung im „Hagenbund", 1948 erschien mit „Geheimnisvolles Kaffa" eine populäre Biographie. Sein eigenes Interesse richtete sich jedoch auf Nordafrika. Gemeinsam mit dem Geographen Hans Weis, dem Ethnologen Andreas Kronenberg u. a. unternahm er 1954 eine Expedition nach Tibesti, einem Gebirgsmassiv im Osten der Sahara. Er war von Land und Leuten so begeistert, daß er im nächsten Jahr ein Filmteam dorthin brachte. Daraus entstand ein meditativer, unvoreingenommener Schwarzweißfilm über das Leben und die Kultur der Tubbu, „Im Namen Allahs" (1958).

Klaus Bieber (geb. 1940) wiederum verschlug es nach Westafrika. Nach der Matura ging er 1959 mit dem Biologen Franz Sitter als Tierfänger nach Liberia. Im Jahr darauf übersiedelten sie in das Nachbarland Sierra Leone, wo aus den geplanten zwei Jahren fast fünfzig wurden. Zum Tierfang kam eine Geflügelzucht mit Tierfutterherstellung, später pachteten sie ein Hotel am Strand von Freetown. Ab 1972 kamen regelmäßig Gruppen aus Österreich, 1973 wurde Klaus Bieber zum Honorarkonsul ernannt.

1975 machte er sich selbständig und integrierte sich in die lokale Gesellschaft. Erst 2008 kehrte er nach Österreich zurück. 2011 hatte er die Möglichkeit eines Besuchs in der Provinz Kaffa. Die Übersetzung des Standardwerks von Friedrich Julius über die Kultur von Kaffa und die Nachbildung einzelner Objekte aus dessen Sammlung für ein in Entstehung befindliches lokales Museum sind für ihn wichtige Ziele.

kelte er sich zum Kenner der Region Kaffa, die Menelik II. 1897 unterworfen hatte. Biebers autodidaktische, aber gut informierte Berichte spiegeln die Gesellschaft von Kaffa vor ihrer erzwungenen Assimilation an die amharische Kultur wider. Bieber reiste zwei Mal privat oder im Auftrag von Firmen nach Äthiopien, 1905 wurde er offiziell entsendet: als Dolmetscher einer Delegation unter Ludwig von Höhnel, die mit Menelik einen Freundschaftsvertrag schloß (➜WIEN III).

Bei seiner vierten und letzten Reise 1909 soll Bieber von Menelik die Erlaubnis erhalten haben, den besiegten und gefangengehaltenen letzten König von Kaffa, Gaki Sherocho, zu besuchen. Sein Sohn Otto schilderte die Szene später detailliert in seinem Buch, wahrscheinlich nach Erzählungen des Vaters. Laut Familientradition wußte er auch über den Aufbewahrungsort der von Menelik aus Sicherheitsgründen außer Landes geschafften Krone von Kaffa Bescheid. Als Haile Selassie 1954 Österreich besuchte (➜BAD AUSSEE/STMK.), informierte Bieber ihn darüber, und der Kaiser soll die Krone in Zürich zurückgekauft haben.

Friedrich Julius Bieber, zeitweise auch stellvertretender Bezirksvorsteher von Hietzing und ein Unterstützer der „Kinderfreunde", wohnte von 1901 bis zu seinem Tod 1924 in der Auhofstraße (➜GEMEINDEBERGGASSE 26). Daß Äthiopien später große Aufmerksamkeit finden würde, häte ihm sicher gefallen (➜WIEN VI).

Abstecher: FRANZ-BOOS-GASSE. Boos (1753–1832) war Direktor des Botanischen Gartens von Schönbrunn. Nach einer Amerika-Expedition wurde vor allem die Reise ins Südliche Afrika und nach Mauritius, die er 1785–88 gemeinsam mit seinem Gesellen Georg Scholl unternahm, ein durchschlagender Erfolg: In mehreren hundert Behältern brachte er tropische Pflanzen sowie präparierte und lebende Tiere für die kaiserlichen Sammlungen nach Hause. Das Unternehmen wurde in Kooperation mit einem französischen Sklavenhändler unternommen, der seine Schiffe sowie Sklaven zur Verfügung stellte. Einer derselben könnte Michael Anjou gewesen sein, der aus Mauritius oder von der Malabarküste stammte und Ende 1788 nach Wien kam. Der „petit garcon indien" wurde gemeinsam mit den Kindern des Hofgärtners erzogen und fand zuerst in den Glashäusern, dann im Tiergarten eine Beschäftigung. Anjou erlag im Dezember 1799 einer Lungenentzündung. Sein Leichnam wurde nicht bestattet, sondern auf „Befehl von oben" den kaiserlichen Sammlungen übergeben, wo er ausgestopft und gemeinsam mit Angelo Soliman (➜WIEN III) aufgestellt wurde.

WOLFRATHPLATZ 2
Ober St. Veiter Schloß
(nicht öffentlich zugänglich)

1762 wurde das Schloß an Maria Theresia verkauft, die einige Umbauten und vor allem die repräsentative Ausstaffierung des Gartentrakts im Erdgeschoß vornehmen ließ. Die Tapetenmalereien und Fresken von Johann Bergl zählen gemeinsam mit den Räumen in ➜MELK und Haderdorf (➜WIEN XIV) zu den Hauptwerken der exotischen Malerei in Österreich.
Gezeigt wird eine weitgehend ideale, paradiesische Welt, in der den Menschen die Früchte der Natur im Überfluß zu Gebote stehen und trotz des Vorhandenseins einer Hierarchie keine sozialen Spannungen existieren. Als bedrohlich schildert Bergl jedoch den Einbruch der Europäer, die – in Physiognomie und Kleidung klar erkenntlich – ihre Schiffe verlassen und deren Waren unter den Einheimischen Streit auszulösen beginnen. Die Gemälde spiegeln die im 18. Jh. üblichen Projektionen wider, die man sich von der exotischen Welt, von den „edlen Wilden" machte.

Abstecher: AUHOFSTRASSE 169: Marianisches Missionswerk. In den ersten Jahren nach dem Zweiten Weltkrieg gründeten 19 Angehörige der Oblaten der Makellosen Jungfrau Maria (OMI) aus dem Sudetenland hier ein neues Kloster, übernahmen Aufgaben in der Pfarrseelsorge (➜GMÜND/NÖ) und begannen ihr Engagement in der Mission. Geprägt wurde das Marianische Missionswerk v. a. durch den langjährigen Direktor Josef Mathuni (1921–2010), der u. a. die regelmäßigen Missionswallfahrten nach Maria Taferl initiierte; die erste stand 1988 unter dem Motto „Wir pilgern für NAMIBIA", das damals an der Schwelle zur Unabhängigkeit stand. Aktuell werden in Afrika Missionsprojekte in Angola, Kamerun, Kenya, Lesotho, Madagaskar, Namibia, Nigeria und Westsahara unterstützt *(www.mmw.at)*.

Abstecher: SLATINGASSE. 1951 wurde die Zufahrt zu einer Villensiedlung am Rande des Lainzer Tiergartens nach dem „Gefangenen des Mahdi" benannt. Rudolf Anton Karl Slatin (1857–1932) war 1879 – wie manche andere Angehörige der österreichisch-ungarischen Monarchie (➜WIEN XIV) – in britisch-ägyptische Dienste getreten und wurde 1880 zum Gouverneur der Provinz Darfur im westlichen Sudan ernannt. In dieser Eigenschaft leitete er, 1881 zum Islam übergetreten, die Verteidigung gegen den antikolonialen Aufstand Muhammad Ahmads, des sog. Mahdi, der die Bevölkerung gegen den britischen Imperialismus mobilisierte und 1885 Khartoum eroberte (➜WIEN III). Schon zwei Jahre früher war Slatin in Gefangenschaft geraten und mußte zwölf Jahre im Dienst des Mahdi und seines Nachfolgers in Omdurman verbringen. Seine Befreiung durch den britischen Geheimdienst 1895 und seine stark redigierte Autobiographie „Feuer und Schwert in Sudan" leiteten die britische Militärintervention gegen den Mahdi-Staat ein. Slatin wurde mehrfach geadelt und 1898 – nach dem britischen Sieg – zum Brigadegeneral und später zum Generalinspektor befördert, dem zweithöchsten Kolonialbeamten im Sudan. Sowohl in England als auch in Österreich spielte er eine glanzvolle gesellschaftliche Rolle (➜TRAUNKIRCHEN/OÖ). 1914, zu Beginn des Ersten Weltkriegs, gab er seine Funktion im Sudan auf und kehrte nach Wien zurück, wo er die Kriegsgefangenenfürsorge des Roten Kreuzes leitete. 1919 war er an den Friedensverhandlungen von St. Germain beteiligt. 2012 drehte Thomas Macho einen Film über ihn und den Mahdi, gesehen mit den Augen ihrer jeweiligen Enkel. *(www.fischerfilm.com/produktionen/slatin-pascha)*.

GEMEINDEBERGGASSE 26
Friedhof Ober St. Veit

In starkem Kontrast zu den prunkvollen Grabkapellen der Hietzinger Oberschicht, die von einer Anhöhe aus den Friedhof beherrschen, steht die schlichte Grabplatte des Äthiopienforschers Friedrich Julius Bieber (Nr. 42 im Westteil des Sektors L, fast an der Grenze zu Sektor S). Noch ein weiterer Prominenter mit Afrikabezug ist hier begraben: Rudolf Slatin Pasha; das standesgemäß vornehme Grab der geadelten Beamtenfamilie befindet im Sektor C, Nr. 7–9.

LAINZER TIERGARTEN
Hermesvilla

Die Präsentation „Elisabeths Schloß der Träume" stellt Geschichte und Ausstattung des romantischen Bauwerks im Lainzer Tiergarten dar. In mehreren Räumen befindet sich Kleinmobiliar mit orientalischen oder afrikanischen Bezügen, wie es offenbar dem Geschmack Elisabeths entsprach. In einem der Räume ist z. B. ein „stummer Diener" als Leuchterträger zu sehen, der früher das Boudoir von Erzherzogin Marie Valerie schmückte; als Kind hatte sie mit dem un-

Abstecher: STOCK IM WEG. An Stelle des heutigen Ausflugsrestaurants „Zum Lindwurm" (Ghelengasse 44) befand sich der Landsitz des Ober St. Veiter Fabrikanten Josef Weidman. Burgschauspieler/innen wie Charlotte Wolter oder Katharina Schratt und politische Zelebritäten wie Rudolf Anton Karl Slatin gingen hier ein und aus. Weidman war bei der Eröffnung des Suezkanals anwesend gewesen und hatte aus Ägypten einen schwarzen Diener mitgebracht – Mohamed Medlum. Dieser saß bei den Ausfahrten seines Gebieters in einer goldbestickten Uniform hinter dem kutschierenden Herrn und dessen Frau; als „Mohr von Hietzing" wurde er rasch populär. Als Weidman 1905 verstarb, erbte Mohamed die gewaltige Summe von 170.000 Kronen, mit denen er eine Importfirma im noblen dritten Bezirk gründete – eine echte Erfolgsgeschichte! „Ich selbst kannte ihn noch aus meiner Kinderzeit", schrieb ein lokaler Historiker, „zuletzt habe ich mit ihm auf dem menschenüberfluteten Opernring gesprochen, als ganz Wien am Abend auf den Beinen oder zu Pferd war, um im Mai 1915 die Wiedereroberung von Lemberg und Přemysl zu feiern." (Berg 1980, 48). Medlum verstarb 1918, ledig und als Muslim.

Koloniales Männer-Trauma: Der Gorilla als Konkurrent (Emmanuel Frémiet)

glücklichen Rustimo (➡YBBS/NÖ) einen „echten" Afrikaner als Spielgefährten gehabt.

Im früheren Arbeitszimmer des Kaisers ist eine kleine, aber spektakuläre Bronzeplastik bemerkenswert: „Gorilla raubt Mädchen", eine Kopie nach Emmanuel Frémiet (1824–1910). Vermutlich kam das erfolgreiche Werk des französischen Bildhauers 1896 von Elisabeths Schloß auf Korfu in die Hermesvilla. Das Motiv, das zur Jahrhundertwende gängig war, resultiert aus europäischen Kolonialphantasien über den Raub weißer Frauen durch Menschenaffen bzw. schwarze Männer.

XIV. PENZING
XV. RUDOLFSHEIM-FÜNFHAUS

ROBERT-HAMERLING-GASSE 7
Flüchtlingswohnheim „Amadou"

Unsere Rundfahrt beginnt in der Nähe des Westbahnhofs. Ende 1992 wurde das Haus einer ehemaligen Futtermittelfirma von der Caritas als Wohnheim adaptiert. Das neue Fremdengesetz hatte zu einer erheblichen Reduktion der sog. Bundesbetreuung – der Versorgung von Asylwerbern mit Quartier, Essen und Krankenversicherung – geführt. Ersatzweise sprangen Caritas und Evangelische Diakonie ein.
Derzeit gibt es im Haus 150 Plätze, 60 davon für Männer, 14 für Frauen, der Rest für Familien. Nur ein kleiner Teil der Bewohner/innen stammt aus Afrika, derzeit aus Nigeria, Ägypten, Ghana, Sierra Leone, Tunesien oder Somalia. Die Fluktuation ist naturgemäß hoch. Zum Unterschied vom „Karwanhaus" in der Blindengasse (Wien VIII) liegt der Schwerpunkt hier nicht auf Personen in der sog. Grundversorgung (Wochengeld dzt. 39,20 Euro, 40 Euro Taschengeld im Monat plus Krankenversicherung). Die meisten Bewohner sind „unversorgt" und leben von Spenden, die an die Caritas gehen. Manche Familien oder einzelne ihrer Angehörigen haben bereits einen Aufenthaltstitel, bleiben aber im Haus wohnen, solange sie über keinen Zugang zum Arbeitsmarkt bzw. Job verfügen. Es gibt vier Sozialbetreuer im Haus; wenn Interesse an Rechtsberatung besteht, werden die Betroffenen an die entsprechenden Organisationen weitergeleitet. Das Verhältnis zur Nachbarschaft ist laut Heimleiterin gut, die Einrichtung sei im Bezirk akzeptiert. Schwierige Situationen trä-

Abstecher: HOLLERGASSE 2–6, Gemeinnützige Entwicklungszusammenarbeit (GEZA), heute eine Tochter des Samariterbundes. „Unsere geschichtlichen Wurzeln gehen bis 1991 zurück, dem Gründungsjahr des Österreichischen Nord-Süd-Institutes (ÖNSI), aus dem die GEZA hervorgegangen ist. Entsprechend unserem Motto ,Der Welt die Hand reichen' leisten wir mit unseren Projekten einen Beitrag zur Armutsminderung und nachhaltigen Entwicklung in unseren Partnerländern in Afrika, dem Nahen Osten und im Kaukasus. Unsere thematischen Schwerpunkte sind im Gesundheits- und Pflegebereich sowie der Friedens- und Demokratieförderung. Regional liegt uns insbesondere die Westsahara am Herzen. Neben Projekten vor Ort setzen wir uns auch für die Rechte der Saharauis in Österreich und international ein. In Afrika sind wir in Uganda (,Friedensförderung in Norduganda'), Kenya und Äthiopien (,Gesundheit, Wasser und Katastrophenvorsorge'), Moçambique (,Parlamentarischer Nord-Süd-Dialog', ➡ WIEN I) sowie in den saharauischen Flüchtlingslagern in Algerien (,Pflege und Physiotherapie') aktiv." (Angelika Maier; *www.geza.at*).

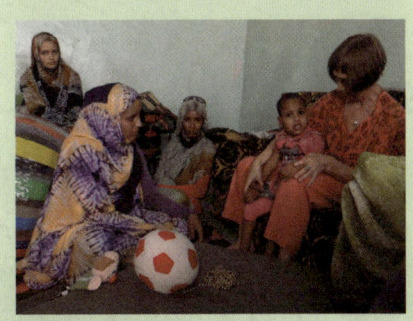

Solidarität mit Saharauis

ten mit der Fremdenpolizei bei Abschiebungen, teils auch von Familien mit Kindern, auf – das passiere vier bis fünf Mal pro Jahr. Ein anderes Probleme betreffe jene, die kein Asyl erhalten und um Bleiberecht angesucht hätten; neuerlich seien jahrelange Wartezeiten die Folge, während der die Betroffenen zur Untätigkeit gezwungen seien. Insgesamt seien die langen behördlichen Prozeduren, der fehlende Zugang zum Arbeitsmarkt und mangelnde Integrationsmaßnahmen während des Asylverfahrens (z. B. keine Sprachkurse für Erwachsene) das Hauptproblem, das zu schweren sozialen, psychischen und sogar gesundheitlichen Schwierigkeiten führe. „Ein wohlwollenderes Auge auf die Asylsuchenden würde dem Asylverfahren nicht schaden", meint Frau Joó.

Mariahilfer Strasse 212
Technisches Museum

„In Arbeit" heißt eine der Ausstellungen des Museums (bis 2015) – ein ambitionierter Versuch, das komplexe Thema anhand von ausgewählten Aspekten aufzubereiten.

„Wir wollten die traditionelle Zugangsweise ‚Vom Handwerk zur Industrie' vermeiden", erklärt Hubert Weitensfelder, einer der Kuratoren. „Vielmehr sollte aus verschiedenen Perspektiven die gesellschaftspolitische Dimension von Technik und Technikgeschichte deutlich gemacht werden." Afrika ist dabei zwar kein Schwerpunkt, aber in allen gewählten Zugängen präsent. So wird das Thema „Rohstoffe" anhand von historischen Photographien der Arbeitsbedingungen aus dem süd- und südwestafrikanischen Diamantenbergbau illustriert. Bei agrarischen Rohstoffen werden Kautschukproben aus verschiedenen Ländern gezeigt, darunter auch aus dem Kongo – nicht ohne Hinweis auf die vom belgischen König Leopold II. verübten Grausamkeiten. Die ausgestellte historische Beschriftung eines Objekts („Kongoneger") wird sensibel korrigiert: „Das Gefühl der Überlegenheit gegenüber den kolonialisierten Völkern fand vielfachen sprachlichen Ausdruck. Es widerspiegelte sich auch in den Beschriftungen von Museumsobjekten."

Diamantenaufbereitungsanlage in Namibia, vor 1945

Afrika ist im Technischen Museum v. a. in einer sehr umfangreichen Warenkundesammlung vertreten. Malerische Glasgefäße mit altertümlichen Beschriftungen – im Depot – enthalten Proben importierter Werkstoffe aus Kolonial-Afrika, beispielsweise Baumwolle aus dem Sudan, Kakaobohnen oder Kolanüsse aus Westafrika, Asbest aus Transvaal oder Kopal aus Zanzibar.

Weiters dokumentieren wenige, aber außergewöhnliche Objekte vorkoloniale Formen der Nachrichtenübermittlung. So gibt es eine in Reisstroh geknüpfte Botschaft aus Angola oder eine eiserne Quittung für bezahlten Hongo – das war die in Ostafrika geforderte Mautgebühr für europäische Karawanen, die an die lokalen Würdenträger, durch deren Territorium sie marschierten, entrichtet werden mußten.

Meist sind Zeitpunkt und Umstände der Erwerbung von Objekten nicht bekannt, aber es gibt Ausnahmen: Zum Erwerb einer eisernen Lanze in einem Fischerdorf an der Südspitze von Madagaskar um 1900 schrieb der Sammler Anton Petermandl (➜STEYR/OÖ) z. B.: „Die Objecte selbst kamen in Massa mittelst eines Canoes am Bord und wurden durch Intervention des dortigen halbnackten Prinzen Tschitaupich und eines holländischen Farmers, des einzigen dort lebenden Weißen, zum Verkaufe gebracht. Gezahlt wurde mit leeren Flaschen; es wurde nämlich die ganze Ladung von der Offiziersmesse S. M. Corvette Donau angekauft und dann verloost." (Katalog 1892, 7).

Durch die Westbahn-Unterführung gelangen wir von Fünfhaus nach Rudolfsheim.

Fenzlgasse
Straßenname

Eduard Fenzl (1808–1879) war ausgebildeter Mediziner, sein Hauptinteresse galt jedoch der Botanik. Ab 1840 bis knapp vor seinem Tod war er Kustos des botanischen Hofkabinetts und Professor an der Universität. Als Mitbegründer des Österreichischen Alpenvereins trug er maßgeblich zur Ausbreitung botanischer Kenntnisse bei. Fenzl stand mit mehreren österreichischen Afrikaforschern in Kontakt und vermittelte ihre Ergebnisse der Wissenschaft. 1854 veröffentlichte er den letzten Brief des frühverstorbenen Vizekonsuls in Khartoum, Constantin Reitz, über seine Reise nach Äthiopien. Einige Jahre später berichtete er über die botanischen Erkenntnisse von Friedrich Welwitsch in Portugiesisch-Angola (➜MARIA SAAL/KTN.).

Linzerstrasse 146
Bundesrealgymnasium XIV

1987 war Malangatana Ngwenya, dem bedeutendsten moçambikanischen Maler, eine Ausstellung im Palais Palffy gewidmet. Damals erstellte er gemeinsam mit Kindern zwei großformatige Wandgemälde. Eines davon wurde mittlerweile zerstört (➜WIEN V), das andere – in einem Pausenraum des Realgymnasiums – ist dankenswerterweise erhalten: eine weite Landschaft mit Menschen, Zebras und Elefanten, bunten Hütten unter exotischen Bäumen, am Himmel

Friedenstauben neben einem farbenprächtigen Kakadu.

Initiiert von Veronika Berger (Abb.) unterhielt die Schule in den 1980er und 90er Jahren eine Partnerschaft mit einer Grundschule in Maputo. Viele Jahre lang – damals war Moçambique noch nicht Schwerpunktland der österreichischen Entwicklungszusammenarbeit – leistete die Schulpartnerschaft ihren Beitrag für Frieden und Entwicklung in Südostafrika. Irgendwann verlor sich das Interesse, neue Schülergenerationen kamen und neue Lehrkräfte mit neuen Ideen. Aber der Bürgerkrieg ist seit 1992 beendet, und wirtschaftlich gilt Moçambique heute als ein „afrikanischer Tigerstaat".

WAIDHAUSENGASSE 52
Baumgartner Friedhof

Friedhöfe – immer wieder bieten sie Überraschendes. Manche Gräber erinnern an Wissenschaftler, die zu Afrika geforscht haben, andere an Kriegsteilnehmer, die im Rommelfeldzug gefallen sind. Wieder andere an Unterstützer/innen der afrikanischen Freiheitsbewegung.

Gruppe 23, Nr. 510 ist die letzte Ruhestätte von Elfriede Pekny (1947–2004), Mitbegründerin der österreichischen Anti-Apartheid-Bewegung und langjährige

Elfriede Pekny mit einem ANC-Aktivisten 1992 in Mamelodi, Pretoria

Generalsekretärin des Dokumentations- und Kooperationszentrums Südliches Afrika (➜ Wien IV). In Anerkennung ihres jahrzehntelangen Einsatzes für die Befreiung des Südlichen Afrika von Kolonialismus und Apartheid war sie als Ehrengast sowohl zur namibischen Staatsgründung 1990 in Windhoek als auch 1994 zur Vereidigung Nelson Mandelas zum Staatspräsidenten in Pretoria eingeladen. Ihr Tod nach langer, schwerer Krankheit Ende 2004 wurde nicht nur von Familie und Freund/inn/en, sondern auch von vielen Weggefährt/inn/en im Südlichen Afrika mit Betroffenheit aufgenommen – darunter von Friedensnobelpreisträger Erzbischof Desmond Tutu, aus dessen Kondolenzbotschaft die Grabinschrift zitiert: „We won a great victory over the awfulness of Apartheid but it would have been impossible without the dedicated commitment of stalwarts such as she."

Rudolf-Pöch-Gasse
Straßenname

Als „Fall mit Diskussionsbedarf" stufte der im Auftrag der Stadt Wien erstellte Forschungsbericht „Straßennamen Wiens seit 1860 als ‚Politische Erinnerungsorte'" im Juli 2013 diese Benennung ein – nicht mehr, aber auch nicht weniger. Vorangegangen war eine Diskussion über die ethisch problematische Rolle, die der österreichische Anthropologe und Ethnologe Rudolf Pöch (1870–1921) Anfang des 20. Jhs. gespielt hatte. Pöch gilt als Vorläufer der nationalsozialistischen Rassenforschung.
Daß die Umstände seiner Akquisitionen von Skeletten und Schädeln in Australien und Neuguinea problematisch gewesen waren, war bekannt. Die Diskussion zu Südafrika aber brachte erst ein kritischer Kommentar meinerseits 2007 ins Rollen. Kapstädter Historiker hatten zuvor Belege veröffentlicht, wonach ein Mitarbeiter Pöchs 1909 frisch bestattete Leichen von Landarbei-

---

Abstecher: Mauerbachstrasse 43, Schloß Hadersdorf. Eines der Hauptwerke der niederösterreichischen Exotikmalerei wurde in den 1950er Jahren hierher transferiert: die Fresken Johann Bergls aus dem Schloß Donaudorf, das von der Donau überflutet wurde. Inmitten einer grandiosen Pflanzen- und Landschaftsmalerei, über die sich ein sonniger, azurblauer Himmel mit Papageien spannt, symbolisieren verschiedene Personen die vier damals bekannten Erdteile, zeitgeschichtliche Anspielungen inklusive. So stehen eine hübsche Erzherzogin Maria Theresia, ein feister, lorbeergekrönter Diplomat und ein ranker General, der mit einem blutgetränkten Säbel auf einer Landkarte den Norden der Monarchie markiert, für „Europa"; die Inschrift „PARS POLONIAE, WIEN REGNUM HUNGARICUM" läßt aktuelle Konfliktzonen erkennen.
„Asien" wird durch eine prächtig gekleidete Herrscherin symbolisiert, u. a. von einer Chinesin und einem vornehmen Osmanen umgeben. „Amerika" ist ein an malerischer Küste residierender indianischer König, dem europäische Kaufleute Geschenke zu Füßen legen – ja, noch mußte man die Potentaten in der späteren Dritten Welt bitten; Kakteen und ein Lama bilden den Hintergrund. „Afrika" schließlich ist durch zwei goldgeschmückte schwarze Jäger gekennzeichnet, die über appetitliche Früchte, glänzende Muscheln und eine offene Perlentruhe verfügen; ein gezähmtes Zebra sowie ein wild laufender Löwe vervollständigen dieses Ensemble.

Restitution: Die südafrikanische Delegation vor der Akademie der Wissenschaften in Wien (2012)

tern aus ihren Gräbern gescharrt hatte, gegen den Protest der Angehörigen und unter Androhung polizeilicher Gewalt; als sog. Buschmänner (San) sollten sie in Wien anthropologisch untersucht werden. Maria Teschler-Nicola gelang in Folge die Identifikation der menschlichen Überreste eines namentlich bekannten Ehepaars, Klaas und Trooi Pienaar, in einer Wiener Sammlung. Im April 2012 wurden diese von der österreichischen Regierung einer hochrangigen südafrikanischen Delegation übergeben und im August 2012 in einem Ehrengrab in Kuruman wiederbestattet – ein Höhepunkt der bilateralen Beziehungen der letzten Jahre (➜WIEN XIX).
Auch wenn sich der erwähnte Projektbericht, in dem menschenrechtliche Probleme im kolonialen Kontext auffallend zu kurz kommen, nicht zu einem „intensiven Diskussionsbedarf" durchringen konnte, bleibt die Herausforderung bestehen. Was soll mit Pöchs allesamt aus den 1930er Jahren stammenden Ehrungen geschehen – mit der Gedenktafel im Arkadenhof der Universität, dem Ehrengrab auf dem Zentralfriedhof und der Straßenbenennung im 14. Bezirk? Gerade im Fall letzterer wäre eine Umbenennung wohl die angemessenste Lösung – in Klaas-und-Trooi-Pienaar-Gasse zum Beispiel?

LAURENTIUSPLATZ
Pfarrkirche hl. Laurentius

Beeindruckend an dieser Ende des 19. Jhs. erbauten Kirche sind die farbenprächtigen Glasgemälde. Aus dem reichen Panorama heben wir das erste Fenster im linken Querschiff hervor: „Kaiser Karl V. befreit die christlichen Gefangenen in Tunis 1535." Eine Schlüsselszene in der Selbstdarstellung des Herrschers, in dessen Reich die Sonne nicht unterging, ein Ereignis, das von der habsburgischen Erzähltradition häufig aufgegriffen wurde, etwa von Prälat Pyrker (➜WIEN XIX).
Das Glasgemälde zeigt den Kaiser im Mittelpunkt der Szene. „Gleich fünf Gefangene in Ketten umgeben ihn, zu ihren Füßen ein Krug Wasser und ein Laib Brot. Fünf Soldaten drängen sich hinter ihm. Es ist die Szene mit den meisten Personen. Obwohl der Kaiser durch den Panzer, das Schwert und einen Hermelin als Herrscher zu sehen ist, ist die ganze Komposition eher dem Typus des von Kranken oder Leidenden (oder Kindern) umgebenen Heilands oder dem eines Heiligenbildes verpflichtet als dem einer herrscherlichen Machtdemonstration." (Malfér 2011, 89).

XVI. OTTAKRING
XVII. HERNALS

Ernst Marno.

MARNOGASSE
Straßenname

Ernst Marno (1844–1883), Autodidakt in Zoologie, unternahm ab 1867 abenteuerliche Expeditionen durch Ägypten und den Sudan. Seine 1874 und 1878 in Wien veröffentlichten Bücher sollen als Vorlagen für Karl Mays Mahdi-Romane gedient haben (➡LINZ/OÖ), seine Vokabelsammlungen sudanesischer Sprachen fanden wissenschaftliche Verwendung. Zunehmend geriet das hochverschuldete Ägypten, eine osmanische Provinz, unter britische Kontrolle, zahlreiche Europäer wurden für die Verwaltung rekrutiert (➡WIEN XIII). Auch Marno wurde vom Vizekönig in Dienst genommen und 1881 zum Bey von Fazughli ernannt, wo er bei Vorbereitungen zur Abwehr der mahdistischen Freiheitskämpfer starb.

NEUBAUGÜRTEL,
LERCHENFELDER GÜRTEL
Afrikanischer Businesscluster

Ähnlich wie in ➡WIEN VII konzentriert sich auch hier in den abgewohnten Gründerzeithäusern entlang des Gürtels ein Wirtschaftscluster afrikanischer Immigrant/inn/en. Cecile Gnaore aus Côte d'Ivoire z. B. führte ihr Friseurstudio „Grace Beauty" auf MÄRZSTRASSE 5, Salamata Diallo, mit senegalesischen und guineischen Wurzeln, hat ihr „Teranga Afrika" auf BRUNNENGASSE 19. Das „Cecilia Atlantic Afro Center" (HASNERSTRASSE 4) wird seit 22 Jahren von der Nigerianerin Cecilia Egbon betrieben (Eigenangabe). Beide

Cecile Gnaore aus Côte d'Ivoire

Geschäfte bieten u. a. afro-amerikanische Kosmetika, Parfums, Schmuck, afrikanisches Gewand, Schuhe und Taschen sowie Musik aus verschiedenen afrikanischen Ländern, die Kundschaft ist gemischt. Die Fluktuation ist aus den verschiedensten Gründen hoch. So wurden das Restaurant „Taste & See" (KOPPSTRASSE 28) oder der „Kingdom Exotic Supermarket" (NEULERCHENFELDER STRASSE 63) kurz vor Drucktermin geschlossen (Kerstin Lahr).

WILHELMINENSTRASSE 6
Josef Manner & Comp. AG

Manner – ein traditionsreicher Familienbetrieb – zählt zu den größten heimischen Süßwarenherstellern und ist somit auch ein Großabnehmer für Kakaoimporte aus Afrika; 2012 wurden Kakaobohnen im Wert von ca. 20 Mio. Euro eingeführt, zwei Drittel davon aus Côte d'Ivoire, der Rest aus Ghana. Kakao findet sich etwa in den berühmten „Manner Neapolitaner Schnitten", in „Ildefonso" oder in der Schokolade, die für „Casali" (mit Karibik-Flair beworben …) verwendet wird.

Firmengründer Josef Manner betrieb zunächst ein kleines Geschäft für Feigenkaffee und Schokolade am Stephansplatz, 1890 stieg er in die Schokoladenproduktion ein, bald mußte er ins elterliche Haus nach Hernals übersiedeln. In den Jahren vor dem Ersten Weltkrieg hatte Manner schon an die 3.000 Leute für Erzeugung und Vertrieb seiner Produkte angestellt. Heute sind in Wien und den Tochterbetrieben 750 Menschen beschäftigt *(www.manner.com)*.

Seit 2012 verwendet Manner UTZ-zertifizierten Kakao; UTZ ist eines von drei relevanten Zertifizierungssystemen, es berücksichtigt ökologische und soziale Kriterien, umfaßt aber keine Maßnahmen zur Förderung des kleinbäuerlichen Anbaus oder einen Mindestpreis wie etwa Fairtrade. Daß immer mehr Firmen, auch internationale

Aufladen von Kakaobohnen auf einer Plantage in Kamerun

Konzerne, auf zertifizierten Anbau umsteigen, geht auf die von Gewerkschaften und NGOs geäußerte Kritik an den katastrophalen Arbeitsbedingungen im Kakaoanbau zurück. So ist die Produktion gerade in Côte d'Ivoire, wo ca. 40 % der Welternte von Kakao erzeugt werden, von Kinderarbeit und sklavenähnlichen Arbeitsverhältnissen geprägt.

Gerhard Riess von der Produktionsgewerkschaft des ÖGB fordert die Verantwortung der Schokolade-Konsument/inn/en ein: „Die Zeit der bunten Werbebotschaften ist vorbei. Es muß nun gehandelt werden. Jahrzehntelange Unterdrückung und sinkende Rohstoffpreise veranlassen immer mehr Kakaobauern und ihre Kinder, den Anbau nicht mehr fortzusetzen. Erst jetzt reagieren die Schokomultis – sie sichern ihre Rohstoffe, indem sie in Zukunft Kakao von Kooperativen und somit zertifizierten Rohstoff beziehen. Bis 2020 sollen bereits 50 % der Welternte von zertifizierten Kooperativen kommen. Wir werden das genau beobachten und starteten daher die Europäische Kampagne für faire Schokolade *(http://de.makechocolatefair.org)*."

Albrechtskreithgasse 19–21
Caritas Österreich

Der Schwerpunkt der Auslandshilfearbeit der Caritas Österreich ist der Kampf gegen den weltweiten Hunger. In Afrika südlich der Sahara ist noch immer jeder vierte Mensch unterernährt. Deshalb engagiert sich die Caritas in dieser Region neben der akuten Nothilfe bei Dürrekatastrophen vor allem in Programmen zur Hungerbekämpfung und fördert kleinbäuerliche landwirtschaftliche Aktivitäten, Tierhaltung und Maßnahmen für benachteiligte Kinder. Dabei arbeitet sie seit Jahren mit Organisationen in Äthiopien, Burkina Faso, der Demokratischen Republik Kongo, Mali, Moçambique, Senegal und dem Südsudan zusammen. „Die Lösungen für die Beseitigung des Hungers in Afrika sind bekannt. Die österreichische Bundesregierung muß ihre Entwicklungshilfeleistungen endlich auf die seit langem versprochenen 0,7 % des Bruttonationalproduktes erhöhen und damit mithelfen, den größten Skandal unserer Zeit – den weltweiten Hunger – endlich zu beenden." (Helene Unterguggenberger; *www.caritas.at*).

Julius-Meinl-Gasse 3–7
Julius Meinl AG

Wirtschaft. Nein, hier geht es nicht um die gerichtsanhängigen Betrugsvorwürfe gegen Meinl European Land (jetzt umbenannt) – natürlich gilt die Unschuldsvermutung –, sondern um das Firmenlogo – den berühmten schwarzen Buben mit Fez auf dem Kopf. 1862 gründete Julius (I.) Meinl ein Kolonialwarengeschäft *(www.meinlcoffee.com)*, als erster bot er Kaffeebohnen in gerösteter Form an, was den Hausfrauen viel Arbeit ersparte. Werbung spielte eine große Rolle, 1890 wurde das erste Kaffee-Plakat affichiert. Drei Jahre später erwarb Meinl das Gelände im 16. Bezirk, wo er die große Fabrik errichte-

> Abstecher: Wilhelminenstrasse 91, HORIZONT3000. Die größte Personalentsendeorganisation der heimischen Entwicklungszusammenarbeit entstand 2001 durch die Zusammenlegung dreier traditionsreicher, von der katholischen Kirche getragener Institute: des Österreichischen Entwicklungsdienstes (ÖED), des Instituts für Internationale Zusammenarbeit (IIZ) und der Kofinanzierungsstelle für Entwicklungszusammenarbeit (KFS). Die Auswahl der Länder, in denen Personaleinsätze stattfinden, folgt den Schwerpunktsetzungen teils der staatlichen EZA, teils der kirchlichen Trägerorganisationen. In Afrika werden derzeit Projekte in Äthiopien, Kenya, Moçambique, Senegal, Südsudan, Tanzania und Uganda betreut. Von der Ausreise der sog. „Missionshelfer/innen" vor knapp sechzig Jahren bis zum Engagement von IT- und Managementexpert/inn/en heute hat sich der Personaleinsatz in der Entwicklungszusammenarbeit wesentlich verändert. Ebenso auch der dazugehörige Diskurs, wie Thomas Vogel, Bereichsleiter für Projekte und Programme, erläutert: „Eines der größten Probleme der Entwicklungszusammenarbeit ist, daß für afrikanische Probleme meist europäische Lösungen gefunden werden. In günstigeren Fällen werden für afrikanische Probleme afrikanische Lösungen gefunden – aber damit sie finanziert werden können, müssen sie in der europäischen Logik, für europäische Fördergeber, sinnvoll erscheinen. In diesem Kontext Zusammenarbeit so partnerschaftlich wie irgend möglich zu gestalten, das ist unsere Herausforderung." *(http://www.horizont3000.at)*.

te. Nach dem Tod des Gründers übernahm sein Sohn das Geschäft, das sich zu einer in bürgerlichen Kreisen beliebten Einrichtung entwickelte und mit dem Image des seriösen Familienbetriebs punktete.

Abstecher: WILHELMINENSTRASSE 91, Dreikönigsaktion. „Seit dem Winter 1954/55 setzen Sternsinger/innen Zeichen für ein würdiges Leben abseits von Ausbeutung und Armut", schreibt Christian Herret von der Dreikönigsaktion *(www.dka.at)*. „Bildung, Sicherung von Lebensgrundlagen, Menschenrechte und Zivilgesellschaft, die Stärkung von Kindern und Jugendlichen sowie Pastoralprojekte – diese Schwerpunkte fördert die Dreikönigsaktion, das Hilfswerk der Katholischen Jungschar, mit den gesammelten Spenden. In Afrika werden derzeit Programme und Projekte in Ägypten, Äthiopien, Ghana, Kenya, Südafrika, Südsudan, Tanzania und Uganda unterstützt. Zeitgemäße Entwicklungszusammenarbeit basiert bei der Dreikönigsaktion auf drei Säulen: Projektarbeit, anwaltschaftliches Eintreten und Bildungsarbeit in Österreich." Und: „Um Stereotype nicht zu verstärken, bleiben die Sternsinger/innen in den Medien und Unterlagen der Dreikönigsaktion zunehmend ungeschminkt. Gleichzeitig werden verstärkt Sternsingerkinder mit migrantischem Hintergrund in mediale Darstellungen miteinbezogen."

1924 entwarf Joseph Binder das Plakat „Der Mohr mit dem Fez", das sich zum Firmenlogo entwickelte. Es spielt mit dem Gedanken an die schwarzen Sklaven/Diener in der Barockzeit, aber auch mit dem Motiv des kolonialen Handels. Vor allem Otto Exinger prägte nach dem Krieg die Öffentlichkeitsarbeit der Firma und machte den kleinen „Mohren" durch Karikaturen und Comics zum Kernelement eines typischen Werbestils. Mehrmals wurde die graphische Gestaltung von Fez und Gesichtszügen dem Zeitgeist angepaßt.

Ähnlich wie später beim „Mohrenbräu" (➡ DORNBIRN/VBG.) blieb die Kritik nicht aus. Der Journalist simon INOU (➡ WIEN I) entwickelte zusammen mit Filmregisseur Markus Wailand und dem Grafikteam Toledo i Dertschei ein alternatives Logo: „Mein Julius hat keine Lust mehr auf ein dienstbotenartig gesenktes Haupt. Er geht, wann er will. Und wohin er will. Wenn er nicht will, bleibt er. Sein Leben ist kein Schicksal, und er nimmt es selbst in die Hand. Wie die Bilder, die in der Öffentlichkeit von ihm existieren. Rassistische Klischees haben im öffentlichen Raum nichts verloren, egal ob es dabei um verhetzende Beschmierungen auf Hauswänden oder um das ‚traditionsreiche' Logo einer Kolonialwarenhandlung geht." *(www.meinjulius.at)*. Meinl trug der Kritik sowohl durch graphische Retuschen am Logo selbst Rechnung als auch durch ein stärkeres Engagement im Fair Trade- und Corporate Responsibility-Sektor. Das firmeneigene Museum wurde geschlossen. Generell ist die Verbreitung des Logos stark zurückgegangen, was aber auch mit der veränderten Unternehmensstrategie zu tun hat: Julius Meinl V. (seit 1983 Chef der Meinl-Bank) verkaufte ab der Jahrtausendwende alle Filialen mit Ausnahme eines letzten Standorts am Graben (Wien I), der zu einem elitären Delikatessengeschäft umgestaltet wurde (und wo der schwarze Knabe als Genießer gezeigt wird). Lebensmittelmäßig ist Meinl heute nur mehr als Röster und im Kaffeehandel tätig; Arabica-Bohnen werden aus Zentral- und Südamerika, Kenya, Äthiopien, Indien und Papua-Neuguinea importiert.

Hernalser Hauptstrasse 116
Elefantenhaus

Zwei reizende kleine Elefanten schmücken die Fassade dieses zu Ende des 19. Jhs. phantasievoll erbauten Wohnhauses.

Elternleinplatz
Alszauberbrunnen

Die vier Figuren auf dem 1981 nachgegossenen Brunnen stellen populäre Wiener Volksmusiker dar, darunter Josef Schrammel (1852–1895). Viele Jahre, bevor er mit seinem Bruder Johann und zwei weiteren Musikern das berühmte Quartett gründete, führte den damals Siebzehnjährigen eineinhalbjährige Tournee in den Orient, quer durch das Reich des Sultans. Das kleine Orchester, in dem Schrammel als erster Geiger spielte, konzertierte fast täglich in Kaffeehäusern, Hotels und Restaurants – meist allerdings vor europäischem Publikum.
In einem witzigen Tagebuch notierte Schrammel die einzelnen Engagements, gelegentlich aber auch Alltagsszenen, etwa in Kairo: „… und dan Fuhren wir nämlich mit Fiaker in ein Hauß, wo wir wohnen sollten. Da ging es eine Gaße links, eine rechts, aber lauter Arabische Freumadln [Feudenmädchen]. Die eine Schrie zu mir, weil ich ne-

Josef Schrammel (re.) und das Ehepaar Schütz auf Konzertreise im Orient

ben den Bakwagen [Gepäckswagen] auf einen Esel ritt: kom sie hir. Das konnte Sie deutsch, die andere auf Arabisch: Dale hene, gaib gidir, mavish, musch daib, das heist in deutschen: kom nur her, ich bin gut und nicht krank. Da sagte ich zurück: istemem (ich will nicht) da sagte Sie: istemes, musch, heidi gid (willst du nicht, So marschir). Endlich kamen wir bei unserem Haußse an, liesen unser Sachen hinauf Transportiren in die Zimer. es war schon 3 Uhr Mittag und um 6 Uhr sollten wir zum Spillen anfangen, jetzt wurde gleich angezogen und um 6 Uhr wahren wir im Lokal. Von diesem Wirth haben wir namlich Täglich Draufgabe 35 fl [Gulden] und extra könen wir Samlungen machen, wo wir wenigsten 2 1/2 bis 3 fl noch jedes verdinen könen, das ist unser bestes Lokal von unsere ganzen reiße …" (Winterstein 2007, 30 f.). Im April 1871 kehrten sie wieder in die Heimat zurück.

Vinzenzgasse 3
Lazaristenkirche

Wenngleich knapp jenseits der Bezirksgrenze zu Währing, bietet sich die neugotische Ziegelkirche als Abschluß dieser Route an. Eines der im Auftrag des Lazaristenordens zum hundertjährigen Jubiläum der Kirchenweihe 1978 geschaffenen Glasgemälde (Entwürfe von Karl Engel) nimmt eine neue Etappe der Missionierung Äthiopiens in den Blick: die Tätigkeit des Afrikamissionars Justinus de Jacobis. Dieser war vom Heiligen Stuhl mit der Wiedererrichtung katholischer Strukturen in Äthiopien beauftragt worden. Dort fürchteten Kirche und Staat jedoch – nicht zu Unrecht – eine europäische Unterwanderung, sodaß de Jacobis im Untergrund agieren mußte. 1849 zum ersten katholischen Bischof Äthiopiens geweiht, wurde er später vertrieben und starb 1860 im eritreischen Exil. Durch seinen volksnahen Lebenswandel wurde der „Apostel Äthiopiens" in Teilen der Bevölkerung populär, es

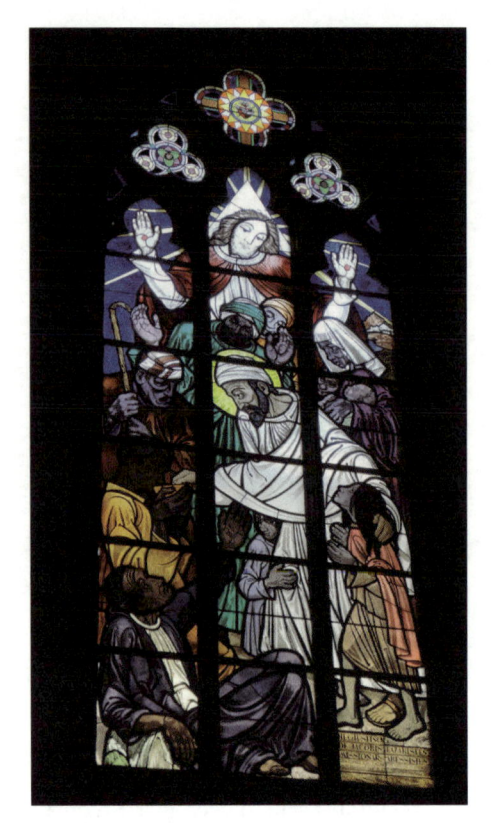

Justinus de Jacobis, der „Apostel Äthiopiens"

gelang ihm sogar, einen einheimischen Klerus heranzubilden (➡Graz IV); 1975 wurde er heiliggesprochen. Das großformatige Glasfenster zeigt de Jacobis in einer patriarchalischen Pose, umgeben von armen und kranken schwarzen Menschen, mehreren Kindern und einer afrikanischen Schwester.

XVIII. WÄHRING
XIX. HEILIGENSTADT

Währinger Strasse 85
„Zum wilden Mann"

„Wenige Schritte vom Gürtel entfernt, treffen wir linker Hand ein modernes Haus mit der Nummer 85, das über dem Tor eine seltsame Steinfigur trägt; es ist ein absonderlich, nur mit Fellen bekleideter Mann, der sich auf eine mächtige Keule stützt. Im Volksmund heißt die herkulesartige Gestalt Der wilde Mann." (Hofmann o. J., 202). Die knappe Notiz in einem kurz nach 1900 erschienenen Heimatbuch wird durch eine Abbildung der Figur ergänzt, die in der Tat eine auf eine Keule gestützte „herkulesartige Gestalt" zeigt, aber eindeutig – einen Afrikaner! Merkwürdig – denn dieselbe Figur heute trägt auf dem stämmigen Körper ein ungelenkes, streng blickendes und auf jeden Fall griechisch-hellenistisch gestaltetes Haupt.

Nur mehr die Arm- und Beinringe sowie eine primitiv wirkende Halskette sind Anklänge an den ursprünglichen Zustand.
Die Geschichte des Wirtshauses „Zum wilden Mann" wird auf die Sage vom „Bärenhäuter" zurückgeführt: Ein während der Türkenkriege versprengter Landsknecht sei mit Hilfe eines Teufelspakts nach Wien gekommen, habe hier die Liebe einer schönen Jungfrau errungen und mit ihr schließlich eine Weinschenke eröffnet.
Wohl fälschlich wurde diese Story mit Währing in Verbindung gebracht und ebenso fälschlich mit der mythischen Gestalt des „wilden Mannes". Und all das hat mit Afrika nichts zu tun, ausgenommen der Umstand, daß die Eigenschaften der Wilden Männer – Wildheit, Unkultiviertheit, Barbarei – ziemlich genau den Klischees entsprachen, welche die Kolonialpropaganda Afrikaner/inne/n zuschrieb.
1863 konstituierte sich in dem populären Wirtshaus der Währinger Geselligkeitsverein „Die Wilden [!] von Wah-Ring", dem später der bis heute bestehende Verein „Schlaraffia" folgte. 1880 wurde der bis heute bestehende Neubau errichtet, und der „Wilde von Wah-Ring" – eine seltsame, für die Epoche nicht untypische Art von Humor – als „Neger" interpretiert.

Im Verein „Schlaraffia" kann man sich heutzutage nicht mehr an die afrikanische Figur erinnern – das Foto ist unser einziges Zeugnis. Jahrelang scheint die Statue an der Hausfassade überhaupt kein Gesicht, sondern nur einen Torso aufgewiesen zu haben. Vom zuständigen Architekten wurde mir bestätigt, der heutige Kopf sei der Statue erst etwa Ende der 1970er Jahre aufgesetzt worden; das Haus habe im Zweiten Weltkrieg fast keine Zerstörungen erlitten, vielleicht sei es ein Witterungsschaden gewesen. Zweifellos möglich. Ebenso könnte es freilich sein, daß der afrikanische Kopf in der NS-Zeit aus „rassenhygienischen" Gründen zerstört wurde. Vielleicht weiß jemand Näheres?

Gentzgasse 7
„Zum Burenwirt"

Noch was zum Thema Währinger Bürger. 1903 wurde das Gasthaus „Zum Burenwirt" eröffnet. Seiner Werbung zufolge hatte der Eigentümer sieben Jahre in Südafrika gelebt, davon 13 Monate mit den Buren im Krieg gegen die britischen Truppen; zuletzt sei er Assistent in einem Kommando im östlichen Transvaal gewesen. Ein deutschnationaler Söldner also, so wie viele (➡Baden/NÖ). „Für Burenfreunde bietet die Decoration viel des Interessanten – Original-Aufnahmen aus dem Transvaaler Kriege. Geschosse, mein Bürgerbrief, Legitimationskarte etc., etc. Gestützt auf 7jährige Erfahrung in Südafrika, diene ich Jedermann gerne mit Auskünften über dortige Verhältnisse. Ansichtskarten gratis."
Burenfreunde gab es im bürgerlichen Währing sicherlich genug: Schon 1899 hatte der hier ansässige Präsident des „Deutschnationalen Vereins für Oesterreich", Eduard von Stransky, eine Solidaritätsadresse von 2.000 Teilnehmern einer Versammlung im Wimbergersaal an Präsident Krüger von Transvaal abgesandt. „Mit stammesgenössischem Gruße", versteht sich. Nicht verwunderlich, daß die spätere Apartheidpolitik Südafrikas im deutschnationalen Milieu große Unterstützung finden sollte (➡Dornbirn/Vbg.).

Hasenauerstrasse 57
Botschaft des Königreichs Marokko

1783 ein erster Handelsvertrag, 1829 eine österreichische Militärintervention (zu beidem ➡Wien III), 1945 marokkanische Truppen in Westösterreich (➡Feldkirch/Vbg.) – die bilateralen Beziehungen zwischen beiden Ländern gehen lange zurück. Marokko spielt als touristische Destination eine Rolle, auch kulturelle und wissenschaftliche Aktivitäten werden gesetzt. Der Außenhandel 2012 bestand aus 86,6 Mio. Euro an Importen (davon fast 50 Mio. Bekleidung) und 89 Mio. an Exporten, v. a. Maschinen/Fahrzeuge und bearbeitete Waren. Politisch wird Marokko wegen der völkerrechtswidrigen Okkupation der Westsahara kritisiert.

Linnéplatz /
Gregor-Mendel-Strasse 33
Straßenname
Universität für Bodenkultur

Sein ganzes Leben lang hatte ihn der Zusammenhang von Hautfarbe und Charakter beschäftigt, und endlich, in der 12. Auflage seines Standardwerks „Systema Naturae", kam Carl von Linné (1707–1778) zu einem vorläufigen Abschluß: Cholerisch und von Traditionen bestimmt wäre die Rothaut in Amerika, der gelbe Asiate hingegen melancholisch und von Einbildung geleitet, der Schwarze in Afrika phlegmatisch und von Willkür regiert, der weiße Europäer schließlich sanguinisch, erfinderisch und an Sittlichkeit orientiert (Linné I ^{12}1766, 29). Damit war eine Grundlage für die Rassentheorien des 19. Jhs. gelegt.

Auch die BOKU hat eine lang zurückreichende Afrikatradition – allerdings waren die Zugänge sehr verschieden. Heute stehen im „Centre for Development Research" unter Leitung von Michael Hauser Fragen der Ökologie und der Ernährungssicherheit im Vordergrund. Projekte befassen sich etwa mit der Gemüseproduktion in stadtnahen Gegenden von Benin, der Fischerei in Burkina Faso, mit Nachhaltigkeit der Bodenbewirtschaftung und ländlicher Bildung in Äthiopien, Bioenergie in Kenya, dem Klimawandel in Ostafrika, mit landwirtschaftlicher Produktivität in Moçambique oder der genossenschaftlichen Organisation von Kleinbauern in Uganda.

Diese stark entwicklungspolitisch reflektierte Perspektive auf Afrika ist nicht zuletzt einem Prozeß der Vergangenheitsbewältigung zu verdanken, der Mitte der 1980er Jahre von studentischer Seite initiiert und von Rektor Manfried Welan vorangetrieben wurde. Denn schon früher hatte man sich an der 1872 gegründeten landwirtschaftlichen Hochschule mit Afrika befaßt – freilich mit ganz anderen Intentionen.

Drei (von 23) Professoren beschäftigten sich 1933 regelmäßig mit Afrika: Leopold Adametz, der aus den „Haustierrassen" Herkunft und Wanderungen der sog. Hamiten rekonstruieren wollte, eines „Herrenvolks" südlich der Sahrara; Tierzuchtspezialist Adolf Staffe, später Autor eines kolonialrevisionistischen Reiseberichts über Kamerun; und Robert Stigler, Professor für Anatomie und Physiologie der Haustiere, der das Frauenstudium an Universitäten für physiologisch „unweiblich" hielt und sich hauptsächlich als Rassenforscher betätigte (➡ STEYR/OÖ); Staffe und Stigler wurden 1945 als Nationalsozialisten ihrer Ämter enthoben.

Wie man sieht: Manchmal wird doch aus der Geschichte gelernt!

Abstecher: BLAASGASSE 33, Libysche Botschaft. Mitte der 1970er Jahre hatte der damalige Bundeskanzler Bruno Kreisky die internationale Isolierung des libyschen Staatsführers Muammar al-Gaddafi durchbrochen – ein wichtiges Element im Rahmen seiner Nahostpolitik –, und seit damals hatten sich enge wirtschaftliche und zum Teil auch politische Beziehungen zwischen beiden Staaten entwickelt. Al-Gaddafis Sturz durch Aufstände in weiten Landesteilen und die internationalen Luftangriffe im Herbst 2011, die zur Installierung eines im Land selbst nur teilweise akzeptierten Regimes und faktisch zum Bürgerkrieg führten, veränderten die Rahmenbedingungen für das bilaterale Verhältnis. Der für Österreich wichtige Erdölimport aus Libyen ging 2013 drastisch zurück, mit stabilen staatlichen Strukturen ist leider bis auf weiteres nicht zu rechnen (➡ WIEN II).

PYRKERGASSE
Straßenname

Benannt nach Johann bzw. (Ordensname) Ladislaus Pyrker (1772–1847), einem kirchlichen Würdenträger und damals bekannten Dichter; er selbst sah sich gerne als den „österreichischen Homer". 1820, in welchem Jahr er zum Patriarchen von Venedig ernannt wurde, veröffentlichte er das erste von drei großangelegten patriotischen Epen, die „Tunisias". Das in Hexametern gehaltene Werk erzählt die Geschichte der Intervention Karls V. in Nordafrika gegen Khair ad-Din Barbarossa (➡ INNSBRUCK/T) samt der Eroberung von Tunis 1535; Pyrker hatte es noch als Mönch bzw. Abt im Zisterzienserstift ➡ LILIENFELD/NÖ verfaßt, einem Kloster, dessen Tradition auf die Kreuzzüge zurückging. „Tunisias" spiegelt zentrale Themen der Außenpolitik Metternichs nach dem Wiener Kongreß wider: die

Johann Ladislaus Pyrker, der „österreichische Homer"

Ablehnung jeder illegitimen Herrschaft (in Europa, aber auch in Übersee), das gemeinsame, notfalls auch militärische Engagement der europäischen Großmächte gegen Piraterie und Sklaverei und schließlich die Forderung nach unbehinderter europäischer Schiffahrt auf den Meeren. Ob sich das Epos direkt politisch auswirkte, sei dahingestellt, aber es paßte gut in das herrschende Klima: 1829 führte Österreich einen Marineangriff auf „Piratenstädte" in Marokko durch (➔ Wien III), ein Jahr später unterstützte es Frankreichs Angriff auf Algier.

Hohe Warte 52–54
Botschaft der Arabischen Republik Ägypten

Die Botschaft liegt auf einer kleinen Terrasse, in deren Zentrum sich ein 13 Meter hoher Obelisk aus Granit erhebt, kein pharaonisches Original, sondern von einem modernen Steinmetzbetrieb in Assuan geschaffen und 1998 nach Wien transportiert; die beiden Teile wiegen zusammen 40 Tonnen. Das 1922 unabhängig gewordene Ägypten – zunächst Königreich, dann Republik – ist in Wien schon seit Mitte der 1950er Jahre mit einer Botschaft vertreten. Die bilateralen Beziehungen intensivierten sich nicht nur im Zusammenhang mit den engen Kontakten Bundeskanzler Kreiskys zu Präsident Anwar as-Sadat, sondern auch vor dem Hintergrund der wachsenden Internationalisierung der heimischen Wirtschaft. In Kairo besteht neben der Botschaft auch ein Österreichisches Kulturinstitut, das Österreichische Archäologische Institut ist an Ausgrabungen in Ägypten beteiligt. Der Tourismus hingegen ist im Gefolge des (kurzlebigen) „ägyptischen Frühlings" 2011 zurückgegangen. Österreich importierte 2012 aus Ägypten im Wert von knapp 69 Mio. Euro (davon ein gutes Drittel Erdöl) und exportierte im Wert von knapp 193 Mio., v. a. Maschinen/Fahrzeuge, Papier/Pappe und Arzneiwaren.

Bernatzikgasse
Straßenname

Hugo Bernatzik (1897–1953), Ethnologe. Eingebettet in die Kulturkritik anti-aufklärerischer Philosophen verlegten die populären Reisebücher Bernatziks die Gemeinplätze und Ängste der konservativen deutschen (und österreichischen) Intellektuellen nach Afrika: Verlust ursprünglicher Kultur und ethnischer („rassischer") Identität durch Verstädterung und moderne Technik. Wissenschaftlich versuchte er die Ethnologie als „praktische Kolonialwissenschaft" den Zielen des deutschen Kolonialrevisionismus (und des NS-Regimes) dienstbar zu machen, allerdings wurde ihm als Österreicher dafür kaum gedankt. Nicht zuletzt durch ihre fotografischen Illustrationen erreichten Bernatziks Werke große Verbreitung, etwa „Gari Gari. Ruf der afrikanischen Wild-

SICKENBERGGASSE 1
Ehem. Sickenbergisches Haus

An der Stelle der heutigen Wohnhausanlage stand bis 1961 das Palais Sickenberg, ein zu Anfang des 18. Jhs. errichteter Barockbau. Um 1900 war hier die bedeutende Kunstsammlung des polnischen Adeligen Karol Lanckoroński untergebracht, der 1875 gemeinsam mit Hans Makart (➡ STADT SALZBURG) und Leopold Carl Müller an der großen Künstlerreise nach Ägypten teilgenommen hatte. Das Deckengemälde im großen Saal, dessen Fenster eine Aussicht zur Donau hin boten, zeigte in der Mitte ein Göttermahl, das von allegorischen Motiven und weiblichen Personifizierungen der „Vier Erdteile" mit Putten und charakteristischen Tieren umrahmt war.

Alte Fotos vermitteln noch einen Eindruck von diesem stimmungsvollen, leider zerstörten Ambiente.

nis" (1930), „Typen und Tiere im Sudan" (^{2}1942) oder „Im Reich der Bidyogo" (^{6}1960, ➡ WIEN XII). Die Straßenbenennung erfolgte 1957.

Palais Sickenberg: Deckenfresko „Vier Kontinente"

Klosterneuburg

Ein kleiner Ausflug ins benachbarte Niederösterreich sei uns gestattet. Das majestätisch über der Donau gelegene *Chorherrenstift* bewahrt im Kapitelsaal eine der großen Kostbarkeiten des „Afrikanischen Österreichs", nämlich die „Königin von Saba" auf dem sog. Verduner Altar, ursprünglich Teil der Kanzelverkleidung in der Kirche. Die kleine Emailtafel befindet sich auf dem (vom Betrachter aus gesehen) linken Altarflügel ganz rechts unten (Abb. S. 22). Nikolaus von Verdun führte damit 1181 nicht nur erstmals „das Konzept eines heiligen und mächtigen schwarzen heidnischen Herrschers in die christliche Kultur ein" (Kaplan 1985, 42) – eine Vorstufe zum schwarzen König der „Epiphanie" dreihundert Jahre später –, sondern schuf auch eine der frühesten künstlerischen Darstellungen einer schwarzen Frau in liturgischem Kontext.

Auf dem Friedhof in *Weidling* befindet sich das Grabmal der Familie Hammer-Purgstall: des Orientalisten Joseph (➡ GRAZ I), an den noch ein Straßenname und eine Gedenktafel am ehem. Ferienheim der Orientalischen Akademie (Janschkygasse 6) erinnern, seiner Frau und der frühverstorbenen Tochter, der eine eigene Grabsäule mit Rose gesetzt wurde. Hammer-Purgstall inszenierte sein Grab multikulturell und orientalisch: „Ich wollte es im morgenländischen Geschmack machen lassen … und ich bestellte die Inschriften bei dem ersten Kalligraphen Konstantinopels, einem Schreiber des Serails." (Zit. n. Ludwig 1959, 44). Eingemeißelt sind philosophische und religiöse Texte über den Tod in zehn Sprachen und fünf Schriften.

GRINZINGER STRASSE 54
Anton-Proksch-Hof

Für das Eingangsareal des gegenständlichen Gemeindebaus fertigte Herbert Schwarz 1954 eine leicht zum Abstrakten neigende Steinplastik „Löwenpaar" an. Im nahen Julius-Deutsch-Hof (GRINZINGER ALLEE 54–70, bei Stiege 4) befindet sich ein Brunnen mit Affenfiguren und Schildkröte des Kärntner Bildhauers Hubert Wilfan, eines Schülers von Fritz Wotruba – ein kleiner Schuß Exotik in einem architektonisch kaum spannenden Ambiente.

Botschafter Tebogo Seokolo bei der Überreichung des Beglaubigungsschreibens an Bundespräsident Heinz Fischer

Sandgasse 33
Botschaft der Republik Südafrika

Gemeinsam mit der ägyptischen ist sie eine der ältesten afrikanischen Vertretungen in Österreich, bis Mitte der 1990er Jahre amtierten hier aber fast ausschließlich weiße Diplomat/inn/en. Erst zwei Jahre nach dem Ende der Apartheid, 1996, kam die erste schwarze Botschafterin nach Wien. War die „Sandgasse" in den 1980er Jahren Ziel von Anti-Apartheid-Kundgebungen gewesen, so entwickelte sich mit dem Ende der Sanktionen eine enge Zusammenarbeit mit der österreichischen Politik, Kultur und Zivilgesellschaft – die Demonstranten von damals (➡ Wien IV) sind heute gern gesehene Gäste. Wirtschaftlich zählte Südafrika immer zu den größten Handelspartnern Österreichs in Afrika. 2012 lagen die österreichischen Einfuhren bei 370 Mio. Euro (v. a. Eisenerz sowie Roheisen und Früchte), die Ausfuhren bei 548 Mio. (v. a. Maschinen/Fahrzeuge sowie bearbeitete Waren, z. B. Schienen). Etwa fünfzig heimische Unternehmen sind mit Tochterfirmen in Südafrika vertreten, südafrikanische Konzerne haben in die österreichische Papiererzeugung sowie den Möbelhandel investiert. Entwicklungspolitisch organisierte Österreich in den

Abstecher: Botschaften im Nobelviertel
Weit außerhalb unserer Route befinden sich mehrere afrikanische Botschaften. So ist die diplomatische Vertretung von Zimbabwe erst vor kurzem nach Neustift am Walde 91 übersiedelt. Die engen politischen und wirtschaftlichen Beziehungen früherer Jahre sind infolge der politischen Krise in Zimbabwe und der heimischen Sparpolitik auf ein Minimum gesunken (2011 Schließung der Botschaft in Harare). Österreich importierte 2012 Roheisen und Früchte im Wert von weniger als 2 Mio. Euro, Exporte gab es praktisch keine. Auch die Entwicklungszusammenarbeit wurde weitgehend eingestellt.

Auf Zuckerkandlgasse 2 wurde 2011 die Botschaft des 1990 von Südafrika unabhängig gewordenen Namibia eröffnet. Österreich hatte sich an den Verhandlungen zur Unabhängigkeit, die von UN-Generalsekretär Kurt Waldheim vorangetrieben wurden, sowie im Übergangsprozeß 1989/90 (Entsendung von Polizisten) stark beteiligt. Bis zur Jahrtausendwende engagierte sich auch die Entwicklungszusammenarbeit. Österreich betreut Namibia von Südafrika aus, in Windhoek besteht ein Honorarkonsulat. Der bilaterale Handelsverkehr fluktuiert, 2012 beliefen sich die heimischen Importe auf 2,6 Mio. Euro (v. a. Früchte und Fisch), die Exporte auf mehr als das Doppelte: 5,6 Mio. (v. a. Maschinen/Fahrzeuge und alkoholfreie Getränke).

Sieveringer Strasse 187 beheimatet die Botschaft von Tunesien (➡ Wien I). Beim Außenhandel standen 2012 österreichischen Einfuhren im Wert von 106 Mio. Euro (davon fast die Hälfte Stromverteiler und ein Drittel Bekleidung und Schuhe) Ausfuhren im Ausmaß von 84 Mio. gegenüber, größter Einzelposten dabei waren Maschinen/Fahrzeuge, inkl. elektr. Bauteile.

ersten Jahren nach dem Systemwechsel ein „Sonderprogramm", heute engagieren sich v. a. NGOs für die Stärkung der nicht-rassistischen Demokratie in Südafrika.

STEFAN-ESDERS-PLATZ
Kaasgrabenkirche

1888 hatte der Heilige Stuhl den Oblaten des hl. Franz von Sales die Seelsorge unter den nomadisierenden Viehzüchtern im Grenzgebiet Namibias zu Südafrika übertragen. Da ein Agieren von Deutschland aus nicht erlaubt war, wurde die Präsenz des Ordens in Österreich ausgebaut. Neben der Kirche in der Annagasse in Wien I entwickelte sich Kaasgraben zum zweiten Standbein; 1920 wurde noch das „Missionshaus" Dachsberg (➡ PRAMBACHKIRCHEN/OÖ) angekauft. Die Kaasgrabenkirche, finanziert vom Großhändler Stefan Esders (Porträtmedaillon im Vorraum der Kirche, Familiengrab in der Unterkirche), konnte 1910 eingeweiht werden. 1930 richtete man im Pfarrhof ein Missionsmuseum ein, in dem vor allem Ethnographica und Photos aus Südwestafrika (heute Namibia) gezeigt wurden – „von landesüblichen Waffen über kostbarste Felle bis zum Schminktiegel von Hererofrauen" (Kirchenführer). 50.000 Interessierte sollen das Museum in den folgenden Jahren besichtigt haben. 1944/45 gingen große Teile der Sammlung allerdings durch Bombardierung und Plünderungen verloren.

REINISCHGASSE
Straßenname

„Der aus der weststeirischen Gemeinde Osterwitz stammende Bauernsohn Simon Leo Reinisch (1832–1919) war in der zweiten Hälfte des 19. Jhs. einer der originellsten und vielseitigsten Sprachwissenschaftler Österreichs", schreibt der Ägyptologe Ernst Cerny (2012, 7). Reinisch wurde 1861 zum Privatdozenten für die Geschichte des Orients ernannt und spezialisierte sich auf die Ägyptologie, ein Fach, das noch an keiner österreichischen Universität vertreten war. Von Erzherzog Ferdinand Maximilian (➡ WIEN XIII) wurde er mit der Katalogisierung der ägyptischen Altertümer im Schloß Miramar (Triest) beauftragt. 1866/67 begleitete er den Erzherzog nach Mexiko. Nach dem Scheitern des mexikanischen Kolonialprojekts wurde er 1873 Professor für ägyptische Sprache und Altertumskunde an der Universität Wien, 1896 Rektor. Seine wissenschaftliche Leistung lag vor allem in der Erforschung der nordostafrikanischen Sprachen, so des Afar, Falasha, Somali und Nubischen. Dabei zog er auch damals in Wien lebende Afrikaner als Auskunftspersonen heran, etwa den aus Äthiopien stammenden Burschen Johannes Musa, dem er in seinem „Wörterbuch der Bilin-Sprache" ausdrücklich dankte.
In seiner Antrittsvorlesung „Der einheitliche Ursprung der Sprachen in der Alten Welt" nahm Reinisch gegen die darwinistische Überordnung der sog. hamitischen über die sog. semitischen Sprachen Stellung und bekannte sich zu einem monogenetischen Ursprung der Menschheit in Afrika. „Die Menschenracen der alten Welt (von Europa, Asien und Afrika) sind Species einer ein-

zigen Art, sind Abkömmlinge einer einzigen Familie …" (zit. n. Rohrbacher 2002, 132). Auch die Indogermanen müßten demnach auf afrikanische Auswanderungen zurückzuführen sein. Selbst den Rassenbegriff erklärte er für unwissenschaftlich: „Ich bin aber schon lange vom Glauben abgekommen, dass Racenunterschiede eine ursprünglich gemeinsame Herkunft von Völkern ausschließen sollen. Jedermann kann zwar auf den ersten Blick z. B. einen Neger von einem Europäer unterscheiden, wird aber gar in vielen Fällen den Unterschied nicht anzugeben vermögen, wenn er nur die Skelette solcher Typen vor sich hat."

Mit solchen Aussagen stellte sich Reinisch nicht nur gegen den Mainstream der damaligen Forschung (➜Linnéplatz), sondern exponierte sich auch politisch. Es verwundert nicht, daß die kleine, in die Weinberge führende Gasse 1938 zu Ehren eines deutschen Antisemiten umbenannt wurde und erst 1947 ihren ursprünglichen Namen zurückerhielt.

Rudolfinergasse 16–18
Botschaft von Algerien

Unter dem Vorwand, die Seeräuberei im Mittelmeer zu bekämpfen, hatte Frankreich 1830 die Stadt Algier besetzt – 131 Jahre brutaler Kolonialherrschaft folgten. Der Freiheitskampf gegen die französischen Siedler in den 1950ern wurde weltweit mit Sympathie verfolgt, auch in Österreich existierte eine Solidaritätsgruppe junger linker Sozialisten, welche die Front de Libération Nationale (FNL) unterstützten. Auch ihnen ist es wohl zu verdanken, daß sich nach der Unabhängigkeit – vor allem in den 1970er Jahren – intensive bilaterale Beziehungen entwickelten. Bis heute zählt Algerien zu den großen Handelspartnern Österreichs in Afrika; importiert wird vor allem Erdöl (2012 knapp 209 Mio. Euro), exportiert werden Industrieprodukte (220 Mio.), heimische Firmen sind am Ausbau des algerischen Eisenbahnnetzes beteiligt. Auch kulturelle Initiativen wurden in den letzten Jahren gesetzt, so durch eine österreichische Beteiligung am „Jahr der islamischen Kultur 2011".

Franz-Klein-Gasse 1
Ehem. Hochschule für Welthandel Institut für Ägyptologie

Ursprünglich hätte sie „Export- und Colonial-Akademie" heißen sollen, aber gegen diese Benennung sprach sich das Handelsministerium aus. Es war ja politisch umstritten, ob Österreich-Ungarn noch schnell Kolonien erwerben sollte oder nicht. 1899 nahm also nur eine „Export-Akademie" ihre Tätigkeit auf, angesichts des chronischen Handelsbilanzdefizits eine Anstalt von großer Wichtigkeit. Bevorzugt wollte man den Außenhandel fördern, und einige der ersten Absolventen profilierten sich tatsächlich in Ostafrika. 1915/16 wurde das monumentale Gebäude, bis 1992 Sitz der Wirtschaftsuniversität, von Alfred Keller errichtet. Über den Fenstern im Erdgeschoß sind Reliefs angebracht, die in Form von „Charakterköpfen" ferne Länder symbolisieren. U. a. finden sich „Algier", „Tunis", „Marocco", „Ägypten", „Congo" und der „Sudan" (1917).

Einer der Schwerpunkte des 1923 entstandenen Instituts für Ägyptologie liegt seit Hermann Junker (➔ WIEN XXIII) auf der Archäologie, und durch die Übersiedlung in die unmittelbare Umgebung des Österreichischen Archäologischen Instituts wurde dieser Schwerpunkt noch unterstrichen. Ausgrabungen werden weiterhin durchgeführt; 1966–2009 z. B. leitete der langjährige Institutsvorstand Manfred Bietak Grabungen in Tell el-Dab'a im Ostdelta, die u. a. zur Identifizierung der Hyksos-Hauptstadt Auaris und der Ramses-Stadt Pi-Ramesse führten. Unter Institutsvorstand Gertrud Thausing (bis 1977) traten darüber hinaus religiöse altägyptische Texte sowie sprachwissenschaftliche Studien in den Vordergrund. Johanna Holaubek widmete sich verstärkt sozialgeschichtlichen Fragestellungen und gründete gemeinsam mit der tschechischen Ägyptologin Hana Navrátilová den Verein „Egypt & Austria" *(www.egyptandaustria.at)*.

Die Sammlung des Instituts umfaßt mehr als 100 prähistorische und historische Objekte, zum Großteil aus den Grabungen von Institutsgründer Junker. Auch die Notizbücher und Skizzen seiner Forschungen in Giza werden hier aufbewahrt. Besichtigung gegen Voranmeldung möglich *(www.univie. ac.at/egyptology)*.

Nachdenklich macht freilich die Bemerkung der früheren Generaldirektorin des Ägyptischen Museums in Kairo, Wafaa el Saddik, nach ihrer Begegnung mit einem österreichischen Archäologen: „Warum schätzen uns die ausländischen Wissenschaftler so gering? Warum vermitteln sie uns das Gefühl, allein sie seien ernstzunehmende Ägyptologen? Wir Ägypter gelten in unserer ureigenen Disziplin wenig, man betrachtet uns als Dilettanten. Ausländische Wissenschaftler haben Unschätzbares in und für Ägypten geleistet, und sie tun es noch heute. Doch all das haben sie lange genug als ihr Herrschaftswissen für sich zu behalten versucht." (el Saddik 2013, 125).

PHILIPPOVICHGASSE
Straßenname

1926 wurde die durch Verbauung von gürtelnahen Gärten entstandene Straße nach dem prominenten Nationalökonomen Eugen Philippovich von Philippsberg (1858–1917) benannt. Ob man sich im „Roten Wien" dessen bewußt war, daß Philippovich ein flammender Befürworter der deutschen Kolonialpolitik in Afrika gewesen war? Als Professor in Freiburg wurde er zum ersten Vorsitzenden der oberbadischen Abteilung der Deutschen Kolonialgesellschaft gewählt, die aus der von Carl Peters gegründeten „Gesellschaft für deutsche Kolonisation" hervorgegangen war (wegen seiner grausamen Amtsführung in Deutsch-Ostafrika war Peters sogar für das wilhelminische Kaiserreich nicht tragbar und wurde erst 1937 von Hitler rehabilitiert). Philippovich – als Schreibtischkolonialist, der in der Ausbeutung Afrikas und Asiens einen Weg zur Lösung der „sozialen Frage" in Europa sah – war in die

Verbrechen von Peters zwar nicht direkt verwickelt, nahm sich aber in seiner Polemik gegen Humanisten und Missionare kein Blatt vor den Mund: „Es ist doch einfach thöricht, Menschen, welche nur die ersten Spuren einer sich entwickelnden Kultur an sich tragen, mit unsren deutschen Arbeitern zu vergleichen und für erstere Rechte in Anspruch zu nehmen, die die letzteren vermöge ihrer gesellschaftlichen Bildungsstufe verlangen können, die für jene aber nicht einmal die Bedeutung einer Zukunftsforderung haben, weil alle Voraussetzungen für ihre Durchführung fehlen." (Zit. n. Wegmann 2007).

XXI. FLORIDSDORF
XXII. DONAUSTADT

An der oberen Alten Donau 3–13
Dag-Hammarskjöld-Hof

1961 wurde die Wohnhausanlage am Rande des Floridsdorfer Wasserparks nach dem verunglückten Generalsekretär der Vereinten Nationen, Dag Hammarskjöld (1905–1961), benannt; in einem Hof ist ihm auch ein Gedenkstein gewidmet.

Belgischen Plänen zufolge hätte der Kongo erst 1985 (!) unabhängig werden sollen. Nach Protesten und internationalem Druck folgte die Staatsgründung im Jänner 1960, ziemlich unvorbereitet. Patrice Lumumba, Führer des stimmenstärksten Mouvement National Congolais und neuer Premierminister, bekannte sich zu einer blockfreien Politik und nahm gegen die Präsenz belgischer Konzerne in der Rohstoffprovinz Katanga Stellung – und das mitten im Kalten Krieg! Im Juli startete Belgien eine Militärintervention, Gouverneur Moïse Tshombé spaltete Katanga vom Kongo ab. Im Vertrauen auf die antikoloniale Haltung der UNO ersuchte die Zentralregierung in Léopoldville (heute Kinshasa) um Unterstützung. Binnen weniger Tage organisierte der Sicherheitsrat eine internationale Friedenstruppe (ONUC), an der sich auch Österreich mit einem Sanitätskontingent beteiligte. Zu Lumumbas Enttäuschung verhielten sich UN-Generalsekretär Hammarskjöld und die westlichen Mitglieder des Sicherheitsrats im Konflikt zwischen der Zentralregierung und den Sezessionisten allerdings „neutral".

Patrice Lumumba und Dag Hammarskjöld

Im September 1960 wurde Lumumba abgesetzt und von ONUC unter Hausarrest gestellt. Auf der Flucht wurde er am 2. Dezember von aufständischen Truppen unter Oberst Joseph-Désiré Mobutu – dem späteren Langzeitdiktator – verhaftet und an Tshombé ausgeliefert; Presseberichten zufolge sollen schwedische UNO-Soldaten seiner Mißhandlung auf dem Flughafen von Léopoldville tatenlos zugesehen haben. Vermutlich am 17. Jänner 1961 wurde Lumumba erschossen.

Der Bürgerkrieg begann sich auszuweiten. Einer zunehmend hilflosen ONUC standen vor allem im Osten des Landes Lumumba-treue Truppen gegenüber; Katanga wurde militärisch durch rechtsradikale Söldner und wirtschaftlich durch die belgische Union Minière du Haut-Katanga gestützt. Zwar brachte Hammarskjöld noch die Einsetzung einer „Regierung der nationalen Einheit" zustande, doch trug ihm dies nun Kritik von westlicher Seite ein; ein ausverhandelter Waffenstillstand wurde von Tshombé gebrochen. Auf dem Flug

> *Abstecher:* DONAUINSEL: Afrika-Tage Wien. Jährlich in der ersten Augusthälfte finden im Bereich Floridsdorfer Brücke die Wiener Afrika-Tage statt – 2014 zum zehnten Mal. Ein stark kommerzialisiertes Festival, organisiert von einer deutschen Firma (http://wien.afrika-tage.de). Propagiert von der Stadt Wien – Vermarktung der Donauinsel als Eventlocation – und mit Beteiligung einzelner NGOs, die sich Spenden erhoffen, ist der Publikumserfolg garantiert. Ob damit auch mehr Verständnis für Afrika, weniger Fremdenfeindlichkeit oder mehr Solidarität bewirkt wird, ist zu bezweifeln. Die unpolitische, vorwiegend auf Musik, Tanz und Kulinarik reduzierte Präsentation stößt ebenso auf Kritik wie die Ausblendung der Organisationen der lokalen afrikanischen Diaspora. „Afrikaner sind hier nicht involviert", sagt etwa Leonard Obiogwu vom Dachverband der nigerianischen Vereine. „Wir haben versucht, mit dem deutschen Veranstalter in Kontrakt zu treten, bekamen aber nicht einmal eine Antwort. Das ist doch wie im Kolonialismus. Es geht ausschließlich um das Interesse des Veranstalters und nicht um das Interesse der Afrikaner." (Wiener Zeitung, 26. 6. 2013).

Stilleben: Afrika in Floridsdorf (2014)

zu Verhandlungen in Katanga stürzte das UN-Flugzeug in der Nacht des 17. September 1961 bei Ndola im Norden von Zambia ab; Hammarskjöld fand dabei den Tod. Ursprünglich als tragischer Unfall ausgegeben, verdichteten sich später aber Indizien für ein Attentat, an dem neben westlichen Geheimdiensten auch Südafrika beteiligt gewesen sein dürfte. Hammarskjöld wurde posthum der Friedensnobelpreis zuerkannt, auch in Österreich wurde er geehrt. An Lumumba hingegen, der eine eigenständige Entwicklung des Kongo angestrebt hatte, erinnert hierzulande keine Straße, kein Denkmal und kein Gemeindebau.

Floridsdorfer Hauptstrasse 29
Afro-American-Centre

Josefine Kaleba kam vor 13 Jahren aus dem Kongo nach Österreich und eröffnete gemeinsam mit ihrem Mann das Friseurgeschäft. Afro-Frisuren aller Art kann man sich hier verpassen lassen – von Cornrows bis hin zu Dreadlocks sowie Rastazöpfen und Haarverlängerungen mit Kunst- oder Echthaar *(www.afro-american-centre.com)*.

Alois Negrelli-Gasse
Straßenname

Noch schaut es ziemlich ländlich aus in diesem flußnahe gelegenen Teil von Donaufeld – wie lange das so bleiben wird? 1933 wurde der kleine Verkehrsweg nach dem Ingenieur und Architekten Alois Negrelli (1799–1858) benannt. Dieser war in Vorarlberg (➔Bregenz/Vbg.) und in der Schweiz tätig gewesen; 1855 wurde er zum Generalinspektor der Staatsbahnen ernannt. Der von Frankreich betriebene Bau einer schiffbaren Kanalverbindung zwischen dem Mittel- und dem Roten Meer wurde zunächst auch von Österreich unterstützt. Experten aus ganz Europa fanden in der Planung die Möglichkeit, sich zu profilieren, unter ihnen Negrelli.

Sein auf ägyptischen Vorarbeiten beruhender Vorschlag einer schleusenlosen Trasse durch die Landenge von Suez wurde von der zuständigen internationalen Kommission angenommen, Negrelli wird daher oft als „Erbauer des Suezkanals" bezeichnet. 1869 wurde der Verkehrsweg als exterritoriales europäisches Gelände eröffnet, erst mit der Nationalisierung 1956 – der sog. Suezkrise – ging der Kanal in ägyptischen Besitz über.

Veterinärplatz 1
Museum für Orthopädie bei Huf- und Klauentieren

Das nicht alltägliche Museum enthält u. a. einen Straußensattel: „Die bekanntlich sehr schnellen Laufvögel hätten während des italienischen Abessinienfeldzuges und der Okkupation Äthiopiens als Reittiere eingesetzt werden sollen. Der im Museum ausgestellte Sattel samt Kopfgestell ist angeblich der letzte übriggebliebene Mustersattel von 10.000 für die italienische ‚Straußenkavallerie' in Wien bestellten Sätteln" (Anwander 1995, 338). Führungen nach telefonischer Voranmeldung.

SCHÖNTHALERGASSE 1
Aida Chocolaterie und Großkonditorei

Vor kurzem feierte die beliebte Konditorei ihren hundertsten Geburtstag. 1913 hatte sich der böhmische Zuckerbäckergeselle Josef Prousek selbständig gemacht und mit seiner Frau Rosa eine eigene Firma gegründet. Daß sie letztlich nach Verdis Ägypten-Oper benannt wurde, war wahrscheinlich ein Zufall; auch „Tosca" soll zur Auswahl gestanden sein. Wie auch immer: „Ägyptisch" ist in den über 30 Aida-Filialen, die allen Bezirken Wiens und mittlerweile auch schon im Ausland anzutreffen sind, eigentlich nichts *(www.aida.at)*.

DOMINIK-WÖLFEL-GASSE
Straßenname

Dominik Wölfel (1888–1963), Ethnologe und Sprachwissenschaftler, widmete sich der Erforschung der Kanarischen Inseln. Er war Hauptvertreter der Hypothese einer vor-indogermanischen Spracheinheit und versuchte nachzuweisen, daß die Urbevölkerung der Kanaren, die Guanchen (➡INNSBRUCK/T), die letzten Reste des spanischen Cro-Magnon-Menschen gewesen wären. Diese Theorie von „Weißafrika" widersprach zwar der NS-Rassenlehre, die den Ursprung der „Arier" in Nordeuropa suchte, reklamierte aber gleichzeitig das westliche Nordafrika anthropologisch als europäische Zone. Obwohl die NS-Behörden Wölfel schikanierten, zogen sie seine Expertise für den Feldzug Rommels in Nordafrika heran. Ideologisch stand er dem spanischen Faschismus nahe, über den er 1937 ein apologetisches Werk publizierte. Auf seine Anregung hin habilitierte sich der Geograph Josef Matznetter, der spätere Spezialist für die portugiesischen Kolonien in Afrika, über die Kanaren. Von der heutigen Forschung wird Wölfel differenziert eingeschätzt, die Abstimmung der Guanchen leitet man heute aber von den Berbern ab und nicht von Cro-Magnon. Die Gasse in der Großfeldsiedlung wurde fünf Jahre nach seinem Tod nach ihm benannt.

KAGRANER PLATZ 14
Ständige Vertretung der Republik Niger

Das kleine Büro – die einzige Vertretung des Sahelstaats in Österreich – ist für die internationalen Organisationen zuständig. Bilateral bestehen lose kulturelle Beziehungen (➡GOLDEGG/SBG.).
Unsere Route führt über die Hirschstettner Straße weiter in die Donaustadt.

QUADENSTRASSE 4–6
Koptisch-orthodoxe Kirche

Seit den 1970er Jahren kamen koptische Christen aus Ägypten nach Österreich – heute sollen es rund 6.000 sein. Ursprünglich stand ihnen die sogenannte Russenkirche (Wagramer Straße) zur Verfügung, doch reichte diese mit der Zeit nicht mehr aus. In Anwesenheit des koptischen Papstes Schenuda III. wurde daher 1998 in Hirschstetten der Grundstein zur „Kirche der Heiligen Jungfrau von Zeitoun" gelegt, eines Distrikts in Kairo, wo 1968 eine aufsehenerregende Marienerscheinung stattgefunden haben soll. 2004 wurde die neue Kirche eingeweiht.
Die dreischiffige, erhöht gelegene Basilika wird über eine Stiege betreten. Die In-

nenausstattung wurde in Ägypten hergestellt. Sowohl die Ikonostase als auch die mit Schnitzereien versehenen Kirchenbänke stammen aus Kairo, die Ikonen, geschnitzten Stühle und der Vorhang aus verschiedenen Klöstern. Gottesdienste werden in Koptisch, Deutsch und Arabisch abgehalten. 2010 organisierte man eine Protestdemonstration gegen die Ermordung von sechs koptischen Christen in Ägypten.
Die koptisch-orthodoxe Kirche in Österreich (*www.kopten.at*), die seit 2003 staatlich anerkannt ist, verfügt über sieben Kirchen in Wien und den Bundesländern sowie über ein Kloster in OBERSIEBENBRUNN/NÖ.

MIRIAM-MAKEBA-GASSE
Straßenname

Im Juni 2011 wurde zum ersten Mal überhaupt in Österreich eine Verkehrsfläche nach einer afrikanischen Persönlichkeit benannt – und zwar hier in der Donaustadt. Zuvor hatte die Bezirksvertretung einstimmig dafür votiert, die in einem Neubauviertel liegende Straße nach der „Sängerin und Kämpferin gegen die Apartheid-Politik" zu benennen. Die Südafrikanerin Miriam Makeba (1932–2008) gilt nicht nur als Ikone in der musikalischen Welt, sondern auch als menschliche Legende. Sie engagierte sich politisch und setzte sich ihr Leben lang für Befreiung, Gleichberechtigung und Mitbestimmung in Südafrika ein. Als Tochter einer Hausangestellten begann sie ihre musikalische Laufbahn als Sängerin in verschiedenen Gruppen, bevor sie ihre eigene Band gründete und alleine durchstartete. Mit ihrem Lied „Pata Pata" gelang ihr 1967 der internationale Durchbruch. Aufgrund ihres Engagements gegen die Rassentrennung in Südafrika zwang sie die damalige Regierung, ins Exil zu flüchten. Nachdem sie etwa drei Jahrzehnte im Ausland verbracht hatte, war es ihr 1990 möglich, in ihre Heimat zurückkehren, wo sie sich weiterhin sozialpolitisch engagierte, bevor sie 2008 starb.
Möglicherweise wird bald eine zweite Afrikanerin zur Ehre einer Straßenbenennung im Bezirk kommen: die Kenyanerin Wangaari Mathai, die „Mutter der Bäume", Nobelpreisträgerin 2004.

PAULITSCHKEGASSE
Straßenname

Philipp Paulitschke (1854–1899), Geograph und Ethnologe mit Forschungs- (und Reise-)Schwerpunkt in Ägypten, Somalia und Äthiopien. In einem seiner Werke faßte er 1879 das bestehende Wissen über die Erforschung Nord- und Ostafrikas zusammen. 1936 wurde die Straßenfläche in Kagran nach ihm benannt.

SCHÜTTAUSTRASSE 20–40
Marshall-Hof

Das zwischen den Stiegen 5 und 9 „Liegende Watussi-Rind" – eine Steinskulptur von Gertrude Fronius (1956) – ist das einzige

Werk im Rahmen der Wiener Gemeindebaukunst, das die Darstellung eines exotischen Tiers in einen klaren geographischen und politischen Kontext stellt, nämlich in jenen von Belgisch-Kongo. Die waTussi (Tutsi) waren Viehzüchter und wurden von Belgien gegenüber den ackerbauenden waHutu (Hutu), die mehr als 80 % der Bevölkerung stellten, privilegiert. Als „Lieblinge" der Kolonialregierung genossen die Tutsi auch in Europa Popularität – diese mag hinter der Wahl des ungewöhnlichen Sujets gestanden sein. Die Romantik ging jedoch angesichts wachsender Unzufriedenheit bald zu Ende. 1957 forderte ein nationalistisches „Bahutu Manifesto" die Unabhängigkeit, und als diese 1962 erreicht war, führten die geschürten ethnischen Spannungen sowohl in Rwanda als auch in Burundi zu schweren Konflikten; viele Tutsi wurden aus Rwanda vertrieben. Der Versuch einer zurückkehrenden Guerillatruppe, die Regierung in Kigali zu stürzen, bildete letztlich 1994 den Auslöser für den Genozid an den rwandesischen Tutsi (und moderaten Hutu).

Donau-City-Strasse 6
Botschaft der Republik Kenya

Österreich unterhält seit 1967 eine Botschaft in Nairobi. „Red Bull, the world's most popular energy drink, is undoubtedly Austria's most known product in Kenya", schrieb die lokale Business Daily am 14. 2. 2013. „For motorsport enthusiasts, KTM motorcycles are renowned for their superior off-road capabilities." Heimischen Exporten im Wert von 19,4 Mio. Euro (davon ca. die Hälfte Maschinen/Fahrzeuge) standen Importe von 7,5 Mio. gegenüber, v. a. pflanzliche Rohstoffe. Kenya ist eine wichtige Tourismusdestination (Luftfahrtabkommen 1974). In den 70er Jahren wurden auch Entwicklungsprojekte durchgeführt.

Wagramer Strasse 5
Vienna International Centre

Wien – neben New York und Genf (und vor Nairobi) dritter Amtssitz der Vereinten Nationen. Daß hier multilaterale Afrikapolitik gemacht wird und internationale Beamte und Diplomaten einen nicht unbeträchtlichen Anteil an der lokalen Präsenz von Afrikaner/inne/n haben, ist vielen Wiener/inne/n nicht bewußt. Noch immer ist die „UNO-City" für viele ein „unbekanntes Wesen" …
Als erste internationale Organisation siedelte sich 1957 die Internationale Atomenergie-Agentur (IAEA) in Wien an, damals in einem Hotel bei der Oper. Neun Jahre später kam die Organisation für Industrielle Entwicklung (UNIDO) hinzu, Wien versprach den Bau eines adäquaten Bürogebäudes. Immerhin bedeutete die verstärkte UN-Präsenz eine Absicherung der immerwährenden Neutralität und nicht zuletzt auch einen Nachfragefaktor für die heimische Wirtschaft (geschätzt auf 360 Mio. Euro jährlich). Am 23. August 1979 wurde das von Johann Staber errichtete Gebäude mit seinen

damals spektakulären 120 Metern Höhe und mehr als 24.000 Fenstern eröffnet.

Heute sind etwa zwanzig multilaterale Organisationen im exterritorialen Vienna International Centre beheimatet. Neben dem Wiener Büro der Vereinten Nationen (UNOV), der IAEA und der UNIDO sind das z. B. die Büros für Drogen- und Verbrechungsbekämpfung (UNODC) sowie für Weltraumfragen (OOSA) und Abrüstung (UNODA), das UNO-Umweltprogramm (UNEP), das Amt des Flüchtlingshochkommissars (UNHCR) oder die Kommission für ein umfassendes nukleares Teststoppabkommen (CTBTO).

Zusammengenommen zählen die internationalen Organisationen mit Sitz in Wien rund 4.000 Beschäftigte aus über hundert Ländern. Da alle UN-Mitglieder nach einem bestimmten Schlüssel im Personalstand berücksichtigt werden, sind darunter zahlreiche afrikanische Staatsbürger/innen; allein für IAEA und UNIDO wird ihre Zahl auf etwa 500 geschätzt. Das Wachstum der „international community" zog die Etablierung verschiedener Institutionen nach sich, etwa von englischsprachigen Privatschulen oder von Kirchen.

Die von den Mitgliedstaaten in den UN-Organisationen verfolgten Strategien, Konzerninteressen, blockfreien Visionen oder Entwicklungskonzepte geben häufig Anlaß zu Konflikten, von denen wenig nach außen dringt. Weltpolitisch relevant sind Verhandlungen im Zusammenhang mit dem Atomsperrvertrag (keine Weiterverbreitung von nuklearen Technologien für militärische Zwecke; ignorierte Abrüstungsverpflichtung der Atommächte). Durch die Verleihung des Friedensnobelpreises an den damaligen IAEA-Generaldirektor Mohammed ElBaradei (einen Ägypter) wurde diese Bedeutung auch anerkannt. Darüber hinaus führt die IAEA in Afrika Projekte der friedlichen Nutzung der Atomkraft durch, beispielsweise bei der Bekämpfung der Tsetsefliege, die

Friedensnobelpreisträger Mohammed ElBaradei

in manchen Regionen schon als ausgerottet gilt. Meist sind es aber die UNIDO-Programme, die für Afrika entwicklungspolitisch relevant sind, z. B. Projekte zur Stärkung von agro-verarbeitenden Industrien.

BURGENLAND

AFRIKANISCHES BURGENLAND AKTUELL

Außenpolitik: Afrikarelevante Aktivitäten der Landesregierung sind nicht bekannt. Hohe Staatsgäste besuchen überlicherweise den Neusiedler See zur Abrundung ihres Aufenthalts (2009 z. B. der damalige Präsident von Mali). Afrikanische Honorarkonsulate gibt es im Bundesland nicht. Informell wichtig ist das Netzwerk der Auslandsburgenländer.

Wirtschaft: Zwei der größten Unternehmen des Burgenlandes sind in Afrika engagiert: Kromberg & Schubert (Oberpullendorf) in Südafrika und Botswana sowie Unger Stahlbau (Oberwart/Felsőör) in Ägypten, Algerien, Libyen, Namibia, Südafrika und Uganda; vereinzelt werden Exporte gemeldet, z. B. 2010 von energiesparenden Verkehrsampeln nach Südafrika (Swarco Futurit, Neutal). Bekannt ist der Tierpräparator in Stadtschlaining, es gibt mehrere Straußenfarmen, im Weinbau werden Kontakte zu Südafrika unterhalten.

Entwicklungszusammenarbeit: Für die Landesregierung keine Priorität, aber auch die Zahl privater Entwicklungsorganisationen ist gering: Zimbabwe-Hilfe (Deutschkreutz, Aids-Waisen in Zimbabwe), Hilfe direkt (Stinatz/Stinjaki, Sozial- und Bildungsprojekte in Burkina Faso); Afrikaprojekte der 1970er/80er Jahre in Schulen wirken in humanitären Aktionen nach. Lt. Homepage unterhält die HAK Oberpullendorf/Felsőpulya eine Schulpartnerschaft mit Maputo (Moçambique). Das Europahaus in Eisenstadt führte mit einem südafrikanischen Partner 2001 ein EU-Projekt über Nachhaltigkeit durch.

Kultur: Musikalisch: ➡ WIESEN; Festspielorientalismus, z. B. „Aida" in St. Margarethen 2014; Malerei: Edgar Schenk (geb. 1933, Aufenthalte in Senegal, Gambia, Kenya und der Karibik); Josef Bernhardt (geb. 1968, Ausstellung in der Landesgalerie 1998 gemeinsam mit Künstlern aus Äthiopien, der DR Kongo und Burundi: „Afrika ist überall"); 2001 Ausstellung des moçambikanischen Malers Carlos Roque „Nene" im Europahaus.

Diaspora: 2013 waren insgesamt 418 in Afrika geborene Personen gemeldet; auffallend die Präsenz katholischer Geistlicher: 2011 sieben nigerianische Priester in fünfzehn Pfarren (generell stellen ausländische Priester im Burgenland mehr als die Hälfte des Klerus). Die Akzeptanz von „Fremden" in der Öffentlichkeit ist niedrig (2009/10 Kontroverse um Aufnahmezentrum Eberau, 2013 Beanstandung der schlechten Unterbringung von Asylwerber/inne/n durch die Volksanwaltschaft).

EISENSTADT UND UMGEBUNG

Esterházyplatz
Schloß Esterházy

ARX KISMARTON – so nannte man das im 17. Jh. von Carlo Martino Carlone umgebaute Eisenstädter Schloß, dessen prächtige Fassade das Zentrum der Landeshauptstadt beherrscht. Kismarton (ungarische Bezeichnung für Eisenstadt) und das heutige Burgenland gehörten ja zum Reich der Stephanskrone, und die Esterházys zählten zu dessen führenden Magnaten. Nicht grundlos schmücken deshalb die markanten roten Büsten von sechzehn legendären Helden die Fassade: Zóltán, Vérbulcs, Géza und so weiter. Der patriotische Bezug unterstrich die Zugehörigkeit des Hauses Esterházy zu „altem ungarischen Blut" ebenso wie die Herleitung des Ursprungs der Dynastie von Attila, dem Hunnenkönig.

Gleichzeitig war man sich seiner Herkunft von den alttestamentlichen Stammeltern bewußt. Genealogen konstruierten eine ununterbrochene Ahnenreihe zwischen Adam und dem Grafen – später Fürsten – Paul (reg. 1652–1713) –, man ging also von einer monogenetischen Abstammung der Menschheit aus. Problemlos wurden dabei Cham und Chus unter den Vorfahren der Esterházys angeführt. Erstaunlich! Anderswo, in Frankreich z. B., galt Cham nämlich als Stammvater der „schwarzen Rasse", und mit dem Fluch, der laut Bibel auf ihm lastete, rechtfertigte man die grausame Behand-

Adam, Cham, Attila …: Esterházy-Stammbaum (nach Tobias Sadeler, 1670)

lung von Sklav/inn/en in der Karibik; auch der berüchtigte „Code Noir" Ludwigs XIV. baute 1685 auf diesem Denken auf. Nicht so in Kismarton – die „modernen" Rassentheorien des Westens hatten Mitteleuropa noch nicht erreicht. Viele Jahre noch sollte im Bewußtsein des Adels nicht das Aussehen von Menschen ausschlaggebend sein, sondern deren Standeszugehörigkeit durch Geburt.

Zu den niedrig Geborenen gehörte der afrikanische Kammerdiener Zibas, 100 Jahre später von Nikolaus I. (reg. 1762–1790) in Eisenstadt beschäftigt. Zibas war also ein Arbeitskollege von Haydn und wohl auch mit Angelo Soliman bekannt; zumindest waren beide 1764 bei der Kaiserkrönung in Frankfurt im Einsatz. Um 1780 weilte der schwarze Musiker Friedrich Augustus Bridgetower am Esterházy-Hof, der Vater des durch seine Freundschaft mit Beethoven bekannten musikalischen „Wunderkindes" George August. Leider findet sich weder an ihn noch an Zibas im Schloß irgendeine Erinnerung.

Während die militärischen Aktivitäten der Esterházys heute von der Festung ➜FORCHTENSTEIN verkörpert werden, steht die Stadtresidenz für zivile Repräsentation und Ambitionen in der Politik. Barocker Exotismus spielte dabei eine wichtige Rolle. So gab es acht Chinesische Salons mit originalen Kanton-Tapeten aus dem 18. Jh. oder Gobelins mit Szenen aus Haydns orientalischer Oper „Armida". Ägyptische Pyramiden waren Bestandteil der prunkvollen Feste, welche die Esterházys für die Kaiserfamilie gaben. Der Ende der 1790er Jahre angelegte und nun teilweise rekonstruierte englische Garten war wegen seiner „exotischen Gehölzer" aus Neuholland und Westindien bekannt. Heute stößt man beim Rundgang durch das Schloß selten auf solche Bezüge. Gründe dafür sind der klassizistische Umbau unter Nikolaus II., aber auch der Umstand, daß die berühmte Esterházy'sche Kunstkammer heute geteilt ist – der größere Teil in Forchtenstein, eine Auswahl der herausragendsten Stücke in Budapest – und viele Objekte 1945 zerstört wurden.

INNENSTADT

Nur wenige Schritte entfernt vom fürstlichen Schloß trägt das Zentrum das Gepräge einer gewerblich orientierten, mit der ländlichen Umgebung vernetzten Kleinstadt des 18. Jhs. Afrika ist bestenfalls in religiösen Diskursen präsent, etwa in Darstellungen der Schwarzen Madonna, deren Kult – wie jede Art der Marienverehrung – von den Esterházys gefördert wurde (1674 wurden als letzte protestantische Siedlungen Mörbisch und Rust re-katholisiert, drei Jahre zuvor hatte Graf Paul auch die Juden aus Eisen-

> *Abstecher:*ESTERHÁZYSTRASSE 26, Spital der Barmherzigen Brüder. An Stelle des früheren Armenhauses wurden in der 2. Hälfte des 18. Jhs. Kloster und Spital der Barmherzigen Brüder errichtet. Manche Besucher/innen kommen weniger der Medikamente als der historischen Mörser wegen, in denen man früher das heilkräftige Pulver zerstampfte. Diese werden jeweils von einem „Türken" und einem „Mohren", beide klischeehaft überzeichnet, auf dem Kopf getragen. Die Figuren stammen wohl aus dem 19. Jh., fügen sich in Farbgebung und Form aber gut in das barocke Ambiente ein. Ein Hauch von Orient – dem Wohlbefinden der Patient/inn/en sicher förderlich!
> Eine Grabplatte in der Kirche erinnert an Rittmeister Hector de Correa, geb. in Ceuta, dem spanischen Stützpunkt in Marokko. Es hatte ihn gemeinsam mit anderen Adeligen nach Eisenstadt verschlagen, nachdem Karl VI. der spanischen Krone verlustig gegangen war. Seine letzten Jahre verbrachte er hier bei den Barmherzigen Brüdern, wo er 1770 verstarb. Sein Vermögen hinterließ er zum größten Teil dem Kloster.

Abstecher: Kalvarienbergplatz, Bergkirche. 2009, zur Feier von Joseph Haydns zweihundertstem Todestag, bedachte das Festival „D2H – Dedicated to Haydn" Musikschaffende aus aller Welt mit Kompositionsaufträgen, darunter auch den Südafrikaner Bongani Ndodana-Breen *(www.ndodanabreen.com)*. Dieser nahm den Auftrag gerne an, war er mit Haydn doch von Kindheit an vertraut. Vor allem der Schlußchoral aus dem ersten Teil der „Schöpfung" („Die Himmel erzählen die Ehre Gottes") wäre in den Townships wohlbekannt, teilte mir Ndodana-Breen mit; für den Kirchenchor hätten seine Mutter und Tanten das Stück oft zu Hause geprobt. 1975 geboren, ist der südafrikanische Komponist von New York bis Hongkong bekannt geworden. Über Jahre hinweg fungierte er als künstlerischer Leiter des Ensemble Noir/Musica Noir in Toronto, 2011 fand im State Theatre Pretoria die vielbeachtete Premiere seiner Oper „Winnie" statt, zwei Jahre darauf erfolgte die Uraufführung eines Oratoriums über den Freiheitskampf in Südafrika, „Credo", ebenfalls in Pretoria.

Anfang Mai 2009 wurden Ndodana-Breens „Two Nguni Dances" vom Haydn Trio Eisenstadt zunächst in der burgenländischen Hauptstadt, dann in Kapstadt, Bloemfontein und Pretoria aufgeführt. „Beim Schreiben dieser Stücke inspirierte mich die Klarheit von Haydns Musik, wie ich sie von seinen Klaviersonaten in Erinnerung hatte, und seine Beziehung zur Volksmusik", so der Komponist. „Daß er Material aus der Volksmusik der Roma oder der Kroaten verwendete, war ein ideales Mittel dafür, normale Menschen mit der oft exklusiven Welt der ‚hohen' Kunst zu verbinden."

So hat Afrika den berühmten Haydn, an den in Eisenstadt vieles erinnert, zumindest im Jubiläumsjahr eingeholt. Zu Lebzeiten hatte er zu Afrika wohl kaum Bezug, auch wenn der Orient in seinem Œvre einen gewissen Stellenwert einnimmt. Von Haydns Opern z. B. spielt „L'incontro improvviso" (1775) in Ägypten, und „Armida" (1784) – eine seiner erfolgreichsten Produktionen überhaupt – thematisiert das Verhältnis von Orient und Okzident.

Joseph Haydn – Bongani Ndodana-Breen

Bischof László mit nigerianischen Würdenträgern

stadt vertrieben). Mehr oder weniger qualitätsvolle Darstellungen der schwarzen Muttergottes sind im Burgenland häufig, wobei neben der Madonna von ➜Loretto vor allem jene von Czenstochau aufscheint. Die Gegenreformation wurde hier nicht von Jesuiten getragen und war daher auch nicht missionarisch ausgerichtet. Bezüge zu Außereuropa, Afrika insbesondere, findet man in der Innenstadt also nicht. Selbst die internationale Spannweite der katholischen Kirche war kaum imstande, die auch nach 1945 tonangebende „Heimatorientierung" zu überwinden, wie das Betonrelief von Jakob Adlhart über dem Eingang zu den Päpstlichen Missionswerken (Pfarrgasse 32a) erkennen läßt: „Geht in alle Welt …", der neutestamentliche Missionsauftrag. Hier wird aber nur der europäische Klerus dargestellt, kein Hinweis auf ferne Völker ist zu erkennen. Jedes barocke Bild des taufenden Franz Xaver bietet mehr Zugang zur außereuropäischen Welt als dieses Werk aus der Nachkriegszeit!

Andererseits – fast eine Ironie der Geschichte – spielte die 1960 errichtete Diözese Eisenstadt eine Vorreiterrolle beim Einsatz afrikanischer Priester in Österreich: Bischof Stefan László besuchte u. a. Nigeria und schloß mit der dortigen Diözese Akwa ein entsprechendes Abkommen ab. Vielleicht trägt die Tätigkeit afrikanischer Geistlicher über die Jahre hinweg dazu bei, Afrika dem Burgenland näher zu bringen?

Beim alten Stadttor
Mathias Wagners ehemaliges Elternhaus

Irgendwo hier muß Haus Nr. 99 gestanden sein, in dem Mathias Wagner 1833 zur Welt kam und als Nachkomme von Weinbauern aufwuchs. Kein Geringerer als Karl May (➜Linz/OÖ) hat dem „Ungar aus dem Eisenstädter Komitat" in seiner „Sklavenkarawane" ein literarisches Denkmal errichtet. Allerdings ein geschöntes, wie Forschungen von Gerald Schlag belegen.

Wagner dürfte eine Kaufmannslehre absolviert haben und ging 1854 – möglicherweise im Dienst eines niederösterreichischen Textilunternehmens – nach Kairo. Man kann sich denken, daß da einer aus der heimatlichen Enge ausbrechen wollte. Immer stärker trat Äthiopien ins europäische Blickfeld. 1861 wird Wagner als Handelsmann in Massawa, dem wichtigsten Handelsstützpunkt zwischen dem Roten Meer und dem abessinischen Hochland, erwähnt. Er nannte ein Landgut im Landesinneren sein Eigen, soll Trinkwasser für die Versorgung der Hafenstadt geliefert haben – zweifellos ein einträgliches Geschäft – und war darüber hinaus im einsetzenden Kolonialhandel involviert. Damals dealte man mit Kaffee, Gold, Elfenbein, Rhinozeroshörnern und Waffen. Vor allem in letzterer Hinsicht profilierte sich der Händler aus Eisenstadt. Vermutlich stand er bei dem 1855 gekrönten Negus Tewodros II. unter Vertrag, dem es mit Hilfe modernen Kriegsgeräts gelungen war, den Großteil des äthiopischen Hochlands zu unterwerfen und damit die Grundlage für das spätere Kaiserreich zu legen; zu eigenständig geworden, fiel er 1867 einem britischen Einmarsch zum Opfer (➜Steyr/OÖ).

Der Abenteurer aus dem Burgenland hatte sich rechtzeitig in den Sudan abgesetzt und stieg dort in den Sklavenhandel ein. Er besaß ein großes Haus in Wad Medani am Blauen Nil, starb aber 1871. Er hinterließ einen elfjährigen Adoptivsohn namens Melchior (!), dessen Mutter eine Sklavin aus dem Volk der Bari war.

Ing. Hans Sylvester Strasse 6–12
Martin-Kaserne

1853–58 wurde die ehemalige Kadettenschule im „maurischen" Stil errichtet – einer der wenigen architektonischen Bezüge des Burgenlandes zum Orient (➜Rotenturm an der Pinka). Heute befindet sich hier das Militärkommando, viele Jahre lang eine zentrale Schaltstelle für den „Assistenzeinsatz des Bundesheeres" gegen Flüchtlinge.

Erstmals wurden die Rekruten am 5. September 1990 entlang der Grenze zu Ungarn eingesetzt, um in Unterstützung von Zollwache und Gendarmerie sog. „illegale Grenzgänger" aufzugreifen. Aus dem zunächst für zehn Wochen angesetzten Provisorium wurden schließlich 21 Jahre, erst am 15. Dezember 2011 fand die letzte Patrouille statt. Nach der Ausdehnung des Einsatzes auf das südöstliche Niederösterreich 1999 überwachten 2.250 Soldaten, ausgestattet mit elektronischen Ortungsgeräten und Hubschraubern, die ca. 450 km lange „grüne Grenze" zwischen Hohenau und Neumarkt an der Raab. Pressemeldungen zufolge wurden insgesamt 90.648 Personen aufgegriffen, etwa die Hälfte davon aus Rumänien, Afghanistan und Rußland; wie viele afrikanische Flüchtlinge betroffen waren, ist mir nicht bekannt. Während die burgenländische Landespolitik von einem wichtigen Beitrag zum „Sicherheitsgefühl der Bevölkerung" sprach, wiesen Kritiker (etwa der Rechnungshof) auf die hohen Kosten und den geringen Output des zunehmend umstrittenen Einsatzes hin.

Fast 100.000 Menschen in Not aus Ländern außerhalb des Schengenraums lernten Österreich also zuerst in Form von schwerbewaffneten Soldaten kennen – wohl kein geglückter Beitrag zur Imageverbesserung im Ausland. Wie formulierte doch die Grazer „Kleine Zeitung": „Migration gibt es, seit der Mensch aufrecht zu gehen gelernt hat. Ohne diese Wanderungen säßen wir heute noch am afrikanischen Grabenbruch ums Lagerfeuer ... Politische, soziale Wälle wird es bis auf Weiteres geben. Die Mauern und Drahtverhaue in unseren Köpfen könnten wir aber langsam abreißen." (15. 12. 2011).

Loretto
Wallfahrtskirche

Nach Norden zu, auf der Straße ins Leithagebirge, gelangen wir zu der bedeutendsten Wallfahrtsstätte des Burgenlandes – Loretto. Am besten entfaltet der großzügig angelegte Anger vor den barocken Fassaden seine Wirkung am frühen Morgen, solange noch weitgehend menschenleer. Bereits 1644 war hier eine Kapelle nach dem Vorbild der Augustinerkirche (➜Wien I) errichtet worden. Der heutige Komplex stammt von Anfang des 18. Jhs., wurde allerdings später verändert.

Die eigentliche Gnadenkapelle – die Nachbildung des sogenannten Hauses der hl. Maria im italienischen Loreto – befindet sich in einem Anbau zum Kreuzgang, rechts von der Kirche. Die dunkle, nur durch künstliches Licht bzw. Kerzen erleuchtete Kapelle ist durch ein Holzgitter in zwei Räume ungleicher Größe geteilt; in der sogenannten „Schwarzen Kuchl" befindet sich das Gnadenbild mit einer Silberkrone. „Nur selten verlöschen in dieser Lorettokapelle die Lichter ..." (Kodatsch/Rittsteuer o. J., 8). In der Tat kann man sich der Ausstrahlung der Schwarzen Königin nur schwer entziehen, egal, ob man die Kapelle aus religiösen oder aus kulturellen Motivationen betritt.

Schwarze Madonnen sind, wie erwähnt, im Burgenland nicht selten. Ein besonders altes Gemälde (aus dem 17. Jh.) bewahrt die Kirche von Kleinfrauenhaid nahe Mattersburg. Andere Darstellungen finden sich in Güssing oder Apetlon. Anhaltspunkte für die Herausbildung eines „Afrika-Bildes" waren die Madonnen kaum; manche wurden in neuerer Zeit sogar weiß überpinselt. Aus der Geschichte des Motivs wissen wir: Spätestens seit Ende des 18. Jhs. – zunehmender Rassismus der Aufklärung – wurden schwarze Heilige, um wieviel mehr erst eine schwarze Maria, im kultischen Bereich als peinlich erlebt. Von liberaler Seite wurden sie als „heidnisch" kritisiert, wogegen sich die Klerikalen mit rationalistischen Argumenten wehrten.

Die Schwarze Madonna von Altötting z. B. wurde folgendermaßen verteidigt: Es habe Gelegenheit gegeben, „das Bild sehr genau zu untersuchen. Da fand es sich, daß das von Holz geschnitzte Bild der Gottesmutter (aus der ersten Zeit des Mittelalters) ursprünglich in Farben gefaßt war ... Auf diese Farbe hatte sich eine Kruste von Ruß in Folge des Dampfes und des Rauches der Lampen und des Weihrauches angelegt im Laufe der Zeiten, so daß das Bild schwarz aussieht. Bei einiger Bemühung fiel die Kruste hinweg und die alte Farbe erschien. Aller Spott und auch die mystische Deutung fällt also hier hinweg. ... So viel von Altötting. Ich glaube aber auch, daß alle alten Bilder der Art ursprünglich nicht schwarz waren, sondern es erst geworden sind." (Wiener Kirchenzeitung, 3. 11. 1858).

Abgesehen davon, daß damit nicht erklärt wurde, warum zwar Marias Haut, nie aber ihr Gewand schwarz war, hatte man wenige Jahre früher noch das Gegenteil geglaubt. So war 1846 berichtet worden, man habe seinerzeit im Wiener Himmelpfortkloster ein „schwarz und wüst aussehend[es]" Gnadenbild gefunden und renoviert. „Allein kaum hatte der Maler seine Arbeit verrichtet, so fiel die Farbe wieder ab, und es schien, die Mutter Gottes trage größeres Gefallen an dem Alterthum und an der vorigen Schwärze, weil sie in den hohen Liedern zwar ihre Schönheit, jedoch aber auch ihre Schwärze selbst rühmet." Bei der Pestepidemie von 1679 habe sich die Wundertätigkeit dieser Schwarzen Madonna gezeigt ... (Realis II, 1846, 9).

NORDBURGENLAND

Rust
Strandpromenade

„Bisher kamen siebzehn Störche mit Negerpfeilen im Körper aus Afrika zurück." Berichte im „Burgenland-Bild" des ORF und in den „Salzburger Nachrichten" über diese absurden Schautafeln führten im September 2004 zu hektischen Reaktionen. Früher habe sich nie wer mokiert, erklärte der Bürgermeister von Rust, und jetzt auf einmal würden die Texte, die seit Jahrzehnten das Leben der Störche erklärten, als rassistisch gewertet. Ebenso nervös war der Tourismusobmann von Podersdorf: Das sei ein „Zeitdokument" aus den Fünfzigerjahren, und das Wort „Neger" wäre da noch nicht verpönt gewesen. „Wie ist das denn dann mit dem Zigeunerspieß? Ich frage mich halt, ob die ganze Diskussion nicht ein bisserl einseitig ist." (Salzburger Nachrichten, 24. 9. 2004).
Proteste von Gästen und die Berichte der Medien führten schließlich doch zu einer Neugestaltung der Tafeln – in Rust wie auch in Podersdorf. Mehr als zehntausend Kilometer – so die neue Textversion – legten die Störche auf ihrem jährlichen Flug über den Bosporus, das Niltal und durch den Sudan ins Südliche Afrika zurück. Neben der Jagd stellten „vor allem Pestizide, Dürreperioden und die Zerstörung von Lebensräumen eine große Gefahr dar. Auch die Verdrahtung der Landschaft mit Stromleitungen wird häufig zur Todesfalle für den großen Vogel. Daher kommt nur ein geringer Prozentsatz der wegziehenden Jungstörche auch wieder in ihre Heimat zurück." Na also, geht doch.

Gols
Evangelische Pfarrkirche

Eine gute Strecke weiter erwartet uns eine Kostbarkeit. In den 70er Jahren des 20. Jhs. wurde das ursprüngliche Altarbild, eine „Anbetung der Heiligen Drei Könige" von 1537, wiedergefunden – eine der wenigen und vermutlich die älteste Darstellung der Epiphanie im Burgenland. Wiewohl nach einem Holzschnitt Albrecht Dürers gestaltet, habe das Gemälde mit seinem teilnahmslos zur Seite blickenden hellhäutigen „Mohren" und dem gierig in die Kassa greifenden Jesuskind die Herzen der Gemeinde aber nicht wirklich gewonnen, erzählt Ingrid Tschank, die sympathische Pfarrerin.

Frauenkirchen
Wallfahrtskirche

Unbeachtet hängt in den Seitengängen der Kirche, neben dem Eingang zum Klostershop, ein bemerkenswertes Gemälde: „Der seelige Benedict, ein gebohrner Mohr …"
Über das Leben des 1526 Geborenen wird Folgendes berichtet: „Seine [äthiopischen] Eltern dienten einem sizilianischen Großgrundbesitzer als Sklaven. Sie entschlossen sich, lieber keine Kinder zu haben als Sklaven zu gebären. Daraufhin versprach ihr Herr dem künftigen Erstgeborenen – eben Benedetto – die Freiheit. Als junger Mann

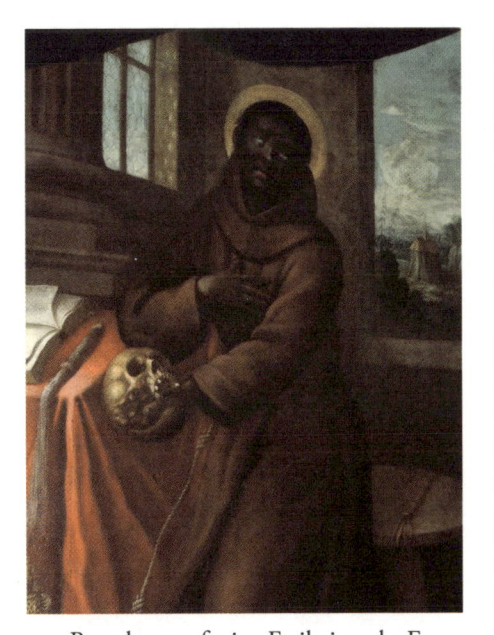

war Benedetto auf seine Freiheit stolz. Er erwarb sich in zäher Arbeit das Kapital, um zwei Ochsen und einen Pflug zu kaufen und verdingte sich als freier Arbeiter. Dann trat er einer kleinen, sehr strengen, aber eifersüchtig auf ihre Unabhängigkeit bedachten Kongregation von Franziskaner-Eremiten bei, deren Anführer er bald werden sollte. Der unabhängige Geist dieser Kongregation führte zu ihrer Aufhebung durch den Papst. In freier Wahl schloss sich nun Benedetto einem gewöhnlichen Franziskanerkloster in Palermo an, wo er zunächst die Küche unter sich hatte. Selbst hier regierte er sein kleines Reich sehr eigenwillig ... Auf Grund seiner angeborenen Führereigenschaften wurde der Analphabet Benedetto zum Klostervorsteher ernannt." (Debrunner 1967). Er starb 1589 in Palermo und wurde 1743 selig-, 1807 heiliggesprochen. Von der antikolonialen Bewegung im frühen 20. Jh. (z. B. Nancy Cunard, ➨THÜRINGEN/VBG.) wurden Identifikationsfiguren wie er wiederentdeckt.

Das Gemälde in Frauenkirchen zählt zu den ganz wenigen Darstellungen schwarzer Heiliger in Österreich (➨GRAZ IV).

Richtung Süden fahren wir nun entlang der Kernzone des 1992 eingerichteten National-

Abstecher: MARZ, Friedhof. Hier ist Eduard Sueß begraben, einer der bedeutendsten österreichischen Geologen. In seinem Hauptwerk „Das Antlitz der Erde" (3 Bände, 1883–1909) postulierte als erster die Existenz eines Urkontinents – Gondwana –, der Südamerika, Südafrika und Indien umfaßt haben sollte. 1831 in London geboren, wurde Sueß 1857 zum Professor an der Universität Wien ernannt. Auch seine Theorie über den geologischen Aufbau des afrikanischen Kontinents (Ostafrikanischer Grabenbruch), die er 1891 publizierte, besitzt in ihren Grundlinien heute noch Gültigkeit. Da er selbst nie in Afrika war, ist Sueß als ein prominenter Vertreter der „armchair geographers" einzuordnen, jener Wissenschafter also, welche vorhandene, oft laienhafte oder ungenaue Reiseberichte systematisierten; durch seriöse Forschung brachten sie das Verständnis der Erde oft weiter voran als so mancher „Entdeckungsreisende", dem die Aufmerksamkeit der Öffentlichkeit zufloß. Eduard Sueß war dessenungeachtet kein Stubenhocker. Als (liberaler) Abgeordneter zum Reichsrat kritisierte er 1886 den zunehmenden Export harter Getränke in den Kongo und somit indirekt auch die Politik des belgischen Königs Leopold II.

Sueß starb 1914 in Wien. An ihn erinnern Straßen in Marz und Wien XV, ein Denkmal auf dem Wiener Schwarzenbergplatz (Abb.) sowie Kraterbenennungen auf dem Mond und auf dem Mars.

parks „Neusiedler See – Seewinkel". Immer wieder erinnerte die Umgebung des Sees Naturbegeisterte an Afrika. „Bin ich wirklich in Österreich und nicht irgendwo in Asien oder Afrika?", schrieb zum Beispiel ein Vogelkundler 1934, und 2002 formulierte die „Krone": „Wie die flache Steppe Ostafrikas überragt wird vom schneebedeckten Kilimandscharo, so überragt an klaren Tagen der Schneeberg die hier ausklingende ungarische Tiefebene." (Békési 2007, 177).

Bei Pamhagen geht es über die Grenze, und wir gelangen nach wenigen Kilometern nach Fertöd, das „ungarische Versailles". Die Hauptstraße führt weiter nach Sopron (prächtige „Mohren"-Figur im Kaffeehaus am Széchény Tér) und dann bei Klingenbach wieder ins Burgenland.

Feinspitze interessieren sich vielleicht für das sog. Öde (ehem. Pauliner-)Kloster in BAUMGARTEN/PAJNGRT, dessen Wallfahrtskirche mit Statuen frühchristlicher Heiliger geschmückt ist: Paulus von Theben, Antonius Eremita und Zoerarde. Die Verehrung der ägyptischen Einsiedler war im Umkreis der Pauliner – der einzigen in Ungarn entstandenen Eremitenkongregation – häufig.

WALBERSDORF
Pfarrkirche

Die zwei großformatigen Gemälde – eine „Anbetung" und ein „Letztes Abendmahl" – wurden der Kirche von den Esterházys gestiftet. Die eindrucksvolle Ankunft der Heiligen Drei Könige vor dem Christuskind geht auf eine Federzeichnung von Carlo Maratti aus dem 17. Jh. zurück: Der schwarze König ist unübersehbar ins Bild gerückt – zugleich aber kaum als Afrikaner erkennbar. In prächtiges Hell gekleidet, dreht er dem Publikum den breiten Rücken zu, seine Hautfarbe ist kaum sichtbar. Muteten der unbekannte Maler (und sein Vorbild) Betrachter/inne/n den Anblick eines Afrikaners nicht zu?

WIESEN
Festivalgelände

„Sunsplash, na klar. Karibik im Burgenland. Wunschgemäß drückende Hitze. Rhythmen so heiß wie der Sand unter den Fußsohlen. Weiter karibischer Sand. In der Mittagssonnenhitze. Wenn schon nicht vom Himmel, die Hitze nämlich, dann wenigstens in den Ohren. Im Bauch. In den Beinen. Yeah.

Ein „Mohr" als Kutscher: Bacchusautomat (Ende 16. Jh.)

Little Jamaica im Erdbeerland. Nichts schöner als. In Wiesen liegen. Und, die Augen fest geschlossen, sich hinüberträumen. One way. With a little help of music …" (Smekal u. a. 1991).

1972 hatten der Schüler Franz Bogner und der Student Fritz Thom eine Discothek eingerichtet, 1974 organisierten sie das erste Livekonzert, zwei Jahre später fand das erste Festival statt. 1989 wurde das imposante neue Zelt errichtet. Aus dem Jazzfestival der ersten Jahre ist ein professionelles Afro-, Latin- und Reggae-Event geworden, mit Bands und Musiker/inne/n aus Afrika, den Amerikas und Europa, viele davon schwarz. Dizzie Gillespie und Abdullah Ibrahim sind hier aufgetreten, Roy Hargrove, Alpha Blondy (Abb.) und Ibrahim Ferrer, das Orchestra Baobab und zahllose andere. Tausende zieht es jedes Jahr von neuem nach Wiesen *(www.wiesen.at)*.

FORCHTENSTEIN
Burg

Der Feind steht im Osten – diese Überzeugung dürfte sich im Burgenland von den Türkenkriegen über den Kalten Krieg bis zur EU-Erweiterung erhalten haben. Im farbig ausgemalten Durchgang zum Innenhof der Hochburg begrüßt ein ausgestopftes Nilkrokodil die Besucher – Referenz an einen großen Drachen, der in Urzeiten hier gehaust haben soll, Vorspiel zur Wunderkammer oder Abwehrzauber gegen drohendes Unheil? Jedenfalls legte Fürst Paul, der das Präparat 1706 in Wien gekauft und in der Einfahrt aufhängen ließ, Wert darauf, „dass es seinen Schlund nach Osten geöffnet haben sollte" (Körner 2006, 7).

In früheren Zeiten auch Residenz und Verwaltungszentrum, hat Burg Forchtenstein seit der Übersiedlung des Fürstenhauses nach Eisenstadt in erster Linie seine militärische Funktion behalten, von der nicht nur Befestigungen und die Waffensammlung Zeugnis ablegen, sondern auch die prachtvolle „Türkenbeute" aus dem 17. Jh. (museumspädagogisch wäre es wohl sinnvoll, Forchtenstein bewußt als Gegenpol zur „Friedensburg" in ➡BURGSCHLAINING zu inszenieren). Auch in der „Ahnengalerie" – einer Sammlung großfiguriger Porträts angeblicher oder wirklicher Vorfahren – werden die militärischen Leistungen der Esterházys betont. Schon einer der Ahnherrn des Geschlechts, Emericus Estoras, soll 1218 während des Fünften Kreuzzugs in Damiette gefallen sein (Nr. 21; ➡KAPFENBERG/STMK.).

In versteckt gelegenen Gewölben der Feste bewahrten die Esterházys ihre „Kunst- und Wunderkammer" auf, eine „märchenhaft reiche Kollektion [die] außer dem engen Kreis der Mitglieder der gräflichen (später, nach 1687, fürstlichen) Familie, deren Verwandten und Gästen sowie den eingeweihten, treuen Angestellten des Hofstaates kaum jemand bekannt war" (Szilágy 2006/07, 11). Seit einigen Jahren ist die sog. Schatzkammer wieder in den originalen Räumlichkeiten zugänglich. Unter den zahlreichen exotischen Objekten finden sich auch solche mit Afrikabezug: „naturalia" wie Kokosnüsse, Straußeneier und eine große Seychellennuß (also kostbare Handelsware), „artefacta" wie der aus Augsburg stammende „Bacchusautomat", ein vergoldeter, reich dekorierter Wagen mit einem thronenden Weingott, der von Hirschen gezogen, von musizierenden Affen begleitet und von einem „Mohren" gelenkt wird (Abb. S. 211). Die präsentierten Objekte lassen den Glanz (und die Exotik) der Esterházy-Hofhaltung der frühen Barockzeit erkennen.

MITTEL- UND SÜDBURGENLAND

DEUTSCHKREUTZ
Carl Goldmark Gedenkhaus

Die kleine Ausstellung über den 1830 im ungarischen Keszthely geborenen Komponisten geht ausführlich auf die „Königin von Saba" ein, seine berühmteste, 1875 in Wien uraufgeführte Oper. Goldmark nimmt zwar nicht auf die Phantasie der schwarzen Herrscherin (➡KLOSTERNEUBURG/NÖ) Bezug – seine Saba ist im Gegenteil weiß „wie Elfenbein" –, greift aber den populären Orientalismus-Diskurs der Ringstraßenära auf. Als Höhepunkt des 1. Akts erfolgt ein spektakulärer Einzug der Königin, die von weißen und schwarzen Sklav/inn/en aus ihrer Sänfte gehoben wird – eine für damalige Sehgewohnheiten wohl provozierende Szene. Im 3. Akt sollten Haremsmädchen den „Bienentanz" tanzen, den Traum aller männlichen Levante-Touristen – aber ach, wie weit durfte Striptease auf der Bühne damals gehen? Neben dem „orientalischen" Ambiente machen die kolonialistischen Botschaften, die teils diskret, teils sehr offen ausgesendet

Bühnenbildentwurf zur Uraufführung (Carlo Brioschi, 1875)

werden, Goldmarks Oper interessant. Jerusalems König wird als Herr „über alle irdischen Reiche" bezeichnet, sein Auftreten ist im Vergleich zur arabischen Besucherin „majestätisch" und charakterfest; daß diese „sich vor Jehova beugen" solle, ist für ihn der eigentliche Sinn des Besuchs. Die Königin von Saba hingegen, eine „stolze Heidin", hat gänzlich andere Pläne. Als sie deren Verwirklichung von Salomon nicht nur „erfleht", sondern „fordert", kommt es zwischen beiden zum Bruch.

Betrachten wir die Metaebene der Handlung, so symbolisiert das orientalische Saba eine Welt des lasziven erotischen Genusses, während Jerusalem für Gottesfurcht und Sittenstrenge steht. Letztendlich triumphieren natürlich die von Salomon verkörperten Werte, während die fremdländische Königin vom Wüstensturm „verschlungen" wird …

Oberpullendorf / Felsőpulya
Apotheke zum Mohren

1884 wurde die Apotheke eröffnet (Schloßplatz 1), ihr Name geht laut Tradition auf den dritten Heiligen König zurück. Das historische Logo zeigt jedoch ein anderes Motiv, einen „edlen Wilden" mit Pfeil und Bogen, wie oft bei „Mohren"-Apotheken (➡Wien I). Warum man den Namen wählte, bleibt also unbekannt. Wie man heute dazu stünde, fragte ich? Die Antwort fiel ambivalent aus …

Rattersdorf
Pfarrkirche

Der malerische Doppelkirchenbau, dessen Anfänge bis ins 12. Jh. reichen dürften, ist noch heute Endpunkt einer traditionsreichen, vor allem von (burgenländischen) Kroat/inn/en und Ungar/inne/n frequentierten Wallfahrt. Ein Knüpfteppich aus Südafrika erinnert an die in Rattersdorf geborene Ordensschwester Marco Gneis, die Gründe-

Schwester Marco Gneis, Jabulani-Zentrum

rin des Jabulani-Zentrums beim Missionskloster Mariannhill (➡Wernberg/Ktn.). Hier werden HIV-infizierte Frauen und Aids-Waisen betreut – mit Unterstützung aus dem Burgenland. Etwa zwanzig Rattersdorfer Frauen haben einen Jabulani-Club gegründet, der auf dem Prinzip der Selbstbesteuerung basiert; jährlich am ersten Adventsonntag veranstalten sie einen Bazar mit Webereien und Kerzen aus Südafrika, dessen Reinertrag dem Zentrum zugutekommt.

Ob der Taufstein aus hellem Sandstein, der heute in einem Durchgang zwischen den beiden Presbyterien aufgestellt ist, das Missionsinteresse gefördert hat? Es handelt sich um die älteste mir bekannte exotische Trägerfigur in Österreich – Vorläufer der barocken „Gueridons" in ➡St. Florian/OÖ. Schon 1697 wurde das Wasserbecken urkundlich erwähnt. Es wird von einem jungen „Exoten" gehalten, der mit einem Federrock bekleidet ist und einen Köcher mit Pfeilen auf dem Rücken trägt. „Seine absichtsvoll vergröberten Gesichtszüge", interpretiert eine Autorin, „wollen zusammen mit den großen Ohren auf Heidnisch-Barbarisches verweisen, das durch die Taufe besiegt wird." (Schöbel 1997, 30). Na ja, kann sein – oder auch nicht. Die Idee, Kerzen oder Süßigkeiten von geschnitzten „Mohren"-Figuren anbieten zu lassen, soll aus Frankreich gekommen sein. Ob Graf Paul, der mit der Herrschaft Lockenhaus 1676 auch das Patronat Rattersdorf übernahm, mit dem Taufbecken seine Internationalität beweisen wollte?

BERNSTEIN
Burghotel

Der mächtige Gebäudekomplex außerhalb des Ortes mit seinen efeuüberwucherten Mauern und Portalen bietet einen romantischen, fast morbiden Anblick. 1892 übernahm die kleinadelige Familie Almásy die Batthyány-Burg, die heute als Hotel geführt wird *(www.burgbernstein.at)*. Am 22. August 1895 (Gedenktafel in der Einfahrt) wurde hier László Ede Almásy geboren – der spätere Automobil- und Flugpionier in Nordostafrika, Entdecker wichtiger Felsmalereien in der Libyschen Wüste, Agent der Deutschen Wehrmacht im Zweiten Weltkrieg und schließlich weltbekannt durch den Hollywoodfilm „Der englische Patient" (Antony Minghella, 1996). Mit dem wirklichen Leben des Dargestellten hatte der Streifen freilich wenig zu tun.

Gekonnt präsentierte Almásy seine Expeditionen dem Publikum als sportliche und technische Leistung. Ihr realpolitischer Hintergrund war bestenfalls zu erahnen. Ursprünglich als Begleiter adeliger Touristen und als Testfahrer der Steyr-Werke tätig, erschloß er ab 1932 im Auftrag des ägyptischen kartographischen Dienstes in mehreren Flug- und Autoexpeditionen das Plateau von Gilf el-Kebir, eines strategisch wichtigen Gebirgszugs an der Grenze zwischen dem britischen Einflußgebiet Ägypten und dem italienischen Libyen.

Im Jahr darauf entdeckte Almásys sudanesischer Begleiter Sabr Muhammad prähistorische Felsbilder in einem Höhlensystem des Uweinat-Gebirges, deren Alter auf bis zu 15.000 Jahre geschätzt wird – eine wissenschaftliche Sensation, die allerdings bald von Deutschland vereinnahmt wurde.

Almásy beim Abzeichnen der Felsbilder im Uweinat-Gebirge

1941 wurde der Wüstenspezialist Almásy, mittlerweile Oberleutnant in der Armee des ungarischen Horthy-Regimes, von der deutschen Wehrmacht für Rommels Panzerkorps in Nordafrika angefordert, wo er erfolgreich an Spionageaktionen im Rücken der britischen Armee beteiligt war. Angeblich soll er in Besitz einer schwarzen Liste gewesen sein, welche die Namen derer enthielt, die nach der Eroberung Ägyptens durch die deutsche Wehrmacht als erste verhaftet werden sollten.

Nach Kriegsende wurde Almásy in Ungarn inhaftiert und wegen Kollaboration mit den Nazis vor ein Volksgericht gestellt, aufgrund hochrangiger Interventionen aber freigelassen. Am 22. März 1951 starb er in einem Salzburger Sanatorium und wurde auf dem Kommunalfriedhof begraben (➜ STADT SALZBURG). Almásys ambivalentes Leben als technikbegeisterter Abenteurer, autodidaktischer Wissenschaftler und politischer Reaktionär (er plädierte „für Ausrottung der Menschheit außer den Bauern und nachher ein Robinsondasein in den Trümmern", wie sein linksliberaler Begleiter Bermann festhielt [Müller u. a. 1995, 285]) war 2012 Thema einer Ausstellung im Burgenländischen Landesmuseum in Eisenstadt. Eine kommentierte Neuausgabe von Almásys Buch erschien 1997 in Innsbruck, Walter Grond veröffentlichte 2002 einen kritischen Roman über ihn.

STADTSCHLAINING
Österreichisches Studienzentrum für Frieden und Konfliktlösung (ÖSFK)

Beeindruckend, wie der Prozeß der nachholenden Modernisierung das in Ungarn wie auch in Österreich marginalisierte Burgenland verändert hat. 1960 wurde eine eigene Diözese errichtet, 1966 das Europahaus, 1977 ein Institut für Politische Bildung in Mattersburg (1992 wieder geschlossen), 1982 das Institut hier in Schlaining. Mit all dem verbunden war die Akzentuierung von Themen wie Weltmission, Entwicklungspolitik, Umwelt oder Frieden.

Die Gründung eines Instituts für Friedensforschung, aus dem in der Folge das ÖSFK *(www.aspr.ac.at)* sowie die Europäische Privatuniversität für Friedensstudien *(www.epu.ac.at)* entstanden, erfolgte auf Initiative von Kulturlandesrat Gerald Mader.

> *Abstecher:* RETTENBACH NR. 14. Rechts neben dem südwestlichen Einfahrtstor ist das Bruchstück eines Marmorreliefs vermauert: zwei mit dem Rücken zueinander liegende Panther (?) mit einem Medusenhaupt und einer Sonnenscheibe dazwischen. Es werde „wohl nicht falsch sein, die Wurzeln seiner Symbolik im Isiskult zu suchen" (ÖKT 40, 1974, 44). Ägyptische Kulte waren in Pannonien weit verbreitet, wie gefundene Isis- und Hathorstatuetten aus dem 1. und 2. Jh. aus Rechnitz und anderswo belegen. Einige davon befinden sich heute im Landesmuseum in Eisenstadt, viele im Savaria-Museum in Szombathely, wo zur Römerzeit eine große Isisgemeinde bestand.

Beide Institutionen fanden ihre Heimat in der mächtigen Burganlage – im 15. Jh. Zentrum des sog. Baumkirchner-Aufstands gegen die habsburgische Landesherrschaft. Als ein über das Bundesland hinaus wichtiges Zentrum von Friedensforschung und Friedenspädagogik ist Schlaining zu einer Art von Gegenpol zum militärisch ausgerichteten ➡ FORCHTENSTEIN geworden – und wird es hoffentlich auch bleiben. Denn die drastischen Sparmaßnahmen der Regierung im Wissenschaftsbereich brachten 2011 auch diesem Institut Probleme ein.

Basierend auf der Landesausstellung 2000 bietet das Museum eine Einführung in die Geschichte von Krieg und Frieden, in Kriegsursachen und Friedensbedingungen sowie Gewaltvermeidung und Friedensgestaltung. Dabei wird von einem umfassenden Verständnis von „Frieden" ausgegangen, das Konflikte und Konfliktvermeidung nicht nur in politischen und öffentlichen, sondern auch in familiären, ökologischen und anderen Bereichen anspricht. Afrika wird als Kontinent zahlreicher militärischer Auseinandersetzungen, aber auch vieler erfolgreicher Mediationen thematisiert.

Schautafeln informieren über die Tätigkeit des ÖSFK in Afrika. Ab 1996 wurden planmäßig Seminare in verschiedenen afrikanischen Konfliktregionen abgehalten (Horn of Africa, Southern African Development Community, Great Lakes Region), die 2001 zu einem dreijährigen, vom Außenministerium finanzierten „Peace Building in Africa Programme" führten; weitere Projekte folgten. Ziel ist es, durch Trainingsangebote regionale Netzwerke in Afrika aufzubauen, welche staatliche wie zivilgesellschaftliche Akteure befähigen sollen, Konflikte frühzeitig zu erkennen, vorbeugende Friedensarbeit zu leisten und im Fall bewaffneter Konflikte die Zivilbevölkerung zu schützen. Immer wieder nehmen die daran beteiligten Expert/inn/en an Veranstaltungen in der Friedensburg teil – Gäste aus Afrika sind in Stadtschlaining keine Seltenheit!

Rotenturm an der Pinka
Schloß

Das Glanzstück orientalischer Architektur im Burgenland schlechthin – das ehemalige Schloß Erdödy. An einer Seitenstraße gelegen, gilt das in byzantinisch-maurischem Stil errichtete Schlößchen als ein Meisterwerk des romantischen Historismus und einzigartig im Rahmen der burgenländischen Architektur. Es wurde 1862–1866 von Graf István Erdödy nach Plänen des Budapester Architekten Anton Weber errichtet. Das inmitten eines großen naturgeschützten Parks gelegene Ensemble mit seinem 36 Meter hohen Eckturm erinnert an die Prachtbauten im seinerzeitigen Kalifat von Córdoba, also der afrikanischen Herrschaft in Spanien.

Nach einem Brand 1924 verfiel das Anwesen, 1971 kam es in den Besitz der Landesregierung. Seit 2008 ist es wieder in Privatbesitz und wird von den neuen Eigentümern, Prof. Heinz Schinner (Honorarkonsul der Republik Guinea in Wien) und Georg Schinner, in Zusammenarbeit mit dem Bundesdenkmalamt sorgfältig saniert. Ziel ist es, die in den letzten 60 Jahren entstandenen Schäden zu beheben und das Gebäude in seinem alten Glanz wieder erstrahlen zu lassen. Per Internet kann man sich über den Status der Sanierung informieren *(www.schlossrotenturm.at)*. Daß es nach deren Abschluß eine Möglichkeit zur Besichtigung des Schlosses gibt, ist zu hoffen.

Burgauberg
Firma Schwarz

Beeindruckend der riesige Pharaonenkopf. Oder ist es eine Nachbildung der Sphinx von Giza? Und wie kam das zustande? Dazu schrieb mir Bürgermeister Franz Glaser: „Steinmetzmeister Alfred Schwarz hat die

Sphinx bei einem Faschingsumzug in Oberwart, bei dem die Feuerwehr als Ägypter verkleidet diese Figur mitführte, gesehen und für sich erworben. Er meint, daß die Ägypter hervorragende Steinmetze waren und sie daher eine gute Werbung für ihn seien. Das Objekt wird immer wieder von Besuchern fotografiert."

Rohrbrunn
Pfarrkirche

Das Gemälde auf dem neubarocken Hochaltar der kleinen Kirche, der auch mit den Statuen heiliger ungarischer Könige geschmückt ist, zeigt Franz Xaver bei seiner Lieblingsbeschäftigung, dem Taufen – im Burgenland ein seltenes Motiv. Hier wurde der Heilige fast ausschließlich als einer der 14 Nothelfer verehrt, kaum aber als Missionar in Übersee. Die vorliegende Ausgestaltung stammt laut Signatur von 1897 vom Maler August Kraus, der Altarbilder u. a. auch für Fürstenfeld und Loipersdorf malte. Vorbild war wohl ein Heiligenbildchen, das in der 2. Hälfte des 19. Jhs. verbreitet war.

Mit Blick auf heute drängt sich eigentlich die Frage auf: Früher gingen europäische Missionare nach Übersee und tauften Menschen in Afrika, Asien oder Amerika. Mittlerweile taufen (gerade im Burgenland) afrikanische Missionare europäische Kinder. Da müßte eigentlich die moderne nigerianische Kirchenkunst einen schwarzen Heiligen mit weißen Täuflingen zeigen?

Abstecher: Jennersdorf, Stadtpfarrkirche. „Unter deinen Schutz und Schirm fliehen wir, o heilige Gottesgebärerin", so eines der ältesten Gebete der Christenheit. Ich habe mich oft gefragt, wer hier eigentlich mit „wir" gemeint ist. Die Antwort gab der Holzschnitzer Johann Wendler aus Fehring 1978. „Die traditionelle Schutzmantelmadonna soll darstellen, daß Menschen aus allen Nationen der Gottesmutter empfohlen sind", so Pfarrer Alois Lusser. In der Tat: Unter den Menschen, die in ihren Notsituationen Schutz unter dem weiten Mantel Marias suchen, sind auch ein Afrikaner und ein Asiate – eine der ganz wenigen Darstellungen dieser Art, die mir bekannt sind!

Ein schräg gegenüber befestigtes Bronzerelief, ein Ölgemälde in der Kirche (Magdalena Zeisel, 2004) sowie ein Bronzerelief am Eingangstor erinnern an „Mutter Teresa". Die Missionarin aus Montenegro hatte Jennersdorf 1982 besucht und hier einen nachhaltigen Eindruck hinterlassen. Ihre persönliche Tätigkeit konzentrierte sich zwar hauptsächlich auf Indien, die von ihr gegründeten „Missionarinnen der Nächstenliebe" aber errichteten auch Niederlassungen in Tanzania (Tabora, 1968), Südafrika, Ägypten, Äthiopien, Kenya, Rwanda, Kamerun und Côte d'Ivoire.

Güssing
Franziskanerkirche und Auswanderungsmuseum

Das seinerzeitige Zentrum des Grundbesitzes der ungarischen Magnatenfamilie im Südburgenland steht heute wiederum im Zeichen der Batthyánys – nun durch die Verehrung des 2003 seliggesprochenen Augenarztes und gutsherrlichen Wohltäters Ladislaus Batthyány-Strattmann († 1931). In der Franziskanerkirche, in der sich sein Grabmal befindet, stoßen wir auf dem linken Seitenaltar auf eine Darstellung des spanischen Franziskanermissionars Francisco Solano und eines schwarzen Täuflings, stereotyp mit buntem Lendenschurz und goldenen Arm- und Halsreifen dargestellt (Solano wirkte in Argentinien und Peru und wurde 1726 heiliggesprochen).

Auswanderungsmuseum (Alte Hofmühle)

„Af olle Eck und Endn / Laurn schlechte Leut af di, / Wer sull si va dir wendn, / Der di so liab wia i." (Museumsfolder). In Gedichten, Liedern und Theaterstücken hat der Mundartdichter Josef Reichl (1860–1924) die armutsbedingte Auswanderung aus dem Burgenland thematisiert. Sozialkritik mischt sich mit Heimattümelei, deutschnationales „Heanzn"tum mit Los-von-Ungarn-Propaganda.

Güssing – „Stadt der Auslandsburgenländer", wie sie sich nennt – gilt als die Kernlandschaft burgenländischer Amerikawanderung, mehr als 9.000 Menschen sollen von hier aus in die Vereinigten Staaten emigriert sein. Diese stehen auch im Zentrum des Museums. Insgesamt verließen zwischen 1876 und 1913 über dreieinhalb Millionen Menschen Österreich-Ungarn in Richtung USA; demgegenüber spielte Afrika mit knapp zweitausend eine winzige Rolle. Allerdings soll in den frühen 1930ern noch eine größere Gruppe aus Mattersburg nach Südafrika ausgewandert sein.

Caritas-Präsident Michael Landau machte sich am 4. Dezember 2013 im ORF „Gedanken für den Tag" zu diesem Thema: „Die Burgenländer brachen auf, um andernorts ein neues Leben zu beginnen. Sie kehrten dem Land, das sie liebten, den Rücken und landeten am Ende einer langen Reise in den Vereinigten Staaten von Amerika. Die USA waren damals, was Europa heute ist: ein Sehnsuchtsort für jene, die keine Perspektiven sehen – die unter Krieg, Verfolgung oder unterdrückender Armut leiden. Wie groß diese Sehnsucht ist, wird vor der italienischen Insel Lampedusa auf tragische Art und Weise deutlich. In den vergangenen 25 Jahren ertranken hier 20.000 Menschen bei dem Versuch, Europa zu erreichen. Wer weint um diese Menschen? Wo bleibt die Empörung über diese humanitäre Bankrotterklärung? Es geht nicht darum, allen in Europa Tür und Tor zu öffnen. Es geht um ein Mehr an Menschlichkeit. In einer Welt, die als globales Dorf beschrieben wird, kann man Nächstenliebe nicht delegieren. In einem solchen Dorf grenzt Lampedusa auch an Österreich." (*www.orf.at*, 4. 12. 2013).

NIEDERÖSTERREICH

AFRIKANISCHES NIEDERÖSTERREICH AKTUELL

Außenpolitik: 1998 wurde eine Partnerschaft zwischen der Landesregierung und der südafrikanischen Provinz Eastern Cape vereinbart, aufgrund derer es einige Jahre lang zu Wirtschafts- und Bildungskooperationen kam; dzt. aufgrund personeller Veränderungen kaum mehr aktiv. Üblich sind Protokollbesuche afrikanischer Botschafter beim Landeshauptmann. Südafrika und Tunesien unterhalten Honorarkonsulate in St. Pölten, Tschad in Wilhelmsburg. Regelmäßige Treffen von Auslandsniederösterreicher/inne/n.

Wirtschaft: Einige der größten nö. Firmen haben Standorte in Afrika, z. B. Novomatic (Gumpoldskirchen) in Südafrika, Doka (Amstetten) in Marokko, Algerien, Tunesien, Nigeria, Südafrika und Moçambique, Voith (St. Pölten) in Marokko, Algerien und Südafrika; über Vertriebsstrukturen verfügen Umdasch (Amstetten) oder Berndorf Band (Berndorf) in Südafrika. Exportaufträge u. a. an Voith (St. Pölten) aus Liberia, an Novomatic aus Ghana oder an die Erste Raabser Walzmühle (Raabs) aus Nigeria; kika/Leiner (St. Pölten) wurde 2013 von einem südafrikanischen Konzern übernommen.

Entwicklungszusammenarbeit: Seitens der Landesregierung Unterstützung von Kleingewerbeprojekten, z. B. Aufbau einer Bäckerei in Kinshasa (DR Kongo) oder Einsatz mobiler Kleinmühlen (Nigeria). Zivilgesellschaftlich ist v. a. Südwind St. Pölten aktiv; es bestehen div. Selbstbesteuerungs- und Dritte-Welt-Gruppen.

Kultur: Festspielhaus St. Pölten (Uraufführung der Oper „Satyagraha. Gandhi in Südafrika" von Philip Glass 2001, Produktionen des flämisch-marokkanischen Choreographen und Tänzers Sidi Larbi Cherkaoui, Konzert Salif Keïta aus Mali 2014); Auftritte afrikanischer Gruppen beim „Donaufestival" in Krems; somalischer Romancier Nuruddin Farah 2011 bei „Literatur im Nebel" in Heidenreichstein; ARTSALON in Groß-Siegharts bzw. Hollenstein mit Gemälden aus Namibia, Zimbabwe und dem Senegal; zu Susanne-Wenger-Archiv und Kasumama s. u.

Diaspora: Ab 1970 wurden „Gastarbeiter" aus Tunesien rekrutiert (Glanzstoffwerke St. Pölten). 2013 waren 3.228 geborene Afrikaner/innen in NÖ gemeldet, größte Gruppen kommen aus Ägypten, Südafrika, Nigeria und Tunesien; Erstaufnahmezentrum Traiskirchen; antirassistische Arbeit z. B. durch Xalaat Africa (Wiener Neustadt); mehrere afrikanische Priester sind in NÖ tätig, z. B. der auch als Feuerwehrmann und Autor bekannte Emeka Emeakaroha (Obergrafendorf).

ST. PÖLTEN UNTERES TRAISENTAL

RATHAUSPLATZ 1
Rathaus

Da machte einer in Afrika Karriere – vor mehr als 1700 Jahren! Publius Aelius Flavius war zunächst Bürgermeister und Priester in Aelium Cetium, wie St. Pölten damals hieß, dann Bürgermeister und Oberpriester in Ovilava, also Wels. Anschließend wurde er Tribun bei der 3. Legion in Lambaesis und gehörte der militärischen Führung im römischen Algerien an. Das Original der Grabinschrift, die man ihm, seinen Eltern und seiner Tochter im 3. Jh. setzte, befindet sich heute im Stadtmuseum Wels, ein Abguß ist hier im Rathaus (Erdgeschoß) ausgestellt.

PRANDTAUERSTRASSE 2
Stadtmuseum

Auch die archäologische Abteilung des Museums befaßt sich mit Nordafrika. Ausführlich wird das Depot eines Geschirrhändlers im Süden des Rathausplatzes dokumentiert, das um 270 n. Chr. durch eine Feuersbrunst zerstört wurde. Hier fanden sich Reste von afrikanischen „terra sigillata"-Produkten: „Einige Scherben verraten, daß die gerade auf den Markt drängenden tunesischen Werkstätten zumindest bereits Warenproben ihrer neuesten Erzeugnisse geschickt hatten", so der Kurator.
Einige Straßen weiter wurde bei Grabungsarbeiten der Torso einer Sphinx gefunden, die wahrscheinlich auf dem Dach eines Grabbaus angebracht war und in ihren Vorderbeinen einen bartlosen Männerkopf festhielt. Derlei Figuren, die ägyptische Symbolik mit keltischer Gedankenwelt verbanden, sollten das Grab vor Beraubung und Schändung schützen, zugleich aber auch den Toten an einer Wiederkehr hindern (Dracula-Motiv).

Grabstein für Publius Aelius Flavius (3. Jh.)

Mission 1916

Ein Missionsvortrag über Afrika! Mit allzugroßem Interesse sieht man dieser Veranstaltung nicht entgegen … Von Heidenmission hatten wir einen sehr verschwommenen Begriff; wir sparten zwar dafür, damit wir dann ein Zehnhellerstück in die Sparbüchse beim schwarzen Negerlein einwerfen konnten, das dafür ein artiges Nickerchen machte. Auch hatten wir gehört, daß die kleinen Negerbübchen so arm wären, daß sie nicht einmal ein Höschen besäßen, um ihre sündige Nacktheit zu bedecken, und das schien damals die Vorbedingung zu sein, um einen rechtschaffenen Christenmenschen aus ihnen machen zu können …

Plötzlich wird es still im Saal, und wie auf Kommando stehen alle auf. Man wendet den Kopf ein wenig nach hinten – zu viel ist nicht anständig – und erblickt, oh, welche Enttäuschung, eine schmächtige, unhübsche Frau in einem dunklen, an eine Ordenstracht gemahnenden Kleid, das schwarze Haar straff zurückgekämmt und in einem winzigen Knoten am Hinterkopf befestigt: die Gräfin Marie Theres Ledóchowska. In respektvoller Entfernung folgt ihre Sekretärin; im Äußeren gleicht sie an Schlichtheit ihrer Herrin, doch trägt sie einen Hut, der den Verdacht aufkommen läßt, er sei ihr aus dem Nachlaß eines römischen Kanonikus zugeteilt worden. Wir spüren die Spannung vom Erhabenen zum Lächerlichen, wagen aber keine Entscheidung zu treffen …

Soeben verläßt Marie Ledóchowska das Podium … Wir drängen nach, denn wir möchten sie ganz in der Nähe sehen, diese seltsame Frau. Alice stößt mich an …, es schüttelt sie förmlich vor Heiterkeit. „Mater", sagt sie zu einer Lehrerin, „ich hätte auch solch einen alten Hut, den könnte ich ihr schenken." Dabei ist sie sichtlich bemüht, das Kichern zu unterdrücken. Doch die Antwort fällt so ganz anders aus, als es Alice erwartet. „Tu das, mein Kind, die Gräfin wird ihn gerne nehmen." Da wird Alice feuerrot und verschwindet in der Menge …

Margarete Gründler

LINZER STRASSE 9–11
Mary Ward Schulen St. Pölten

Wenige Schritte entfernt liegt ein harmonischer, von Jakob Prandtauer 1706 errichteter Prachtbau: das zur Unterrichtung adeliger Mädchen gegründete Kloster der Englischen Fräulein. Eine der bekanntesten Absolventinnen war Maria Theresia Ledóchowska, die ihr Leben der Afrikamission weihte (➡ BERGHEIM/SBG). In der stimmungsvollen Kirche (Öffnungszeiten beachten) tauchen wir in die Barockkultur ein, die St. Pölten so sehr geprägt hat. Das Altarbild des linken Seitenaltars verbindet das Motiv der „Vier Kontinente" mit der Darstellung der Jesuitenheiligen Ignatius und Franz Xaver.

**Globale Missionierung
(Johann Carl von Reslfeld, 1769)**

Abstecher: REGIERUNGSVIERTEL, Niederösterreichisches Landesmuseum. 1928 ging der Wiener Ernst Alexander Zwilling (1904–1990) als Pflanzer und Großwildjäger ins ehemals deutsche Kamerun. Seine Bücher und Vorträge verstärkten in den folgenden Jahrzehnten ein deutschnationales, kolonialistisches Afrikabild, in dem vor allem die Jagd im Vordergrund stand. 1938 begrüßte er den „Anschluß". Nach dem Krieg drehte er mit dem Regisseur Albert Quendler in Kamerun den Spielfilm „Omaru", eine Paraphrase von Grillparzers „Der Traum ein Leben" (➜ STADT SALZBURG). Die Tierpräparate und Jagdtrophäen, die der Großwildjäger dem Land schenkte, waren Basis für die Ausstellung „Afrika" 1967 in Bad Deutsch-Altenburg. Anfang der 1990er Jahre freilich schien die „Safariperspektive" nicht mehr zeitgemäß, es gab einen drastischen Besucherschwund. 1991 wurde die Sammlung nach Marchegg übersiedelt, wo – ergänzt durch ethnographische Objekte und Hinweise auf Entwicklungshilfe – eine kleine Afrika-Ausstellung im Jagdmuseum entstand.

Um die Jahrtausendwende wurden die meisten Außenstellen des Landesmuseums geschlossen und im neuen, 2002 nach Entwürfen von Hans Hollein eröffneten Gebäude konzentriert *(www.landesmuseum.net)*. Seither stehen Zwillings Objekte im Depot; ein kleiner Teil wurde 2011 zum 100jährigen Bestehen des Museums noch einmal ausgestellt.

Letzterer weist mit beiden Händen auf einen gewaltigen Globus hin, der von Vertreter/inne/n der Erdteile umgeben wird: links repräsentieren zwei Frauen Europa und Asien, rechts vorne kniet ein Indianer mit einem farbenprächtigen Federschurz (blau-weiß-rot) als Vertreter Amerikas, dahinter ein Afrikaner mit Turban. Beide schauen sie zu dem Missionar auf, dem sie ihre „geistliche Rettung" verdanken …

LINZER STRASSE 25/1
Redeemed Christian Church of God

„Sportwetten" steht über dem Lokal, aber es ist der Versammlungsraum einer freichristlichen Gemeinde. Die „Redeemed Christian Church of God" wurde 1952 in Lagos gegründet, Flüchtlinge brachten sie nach Niederösterreich – Mission, einmal umgekehrt. Isaak Ajaino, heute österreichischer Staatsbürger, begrüßt uns freundlich. Drei Mal pro Woche würden sie sich treffen, im Durchschnitt 40 Leute, die meisten seien Migrant/inn/en aus Afrika, aber auch aus dem östlichen Europa. „Die Menschen suchen nach Liebe", sagt er, deshalb kämen sie hierher.

SCHREINERGASSE 1
Südwind NÖ

„1990 wurde die niederösterreichische Vertretung der Agentur Südwind errichtet *(www.suedwind-agentur.at)*, die Afrika zum Schwerpunkt ihrer Bildungs- und Öffentlichkeitsarbeit gewählt hat. Angeboten werden Fortbildungsseminare für Lehrer/innen und Multiplikator/inn/en, eine Fotoausstellung sowie eine Multimediashow zu Äthiopien; darüber hinaus steht eine fachspezifische Mediathek mit ausgewählter Literatur, Unterrichtsmaterialien und audiovisuellen Medien über Leben und Alltag in Ländern und Regionen Afrikas zur Verfügung. Thematisch geht es immer wieder um die Verflechtungen zwischen Afrika und Österreich bzw. der Europäischen Union, etwa die sog. Wirtschaftspartnerschaften (EPAs), sowie um die Förderung alternativer Handelsansätze wie z. B. durch fairen Handel. 2007 und 2008 fanden sog. Begegnungsreisen nach Kap Verde und Äthiopien statt, jeweils mit einem Gegenbesuch. Fester jährlicher Programmpunkt ist der Internationale Landfrauentag am 15. Oktober, der in Zusammenarbeit mit der Landesregierung gefeiert wird, in den letzten Jahren mit den Schwerpunkten Kap Verde, Äthiopien und Namibia. Über den Bereich ‚Migration und Entwicklung' arbeitet Südwind NÖ auch verstärkt mit in St. Pölten lebenden Afrikaner/inne/n zusammen." (Gertrude Eigelsreiter-Jashari).

Ruhe auf der Flucht nach Ägypten (Daniel Gran, um 1746)

Zwischen Hofstatt und Domplatz
Bistumsgebäude, Dom

Über Ranzonigasse und Hofstatt gelangen wir ins frühere Augustiner-Chorherrenstift, den heutigen Bischofssitz. Die stimmungsvolle ehem. Stiftsbibliothek ist in das ebenfalls hier untergebrachte Diözesanmuseum integriert. Im Dom, der seinerzeitigen Stiftskirche, stellt das zentrale Deckengemälde die Apotheose des Stadtpatrons Hyppolitos dar, der möglicherweise aus Ägypten stammte. Ein zweites Fresko feiert den „Triumph der katholischen Kirche über die Irrlehrer". Thomas Friedrich Gedeon charakterisierte hier die besiegten Häretiker als Protestanten, einen orientalisch gekleideten Juden und einen antiken Helden mit Pantherfell (ca. 1739). Auf einem Seitenaltar befindet sich eine hübsche „Ruhe der hl. Familie auf der Flucht nach Ägypten" (Abb. li. unten), mit einer witzigen Pyramide und einer Sphinx im Hintergrund – der Maler war zwar nie in Ägypten, aber hat sich bemüht.

Kremser Gasse 11
the addo's

Das ehemalige Café „Melange" in der St. Pöltner Fußgängerzone wurde vor einigen Jahren vom Gastronomen Eugene Addo aus Ghana übernommen, der bis Ende 2013 auch den „Schwarzen Wirt" in Melk führte. Geboten werden afrikanische Kaffee- und Teesorten, Frühstück, Mehlspeisen und Snacks in einem lounge-artigen, mit afrikanischen Schnitzereien geschmackvoll gestalteten Ambiente *(www.addo.at)*. Auf jeden Fall empfehlenswert!

Franziskanergasse 1
Sgraffito

Das Sgraffito von Sepp Zöchling an der Seitenwand des zweistöckigen Hauses (1957/58) zeigt den Schluß der bekannten Sage vom

„Anbetung" (Jörg Breu, 1501)

Rattenfänger von Hameln: Ein überdimensionierter Harlekin mit einem großen Dudelsack führt die Kinder der undankbaren Stadt mit sich fort. Es werden klischeehaft Jugendliche aus allen Kontinenten gezeigt, darunter – als letzter – ein afrikanischer Bub mit Schild und Speer. Soll der kleine Krieger vielleicht auf den damals bereits niedergeworfenen Mau Mau-Aufstand in Kenya verweisen? Die Darstellung hat abwertenden Charakter – Begegnung mit Afrika war in den 1950er Jahren wohl nicht gefragt.
Von der Landeshauptstadt nehmen wir unseren Weg nach Norden, also die Traisen flußabwärts.

Herzogenburg
Augustiner-Chorherrenstift

Die barocke Stiftskirche wurde 1743–48 von Franz Munggenast errichtet. Die Kuppel ist mit einem Fresko von Bartolomeo Altomonte, „Die Verherrlichung des Evangeliums" (1754/55), geschmückt. Neben den Augustiner-Chorherren und diversen Kirchenvätern und Propheten verehren auch Vertreter einzelner Völker die christliche Botschaft. Die Szene setzt sich in die Pendentifs der Kuppel fort, wo sich Personifikationen der Erdteile der Anbetung anschließen. Afrika wird als schwarze federgeschmückte Königin gezeigt, die von drei weißen Putti (einer mit großem Sonnenschirm) umgeben ist.

In der sehenswerten Sammlung spätgotischer Tafelmalerei (wie das Kircheninnere nur mit Führung) geben uns zwei gotische Flügelaltäre Einblick in die Veränderung der Dreikönigsikonographie an der Wende zur Neuzeit. Der sog. ältere Aggsbacher Altar (um 1450) zeigt konventionell drei weiße Könige unterschiedlichen Alters. Etwa fünfzig Jahre später wurde der Augsburger Künstler Jörg Breu d. Ä. mit der Herstellung eines moderneren Altars für die Kartause beauftragt. Breu entwarf eine belebte Szene mit zahlreichen Menschen und Tieren; von rechts betritt ein junger „Mohren"-König mit stattlichem Gefolge die Szene. Die im Wind wehenden Fahnen weisen die Könige als Repräsentanten unterschiedlicher Kontinente (oder Reiche?) aus: Ein blaues Banner mit goldenen Sternen steht wohl für Europa (Frankreich?), eine rote Fahne mit goldenem Halbmond und Sternen für Asien (Byzanz?), ein goldener Wimpel mit einem „Mohren" mit Lanze und Schild für Afrika (Heiliges Römisches Reich?). Wappen trugen die Könige schon in früheren Jahrzehnten, die jeweilige Zuordnung war jedoch variabel (➛St. Peter am Kammersberg/Stmk.).

WALPERSDORF
Afrikamuseum

Ein großes Bild des hl. Petrus Claver, der einen gefesselten schwarzen Sklaven tauft, markiert den Eingang in das kleine Museum, das Schwester Maria Paola im Haupttrakt des Renaissanceschlosses eingerichtet hat; der um 1600 erbaute Komplex wurde den Missionsschwestern 1934 von Gräfin Maria Falkenhayn, einer Freundin der verstorbenen Ordensgründerin Maria Theresia Ledóchowska (➜BERGHEIM/SBG), geschenkt. Bereits damals gab es ein kleines Museum, das jedoch in der NS-Zeit zugrundeging.

Die heutige Ausstellung illustriert Aspekte der Afrikamission, wobei sie sich weitgehend im Rahmen von Ledóchowskas Missionsverständnis bewegt. Schon als junge Autorin hatte diese die Auseinandersetzung zwischen Christentum und einheimischen Religionen am Beispiel des Konflikts zwischen der traditionellen Heilkunde der „Zauberer" und der vom Missionar verkörperten westlichen Medizin beschrieben. Demgemäß werden in der Ausstellung sog. „Fetischpriester" als Prototypen missionsfeindlicher Kräfte präsentiert. Von der Ethnomedizin hat die afrikanische Heilkunde mittlerweile allerdings eine Rehabilitierung erfahren. Interessant sind Schrifttafeln, mit deren Hilfe in den Missionsschulen Lesen und Schreiben gelehrt wurde (nur mit Führung).

OBERWÖLBLINGAL
Pfarrkirche

Viele der Insassen in nordafrikanischen oder türkischen Gefängnissen wurden vom Trinitarierorden freigekauft (➜WIEN VIII). Ein Beispiel für dessen „Kultur der Redemption" ist das frühere Altarbild im linken Seitenschiff. Im Mittelfeld beschützt ein Engel zwei mit schweren Ketten gefesselte Sklaven, einen weißen in roter Kleidung und einen schwarzen im bunten Federkleid. Der Engel sowie zwei Ordensheilige sind in die Tracht der Trinitarier gekleidet – ein weißes Skapulier mit einem Kreuz, das sich aus einem roten und einem blauen Balken zusammensetzt. Das Altarbild, dessen Motiv auch auf einer Bruderschaftsfahne in Tirol aufscheint (➜RATTENBERG/T), spiegelt eine Art von *corporate design* des Ordens wider.

Interessant, daß im Marketing auch die Befreiung schwarzer Sklaven mitgedacht wurde. Praktiziert wurde sie freilich kaum, dann hätte man die europäischen Plantagen in Amerika einbeziehen müssen. Es wurde so aber eine Basis gelegt, auf der die katholische Mission des 19. Jhs. aufbauen konnte. Nicht die „Abolition", also das Verbot der Sklaverei, wurde in Österreich zum außenpolitischen Thema, sondern der individuelle Freikauf, die „Redemption". Nicht zufällig begann die österreichische Sudanmission Ende der 1840er Jahre mit dem Kauf „gutge-

„Loskauf der Gefangenen durch die Heiligen Johannes von Matha und Felix von Valois" (um 1700)

arteter" Knaben auf dem Sklavenmarkt von Khartoum: „Sie sollten die erste christliche Gemeinde Central-Afrikas bilden." (Marienverein 1851, 4). Die Sudanmission wurde vom staatlichen Redemptionsfonds, der an die Stelle des 1783 aufgehobenen Ordens getreten war, gefördert (➡ KLAGENFURT/KTN.).

MAUTERN
Römermuseum Favianis

Bisher war die Wahrnehmung Afrikas im Unteren Traisental die eines bedürftigen Kontinents. Hier wechseln wir die Perspektive. Das Museum erinnert an Severin, den „hochheiligen Diener Gottes aus dem Orient" (Eugippius), der in der 2. Hälfte des 5. Jhs. an die Donaugrenze kam. Ein hoher römischer Politiker wahrscheinlich, der (aus politischen Gründen?) Jahre im ägyptischen Exil verbracht hatte, möglicherweise in der Oase El Charga in der Nähe der Wüstenklöster. Diese sorgten in einer Periode politischer Instabilität einigermaßen für Ordnung und boten der Bevölkerung Versorgung und Schutz. Ähnliches tat Severin entlang der Donau, und so wie der bedeutende Abt Schenute von Atripe organisierte er seine Mönche in klausurierten Gemeinschaften, behielt aber Facetten des Einsiedlertums bei. Auch rituelle Details lassen seine Beeinflussung durch das koptische Mönchstum erkennen. Severin starb 482 in Mautern.

Das Museum zeigt Ausgrabungen aus dem vorrömischen und römischen Favianis. Die interessantesten Fundstücke stammen aus der Antikensammlung des Stiftes Göttweig: eine Reihe ägyptischer Statuetten (Osiris, Ptah, Widderkopf) – Zeugnisse für die Popularität ägyptischer und überhaupt orientalischer Kulte im 2. und 3. Jh.

Abstecher: TULLN, Stadtpfarrkirche. Ein kaum lesbarer Grabstein befindet sich an der Fassade, links vom Nordportal: „Ano Dni [Im Jahr des Herrn] 1524 jar starb der / wollgebor Graff Yacob am / XXI Tag des Kristmanet. / Ain Graff iber all Graffen, avs / Clain Egipten dem Got genat". Mit Ägypten direkt hat die Inschrift zwar nichts zu tun, wohl aber mit einer Vorstellung, die von den seit Anfang des 15. Jhs. zuwandernden Roma und Sinti verbreitet wurde: „Aus ‚Kleinägypten' stammten sie, ihre Vorfahren seien von dort vertrieben worden, weil sie der heiligen Familie auf ihrer Flucht Unterkunft gewährt hätten. Die Zigeuner kannten offenbar die Mentalität der christlichen Gesellschaft genau. Sie wußten, daß nicht Skepsis, sondern bewunderndes Zuhören ihnen begegnete … Deswegen haftete an ihnen in mehreren europäischen Sprachen noch der Name: Leute aus Ägypten, Egipsions, Gypsies, Egipcianos." (Schubert 1998, 26 f.). Bis zum Beginn der Neuzeit hören wir häufig, daß den Roma-Gruppen aus „Klein-Ägypten" Ehrerbietung und Unterstützung zuteil wurde. Der Tullner Grabstein, früher sogar innerhalb der Pfarrkirche angebracht, ist dafür ein Beispiel.

ALPENVORLAND

Lilienfeld
Zisterzienserstift

1202 vom Babenberger Leopold VI. gegründet zählt das Stift zu den „bedeutendsten Denkmälern mittelalterlicher Baukunst in Österreich" (Dehio). Die Marmorstatue des 1230 verstorbenen Stifters befindet sich rechts neben dem Kirchentor, seine sterblichen Überreste ruhen in einem prunkvollen barocken Sarkophag in der Kirche (nur mit Führung). Auch die sog. Große Kreuzreliquie im Klosterschatz erinnert an den Herzog; 1219, nach seiner Rückkehr aus Ägypten, brachte er den Holzpartikel zu den Mönchen ins Traisental.

Der Fünfte Kreuzzug (1217–21) richtete sich schwerpunktmäßig gegen Ägypten, neben Leopold VI. nahmen zahlreiche heimische Adelige teil. Trotz der Eroberung von Damiette brachten die jahrelangen Kämpfe allerdings nicht das erhoffte Ergebnis. Der Babenberger war ohnehin früh abgereist, ob aus innenpolitischen Gründen oder wegen des Streits unter den Heerführern, sei dahingestellt. Gern hätte ich gewußt, ob Leopold „der Glorreiche" in Ägypten auch den von allen belächelten Mönch kennenlernte, der durch eine Predigt vor dem Sultan zum Frieden beitragen wollte: den Minderbruder Franz von Assisi.

Texingtal
Pfarrkirche Plankenstein

Ägypten – einige Jahrhunderte später. Eine Gedenktafel erinnert an Johannes Fahrngruber, den Gründer des Diözesanmuseums (1845–1901). „Aus dem Pharaonenlande" nannte er den Bericht über seine 1875 un-

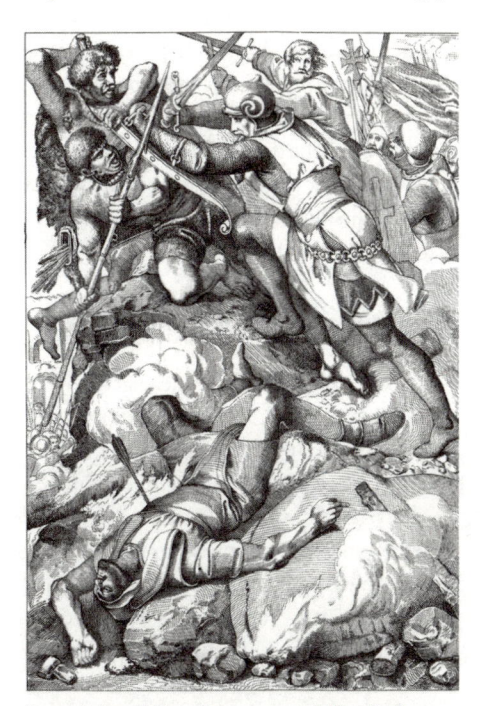

Kreuzfahrer kämpfen gegen afrikanische Soldaten im Orient (J. N. Geiger, 1860)

Abstecher: KIRNBERG AN DER MANK: Pfarrkirche (Schloß Kirnberg). Der spätgotischen Kirche wurde im 18. Jh. eine Franz-Xaver-Kapelle hinzugefügt. Vor allem den „Patron der Sterbenden" (lat. Inschrift) wollte man verehren, als „großer Apostel Indiens" kommt er eher zu kurz. Immerhin wird das Deckenfresko („Glorie des hl. Franz Xaver") von den Vier Kontinenten umrahmt. Africa ist von reizenden schwarzen Kindern umgeben, Koralle und Elefantenstoßzahn sind ihre Attribute.

ternommene Reise, ein Buch, das ihn als humanistisch gebildeten Orientkenner ausweist; Fahrngruber war geistlicher Rektor im Österreichischen Hospiz in Jerusalem gewesen. Im Vergleich zu anderen Ergüssen jener Zeit überwiegt das Interesse an ägyptischer Geschichte und Kultur, während touristische Anekdoten oder religiöse Belehrungen weitgehend ausgespart bleiben.

In der Schilderung „orientalischer Milieus" wird gelegentlich Sozialkritik erkennbar: „Auch Abu-Tîg enthielt viel hungerndes Volk. Steigt ein Fremder in den Gassen und auf dem Markte herum, wird seine Geldbörse und deren silberner Inhalt sichtbar, so bemerkt er sich gleich von einem Kreise von Abgemagerten umgeben, Knaben und Mädchen vielfach im pursten Adamskleide und der einfachsten Eva-Mode, fleischlos, mit enganliegender Haut; die Rippen sind leicht zu zählen ... Die armen Hungernden an den Ufern des Nil schlichen einher als Suchende, ob das Nothdürftige zu finden; sie lasen Weizenkörnlein auf; ich sah solche, die weggeworfene Eierschalen nochmals untersuchten, alte Salatblätter mit Begierde aufrafften." (Fahrngruber o. J., 110 f.)

SCHEIBBS
Pfarrkirche

Man könnte es als staatsfeindliche Aussage lesen, das Zitat auf dem Spruchband, das die vergoldete Weltkugel schmückt. Aber da der Globus so eindeutig Afrika ins Zentrum rückt, ist es doch eher eine Drohung: ERUDIMINI QUI IUVATIS TER – eine gekürzte Fassung von Vers 10 des zweiten Psalms: „Nun denn, ihr Könige, kommt zur Einsicht, laßt euch warnen, ihr Gebieter der Erde!" Die ungewöhnliche Installation von 1712 befindet sich gegenüber der Kanzel. Die priesterliche Figur auf dem Erdball wird von manchen für Bruno den Kartäuser gehalten – was insofern möglich wäre, als die Pfarre Scheibbs lange Zeit zur Kartause ➡GAMING gehörte –, von anderen für den hl. Johannes Nepomuk. In jedem Fall bleibt die Botschaft dieselbe: Bekehrt euch oder tragt die Konsequenzen! Hier schlägt Mission ideengeschichtlich in koloniale Eroberung um.

Schützenscheibenmuseum

Das „Schützenwesen" – eine eigene Welt, und Museumsleiter Franz Handl tut sein Bestes, um sie mir zu verdeutlichen. Seit dem 16. Jh. werden in Scheibbs Schützen erwähnt, zunächst schoß man auf einfache Scheiben mit einem schwarzen Punkt in der Mitte. Später wurden diese Scheiben bunt bemalt und mit verschiedensten Motiven geschmückt. Das 1991 eingerichtete Museum zählt zu den bedeutendsten Sammlungen von Schützenscheiben in Europa und besitzt einige Stücke mit exotischer Relescher Relevanz. So sieht eine Scheibe von 1720 einen federgeschmückten „Mohren" als den Mondkönig – ein Symbol für Angeberei: „Der König in dem Mond, bedeutet jene Thoren / die etwas wollen sein, da sie zu nichts gebohren." Eine andere Scheibe lud 1750 zum Besuch des noch bestehenden „Elefanten"-Wirtshauses ein.

Gaming
Ehem. Kartäuserkloster

In den 1720er Jahren wurde die barocke Bibliothek erbaut – fast ein Fremdkörper im mittelalterlichen Erscheinungsbild der 1330 gegründeten Kartause „Marienthron" –, ein harmonischer Saal mit außergewöhnlichen Fresken des böhmischen Barockmalers Wenzel Lorenz Reiner. In den Pendentifs der mittleren Kuppel sind die „Vier Kontinente" dargestellt. Asien (mit Kamel) und Afrika (mit Elefant) befinden sich gut sichtbar auf der südlichen, dem Eingang gegenüberliegenden Seite.

Reiner zeigt Africa als einen muskulösen, mit goldgrünem Federschurz und rotem Mantel bekleideten Jäger, der eine Krone und diverse Pretiosen trägt. Waren Schicklichkeitsgründe dafür ausschlaggebend, den Kontinent nicht als halbnackte Frau darzustellen? Oder wollte der Maler eine maskuline Kraft Afrikas in den Vordergrund rücken? Die Attribute, die dem Jäger zugeordnet werden, sind konventionell: ein schwarzes Mädchen, das ein Gefäß mit Schmuck und Perlen hält (Afrikas Reichtum), Skorpione als Sinnbilder der Wüste sowie Elefant und Löwe, die mächtigsten afrikanischen Tiere. Das Gebiß des letzteren ist ebenso wie der Pfeil des Kriegers dreidimensional ausgebildet und ragt stukkiert aus der Wand heraus. Reiners farbenprächtige, italienisch beeinflußte und in manchen Details schwer zu interpretierende Fresken widmen sich dem Verhältnis von Wissenschaft, Kunst und Religion. Wie ein Reisender 1779 erzählte, war der Bibliothekssaal mit niedrigen Schränken ausgestattet, auf denen maßstabgetreue, von den Mönchen „sehr künstlich [=kunstvoll] verfertigte" Modelle berühmter Bauwerke aufgestellt waren, darunter „egyptische Pyramiden" oder der „babylonische thurm" (Petrin 1985, 56).

Waidhofen an der Ybbs
Stadtwappen

Ein schwarzer „Mohren"-Kopf mit rotem Kragen und dreigezackter goldener Krone zwischen zwei Türmen – auch die Stadtgemeinde Waidhofen nennt ein „Mohren"-Wappen ihr Eigen. Wie in vergleichbaren Fällen (➔Oberwölz/Stmk., Großenzersdorf/NÖ etc.) geht auch dieses auf das bayrische Freising zurück, unter dessen Herrschaft Waidhofen bis 1803 stand. Allerdings haben sich praktisch keine alten Darstellungen erhalten; vielleicht wurden sie bei Renovierungen entfernt. Einige neuere Ausführungen sind in der Innenstadt vorhanden, und für den Tourismus wurde das Wappen zu einem ansprechenden Logo gestaltet.

Verehrung Benedikts durch die Kontinente (1744)

Seitenstetten
Benediktinerstift

„Vierkanter Gottes" nennt sich der harmonische, einheitliche Bau, den Josef Munggenast in der 1. Hälfte des 18. Jhs. errichtete – ein wirtschaftliches und kulturelles Zentrum im Mostviertel. Links im Großen Stiftshof (Nordtrakt) beginnt die sog. Abteistiege. Den hohen Raum krönt ein Fresko von Bartolomeo Altomonte, „Triumph des hl. Benedikt". Den Ordensgründer, der in einem Wagen in den Himmel auffährt, begleiten Allegorien der Kontinente; Africa wird durch eine Königin mit einem Löwen verkörpert; herumliegende Waffen verkörpern den kriegerischen Charakter des Erdteils, Pakete und Stoßzähne seinen Reichtum. Ein kleiner Engel richtet ein Brennglas auf die Herrscherin – damit sie so richtig schwarz wird!

Mit über 1000 Gemälden bedeutender älterer und moderner Künstler/innen ist die 1819 gegründete Stiftsgalerie eine der größten Privatsammlungen Österreichs. Hinweise auf die Wahrnehmung Afrikas und seiner Diaspora finden sich vor allem auf barocken Bildern *(www.stift-seitenstetten.at)*.

Ybbs an der Donau
Therapiezentrum Ybbs

Ein etwa zwanzigjähriger Afrikaner „aus Central-Afrika" wurde 1878 in Wien getauft – angeblich ein „Geschenk" an Kaiserin Elisabeth. Rustimo, wie er genannt wurde, war kleinwüchsig und körperbehindert und fand zunächst als Hofdiener und Spielgefährte von Erzherzogin Marie Valerie Verwendung. Teile des Hofstaats standen ihm feindlich gegenüber, Gräfin Larisch-Wallersee z. B. schimpfte ihn einen „Affenzwerg" oder als einen, „der in die Schaubude gehört" (Sokop 1992, 83). Dennoch erhielt er eine fixe Anstellung mit guter Bezahlung. Allerdings fiel er bei der Kaiserin in Ungnade, wurde

Rustimo mit Kronprinz Rudolf

pensioniert und Anfang 1891 wegen Alkoholismus in die damalige „Irren- und Versorgungsanstalt Ybbs" eingeliefert – wohl die einfachste Möglichkeit für Elisabeth, sich ihrer Verantwortung zu entziehen. In Ybbs verstarb Rustimo am 28. Juli 1892 an „Herzverfehlung".

Pöchlarn
Stadtbad

Sepp Mayrhuber gestaltete 1971 an der Außenfront des Freibads (Rechenstraße 9) sechs Mosaike mit Badeszenen, passend zur Funktion des Gebäudes: je eine ägyptische, antike, indianische, insulanische, mittelalterliche und moderne. „Baden" in verschiedenen Kulturen, sozusagen.

Melk
Benediktinerstift

1763 schmückte der böhmische Maler Johann Bergl das neuerbaute „Lusthaus" (den heutigen Gartenpavillon) mit exotischen Fresken – ähnlich, wie er sie kurz zuvor für Ober St. Veit (➜ Wien XIII) gemalt hatte. Für den Ovalsaal war ihm ein „Triumph des Lichts" vorgegeben, ergänzt durch „Vier Jahreszeiten" und „Vier Kontinente". In den Nebenräumen wurden exotische Szenen, Menschen und Pflanzen dargestellt. Bei den jeweiligen Attributen hielt er sich nicht unbedingt an die Tradition. „Aber gerade durch diese Freiheit gewinnt seine In-

„Africa" im Melker Gartenpavillon

vention einen zusätzlichen poetischen Reiz. Diese Weltteile sind eben nicht einem wissenschaftlichen Weltbilde entsprungen, sondern der Phantasie eines barocken Künstlers, der dem Theatralingenieur verwandter ist als dem nüchternen Topographen." (Mrazek 1960, 21).

Africa wird durch einen reichen schwarzen König symbolisiert, dessen Sklaven mit der Gewinnung von Perlen beschäftigt sind; einer hält ihm den Sonnenschirm, ein anderer führt einen Schimmel am Zügel (Farbkontrast und Symbol der Stärke). Pyramide und Palme, wilde Tiere und exotische Früchte sind weitere Attribute. Der asiatische König tritt mit orientalischem Pomp auf, schwarze, türkische und chinesische Sklaven bedienen ihn, zugeordnet sind Kamel, Krokodil und Strauß. Amerika wiederum wird von einem riesigen Elefanten begleitet, ein weißer Kaufmann bringt Handelsware von einem Schiff, das vor der Küste liegt.

Und Europa? Die einzige Frau in der Runde, mit Kaiserkrone, Reichsapfel und Zepter, umgeben von Symbolgestalten des Krieges und der Kunst – offensichtlich Maria Theresia!

WACHAU UND WALDVIERTEL

KREMS
Steiner Landstraße 3

„Angezogen durch den tiefen Ton der Igbin-Trommeln im Morgengrauen, kam es in Ede zu der Begegnung mit Ajagemo, dem mächtigen Oberpriester und Repräsentanten des Lichtgottes Obàtálá ..." – Susanne Wengers „Bekehrungserlebnis", in ihren eigenen Worten (Joanneum 2004, 30).

1915 in Graz geboren, hatte sie eine künstlerische Ausbildung absolviert, u. a. bei Herbert Boeckl (➜SECKAU/STMK.). Während der NS-Besatzungszeit war sie im Widerstand aktiv, schuf erste surrealistische Zeichnungen. Enttäuscht von der Entwicklung im Nachkriegs-Österreich übersiedelte sie

Susanne Wenger mit einheimischen Künstlern in Oshogbo

nach Paris, wo sie den Sprachwissenschaftler Ulli Beier kennenlernte, der vor einer Berufung nach Britisch-Nigeria stand. Nach der Heirat gingen sie 1950 nach Ibadan.

Auch das koloniale Ambiente befriedigte Wenger nicht. Während einer schweren Erkrankung nahm sie Kontakt zu den Würdenträgern der Yoruba auf – genau zu jenen „Fetisch-Priestern", gegen deren Einfluß die christliche Mission so sehr kämpfte (➔ WALPERSDORF). In den mystischen Welten eines blinden Priesters, des Ajagemo von Ede, glaubte sie zu finden, was sie im rationalistischen Europa, selbst im vorkonziliaren Katholizismus vergeblich gesucht hatte: „Durch die Trance werden die Grenzen der menschlichen Existenz für einen kurzen Moment überschritten. Der Mensch verschafft sich durch diese kühne Grenzüberschreitung die Gewissheit, dass er Teil des schöpferischen Prozesses, dass er ein Teil von Gott ist." (Ebda., 32).

1958 wurde sie in die Geheimgesellschaft der Ògbóni initiiert, eine Institution der vorkolonialen Gesellschaft, deren politischer Einfluß während der britischen Herrschaft nie gebrochen worden war (Verfolgung durch die Ògbóni gilt in der EU heute unter bestimmten Umständen als Asylgrund). Im selben Jahr ersuchten sie hohe Repräsentanten aus Oshogbo, gemeinsam mit einheimischen Künstlern die verfallenden Schreine im „Heiligen Hain" des Oshun-Flusses zu restaurieren, die von Säkularisierung und wirtschaftlicher Nutzung bedroht waren. In den „Sacred Groves of Oshogbo" sollte in den folgenden vierzig Jahren Susanne Wengers Hauptwerk entstehen, eine Symbiose von traditioneller Tempelarchitektur, angepaßten Neuschöpfungen und riesigen Zementskulpturen inmitten eines tropischen Regenwalds. 2005 wurde das 75 Hektar große Areal am Stadtrand von Oshogbo zum Weltkulturerbe erklärt.

Als initiierte Orisha-Priesterin war Adunni – so ihr einheimischer Name – in eine traditionalistische Strömung integriert und wurde sowohl von säkularen als auch von christlichen wie islamischen Kreisen angefeindet; einer ihrer Schreine wurde in den 1970er Jahren sogar zerstört.

Neben ihrem Interesse an Schamanismus und Mystik hielt sie den Kontakt zu Europa und zu dortigen künstlerischen Diskursen aufrecht. Nie sei es ihr oberflächlich um „Afrikanismen" gegangen, betonen Wolfgang und Martha Denk, hierzulande die besten Kenner ihrer Person und ihres Wirkens, sie habe vielmehr Stilelemente ihrer früheren Werke im Rahmen der Yoruba-Kultur weiterentwickelt. „Einflüsse der klassischen Moderne, des Surrealismus, der frühen Abstraktion, des Kubismus und des Expressionismus sind in ihrem Werk sehr transformiert, aber immer noch spürbar." (Denk 2005, 56).

Ab 1985 stieß ihre Kunst auch in Europa auf Resonanz. In Wien, Graz und Krems fanden Ausstellungen statt, 1995 gründete Wenger eine Stiftung zum Erhalt ihrer Werke. 2004 stellte die nö. Landesregierung Räume in der Kunstmeile Krems zur Verfügung – eine angemessene Würdigung für eine österreichische Persönlichkeit, die wie keine andere in künstlerischem Austausch mit der traditionellen Kunst und Religion Westafrikas stand. Susanne Wenger verstarb 2009 in Oshogbo.

Die Bewahrung ihres Nachlasses setzt für Krems einen starken „afrikanischen" Akzent. Die Susanne Wenger Foundation verfolgt das Ziel, die „beweglichen" Werke der Künstlerin wie Ölbilder, Batiken oder Zeichnungen zu sammeln und der Öffentlichkeit zugänglich zu machen. Sie unterstützt auch den Erhalt des skulpturalen Riesenwerks in den Oshun Groves von Oshogbo (*www.susannewengerfoundation.at*; Führungen auf Anfrage).

Abstecher: ARTSTETTEN, Schloß und Pfarrkirche. 1892/1893 begab sich Franz Ferdinand mit großem Gefolge auf Weltreise – nicht nur des Jagens wegen, das er exzessiv auszuüben gedachte, sondern auch, um die weltweite Präsenz Österreich-Ungarns zu markieren. In Österreich nahmen kolonialistische Interessen zu (➧ BERNDORF), der Thronfolger war selbst Ehrenschützer eines einschlägigen Vereins.
Von all dem ist im „Franz-Ferdinand-Museum" – der Erzherzog war ab 1890 Besitzer des Schlosses – nicht viel zu merken. Seine Weltreise und der Besuch in Ägypten zwei Jahre später finden zwar Erwähnung, nicht aber der kolonialpolitische Kontext. Die Ausstellung ist auf den Mord von Sarajevo 1914 fokussiert und grenzt an Märtyrerkult. Einige Räume und Gegenstände erinnern an den orientalischen Lebensstil, dessen sich Adelige während der sog. Gründerzeit erfreuten. Zufall – aber irgendwie paßt zu Franz Ferdinand, daß die Pfarrkirche Jakobus d. Ä. geweiht ist, dem Patron der spanischen Reconquista. Das alte Hochaltarbild zeigt den Heiligen hoch zu Roß in der Maurenschlacht, die schwarzen Feinde auf dem Boden im Vordergrund (Martin Johann Schmidt, 1788). Eine Route des Jakobswegs verlief über die Wachau.
Auch die X. Kreuzwegstation ist beachtenswert: Stephaton, der – noch etwas schüchtern – Jesus mit Essig und Galle tränkt (2. H. 18. Jh.). Mehr dazu auf S. 237.

MARIA LAACH AM JAUERLING
Wallfahrtskirche

Hier beeindruckt das monumentale Renaissancegrabmal Johann Georgs III. von Kuefstein († 1603), geschaffen von Alexander Colin oder seiner Werkstatt. Der aus verschiedenfarbigem Marmor zusammengesetzte Kenotaph ist mit zahlreichen Kriegstrophäen, Waffen und einem Türkenzelt geschmückt. Wie aus einer lateinischen Inschrift hervorgeht, hatte der Freiherr 1595 eine wichtige Rolle bei der Rückeroberung von Esztergom gespielt (➧ WIEN I). Ein großer Rundschild vor dem knienden Verstorbenen zeigt das Wappen der Familie, einen nackten „Mohren" (das soll er zumindest sein, physiognomisch ist er eigentlich Europäer) mit goldener Krone und einem Schwert (➧ GREILLENSTEIN); mehrere Totenschilde mit demselben Motiv hängen an den Wänden des Presbyteriums.
Der Hochaltar (datiert mit 1480) zählt zu den besterhaltenen gotischen Schnitzwerken Niederösterreichs. Die Reliefs zeigen u. a. die „Anbetung der Weisen", unter denen sich ein junger König mit leicht getöntem Teint befindet.

KIRCHSCHLAG
Pfarrkirche

Auf dem rechten Seitenaltar erinnert eine Schnitzfigur an die spanischen Kriege in Nordafrika und die Gegenwehr der Marokkaner. „Christus, Heil der Kranken" ist die

Kopie eines im Trinitarierkloster von Madrid verehrten Originals aus dem 17. Jh., wegen der gefärbten Kleidung auch „Blauer Herrgott" genannt. Die originale Statue soll laut Legende 1681 bei der Rückeroberung von Mamora (heute Mehdia) von marokkanischen Soldaten nach Fès gebracht und dort entweiht worden sein. Trotz aller Versuche, sie zu vernichten, sei sie jedoch unversehrt geblieben. Schließlich hätten die frommen Mönche sie zurückgekauft und nach Madrid gebracht. Eine Kopie wurde dem Trinitarierkloster in ➡Wien VIII geschenkt. Nach dessen Aufhebung 1793 gelangte die Figur ins Waldviertel.

Stift Zwettl
Zisterzienserstift

Warum gerade Raimund von Fitero? Weil der Gründer des Ritterordens von Calatrava gerade zum Heiligen erhoben worden war? Oder weil man zum fünfzigsten Jubiläum der „Türkenbelagerung Wiens die Verdienste der Zisterzienser herausstellen wollte? Jedenfalls entsprach das Motiv den Vorlieben des Auftraggebers, des Stiftsprälaten Melchior Zaunagg, „der im Glaubens- und Mönchsleben vor allem den Kampf sah" (Andreas Gamerith).

Afrikaner im Kreuzweg

Wir wissen wenig über die Überlegungen, die der Herstellung von Kreuzwegen zugrundelagen, und praktisch nichts über ihren Vertrieb. Auffallend ist jedenfalls, daß des öfteren Afrikaner dargestellt sind, und zwar andere als der meist „europäisch" dargestellte Simon von Cyrene.
Erstens handelt es sich um schwarze Sklaven im Hofstaat des Pilatus – dieses Sujet ist nicht selten, ein volkskünstlerischer Reflex auf die aristokratische Repräsentation im Barock (➡Innsbruck/T).
Davon zu unterscheiden sind zweitens Afrikaner als Beteiligte an der Kreuzigung, also als Angehörige des römischen Heeres. Der afrikanische Longinus, der auf einem spätgotischen Schnitzaltar aus Belgien (heute ➡Wien I) prominent aufscheint, bleibt vereinzelt. Ab dem späten 17. Jh. aber (zunehmende Türkengefahr?) finden sich schwarze Männer öfter im Hinrichtungskommando, so ein afrikanischer Kamelreiter auf einem Wandbild in der ehem. Dominikanerkirche in Steyr/OÖ oder Stephaton auf einer Kreuzwegstation in ➡Artstetten. Um 1900 begann man schwarze Knechte zu imaginieren, die Hilfsdienste bei der Kreuzigung leisten – etwa Christus das Kreuz überreichen (➡Haslach/OÖ, Kartitsch/T, Altaussee bzw. Teufenbach/Stmk.) oder einen Korb mit Nägeln tragen (Wolfsberg/Ktn.) – bzw. bei der Hinrichtung von Heiligen assistieren (➡Linz/OÖ). Afrikanische Soldaten auch als Henker zu zeigen, war ein nächster, aber seltener Schritt (➡Alberndorf/OÖ).

Hitlers schwarze Helfer

Offenbar besteht wenig Erinnerung an das Lager der deutschen Wehrmacht in unmittelbarer Umgebung des Stiftes. Mit der Absiedlung von Döllersheim war 1941 die Schaffung des (bis heute) größten Truppenübungsplatzes in Mitteleuropa abgeschlossen gewesen. In seinen insgesamt acht Lagern, darunter Zwettl, wurden nicht nur deutsche und österreichische Soldaten stationiert, sondern auch Angehörige fremder Spezialeinheiten, die für den NS-Staat kämpften – etwa der russisch-ukrainischen Wlassow-Armee, der Organisation „Freies Indien" oder des „Deutsch-Arabischen Infanterie-Bataillons 845", in dem Beteiligte am gescheiterten Putschversuch im Irak 1941 sowie Unterstützer von Rommels Afrika-Korps zusammengefaßt waren. Während Antifaschisten aus Nord- und Westafrika im Konzentrationslager landeten (➥MAUTHAUSEN/OÖ), bereiteten sich Hitlers schwarze Helfer hier auf ihren Einsatz vor.

Nach Unterlagen im Stadtarchiv Zwettl, die mir Friedel Moll zur Verfügung stellte, sollen im Durchschnitt etwa 250 Araber sowie Fremdenlegionäre, welche die Aufsicht führten, hier stationiert gewesen sein. Ein Teil davon wurde als Partisanen in Tunesien und Algerien eingesetzt. Einer davon soll der in der späteren algerischen Unabhängigkeitsbewegung FNL prominente Saïd Mohammedi gewesen sein, der nach der Staatsgründung Minister wurde und im Dezember 1995 verstarb. Der Kampf gegen den Kolonialismus hatte viele Facetten ...

1733 schuf Jakob Christoph Schletterer, ein von Waldviertler Klöstern gern beschäftiger Künstler, die überlebensgroße Statue des Heiligen am Bernhardialtar, im rechten Querhaus der Kirche. Hoch aufgerichtet steht er hier, in Siegerpose, mit Helm, Fahne und Speer, in seiner Rechten die Ordensregel, den Schild schon zur Seite gelegt. Vor ihm die Assistenzfigur, die der Szene erst ihre Bedeutung verleiht: ein kniender Maure, die Hände auf den Rücken gefesselt ...

Klösterlicher Überlieferung zufolge soll ein heimischer Diplomat in den 1960er Jahren Bedenken gegen die Figur geäußert haben – immerhin emanzipierte sich gerade halb Afrika von Europa. Der damalige Abt, Ferdinand Giessauf, reagierte prompt und ließ den „Mohren" weiß färbeln – so habe ich ihn 2005 noch fotografiert. Zwei Jahre später begann die Kirchenrenovierung, und man entschied sich für den alten Zustand. Eigentlich sei Raimund ja ein Sklavenbefreier gewesen, die Figur also nicht diskriminierend. Im März 2013 wurde die Figur des Afrikaners in originaler Farbgebung wieder angebracht – in einer wohl aus der Heraldik entnommenen, sehr klischeehaften Zeichnung mit tiefschwarzem Teint, wulstigen roten Lippen und aufgerissenen weißen Augen.

Ein Sklavenbefreier freilich war der heilige Raimundo nicht. 1158 hatte ihm Alfonso VII. von Kastilien die Verteidigung der Burg Calatrava bei Toledo übertragen. Binnen kurzem organisierte er ein Heer von angeblich 20.000 Mönchen und Soldaten, eine heranrückende maurische Armee zog sich kampflos zurück. Der leichte Sieg führte zur Entstehung einer der drei großen Rittergemeinschaften der spanischen Reconquista. So gesehen, bewegte sich Melchior Zaunagg trotz des seltenen Motivs durchaus im Zeitgeist, der im Österreichischen Türkenkrieg die christlichen Erfolge gegen die afrikanische Herrschaft in Spanien gespiegelt sah (➥PFARRKIRCHEN/OÖ).

Abstecher: MOORBAD HARBACH. „Jährlich im Juli findet hier das familienfreundliche KASUMAMA Afrika-Festival statt *(www.kasumama.at)*. 1996 entwickelte sich der Verein KASUMAMA aus einer Gruppe von trommelbegeisterten Waldviertler/inne/n, die in der Vermittlung von afrikanischer Kunst- und Kultur den geeigneten Weg für die Überwindung von Vorurteilen und für eine bessere Völkerverständigung entdeckten. Ihr größtes Projekt, das KASUMAMA Afrika-Festival, konnte sich in den letzten Jahren gut etablieren und ist aus der österreichischen Afrokulturszene nicht mehr wegzudenken. Mit einem ganztägigen Kunst- und Kulturangebot für Kinder und Erwachsene wird ein Austausch zwischen Österreicher/inne/n und in Österreich lebenden Afrikaner/inne/n ermöglicht. Gerade im ländlichen Raum gibt es hierfür wenige Möglichkeiten, und die Vorstellung von Afrika und afrikanischen Migrant/inn/en ist geprägt von einem stereotypen Bild, wie es oft über die Medien vermittelt wird. Das größenmäßig überschaubare Festival bietet die Gelegenheit, in einer familiären und entspannten Atmosphäre ins Gespräch zu kommen, einander kennenzulernen und Freundschaften zu schließen – bedeutet doch das Wort ,Kasumama' in verschiedenen westafrikanischen Sprachen soviel wie ,ruhiges Herz'." (Katrin Pröll).

SCHLOSS ROSENAU
Freimaurermuseum

Wieder werden wir an Angelo Soliman erinnert, den afrikanischen „Bruder" der Loge „Zur Wahren Eintracht" (➡WIEN III). Das Schloß wurde im 18. Jh. barockisiert. Als Freimaurer richtete der Schloßherr auch eine Loge ein, deren freskierte Räume original erhalten sind – ein Gesamtkunstwerk! Eine ständige Schau sowie Sonderausstellungen informieren über Philosophie und Geschichte der Freimaurer in Österreich und international. Mehrere Objekte beziehen sich auf die „Wahre Eintracht" und ihren schwarzen Funktionär Soliman, so der berühmte Porträtstich von Johann Gottfried Haid. Ein handschriftliches Mitgliederverzeichnis der Loge „Zur Wahrheit" erwähnt 1786 weiters den k. k. Hofgärtner Boos mit dem Vermerk „Auf Reisen in Afrika".

Im Gleichklang mit der europäischen Expansion verbreitete sich die Bewegung auch nach Übersee, woran ein Objekt aus der Kitchener-Loge in Khartoum erinnert.

GMÜND
Pfarrkirche Herz Jesu (Gmünd II)

Zwei schwarze Kinder in weißen Kleidern, ziemlich eingeschüchtert durch all die Geistlichkeit rundherum. Afrika scheint im großformatigen Fresko an der Apsiswand als ein Teil des „geistlichen Standes" auf, während Europa – symbolisiert durch Angehörige verschiedener Berufe und Kriegsflüchtlinge – den „weltlichen Stand" ausmacht. Die Kirche – auch „Dom des Waldviertels" genannt – wurde 1950–53 nach Plänen von Architekt Josef Friedl errichtet, das Gemälde vom Künstlerehepaar Hans Moser und Erna Moser-Piffl gestaltet. Die Pfarre wird von den Oblaten OMI betreut, die missionarisch in Afrika tätig sind (➜ WIEN XIII).

GROSS-SIEGHARTS
Waldviertler Textilstraße

Insgesamt 40 Stationen, darunter die Textilmuseen in Weitra, Groß-Siegharts und Waidhofen a. d. Thaya, vermitteln Einblicke in Technik und Betriebsformen sowie Arbeits- und Lebensbedingungen der Textilindustrie *(www.niederoesterreich.at/textilstrasse)*. „Die Arbeits- und Betriebsorganisation der Textilmanufakturen des 18. Jh. beruhte auf dem Verlagssystem. ... Textilverlag, das war die Auslagerung von Spinnen und Weben in die Haushalte der Produzent/inn/en, die die Arbeiten nach althergebrachter Weise verrichteten. Im Unterschied zu früher produzierten sie nun aber nicht mehr (nur) für den Eigenbedarf, sondern für den Weltmarkt." (Komlosy ²1994, 10).
Der „Weltmarkt" war im Oberen Waldviertel in Form großer Handelsfirmen präsent. Die bedeutendste von ihnen war die Zweite Orientalische Kompagnie, eine 1719 etablierte Aktiengesellschaft, die wenig später auch die Linzer Wollmanufaktur übernahm und 1724 die Schwechater Baumwollmanufaktur gründete, für die in der zweiten Hälfte des 18. Jhs. im Waldviertel bis zu 30.000 Personen tätig gewesen sein sollen. Auch der Ausbau der Textilwirtschaft in und um Groß-Siegharts durch Graf Johann Christoph Ferdinand v. Mallenthein in den 1720er Jahren erfolgte im Hinblick auf die Orientalische Kompagnie.
Von dieser wurde Baumwolle aus dem Osmanischen Reich, aber auch aus Indien und Ägypten importiert, und im Waldviertel ließ man sie neben Flachs oder Schafwolle verarbeiten. Die fertigen Tücher wurden von Schwechat aus exportiert. Die Absatzmärkte lagen vor allem innerhalb der Monarchie, es wurde aber auch in den Orient und zeitweise sogar nach Messina, Spanien und Portugal geliefert, also indirekt nach Lateinamerika. Auch die Böhmische Leinwand-Compagnie verfügte über eine Vertretung in Cádiz. Dort war nämlich Nachfrage vorhanden: Baumwolltuch wurde in Übersee viel gebraucht – für die Bekleidung der Sklaven.
An Graf Mallenthein, der 1731 wegen Zahlungsschwierigkeiten der Kompagnie in Konkurs ging, erinnern eine Gedenktafel rechts neben dem Kircheneingang sowie die Mallentheingasse.

GREILLENSTEIN
Schloß

„Herr Justus führte mich am Nachmittag nach dem schönen Schlosse Greillenstein", notierte ein Reisender 1823. „Vor den beiden Seiten des Tores dieser Einfahrt sind steinerne Figuren von Löwen und hohe Pyramiden mit stark vergoldeten Kuppeln auf der Spitze, und an den Seiten des Tores selbst stehen zwei nackte Neger, welche ein langes bloßes Schwert über den rechten Arm aufrecht halten. Diese Schwarzen in Lebensgröße machen einen seltsamen Anblick." (Zit. n. Reil 1981, 83 f.; Abb. genenüber). Wie kaum anderswo fungiert das „Mohren"-Wappen hier als Architekturelement, als Dekoration im Eingangsbereich des von den Grafen von

Benediktinerstift Altenburg, Krypta: Die ägyptischen Eremiten

Kuefstein um 1700 modernisierten Schlosses. Auch das schmiedeeiserne Torgitter zwischen den majestätischen Löwen wird von einer einschlägigen Figur mit Krone und goldenem Schwert geschmückt.

Ein großformatiges Gemälde im Schloß (nur mit Führung) zeigt muskulöse afrikanische Ringer, die dem Hofstaat des osmanischen Sultans angehörten (17. Jh.).

ALTENBURG
Benediktinerstift

Als karg und unwirtlich gilt das Waldviertel, mit schlechten Böden und rauhem Klima, geringen Erträgen beim Ackerbau und wenig Möglichkeiten zur Viehzucht. Und dann das: der monumentale Architekturkomplex des Stiftes, in den 1730er und 1740er Jahren von Josef Munggenast, einem der prominentesten Architekten der Habsburgermonarchie, errichtet.

Links von der barocken Kirche der sog. Marmortrakt: die Sala Terrena, eine Folge von fünf Hallen. Insbesondere die vierte ist als orientalisch-chinesisches Ambiente gestaltet. Von dort führt die Kaiserstiege ins Obergeschoß; ihre Wände sind mit stukkierten Pflanzen aus den damals bekannten Erdteilen dekoriert: mit südafrikanischen Kallas, amerikanischen Agaven, asiatischem Akanthus und heimischen Blumen.

Rechts von der Kirche befindet sich der Bibliothekstrakt. Das Vestibül bringt die im Manierismus beliebten Assoziationen zum Thema „4": vier Jahreszeiten, vier Elemente, vier Tageszeiten und – im Gewölbe – die

Abstecher: BURGERWIESEN: Eine „Stadt im Traum" sollte es werden, zumindest nach den Plänen des Juristen Leopold Paur von 1784. Zwischen seinem Geburtsort Altenburg und dem nahegelegenen Horn wollte er diese Traumstadt errichten: kreisrund mit gleich breiten Straßen und 856 gleichförmigen Häusern, und die einzelnen Stadtviertel, Tore und Häuserblöcke sollten nach den Kontinenten der Alten Welt bzw. deren Städten benannt sein. Zwischen der Porta Occidentalis im Westen und einer Porta Africa im Südwesten war beispielsweise ein Stadtviertel rund um ein Forum Barbaricum (Berberplatz) geplant, daran anschließend Zonen um ein Forum Aethiopicum oder ein Forum Abessinicum. Für die Gebäude in diesen Grätzeln wählte er einschlägige Namen wie Zanzibar, Quilmanca, Hottentots, Carthago, Fez oder Agades.

Finanzieren wollte Paur die Stadt, die für etwa 80.000 Bewohner/innen gedacht war, mit Beiträgen von überall als Gegenleistung für ein Geheimrezept gegen Syphilis, also eine Art Rezeptgebühr. Leider überwies niemand Geld auf sein Konto … Paurs utopischer Vorschlag stieß in der Öffentlichkeit auf Hohn und Spott. Versucht man allerdings, ihn „nicht als Scharlatan oder gar als gemeinen Betrüger hinzustellen, der versucht hat, mit einem unrealistischen Projekt den Leuten das Geld aus der Tasche zu ziehen", sieht die Bilanz anders aus: „Mit seinem aufklärerisch-pazifistischen, sogar revolutionären, ja vielleicht sogar ‚radikal-demokratischen' Entwurf hat er die weithin berühmten Sozialutopien eines Thomas Morus, Johann Valentin Andreae, Tommaso Campanella oder Francis Bacon im Rahmen eines humanitären Projektes freimaurerischer Prägung um den kosmopolitischen Gedanken von der Gleichheit aller Menschen erweitert … [eine] Utopie vom friedlichen Nebeneinander aller Menschen unterschiedlicher Schichten, Nationen, Rassen und Religionen …" (Kusternig 2002, o. S.).

vier Kontinente, alle Personifikationen mit weißer Hautfarbe. Auch hier ist die 48 m lange Bibliothek als Tempel der Weisheit gestaltet, weshalb auf dem Deckenfresko (Paul Troger, 1742) der Besuch der Königin von Saba dargestellt wird (➦ADMONT/STMK.). Eine Reihe orientalischer Figuren mit Kamelen befinden sich im Gefolge der europäisch gezeichneten Königin, darunter auch ein schwarzer Diener mit weinrotem Gilet, blauem Hemd und dunkelblauer Mütze.

Unter der Bibliothek schließlich die sog. Krypta – architektonisch und malerisch eine Vergegenwärtigung des Todes. Unter den großflächigen Wandmalereien finden wir die in Österreich wohl grandioseste Visualisierung des alten ägyptischen Mönchtums: die Einsiedler Paulus und Antonius bzw. ihnen gegenüber die Maria Aegyptica, die von Abt Zosimus die letzte Wegzehrung erhält. Daß die Wüste mit Palmen bepflanzt ist und eine große Kirchenburg die Einsamkeit stört – was soll's! Möglicherweise war die „Krufften" mit ihrer dekadenten Bildsprache als letzte Ruhestätte des Bauherrn, des Abtes Placidus Much, gedacht. In einsamen Stunden dachte wohl auch der standesbewußte Prälat, Herr über tausende zinspflichtige Untertanen, an die Vergänglichkeit.

WEINVIERTEL UND MARCHFELD

Hardegg
Burg

An sich ist die einwohnermäßig kleinste Stadt Österreichs am Rande des grenzüberschreitenden „Nationalpark Thayatal/Národni Park Podyjí" nicht dafür prädestiniert, der tropischen Abenteuer eines Habsburgers zu gedenken – aber welcher Ort in Niederösterreich ist das schon? Nichts erinnert hier an die Wüste von Suez, die Inseln des Indischen Ozeans oder die Ebenen Mittelamerikas – außer eben die Ausstellung in den rekonstruierten Trakten der imposanten Ruine. Johann Carl Fürst von Khevenhüller-Metsch (1839–1905) ließ den verfallenen Stammsitz seiner Ahnen zum Teil wiederaufbauen; in einem eigenen Saal trug er Erinnerungsstücke an die „große Zeit seines Lebens" zusammen – an den gescheiterten Versuch von Erzherzog Ferdinand Max, mit französischer Hilfe ein Kaiserreich im unabhängigen Mexiko zu errichten (➡WIEN XIII). In der Söldnerarmee, die vor allem Österreich und Belgien aufstellten, hatte der junge Graf als Offizier gedient. Zwar kamen viele Objekte seiner „Kaiser Maximilian"-Gedenkstätte nach Kriegsende 1945 abhanden, doch wurde später wieder ein „Mexikanischer Saal" samt einer biographischen Dokumentation über den „Kampfgefährten des Kaisers" eröffnet.

Besuch Erzherzog Ferdinand Maximilians auf dem Sklavenmarkt in Smyrna (Gemälde von Johann Nepomuk Geiger, Schloß Miramare, Triest)

Einige Exponate der Ausstellung, in deren Mittelpunkt naturgemäß Mexiko steht, weisen auf den Besuch Ferdinand Maximilians 1855 in Ägypten hin, in deren Verlauf er den von Kairo abgelehnten Bau des Suezkanals unterstützte. Keine Erwähnung finden seine kolonialen Projekte.

Retz
Museum im Bürgerspital

In der sog. Südmährischen Galerie, einer Sammlung von Kunstwerken aus dem Znaimer Raum, erinnern eine Bronzebüste und andere Objekte an den österreichisch/US-amerikanischen Schriftsteller Karl Postl alias Charles Sealsfield (1793–1864), der aus einer südmährischen Bauernfamilie stammte. Er ist hierzulande vor allem durch sein Metternich-kritisches Buch „Austria as it is" (1828) bekannt, hat sich in seinen Werken jedoch meist mit den Südstaaten der USA befaßt, deren autoritäres republikanisches System ihm als eine ideale Gesellschaftsordnung erschien. Sealsfield wurde damit zu einem Propagandisten von Rassismus und Sklaverei.

„Wir haben in den südlichen Staaten über zwei Millionen Sklaven, auf eine Bevölkerung von etwas über vier Millionen Weißer", schrieb er z. B. im zweiten Band seines Romans „Pflanzerleben" (1846). „Die zwei Millionen Schwarze der eilf [sic] Sklaven haltenden Staaten – der Kopf im geringsten Durchschnittspreise nur zu dreihundert Dollars gerechnet, fordern eine Entschädigungssumme von sechshundert Millionen Dollars, weit über drei Milliarden französischer Franken. Wo ist […] der Nationalschatz, der diese Summe aufbringen, wo die Nation, die sich und die kommenden Geschlechter zu Gunsten einer solchen Raçe mit einer so ungeheuern Schuldenlast beladen würde? Aber selbst wenn der Fall Statt fände … wäre dem Uebel abgeholfen? Könnten sie die thierischste, die trägste Raçe des Erdbodens, die einzig durch die Peitsche regiert zur Arbeit vermocht wird, durch eine Emancipationsakte zu thätigen Bürgern umwandeln? Würden diese nicht in den ersten Monden ihrer Freiheit, das Spielwerk irgend eines schwarzen Spartacus, den Kampf auf Leben und Tod mit uns beginnen?" (Sealsfield 1846, 48 f.).

Hollabrunn
Stadtmuseum „Alte Hofmühle"

Ein kleiner Gedenkraum im Anfang der 1990er Jahre neugestalteten Museum erinnert an den Maler Heribert Potuznik (1910–1984). Als Vertreter der österreichischen „klassischen Moderne", die mit abstrakten Stilrichtungen der Zwischen- und Nachkriegszeit konkurrierte, machte sich der Künstler durch sein Gespür für leuchtende Farben und Farbkompositionen einen Namen.

Über einen Freund, der als Computertechniker im größten Kupferbergwerk Zambias arbeitete, kam Potuznik 1978 auf einen „Kunsturlaub" nach Afrika. Seine insgesamt drei Aufenthalte in Kitwe boten ihm Gelegenheit zur Auseinandersetzung mit afrikanischen Menschen. Erste Zeichnungen und Gemälde entstanden im Garten des Freundes, dann aber wurde die Stadt erforscht – der große Markt, das Bergwerk, die Felstür-

> *Abstecher:* WEYERBURG. Die kleine, um 1730 vom Hausarchitekten der Grafen Schönborn, Johann Lukas von Hildebrandt, barockisierte Kirche führt ein seltenes Patrozinium. Die heilige Kunigunde wurde von ihrem kaiserlichen Gemahl des Ehebruchs beschuldigt, konnte bei einem Gottesurteil aber ihre Unschuld beweisen. Verblüfft betrachtet ein kleiner schwarzer Sklavenbub, der des Herrschers Krone hält, die Szene.

> *Abstecher:* SEITZERSDORF-WOLFPASSING. Bei den adeligen Großgrundbesitzern der Region war der heilige Franz Xaver offenbar populär, so auch hier beim Haghof, einem Anwesen aus der Spätrenaissance. In der Nähe der Außenmauer ließ der Graf Hardegg 1743 eine Figurengruppe errichten, die einen jungen „Exoten" zeigt, der von Franz Xaver getauft wird. Dieser wird von einem überdimensionierten Krustentier begleitet – der Legende nach hatte ein Krebs dem Heiligen 1544 sein verlorenes Kruzifix zurückgebracht. Der Missionar ist als Wundertäter dargestellt („Thaumaturgos"), Bekehrung (Wohlverhalten) und himmlische Gnade werden in Zusammenhang gebracht. Wohl ein Fingerzeig für die leibeigenen Bauern des Grafen?

me in der Umgebung. Später führten ihn Ausflüge u. a. nach Livingstone am Zambezi, zum Kafue und an den Tanganjikasee. Das großformatige Ölbild „Chimwemwe-Markt in Kitwe", zu dem zahlreiche Zeichnungen und Entwürfe existieren, wird als eines seiner Hauptwerke betrachtet (Abb.). Während sich die meisten Werke seiner „afrikanischen Phase" in Privatbesitz befinden, ist Potuznik in öffentlichen Galerien, wenn überhaupt, nur mit Weinviertler Impressionen vertreten. Sein künstlerischer Aufbruch in Afrika blieb Episode, zumal Potuznik – anders als etwa Wilhelm Kaufmann (➧STADT SALZBURG) – öffentlich nicht tätig war und eher menschenscheu lebte. Umso bemerkenswerter, daß ihm die „Alte Hofmühle" 2010 eine Ausstellung der in Zambia entstandenen Gemälde widmete. Eines davon, „Kafue River", ist heute permanent ausgestellt.

GÖLLERSDORF
Platz der Herzen

Auf einer Grünfläche zwischen Strafanstalt und Kirche gestaltete Leslie de Melo 2005 eine Stahlskulptur, die aus vielen miteinander verbundenen Herzen besteht. Der Künstler wurde 1953 im heutigen Tanzania geboren. Im Alter von zehn Jahren übesiedelte die Familie nach Indien, wo er seine Jugend verbrachte. 1978 begann er an der Akademie der bildenden Künste in Wien zu studieren. In seinem Repertoire finden sich neben Fotografien auch Grafit-, Tusch- und Bleistiftzeichnungen, Skulpturen aus den unterschiedlichsten Materialien, Öl- und Acrylmalereien sowie Installationen *(www.demelo.at)*.

WEINSTEIG
Filialkirche

Darstellungen des jesuitischen Täufers, eines der wesentlichen ikonographischen Elemente der katholischen Gegenreformation, finden sich im Weinviertel (im Gegensatz zum Waldviertel) öfter. Auch hier eine im späten 17. Jh. grandios inszenierte Taufe. Ein mit Straußenfedern und rotem Mantel reich bekleideter „Mohr" mit nacktem Oberkörper und einer Perle im Ohr wird vom heiligen Franz Xaver – ziemlich besitzergreifend – unter seinen Schutz genommen und mit dem heiligen Wasser benetzt. Engel wohnen der feierlichen Szene bei, die sich in einem

Afrika und der Poysdorfer „Bauernphilosoph"

Als ich noch in die Schule ging, war ich beim Kindheit-Jesu-Verein, wo wir im Monat zwei Kreuzer zahlten. Der Katechet belehrte uns, dass dies für die Missionen gehört, die in anderen Ländern die Heiden bekehren. Ich dachte schon damals, dass man nicht bei uns zu Hause zuerst alle zu ordentlichen Christen macht, damit nicht so viel Unrecht vorkommt ...
Der Pater Missionär, er belehrt diese armen Wilden, dass sie Gott lieben sollen, indem sie seine Gebote halten, um ewig selig zu werden. Sie belehren ihn, den Nächsten zu lieben wie sich selbst und auch den Feind zu lieben und ihm Gutes zu tun. Er schärft ihnen auch die Befolgung der Gebote ein, zum Beispiel: Du sollst nicht töten! Kaum aber dass von dieser christlichen Belehrung in dem Gehirn dieser Neubekehrten etwas haftet, so kommt schon der Machthaber, der über das betreffende Land herrscht, sagen wir z. B. der Franzose, aus dem christlichen Europa, und erlässt einen Aufruf: ‚Alles einrücken, was Hände und Füße hat, es ist Krieg mit Deutschland, unser Vaterland ist in Gefahr!' Dann gibt man diesem Neubekehrten, der bereits auf dem besten Weg ist, Gott, seinen Nächsten und auch seine Freunde zu lieben und ihnen Gutes zu tun, ein Schießgewehr mit einem scharf geschlossenen Spieß darauf, Pulver und Blei dazu und sagt ihm, er soll damit möglichst viele Deutsche umbringen, sowie er nur kann, je mehr, desto besser ...
Im Jahre 1917 fuhr ich einmal von Wien nach Hause. Als ich mir am Schalter die Fahrkarte lösen wollte, da stand vor mir ein Neger mit seiner Frau, um gleichfalls Karten zu lösen. Neben die zwei wollte ich im Waggon sitzen, und ich hatte Glück ... Die Unterhaltung war großartig, mir war leid, als ich in Enzersdorf aussteigen musste, ich glaube, ich wäre mit diesem Schwarzen gefahren bis ans Ende der Welt; der mit seinem gesunden Menschenverstand hat mir gefallen. ... Ja, er versteht alles, trotzdem er ein Wilder ist, durchschaut den großen Betrug, den die Kulturmenschen an ihm begehen.

Leopold Berndl

als europäisch charakterisierten Raum abspielt, zugleich aber in den Himmel überzugehen scheint. Die demütige Körperhaltung des Afrikaners paßt zur religiösen Zeremonie, ist in säkularer Lesart aber auch als frühkoloniale Unterwerfung zu deuten.

Unterolberndorf
„Zum grünen Jäger"

Im Juni 1985 hielten afrikanische Studenten in diesem Gasthaus ein Seminar ab – so schien es jedenfalls. In Wirklichkeit handelte es sich um das letzte Treffen der Führung des ugandischen National Resistance Movement (NRM), das unter Yoweri Museveni gegen den diktatorisch regierenden Präsidenten Milton Obote kämpfte und sich im „10 Point Programme of Unterolberndorf" über die kommende Regierungslinie einigte. Nur wenige Monate später, am 26. Jänner 1986, zogen einige der „Studenten" triumphierend in die Hauptstadt Kampala ein. Museveni ist bis heute Staatspräsident von Uganda.

Musevenis spektakuläre Rückkehr nach Unterolberndorf 1994, seine Einladung an die Familie der Wirtin Leopoldine Bayer zum Gegenbesuch nach Uganda und die damit verbundene Berichterstattung haben aus dem schlichten „Wochenendseminar" ein legendenumwobenes Event gemacht. Und bei der „50-Jahre-Unabhängigkeitsfeier" 2012 in Kampala kündigte Museveni „ein neues 10-Punkte-Programm" an. Unterolberndorf wurde zum Ausgangspunkt einer erheblichen Verdichtung der bilateralen Beziehungen. Der ugandische Student Peter J. Jjumba († 2012), die ORF-Journalistin Dolores Bauer († 2010), der VIDC-Angehörige Michael Stadler, die Bibliothekarin Maria Hirsch und Generalmajor Karl Semlitsch gründeten eine Österreich-Uganda-Plattform, die zahlreiche Solidaritätsaktivitäten initiierte *(www.austria-uganda.at)*. Uganda

Denkmaleröffnung: Maria Hirsch und Abel Rwendeire, stv. Direktor der Nationalen Planungsbehörde Ugandas

wurde ein Schwerpunktland der heimischen Entwicklungszusammenarbeit.

So kam es, daß 2010 das 25jährige Jubiläum zum „10-Punkte-Programm von Unterolberndorf" gefeiert wurde. Prominente und Freunde aus Uganda und Österreich enthüllten am 23. Oktober beim Eingang „Zum grünen Jäger" ein besonderes Denkmal mit dem Hinweis: „Achtung! Sie betreten afrikanischen Boden." Ein Kubikmeter roter ugandischer Erde, deren Transport in die EU aller bürokratischen Hürden zum Trotz bewerkstelligt werden konnte, soll an die österreichisch-ugandische Freundschaft erinnern.

Deutsch-Wagram
Marktplatz 1/1

Seit 1987 besteht die Städtefreundschaft zwischen der Kleinstadt Calheta de São Miguel auf den Kap Verden und Deutsch-Wagram in Niederösterreich *(www.calheta-deutschwagram.at)*. Ihre Entstehung ging

Abstecher: HAGENBRUNN. Im Oktober 2013 wurde hier der Kreisverkehr eröffnet. Die Besonderheit dabei: Sein Schöpfer ist der in Kairo lebende Künstler Tarek Zaki (geb. 1975). Seine Installation „O" zeigt insgesamt 33 Skulpturen, „fragmentarische Elemente alltäglicher Gegenstände, monumental und gleichzeitig detailgetreu umgesetzt ...." (www.publicart.at). 2006 hatten sich zehn Gemeinden zur Kleinregion „10 vor Wien" zusammengeschlossen, um die eigenständige Entwicklung der Gegend zu fördern und ein touristisches Profil zu entwickeln. In Zusammenarbeit mit „Kunst im öffentlichen Raum" lud man Künstler/innen aus Asien, Lateinamerika und Afrika ein, die Einfahrt zu ausgewählten Orten zu gestalten.

maßgeblich auf den langjährigen Landwirtschaftsminister Günter Haiden (1926–2004) zurück, der in Deutsch-Wagram wohnte und als erster Vereinsobmann fungierte. Haiden war auch Vorsitzender der SPÖ-Arbeitsgemeinschaft „Österreich – Dritte Welt" und widmete sich der Entwicklungspolitik und den Anliegen der von der industrialisierten Welt benachteiligten Länder.

Als erstes großes Projekt der Städtefreundschaft wurden „Schulbusse für Calheta" angeschafft. Es folgten u. a. der Aufbau einer Ziegelfabrik und die Elektrifizierung der gesamten Stadt Calheta. Weitere Aktivitäten betrafen die Unterstützung von Schulen (EDV-Ausstattung) und kleinen Gewerbebetrieben sowie Ausbildung im Tourismusbereich. Die berufliche Tätigkeit des derzeitigen Vereinsobmanns Erich Bürger (Optiker) legte einen neuen Schwerpunkt nahe. In Zusammenarbeit mit Augenärzten werden in Calheta jährlich Augenuntersuchungen durchgeführt und erforderlichenfalls gespendete Brillen verteilt. Bedingt durch Computer und TV habe sich die Zahl der kurzsichtigen Patienten auch in Kap Verde in den letzten Jahren stark erhöht, sagt Herr Bürger.

OBERSIEBENBRUNN
St. Antonius-Kloster

Im prächtigen Schloß, ursprünglich im Besitz von Prinz Eugen, befinden sich heute das koptisch-orthodoxe Kloster sowie ein Museum, das interessante Einblicke in die Welt dieser Religionsgemeinschaft bietet (➧WIEN XXII). Im Juni 2013 fand hier eine internationale Glaubenskonferenz zur Situation der Kopten in der Welt statt.

Außenminister Spindelegger trifft den koptischen Patriarchen Tawadros II. (2013)

ECKARTSAU
Schloß

Zwei einander gegenübergestellte Leinwandbilder nehmen auf europäische Interventionen im Nahen Osten Bezug: die „Erstürmung von Akko durch die Kreuzfahrer 1191" und die „Eroberung von Akka durch Erzherzog Friedrich 1840". Die beiden Gemälde, ursprünglich in Schloß Pöggstall, wurden Anfang der 1840er Jahre von Johann Gustav Dittenberger verfertigt, einem bayrischen Maler, der in Wien nur schwer Fuß fassen konnte; möglicherweise wollte er damit die Gunst der kaiserlichen Familie gewinnen. Die Stilisierung des 1847 jung verstorbenen Marinekommandanten zum „modernen Kreuzritter" entsprach der patriotischen Propaganda des späten Vormärz. Realpolitisch bezweckte man damit die Stärkung der Kriegsmarine und die Schaffung eines österreichischen Protektorats im heutigen Libanon.

Die dargestellte Szene zeigt die Einnahme der Zitadelle von Akkon (heute zu Israel gehörig) am 4. November 1840. Friedrich berichtete darüber: „Ich liess eine große türkische (landesherrliche) Flagge auf den Flaggenstock aufziehen, rechts daneben die österreichische Fahne ... und links die englische ... aufstecken. Corvetten-Capitän Marinovich, welcher auf der Guerriera [einer österreichischen Fregatte] ununterbrochen auf den Erfolg unserer Landung aufmerksam war, erblickte diese drei Fahnen bald, und begrüsste sie sogleich mit 21 Kanonenschüssen ..." (Bergmann 1857, 40).

Die Eroberung der Stadt war ein wesentlicher Erfolg der multilateralen Militärintervention gegen den ägyptischen Statthalter Muhammad Ali und zwang dessen Truppen zum Rückzug aus Palästina. Die Angst vor einem unabhängigen Ägypten, aber auch wirtschaftliche und koloniale Interessen hatten Staatskanzler Metternich zum Konfrontationskurs veranlaßt (➡ GRAZ II).

WIENER BECKEN

Schwecht
Pfarrkirche

Auf dem Pilgerweg, der von Ungarn durch Österreich in Richtung Santiago führte, war Schwechat die erste größere Station – kein Zufall, daß die Pfarrkirche Jakobus dem Älteren geweiht ist. Hierzulande wurde derselbe zunächst als ein Märtyrer verehrt, der „nicht durch fremdes, sondern durch eigenes Blut" über die Welt triumphiert hätte, wie es Otto von Freising formulierte (Chronica, lib. III, XIV). In Spanien hingegen galt Jakobus als Patron der Reconquísta, der Eroberung Mittel- und Südspaniens, bis 1492 von berberischen Dynastien beherrscht. Daher auch sein Beiname, „Matamoros", Maurentöter.

Erst angesichts des siegreichen Kriegsverlaufs gegen das Osmanische Reich und im Kontext der „spanischen Mode" (1. H. 18. Jh.) wurde das Matamoros-Motiv in Österreich übernommen. Patronatsinhaber oder Bauherrn, die Kirchen entlang des Jakobswegs – aber auch anderswo – errichteten oder modernisierten, gaben nun vielfach das neue Image in Auftrag: den hl. Jakobus als Führer einer christlichen (weißen) Armee gegen muslimische (schwarze) Soldaten – ein Sujet, das auch für Überseeexpansion stehen konnte.

Auch in Schwechat kam die Jakobsschlacht zum Zug: 1764 malte sie Franz Anton Maulbertsch auf ein großes Fresko. Dieses wurde gegen Kriegsende 1945 leider zerstört (Abb.). Mehrere Kirchen entlang des nö. Jakobswegs weisen Matamoros-Bilder auf, Kaltenleutgeben z. B. oder ➡Artstetten. Auch andere Heilige wurden im Barock als Kreuzfahrer konzipiert (➡Zwettl). Schwarze Menschen als Feindbilder ziehen sich von hier aus quer durch ganz Österreich.

In der Kirche von Kleinschwechat feiert die Äthiopisch-Orthodoxe Tewahedo-Kirche seit über 10 Jahren ihre Gottesdienste in amharischer Sprache. Die Tewahedo-Kirche ist eine altorientalische christliche Glaubensgemeinschaft und gehörte bis 1950 zur ägyptischen Orthodoxie.

Maria Enzersdorf
Missionshaus St. Gabriel

Einen markanten Akzent setzt der neuromanische Gebäudekomplex in die Landschaft (Gabrielerstraße 171; *www.st.gabriel.at*). 1888 genehmigte Kaiser Franz Joseph das Ersuchen von Ordensgründer Arnold Janssen, ein Missionshaus im österreichischen Teil der Monarchie zu errichten. Janssen wollte die deutschen Kolonien katholisch betreuen, daher standen Teile Afrikas, der Pazifik und China im Mittelpunkt. In Togo wurde 1892 die erste Station der „Societas Verbi Divini" errichtet. Mit der Niederlage Deutschlands im Ersten Weltkrieg mußte der Orden Afrika allerdings verlassen. 1989 waren von 45 österreichischen SVD-Missionaren im Ausland nur vier in Afrika tätig: je zwei in Ghana und dem damaligen Zaire (DR Kongo). Um Spenden aufzubringen und Interessenten für den Ordensbeitritt zu gewinnen, war Werbung entscheidend. 1919 erfolgte die Gründung einer eigenen Druckerei. Zeitschriften wie die „Stadt Gottes", Missionskalender oder Jugendschriften („Frische Saat") wurden in hohen Auflagen verbreitet. In vielen Pfarren hielt man „Volksmissionen" ab, ein Exerzitienhaus und eine Hauslehranstalt wurden gegründet. Mit 650 Priestern und Brüdern erreichte der Personalstand 1925 seinen Höhepunkt.
Auch wissenschaftlich war man rege tätig. Pater Wilhelm Schmidt gründete die sog. Wiener Schule der Völkerkunde, die von der Existenz eines „Urmonotheismus" überzeugt war und die europäische Säkularisierung als „Irrweg" darstellen wollte. Missionare waren angehalten, per Feldforschung Belege dafür zu sammeln, in Afrika u. a. Paul Schebesta

**Sklavenbefreier Petrus Claver
(Glasfenster, Ausschnitt, um 1955)**

(➡Wien I) und später Hermann Hochegger in Belgisch-Kongo. Schmidt, der über gute Kontakte in den Vatikan sowie zum austrofaschistischen Regime verfügte, gelang es, seine Theorie als herrschende Lehre an der Universität Wien zu verankern, wo sein Mitarbeiter Wilhelm Koppers ab 1929 das von der physischen Anthropologie getrennte Institut für Völkerkunde leitete.
Schon zum 100. Gründungstag 1989 war in St. Gabriel von einer „Sorge um Nachwuchs" die Rede; die Zahl der Interessenten ging zurück, wirtschaftliche Aktivitäten mußten ausgelagert werden. 1997 wurden die Druckerei, 2007 die Lehranstalt geschlossen, vor einigen Jahren Bibliothek samt Archiv nach Bonn übertragen. Auch das Museum, in den 1970er Jahren neugestaltet, ist zur Zeit nicht geöffnet.
Das Bild- und Symbolprogramm der Kirche kreist um Theologie und Geschichte der Mission. So zeigen die nach Kriegszerstörung von Ernst Bauernfeind erneuerten

Fenster im Querschiff je zwei heilige Missionare pro Kontinent; für Afrika stehen Petrus Claver und Raimundus Lullus.

TRAISKIRCHEN
Erstaufnahmestelle

Viele Asylwerber/innen lernen Österreich via Traiskirchen kennen. 1903 als Artilleriekadettenschule errichtet, dient das weitläufige Areal (Otto-Glöckel-Straße 24) seit 1956 als Flüchtlingslager. Heute ist der kasernenartige Bau die größte Erstaufnahmestelle des Bundesamts für Fremdenwesen und Asyl.
2010 hatten Landeshauptmann Erwin Pröll und das Innenministerium eine Obergrenze von 480 Personen für das Lager vereinbart, Mitte 2014 lag die Zahl jedoch wieder bei 1.400, was zu heftigen Protesten von Bürgermeister Andreas Babler und zu einem Aufnahmestopp per Ende Juli führte. Gefordert wurde die längst fällige Umsetzung der zwischen den Bundesländern vereinbarten Quotenregelung; derzeit erfülle nur Wien seinen Anteil. Auch bürokratische Prozeduren haben ihren Anteil an der Überlastung Traiskirchens. Für die Erstversorgung von Flüchtlingen ist nämlich der Bund zuständig – weitere Aufnahmezentren gibt es nur in Thalham (OÖ) und auf dem Flughafen Schwechat –, erst wenn die Asylsuchenden zum Asylverfahren zugelassen sind (was im Durchschnitt einige Wochen dauert), könnten sie auf die Bundesländer aufgeteilt werden. Kein Wunder also, daß die Debatte um Traiskirchen immer wieder aufflammt.
Die Unfähigkeit der Politik, asylpolitische Herausforderungen zu bewältigen, ist angesichts der rückläufigen Zahl der Asylwerber/innen kaum verständlich: Wurden 2002 noch 39.354 Anträge gestellt, so 2013 nur mehr 17.503. Etwa 10 % davon kommen aus Afrika, v. a. aus Algerien (949), Nigeria (691), Marokko (516) und Somalia (433) – der Schwerpunkt liegt jetzt deutlich in Nordafrika.

BADEN
Rollettmuseum

Neben einer kleinen Kollektion altägyptischer Objekte ist für uns die Schädelsammlung von Interesse (Weikersdorfer Platz 1). Franz Joseph Gall (1758–1828) gilt als Begründer der Hirnforschung (Phrenologie); als erster ordnete er bestimmte Fähigkeiten einzelnen Hirnregionen zu. Darüber hinaus aber glaubte er an der äußeren Form menschlicher Schädel Charakter und Eigenschaften ablesen zu können und sammelte deshalb Kranien (oder Abgüsse von solchen) irgendwie außergewöhnlicher Personen, etwa von Künstlern, Kriminellen – oder eben von Afrikanern. Von solchen sind acht Büsten erhalten geblieben, darunter die mutmaßliche Totenmaske Angelo Solimans.

Gall, der seine Originalobjekte z. Tl. mit kriminellen Methoden erwarb, löste eine Sammelwut aus, die um 1800 zum „Verschwinden" zahlreicher Prominentenschädel aus Gräbern führte (derjenige Haydns z. B. wurde erst im Juni 1954 in ➜EISENSTADT/ BGLD. bestattet). Als Gall wegen des über ihn verhängten Lehrverbots nach Paris übersiedelte, ließ er einen Teil seiner Sammlung in Wien zurück; diese kam 1825 an den Badener Arzt/Heimatforscher Anton Rollett.

Haus Schwingenschlögel

Über dem Eingangstor zum ehem. Haus des Weinhauers Anton Schwingenschlögel in der Schloßgasse 62, bis vor wenigen Jahren ein Heurigenlokal, befindet sich ein monumentales Bronzeporträt Paul Krugers, gestaltet 1902 vom lokalen Bildhauer Franz Vock. Kruger war Präsident der sog. Republik Transvaal im heutigen Südafrika. 1886 wurden dort die größten bekannten Goldvorräte der Erde entdeckt, und damit wurde die entlegene Region für britische Konzerne interessant. 1899 provozierte die Regierung in London einen Krieg, der ganz Europa in seinen Bann schlug. Deutschnationale Kreise unterstützten den „Freiheitskampf" der Buren gegen das „imperialistische Großbritannien" (➡Feldbach/Stmk.).

Herr Schwingenschlögel war wohl ein besonders glühender Anhänger des Burenpräsidenten. Lange konnte er sich an dem poetischen Motto „O FLATTRE HOCH / IM SONNENBRAND / FREI BANNER / VON TRANSVAAL" freilich nicht erfreuen; genau 1902 ging der Krieg nämlich mit einem Sieg der Briten zu Ende (weitere Andenken an den Burenkrieg: ➡Wien XVIII; ➡Stadt Salzburg; ➡Graz I).

Sooss
Grabstätte Oskar Lenz

Wahrscheinlich war die Gegend hier überhaupt eine Domäne der Deutschnationalen. Jenseits der kleinen Brücke fanden der karrierebewußte Kolonialforscher Oskar Lenz (1848–1925) und seine Frau Paula ihre letzte Ruhestatt. Lenz leitete 1879–80 eine Expedition durch die Sahara von Marokko bis in den Senegal (über Timbuktu), die sich ein Bild der dortigen Rohstoffvorkommen machen sollte. Als Generalsekretär der Geographischen Gesellschaft organisierte er 1885–87 die österreichische Kongoexpedition, bei der es um Exportmöglichkeiten in den Freistaat Kongo ging. Begleitet wurde er dabei vom jungen Oscar Baumann, der krankheitshalber aber umkehren mußte (➡Wien III). Lenz setzte die Reise bis an den Indischen Ozean fort und kehrte zwar mit wenig kommerziellen Erfolgen, dafür aber als gefeierter Afrikaforscher nach Wien zurück. 1887 wurde er zum Professor für Geographie an die Deutsche Universität in Prag berufen. Politisch unterstützte er die Eroberung Afrikas vehement. Wissenschaftlich setzte er sich u. a. mit den Ruinen von Zimbabwe auseinander, als deren Urheber er eine orientalische Hochkultur vermutete – eine damals populäre, aber falsche Hypothese.

Abstecher: BERNDORF. Seit 1984 stehen sie tatsächlich im Guiness-Buch der Rekorde: die „Schulpaläste", 1908/09 im Auftrag der Gemeinde und des Fabrikanten Arthur Krupp errichtet. Grundkonzept der neubarocken Bauten, die gemeinsam mit der Kirche und anderen Monumentalgebäuden den Margaretenplatz umrahmen, war die Ausstattung in zwölf verschiedenen Stilen. Mit der ungewöhnlichen und sehr aufwendigen Gestaltung war die Absicht verbunden, die zukünftigen Arbeitskräfte der Fabrik mit der Geschichte des Designs vertraut zu machen. Uns interessieren die zwei „ägyptischen Klassen", welche die Kunst der Pharaonenzeit veranschaulichen. Vorbild für die Gestaltung war der „Atlas de l'Histoire de l'art Égyptien", dessen Motive ziemlich frei kombiniert wurden. Wie die Kinder der ersten Klasse die Umgebung der ägyptischen Klassenzimmer erleben? „Ich hab mich immer gefürchtet", sagte mir eine Frau aus Berndorf, „vor allem vor diesen dunklen Männern. Ich war froh, als das Jahr vorüber war." Im Stadtmuseum (Bahnhofstraße 4) informiert eine Dauerausstellung über die Ausgestaltung Berndorfs zur „Industriesiedlung" im Zeichen der 1843 gegründeten Metallwarenfabrik. Vor allem „Patriarch" Arthur Krupp (1856–1938) und seine Wohlfahrtseinrichtungen stehen im Vordergrund. Nur kurz werden seine kolonialen Aktivitäten gestreift. Um die Versorgung des Unternehmens mit Nickel zu sichern, leitete Krupp in Kooperation mit der Kriegsmarine 1895/96 die Eroberung einer Pazifikinsel (Guadalcanal im Salomonen-Archipel) in die Wege. Das Unternehmen scheiterte jedoch kläglich am Widerstand der lokalen Bevölkerung – sechs Menschen starben laut Museumstext bei diesem „grauenhaften Überfall" –, womit die Gegenwehr der Einheimischen gemeint ist, nicht etwa der Anmarsch der Eroberer aus Österreich-Ungarn (➨ WIEN III).

Abstecher: HAFNERBERG, Pfarr- und Wallfahrtskirche. Eine bizarre, in Österreich wohl einmalige Darstellung der „Mohrentaufe" Franz Xavers: ein knieender afrikanischer Täufling, nach vorn gebeugt mit auf der Brust verschränkten Händen und einem verklärten Gesichtsausdruck; der Heilige, der sich mit der linken Hand an einer Palme abstützt, während die Rechte schwungvoll die Schale mit dem Taufwasser führt; zwischen beiden auf dem Boden liegend ein zweiter männlicher „Exote", der den Betrachter aufgeregt auf die Szene hinweist.

Mit 1761 ist die vergoldete Figurengruppe (Pendant zur gegenüberliegenden Kanzel) signiert, ihr Urheber war der Bildhauer Christoph Schönlaub, der auch für die Seitenaltäre verantwortlich zeichnet. Die um die Mitte des 18. Jhs. erbaute Kirche war eine Zwischenstation auf der Wallfahrt ins steirische Mariazell, und die eindrucksvolle Skulptur eine Mahnung an Pilgerinnen und Pilger, sich wie die Heiden in Übersee zu bekehren.

BAD VÖSLAU
Schloßpark

Ab 1773 ließ Johann Reichsgraf von Fries (1719–85) das bestehende Schloß durch Johann Ferdinand Hetzendorf von Hohenberg erneuern. Der Garten zählte damals zu den besten Beispielen der englischen Gartenkunst in Österreich und wies – nicht zuletzt unter freimaurerischem Einfluß – eine „orientalische" Schlagseite auf. So befanden sich im sog. Grottenberg, einer künstlichen Felsen- und Höhlenlandschaft, zwei ägyptische Götterstatuen: „Auf Stufen von rohem Gestein steigt man zu der Oeffnung eines alten Gemäuers empor … machen die hier aufgestellten Gottheiten Isis und Osiris, und die mit ihnen übereinstimmenden Hieroglyphen den ohnehin neuen Eindruck noch dadurch frappanter, daß man sich in die Gefielde [sic] des so merkwürdigen Aegyptens versetzt zu seyn wähnt." (Pesendorfer 2001, 163 f.). Fries stand Staatskanzler Kaunitz nahe und zählte zu den führenden Persönlichkeiten der Hochfinanz. Sein immenses Vermögen hatte er unter anderem durch den Verkauf von Maria Theresien-Talern in den Orient gemacht. Er war also vermutlich mehr als andere Zeitgenossen gewohnt, in globalen Dimensionen zu denken. Vielleicht gab er deshalb 1783 bei Bildhauer Franz Anton Zauner die großen Steinvasen in Auftrag, auf denen die vier Erdteile (Australien fehlt) durch Nil, Ganges, Donau und Mississippi symbolisiert werden.

KOTTINGBRUNN
Pfarrkirche

Ein ehemaliges Altarbild im linken Seitenschiff zeigt den Andrang schwarzer Täuflinge bei Franz Xaver. Auch ein Türke mischt sich unter die mit bunten Federkleidern und reichem Perlenschmuck ausgestatteten „Mohren", die ihre Waffen schon auf den Boden gelegt haben.

MARKT PIESTING
Gedächtnisstätte

Florian Kuntner (1933–1994), bis 1971 Pfarrer von Piesting, später Weihbischof. Seit der Übernahme der Missionsagenden bewegten ihn die Anliegen und Nöte der armen Länder immer stärker. „Weihbischof Kuntner war ein Prophet und Mann des Friedens. Kriegstreiberei und Menschenrechtsverletzungen waren ihm zutiefst zuwider. Als Vorsitzender von Justitia et Pax scheute er sich nicht, die Apartheid in Südafrika an-

Florian Kuntner (re.) mit südafrikanischen und österreichischen Bischöfen in Wien (1989)

zuklagen – zu einer Zeit als in Österreich die offizielle Politik und die Medien sich sehr schwer taten, diese zu verurteilen. Als Missio-Nationaldirektor war es ihm ein besonderes Anliegen, Priesterausbildungsprogramme und christliche Gemeinschaften (sogenannte Basisgemeinden) durch Ausbildung von Katechistinnen und Katechisten weltweit zu fördern. Bis kurz vor seinem Tod bereiste er regelmäßig Asien, Afrika und Lateinamerika. Diese solidarisch globalen Erfahrungen brachte er zurück nach Österreich." (Johann Gattringer).

Zum Gedenken an den an einer Tropenkrankheit verstorbenen Bischof wurde im Jahr 2000 von Kardinal Franz König eine Gedenkstätte eingeweiht, gestaltet vom Bildhauer Harry Brenner und dem Glaskünstler Rudolf Weninger. „Da Florian Kuntner ein Mensch war, mit dem man sich auseinandersetzten mußte", schreibt die Pfarre auf ihrer Homepage, „steht der Florian Kuntner-Gedenkstein für eine offene Kirche mitten im Zugang zur Piestinger Pfarrkirche."

KATZELSDORF
Zinnfigurenwelt

Ein Teil der Bestände des früheren Zinnfigurenmuseums Pottenbrunn plus andere mehr werden seit 2004 im ehemaligen Meierhof des Schlosses Katzelsdorf gezeigt. Leiter Franz Rieder ist stolz auf seine Sammlung, die zum Teil auch historisch wertvolle Ensembles zugänglich macht. Die Ausstellungen werden durch Museumspädagogik für Kinder und verschiedene Workshops ergänzt. Afrika ist hier in dreierlei Weise präsent: erstens als orientalistische Romantik, z. B. über ein Brettspiel „Wir reisen mit Karl May durch die Wüste", erzeugt 1952 von einer Firma in München (➡ LINZ/OÖ); zweitens als kolonialer Tourismus: Gorillas überfallen eine Safari und rauben weiße Frauen, die nackt im Fluß baden, eine ganz absurde Szene (➡ WIEN XIII); und drittens im Rahmen der Antike: Aufmärsche von Pharaonen werden gezeigt, der Transport einer monumentalen Statue in Ägypten, ein Sklavenmarkt (Abb.). Publius Aelius Flavius läßt grüßen!

OBERÖSTERREICH

Ulrichsberg
Kollerschlag
Berg bei Rohrbach
Haslach
Bad Leonfelden
Freistadt
Schärding
Alberndorf i. d. Riedmark
Kefermarkt
Peuerbach
Altschwendt
Prambachkirchen
Eferding
Linz
Mauthausen
Tragwein
Münzbach
Ried im Innkreis
Aspach
St. Florian
Pramet
Wels
Lambach
Frankenburg
Stadl-Paura
Kremsmünster
Vöcklamarkt
Vorchdorf
Steyr
Pfarrkirchen
St.Ulrich
Attersee
Gmunden
Mondsee
Traunkirchen
Ebensee
St. Gilgen
Bad Ischl
30 km
Spital am Pyhrn

AFRIKANISCHES OBERÖSTERREICH AKTUELL

Außenpolitik: Seit 1995 arbeitet die Landesregierung mit der südafrikanischen Provinz Western Cape zusammen: „Konferenz der Regierungschefs" (weitere Partner sind Bayern, Georgia, Quebec, São Paolo und Shandong), u. a. betr. erneuerbare Energien und Umwelttechnik. Landeshauptmann Pühringer besuchte 2010 Kapstadt, die dortigen Provinzpremiers Rassool und Zille 2006 bzw. 2011 Linz; Honorarkonsulate: Kenya, Südafrika, Namibia.

Wirtschaft: OÖ verfügt über eine starke und exportorientierte industrielle Basis; zahlreiche Firmen (teils in ausländischem Besitz) unterhalten Verkaufs- oder Produktionsstandorte in Afrika: Spitzenreiter ist Südafrika, dort u. a. Voestalpine (Linz) mit VAE und Böhler-Uddeholm, Engel (Schwertberg), Rosenbauer (Leonding), Greiner Foam International (Kremsmünster), EKB Elektro- und Kunststofftechnik (Braunau); weiters in Nordafrika Engel (Ägypten, Algerien, Marokko, Tunesien) oder EKB (Tunesien, Ägypten), im Senegal VA Intertrading (Linz).

Entwicklungszusammenarbeit: Öffentliche EZA seit 1965; im Landesdienst generell Verwendung von Fair-Trade-Biokaffee; bei Projektförderungen keine Schwerpunktländer, 2012 Aktivitäten u. a. in Rwanda, Südafrika. Von Schüler/innenitiativen gesammelte Gelder für Projekte werden vom Land verdoppelt. Die private EZA wird bis heute stark von der katholischen Kirche getragen; darüber hinaus bestehen lokale Dritte-Welt-Gruppen und NGOs, z. B. Arge Zimbabwe *(www.mulonga.net)* oder www.weltumspannend-arbeiten.at.

Kultur: In den 1990er Jahren veranstaltete das Landesmuseum mehrere afrikabezogene Ausstellungen, zuletzt „Spuren des Regenbogens" (2001); Musikalischer Kulturaustausch mit Zimbabwe, zuletzt Sommer 2014 „Kunzwana # 1" u. a. mit Hope Masike *(www.servus.at/argezim*, s. u.); Hubert von Goisern – Musik- und Filmprojekte in Tanzania, Uganda, Kap Verde und Mali; Verlag für afrikanische Literatur und Kulturbegegnung in Leonding *(www.adrinkra.at)*; beliebt der von Walter Wippersberg inszenierte Film „Das Fest des Huhnes" (ORF OÖ, 1992).

Diaspora: 4.530 Menschen mit afrikanischem Geburtsland waren 2013 in OÖ gemeldet; die größten Gruppen stammten aus Ägypten und Nigeria, gefolgt von Ghana. Aktive Community-Strukturen bestehen v. a. in Linz. Rassistische Vorfälle v. a. in deutschnationalen und „heimattreuen" Milieus: 2001 Kontroverse über ein „Neger-Bier" in Ried (mit geschmacklosem Etikett), 2002 Konflikt im Goldhaubenverband um eine schwarze Trachtenträgerin.

LINZ

Sekembuke & Siga aus Zanzibar (2009)

Hauptplatz

Als einer der größten seiner Art in ganz Österreich diente der Hauptplatz seit jeher als *location* für Aufmärsche und Feste. 1552 zum Beispiel wurde ein echter Elefant die Donau heruntergebracht – Show des Erzherzogs Maximilian. Das Aufsehen war ungeheuer. Einige Tage lang verweile der „Elephas" nun schon in Linz, schrieb Stefan Alkover aus Luftenberg, und biete einen „häßlichen und in unseren Breiten unbekannten Anblick" (Grüll 1958, 388). Lokaler Tradition zufolge brachte man das Tier auf Hauptplatz 21 unter, einem Haus, das dem Bürgermeister gehörte. Die Inschrift an der Fassade ist zwar mittlerweile verschwunden, eine Stuckverzierung aber erinnert an das Ereignis. Sie stellt neben dem Elefanten zwei lebensgroße „Wilde Männer" dar, vielleicht eine Anspielung auf die Wärter des Elefanten (➔Wien I).

Oder in den 1630er Jahren: Damals fanden auf dem Hauptplatz die vom Hofmaler des Grafen Starhemberg inszenierten Faschingszüge statt – typische Beispiele für die Festkultur der Renaissance, die sich auch ins Bürgertum verbreitet hatte. Neben antiken Figuren waren „Mohren", „Türken", „Indianer" oder „Wilde Männer" daran beteiligt. Natürlich handelte es sich um verkleidete Linzer Bürger, manche nur mit Lendenschurz und Federkrone angetan, andere in orientalischer Kleidung. In einer „Mascara" von 1636 zum Beispiel umgaben Schwarze die Kriegsgöttin Bellona auf einem Triumphwagen.

Auch 2009, im Rahmen der „Europäischen Kulturhauptstadt", spielte der Hauptplatz eine Rolle. Gestaltet vom Komponisten Keith Goddard aus Zimbabwe und dem Linzer Kulturmanager Peter Kuthan brachte die „Parade" Blasmusik aus Österreich und anderen europäischen und außereuropäischen Ländern zusammen. Ensembles und Einzelmusiker/innen mit Blechinstrumenten, Antilopenhörnern oder Dudelsack machten sich auf den Weg durch die Stadt. Die Routen dieser Wanderung führten zwar bewußt am Zentrum vorbei, das Trompeter-

Auftritt der Kriegsgöttin Bellona (Faschingsaufzug, 1636)

duo Sekembuke & Siga aus Zanzibar (Tanzania) ließ es sich aber nicht nehmen, auch auf dem Hauptplatz zu konzertieren. Mit traditionellen Holzblasinstrumenten und begleitet von einer Kundgebung der African Community gedachte es der früheren wie auch der heutigen Linzer/innen aus Afrika.

SCHLOSSPLATZ 1

Über die Hofgasse gelangen wir zum Schloß. Vom Vorplatz aus bietet sich ein weiter Blick über Urfahr, das Linz jenseits der Donau. Neben dem Neuen Rathaus sticht eine knallgelbe Villa ins Auge (FISCHERGASSE 13). Der Bau gehörte dem Fotografen Adolf Nunwarz, Kennern als Verleger der „klassischen" Karl-May-Fotos bekannt. Der Linzer Student Alois Schießer, später Landesrechnungsdirektor († 1945), hatte die Aufnahmen 1896 in Dresden gemacht: Karl May als „Civilperson", als „Old Shatterhand" und schließlich als „Kara ben Nemsi". Eine Gedenktafel an der Ostfassade des Hauses erinnert an die Geschäftsbeziehung Mays zu Nunwarz.

Ganze Romane oder zumindest Episoden siedelte der Schriftsteller in Afrika an. „Durch die Wüste" (1880) z. B. beginnt mit Abenteuern in Algerien, Tunesien und Ägypten. Auch „Der Derwisch" (ab 1885) spielt zum Teil in Tunesien. Generell bilden das Osmanische Reich und seine Randgebiete den Schauplatz dieser Bücher.

In anderen steht der Sudan im Mittelpunkt, vor allem in „Die Sklavenkarawane" (1888/89, ➡EISENSTADT/BGLD.) und in der Trilogie „Im Lande des Mahdi" (1891–93). May greift hier aktuelle Materie auf: die Festigung der ägyptischen Herrschaft im Sudan, die europäische Kritik an der Sklaverei, die als Vorwand für koloniale Einmischung diente, und nicht zuletzt die antikoloniale Revolution des Mahdi, der 1885 ein unabhängiges Staatswesen im mittleren Sudan errichtete (➡TRAUNKIRCHEN).

Franz Kotrba machte mich auf eine weitere Erzählung aufmerksam – eigentlich Mays ältesten Afrikatext, aber erst 1897 in „Auf fremden Pfaden" erschienen. „Der Boer van het Roer" illustriert die Spannungen zwischen Briten und Buren in Südafrika sowie ihr Verhältnis zu den einheimischen Völkern, insbesondere den Zulu. Den deutschen Superhelden begleitet hier die Witzfigur des Quimbo, der sich im Verlauf der Handlung aber als treuer Begleiter erweist. In seinem Glauben an die Überlegenheit der

Quimbo: Cover aus den 1950er Jahren

europäischen und insbesondere der deutschen Zivilisation über den „Orient" blieb Karl May der Ideologie der Zeit verhaftet. Von den Verfechtern einer „Kanonenboot-Politik" hebt er sich jedoch deutlich ab. Seine Erzählungen sind kolonialistisch, weil in ihnen „die Notwendigkeit einer Europäisierung nicht in Frage gestellt wird", gleichzeitig aber auch „systemkritisch, da gegen eine militärische Lösung gerichtet" (Wiemann 1995, 102 f.). Letztendlich soll die seiner Ansicht nach notwendige „Veredelung" Außereuropas nicht durch Eroberung, sondern durch Erziehung bewirkt werden, deren Notwendigkeit mit niedrigen zivilisatorischen Standards der jeweiligen Eingeborenen begründet wird. Daraus ergibt sich „… ein Verhalten des Ich-Erzählers …, das häufig eher an einen Oberlehrer denn an einen Abenteuer-Helden erinnert …"

Oberösterreichisches Landesmuseum

Mit dem Eggelsberger Altar (1480/1500), der „Anbetung" des Meisters von Mondsee (um 1492) u. a. besitzt das Landesmuseum einige der ältesten Darstellungen des afrikanischen Heiligen Königs in Oberösterreich. Auch hier verbreitete sich das Motiv im letzten Viertel des 15. Jhs., teilweise vom Wiener Schottenmeister beeinflußt (➡ WIEN I). Über die spezifische Krippenkultur, die sich im 17. Jh. entwickelte, gelangte der schwarze König auch ins Brauchtum.

In Oberösterreich, erklärt Heidelinde Dimt, die Kuratorin der Krippensammlung (nur über Weihnachten geöffnet), habe es verschiedene „Krippenregionen" gegeben. Im Salzkammergut zum Beispiel seien die Krippen vom Schwanthaler-Altar in ➡ GMUNDEN und vom Krippenspiel geprägt worden, das vom jesuitischen Traunkirchen aus verbreitet wurde; hier habe also eine enge Verbindung zur Gegenreformation bestanden. Im Innviertel wiederum hätten sich italienische Vorbilder ausgewirkt, was in der kostbaren Bekleidung der Krippenfiguren zum Ausdruck kam. Speziell im Raum Ebensee habe man weiters die „Flucht nach Ägypten" in den Kontext von Löwen, Krokodilen etc. gestellt und so Legenden über die Heilige

Reinhard Sebastian Zimmermann, Die Sternsinger (1852)

„Vier Kontinente" im Landhaus (Carlo Innocenzo Carlone, Entwurf, 1717)

Familie verwertet. Eingebettet in eine karge Landschaft mit fremdartig anmutenden Gebäuden hätten sich die „orientalischen Krippen" zu einem eigenen Genre entwickelt.

Um 1600 war bereits das „Sternsingen" üblich. Wie andere Volksbräuche auch wurde es Ende des 18. Jhs. verboten, „weil sich die unschicklichsten Mißbräuche einmengten … Dinge, die zu allerlei Possen Anlaß gaben, und die eigentlichen heiligen Vorstellungen verdrängten" (zit. n. Bauböck/Mader 1965, 8). Später kam es zu einem Revival, seit Anfang des 20. Jhs. wird der Ertrag für Mission bzw. Entwicklungsarbeit gewidmet (➜Bergheim/Sbg., ➜Wien XVI).

Theatergasse 1
Landhaus

Ihre Treue zum Herrscherhaus wollten die Stände 1717 bekunden, und wie in Niederösterreich (➜Wien I) zollten auch sie den globalen Aspirationen der Habsburger Tribut. Der lombardische Maler Carlo Innocenzo Carlone schuf ein Fresko für den Sitzungssaal, „Austria empfängt die Huldigung des Landes Oberösterreich", dessen Aussehen uns durch eine alte Beschreibung und vor allem durch den erhaltenen Entwurf geläufig ist; der Saal selbst fiel einem Großbrand zum Opfer.

Die sitzende Personifizierung der „Austria" sollte demnach von den Kurien der Stände (Herren, Prälaten, Ritter und Städte) umgeben sein. Dazu waren Allegorien der oö. Flüsse und der Landesviertel mit waffenschmiedendem Vulkan, salzspendender Perecynthia, glaserzeugender Industria und spinnender Arachne geplant. Hier brachten die Stände also den Reichtum des Landes zum Ausdruck. Darüber hinaus huldigten („mit großer Ehrerbietigkeit", wie es heißt) Vertreterinnen der ganzen Welt der „Austria" und brachten ihre Gaben dar – darunter gleich im Vordergrund die in einen roten Mantel gehüllte afrikanische Königin mit Straußenfederkrone und Sonnenschirm. Ab 1564 wurde das Landhaus als Zentrum der obersten Repräsentanten des Landes

Afroshops in Linz

1995 soll Theresa Asare Arko aus Ghana in Linz das erste afrikanische Geschäft eröffnet haben (WIENER STRASSE 170). Mittlerweile ist die Linzer Afroshop-Szene vielfältig geworden, auch wenn mehrere Lokale in der Innenstadt aufgeben mußten. Als einziges Geschäft ist hier das *Afro-Lello* verblieben (VOLKSGARTENSTRASSE 16). Es führt die üblichen Artikel: Nahrungsmittel, Kosmetika, Haarpflegeprodukte etc., ist aber sicher das Geschäft mit dem größten Sortiment. Man findet in Kühltruhen Fisch und Fleisch, auch Knollen, Wurzeln etc. sind erhältlich, alles ist sauber und ordentlich gelagert. Die freundliche und gesprächige Geschäftsführerin stammt aus dem Kongo, aus der Nähe von Kinshasa, und lebt seit 20 Jahren in Österreich.
In Urfahr (RUDOLFSTRASSE 21) befindet sich das *Tamu Sana*, das einzige afrikanische Restaurant in Linz. Die Speisen sind auf den europäischen Geschmack abgestimmt, also nicht allzu scharf. Speist man als Gruppe, ist die Inhaberin, Monique Muhayimana aus Rwanda, gerne bereit, ein Potpourri auf den Tisch zu stellen, sodaß man Unterschiedliches kosten kann. Es empfiehlt sich eine telefonische Kontaktaufnahme, da die Öffnungszeiten mitunter schwanken. Das Tamu Sana bietet auch ein Cateringservice an *(www.tamusana.at)*.

Alle übrigen Shops liegen südlich der Westbahn. Das *Friseur Destiny Afro Center* (FRANKSTRASSE 29) wird von einer jungen Kongolesin aus Kinshasa geführt, welche seit acht Jahren in Österreich lebt. Kundschaft sind nicht nur Afrikaner/innen, sondern auch Europäer/innen. Sie ist spezialisiert auf kunstvolle afrikanische Frisuren *(www.destiny-afro-center.com)*.
Nur wenige Schritte stadteinwärts findet man einen *Afro Shop* (FRANKSTRASSE 15), der erst im Herbst 2013 eröffnet hat. Die Geschäftsführerin ist eine Nigerianerin aus der Gegend von Benin City. Man findet ein ähnliches Sortiment wie in den anderen Shops: Lebensmittel, Kosmetika, Stoffe und Dinge des täglichem Bedarfs – eine Vielfalt, die auf der kleinen Fläche des Geschäfts schön präsentiert wird. Die Bedeutung der Religion für die Inhaberin (sie

errichtet, ein Signal für die wirtschaftliche und politische Bedeutung von Linz in der Epoche der Renaissance. Zahlreiche Veränderungen im Lauf der Zeiten lassen den einstigen Glanz des Gebäudes freilich nur mehr erahnen.

ist Christin) teilt sie uns schon auf ihrem Geschäftsschild mit: „God is able".
Beim *Manna Field* (WIENER STRASSE 22) handelt es sich um ein Gemischtwarengeschäft mit Produkten wie Nahrungsmittel, Getränke, Stoffe, Kosmetika, Haarpflegemittel usw. – Artikel, wie sie auch in typischen Läden in Afrika erhältlich sind. Das Geschäft besteht seit 2008 und wird von einer Dame aus Ghana geführt. Weiter stadtauswärts (WIENER STRASSE 408) liegt das *Afrikiko International Call Center*, in dem man nicht nur telefonieren und Internetdienste nutzen, sondern auch Waren des täglichen Bedarfs sowie Telefonwertkarten erwerben kann. Betreiber ist ein junger Herr aus Togo, der ausgesprochen kommunikativ ist (Englisch bevorzugt).
Diese kleinen Geschäfte erinnern mich an die Greißlerläden, die es in Österreich früher gab. Das Sortiment ist vielfältig und auf den Geschmack der hauptsächlich afrikanischen Kundschaft ausgerichtet. Die Nachfrage bestimmt das Angebot und nicht umgekehrt. Der Umsatz dürfte eher gering sein, alle klagen über den wenig zufriedenstellenden Geschäftsgang. Die geographische Lage der Geschäfte ist eher schlecht, sie befinden sich in der Nähe der Wohnorte der Kundschaft, die in der Regel ja auch in keiner guten Wohngegend lebt.   **Johann Murauer**

HERRENGASSE
Neuer Dom

Vom erzkonservativen Bischof Franz Joseph Rudigier als Bollwerk gegen die Moderne errichtet, ist der neugotische Mariae Empfängnis-Dom zu einem Linzer Wahrzeichen geworden. Vorwiegend nach Plänen des Kölner Dombaumeisters Vinzenz Statz entstand er zwischen 1858 und 1934 – zum Gedenken an das 1854 verkündete Dogma von der Unbefleckten Empfängnis. Daß er als „Spiegel des kirchlichen Selbstverständnisses und der katholischen Selbstdarstellung der Zeit" konzipiert ist (Dehio), kommt vor allem in den (ganz nach mittelalterlichem Vorbild) farbenprächtigen Glasgemälden und Mosaiken zum Ausdruck.
Während die einander gegenüberliegenden Fenster im Langschiff, die an die Jerusalem-Wallfahrten der Diözese erinnern, immerhin orientalisches Flair in den Dom zaubern, wird die Bildsprache ansonsten von nazarenischer Kunstauffassung geprägt. Die kirchenpolitisch wichtige Szene „Der ägyptische Joseph vor dem Pharao" (rechts von der sog. Votivkapelle), in der sich der wegen

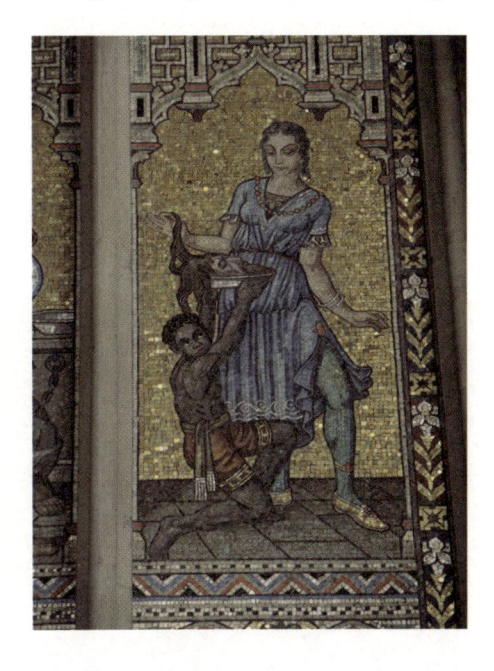

Abstecher: SCHILLERSTRASSE 34, Black Community Oberösterreich. „Wir entstanden 2005 als eine Bewegung gegen Diskriminierung und für Gleichberechtigung sowie als Stimme für die Anliegen und zur Umsetzung der Rechte von Menschen mit dunkler Hautfarbe. Längst ist die Black Community nicht mehr ausschließlich um die Anliegen der Menschen mit afrikanischen Wurzeln bemüht. Aktivitäten, Veranstaltungen und Projekte richten sich an MigrantInnen und Einheimische gleichermaßen. Damit wird wertvolle Sensibilisierungsarbeit geleistet und zu einem erfolgreichen, von gegenseitiger Wertschätzung geprägten, Zusammenleben beigetragen. Wir sind für viele Menschen, denen das Leben in Österreich neu ist, die erste Anlaufstelle. Wir helfen bei Fragen und vernetzen die Leute mit zuständigen Ansprechpartner/inne/n, Behörden und Institutionen. Wir vernetzen verschiedene afrikanische Vereine in Oberösterreich und fördern den gegenseitigen Austausch." (Anselem Uche Njoku / Manuela Mülleder; www.black-community-ooe.net).

seines Widerstands gegen die säkulare Schule gerichtlich verurteilte Kirchengründer selbst dargestellt sah, weist nur einen Hauch ornamentaler Verfremdung auf. Im Fenster „Flucht nach Ägypten" wird „Ägyptisches" in Form eines beim Vorbeizug der heiligen Personen zersplitternden Götzenbildes angedeutet – ein althergebrachtes Motiv (➡STRASSEN/T). Andere ikonographische Bezüge, die im Barock reiche Gelegenheit zur Bezugnahme auf schwarze Menschen geboten hätten, sind zurückgedrängt. Das große „Epiphanie"-Fenster auf der rechten Seite des Hochchors zeigt den dritten König als Europäer mit südländischem Teint. Nur in zwei Szenen kommen schwarze Menschen vor: Im „Priesterfenster" der südwestlichen Eckkapelle sind es die Täuflinge des Franz Xaver, auf einem Mosaik rechts der Votivkapelle ein schwarzer Sklave, der Salome den Kopf Johannes' des Täufers überreicht (Abb. S. 265).

LANDSTRASSE 31
Ehem. Ursulinenkirche

Linz muß eine stark jesuitisch geprägte Stadt gewesen sein, infolge der Aufhebung des Ordens 1773 ist dessen Präsenz jedoch kaum mehr spürbar. Eines der wenigen Zeugnisse ist die Statue des hl. Franz Xaver in der früheren Kirche der Ursulinen, der – wie oft im ländlichen Oberösterreich – ein „Mohren"-Kind tauft.
Auch die Kanzel (von 1740) ist beachtenswert. Auf ihrem Schalldeckel tummeln sich vergoldete Putti als allegorische Symbolisierung der vier damals bekannten Erdteile, zwei mit Federschmuck, die beiden anderen mit Turban und Krone: Die ganze Welt verehrt das von einem Engel gehaltene Kreuz sowie den Leib Christi in der Monstranz – eine klar antiprotestantische Pointe, die ebenfalls auf jesuitischen Einfluß hinweist.
Ob solche Darstellungen Einfluß auf die Spiritualität der Klosterschwestern hatten, wissen wir natürlich nicht. 1877 aber nahmen sie („trotz mancher Vorurteile", wie die Chronik schreibt), eine schwarze Frau in ihre Reihen auf, eine Maria Xaveria Halina. Die 32jährige gebürtige Nubierin war, wie

so viele andere Mädchen (➡Klagenfurt/ Ktn.), im Kindesalter ins Wiener Salesianerinnenkloster gebracht worden, hatte später aber als Hausmädchen bei Privaten gedient. Die „Mohrlschwester", wie die mündliche Überlieferung sie nennt, starb 1904 als eine geachtete Ordensfrau.

Museumstrasse 14
Oberösterreichische Landesgalerie

Die sog. Landesgalerie im seinerzeitigen Francisco-Carolinum verfügt über die weltweit größte Sammlung von Einzelblättern, Drucken und Skizzen des berühmten Graphikers und Wahl-Oberösterreichers Alfred Kubin (1877–1959). 1904 hatte Kubin eine Reise nach Südafrika unternommen, die ihn künstlerisch freilich kaum beeinflußt haben dürfte. Häufig aber schuf er Werke mit Motiven aus dem Orient, etwa „Die Mumie" (1903), „Die alte Sklavin" (um 1920), „Bonaparte in Aegypten" (1923) u. ä. Ein besonderes Schmankerl ist Kubins satirische Federlithographie „Tropenforscher": Einem fotografierenden Wissenschaftler (oder Touristen?) wedelt ein Affe vom Ast einer Urwaldstaude aus zu …

Ernst-Koref-Promenade 1
Lentos Kunstmuseum Linz

Errichtet 2000–2002 zählt es zu den wichtigsten österreichischen Einrichtungen für moderne und zeitgenössische Kunst. Der eigenwillige Bau bietet Raum sowohl für eine ständige Präsentation („Meisterwerke") als auch für wechselnde Themen. In den Sammlungen befinden sich Bestände mit Orient- bzw. Nordafrikabezug, etwa Fotographien von Antonio Beato aus Luxor (um 1870) und Gemälde von Oskar Laske (Motive aus Tunis, um 1940/45) sowie Leopold Carl Müller (um 1877/78). Auch Alfred Kubin ist mit orientalischen Graphiken vertreten. Bemerkenswert in der Dauerausstellung

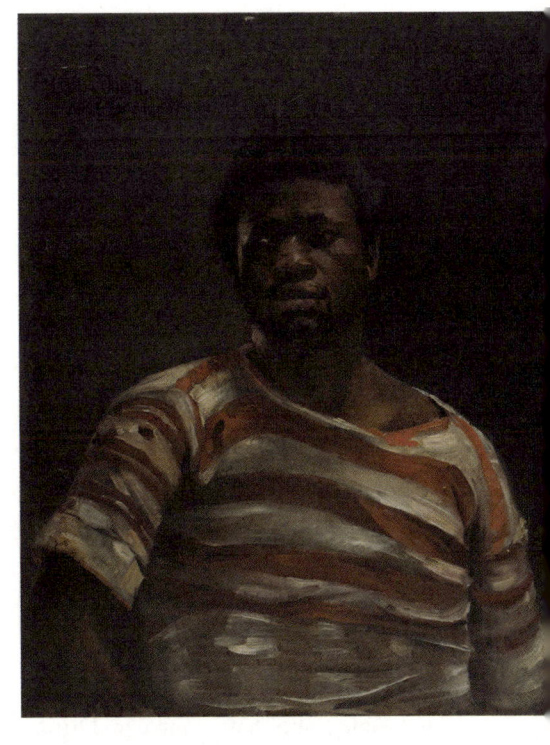

Lovis Corinth, „Un Othello" (1884)

ist ein Ölgemälde von Lovis Corinth, das einen Schwarzen im „Ruderleiberl" zeigt. Vielleicht lernte ihn der Künstler während seines Studienaufenthalts in Paris kennen? Vielleicht war er sogar aus Algerien?

Adalbert-Stifter-Platz 1
Adalbert Stifter-Museum

Ein farbenprächtiges orientalistisches Gemälde aus dem ausgehenden 19. Jh. erinnert an eines von Stifters unbekannten Werken: die 1843 erschienene Novelle „Abdias", Schauplatz Algerien.
Unter dem Vorwand einer Strafaktion gegen Piraten, die den Handelsverkehr im Mittelmeer entlang der afrikanischen Küste bedrohten, hatte Frankreich 1830 eine Militäraktion gegen die autonome Regentschaft von Algier gestartet. Heftiger afrikanischer Widerstand, Grenzkonflikte mit Marokko und nicht zuletzt der öffentliche Druck von

voestalpine und Afrika

Aktuell scheint Afrika für den größten Industrie- und Technologiekonzern Österreichs, der jahrzehntelang Alltag und Image der „Stahlstadt Linz" geprägt hat, eine geringe Rolle zu spielen (Umsatzanteil unter 4 %, *www.voestalpine.com*), die Verbindungen gehen aber Jahrzehnte zurück. Neben dem Bezug von Eisenerz, Kohle und anderen Mineralien stand ab den 1950er Jahren die Lieferung von Industrieanlagen im Vordergrund.

Grundlage der Exporterfolge war die Entwicklung des sog. LD-Verfahrens, das durch seinen geringen Rohstoff- und Energieeinsatz die Stahlerzeugung revolutionierte. LD-Stahlwerke wurden zum wichtigsten Standbein der damaligen VÖEST im Anlagengeschäft mit der Dritten Welt. Schon Ende der 1960er Jahre wurden Hüttenwerke nach Südafrika, in den Sudan und (trotz des von der UNO verhängten Wirtschaftsembargos) nach Süd-Rhodesien geliefert.

Bestrebungen der eben unabhängig gewordenen afrikanischen Staaten, ihre Industrialisierung voranzutreiben, sowie die sog. Ölkrise, welche die Kaufkraft der erdölproduzierenden Staaten stärkte, kamen ab den frühen 1970er Jahren auch der VÖEST-Alpine zugute. Afrika wurde zum wichtigsten außereuropäischen Markt, und zwecks sicherer Erzversorgung wurden große Bergwerkskomplexe modernisiert, so in Angola und Sierra Leone.

1972 bis 1982 errichteten die Konzernunternehmungen nicht weniger als 34 Industrieanlagen in Afrika. Schwerpunkte lagen in Libyen, Nigeria und Südafrika, wenngleich die Geschäfte mit letzterem infolge der internationalen Kritik an der Apartheidpolitik zunehmend schlechter liefen; ein favorisiertes Hüttenwerk bei Saldanha Bay kam nicht zustande. Auch andere Projekte erwiesen sich als problematisch. So gingen von der VÖEST erbaute Erdölraffinerien in Mauretanien und der Volksrepublik Kongo nie in Betrieb, und eine großangelegte Zellulosefabrik in Kamerun erwies sich technisch, ökologisch und kommerziell als Desaster; die Produktion wurde nach wenigen Jahren eingestellt, der größte Teil der aufgelaufenen Schulden mußte letztlich abgeschrieben werden.

Sozialutopisten, die in Afrika einen „idealen Staat" gründen wollten, machten aus der zunächst befristeten Intervention bald eine Okkupation – Nordafrikas erste europäische Kolonie entstand.

Vor diesem Hintergrund schrieb Stifter seine Novelle „Abdias", eines seiner umstrittensten Werke, das so gar nicht zum Image des Heimatdichters paßt. Die Handlung spielt in einer verfallenen Stadt in Nordafrika und schildert die Schicksale eines reichen jüdischen Händlers, der einem korrupten türkischen Widersacher zum Opfer fällt, und seiner angenommenen Tochter. Die Interpretationsversuche des Textes gehen weit auseinander – eine Auseinandersetzung des Erzählers mit dem Fehlen irdischer Gerechtigkeit (politische Zeitkritik?) wird ebenso vermutet wie Bezugnahmen auf die eigene Familiensituation.

MÜHLVIERTEL

Ulrichsberg
Jazzatelier

Daß in dieser konservativ geprägten, erst in den 60er Jahren als Arbeitskräftereservoir für die VÖEST erschlossenen Gegend ein Musikclub österreich-, ja europaweiter Bekanntheit entstehen konnte, grenzt an ein Wunder. 1973 riefen einige Interessierte das „Jazzatelier" ins Leben (Badergasse 2, *www.jazzatelier.at*). Immer wieder traten seitdem auch schwarze Künstler/innen hier auf, meist US-Amerikaner, etwa Anthony Braxton, Henry Threadgill, Wadada Leo Smith, Henry Grimes und viele andere.

„Ich erinnere mich nur an einen einzigen Fall", schrieb mir 2009 Geschäftsführer Alois Fischer, „das war wohl anfangs der 90er Jahre, bei dem ein Schwarzer in Ulrichsberg aufgrund seiner Hautfarbe beschimpft wurde – was dann auch gleich zu einem erheblichen Eklat führte. Ansonsten aber ist der Zugang der Menschen vor Ort am ehesten mit einer Mischung aus Neugierde einerseits und Bewunderung der musikalischen Fähigkeiten andererseits beschreibbar." Sehr erfreulich – angesichts des Umstands, daß US-amerikanischer Jazz noch wenige Jahrzehnte vorher als „Negermusik" verteufelt worden war (➡ Bad Leonfelden).

Berg bei Rohrbach
Maria-Hilf-Kapelle

Links neben der früher populären Wallfahrtskirche führen Stufen zu der 1764 erneuerten Kapelle. Ihr Gewölbe wird von einem barocken Fresko ausgefüllt, das die Verehrung der Madonna durch die Vier Kontinente darstellt: Maria und der kleine Jesus schweben über einer großen Weltkugel, die von einer Schlange mit einem Apfel im Rachen umzingelt wird – ein Hin-

Anthony Braxton in Ulrichsberg

Abstecher: KOLLERSCHLAG, Pfarrkirche. Eine lebensgroße Figur auf dem Hochaltar stellt Franz Xaver bei der Taufe eines „Mohren"-Kindes dar. Der Altar selbst stand ursprünglich in der Stiftskirche Schlägl; die Statuen wurden erst 1925 dazugekauft. Gegenüber dem kraftvoll wirkenden weißen Heiligen nimmt sich der kniende Bub mit seinem vergoldeten Federkleid und dem Ohrschmuck teilnahmslos aus – wahrscheinlich fühlt er sich im rauhen Mühlviertel nicht wirklich heimisch. Schließlich gab es zu seiner Zeit noch kein Jazzatelier.

weis auf die Erbschuld, die alle Kontinente in ihrem Bann hält. Diese sind durch Figuren im Umkreis symbolisiert. Die Vegetation im Hintergrund ist teils europäisch, teils exotisch gehalten.

HASLACH
Handels- und Kaufmannsmuseum

Seit Jahrhunderten ist die Marktgemeinde durch Fernhandelsstraßen mit allen Himmelsrichtungen verbunden; Erzeugnisse der lokalen Webereien wurden über Triest und Venedig in den Orient geliefert, umgekehrt wurden Waren von dort importiert. In einem voll bestückten Gemischtwarenladen (Windgasse 17) erleben wir die Einkaufsatmosphäre des frühen 20. Jhs. Werbeplakate, alte Verpackungen, Behälter und sonstige Gegenstände versetzen einen in die Jugendzeit der (Ur-)Großeltern. Naturgemäß spielen „Kolonialwaren" eine Rolle. Im Vergleich zur heutigen Warenpalette nimmt sich das exotische Angebot von damals bescheiden aus – viel mehr war bei einem Greißler vor der Globalisierung eben nicht zu erwarten.

Pfarrkirche

Werfen Sie einen Blick auf die zweite Kreuzwegstation: „Christus nimmt das schwere Kreuz auf sich" – aus den Händen eines schwarzen Sklaven! Afrikaner als Beteiligte an der Kreuzigung – ein ganz unerforschtes Thema (➧ARTSTETTEN/NÖ).

BAD LEONFELDEN
Oberösterreichisches Schulmuseum

Bloemaert, „Martyrium und Glorie der hl. Katharina" (Ausschnitt)

Das älteste Schulhaus des Bundeslandes (Böhmer Straße 1) führt uns den Unterricht des 19. und beginnenden 20. Jhs. vor Augen. Was sehen wir hier über Afrika? Wenig, und das sehr klischeehaft! Der „schwarze Kontinent" war im Unterricht lange unterrepräsentiert – und ist es in der Regel bis heute. Abgesehen von verschiedenen Landkarten oder Globen sowie Tierpräparaten wird auf die biblische Geschichte Bezug genommen, auf das alte Ägypten sowie – erstaunlich – auf die Belagerung von Damiette im Fünften Kreuzzug (➡LILIENFELD/NÖ). Afrika wird also in religiösen, touristischen und kolonialen Kontexten erwähnt, bleibt insgesamt aber marginal.

Eine eigene Vitrine ist dem Unterricht in der NS-Zeit gewidmet. Ein Emailschild „SWING TANZEN VERBOTEN" weist auf die Diskriminierung des Jazz hin – wie sie in der Nachkriegszeit noch gang und gäbe war, heute aber weitgehend überwunden scheint (➡ULRICHSBERG).

FREISTADT
Stadtpfarrkirche hl. Katharina

Gelegentlich tauchen ab der Mitte des 16. Jhs. schwarze Menschen bei der Hinrichtung von Heiligen als Zuschauer auf. So auch hier auf dem früheren Hochaltargemälde, das „Martyrium und Glorie der hl. Katharina" zeigt (Adriaen Bloemaert, 1638/40). Während der Nil im Hintergrund einen zarten Hinweis auf Ägypten gibt, wohnen vor einem Tempel des Zeus zahlreiche Menschen der Enthauptung der Glaubenszeugin bei: neben dem Henker ein alter heidnischer Priester, Soldaten und Offiziere sowie zwei Zuschauer, die interessiert das Geschehen verfolgen – ein Afrikaner mit einem europäischen Begleiter, dessen Hand erklärend auf die Szene hinweist. Interessant, daß beide knien und daß der schwarze junge Mann nicht dem Stereotyp „Mohr" entspricht, sondern zeitgenössisch sportlich gekleidet ist.

Offenbar geht es hier nicht um Beteiligte an der Hinrichtung. Ich halte den Weißen der beiden Männer eher für einen geheimen Anhänger der Katharina, der seinem schwarzen Freund den tieferen Sinn des Geschehens erklärt: eine Illustration von Tertullians Wort über das Blut der Märtyrer, das zum Samen der Kirche (auch in Übersee) wurde. Dann würde dieses Detail also die eigentliche Botschaft des Gemäldes vermitteln (analog ➡ADRIACH/STMK.).

Der afrikanische Pilatusdiener

KEFERMARKT
Pfarrkirche hl. Wolfgang

Unerbittlich bricht der Statthalter den Stab über den gefesselten Jesus, und sein schwarzer Sklave hält das Wasserbecken bereit, damit er seine Hände in Unschuld waschen kann. Angesichts des großartigen Hochaltars – einer der bedeutendsten spätgotischen Flügelaltäre in Österreich überhaupt – sind die manieristischen Kreuzwegbilder von 1746 leicht zu übersehen. Das Motiv kam vermutlich aus Italien (➡ INNSBRUCK/T) und entspricht der barocken Tradition, wichtigen Personen „Mohren" als Statussymbole zuzuordnen; in einer Fassung von 1925 findet es sich noch in Schwertberg.

TRAGWEIN
Ruine Reichenstein

Die imposante Veste erhebt sich auf einem Felsrücken über der tief eingeschnittenen Feldaist. Während der mittelalterliche Baubestand weitgehend verfallen ist, ist der von Ritter Christoph Haym erbaute Renaissancetrakt noch zu besichtigen.
Der Rundgang erinnert an finstere Zeiten. Haym stammte ursprünglich aus der Steiermark, war kaiserlicher Rat und nahm an vielen Kriegen teil, u. a. gegen das Osmanische Reich. Dietrich, einer seiner Söhne, soll in Marokko gekämpft haben, dort in Gefangenschaft geraten und erst nach vielen Jahren freigekommen sein. 1567 erwarb Haym die Herrschaft Reichenstein, wo er sich als Bauernschinder unbeliebt machte. Jahrelange Konflikte waren die Folge, und 1571 wurde der 54Jährige von unbekannten Tätern erschossen (Marmorepitaph in der Burgkapelle, u. a. mit Darstellung einer Schlacht im Orient).

Hatte der Ritter etwas mit Knaben? Jedenfalls beschuldigte ihn der aufständische Bauer Simon Gaisrucker, der als Hayms Mörder verfolgt wurde, er habe seinen zweijährigen Sohn lebendig in den Grundstein des Schlosses einmauern lassen. Bewiesen wurde das natürlich nie, aber es trug zur Eskalation der Lage bei. Und vielleicht gab es einen wahren Kern.

Der untere Bereich des Epitaphs in der Kapelle, im übertragenen Sinn der „Grundstein" für die Grablege Hayms, ist nämlich in der Tat ein Kindergrab. Das sorgfältig ausgeführte Relief zeigt einen verstorbenen Buben – nackt, die Hände mit einem Totenkreuz über die Brust gelegt. Die Inschrift VITAQUE MANCIPIO NVLLI DATVR OMNIBVS VSV („... das Leben wird keinem als Besitz gegeben, allen zum Gebrauch") ist einem Text des römischen Dichters Lukretius entnommen (De Rerum Natura III, 970–971).

Daß es sich um einen Sohn des Ritters handeln würde, ist nicht wahrscheinlich – dessen Kinder sind ja alle auf seinem eigenen Grabstein dargestellt. Auf der anderen Seite aber muß es sich um eine dem Verstorbe-

Ein afrikanischer Bub im Mühlviertel?

nen oder der Familie nahestehende Person gehandelt haben – dafür spricht der privilegierte Begräbnisort.
Eine kleine Auffälligkeit hilft vielleicht weiter: Der Bub trägt seinen Lorbeerkranz über *gekräuseltem* Haar – alle anderen Kinder weisen glatte oder strähnige Haare auf! Und Kräuselhaare hatte man schon im Mittelalter zur Kennzeichnung von Afrikanern verwendet. Haben Ritter Christoph Haym oder sein Sohn Dietrich von ihren Kriegen im Orient vielleicht einen schwarzen Sklavenbuben nach Hause gebracht?

ALBERNDORF IN DER RIEDMARK
Schloß Riedegg

Kaum eine Institution hat das Afrika- und speziell Südafrikabild des katholischen Oberösterreich so sehr geprägt wie die Missionskongregation der Mariannhiller – vom paternalistischen „weißen" Blick der Kolonialzeit über ein sehr langes Schweigen zum Verbrechen der Apartheid bis zur Akzeptanz einer einheimischen Kirche im demokratischen Südafrika von heute. Schon 1886 – nur vier Jahre nach der Gründung der Abtei Mariannhill – war in Linz ein Stützpunkt errichtet worden; Franz Pfanner (➡LANGEN/VBG.) hatte bei Bischof Franz Joseph Rudigier einst Theologie studiert. 1936 wurde das etwas außerhalb von Gallneukirchen gelegene Schloß Riedegg für den Orden adaptiert.
Ein Wort von Papst Johannes XXIII. dient als Motto: „Wir sind nicht auf Erden, um ein Museum zu hüten; sondern einen Garten zu pflegen, der von blühendem Leben strotzt und für eine schöne Zukunft bestimmt ist." Und weiter der bemerkenswerte Satz: „Wir Mariannhiller Missionare wollen durch dieses Museum einen kleinen Beitrag leisten, dass Afrikanern dieses Leben möglich wird."
Die gezeigten Objekte stammen aus dem Südlichen und östlichen Afrika, also aus

Abstecher: MÜNZBACH, Pfarrkirche. 1678 wurde Joachim Enzmilner, Reichsgraf von und zu Windha(a)g, in der Gruft unter dem Hochaltar bestattet. Sein leeres Hochgrab befindet sich im hinteren linken Seitenschiff. Enzmilner markiert in gewisser Weise den Endpunkt der in den Tagen Ritter Hayms begonnenen Entwicklung. Die Bauernaufstände waren niedergeworfen, die Herrschaft der Fürsten (und des Kaisers) war gefestigt, der verbreitete Protestantismus brutal unterdrückt. Auf dem Höhepunkt seiner Macht ließ er in den 1650/60er Jahren im nahegelegenen Windhaag ein prunkvolles Renaissanceschloß errichten, das leider nicht mehr erhalten ist. Berühmt war dessen Kunstkammer, in der sich u. a. der später nach ➡KREMSMÜNSTER gekommene „Elefantenstuhl" sowie auch ein ausgestopftes (?) Rhinozeros befand.

Kunstkammer des Grafen Enzmilner (Topographia Windhagiana 1656)

Doch zurück zur Pfarrkirche! An der linken Seitenwand des Presbyteriums sehen wir ein Werk von Enzmilners Hofmaler, Clemens Beut(t)ler: „Marienkrönung und alle Heiligen" (1665). In die oberste, der Dreifaltigkeit am nächsten schwebende Gruppe schließt der Künstler auch einen schwarzen Heiligen ein – wohl den Afrikaner von den Drei Königen. Wenig später gestaltete Joachim Sandrart dasselbe Motiv (➡WIEN I).

Mauthausen

Unter den über zweihunderttausend Gefangenen der NS-Vernichtungsmaschinerie, die sich zwischen 1938 und 1945 im Konzentrationslager Mauthausen oder seinen Nebenlagern (➜EBENSEE) befanden, bilden jene aus Afrika wahrscheinlich die vergessenste Gruppe. An sie erinnert keines der Mahnmale, die in späteren Jahren – meist von den Heimatstaaten der Häftlinge – errichtet wurden. Selbst Historikern wurde die Existenz von schwarzen KZ-Insassen erst vor kurzem bewußt. Sicher war deren Anzahl im Vergleich zu anderen Häftlingsgruppen gering. Aber in Bezug auf die ideologischen Grundlagen des nationalsozialistischen Deutschlands – das 1938 auch Österreich besetzt hatte – war sie signifikant: Ebenso wie Juden galten Menschen schwarzer Hautfarbe als grundsätzlich „minderwertig" und wurden daher auf Basis der „Nürnberger Rassengesetze" systematisch diskriminiert. Hinzu kam, daß nicht wenige von ihnen auch politisch engagiert waren, für Demokratie und Antifaschismus.

Mindestens 62 arabische Häftlinge – ein Teil davon aus dem nordafrikanischen Raum – konnten in Mauthausen nachgewiesen werden, die meisten Veteranen aus dem Spanischen Bürgerkrieg. Unter ihnen befand sich der Marokkaner Mohamed Bouayad, der noch am 24. April 1945 in der Gaskammer ermordet wurde. Einige weitere möchte ich erwähnen: Tiémoko Garan Kouyaté aus Mali war in einer Gruppe schwarzer Kommunisten im Umkreis des „Internationalen Gewerkschaftskomitees der Negerarbeiter" in Hamburg tätig gewesen. Er kam im Juli 1944 im Alter von 42 Jahren ums Leben. Ein anderer war Carlos Grey Key aus Barcelona, dessen Eltern aus der spanischen Kolonialinsel Fernando Póo (heute Bioko, Äquatorialguinea) stammten. Im Spanischen Bürgerkrieg hatte er in den Reihen der republikanischen Truppen gekämpft, war anschließend nach Frankreich geflüchtet und in der Résistance aktiv gewesen, bis er 1942 verhaftet und nach Mauthausen deportiert wurde. Der Lagerkommandant steckte ihn in eine Uniform – eine zynische Reminiszenz an die „Hofmohren" des 18. Jhs. – und machte ihn zu seinem Diener. Angeblich überlebte er. Der dritte schwarze Häftling, von dem wir wissen, Lionel Romney, stammte aus Santo Domingo und wurde im Juni 1944 ins KZ eingeliefert. Auch er erlebte die Befreiung am 5. Mai 1945.

Bei der Präsentation des 2. Lageberichts „Schwarze Menschen in Österreich" habe ich 2011 ein Denkmal für die afrikanischen KZ-Häftlinge angeregt. Die Reaktion des Innenministeriums war positiv.

Gegenden, in denen Ordensangehörige wirken. Ausgehend von den Naturschönheiten zeigt die Ausstellung traditionelle Objekte v. a. der Volksgruppe der Zulu (der ersten Zielgruppe Abt Pfanners), Beispiele christlich-afrikanischer Kunst sowie – eine Rarität – eine Sammlung von Kunst- und Gebrauchsgegenständen aus Metall- und Plastikabfällen („Something out of Nothing"). Die gesamte Präsentation wurde 2006 vom inzwischen verstorbenen Pater Albert Oppitz gestaltet.

Das mehrfach umgebaute Schloß dient heute als Bildungshaus und Provinzprokuratur der Mariannhiller Missionare in Österreich; weitere Niederlassungen bestehen in Linz, Wels und Landeck; die „Missionsschwestern vom Kostbaren Blut" haben ihre Zentrale in ➜WERNBERG/KTN.

TRAUNVIERTEL

Dem Museum gegenüber befindet sich die barocke Schloßkapelle mit bemerkenswerten Kreuzwegdarstellungen, Reproduktionen nach einer Vorlage des Münchner Malers Kaspar Schleibner. Mehrfach fallen hier Afrikaner als Schergen der Kreuzigung auf, zum Teil in brutaler Rolle (Abb.). Das Motiv wird vom Künstler zur Steigerung der exotischen Atmosphäre verwendet, gleichzeitig aber klar zu einem Feindbild verdichtet.

Im Stiegenaufgang befindet sich eine Gedenktafel für drei Märtyrer der Mariannhiller Mission: Engelbert Unzeitig, 1945 im KZ Dachau ums Leben gekommen, Matthias Sutterlüty, im Zuge eines Landkonflikts 1983 in Embakwe (Zimbabwe) ermordet, und Ernst Plöchl, der 2009 in Südafrika einem Raubmord zum Opfer fiel.

St. Florian
Augustiner-Chorherrenstift

Sie zählen zu den künstlerisch höchstwertigen und (➡ Rattersdorf/Bgld.) ältesten ihres Genres in Österreich: die vier sog. „Mohren"-Gueridons, leuchterhaltende, prächtig gekleidete Afrikaner- und Türkenfiguren. Vermutlich wurden sie 1729 von Leonhard Sattler geschnitzt. In der Geschichte der europäischen Möbelkultur ist es von hier aus ein kleiner Schritt zum „stummen Diener" des 19. Jhs. In St. Florian waren sie nicht nur Ausdruck einer modischen Laune der Chorherrn, sondern auch Bestandteil eines Gesamtkunstwerks.

Das beeindruckende barocke Stiftsgebäude, 1686 bis ca. 1750 von Carlo Antonio Carlone und Jakob Prandtauer errichtet, vermittelt eine politische Vision – den Sieg Österreichs über das Osmanische Reich, d. h. den Orient. Architektur und Ausstattung des Stiftes wurden direkt in den Dienst habsburgischer Kriegspropaganda gestellt.

So ist das Deckengemälde des Marmorsaals (von Martino und Bartolomeo Altomonte) dem „Triumph über die Türken" und den „Segnungen des Friedens" gewidmet: Ein Siegesgott setzt seinen Fuß auf einen Osmanen, während ihm Österreich und Ungarn huldigen. Die von Vergil vorhergesagte Weltherrschaft wird hier – wie in ➡ WIEN I – auf Habsburg bezogen: „Imperium sine fine dedi."

In den Kaiserzimmern setzt sich die Programmatik fort. Den Audienzsaal schmückt ein Fresko, das die vier Weltreiche der Antike darstellt, zuletzt das römische, das durch einen Doppeladler mit österreichischem Wappen als Vorläufer des Habsburgerreichs charakterisiert wird – indirekt also ebenfalls Anspruch auf Weltherrschaft. In die Umrahmung dieses Gemäldes sind schwarze Gestalten plaziert.

Alles in allem werden Konturen einer bestimmten Weltsicht erkennbar: Die klaren Feindbilder des katholischen Europa, repräsentiert durch das Kaisertum, waren das Osmanische Reich und seine dominierende Religion, der Islam. Afrika wurde nicht als feindlich gesehen, jedoch im Rahmen dieser triumphalistischen Konzeption sozial abgewertet. In der anvisierten „pax europea" sollten Menschen dunkler Hautfarbe als Dienende integriert sein und eine dekorative, aber marginale Rolle spielen. Die Idee der Ebenbürtigkeit Afrikas, wie sie in den mittelalterlichen Konstrukten eines Erzpriesters Johannes oder eines schwarzen Heiligen Königs enthalten gewesen war, war schon lange Geschichte.

STEYR
August-Riener-Gasse

Etliches an antifaschistischer Bewußtseinsarbeit war notwendig gewesen, bevor sich im Februar 2010 die führenden Gemeinderatsfraktionen, SPÖ und ÖVP, zur Umbenennung der Robert-Stigler-Straße entschlossen. Zuviel Aufmerksamkeit hatte der „braune Fleck" bereits gefunden. Eines der Argumente war Stiglers NSDAP-Mitgliedschaft ab 1932 (!), ein anderes seine praktisch nahtlos fortgeführte „rassenkundliche Forschung" an Afrikanern und anderen Außereuropäern, bei der er die Grenzen zu Folter und sexueller Erniedrigung wesentlich und wiederholt überschritt.

Robert Stigler wurde 1878 in Steyr geboren und studierte nach seiner Schulzeit in Wien Medizin. 1911/12 nahm er an der Uganda-Expedition von Rudolf Kmunke teil, während der er physiologische Forschungen an Afrikanern durchführte (u. a. Abnahme von Blut und Sperma). 1940 führte er im burgenländischen Lager Kaisersteinbruch Untersuchungen an Kriegsgefangenen durch. Seine Forschung verstand er als Beitrag zur nationalsozialistischen Planung für ein deutsches Kolonialreich in Afrika. Sexuelle Beziehungen zwischen Weißen und Schwarzen lehnte er vehement ab, weil er eine „Degeneration" der Nachkommen und einen „Verfall" deutscher Kultur befürchtete (➡ WIEN XVIII). 1945 wurde Stigler im Rahmen der Entnazifizierung seiner Ämter enthoben und 1947 pensioniert, publizierte aber weiterhin über „rassentheoretische" Fragen. Er starb 1975 in Kirchberg in Tirol.

Innerberger Stadel

Das romantische Erscheinungsbild der alten Stadt, eines durch Eisenverarbeitung und -handel wichtigen Wirtschaftszentrums in Mittelalter und Früher Neuzeit, legt Zeugnis vom Wohlstand der bürgerli-

Äthiopische Delegation in den Werndl-Werken (1907)

chen Hammerherren ab. Grundlage dafür waren das am Erzberg geförderte Eisenerz sowie die Wasserkraft der Enns. Die in der Region produzierten Gebrauchsgegenstände und Waffen fanden früh ihren Weg in den Mittelmeerraum, nach Afrika und bis Indien. Auch Hans Prandstetter, der gegen Ende des 15. Jhs. das berühmte „Bummerlhaus" (Stadtplatz 32) in seine heutige Gestalt brachte, wird als „venedigischer Handelsmann" bezeichnet – und Venedig war ein Eingangstor nach Nordafrika.

Auch das Museum, dessen Umgestaltung geplant ist, legt einen Schwerpunkt auf die Wirtschaft. Es ist seit 1912 im sog. „Stadel" (Grünmarkt 26) untergebracht, einem ehemaligen Getreidespeicher.

Zu seinen Kollektionen zählt die vom Beamten Anton Petermandl (1820–1900) angelegte „Messersammlung" – Ausdruck eines tiefen handwerksgeschichtlichen Interesses. Rund 500 Eisenobjekte aus vier Kontinenten werden hier gezeigt, meist Messer, Schwerter oder Speere. Unter den afrikanischen Exponaten sind Waffen aus dem Südlichen Afrika – v. a. aus dem Mariannhiller Missionsgebiet –, aus dem Kongo und aus Angola, aus West- und Nordafrika sowie dem Sudan. Ein Teil der Sammlung wurde als Leihgabe dem Technischen Museum übergeben (➡ WIEN XV). Steyrs frühere Bedeutung als Waffenschmiede lag nicht nur in den Handwerksbetrieben der Frühen Neuzeit. In der 2. Hälfte des 19. Jhs. gelangte die fabriksmäßige Produktion von Gewehren zu internationaler Bekanntheit. Maßgeblich dafür war Josef Werndl (1831–1889) – an ihn erinnert das bemerkenswerte Denkmal auf der Handel-Mazzetti-Promenade. 1869 gründete er die „Österreichische Waffenfabrik", das neben den Skodawerken in Pilsen größte Rüstungsunternehmen der Monarchie.

Eine Installation erinnert an ein aufsehenerregendes Ereignis: den Besuch einer äthiopischen Delegation in den Werndl-Werken

Figuren im „Steyrer Kripperl"

im September 1907. Äthiopien hatte unter Kaiser Menelik II. (reg. 1865–1913) seine Unabhängigkeit bewahren können – nicht zuletzt wegen der modernen Bewaffnung seiner Armee; 1896 wurden die italienischen Truppen in der Schlacht bei Adowa vernichtend geschlagen. Engere Kontakte zwischen der Waffenschmiede in Steyr und dem äthiopischen Hof hätten somit für beide Seiten ins Konzept gepaßt. Allerdings dürfte es zu keinem Geschäftsabschluß gekommen sein – nur 40 Gewehre wurden nach Abessinien geliefert, quasi als Muster (➡WIEN XIII). Von Steyr nahm auch die typische Christkindlkultur der Region ihren Ausgang. 1680 soll in Steyr die erste Krippe aufgestellt worden sein, Repräsentationen der Weihnachtsgeschichte sind in Steyr und Umgebung bis heute unübersehbar. Die Palette reicht vom ehemaligen Hochaltargemälde der Stadtpfarrkirche (1688, Kunsthistorikern zufolge „eines der besten Werke" des Garstener Hofmalers Carl von Reslfeld) bis zu den Lamberg'schen Krippenfiguren oder den „Mohren"-Puppen im sog. Steyrer Kripperl.

„Zum Goldenen Elefanten"

Das Renaissancegebäude Grünmarkt 23, schräg gegenüber, ist mit einem schmiedeeisernen Hauszeichen dekoriert, das einen goldenen Elefanten zeigt – vermutlich ein Zusammenhang mit der Begeisterung über das exotische Ungetüm, die das Publikum des 17. Jhs. erfaßte. „Schau-Elefanten" wurden damals in halb Europa gezeigt, möglicherweise führte die Tournee eines solchen 1629 über Steyr und den Pyhrnpaß nach Süden (➡ROTTENMANN/STMK.).

PFARRKIRCHEN BEI BAD HALL
Pfarrkirche

In der harmonischen Rokokokirche beeindrucken die großformatigen Ölgemälde von Franz Carl Remp, eine 1707–13 für die Stiftskirche Kremsmünster hergestellte Serie. In

---

Abstecher: ST. ULRICH BEI STEYR. Im Juli 1976 wandten sich Bürgermeister Thaddäus Steinmayr sowie die damalige 4. Klasse Volksschule an Schulkinder in aller Welt mit der Bitte, Steine oder Ziegel für ein Friedensdenkmal für die Jugend der Welt zu schicken. Binnen zwei Monaten trafen von überall her Bausteine ein, darunter auch von Schulen in Tanzania, Kenya, Marokko oder Madagaskar (nicht aber aus dem damaligen Apartheidstaat Südafrika). Im Juli 1977 wurde das von Alois Dorn gestaltete Denkmal seiner Bestimmung übergeben.

Abstecher: SPITAL AM PYHRN. Sollten Sie die Route des Elefanten von 1629 nehmen, so beachten Sie den „Mohren" vor dem Eingang ins ehemalige Pilgerspital. In der Kirche zeigt der barocke Kreuzweg wieder den schwarzen Diener des Pilatus. Von der Pyhrnstraße aus könnten Sie HINTERSTODER erreichen, von wo 1997 eines der markantesten Kulturprojekte des „Festivals der Regionen" seinen Ausgang nahm: die Karawane der Tonga, einer am Zambezi-Fluß lebenden Volksgruppe, die 1958 von ihrem fruchtbaren Ackerland abgesiedelt worden war, um Platz für den Kariba-Stausee zu schaffen; seither fristet sie teils in Zambia, teils in Zimbabwe ein karges Leben. Ihre bizarre Musikkultur („Ngoma Buntibe") hat sich erhalten *(www.mulonga.net, siehe S. 280)*

einem davon begegnen wir einem gewissen Aemilian, Bischof von Nantes, der zur Zeit Karls des Großen gegen die spanischen Sarazenen gekämpft haben soll – in Wirklichkeit eine um die Mitte des 16. Jhs. erfundene Figur. Noch dazu fälschlich als Benediktiner ausgewiesen, reitet der greise Kirchenfürst mit gezogenem Schwert, die Fahne der Auferstehung hoch in den Lüften, an der Spitze eines christlichen Heeres gegen die heidnischen Schwarzen. Das Gemälde ist in seiner extremen Zuspitzung einer gewalttätigen Szene und angesichts der Vermischung einer unschuldigen Ordenstradition mit der Ikonographie des „Maurentöters" Jakobus wohl als bewußtes Statement des Stiftes Kremsmünster zugunsten der spanischen Ambitionen Karls VI. zu verstehen (➧ST. JAKOB AM THURN/SLZBG.).

KREMSMÜNSTER
Benediktinerstift

Als wirtschaftliches, religiös-kulturelles und militärisches Zentrum spielte das Stift seit seiner Gründung 777 eine wichtige regionalpolitische Rolle; auch im Rahmen der oberösterreichischen Ständeversammlung (➧LINZ) traten seine Prälaten führend hervor. Kein Wunder, daß sie einiges Augenmerk auf repräsentative Hofhaltung legten – deshalb auch die Gründung einer barocken Kunstkammer Mitte des 18. Jhs. Diese war in drei Gruppen gegliedert.
Bei den „artefacta" (heute in der Kunstsammlung im Stift selbst untergebracht) spannt sich der Bogen vom berühmten „Elefantenstuhl" des Wiener Bürgermeisters Sebastian Huetstocker, der 1554 aus den Gebeinen des bekannten Elefanten angefertigt wurde (➧INNSBRUCK/T) über kostbare Objekte aus afrikanischen Kokosnüssen, Straußeneiern oder Elfenbein bis hin zu Schöpfungen europäischer Künstler mit Afrikabezug.
„Naturalia" und „scientifica" wiederum sind in der Sternwarte konzentriert, die 1748–1759 unter Abt Alexander Fixlmüller als einer der frühesten europäischen Museumsbauten überhaupt errichtet wurde. Beeindruckend sind schon die 240 Porträts

von Studenten der Ritterakademie des 18. Jhs. im Stiegenhaus, deren Wappen in mehreren Fällen „Mohren" oder exotische Tiere als heraldische Figuren zeigen.

Unter den Sammlungen befaßt sich das Geologisch-Paläontologische Kabinett mit der Entstehung der Erde bzw. des Menschen; Objekte mit Afrikabezug inkludieren

Die Tonga im Toten Gebirge

Theoretisch war alles klar gewesen: Dreißig Tonga, Musiker und Tänzerinnen, vertauschen unfruchtbaren, wasserarmen afrikanischen Boden mit unfruchtbarem, wasserarmen europäischen Boden: Eine fast menschenleere Steinwüste wird zur Bühne für die Konfrontation mit einer ursprünglichen Art der Kultur, für eine große, integrative Zeremonie mit suggestiver Kraft. Aber ein nieselregenfeuchtes Hinterstoder ist irgendwie nicht der richtige Anfang. Im diffusen Grau, dicht über unseren Köpfen murmelt der Gott der Zauderer und Verzagten unaufhörlich: Es kann nicht gut gehen. Bleibt unten. Noch ist es Zeit.

Die Tonga, der Willkür künstlerischen Wollens freiwillig ins unsagbar fremde Land gefolgt, sind seltsam gelassen. Seit ihrer Vertreibung gehört es zum Alltag, in der Fremde zu überleben, und schlimmer kann es auch im Karst nicht kommen. Gespenstisch leise bricht die Expedition auf: das Simonga-Orchester und über hundert Begleiter. Regen setzt ein, der Weg wird steil, das Abenteuer hat begonnen. Bald erkennen die Tonga, daß eine Bergtour für sie zu den leichteren Herausforderungen zählt und sind zunehmend heiterer Stimmung, während manche ihrer heimischen Begleiter stumm und verbissen die schwindenden Kräfte bündeln. Später drängen sich weit über hundert nasse Menschen im Prielschutzhaus: Journalisten, denen erst einmal die Worte fehlen, tonlose Musiker und Kulturhungrige, die ersatzweise auch mit Erbsensuppe vorlieb nehmen. Die Tonga sitzen so selbstverständlich und gelassen da, als wären schon ihre Ahnen hier gesessen, sie trinken Bier und warten auf den Abend. Na gut. Da sind wir also. Leute, die nicht recht zusammenpassen und die es zu Hause bequemer haben könnten. Europäische Mißverständnisse zum Thema afrikanische Kultur haben Tradition. Fügen wir soeben ein neues hinzu, ein wenn auch skurriles, so doch blamables? Wenig später reißt die Musik der Tonga alle Barrieren nieder. Trommeln, Tierhörner, Rasseln, Gesang: ein tänzerisch bewegtes, rhythmisch strukturiertes Inferno, Urzeitahnung und ungestüme Grenzerfahrung. Tage später wird die Karstlandschaft dieser Musik und der Ngoma Buntibe-Zeremonie eine neue Dimension geben, weil das Echo Obertöne entstehen läßt. Tonkunst ist für die Tonga Ausdruck des Lebens. Des Überlebens.

Schon vor ihrer großen Reise haben sie die Alpen in Klänge übersetzt. Nach ihrer Heimkehr werden sie weiter komponieren. Die Abschiedsfeuer in Ebensee lassen den nebelgrauen Anfang verglühen. Die Expedition von Wasser zu Wasser ist gelungen, die große Zeremonie durfte stattfinden, und ein paar kopflastige Europäer genieren sich für blasse Gedanken und degenerierte Blasmusik. Wenn unsereins zu den Ursprüngen aufbricht, kann das peinlich werden.

Alfred Komarek (http://intra.fdr.at/fdr/ fdr97/routen/route2.html [gekürzt])

SALZKAMMERGUT

Ritterakademie: Der zwölfjährige Primaner Jobst Kallhammer von Raunach mit Wappenfigur (1764)

verschiedene Versteinerungen sowie Abgüsse von Knochenfunden menschlicher Urahnen aus Südafrika (Sterkfontein) oder Kenya (Koobi Fora). Im Mineralogischen Kabinett finden sich 12.000 systematisch geordnete Fundstücke vorwiegend aus dem Bereich der Monarchie, aber auch aus Afrika, so ein Diamantkristall aus Südafrika oder ein Rubin aus Tanzania.

Das Zoologische Kabinett im 4. Stock veranschaulicht u. a. anhand einer Vogelsammlung aus allen Kontinenten „die weltweiten Beziehungen des Stiftes" (so der Stiftsführer von 1977). Eine Vitrine befaßt sich mit der afrikanischen Vogelwelt, wobei v. a. Präparate von Trophäen des Linzer Arztes August von Genczik gezeigt werden (➧Ebensee).

Das Anthropologische Kabinett im 5. Stockwerk zeigt schwerpunktmäßig eine Sammlung von Jagdtrophäen und Waffen ostafrikanischer Völker (u. a. Maasai), dem Stift 1937 von den Erben eines Wiener Afrikareisenden geschenkt.

Vorchdorf
Schloß Eggenberg

Das ehemalige Schloß der Fernberger ist heute Brauerei *(www.schloss-eggenberg.at)*. Einer von ihnen, Georg Christoph, nahm im September 1588 eine Pilgerreise ins Heilige Land in Angriff, gemeinsam mit dem Niederösterreicher Hanns Christoph Teufel. Der damals übliche Weg führte über Ägypten, wo sie sowohl Alexandria als auch Kairo samt Umgebung besichtigten. Von Damiette aus versuchten sie nach Palästina zu gelangen. Dabei gab es aber Probleme, sie kamen nach Persien, und dort entschloß sich Fernberger zur Weiterreise nach Indien; erst im Februar 1592 traf er endlich in Jerusalem ein. Fünfzehn Monate später kehrte er als erfolgreicher Wallfahrer nach Vorchdorf zurück.

Der zweite Weltreisende der Familie war Christoph Carl (um 1600–1653). 1621 als Hauptmann der spanischen Armee in Holland gefangengenommen, konnte er sich freikaufen und verdingte sich auf einem Schiff von Amsterdam nach Italien (wie er glaubte). Statt „Genua" war allerdings „Guinea" das Ziel. Ein Sturm brachte das große Frachtschiff noch dazu vom Kurs ab und trieb es aufs Meer hinaus; irgendwo bei den Kap Verden lief es auf einen Felsen auf und brach entzwei. Mit Glück wurden die Überlebenden im Februar 1622 von einem holländischen Frachter gerettet. Dieses war allerdings für Brasilien, die Magellanstraße und den Pazifik bestimmt …

Erst nach jahrelanger, abenteuerlicher Fahrt, die den Fernberger nach Kalifornien, Ost-

C. C. Fernberger:
Weltreisender wider Willen

asien sowie nach Indien führte, erreichte er im Jänner 1628 das Kap der Guten Hoffnung. Im August desselben Jahres kehrte der Pechvogel schließlich nach Wien zurück ... Ein Jahrhundert später sollten die von ihm wider Willen befahrenen Regionen auch für Österreich Bedeutung erlangen – wirtschaftlich und wissenschaftlich (➔WIEN I; WIEN XIII).

GMUNDEN
Kammerhofmuseum
Stadtpfarrkirche

Daß es im Leben stets um Bewegung geht, um Aufbruch und Ankunft, also letztlich um Migration – diese Erfahrung gestaltete die österreichische Künstlerin Margret Kohler-Heilingsetzer in einer beeindruckenden Installation, die hier 2008 anläßlich der „Salzkammergut"-Ausstellung gezeigt wurde: 200 Oberkörper und Köpfe von Frauen und Männern unterschiedlicher Herkunft, unterschiedlicher Hautfarben und unterschiedlicher Kulturen, eng zusammengepreßt und unterwegs in einer Traunseezille. Auch die Pfarrkirche ist in gewisser Weise einer Wanderung gewidmet: jener der Weisen aus dem Morgenlande. Die prunkvolle Statuengruppe der „Epiphanie" wurde 1678 von Thomas Schwanthaler, einem der bedeutendsten Vertreter der Künstlerdynastie, geschnitzt und vergoldet. Durch seine Stellung im Vordergrund und seinen selbstbewußten Gestus scheint der schwarze König speziell hervorgehoben zu sein.

TRAUNKIRCHEN
Spitz-Villa

Das heutige „Seecafé" mit schöner Terrasse direkt am Traunsee (Uferstraße 18) gehörte von 1897 bis 1927 den Schwestern von Rudolf Slatin, dem europaweit berühmten „Gefangenen des Mahdi" und ab 1900 Generalinspekteur des britischen Sudan; im Inneren des Lokals erinnern zahlreiche

Erinnerungsstücke an den prominenten Sommergast (➜WIEN XIII; siehe S. 284).

Pfarrkirche

1622 wurde das leerstehende Nonnenkloster den Jesuiten übergeben, denen von Ferdinand II. eine wesentliche Rolle bei der zwangsweisen Rekatholisierung des protestantischen Oberösterreich zugedacht war. Es verwundert somit nicht, daß die Kirche von jesuitischer Bildsprache geprägt ist. Besonders die berühmte „Fischerkanzel" (1753) ist in unserem Zusammenhang von Interesse. Der Kanzelkorb ist in Form eines Schiffs mit Apostelfiguren gestaltet und stellt den wunderbaren Fischzug Christi dar, ein Symbol für die Gewinnung von Anhängern für die christliche Lehre. Auf dem Schalldeckel wird darüber hinaus der predigende Franz Xaver gezeigt, der von mehreren charakteristisch gestalteten „edlen Wilden" umgeben ist – ohne Zweifel eine der schönsten und künstlerisch hochwertigsten Darstellungen des Motivs in Österreich. Ein Spruchband weist auf die Anzahl der von ihm angeblich getauften Heiden hin (120.000), ein vergoldeter Krebs erinnert an das im Meer verlorene Kreuz, das Franz Xaver von einem solchen zurückgebracht worden sein soll. Mission als Chiffre für die Gegenreformation im Inland.

EBENSEE
Zeitgeschichte Museum Ebensee

Ein kleines Farbfoto in der engagiert gestalteten Ausstellung (Kirchengasse 5) mit der Bezeichnung „Gefangene Afrikaner" zeigt französische Kriegsgefangene, die in einem der beiden Lager (Saline oder Solvay) interniert waren. Nach Mitteilung von Wolfgang Quatember, Leiter von KZ-Gedenkstätte und Museum, wurde die Fotoserie von November 1940 bis Februar 1941 hergestellt. Ob sich auch im KZ Ebensee, das ab 1943 als Nebenlager von ➜MAUTHAUSEN errichtet wurde, Menschen afrikanischer Herkunft befanden, wurde bisher noch nicht erhoben; schon eine erste Stichprobe erfaßte allerdings zwei französische Staatsbürger mit Geburtsort Oran (Algerien), sodaß auch hier von einer bisher unberücksichtigten afrikanischen Gruppe unter den Häftlingen auszugehen ist.

Gasthaus „In der Kreh"/Gedenktafel

Außerhalb des Ortszentrums, beim beginnenden Aufstieg auf den Feuerkogel, liegt der ehemalige „Krehbauernhof". Hier lebte von 1858 bis zu seinem Tod 1864 der Arzt Dr. August Ritter von Genczik, genannt „Krehbader". Genczik hatte nach seiner Promotion als Privatarzt Europa und den Orient bereist und war 1849 nach Kairo gelangt. Dort erhielt er von Statthalter Abbas Pasha eine Stelle als Amtsarzt in Khartoum, der Hauptstadt des eroberten Sudan, von der aus in den kommenden Jahren zahlreiche Kriegs- und Raubzüge in den Südsudan starteten

Slatin Pascha und Traunkirchen

1897 kauften Slatins Schwestern Anna und Marie die stattliche, 1863 erbaute „Spitz-Villa", die diesen Namen nach ihren späteren Besitzern erhalten sollte. Die Käuferinnen besaßen in Wien einen gutgehenden Modesalon, der es ihnen ermöglichte, mehrere Monate des Jahres am Traunsee zu verbringen. In dieser direkt am See gelegenen Villa weilte Slatin Pascha etwa die Hälfte seiner Sommerurlaube. Die andere Hälfte kam er seinen gesellschaftlichen Verpflichtungen in England nach, wo Slatin die höchsten Persönlichkeiten kannte. Als 1907 eine Einladung Kaiser Franz Josephs an König Edward VII. erfolgte, in die Sommerresidenz nach Bad Ischl zu kommen, war klar, daß auch Slatin ihn begleiten würde. Gereist wurde mit dem britischen Hofsonderzug. In der Ischler Kaiservilla wurde ein großes Diner zu Ehren König Edwards gegeben, der Franz Joseph ja dazu anregen wollte, die Bindung Österreich-Ungarns an Deutschland zu lockern und statt dessen näher an Großbritannien zu rücken. Dazu Slatin in dem für ihn üblichen knappen Telegrammstil: „Führte vor und nach dem Abendessen lange Gespräche mit Kaiser und König."
Am nächsten Morgen verließ der britische König wieder Bad Ischl, um sich nach Marienbad zu begeben. So direkt war die Fahrt aber doch nicht, denn sie wurde unplanmäßig unterbrochen – in Traunkirchen. Die „Salzkammergut-Zeitung" berichtete dazu: „In Traunkirchen nahm der Hofsonderzug sieben Minuten Aufenthalt zur Verabschiedung des Königs Eduard von seinem in Traunkirchen wohnenden Freunde Slatin Pascha ..." Slatins Notiz in seinem Tagebuch war noch kürzer: „Viele Schaulustige, aber starker Regen." Slatin Pascha war wieder in „seiner" Villa. Hier, an den Ufern des Traunsees, war er glücklich und dem Sport sehr zugetan. Er verbrachte viel Zeit mit intensivem Segeln, Rudern und Schwimmen. Tennis spielte er beim nahegelegenen „Wirt am Stein", und auch mit dem Rad erkundete er gern die Gegend. Die sonntägliche Fahrt in die Kirche war genauso selbstverständlich wie der Besuch von Veranstaltungen.
1901 wurde Slatin vom Innsbrucker Missionar Pater Ohrwalder besucht, der gemeinsam mit ihm in der Gefangenschaft des Mahdi gewesen war. Dazu die „Salzkammergut-Zeitung": „Hochwürden Herr Ohrwalder, Missionar aus Centralafrika, weilte einige Zeit auf Besuch bei Familie Slatin. Der hochwürdige Herr, welcher zehn Jahre in Gefangenschaft lebte und durch eine glückliche Flucht seiner traurigen Lage entronnen ist, kennt Slatin Pascha aus jener traurigen Zeit ... Slatin hat Sonntags zwei Mohren nach Traunkirchen gebracht, mit welchen er wieder nach Wien abreiste." Slatins Schwestern sonnten sich im Ruhm ihres „Helden von Afrika", und sein jährlicher Besuch stellte für sie den Höhepunkt des Jahres dar. Wenige Jahre vor der Pensionierung ihres Bruders allerdings überraschte sie dieser mit Heiratsplänen, was für die alt gewordenen Schwestern einen schweren Schlag bedeutete. Als der heiratswillige Pascha seine Braut Alice von Ramberg auch noch nach Traunkirchen mitbrachte, kam es zu offenen Eifersüchteleien.
Die Nachkriegsinflation machte leider auch vor den Slatin-Schwestern nicht halt. Ihr gemeinsames Einkommen war so gut wie wertlos geworden, sodaß sie 1927 dazu gezwungen waren, ihre schöne Villa zu verkaufen. Damit war auch die Traunsee-Periode Slatin Paschas zu Ende. Bis zu seinem Tod 1932 sollte er Traunkirchen nicht mehr besuchen.

Markus Purkhart

(➜Wien III). Genczik war u. a. für die Pockenimpfungen der ägyptischen Soldaten und Beamten zuständig – daher sein Beiname „Abuna Tromba – Vater der Spritze" – und besuchte in dieser Eigenschaft Regierungsstützpunkte entlang des Weißen Nil, bis an die Grenze des Gebiets der Shilluk.
1855 übernahm er die Stelle eines Sekretärs am österreichischen Konsulat in Khartoum – nicht zuletzt deshalb, um am profitablen Ausfuhrhandel aus dem südlichen Sudan teilhaben zu können. Sein Bestreben ging vor allem dahin, so weit als möglich in die Nebenflüsse des Weißen Nil einzudringen, um Elfenbein (und vermutlich auch Sklaven) zu erwerben. Eine schwere Fiebererkrankung führte jedoch 1857 zum Scheitern seiner großen Expedition und zwang ihn zur Rückkehr in die Heimat.
Seinen Lebensabend verbrachte er im Sommer „in der Kreh", im Winter im Stift ➜Kremsmünster, wo er im April 1864 auch verstarb; sein Grab befindet sich auf dem dortigen Ortsfriedhof.

Bad Ischl
Kaiservilla

1854 brachten der junge Franz Joseph und seine frisch angetraute Gemahlin Elisabeth die Kaiservilla in ihre heutige architektonische Form. Bei den Ausstattungsgegenständen, die sich im Laufe der Jahre ansammelten, fallen nur wenige Afrikabezüge auf – das war offenbar nicht das, was Franz Joseph favorisierte (➜Wien XIII). In einem der Salons im Obergeschoß zeigt ein großformatiges Gemälde einen feschen, farbenprächtig gekleideten Afrikaner, begleitet von einer großen Dogge. Es handelt sich dabei nicht um Rustimo, den bedauernswerten afrikanischen Diener von Kaiserin Sisi (➜Ybbs/NÖ). Vielleicht ist die Darstellung aber als Idealbild eines „Hofmohren" und Betreuer ihres Hundes „Shadow" aufzufassen, wie Elisabeth ihn gern gehabt hätte …

Museum der Stadt Bad Ischl

Nicht nur für die Wirtschaft, auch für den Fremdenverkehr hatte der Suezkanal seine Bedeutung. Drei Mal befuhr ihn der Villen- und Hausbesitzer Hans Sarsteiner, Inhaber des Hotels „Goldene Krone", als er zwischen 1887 und 1905 mehrere Weltreisen unternahm. Vor allem interessierte ihn Ostasien, es finden sich aber auch afrikanische Andenken in seiner Sammlung, wie sie für Nordafrika- und Suezkanalreisende leicht erhältlich waren: diverse Waffen aus Nubien zum Beispiel, Schmuck aus Tunesien oder auch ein Stein mit Hieroglyphen aus dem Tempel von Karnak. Ein Aquarell Sarsteiners, „Alexandria", ist mit 1901 signiert (Esplanade 10). 1905/06 hielt sich Sarsteiner übrigens kurz auf den Kap Verden auf. Ob er schon die Idee zur Städtepartnerschaft hatte? Hundert Jahre später, am 3. August 2002, wurde von den Bürgermeistern Bad Ischls und des kapverdischen Praia, Helmut Haas und Felisberto Alves Vieira, ein Protokoll über gegenseitige Zusammenarbeit unterzeichnet. Die Initiative war von Ischler Musiklehrer/inne/n ausgegangen, konkrete Resultate gab es allerdings kaum.

Von Bad Ischl führt unsere Route nach Westen und entlang des Wolfgangsees kurzfristig ins Salzburgische.

St. Gilgen
Schloß Hüttenstein

Etwas außerhalb des Ortes, in Winkl, befindet sich ein charakteristischer Schloßbau des romantischen Historismus, 1843 von den Fürsten Wrede errichtet (keine Besichtigung). Dem bayrischen Feldmarschall Karl Philipp Freiherr von Wrede hatte Napoleon die Herrschaften Engelszell, Suben und Mondsee als Lehen verkauft. Einer seiner Urenkel, Fürst Friedrich, wurde „in der mittelafricanischen Sclavenfrage als Sendbote des Cardinals Lavigerie thätig" (Wurzbach 58, 1889, 198), und bemühte sich Ende der 1880er Jahre um die Gründung einer katholischen Anti-Sklavereibewegung als Gegenpol zu den Liberalen (➡Bergheim/Sbg.). Wrede war an führender Stelle in der „Österreichisch-Ungarischen Kolonialgesellschaft" aktiv. Auch im Zusammenhang mit dem Vorhaben einer privaten Investorengruppe, die spanische Westsahara zu erwerben oder zu pachten, um dort Mineralienvorkommen für die heimische Industrie zu erschließen, spielte er 1899/1900 eine Rolle.

Mondsee
Ehem. Stiftskirche

Nicht mit Fernreisen oder Kolonialpropaganda schreibt sich Mondsee in diese Rundfahrt ein, sondern mit einer breiten Palette barocker Afrikamotive in hoher Qualität. Vielleicht brachte die Neugestaltung der alten Klosterkirche im 17. und 18. Jh. diesen Schuß Exotismus sogar mit Absicht in die romantische, damals aber abgelegene Gegend. In erster Linie sollte das ungewöhnliche „Pfingstfest" auf dem Hl.-Geist-Altar (1679–81) an der linken Mittelschiffswand unsere Aufmerksamkeit finden; es wurde vom Salzburger Maler C. P. List geschaffen. Vor der Gruppe der zwölf Apostel, die von den Flammenzungen des Geistes erfaßt werden, ist ein großer Erdglobus positioniert. Ein danebensitzender Engel stellt mit Händen und Zeigefingern eine Verbindung zwischen ihm und einer Gruppe von „Exoten" im Hintergrund her, unter denen sich ein Afrikaner deutlich abhebt. Anders als in dem noch vorwiegend auf Judenchristen fokussierten biblischen Bericht über Pfingsten (Apostelgeschichte, Kap. 2) kommt hier ein globaler Anspruch des Christentums (und – implizit – Europas) zum Ausdruck.

Fürst Wrede: Antisclaverei und koloniale Mobilisierung

ATTERSEE AM ATTERSEE
Verschönerungsverein

2011 begann die Künstlerin Edith Maul-Röder, Auslagenfenster von leerstehenden Geschäftslokalen im Ortszentrum als Ausstellungsräume für ihre fotografischen Arbeiten zu verwenden. Getragen vom Verschönerungsverein (Nußdorfer Straße 15) hat sich daraus mittlerweile eine Tradition entwickelt. Von Februar bis April 2014 wurde „Afrika trifft Attersee" zum Thema. Gezeigt wurden Exponate ostafrikanischer Kunst aus dem Nachlaß von Martin Granzner. Granzner, geboren 1949 in Attersee, verstarb am 27. März 2009 in Mettmach an einer chronischen Herzerkrankung, die von den Ärzten als Folge von Tropenkrankheiten angesehen wurde. Er hatte 1986 bis 2008 als Agrartechniker in Rwanda, Burundi und Burkina Faso gearbeitet. Mit Afrika setzte er sich literarisch auseinander, beschäftigte sich aber auch intensiv mit traditioneller afrikanischer Kunst. Besonders beeindruckten ihn Skulpturen und Masken aus Tanzania und dem Kongo.

Aus seiner Sammlung, „einer wahren Schatzkammer ostafrikanischer Skulptur", wurden in den Atterseer Schaufenstern ausgesuchte Werke der Sukuma und Makonde vom südlichen Ufer des Viktoriasees gezeigt – „unerhört expressive, bisweilen sehr drastische Figuren, eine überaus starke Aufforderung an alle Passanten, eine Verweilstation einzulegen und sich der Bannkraft dieser „Gestalten" hinzugeben. Kein alltäglicher Kunstevent!" (Anton Gugg).

HAUSRUCK- UND INNVIERTEL

WELS
Kaiserpanorama

Vorbei waren die Zeiten, da man die Welt in exklusiven Wunderkammern abzubilden versuchte – mittels oft skurriler Gegenstände und in einer Symbolsprache, die für uns heute nur schwer verständlich ist. Inzwischen hatte die Bildungsreform der Aufklärung für mehr geographische und naturkundliche Kenntnisse gesorgt, verbesserte Verkehrsverbindungen erleichterten das Reisen, und das Interesse an fernen Regionen, Völkern und Kulturen wuchs. Die rasante technische Entwicklung brachte auch neue Möglichkeiten mit sich, Bilder von fernen Welten zu konsumieren und so zumindest virtuell vor Ort zu sein. Schon kurz nach der Erfindung der Fotographie wurde die grundlegende Technologie für Stereoskope mit dreidimensionalen Bildern entwickelt. Anfang der 1880er Jahre systematisierte August Fuhrmann diese Erfindung als „Kaiserpanorama".

1914 gab es in ganz Mitteleuropa mehr als 250 Filialen davon; sie wurden mit immer neuen Serien (zu je 50 Bildern) beliefert, Afrika war dabei mehrfach ein Thema. Auch wenn die Geldbörse eine wirkliche Fernreise nicht zuließ – zumindest imaginär konnten sich auch Normalbürgerinnen und -bürger die Weltgegenden, von denen man in der Zeitung las, vor Augen führen.

Die Welser Anlage gehört zu den wenigen original erhaltenen stereoskopischen Rundpanoramen weltweit. Sie steht im Besitz des

Südwestafrika im „Kaiserpanorama"

Mit dem Dampfer „Bürgermeister" der Deutschen Afrika-Linie verlassen die Reisenden die Heimat. Über Teneriffa und die afrikanische Westküste kommen sie endlich in Swakopmund an, der Hafenstadt Deutsch-Südwestafrikas. Schon ist die 1904/05 errichtete Landungsbrücke in Sicht (die Serie entstand also in den ersten Jahren nach dem deutschen Völkermord an den Herero). Der Blick aus dem Fenster der Unterkunft richtet sich auf das soeben fertiggestellte „Damarahaus" des Handelskonzerns Woermann, der mit am stärksten von der deutschen Kolonialpolitik in Westafrika profitierte. Auch das geschmückte Marinedenkmal kommt ins Bild. Mit der Staatsbahn geht es schließlich durch die enge Khanschlucht hinauf ins namibische Hochland. Ein Besuch in der Missionsstation von Omaruru bietet Gelegenheit zu einem Gruppenphoto der „eingeborenen" Kirchgänger/innen, sonntagsmäßig herausgeputzt. Die Reise endet in Windhoek, dem Sitz des deutschen Gouvernements; von hier wäre die Weiterfahrt nur per Ochsengespann möglich, wie eine Aufnahme des (heute noch so genannten) Ausspannplatzes deutlich macht. Die Panoramareisenden beenden hier ihre Tour nach Südwestafrika, möglicherweise mit einem Gelage in einem der wenigen Hotels. Die letzte (50.) Szene zeigt schwarze Frauen, die Berge von leeren Bierflaschen sortieren ...

Ziemlich punktgenau ist die „Südwestafrika"-Serie des Kaiserpanoramas auf 1908/09 zu datieren, sie spiegelt unmittelbar die Situation nach der Niederwerfung des antikolonialen Aufstands der Herero und Nama wider. Noch handelt es sich um eine „Kolonie im Werden". So manches heutige Wahrzeichen Namibias – wie die Christuskirche in Windhoek oder das Alte Amtsgericht in Swakopmund – ist noch nicht errichtet, der Bauboom in diesen Kleinstädten hat gerade erst eingesetzt. Das Image des Landes, wie es im Kaiserpanorama geboten wird, unterscheidet sich wesentlich von seinem heutigen: Es gibt kein Interesse an ethnologischen Darstellungen, und selbst auf Naturschönheiten wird verzichtet. Die eben erst eroberte Kolonie wird als karges, kaum fruchtbares Gebiet gezeichnet.

Ebenso fällt das weitgehende Fehlen triumphalistischer Töne auf. Erklärbar ist dies vor dem Hintergrund der innenpolitischen Situation im Deutschen Reich, wo die vehemente Kritik der Sozialdemokraten an den Praktiken der Intervention zum Sturz der Regierung und zur Auflösung des Reichstags geführt hatte („Hottentottenwahlen" von 1907) und die Kolonialpolitik nicht nur populär war. Auch die Emigration verarmter Bauern und Gewerbetreibender wurde jetzt weniger stark forciert, das Gouvernement setzte eher auf Großinvestoren, um aus den roten Zahlen zu kommen. So endet die Serie eher ratlos – auf dem Mistplatz von Windhoek.

Stadtmuseums und wird im MedienKultur-Haus (Pollheimerstraße 17) gezeigt.

Lambach
Benediktinerstift

Berühmt sind die Fresken im romanischen Westchor der Stiftskirche (11. Jh.), lange vermauert und erst 1967 wieder freigelegt. In ihrem komplexen Bildprogramm, das auf biblische wie apokryphe Schriften zurückgeht und vielleicht mit einem lateinischen „Magierspiel" in Zusammenhang steht, kommt der Drei-Königs-Erzählung eine wichtige Rolle zu. Die Fresken sind ein typisches Beispiel für die Hellenisierung der frühchristlichen Kunst: Sowohl die „Magier aus dem Osten" als auch andere Figuren wie Herodes oder die Schriftgelehrten sind als (weiße) Europäer dargestellt. Es sollte noch Jahrhunderte dauern, bis man die Vielfalt der Menschheit wahrnahm und im liturgischen Bereich zuließ.

Im Frühbarock nahm man schwarze Menschen zwar wahr, meist aber im Kontext der durch den Sklavenhandel erzeugten Diaspora. Ein Beispiel dafür ist das Altarbild „Überreichung der Reliquien des hl. Julian an die Erzherzogin Claudia" des berühmten süddeutschen Malers Joachim Sandrart in der Kirche. Von rechts quetschen sich zwei schwarze Buben gerade noch in die Szene.

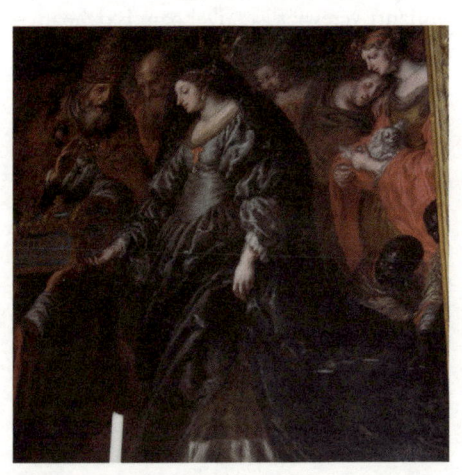

Stadl-Paura
MIVA

MIVA Austria – früher „Missions-Verkehrs-Arbeitsgemeinschaft"– ist ein Hilfswerk der katholischen Kirche, das die Aktivitäten von Missionaren mittels Fahrzeugen (PKW und Fahrräder) unterstützt (Miva-Gasse 2; *www.miva.at*). Die Organisation wurde 1927 in Deutschland gegründet und 1949 aufgrund des Engagements von Karl Kumpfmüller in Österreich übernommen.

Ursprünglich aus der Dreikönigsaktion (➡ Wien XVI) finanziert, wurde später die Christophorus-Aktion gestartet – für jeden unfallfreien Kilometer sollten die Autofahrer einen Groschen für die MIVA-Arbeit spenden. Bis heute konnte die MIVA über 26.600 Fahrzeuge finanzieren. Hauptempfängerländer in Afrika waren 2012 Tanzania, die DR Kongo und Madagaskar; interessant auch ein Programm, das Fahrräder für Katechisten der katholischen Diözese Rumbek im Südsudan finanziert.

Und: Lassen Sie die großartige Paura-Kirche, 1714 vom Lambacher Prälaten Maximilian Pagl gestiftet und 1725 eingeweiht, nicht unbeachtet – ein architektonisches Juwel ersten Ranges. Hier wird der schwarze König mit Melchior identifiziert, in einer Wandmalerei von Carlo Innocenzo Carlone, 1722/23.

Vöcklamarkt
Pfarrkirche Mariae Himmelfahrt

Rechts neben dem Eingangstor erinnert eine ausführliche Grabplatte an Dechant Josef Lindinger († 1887), einen der Teilnehmer der vom Severinus-Verein organisierten Wallfahrt ins Heilige Land 1856. An der Reise, die auch zu den Pilgerstätten in und um Alexandria führte, nahm der Pinzgauer Landwirt Johann Eder teil (➧Maria Alm/Sbg.), der Lindinger und die meisten übrigen Wallfahrer – Geistliche oder Bürgerliche aus der Stadt – allerdings nur am Rande erwähnt; es gab wohl ein starkes soziales Gefälle in der Gruppe. Viele Jerusalem-Pilger setzten sich nach ihrer Rückkehr für „orientalische Krippen" ein – nicht zur Freude der Deutschnationalen, die für „Heimatkrippen" plädierten.

Frankenburg
Pausingerstraße

Die Straßenbenennung erinnert an den Tier- und Landschaftsmaler Franz Xaver von Pausinger (1839–1915), der 1881 Kronprinz Rudolf nach Ägypten und Palästina begleitete. Pausinger wurde in Frankenburg geboren, wo er nach Aufenthalten in Wien, München und Salzburg auch verstarb. Er stammte aus einer Advokatenfamilie; sein Großvater war mit August v. Genczik (➧Ebensee/OÖ) befreundet. Neben den Illustrationen im Reisebuch des Kronprinzen sind von ihm auch ägyptische Gemälde erhalten („Der Sphinx" und „Abend in der Schubra-Allee [in Kairo]"). In einer Ausstellung des oö. Kunstvereins präsentierte er 1901 noch weitere: „Eingang in den Urwald" und „Morgen im Urwald" – wohl mehr aus der Phantasie denn aus eigenem Erleben gestaltet. Auch in Salzburg wurde eine Straße nach Pausinger benannt.

Pramet
Der Wirt „z'Feitzing"

Anläßlich der Landesausstellung „kohle und dampf" in Ampflwang 2006 wurde ein internationales Bildhauersymposium namens HUSRUCH veranstaltet. Mit lokalen Materialien sollten Künstler/innen aus verschiedenen Ländern in einem gemeinsamen Prozeß Skulpturen schaffen und diese an Schnittstellen der Region (Gemeindegrenzen, geschichtlich bedeutende Orte etc.) aufstellen.

Auch afrikanische Künstler nahmen an dem Symposium teil: Hazem El Mestikawy, geb. 1965, aus Kairo (Ägypten, Abb.) und Tonie Okpe, geb. 1961, aus Zaria (Nigeria). Ersterer steuerte eine Serie von Kleinplastiken aus Eschenholz namens „Misry" bei, zweiterer einen Fichtenobelisk, „Belle Botin Parade II". Beide Skulpturen wurden beim Wirt „z'Feitzing" in Pramet aufgestellt.

Aber was geschieht mit afrikanischen Kunstwerken, wenn das Ausstellungsprojekt vorbei ist? Eine Nachfrage meinerseits im August 2009 ergab den ernüchternden Befund, „das eine Holz" (!) sei schon weggeräumt, das andere würde „dann im Herbst wegkommen". Letztlich triumphiert also doch das Lebensprinzip des Heimatdichters Franz Stelzhamer, 1802 im nahegelegenen Großpiesenham geboren, wie es an Pramets Ortseinfahrt verewigt ist: „Dahoam is dahoam – wannst net fort muaßt, so bleib!"

Ried im Innkreis
Innviertler Volkskundehaus

Die „Galerie der Stadt Ried" im 2. Stock (Kirchenplatz 13) zeigt einen Querschnitt durch das künstlerische Schaffen im Innviertel vom späten 19. Jh. bis in die Gegenwart. Ein besonderer Schwerpunkt liegt auf der 1923 gegründeten Innviertler Künstlergilde, der auch überregional bedeutende Persönlichkeiten (wie Alfred Kubin) angehörten. In den Texten zu den einzelnen Malern werden Afrikabezüge deutlich, etwa bei Wilhelm Dachauer (1881–1951), dem ein Stipendium Anfang des 20. Jhs. die klassische Bildungsreise nach Ägypten ermöglichte, oder bei Elisabeth Peterlik-Roithinger (geb. 1958), deren sechswöchiger Studienaufenthalt im Nike Davis Art Center im nigerianischen Oshogbo (➜Krems/NÖ) zu einer einschneidenden Erfahrung wurde.

Zahlreiche Bilder in der Galerie sowie im angeschlossenen Foyer des Stadtsaals dokumentieren das Schaffen von Hubert Fischlhammer, 1925 in Ried geboren, aber seit langem in Wien lebend – wahrscheinlich jenes oberösterreichischen Malers, der sich am intensivsten mit Afrika beschäftigt hat. „Mein Interesse gilt den alten, religiösen Mythen und den Kulturen der Völker dieses Kontinents. Wer einmal in einer Schau afrikanischer Objekte die atemberaubende Ausstrahlung der formvollendeten Masken und Figuren, der Zeremonien- und Wurfmesser, Musikinstrumente, Prunkketten der Akan und Baule und das Schloß eines Kornspeichers der Dogon verspürt hat, kann nur staunen über die Kunstfertigkeit und die Phantasie der Schöpfer dieser kultischen Gegenstände ... hinter den Masken – dem zweiten Gesicht – beginnt man die Menschen und ihre Götter zu suchen." (Fischlhammer 1997, o. S.).

Von Dachauer soll Fischlhammer zu seiner künstlerischen Entwicklung ermutigt worden sein. Die Fasziniertheit von Afrika aber führt er auf Gespräche mit seinem Vater zurück; dieser war bei den ehemaligen Titania-Werken als Maschinenschlosser und bei der Montage von Lokomotiven in Kamerun eingesetzt gewesen. Ein Bruder war Jagdflieger im deutschen „Afrikakorps" und starb in der Schlacht um Tobruk. Auch ein Aufenthalt in Paris trug zu Fischlhammers Interesse bei. Den Anstoß zur „afrikanischen Periode" aber gaben v. a. Erzählungen von afrikareisenden Bekannten – einige von ihnen steuerten Texte zum Buch „Faszination Afrika" bei – und vor allem die Erfahrung einer Maske der westafrikanischen Baule, Geschenk einer befreundeten Schauspielerin. Eine erfolgreiche Augenoperation, die aufgrund einer Kriegsverletzung notwendig geworden war, machte 1991 die künstlerische Verarbeitung möglich.

„Jedes Blatt ist Ausdruck einer persönlichen Aneignung, die zwischen Erinnerung, Vorstellung und Imagination von Afrikanischem changiert. Das Farbspektrum, die Textur des Blattes, die Aufnah-

„Für Mano Dayak" (H. Fischlhammer, 2006)

me von Motiven, Schriftelementen, Ornamenten und Materialien ergeben in Summe einen Zustand des transitorischen Dazwischen. Fischlhammer sucht Orte zwischen Bild und Wirklichkeit. Seine Blätter sind im gleichen Augenblick Konstruktion von inneren Bildern und Rekonstruktionen von real Geschautem und Erlebtem." (Hochleitner, in: Fischlhammer 2005, 7). Fischlhammers ausgestelltes Bild, „Für Mano Dayak" (2006), ist eigentlich nicht typisch: ein klares Statement für die Autonomiebewegung der Tuareg in Niger. Dayak war einer ihrer politischen Führer und starb 1995 bei einem Flugunfall (oder Attentat?); die Anregung zu dem Gemälde ging von Eva Gretzmacher aus (➜Goldegg/Sbg.).

Aspach im Innviertel
Pfarrkirche Mariae Himmelfahrt

Eine Gedenktafel in der Kirche mit ihren dreizehn atavistisch wirkenden Martyriumsgemälden erinnert an Pius II. (reg. 1458–1464), in den 1440er Jahren Inhaber der Pfarre Aspach – an jenen Papst also, der als erster den Sklavenhandel mit Afrika zu begrenzen versuchte.
Enea Silvio Piccolomini zählte zu den literarisch und politisch bedeutendsten Persönlichkeiten des 15. Jhs. 1405 als Sohn einer verarmten Adelsfamilie in der Nähe von Siena geboren, studierte er Jurisprudenz und Latein. 1442 kam er in die Kanzlei Friedrichs III. nach Wien, wo er eine einflußreiche Rolle spielte. Einige Zeit später, wohl der Karriere wegen, wechselte er in den geistlichen Stand und erhielt Aspach als Pfründe, d. h. zur Finanzierung seines Lebensunterhalts; persönlich wird er kaum jemals hier gewesen sein. Mehrmals war er Bischof, 1456 wurde er zum Kardinal erhoben, zwei Jahre später folgte seine Wahl zum Papst.
Pius' II. Stellungnahme zum Sklavenhandel findet sich in einem Schreiben vom 7. Oktober 1462 an den Titularbischof von Ruvo, der für die Portugiesen in Westafrika zuständig war. Sklaven wurden damals in steigendem Ausmaß an der Küste von Guinea gekauft und teils auf die atlantischen Inseln, wo die Portugiesen große Baumwollplantagen betrieben, teils nach Portugal selber verschifft. Dies war nicht unbedingt im Sinne des Papstes. Jene „ruchlosen Christen", die Neugetaufte in die Sklaverei führten", sollten seiner Weisung nach mit harten Kirchenstrafen belegt werden. (Thomas 2006, 72).
Gegenüber seinen beiden Vorgängern, die Lissabon die Blankovollmacht erteilt hatten, „Eingeborene" zu unterwerfen, stellte dies in der Tat einen Kurswechsel dar. Zugleich aber werden Sie bemerkt haben, daß der gelehrte Papst nicht alle, sondern nur die *getauften* Afrikaner/innen vom Schicksal der Sklaverei ausnahm – also auf halbem Weg stehenblieb. Entsprechend gering war der Erfolg seines Briefes.

Schärding
Stadtplatz, Stadtmuseum

Auf dem Unteren Stadtplatz beginnt ein 2008 angelegter Rundwanderweg durch das Augelände des Inn, der in 20 Stationen zu den Sieben Weltwundern der Antike führt. Darunter finden sich auch die beiden ägyptischen: die im 3. Jahrtausend v. Chr. erbauten Pyramiden von Giza, die als einzige der alten Weltwunder heute noch existieren, sowie der Leuchtturm von Alexandria, ab 299 v. Chr. für König Ptolemaios I. errichtet (kleiner Ägypten-Schauraum in der Pyramide).
Auf Oberer Stadtplatz 36 liegt die Tabak-Trafik „Kleopatra", die vom ägyptischen Zuwanderer Azer Mohsen geführt wird.
Gleich neben dem Eingang des Museums stoßen wir auf eine lebensgroße, etwas plumpe „Mohren"-Statue aus Holz. Ihr Vorbild soll ein realer Afrikaner namens Kwamm (Kwame?) gewesen sein, den der

Graf von Teufenbach von einer Jagdreise nach Afrika mitgebracht hatte.

„Doch hier im Innviertel ging es dem Dunkelhäutigen nicht gut", kommentiert das Museum. „Er fühlte sich in der ungewohnten Umgebung nicht wohl und hatte Heimweh. Kwamm spürte auch, wie misstrauisch ihn die Bevölkerung beobachtete und ihn wegen seiner dunklen Hautfarbe sogar fürchtete und verachtete. Nicht nur die Kinder liefen weg, sobald sie den Mohren sahen. Die Erwachsenen bekreuzigten sich, weil sie meinten, Kwamm sei der Teufel persönlich. Die abergläubischen Teufenbacher beschlossen, den Schwarzen zu ermorden. Zum Glück hörte der Graf rechtzeitig von diesem bösen Vorhaben. Er brachte Kwamm in seine Heimat zurück. Zum Andenken an seinen treuen Begleiter und Lebensretter ließ der Graf eine Nachbildung des Afrikaners aus Holz anfertigen …"
Ob an der Geschichte etwas dran ist?

ALTSCHWENDT
Ehem. Kapelle „Zum rauhen Weib"

Achtlos stand sie in einer Wirtshauskapelle herum, 1890 soll sie durch eine Muttergottes von Lourdes ersetzt worden sein: die spätgotische Statue der ägyptischen Maria, heute im oö. Landesmuseum in Linz. „Maria war eine fromme Einsiedlerin, aber ein bildhübsches Mädchen. Im Laufe der Zeit fiel ihr das Gewand vom Leibe. Zum Schutze ihrer Schamhaftigkeit bedeckte sich ihr Körper über und über mit Haaren (Rauchwerk-Pelzwerk, daher rauhes Weib)." (Gugitz V, 1958, 8). Die Geschichte illustriert zweierlei: die zunehmende Verdrängung ägyptischer (afrikanischer) Elemente aus dem europäischen Christentum und die Reduzierung einer ursprünglich vielfältigen weiblichen Heiligenschar auf Maria – unter dem Strich also eine Vermännlichung. Umso erfreulicher, daß man sich Jahre später in Reichersberg (Glasfenster von Margret Bilger in der Gruftkapelle, 1969) an die schöne Ägypterin erinnerte.

PEUERBACH
Schloßmuseum

Die Ausstellung in dem Ende des 16. Jhs. errichteten Renaissanceschloß erinnert an den bedeutenden Mathematiker und Astronomen Georg Aunpekh, 1423 in Peuerbach geboren. Schon während seines Studiums an der Alma Mater Viennensis hatte er Zugang zum Humanismus gefunden, war auch mit Enea Silvio Piccolomini (➔ASPACH) befreundet. 1453 wurde er als Professor an die Universität berufen, später zum Hofastronomen Friedrichs III. ernannt. In diesen Jahren stellte er sein posthum erschienenes (und wohl von seinem Freund Regiomontanus mitverfaßtes) Hauptwerk „Theoricae novae Planetarum" fertig, das zu einem der grundlegenden Lehrbücher der Frühen Neuzeit werden sollte.

Neben zahlreichen theoretischen Arbeiten war Georg von Peuerbach, wie er genannt wurde, auch an der Konstruktion von technischen Geräten beteiligt. Er war derjenige, „der die erste zuverlässige [Sonnen-] Taschenuhr erfand, der die Sinusrechnung in die abendländische Mathematik einführte, der als erster den Versuch unternahm, die Größe und Entfernung von Kometen zu bestimmen ..." (Samhaber 2000, 11). Durch die Bücher Regiomontans gelangten Peuerbachs Forschungen auch an den spanischen Königshof und wurden von Columbus bei seinen Reisen benützt. Ähnliches kann man auch für die portugiesischen Expeditionen vermuten. Peuerbachs (und Regiomontans) „astronomische Berechnungen schufen die Grundlagen für die ersten zuverlässigen Orientierungsmöglichkeiten der Schiffahrt und ermöglichten damit die großen Entdeckungs- und Forschungsreisen des Abendlandes."

Georg Aunpekh verstarb 1461 in Wien.

PRAMBACHKIRCHEN
Schloß Dachsberg

Mission. 1920 wurde das einstige Schloß von den Oblaten des hl. Franz von Sales gekauft und zu einem „Missionshaus", heute Internat und Gymnasium, umgebaut. Hier fand die Vorbereitung der Priester und Schwestern für den Missionseinsatz in Südwestafrika (heute Namibia) statt, mit dem die österreichische Oblatenprovinz Ende des 19. Jhs. betraut worden war (➜ WIEN XIX). Angehörige geistlicher Berufe – zumeist Schwestern aus Oberösterreich – bildeten in den 1920er und 30er Jahren den Großteil der österreichischen Auswanderung nach Namibia. Als sich die Verbindungen während des Zweiten Weltkriegs nicht mehr aufrechterhalten ließen, wurde die sog. Nama-Mission der holländischen Oblatenprovinz übertragen; heute sind nur mehr wenige österreichische Salesianeroblat/inn/en in Namibia tätig.

EFERDING
Zötls Wohnhaus

Keine Gedenktafel erinnert an den einstigen Besitzer des Hauses Ledererstraße 9: den Färbermeister Aloys Zötl (1803–1887). Schon im heimatlichen Freistadt hatte sich der talentierte Bub dem Zeichnen gewidmet, und für den Handwerksmeister in Eferding fungierte die Malerei immer stärker als Fluchtmöglichkeit aus dem Alltag. Etwa 270 Aquarelldarstellungen einheimischer, aber auch zahlreicher exotischer Tiere sind überliefert, die meisten heute in Privatbesitz. Hatte er schon als Jugendlicher zum Beispiel Zebras gezeichnet, so nahmen auch im Œvre des Erwachsenen afrikanische Tiere einen wichtigen Stellenwert seines „Bestiariums" ein, dem er einen Großteil seiner Freizeit widmete.

Als Vorbilder dienten Zötl, der nie eine Reise über die Heimatregion hinaus unternahm, Darstellungen in Reiseberichten oder naturkundlichen Werken. So orientierte er sich in seiner Darstellung der Dronte, eines flugunfähigen Vogels aus Madagaskar, an einem Handbuch der 1840er Jahre; vielleicht wußte Zötl gar nicht, daß Dronten zu seiner Zeit bereits ausgestorben waren.

Zötls farbenprächtige, an den phantastischen Realismus des 20. Jhs. erinnernden Aquarelle blieben lange Zeit vergessen, die meisten wurden in den Nachkriegsjahren nach Frankreich verkauft. Dort wurde der Färbermeister aus Eferding 1965 vom Surrealisten André Breton „entdeckt" und zum Vorläufer seiner Kunstrichtung, ja der Avantgarde überhaupt, erklärt. Dem „Genie, das keine Ahnung von seiner Genialität hatte" (Matle 2003, 290), ist heute immerhin ein Abschnitt im Heimatbuch gewidmet.

Jaguarette (A. Zötl, 1840er Jahre)

SALZBURG

AFRIKANISCHES SALZBURG AKTUELL

Außenpolitik: Das Bundesland ist profiliert als exportorientiertes Wirtschaftszentrum, erfolgreiche Tourismusdestination und Metropole der Hochkultur. Früher Besuche afrikanischer Staatsgäste (Anwar as-Sadat 1975, Léopold Sédar Senghor 1977), heute eher informelle Kontakte, z. B. über das „Salzburg Global Seminar" in Leopoldskron. Honorarkonsulate von Marokko, Senegal, Namibia und Südafrika in der Landeshauptstadt.

Wirtschaft: Starke internationale Verflechtung: Red Bull (Fuschl am See) ist einer der größten heimischen Afrika-Exporteure überhaupt; Vertriebs- oder Produktionsstandorte in Südafrika unterhalten u. a. Liebherr (Bischofshofen), Palfinger (Salzburg) oder die Skidata-Gruppe (Grödig), Logwin (Bergheim) in Südafrika und Kenya. Die Gründung der Firma EZA 1975 war vorbildhaft für die Entwicklung der Fair Trade-Bewegung; Salzburg 2014 Fair Trade-Gemeinde.

Entwicklungszusammenarbeit: Mittel für epol. Aktivitäten sind seit 1963 im Landeshaushalt verankert, seit 1985 besteht ein „Entwicklungspolitischer Beirat"; 1994 Festlegung von Schwerpunktländern: je 20 % der Mittel für San Vicente in El Salvador und Singida in Tanzania reserviert, weitere 20 % für Bildungs- und Informationsarbeit im Inland; Red Bull-Fußballteam in Ghana; medizinische Hilfsorganisation AMREF; zahlreiche afrikabezogene NGOs, teils auf pfarrlicher oder privater Basis *(www.salzburg.gv.at/eza)*. Historisch wichtig die „Erklärung von Salzburg für solidarische Entwicklung" (1976).

Kultur: Werke des ägyptisch-österreichischen Komponisten Hossam Mahmoud, mehrfach am Landestheater und bei den Festspielen uraufgeführt; 2014 Auftritte der ägyptischen Sufi-Bruderschaft Al-Tariqa al-Gazoulia bei den Festspielen; Präsenz afroamerikanischer Musiker beim Jazzfestival Saalfelden; Ausstellung Barthélémy Toguo (Kamerun) 2006. Kulturaustausch und kreative Kommunikation mit Senegal und Gambia sind seit vielen Jahren Anliegen des Vereins LOSITO. *www.african-center.at* ist Plattform für Kulturschaffende aus der Diaspora. Veranstaltungen mit Afrikabezug finden auch im Kulturgelände Nonntal, Literaturhaus oder der Katholischen Hochschulgemeinde statt. Der qualitativen Verbesserung der medialen Berichterstattung widmet sich *www.afrika.info*.

Diaspora: Im Bundesland 2013 insgesamt 1.783 gebürtige Afrikaner/innen gemeldet, größte nationale Gruppen kommen aus Nigeria, Ägypten, Somalia und Marokko. Bekanntester Afrikaner ist wohl der Obuslenker Saliah Razak aus Ghana *(www.sorinatu.org)*. In der Landeshauptstadt bestehen mehrere afrikanische Shops und Friseurgeschäfte.

STADT SALZBURG

Residenzplatz 1
Alte Residenz

Levantinischen Wein ließ sich der Erzbischof gelegentlich von seinem Bruder, dem Kommandanten der Malteserflotte, schicken sowie ägyptische Vögel, zwei Strauße und arabische Pferde. Und, 1697, „zwey schöne junge mohren", jünger als fünfzehn. Von einem der beiden, Anton Montere (oder Monteur), wissen wir Näheres: 1706 wurde er als Musikergeselle (für Pauke) freigesprochen und bei der Hofkapelle angestellt. 1712 heiratete er – seine Frau war ebenfalls von afrikanischer Herkunft –, und sie hatten vier Kinder. Nach seinem Tod 1721 wurde er in St. Peter begraben.

Eben auf Johann Ernst von Thun (reg. 1687–1709) geht ein Großteil der frühbarokken Architektur der Altstadt zurück. Salzburgs Fürsterzbischöfe fungierten zugleich als Staatsoberhäupter und kirchliche Würdenträger, die Alte Residenz war „bis 1803 die Schaltzentrale der Macht" (Juffinger 2011, 321), von der aus die Geschicke des Landes bestimmt wurden.

Die musealen Gemächer ermöglichen einen Einblick in das Weltbild der High Society im 17. und 18. Jh. (➔Sigmund-Haffner-Gasse 11). 1709 hatte Thuns Nachfolger, Franz Anton Graf Harrach, mit der Neugestaltung der Beletage begonnen. Als Programm für die Deckengemälde und Stukkaturen legte er einen Zyklus aus dem Leben Alexanders des Großen fest – ein damals beliebtes Sujet, das der Glorifizierung herrscherlicher Tugenden wie Tapferkeit, Großmut sowie Streben nach Weltherrschaft (!) diente.

Schwarze Menschen spielten im aristokratischen Repräsentationsverhalten jener Zeit ohnehin eine wichtige Rolle – umso mehr bei einer Thematik, die auf die Eroberung des „Orients" bezogen war. Schon Johann Michael Rottmayrs großes Mittelbild im Rittersaal („Alexander zähmt Bucephalus") zeigt exotische Personen und „Mohren" im Gefolge des makedonischen Königs; auch der junge Alexander wird von einem schwar-

Schlacht bei Gaugamela (J. M. Rottmayr, 1710 [Ausschnitt])

zen Sklaven begleitet. Genau dieser Bursche ist auch auf anderen Rottmayr'schen Bildern zu finden, etwa im Audienzzimmer. Handelt es sich vielleicht um ein Porträt Antons? Mehrmals geht Rottmayr über die Charakterisierung schwarzer Menschen als Statussymbole hinaus. Hier werden sie als Feinde charakterisiert, die Alexander (=der europäische Fürst, wie er sein soll) bekämpft. Auf dem domseitigen Seitenbild an der Decke des Rittersaals, der als Eingangszone zu den fürstlichen Gemächern diente und daher besonders bedeutungsschwanger gestaltet war, flüchtet ein großer, exotisch ausstaffierter bewaffneter Riese mit schreckverzerrtem Antlitz vor dem in hellem Licht und unter einem Adler auftretenden Alexander; das Erscheinen eines Adlers hatte der Überlieferung zufolge die Wende der Perserschlacht bei Gaugamela 331 v. Chr. angekündigt. Rottmayrs dezidierte Negativbesetzung der schwarzen Hautfarbe nimmt rassistische Stereotypen späterer Zeiten vorweg.

Domplatz
Domquartier

Residenz, Landesgalerie und Dommuseum, der „lange Gang" von St. Peter sowie der Wallistrakt wurden im Mai 2014 zum sog. Domquartier zusammengefaßt. Hier gewinnen wir u. a. einen Eindruck von den Schatz- und Kunstkammern der Fürsterzbischöfe – vieles ging ja verloren bzw. wurde bei der Säkularisierung in alle Winde zerstreut. Schon der hochmittelalterliche Domschatz enthielt orientalische Kostbarkeiten, von denen zwei wundervolle siculo-arabische Elfenbeingefäße aus dem 12. und 13. Jh. erhalten sind. Im späten Mittelalter und der Frühen Neuzeit wurden seltene Naturalien angeschafft und von Silberschmieden zu Gefäßen geformt. Exotica treten hinter einheimischen Materialien (Steinsorten, Hörner) aber zurück. So dürfte die Sammlung der Erzbischöfe im späten 17. und 18. Jh. einen weniger orientalischen Charakter gehabt haben als vergleichbare Kunst- und Wunderkammern (➜ EISENSTADT/ BGLD.).

Im Nordoratorium des Doms werden Objekte des aufgelösten Barockmuseums gezeigt, 2014/15 z. B. der Entwurf zur Huldigung der oberösterreichischen Stände (➜ LINZ/OÖ) oder Giovanni Battista Gaullis „Taufe einer Afrikanerin", Vorarbeit für ein Mosaik im Petersdom in Rom.

ST. PETER BEZIRK
Petersfriedhof

Sprung ans Ende des 19. Jhs. und ins deutschnationale Ambiente, das in Salzburg – wohl auch als Gegenreaktion zur jahrhundertelangen Kirchenherrschaft – verwurzelt ist. Sowohl im wilhelminischen Kaiserreich als auch in Österreich-Ungarn mobilisierte man zugunsten der „Burenstaaten" Transvaal und Oranje, die infolge ihres Diamanten- und Goldreichtums von Großbritannien angegriffen wurden (Burenkrieg 1899–1902). An eine diesbezügliche Episode erinnert die Grabstätte des Hessen Adelbert Behr im Friedhof, nahe dem Eingang zu den sog. Katakomben. Seine optische Ähnlichkeit mit „Ohm Krüger", dem gefeierten Präsidenten der Republik Transvaal, ist wohl kein Zufall. Nach Ausweis seiner Grabinschrift kämpfte Behr 1900 „für die gerechte Sache der Buren" und setzte sich 1903, nach dem Sieg der Briten, nach Salzburg ab. Durch Heirat mit einer Gastwirtin stieg er zum Brauereibesitzer in Schallmoos auf, welche Stellung er bis zu seinem Tod im Juli 1931 bekleidete (➜Erzabt Klotz-Strasse).

Hofstallgasse 1–3
„Haus für Mozart" (Kleines Festspielhaus)

„Wir haben noch keinen einzigen Juden und Neger gesehen", schrieb ein Regionalblatt erfreut über die Festspiele von 1938 (Novak 2005, 176.). Noch lange nach dem Ende der NS-Herrschaft blieb die Präsenz schwarzer Menschen für Salzburg ein mentales Problem – abzulesen etwa am Schicksal der US-amerikanischen Besatzungskinder, das Ingrid Bauer dokumentiert hat. Zum ersten Auftritt einer „farbigen" Opernsängerin bei den Festspielen kam es im August 1964, als die afroamerikanische Mezzosopranistin Grace Bumbry die Lady Macbeth in Verdis Oper „Macbeth" sang. Zum Unterschied zu Bayreuth, wo es drei Jahre zuvor Proteste gegen die „schwarze Venus" gegeben hatte, erfolgte ihre Aufnahme in Salzburg freundlich.
1964 brachte für Afroamerika in Salzburg überhaupt einen theatergeschichtlichen Durchbruch: Im Landestheater wurde auch „La Tragédie du Roi Christophe" des karibischen Schriftstellers und kommunistischen Politikers Aimé Césaire (1913–2008) uraufgeführt, eines führenden literarischen Vertreters der „Négritude" (➜Waagplatz).
Die ehem. Winterreitschule, heute Karl-Böhm-Saal, ist der älteste überdachte Raum im gesamten Festspielhauskomplex. Er ist mit einem riesigen Deckenfresko „Türkenstechen" geschmückt. Gemeinsam ausgeführt von Johann Michael Rottmayr und dem Salzburger Hofmaler Christoph Lederwasch gegen Ende des 17. Jhs., zeigt das Gemälde einen im Adel – in Salzburg besonders unter Erzbischof Wolf Dietrich – beliebten Wettbewerb, bei dem Reiter mit Lanzen oder Degen holzgeschnitzte Türken- und häufig auch „Mohren"-Figuren attackierten (➜Wien XIII; Besichtigung mit Führung).

Wiener Philharmonikergasse 2
Afro-Asiatisches Institut

Im relativ geräumigen Anbau an die Apsis der Kollegienkirche ist neben der Katholischen Hochschulgemeinde (KHG) auch das Afro-Asiatische Institut (AAI) untergebracht. 1988 wurde es vom damaligen Erzbischof Karl Berg ins Leben gerufen und dient als Begegnungszentrum für und mit Student/inn/en aus Afrika, Asien und Lateinamerika sowie als Plattform entwicklungspolitischer Bildungs- und Kulturarbeit, 1984 wurden erste Entwicklungspolitische Hochschulwochen organisiert. Unter der engagierten Leitung von Joe Erbler nahm das AAI diese Tradition auf und begann sich als eine der ersten Einrichtungen auch mit der Asyl- bzw. Integrationsproblematik afrikanischer Immigrant/inn/en zu befassen.
2012 wurden vom Institut insgesamt 16 Stipendien vergeben, davon fünf an Studierende aus Afrika (drei Studierende aus Uganda, Kenya und Burundi am Friedenslehrgang der Universität Innsbruck sowie ein Äthiopier und eine Uganderin, beide an der Fachhochschule Salzburg).
Die verschärften Fremdenrechtsbestimmungen erschwerten es den Studierenden aus Drittstaaten zunehmend, ihr Studium bzw. einen Teil davon in Österreich zu absolvieren, erklärt Elke Giacomozzi, die heutige Geschäftsführerin. Aufgrund der Schwierigkeit, für Studierende dunkler Hautfarbe private Unterkünfte zu finden, habe man sich 1992 auch veranlaßt gefühlt, ein interkulturelles Student/inn/enheim im Kloster St. Josef (Hellbrunner Straße 14) zu gründen.

Auch sei das AAI in die Erstellung des Integrationskonzepts der Stadt Salzburg involviert gewesen *(www.aai-salzburg.at)*.

Wiener Philharmonikergasse 3
wohndesign

Die 2005 entstandene Boutique spezialisiert sich auf traditionelle afrikanische Kunst, hochwertiges Kunsthandwerk und afrikainspirierte Neuschöpfungen von Möbeln (etwa ein vom Architekten Wilhelm Holzbauer entworfener Fauteuil). Regional liegt der Schwerpunkt auf dem Südlichen Afrika, vor allem finden sich Produkte aus Namibia im Angebot. Ingrid Weinberger, die Mitinhaberin von wohndesign, ist auch Honorarkonsulin von Namibia.

Universitätsplatz 1
Kollegienkirche, Universität

Einem der wenigen Kunstwerke Salzburgs, die sich mit Mission befassen, begegnen wir in der Kollegienkirche, einem Hauptwerk Johann Bernhard Fischer von Erlachs, um 1700. Die Gemälde der Querhausaltäre stammen von Johann Michael Rottmayr und zählen zu den wichtigsten Werken seines späten Schaffens: auf dem linken Altar die „Glorie des hl. Carl Borromäus", auf dem rechten die „Glorie des hl. Benedikt" (signiert 1722). In der ungewöhnlichen Komposition dieses Bildes kommt erneut die Vorliebe des Malers für das Exotische zum Tragen: Während der Heilige im oberen Teil des mehr als sechs Meter hohen Gemäldes in den Himmel eingeht, zeigt das untere Segment die Taufe einer heidnischen Königin; diese wird von zwei malerischen schwarzen Pagen begleitet. Die Kollegienkirche fungierte als Gotteshaus für die Universität, die von Benediktinern (und nicht von Jesuiten) geleitet wurde. Als ein Orden mit Schultradition verstanden aber auch sie sich als missionarisch, und das erklärt wohl die Wahl des Motivs.

Im Durchgang zum Arkadenhof des früheren Akademischen Gymnasiums erinnert eine Gedenktafel an den Innsbrucker Alpinisten Ludwig Purtscheller (1849–1900), der hier Turnen und Kalligraphie unterrichtete. Daneben profilierte er sich als Bergsteiger. Seine größte Leistung erzielte Purtscheller am 6. Oktober 1889, als ihm gemeinsam mit dem deutschen Verleger Hans Meyer sowie einheimischen Trägern die Erstbesteigung des Kibo, des Hauptgipfels des Kilimanjaro (knapp 6.000 m), gelang. Gleich zu Beginn der Kolonialzeit in „Deutsch-Ostafrika" erfolgte so-

Der Gipfelsieg: Meyer und Purtscheller auf dem Kibo

mit schon der touristische Durchbruch. Eine Tour auf den Kilimanjaro zählt bis heute zu den Höhepunkten einer Reise nach Tanzania, auch wenn seine Gletscher seit 1912 vier Fünftel ihres Volumens verloren haben. Purtscheller ist in einem Ehrengrab auf dem Kommunalfriedhof begraben (➜ Gneiser Strasse).

Bürgerspitalgasse 2
Bürgerspital

Im Arkadenhof des ehemaligen Bürgerspitals ist ein islamischer Grabstein aus dem späten 10. oder dem 11. Jh. eingemauert (erster Bogen von links). Er stammt aller Wahrscheinlichkeit nach aus Andalusien, vielleicht schon aus der Epoche der Almoraviden, einer von Berbern getragenen islamischen Erneuerungsbewegung, die in der 2. Hälfte des 11. Jhs. das Kalifat von Córdoba eroberte. „Jede Seele wird den Geschmack des Todes kosten, und ihr sollt nun euren Lohn empfangen am Tag der Auferstehung; und wer da dem Feuer entkommen und ins Paradies geführt wird, der soll glückselig sein. Das irdische Leben ist nichts als trügerische Illusion", lautet die Inschrift übersetzt (Tichy 1994, 643). Der Stein dürfte unter Erzbischof Mathäus Lang von Wellenburg, dem 1510 ein spanisches Bistum verliehen wurde, nach Salzburg gekommen sein.

Bürgerspitalplatz 5
Afro-Cafe

Der grellbemalte Afro Coffee-Bus hält im Bo Kaap-Viertel von Kapstadt, und Afro Man und Afro Lady genehmigen sich dort einen Kaffee – *strong and hot*. So zumindest im Promotionvideo des Lokals bzw. des dahinterstehenden Unternehmens, das fair gehandelten Kaffee aus Afrika unter dem Logo mit den rot-gelben Sonnenstrahlen und dem Konterfei des Afro Man vermarktet *(www.afrocoffee.com)*. Tatsächlich könnte das Salzburger Café genauso gut in Johannesburg, Nairobi, Lagos oder Kinshasa erfolgreich sein. Freilich ist es eher umgekehrt – sein Vorbild stand ja in Kapstadt.

2007 wurde das Konzept des südafrikanischen Designer-Labels „Daddy Buy Me a Pony" mit Hilfe von Dietrich Mateschitz (Red Bull) auf Salzburg übertragen. Stoffe und Farben, gestaltet von jungen südafrikanischen Designern, vermitteln die zeitgenössische urbane Kultur Afrikas. Reizvoll die Vorstellung, Anna Mayer und die Salzburger Anti-Apartheid-Bewegung hätten in den 1980er Jahren hier ihre Sitzungen gehalten. Aber damals gab's das Lokal ja noch nicht … leider.

Museumsplatz 5
Haus der Natur

Eine engagierte Ausstellung – Resultat eines Forschungsprojekts unter Leitung des Salzburger Historikers Robert Hoffmann – widmete sich 2014/15 der „Ära Tratz", des Gründers und langjährigen Direktors des Museums, der dasselbe in die SS-Wissenschaftsorganisation „Ahnenerbe" eingliederte und zu einer deutschnationalen, der NS-Rassenideologie verpflichteten Institution ausbaute. Grundstock der Afrikabestände war eine Sammlung von Jagdtrophäen, die der Jagdreisende Eduard Graf Wickenburg 1936 dem Museum schenkte; nach 1938 kamen beschlagnahmte oder geraubte Objekte hinzu, etwa Ethnographica aus dem Kloster Maria Sorg (➡Bergheim). Ein besonders problematisches Objekt wurde 2014 aus der Ausstellung entfernt: die Figur eines „Buschmanns", den Felix von Luschan 1905 auf dem Paßamt von Johannesburg in Gips abgeformt hatte (➡Millstatt/Ktn.).

Die Afrika-Abteilung findet sich heute vor allem (nicht ausschließlich) im dritten Stockwerk, welches der „Tierwelt Afrikas" sowie einer Ausstellung „!KO und !KUNG – Buschmänner der Kalahari" gewidmet ist, also je einer biologischen und ethnologischen Themenwahl.

Beides resultiert aus der geographischen Schwerpunktsetzung des Museums, in der die ehemaligen deutschen Kolonien in Afrika eine wichtige Rolle spielen. So wird im Eingangsbereich die afrikanische Fauna anhand des Serengeti-Nationalparks in Tanzania (das uns schon bekannte Deutsch-Ostafrika) präsentiert, und bei der Flora nimmt die *Welwitschia mirabilis* aus Namibia (Deutsch-Südwestafrika) eine beherrschende Stellung ein (➡Maria Saal/Ktn.); beide Dioramen wurden 1977 von Wolfgang Grassberger gestaltet.

Das geht ja noch an, problematisch wird es freilich, wenn Afrikas Bevölkerung fast ausschließlich anhand der namibischen/südafrikanischen San vorgestellt wird, und zwar als „Nachfahren später Steinzeitmenschen", bei denen „die Zeit noch auf der Stufe der Steinzeit stehengeblieben zu sein" scheine (!) Ohne Kontext wird wie bisher eine Sammlung diverser Masken u. a. traditioneller Gegenstände als „typisch afrikanisch" präsentiert. Ebenfalls inhaltlich isoliert präsentiert diese Abteilung das eindrucksvolle Diorama „Am Hof des Lamidos von Rei Buba in Nord-Kamerun", einer früher ebenfalls deutschen Kolonie – eine Reminiszenz an die Dreharbeiten eines heimischen Filmteams am Hof des Ful-

MAKARTPLATZ
Straßenname

Der belebte Verkehrsknotenpunkt ist nach Hans Makart (1840–1884) benannt, dem in Salzburg geborenen Gesellschaftsmaler der 2. Hälfte des 19. Jhs. Wiewohl Makart den Großteil seiner Karriere in Wien durchlief, hielt er seine Beziehungen zu Salzburg immer aufrecht. Im Umkreis seines gemeinsam mit den Malern Leopold Carl Müller oder Franz Lenbach sowie dem Kunstsammler Karol Lanckoroński (➜WIEN XIX) ver-

Auftritt des Sultans von Rey Bouba (Diorama von Helmuth Kraus, 1954)

beherrschers von Rey Bouba, an denen der Tropenjäger Ernst Alexander Zwilling, Kolonialrevisionist und „Anschluß-Befürworter", beteiligt war (➜ST. PÖLTEN/NÖ).

Ab den frühen 1970er Jahren setzte das „Haus der Natur" mit Expeditionen in die Wüstengebiete der algerischen und libyschen Sahara einen neuen Schwerpunkt. Die Bezugnahme auf den ungarisch-österreichischen Abenteurer, Spion und Wüstenforscher László Almásy, 1951 in Salzburg verstorben (➜GNEISER STRASSE), lag nahe: 2000–2002 zeigte das Museum eine Ausstellung „Die Wüste lebt", bei der auch auf Almásy eingegangen wurde; kurz zuvor war in den heimischen Kinos „Der englische Patient" gelaufen.

Die heutige Wüsten-Ausstellung beinhaltet auch eine Übersicht über entwicklungspolitische Projekte (z. B. Aufforstungen in der Sahelzone oder Meerwasserentsalzung in Ägypten) und läßt immerhin Veränderungen in Konzeption und Präsentation eines Museums erkennen, dessen Emanzipation von seinem historischen Erbe gefordert ist und wohl noch nicht an ihr Ende gekommen ist.

Hans Makart, Ägyptische Tänzerin (1875/76)

brachten Aufenthalts in Ägypten (1875/76) entstanden zahlreiche Gemälde und Graphiken, die zu den Hauptwerken der österreichischen Orientmalerei zählen. „Mit theaterhaft bewegten Kompositionen und überwältigender Farbenpracht, vorgetragen mit schwungvollem Pinselstrich, erzielte Makart die suggestive Atmosphäre exotischer Träume, wobei es ihm nicht um Rekonstruktion einer vergangenen Welt, sondern um eine Sublimierung realer zeitgenössischer Sehnsüchte nach Schönheit, Erotik und rauschhafter Freiheit ging." (Haja 2000, 146).

Linzergasse 41
Sebastiansfriedhof

Im Durchgang von der Kirche zum malerischen Friedhof, 1595–1600 nach italienischen Vorbildern von Erzbischof Wolf Dietrich errichtet, befindet sich rechts das Grabmal des 1541 in Salzburg verstorbenen Arztes und Naturphilosophen Theophrastus Bombastus von Hohenheim. In zahlreichen Schriften entwickelte Paracelsus ein neues Verständnis von Heilkunde und Naturwissenschaft. Es beschäftigte ihn aber auch das Verhältnis des Menschen zur Natur und zu anderen Wesen – mochte es sich um die Nymphen, Riesen oder Zwerge der volkstümlichen Überlieferung handeln oder um die am Rande des Erdkreises angesiedelten Monstren, von denen antike Schriftsteller berichteten.
In seinem um 1537 entstandenen Grundsatzwerk „Liber de Nymphis, Sylphis, Pygmaeis et Salamandris, et de caeteris spiritibus" vertrat Paracelsus die These, solche Wesen seien zwar Teil des göttlichen Heilsplans, stammten aber nicht von Adam ab und seien daher unbeseelt. Dies gelte, schrieb er an anderer Stelle, auch für die „Leute", die man neuerdings auf überseeischen Inseln entdeckt hätte! Paracelsus zählt somit zu den frühen Vertretern eines polygenetischen Weltbilds. Die Menschen, auf welche die portugiesischen und spanischen Seefahrer in anderen Erdteilen stießen, waren für ihn Wesen aus dem Paradies vor dem Sündenfall – und dadurch grundlegend „anders".
Unsere Route führt über die Staatsbrücke zurück in die Altstadt.

Abstecher: Sigmund-Haffner-Gasse 4, „Zum Elefanten". Auch in Salzburg hat der spektakuläre Elefantenzug des habsburgischen Erzherzogs (und späteren Kaisers) Maximilian seine Spur hinterlassen. Historiker führen den traditionsreichen Hausnamen auf den Salzburger Kaufmann Hans Goldseisen zurück, der im Februar 1552 während des mehrwöchigen Aufenthalts des erzherzoglichen Hofstaats in Mühldorf am Inn für dessen Versorgung zuständig war; der Elefant selber kam nicht nach Salzburg. Wenige Jahre später kaufte Goldseisen das Haus in der Sigmund-Haffner-Gasse. Mehrere Elefantendarstellungen in der Hotelrezeption und im Restaurant erinnern an das sensationelle Ereignis (➡ Linz/OÖ).

Judengasse 9
Restaurant „Zum Mohren"

Seit dem späten Mittelalter war dieses Viertel ein Zentrum des Handels mit Venedig und somit auch mit dem Orient. 1569 wird in dem Gebäude eine Gastwirtschaft erwähnt, die Bezeichnung „Mohrenwirt" scheint erstmals 1623 auf. Einer lokalen Tradition zufolge soll sich der Name von einem Salzburger Händler herleiten, der neben verschiedenen Kolonialwaren auch einen schwarzen Knaben aus Venedig mitgebracht hatte. Dieser erregte großes Aufsehen in der Judengasse, und weil er täglich Lebensmittel in das gegenüberliegende Gasthaus liefern mußte, bürgerte sich mit der Zeit der Name „Wirtshaus zum Mohrenkopf" ein. Soweit die Legende. Heute präsentiert sich das Lokal als ein gutbürgerliches Restaurant, in dem zahlreiche Requisiten an den Traditionsnamen erinnern.

Waagplatz 1a
Senghor-Denkmal

Ziemlich versteckt und etwas verloren steht im Innenhof des Traklhauses die Bronzebüste von Léopold Sédar Senghor, des Philosophen der „Négritude" und ersten Staatspräsidenten von Senegal. Man scheint sich schwer zu tun damit angesichts der NS-Vergangenheit ihres Schöpfers, des Bildhauers und Architekten Arno Breker. Aber: Letztlich geht das zu Lasten von Senghor. Ist nicht gerade Salzburg ein passender Ort, um den bedeutenden Staatsmann, der 1977 die Eröffnungsrede der Festspiele hielt, zu würdigen?

Léopold Sédar Senghor mit Bundespräsident Rudolf Kirchschläger und Bundeskanzler Bruno Kreisky in Salzburg (1977)

Weiter über den Mozartplatz. Im Panorama-Museum (Residenzplatz 9) werden jeweils in Auswahl die Kosmoramen von Hubert Sattler präsentiert, fallweise auch seine orientalischen mit Motiven aus Ägypten, Algerien, Palästina, Syrien und der Türkei.

Abstecher: Sigmund-Haffner-Gasse 11, Landkartengalerie. Eigentlich ist der Toskanatrakt ein Teil der Residenz (➜ Residenzplatz 1), durch den separaten Zugang und die universitäre Nutzung aber erscheint er getrennt. Das ausgedehnte Gebäude entstand ab 1597 durch Um- und Neubauten Wolf Dietrichs. Durch die spektakuläre Sala Terrena und die Bibliothek der Juridischen Fakultät gelangen wir in den 2. Stock, wo bei Renovierungsarbeiten Ende der 1990er Jahre die sog. Landkartengalerie entdeckt wurde – topographische Ansichten Europas sowie der angrenzenden Regionen in Asien und Afrika, auf die langen Seitenwände gemalt. Wir finden hier z. B. Stadtansichten von Kairo, Jerusalem oder Konstantinopel, Küstenverlauf und Hinterland von Nordafrika oder einen riesigen Tempel des Jupiter Amon in Siwa, phantasievoll in die libysche Wüste gemalt. Anregung war ohne Zweifel die 1580 entstandene „Galleria delle Carte Geografiche" im Vatikan, die Umsetzung in Salzburg erfolgte Anfang des 17. Jhs. Interessant zu sehen, wie weit das geographische Weltbild mitteleuropäischer Politiker damals reichte – und wo es endete.

Nordafrika in der Galerie: Gefürchtete „Seeräuberstaaten"

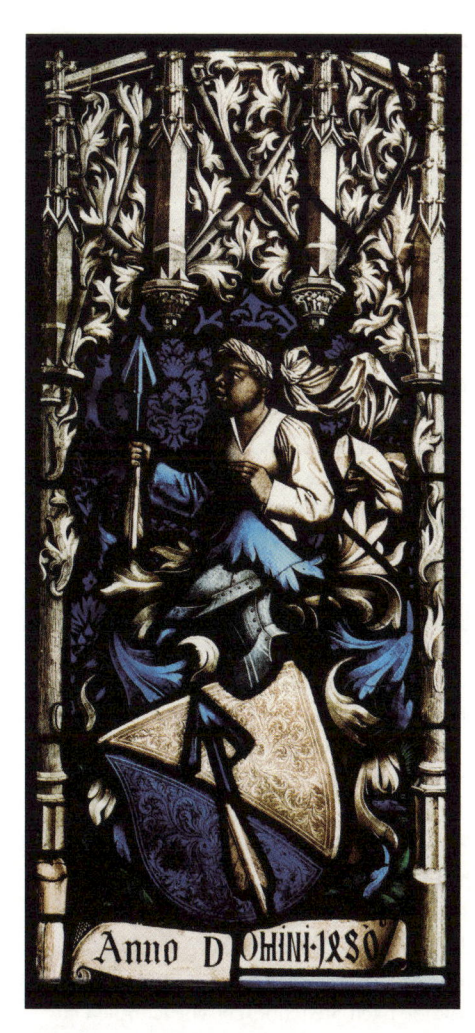

„Mohrenwappen" des Bürgers Augustin Klaner in der Stiftskirche Nonnberg (Peter Hemmel v. Andlau, dat. 1480)

Pfeifergasse 9a
Galerie Matombo

1999, nach einer Zimbabwe-Reise, wurde die Galerie von der Biologin Anne Patzner gegründet. Nicht zufällig sind daher „Zimbabwe Stone Sculptures" ein Schwerpunkt in ihrem Ausstellungs- und Verkaufsangebot. Die Tradition dieser Kunstrichtung reicht in die kolonialen 1950er Jahre zurück; Frank McEwen, damaliger Direktor der National Gallery in Salisbury (heute Harare), begann damals gemeinsam mit einem Tabakfarmer in Tengenenge, schwarze Kunsthandwerker zu fördern. Die Plastiken aus Speckstein, Serpentin oder Granit erregten Aufsehen, und nicht wenige der Bildhauer/innen aus Zimbabwe wurden auch international bekannt. Auch kostbare Perlen, Raffia-Stoffe sowie Masken aus Westafrika stehen im Angebot der Galerie *(www.matombo.at)*.

Wir folgen dem Straßenverlauf in Richtung Rudolfsplatz.

Erzabt-Klotz-Strasse
Straßenname

Die Straße ist nach dem umstrittenen Erzabt von St. Peter (reg. 1922–31, † 1967) benannt. Als passionierter Reisender veröffentlichte er zahlreiche Zeitungsartikel und mehrere Bücher zu seinen Fahrten, die ihn rund um die ganze Welt führten. 1913 zum Beispiel bereiste er Tanzania, damals Deutsch-Ostafrika, sowie Südafrika – „das Land, wo unter Englands Flagge das Volk der Buren wohnt", mit denen er während des Burenkriegs sympathisiert hatte: „Wir Studenten kannten sie von ihren Kriegen her und liebten sie, aber nicht, weil sie wie viele andere unsere ‚nächsten Vettern' waren. Wir wußten genau, wie tapfer

Abstecher: Nonntaler Hauptstrasse 12, ehem. Spitalskirche St. Erhard. Der rechte Seitenaltar zeigt die „Predigt des hl. Franz Xaver vor den Heiden" – ein für Salzburg untypisches Motiv aus der jesuitischen Ikonographie. Ob das Altarbild, vom Domdechanten Freiherrn von Fürstenberg gestiftet, von Martino Altomonte stammt, ist umstritten. Dem segnenden Heiligen huldigen mehrere afrikanisch und indianisch gezeichnete Personen mit exotischem Federschmuck und einfacher Bewaffnung; im Hintergrund ist eine bizarre, mit Palmen bewachsene Landschaft erkennbar.

Uni-Partnerschaft mit dem „Neuen Südafrika"

Sechs Jahre nach den ersten demokratischen Wahlen in Südafrika, im Jahr 2000, unterzeichneten die Universitäten Salzburg und Stellenbosch einen Partnerschaftsvertrag. Die fachlichen Impulse gingen dabei von den Fachbereichen Philosophie und Anglistik/Amerikanistik aus, unterstützt von Robert Kotze von der Universität Stellenbosch. In rascher Folge entwickelten sich fünf Schienen der Kooperation: Philosophie, Anglophone Literatur- und Kulturstudien, Geschichte, interkulturelle Theologie und Geographie.
Die Stellenbosch-Partnerschaft arbeitete von Anfang an mit dem Salzburg Global Seminar zusammen. Dadurch konnte etwa sofort eine Autorenschiene aufgebaut werden, die mit André Brink als Leitfigur begann und durch Literaten wie Elleke Boehmer, Isobel Dixon, Lewis Nkosi, Ingrid de Kok, John Mateer und Denis Hirson weitergeführt wurde. Lesungen fanden auf Schloß Leopoldskron statt, auch in Kooperation mit dem Literaturhaus Salzburg und mit Unterstützung des AAI und der Südafrikanischen Botschaft.
Die Publikation einer Anthologie neuester südafrikanische Lyrik (Imagination in a Troubled Space, 2004) ist ebenso ein Produkt dieser Partnerschaft wie die Veranstaltung einer J.M. Coetzee-Tagung infolge der Präsenz des Nobelpreisträgers bei den Salzburger Festspielen 2006.
Das „South African Word Feast" (2011) war ein Meilenstein des literarischen Fokus Südafrika, rückte es doch die seit Jahren funktionierende Kooperation mit dem Verlag Poetry Salzburg ins Zentrum und somit den Konnex zwischen Wissenschaft und Kunst, ein Schwerpunkt der Universität Salzburg. Die Bekanntmachung südafrikanischer Lyrik in Ton und Schrift war von Anbeginn eine Stoßrichtung des Fachbereichs Anglistik/Amerikanistik. Alle Aktivitäten wurden durch ein kontinuierliches Südafrika-Lehrangebot durch fünf Gastprofessoren aus Stellenbosch gestützt. Dazu gab es über Jahre Filmreihen. Es wurden sechs Diplomarbeiten und eine Doktorarbeit verfaßt, ein Südafrika-Schwerpunkt in der Bibliothek geschaffen und ein Archiv aufgebaut .
Gesamtuniversitär gingen 49 Salzburger Studierende nach Stellenbosch (vornehmlich aus geistes- und naturwissenschaftlichen Fächern), davon sechs im DAF-Programm als Praktikant/inn/en am dortigen Deutschinstitut. Exkursionen organisierte der Fachbereich Geschichte, in dem es auch wiederholt Lehrveranstaltungen zu (süd-)afrikanischen Thematiken gab. Zentrale Themen waren hier gesellschaftliche Transformationen, Vergangenheitsaufarbeitung und Erinnerungspolitik. Unvergessen bleibt die Initialzündung durch den Gastbesuch von Christopher Saunders 1998 von der Uni Kapstadt und sein Referat über den Neuansatz in der südafrikanischen Historiographie.
Nachhaltig hat sich seit 2003 das Forschungsprojekt ‚Urbanökologie im Raum Kapstadt' erwiesen, das 2007 um ein Namibia-Projekt erweitert wurde, lebendig gehalten durch Studentenprojektarbeit und Exkursionen. Die Theologie wählte die Kooperationsschwerpunkte Public Theology, Menschenwürde, Fundamentalismus/Terrorismus/Armutsforschung. Die Philosophiekooperation arbeitete an bildungsphilosophischen Konzepten und demokratischen Wertekanons. Gastlehre gab es in all diesen Bereichen sowie in Materialforschung, Mathematik, Kommunikationswissenschaft. Jüdische Studien zeichnet sich als neuer Schwerpunkt ab. **Dorothea Steiner**

sie sich ihrer Scholle wehrten, verschlangen die Berichte und sangen durch die nächtlichen Straßen: ‚Fern im Süd im Lazarette / lag von Wunden bleich der Bur' – und die Leute in den Häusern sangen mit." (Klotz 1951, 67; ➔BADEN/NÖ). Klotz stand dem deutschen Kolonialrevisionismus nahe – trat also für die Rückgabe der ehemaligen Kolonien an Deutschland ein – und soll ein Du-Freund von Hitlers Stellvertreter Rudolf Heß gewesen sein. Seine Absetzung 1931 erfolgte aber nicht aus politischen Gründen, sondern aufgrund seiner exzessiven Finanzgebarung.

NONNTALER HAUPTSTRASSE 61
AMREF Austria

Hier hat die österreichische Mitgliedsorganisation der „African Medical and Research Organisation (AMREF)" ihre Niederlassung, eine vom englischen Arzt Michael Wood 1957 gegründete medizinische Hilfsorganisation mit Sitz in Nairobi. Mitte der 1980er Jahre habe der Mediziner Walter Schmidjell aus St. Johann im Pongau das „Flying Doctors Service" in Kenya kennengelernt und daraufhin 1992 in Salzburg AMREF Austria gegründet, erzählt Egmont Kap-herr, der für die Geschäftsführung verantwortlich ist.

Mit Hilfe prominenter Kulturschaffender und Sponsoren entfaltete die junge Organisation bald weitreichende Aktivitäten. Ihrem Jahresbericht 2011 zufolge wur-

Abstecher: ULRIKE-GSCHWANDTNER-STRASSE 5. Im Gebäude der Arge Kultur sind die Büros entwicklungspolitischer Organisationen untergebracht, darunter der Städtepartnerschaft mit Singida in Tanzania. Die Gründung am 9. Dezember 1984 ging auf Initiativen der „Erklärung von Salzburg" (Ilse Hanak) sowie des Malers und Aktivisten Wilhelm Kaufmann (➔ WILHELM-KAUFMANN-STEG) und dessen Tochter Eva Schröcksnadel zurück. 1986 wurde der Partnerschaftsvertrag unterzeichnet. Aktivitäten werden seither von Stadt und Land Salzburg subventioniert. Gemeinsam mit den tanzanischen Partnern seien im Lauf der Jahre viele Projekte im Gesundheits-, Bildungs- und Sozialbereich durchgeführt worden, sagt Judith Schröcksnadel, eine der beiden Koordinatorinnen des Vereins. Das bisher ehrgeizigste davon sei das „Singida Urban and Regional Safe Water Project" gewesen, mit dem die Trinkwasserversorgung für insgesamt eine halbe Million Menschen wesentlich verbessert werden konnte. Aktuell sei ein Heim für Straßenkinder ein wichtiges Projekt. Zu den Maßnahmen, die von der Städtepartnerschaft in Salzburg selbst gesetzt werden, zählen Ausstellungen und Info-Veranstaltungen sowie die jährliche Wilhelm-Kaufmann-Preisverleihung: Ein bis zwei Salzburger Persönlichkeiten oder Firmen werden für ihr Engagement mit „Leihbildern" Wilhelm Kaufmanns geehrt.

So sah Willi Kaufmann Singida (Kreidezeichnung, 1984)

den Gesundheits- und Bildungsprojekte im Südsudan, in Kenya, Äthiopien, Tanzania und Uganda unterstützt. So verfolgen beispielsweise AMREFs „Flying Doctors" und ihr „Clinical Outreach Programme" gemeinsam mit AMREF Austria das Ziel, die in Ostafrika endemisch auftretende und meist tödlich verlaufende Hydatid-Erkrankung (Echinococcose) deutlich zu reduzieren. Der gemeinsame Schwerpunkt aller National Offices und des Headquarters von AMREF liege auf der internationalen Kampagne „Stand Up For African Mothers", so Kap-herr, die eine Stärkung der Stellung der Frau in gesundheitlicher, wirtschaftlicher und sozialer Hinsicht zum Thema habe und von Prominenten und Künstler/inne/n in aller Welt gefördert werde. Die von AMREF Austria jedes Jahr durchgeführten „Days of Dialogue", Veranstaltungen in Zusammenarbeit mit Sport- und Kulturinstitutionen, sollen darüber hinaus nicht nur auf die Probleme Afrikas aufmerksam machen, sondern auch ein positives Bild vom Potential dieses riesigen Kontinents vermitteln.

Anifer Landesstrasse 1 (Anif)
Tierpark Hellbrunn

1990 begann die Umgestaltung des Tiergartens, der auf die Menagerie der Fürsterzbischöfe zurückgeht. Der erste Schritt war der Bau des Afrika-Bereichs, des flächenmäßig größten Teils des „Salzburg Zoo", wie sich die Einrichtung jetzt nennt (*www.salzburg-zoo.at*). Es entstand eine afrikanische Land-

Abstecher: Wilhelm-Kaufmann-Steg. Die Verbindung zwischen den Stadtteilen Aigen und Josefiau wurde im Juli 2011 eröffnet und erhielt den Namen des bedeutenden Malers und Aktivisten. 1901 in Salzburg geboren, arbeitete Kaufmann nach seiner Ausbildung mit Anton Faistauer und Clemens Holzmeister. Sein Fresko im Alten Festspielhaus wurde 1939 von den Nazis zerstört. Nach Jahren der „inneren Emigration" im Pinzgau wurde Kaufmann 1952 als Kunstlehrer nach Pennsylvania berufen und lebte später als Lehrer und freier Maler in Kanada. Bei seiner Rückkehr nach Europa lernte er Albert Schweitzer kennen, der ihn 1962 nach Lambarene einlud (➔Wien VIII). „Die afrikanischen Bilder der sechziger und siebziger Jahre stehen realistisch-dokumentarischem Anspruch so fern wie die märchenhafte, an die Kunst der Jahrhundertwende erinnernde Schilderung des Nordlichtes, die verspielten Wintergefilde für die Pariser Dependance der Wiener Werkstätten, die Szenen aus dem Leben der indigenen Völker Kanadas oder die Darstellungen der Getreideernte in Pennsylvania. Wilhelm Kaufmann mag von seiner Geisteshaltung ein inniger Weltumarmer und unermüdlicher Dialogsucher gewesen sein. Als Künstler war er sehr wohl auf Distanz zu allem Dargestellten bedacht." (Gugg 2003, 144) Unter dem Eindruck lokaler entwicklungspolitischer Aktivitäten verlagerte sich Kaufmanns Interesse in den frühen 1980er Jahren nach Ostafrika. Vor allem der Kontakt zum „Haus der Künste" in Dar es Salaam beeindruckte ihn sehr. Er war Mitbegründer und erster Vorsitzender der Städtepartnerschaft (➔Ulrike-Gschwandtner-Strasse 5). Als Ehrenpräsident des Salzburger Kunstvereins und „moralische Instanz" der Stadt – als die ihn viele heute noch sehen – nahm er wortgewaltig zu kultur-, sozial- oder umweltpolitischen Fragen Stellung. Kaufmann verstarb am 3. September 1999 in Salzburg.

schaft mit Savannen, Sumpfgebieten und einem Vogelpark. Die ersten afrikanischen Großtiere waren Breitmaulnashörner, die der Münchner Tiergarten abzugeben hatte, hinzu kamen später noch zwei aus der ehemaligen DDR. Neben den Rhinos – einer echten Attraktion – gibt es Geparden und Zebras, Kraniche und Flamingos, Kamerunschafe etc. 2007 wurde im Zoo ein Oryx geboren, der Löwe „Eisi" ist sogar auf Facebook vertreten.

Ein besonderes Anliegen ist dem Salzburg Zoo der Artenschutz. Auf mehreren Schautafeln wird über das Problem der Wilderei in Afrika informiert, und man beteiligt sich an diesbezüglichen Kampagnen der „European Association of Zoos and Aquaria". Leider wird dabei das oft problematische Verhältnis von Nationalparks und lokaler Bevölkerung ausgeblendet, zu deren Lasten der exklusive „Tierschutz" häufig geht. Daß Artenschutz umso besser funktioniert, je mehr Nutzen sich dadurch für die bäuerliche Bevölkerung vor Ort ergibt, könnten Beispiele aus dem Südlichen Afrika verdeutlichen (➡Wien XIII).

Problematisch erscheinen mir die runden Lehmhütten, die ein „afrikanisches Dorf" simulieren. Mit ihren ungelenken Ritzornamenten, die Tiere oder archaische Symbole darstellen sollen, entsprechen sie mehr europäischen Kinderzeichnungen als einer real existierenden Architektur im ländlichen Afrika. Hier wird Afrikas Image als ein „primitiver Kontinent" verstärkt – eine Neugestaltung wäre empfehlenswert.

Gneiser Strasse
Salzburger Kommunalfriedhof

Wohl nicht zufällig sind auf dem größten Salzburger Friedhof drei Persönlichkeiten begraben, die mit deutschen Kolonialbestrebungen liiert waren:
- Der Geograph Oscar Baumann (1864–1899), ein Pionier des deutschen Kolonialismus in den heutigen Staaten Tanzania und Rwanda, ist in einem 1901 errichteten Familiengrab bestattet (Gruppe 26; ➡Wien III). Das Bronzerelief zeigt Baumann an der Spitze einer Karawane und stammt von dem Jugendstilbildhauer Theodor Charlemont (1900).
- Der Alpinist Ludwig Purtscheller (1849–1900), einer der Erstbesteiger des Kilimanjaro (➡Universitätsplatz), liegt in einem vom Deutschen und Österreichischen Alpenverein gestifteten Grab auf Gruppe 24.
- Dem aus Westungarn (heutiges Burgenland) stammenden Flugpionier und Wüstenforscher László Ede Almásy (1895–1951) wurde auf Gruppe 75 des Kommunalfriedhofs ein schlichtes Grab gesetzt, laut Ausweis der Inschrift von ungarischen Fliegerverbänden (➡Bernstein/Bgld.).

Kontrast dazu: Seit 13. Juni 2014 liegt in einem Ehrengrab auch der Schauspieler und Gründer von „Menschen für Menschen", Karlheinz Böhm (➡Wien VI). Seine Urne steht in äthiopischer Erde.

Bräuhausstrasse 9
Stiegl-Brauwelt

Nicht, weil es sich um eine „staatstragende" Salzburger Institution handelt, sondern weil Afrika kreativ in die Thematik integriert wird – deshalb gebe ich hier Stiegls Biermuseum Raum. Zum 500. Gründungsjubiläum der Firma, 1992, wurde mit der Errichtung der „Erlebniswelt" auf dem Brauereigelände begonnen, drei Jahre später wurde sie eröffnet. Wie man in anderen Ländern Bier bestellt, vermittelt eine akustische „Expedition ins Bierreich": In Zimbabwe tut man es auf shona, in Äthiopien auf amharisch, im Süden Nigerias auf igbo. Und wie man sieht, arbeiten Medien auch beim Bier nicht selten mit exotischen Motiven. In einen der Räume hat sich sogar ein Werbeplakat aus dem Kongo verirrt. Die Brasseries du Katanga sind die lokale Brauerei von Lubumbashi (früher Elisabethville) und erzeugen zwei beliebte Biersorten, das helle „Simba" und das dunkle „Tembo".

Lehener Strasse 26
Integrationshaus der evangelischen Diakonie

„INTO Salzburg besteht in seinen Grundzügen seit Oktober 2001 und ist eine Integrationseinrichtung des Diakonie-Flüchtlingsdienstes für asyl- und subsidiär schutzberechtigte Personen. Zirka 30 % der von INTO Betreuten kommen aus Afrika, derzeit vor allem aus Somalia.
Es wird Integrationsstarthilfe angeboten, die vor allem die Bereitstellung und Vermittlung von Wohnungen, psychosoziale Beratung, Deutsch- und Alphabetisierungskurse sowie Bildungs-/Berufsorientierung und die Vermittlung in den Arbeitsmarkt umfaßt. Für Kinder und Jugendliche, die oft als Familiennachzug nach Salzburg kommen und mitten ins laufende Schuljahr einsteigen müssen, gibt es auch Lernhilfe und Nachhilfeunterricht.
Als besonders problematisch wird von INTO aktuell die Situation auf dem Wohnungsmarkt eingeschätzt, da nicht genügend Wohnplätze für Personen, die einen Asyl- oder subsidiären Schutzstatus erhalten haben, zur Verfügung stehen. Generell ist die Situation am Salzburger Wohnungsmarkt

---

Abstecher: Schönleitenstrasse 1. Ein kleines Museum zeigt Objekte aus der Missionstätigkeit des Missionshauses in Papua-Neuguinea, China und Afrika – vor allem Kongo, aber auch Südafrika und Namibia, Sudan und Burkina Faso. 1953 übernahm die Süddeutsch-Österreichische Provinz der Herz Jesu-Missionare, eines 1854 in Frankreich ins Leben gerufenen katholischen Ordens, im damaligen Belgisch-Kongo ein eigenes Missionsgebiet (➡ Möderndorf/Ktn.); später entstand daraus die Diözese Bokungu-Ikela. Seit 1968 ist dieselbe neben San Ignacio de Velasco in Bolivien und Taegu in Südkorea eine der drei Partnerdiözesen der Erzdiözese Salzburg.
Aus Anlaß der 100-Jahrfeier des Missionshauses in Liefering 1988 wurde in freigewordenen Räumen des Internats ein Ort der Begegnung und ein Zentrum für missionarische Bewußtseinsbildung eingerichtet – BONDEKO (www.bondeko.org).

sowohl für Personen mit und ohne Migrationshintergrund angespannt; Personen mit Fluchtbiografie kommen dabei überdurchschnittlich oft ins Hintertreffen. INTO Salzburg hat daher zusätzlich zur Bereitstellung von Übergangs- und zur Vermittlung von Finalwohnungen 2011 die Abwicklung der Zuweisungsverfahren für etwa 420 Integrationsstartwohnungen des Bundes übernommen, wodurch Menschen mit Fluchthintergrund weiterhin Zugang zu diesen besonders preisgünstigen Wohnungen haben. Subsidiär Schutzberechtigte sind zusätzlich zum Unterkunftsproblem laufend und ausnahmslos armutsgefährdet, da sie im Bundesland Salzburg – anders als z. B. in Wien – keinen Anspruch auf bedarfsorientierte Mindestsicherung haben. Dies widerspricht der sog. Gleichstellungsrichtlinie der Europäischen Union, die seit 2006 (!) umgesetzt sein sollte." (Roland Felbinger).

FLACHGAU

KLESSHEIM
Institute of Tourism and Hotel Management

Verstärkt wollte man Salzburg nach Kriegsende zur Fremdenverkehrsdestination entwickeln, eine entsprechende Ausbildungsstätte war erforderlich. Schon in den 1940er Jahren gründete die Wirtschaftskammer den „Salzburger Hotelfachschulverein" (heute „Verein Tourismusschulen Salzburg"). 1962 wurde die Ausbildung am Standort Kleßheim ausgebaut. Nebst der Höheren Lehranstalt für Fremdenverkehrsberufe wurde ein zweijähriger Abiturientenlehrgang eingeführt sowie das Institute of Tourism and Hotel Management errichtet, eine touristische Ausbildungsstätte für internationale Studierende u. a. auch aus Entwicklungsländern; viele Studierende aus diesen werden aus Mitteln der Entwicklungszusammenarbeit gefördert (➡ WIEN I).
Mehr als siebenhundert Personen aus 39 afrikanischen Staaten nahmen seit 1965 an dem Lehrgang teil. „Viele unserer Absolvent/inn/en konnten in ihren Heimatländern eigene Betriebe gründen oder nehmen im Fremdenverkehrswesen wichtige Positionen ein", sagt Gabriele Tischler, Dean des Instituts. „Ich bin fest davon überzeugt, daß wir dadurch einen sinnvollen Beitrag zur wirtschaftlichen und touristischen Entwicklung in Afrika leisten konnten."

BERGHEIM BEI SALZBURG
Missionshaus Maria Sorg

Eine kleine Ausstellung illustriert die Tätigkeit der „Missionsschwestern vom hl. Petrus Claver" sowie das Leben ihrer 1975 seliggesprochenen Stifterin, der Gräfin Maria Theresia Ledóchowska. Geboren 1863 im niederösterreichischen Loosdorf, wo ein Denkmal von Carlo Wimmer an sie und ihre heiliggesprochene Schwester erinnert, absolvierte sie ihre Ausbildung in ➡ ST. PÖLTEN/NÖ und wurde Hofdame in Salzburg. Beeindruckt vom „Kreuzzug gegen die Negersklaverei", der von Kardinal Charles-Martial Lavigerie in Anlehnung an Belgiens Leopold II. initiiert worden war (➡ ST. GILGEN), gründete sie 1894 einen ordensähnlichen Frauenverein, die St.-Petrus-Claver-Sodalität, benannt nach einem jesuitischen „Apostel der schwarzen Sklaven". Drei Jahre später erwarb sie eine verwahrloste Papiermühle in Lengfelden, die von den Herz-Jesu-Missionaren (➡ STADT SALZBURG) zum Verkauf angeboten wurde; die Kosten deckte sie überwiegend aus ihrem Erbteil (Maria-Sorg-Straße 6, *www.maria-sorg.at*).

Selbst wenn man die Unterstützung durch aristokratische und kirchliche Kreise in Rechnung stellt, erscheint die Aktivität, die Ledóchowska und ihre Mitschwestern von „Maria Sorg" aus entfalteten, bemerkenswert – zumal in Salzburg ja wenig missionarische Tradition bestand. Dabei ging es nicht um eigenen Personaleinsatz, sondern um die Beschaffung finanzieller Mittel für Missionsorden bzw. -stationen in Afrika. Ledóchowska entwickelte neue Formen der Spendenwerbung: Zeitschriften wurden in Auflagen von zehntausenden Exemplaren verbreitet, bis zum Tod der Gründerin 1922 fast zweihunderttausend Bücher in neunzehn afrikanischen Sprachen gedruckt. Basare, Theaterstücke und „Ausstellungen afrikanischer Curiositäten" (➡ WALPERSDORF/NÖ) wurden veranstaltet, Musterpredigten für Pfarrer verfertigt.

Die Anregung, den Ertrag der Dreikönigssammlung am 6. Jänner Missionszwecken zu widmen, kam ebenso von ihr (und wurde mit Hilfe des Erzbischofs von Salzburg umgesetzt) wie die verstärkte Werbung für Kinderpatenschaften, mit der sie die Tradition des Sklavenloskaufs aufnahm (➡ WIEN VIII) und für die Mission nutzbar machte. Geld- und Sachspenden an die Sodalität beliefen sich z. B. 1908 auf fast 140.000 Kronen, womit diese zu den finanzstärksten Organisationen des christlichsozial-konservativen Lagers zählte; der Bruttojahreslohn eines Facharbeiters lag damals bei 1.500 bis 1.800 Kronen.

Als Repräsentantin eines „humanitären Imperialismus" stellte sich Ledóchowska zwar gegen die kolonialpolitische Radikalisierung, wie sie an der Wende zum 20. Jh. auch in Österreich-Ungarn erfolgte, von einer kolonialismus-kritischen oder gar antikolonialen Position war sie aber weit entfernt. Die katholische Missionsbewegung in

Die „grande Dame" der Mission: Maria Theresia Ledóchowska

Afrika konnte ihrer Ansicht nach nur unter dem Schirm europäischer, v. a. katholischer Kolonialmächte gedeihen: „Bevor man den Arabern [gemeint: dem einheimischen Islam, den sie neben den ‚Fetischpriestern' als Hauptfeind der Mission ansah] im Innern zu Leibe gehen kann, muß an den Küsten die Herrschaft der Europäer solid etabliert sein." (Ledóchowska 1892, 39). In der primär dienenden Funktion ihres Ordens blieb sie darüber hinaus einem traditionellen Frauenbild verhaftet – was sie freilich nicht daran hinderte, ihre Vorstellungen von „Mission" gegenüber so manchen von der Sodalität finanziell abhängigen Geistlichen energisch zur Geltung zu bringen.

Was sich in den letzten Jahren verändert habe, frage ich Schwester Paula Krones, die mich freundlich durch das kleine Museum führt, in dem auch Ledóchowskas Schreibmaschine und die erste Druckerei gezeigt wird. „Einerseits die Technik", sagt sie, „heute haben wir moderne Druckmaschinen und arbeiten am Computer. Und andererseits hat sich die Missionskirche im Laufe der Jahre weiterentwickelt, ist selbständig geworden, und der Glaube hat sich in Afrika inkulturiert. So ergibt es sich von selbst, daß wir immer mehr den einheimischen Ortskirchen helfen."

OBERTRUM
Pfarrkirche

Die nach einem Großbrand 1917 neu gebaute Kirche ist vor allem von der künstlerischen Ausstattung des Halleiner Bildhauers Jakob Adlhart (1898–1985) geprägt. Dieser – ein Schüler Anton Hanaks – hatte sich 1925 mit dem „Schmerzenschristus" im Kolleg St. Benedikt in Salzburg einen Namen gemacht; auch seine Arbeiten für Obertrum sind ein gutes Beispiel der Begegnung eines schweren Salzburger Neubarock mit dem Expressionismus. Bei der Gestaltung des Hochaltars, die erst in den 1950er Jahren erfolgte, griff er auf einen neugotischen Retabel aus dem Stift Nonnberg zurück. Diesem entstammt auch das Relief „Anbetung der Könige", auf der die Überordnung des zweiten (weißen) Königs über den dritten (schwarzen) besonders betont wird.

MICHAELBEUERN
Schulpartnerschaft

Seit 1995 besteht eine Partnerschaft zwischen dem Schulzentrum der Steyler Missionare in Asesewa (Ghana) und der vom Benediktinerstift geführten Hauptschule bzw. der Pfarre. „So etwas würde einer katholischen Privatschule gut anstehen", hatte sich Pater Paulus Haidenthaler damals gedacht, der sich als Geographielehrer mit Afrika beschäftigte. Ein Missionar aus ➧ST. GABRIEL/NÖ stellte den Kontakt her. Bald kam es zu ersten persönlichen Kontakten, man tauschte Briefe und Videos aus, in Michaelbeuern wurden Spenden für Schulbänke und eine neue Lehrwerkstätte gesammelt, später auch für den Bau einer Kirche und eines Bildungshauses für Frauen; 2004 wurde in Asesewa unter Teilnahme hoher Repräsentanten von Ghanas Eastern Region ein „Michelbeuern-Komplex" feierlich eröffnet. 2009 kamen zwölf afrikanische Schüler/innen und zwei Lehrpersonen in den Flachgau, gemeinsam wurde ein „Afrika-Musical" gestaltet (vier Aufführungen, ca. 3.000 Besucher/innen). „Was haben sie wohl diese ganze Zeit in einer ganz anderen Kultur und einer ganz anderen Umwelt erlebt?! Was mögen sie denken über das Leben in Österreich, über uns hier in Michaelbeuern?– Ein unvergeßliches Erlebnis bleibt es jedenfalls für sie und für uns." (Haidenthaler 2010, 7).

Mattsee
Kollegiatskirche

Ein bißchen „bauernbarock" wirken sie, die Heiligen Drei Könige auf einem stuckgerahmten Deckenbild. Wahrscheinlich gab es ein Vorgängergemälde, das 1851/52 übermalt wurde. Dromedare – auf ihnen sollen die Könige ja geritten sein (➔ FELDKIRCH/ VBG.) – hatte der Künstler wohl nie zuvor gesehen, so schauen sie auch eher wie Pferde aus.

Köstendorf
Wenger Straße 5

„Zeigen, dass es anders geht. Das ist das Motto von EZA Fairer Handel, der Fair Trade Pionierin in Österreich. 1975 wurde das Unternehmen in Salzburg mit dem Ziel gegründet, die Lebens- und Arbeitsbedingungen benachteiligter ProduzentInnen in Lateinamerika, Afrika und Asien durch Fairen Handel zu verbessern. Eine transparente Wirtschaftsweise, die hohe soziale und ökologische Standards als wichtige Bestandteile der Produktqualität begreift, ist das Fundament. An die 160 Organisationen – mehrheitlich Genossenschaften von Kleinbauern und -bäuerinnen, Handwerksvereinigungen und sozial engagierte Betriebe – profitieren davon. Mit vielen verbindet die EZA eine langjährige Handelspartnerschaft. Andere kommen neu hinzu und werden dabei begleitet, im Fairen Handel Fuß zu fassen.

Das Sortiment der EZA umfasst Lebensmittel – die überwiegende Mehrheit bio- und FAIRTRADE-zertifiziert – Kunsthandwerk, Naturkosmetik sowie Bekleidung unter der Marke Anukoo. Auch über 30 HandelspartnerInnen aus zwanzig afrikanischen Ländern arbeiten daran mit. Die Palette ihrer Produkte ist vielfältig: Erlesene Arabica-Hochlandkaffees aus Uganda und Äthiopien finden sich ebenso darunter wie feine Rotbusch- und Honigbuschteemischungen, kräftiger Schwarztee, hochwertige Speiseöle (Arganöl und Macadamianussöl), köstliche Chutneys, Trockenfrüchte und Nüsse sowie traditionelles und innovatives Kunsthandwerk und Bekleidung aus bio- und FAIRTRADE zertifizierter Baumwolle, die beim EZA-Partnerbetrieb Craft Aid auf Mauritius gefertigt wird. Die breiteste Auswahl an EZA-Produkten bieten die Weltläden, die Fachgeschäfte für Fairen Handel. Lebensmittel von EZA sind auch im Lebensmitteleinzelhandel und im Naturkostfachhandel erhältlich.

Der Handel der EZA wird begleitet von Informations- und Bildungsarbeit. Der zentrale Standort in Weng/Köstendorf nördlich von Salzburg – ein mehrfach prämiertes Niedrig-Energie-Haus – bietet etwa nicht nur die Möglichkeit zum Einkauf, sondern steht auch am Fairen Handel interessierten Gruppen für Exkursionen offen. Darüber hinaus ist die EZA in nationalen, europäischen und internationalen Netzwerken aktiv, um Fairen Handel zu stärken und weiter zu entwickeln." (Andrea Reitinger; *www.eza.cc*).

TENNENGAU, PONGAU, LUNGAU, PINZGAU

Rassistische Klischees im Freizeitpark

Strasswalchen
Erlebnispark Fantasiana

Jetzt wird's wirklich tief. Ein fetter Menschenfresser im Lendenschurz, der ein junges weißes Pärchen im Kessel kocht – ich dachte eigentlich, dieses rassistische Klischee aus den 1950er Jahren hätten wir überstanden. Aber offenbar nicht. Die Installation ist Teil einer „Attraktion" des für Kinder und Erwachsene gedachten „Erlebnisparks", nämlich der Fahrt „durch unseren Safaripark, dem Reich der wilden Tiere, vorbei an Löwen, Giraffen und Eingeborene [sic]" (Formulierungen aus der Website). Hautnah erlebt man dann auch die „Welt des Dschungels … Wasser spritzt von den Felsen, Elefanten, Löwen, Hyänen und Afrikanische Ureinwohner beobachten neugierig die vorbeifahrenden Floße …" Da kann man wirklich nur sagen: „Halte dich gut fest!!" Oder besser noch: „Geh gar nicht hin!"

St. Jakob am Thurn
Pfarrkirche

Zwei der Jakobsbrüder, welche die ankommenden Wallfahrer willkommen hießen, waren als „Mohren" verkleidet, die 1751 errichtete Bruderschaft war mit „spanischen Röckl und Hosen sammt Hüet und 2 Mohren-Klaydl" ausgestattet (Gugitz V, 1958, 199). Sowohl die spanische Kleidung als auch die schwarzen Pagen erinnerten assoziativ an den „Maurentöter", den Pfarrpatron St. Jakobus, von dem in der Kirche auch eine Reliquie verehrt wird. Nicht zuletzt dem damaligen Lehensinhaber, Joseph Anton Graf Plaz, wird die anti-islamische Konnotation des Pilgerheiligen (➜Strass/T) zupaß gekommen sein, immerhin hatte er selber die Türkenkriege mitgemacht.

1783 wie alle Bruderschaften aufgehoben, wurden die Jakobischützen in ihrer heutigen Form 1926 durch den (NS-belasteten) Heimatforscher Kuno Brandauer wiedererrichtet. Bei der Festlegung der neuen Kostümierung fielen bezeichnenderweise die spanischen und die afrikanischen Bezüge weg; statt frühbarocker Festkultur wurde eine angebliche „Flachgauer Tracht" gewählt; nur bei Fronleichnamsprozessionen werden noch schwarze Mäntel mit Jakobsmuscheln verwendet. Und statt „Mohren" walten Marketenderinnen ihres Amtes.

Wie kaum sonstwo in Österreich ist in St. Jakob das Jakobsbrauchtum – angeblich auf eine 1476 gebildete Bauernwehr zurückgehend – lebendig geblieben. Jährlich am letz-

Der heilige Jakob – heute durch den Ortspfarrer verkörpert

ten Sonntag im Juli findet am Vormittag die kirchliche Feier mit Feldmesse und Prozession um das sog. Hauserfeld statt (früher sei man geritten, heute sei in der Gegend kein Pferd mehr aufzutreiben, erzählt Franz Hager, viele Jahre lang Schützenhauptmann, dem ich eine Einladung zum Jakobifest 2008 verdanke).

Am Nachmittag erfolgt die Aufführung des historischen Tanzes. Eine Sequenz schildert die Verteidigung des Dorfes gegen die Türken; damals soll der hl. Jakob selber nach St. Jakob am Thurn gekommen sein: „Aus Spanien komm' ich in Eil gerannt / St. Jakob, der Maurenfeind, so bin ich genannt …" Bei der letzten Figur des Tanzes beginnen die im Karree aufgestellten Schützen zu schießen – eine Erinnerung an die Abwehr des osmanischen Heeres, bei der sich die Männer von St. Jakob hervorgetan haben sollen. Viele der altertümlichen Gewehre sind mit eingeschnitzten Jakobsmuscheln geschmückt.

BISCHOFSHOFEN
Bahnhof

Fünfzehn afrikanische Kollegen – aus Kenya, Moçambique, Äthiopien, Namibia, Malawi, Zimbabwe, Uganda, Tanzania und Zambia – besuchten Österreich 1996 auf Einladung der Eisenbahnergewerkschaft. Sie nahmen an Veranstaltungen lokaler Dritte-Welt-Gruppen teil, besichtigten Stellwerke und Werkstätten und trafen mit ungarischen Verkehrsbediensteten zusammen. Den Abschluß bildete ein international besetztes Symposium über die Zukunft der Eisenbahn.

„Eine Erinnerung fürs Leben dürfte für sie auch die Teilnahme an einem Blasmusikfest aus Anlaß des hundertjährigen Bestehens der Eisenbahnerkapelle Bischofshofen bleiben. An einem strahlenden Sonntagmorgen nehmen die Gäste nach einer Bahnfahrt Erster Klasse von Salzburg nach Bischofshofen hinter einer Schützenkompanie Aufstellung. Nach einer Feldmesse und Salutschüssen zu Ehren Gottes marschieren sie unter dem besonderen Applaus der Bevölkerung innerhalb des Festzuges durch den Ort zu einem Riesenzelt, wo bei brütender Hitze jedem Teilnehmer Huhn auf einem Pappteller und ohne Besteck serviert wird. Schwer zu sagen, wer wen exotischer findet..." (Mandorfer 1996, 6 f.).

Gewerkschafter aus Zimbabwe mit Verkehrsminister Franz Hums (1996)

Abstecher: TAMSWEG, Pfarrkirche. Hier findet ein Gemälde aus dem 3. Viertel des 18. Jhs. unser Interesse. Es ist die seltene 15. Kreuzwegstation, die „Auffindung des hl. Creuzes" (in Salzburg scheint diese Szene mehrmals auf). Die heilige Helena soll 326 in Jerusalem das „wahre Kreuz", die Nägel, mit denen Jesus gekreuzigt wurde, und den „Heiligen Rock", den er auf dem Kreuzweg trug, gefunden haben. Auf dem Kreuzwegbild – von Gregor Lederwasch IV., einem Nachfahren des oben erwähnten Hofmalers – wird die Kaisermutter von einem schwarzen Sklaven begleitet! Die Darstellung bringt die hohe Würde der Hauptperson zum Ausdruck. Eine Informationstafel in der Kirche erinnert an zwei aus Tamsweg stammende Afrikamissionare der Gegenwart: die Oblatenpatres Josef Anthofer in Südafrika und Philipp Pöllitzer in Namibia, letzterer 2007 zum Bischof von Keetmanshoop ernannt.

Abstecher: ALTBÖCKSTEIN, Montanmuseum. 1834 ersuchte der ägyptische Statthalter Muhammad Ali um die Entsendung von Bergbauexperten. Er wollte Gold- und andere Rohstoffvorkommen im Sudan bzw. im Nahen Osten erschließen. Staatskanzler Metternich, damals um Annäherung an Alexandria bemüht (➔GRAZ II), stand dem Vorschlag positiv gegenüber. Unter den Fachleuten, die Interesse zeigten, befand sich der renommierte Verwalter von Böckstein, Joseph Russegger (1802–63), dessen Frau bei der Geburt eines Kindes kurz vorher verstorben war.

Schon das Montanmuseum selbst ist ein sehenswertes Industriedenkmal. Die einzelnen Gebäude sind um eine Zentralachse herum angeordnet, die durch das zweistöckige Verwalterhaus (dort wohnte und amtierte Russegger vermutlich), den Pfarrhof und die Kirche bestimmt wird. Im sog. Säumerstall befindet sich eine wassergetriebene Erzaufbereitungsanlage mit „Pochwerk", „Stoßherd" und „Mehlrinnen". Dadurch konnte das angelieferte Erz zerkleinert, das taube Gestein ausgeschieden und ein mit Gold und Silber angereichertes Konzentrat gewonnen werden, das zur Weiterverarbeitung in Schmelzhütten oder eine Goldmühle transportiert wurde.

Vor einigen Jahren, erläutert Montanhistoriker Fritz Gruber, wurde die Anlage aufgrund der Originalpläne Russeggers nachgebaut. Dieser hatte sich in Böckstein durch technische Innovation einen Namen gemacht; die Rentabilität des Bergbaus war im Sinken, und der junge Ingenieur versuchte den Goldertrag durch intensivere Aufbereitung zu steigern.

Im Dezember 1835 brach Russegger nach Ägypten auf. In den folgenden Jahren war er zunächst im Libanongebirge, dann im Sudan tätig. Teilweise unter militärischer Bedeckung untersuchten er und seine Experten potentielle Lagerstätten entlang des Weißen und des Blauen Nils sowie in der Umgebung von El Obeid, der Hauptstadt von Kordofan. Die Ergebnisse entsprachen jedoch nicht den Erwartungen. Aber die Entsendung junger Ägypter an die Lehranstalt in ➔VORDERNBERG/STMK. geht auf einen Vorschlag Russeggers zurück.

1850 wurde er zum Direktor der Berg- und Forstakademie in Schemnitz (Banská Štiavnica, Slowakei) ernannt. Er starb 1863; seine ethnographische Sammlung vermachte er dem Museum Carolino-Augusteum.

Sollte nicht eine Gedenktafel an Russeggers Einsatz im Sudan und in Syrien erinnern?

Joseph Russegger

GOLDEGG
Schloß

„Die Europäer halten bis heute an ihrem Mythos von den Männern der Wüste fest", schreibt der nigrische Dichter Hawad. „Sie haben sich ein Bild geschaffen und nähren damit ihre Phantasie. Man könnte sagen, dass sie die Tuareg unter denselben Bedingungen wie vom Aussterben bedrohte Tierarten schützen wollen, um ihren Traum von uns weiterzuträumen." (Schaller 2000).
Ein ganz anderes Bild zeichnete die Fotoausstellung, die 2000 im Rittersaal des imposanten Schlosses stattfand, – schon allein dadurch, daß sie sich nicht den Männern, sondern den Frauen der Tuareg widmete. Angeregt durch ihre Arbeit in den Flüchtlingslagern der Polisario (Westsahara) in Algerien und unterstützt von der in Agadez lebenden Österreicherin Eva Gretzmacher begann die Wiener Fotografin Christine de Grancy, Frauen im westafrikanischen Niger zu fotografieren.
Eine eigenartige Spannung habe sich zwischen ihren Schwarzweiß-Fotografien und der farbenprächtigen Renaissancedekoration des Rittersaals entwickelt, erzählt de Grancy. „Europa bricht auf, um sich die Welt untertan zu machen – und damit kontrastierend meine Fotos, in denen ich die Würde und die Kraft der Tuareg-Frauen zeige, die in Übereinstimmung, Freiheit und Respekt mit der überwältigenden Natur der Sahara leben."
Die Kooperation mit den Frauen in Niger fand im November 2010 eine Fortsetzung durch die vom Grazer AAI (➡ GRAZ III) übernommene Ausstellung „Mode als Brücke". Der Schneider Abdourahman aus Agadez schlug sein Atelier damals in Goldegg auf.
Unter den über 130 auf Holz gemalten Wappen im Saal ist auch der rotgekleidete, gekrönte „Mohr" des Bischofs von Freising vertreten – ein stereotypes Image Afrikas (➡ OBERWÖLZ/STMK.). Unmittelbar darunter jedoch hängt ein Temperagemälde aus dem frühen 17. Jh., das vielfigurig die „Anbetung der Könige" vor dem Hintergrund Goldeggs darstellt. Nicht nur dieses ist realistisch gezeichnet, auch der dunkelhäutige König, seine ungewöhnlich gekleideten Begleiter sowie der Elefant und das Kamel im Gefolge machen einen lebensechten Eindruck. Vielleicht hatte der Maler noch mit Augenzeugen des Elefanten von 1552 sprechen können (➡ STADT SALZBURG) oder jenen von 1629 (➡ STEYR/OÖ) selbst erlebt?

MAISHOFEN
Rinderzuchtverband Salzburg

„Die Kelten sollen die Vorfahren der Pinzgauer Rinder in die Salzburger Tauerntäler gebracht haben, wo sie sich durch natürliche Auslese zu robusten und anpassungsfähigen Tieren entwickelten. Zur Zeit der Monarchie waren Pinzgauer die verbreitetste Rinderrasse, und schon 1820 wurden die ersten nach Ost- und Südosteuropa exportiert. 1856 brillierten die Rinder auf der Weltausstellung in Paris.
1962 brachte der Farmer Bertie van Zyl die ersten Pinzgauer nach Südafrika. Den widerstandsfähigen Tieren gelang es bestens, sich an die afrikanische Umwelt anzupassen. Mit 3.000 Tieren grast heute auf der Grootboom-Farm die größte Pinzgauer-Herde weltweit. Pinzgauer Rinder leben heute insgesamt in 25 Ländern in Europa, Afrika, Amerika und Australien, etwa 45.000 in Österreich (bis Anfang der 70er Jahre durften Salzburger Bauern ausschließlich Pinzgauer Rinder züchten). Alle fünf Jahre treffen sich Züchter von Pinzgauer Rindern zu einem Weltkongress, der elfte fand im September 2013 im südafrikanischen Pretoria statt." (Salzburger Nachrichten, 27. 8. 2013, bearb.).

Christine de Grancy: Drei Frauen vor der Moschee in Agadez

> Die Eingeborenen – musikalischer Import aus afrikanischen Gefilden. Man hat zwar schwarz gesehen, wurde aber von südlichem Charm voll eingenommen.
>
> 1982: Großer Faschingsumzug am 21. Feb. in Saalfelden: Da sich einige Musikanten weigerten sich als Neger zu verkleiden und „anzustreichen", kann die Bürgermusik nur als „Mini-Negermusik" teilnehmen.

Afrikanisches Saalfelden: „135 Jahre Bürgermusik" (Heimatmuseum, 2007)

SAALFELDEN
Ramseiden

Nur mehr eine alte Handschrift in Augsburg erinnert an die Abenteuer des Pinzgauer Ritters Georg von Ramseiden in Nordafrika. Vom Stammsitz seiner Familie, die ab dem 14. Jh. in der Umgebung Saalfeldens begütert war, ist nichts übriggeblieben, ihre Grabkapelle in der Pfarrkirche wurde abgebrochen, und das den Ramseidern seinerzeit gehörende Ritzenschloß gelangte nach dem Aussterben der Familie (1579) an andere Besitzer und ist heute Heimatmuseum.

Immerhin wissen wir: 1454 begab sich Georg von Ramseiden gemeinsam mit dem schwäbischen Ritter Georg von Ehingen und zehn Begleitern auf eine Reise nach Frankreich, Spanien und Portugal. „Ain junger, starker edelman ... usz dem Saltzburger gebürg", so beschreibt ihn sein Freund (Pfeiffer 1842, 22–25 [gekürzt]). Man war jung und auf der Suche nach Abenteuern, um sich selbst zu beweisen ...

1415 hatte der portugiesische König die marokkanische Stadt Sebta (Ceuta) erobert. Im Dienste Portugals nahmen Ehingen und Ramseiden 1455/56 an der Verteidigung gegen einen Angriff des Sultans von Fès teil, der die frühere Niederlage wettmachen wollte. In der beeindruckenden Stadt („grösser dan Köllen") fanden sie sich von zehntausenden marokkanischen Soldaten belagert. Angesichts der herannahenden Entsatzarmee löste sich die Belagerung aber auf, und der Sultan zog seine Truppen zurück. Als „koloniales Relikt" bildet Ceuta, mittlerweile spanisch geworden, bis heute eine EU-Enklave im Norden von Marokko und wird als Teil der EU-Außengrenze zum Bollwerk gegen Migrant/inn/en ausgebaut.

Georg von Ramseiden kehrte Anfang der 1460er Jahre in die Heimat zurück und machte Karriere im Dienst des Erzbischofs von Salzburg. 1471 scheint er als Teilnehmer des Reichstags in Regensburg auf. In Portugal waren Erzählungen über die Abenteuer der beiden adeligen Söldner noch jahrelang im Umlauf.

MARIA ALM AM STEINERNEN MEER
Palästinakapelle

Hier ist es nicht die prächtige barocke Wallfahrtskirche (Deckenfresko „Anbetung der Könige" von Christoph Anton Mayr, 1757), die primär unsere Aufmerksamkeit erregt, sondern die neben dem Friedhofseingang gelegene Palästinakapelle, Gedenkstätte für die Gefallenen und Vermißten der Weltkriege des 20. Jhs. Sie wurde 1872 von Johann Eder errichtet, einem Bauern, Greißler und Gastwirt aus Maria Alm, der 1856 „in Pinzgauer Tracht" an der zweiten vom Severinus-Verein organisierten Wallfahrt ins Heilige Land teilgenommen hatte (➡ VÖCKLAMARKT/OÖ). Wie üblich, besichtigte man auch die religiösen Gedenkstätten in Ägypten.

„Am 18. April Freitags auf dem Meere fangen wir an die Gegend des Weltheiles Afrika zu sehen. Wir nähern uns dem heißen Egypten. Nachmittags kamen wir in der Stadt Alexandrien an, wo die heil. Jungfrau Katharina die Wahrheit der christlichen Religion gegen die heidnischen Weltweisen zwar siegreich verteidigt hatte, aber dennoch gemartert wurde … Am 19. April nach dem Besuche der heil. Messen und dem Empfange der heil. Communion verwendete ich die Zeit hauptsächlich zur Verehrung der heil. Familie und ihrer Flucht nach Egypten … Am 20. April … kamen wir in den Palast des Pascha. So sehr ich über die Pracht dahier, die mir unbeschreiblich ist, erstaunte, so ist sie mir doch wie Nichts im Vergleiche mit unserm Herrn Jesus Christus am Kreuze …" (Eder 1857, 54 f.).

Die Kapelle, einen achteckigen neugotischen Bau mit kleinem Turm, gab Eder zur

Maria Alm, Palästinakapelle

Aufbewahrung seiner Reisesouvenirs in Auftrag; er hatte z. B. Steine von den heiligen Stätten, eine Rose von Jericho, die Frucht einer Zeder vom Libanon-Gebirge etc. gesammelt; ca. 40 Objekte befinden sich heute im Heimatmuseum in Saalfelden. Der Grabstein Eders († 1887) und seiner Schwester ist in die Außenwand der Kapelle eingefügt.

TIROL

AFRIKANISCHES TIROL AKTUELL

Außenpolitik: Im Rahmen der Europaregion Tirol-Südtirol-Trentino ist Tirol an einem Entwicklungsprogramm mit Distrikten in Uganda und Tanzania beteiligt. Afrikanische Prominente nehmen am Forum Alpbach teil, 2013 z. B. der tanzanische Staatspräsident Jakaya Kikwete. In Innsbruck Honorarkonsulate von Südafrika, Senegal und Burkina Faso.

Wirtschaft: starke internationale Verflechtung, z. T. über multinationale Konzerne; Schleifmittelhersteller Tyrolit und MK Illumination mit Tochterfirmen in Südafrika vertreten, GE Jenbacher mit Handelsvertretung ebda. sowie Vertrieb in Tunesien und Angola; der Leuchtenhersteller Eglo ist präsent in Ägypten, Marokko und Senegal; Sandoz Tirol (Generika) mit Niederlassungen in Senegal, Kenya, Äthiopien, Nigeria, Ghana und Zambia (Aufbau von lokalen „Gesundheitsshops"); zu Plansee s. u.; Posch & Partner involviert in Wasser- und Energieprojekte in Äthiopien, Uganda und Kenya (Koop. mit Europäischer Investitionsbank). Für den Skitourismus sind Gäste aus Südafrika traditionell wichtig.

Entwicklungszusammenarbeit: Starke Missionstradition, in den 70er Jahren Entstehen einer engagierten Dritte Welt- und Solidaritätsbewegung. Heute jährl. rund 1 Million Euro des Landes für Projekte der EZA und Katastrophenhilfe vorgesehen, meist im subsaharischen Afrika, gefolgt von Südamerika, Südostasien und Europa; jährl. Bericht des Landeshauptmanns an den Landtag; die Abwicklung erfolgt i. d. R. über lokale Partnerorganisationen und Initiativen (Förderung der Zivilgesellschaft). Die katholische EZA konzentriert in Welthaus Innsbruck *(www.dibk.at)*, die humanitäre Hilfe bei der Caritas (Westafrikaschwerpunkt – Burkina Faso und Mali).

Kultur: Internationales Filmfestival Innsbruck *(www.iffi.at)* mit starker Berücksichtigung (west-)afrikanischen Filmschaffens, Kooperation mit Panafrikanischem Filmfestival FESPACO in Ouagadougou (Burkina Faso); im Galeriebereich: Kunstraum (2004, 2012, 2013 bildende Künstler aus der DR Kongo, Angola und Südafrika), Neue Galerie Innsbruck mit afrikabezogenen Themen (Tatiana Lecomte 2012 und 2013).

Diaspora: 2013 waren 2.593 Menschen mit afrikanischem Geburtsort in Tirol gemeldet, größte Gruppen aus Ägypten, Nigeria, Ghana und Marokko; antimarokkanische Sentiments im Gemeinderatswahlkampf 2012 von der FPÖ geschürt; zahlreiche Integrationseinrichtungen, z. B. Integrationsbüro Innsbruck (jährliches Weltfest im „Treibhaus"), Caritas-Integrationshaus, „Initiative zur gelebten Integration" (IGITIROL).

INNSBRUCK

DOMPLATZ
Dom und Stadtpfarrkirche St. Jakob

Triumphalismus war angesagt in dieser Zeit – die Türkenbelagerung Wiens überstanden, Prinz Eugen siegreich gegen die osmanischen Heere, das Imperium auf dem Höhepunkt seiner Geschichte. Jakobskirchen wurden neu errichtet oder umgebaut, und im Einklang mit der „spanischen Euphorie" Karls VI. erhielt der Pilgerpatron eine neue Bedeutung. Der um 1720 errichtete frühbarocke Monumentalbau ist ein Höhepunkt des österreichischen Jakobswegs nach Santiago de Compostela und hierzulande die grandioseste Visualisierung der anti-islamischen Tendenz dieser Wallfahrt.
Fresken des Münchner Malers Cosmas Damian Asam in den Gewölben würdigen die Taten des heiligen Jakob des Älteren. In der Hauptkuppel (über dem Altarraum) wird die berühmte „Jakobsschlacht" dargestellt: Als Ritter auf einem Schimmel soll der Apostel 844 bei Clavijo den Sieg des asturischen Heeres gegen den Emir von Córdoba (Umayyaden-Dynastie) herbeigeführt haben. Santiago, wo sich die Reliquien des Maurentöters befanden, und die Wallfahrt dorthin dienten der Reconquísta als Propaganda für Kreuzzüge gegen die afrikanische Herrschaft in Spanien.
In Österreich markierte die Visualisierung des hl. Jakobus als „Maurentöter" den Triumph gegen das Osmanische Reich. Nicht zufällig zeigt das mittlere Langhausfresko den Kirchenpatron mit gefesselten Türken, hingen im Dom früher erbeutete Fahnen. Asams Kuppelgemälde zeigt einen gewaltigen Kampf. Von links greift das christliche (weiße) Heer unter Führung des heiligen Jakobus an, rechts werden die muslimischen (schwarzen) Feinde durch einen Steinhagel aus dem Himmel vernichtet.

RENNWEG 1
Hofburg

Als erster Afrikaner Tirols ist schon im 16. Jh. der Sklave eines prominenten Adeligen belegt – nicht untypisch für den am Hof Ferdinands II. gängigen Lebensstil (➔ SCHLOSS AMBRAS). „Mohrische" Domestiken als Statussymbol zu halten, wurde im hohen Adel, selbst am Kaiserhof üblich. Auch das Staatsporträt Karls VI. in den barocken Prunkräumen der Hofburg zeigt einen afrikanischen Diener, der den Helm des Herrschers bereithält (gemalt nach Martin von Meytens, um 1730). Offensichtlich handelt es sich um den „kaiserlichen Hof-Mohren" Johann Michael Martin (in Wien nachweisbar 1707–19), der Joseph I. und dessen Nachfolger Karl VI. als Botengänger diente. Martin, über dessen Herkunft nichts bekannt ist, war in Wien verheiratet; die Familie hatte acht Kinder, bei einem fungierte der Kaiser selber als Pate. Nur eine Tochter erreichte das Erwachsenenalter. Insgesamt sind drei Porträts Karls VI. bekannt, auf denen ein afrikanischer Diener aufscheint. Ob Martin je in Innsbruck war, wissen wir nicht.

Universitätsstrasse /
Karl-Rahner-Platz
Jesuitenkirche zur hl. Dreifaltigkeit

Für die Festigung eines bäuerlichen Konservativismus, der gegen soziale Unzufriedenheit, intellektuelle Unabhängigkeit und politische Dissidenz instrumentalisiert werden konnte, spielte die Berufung der Jesuiten eine wichtige Rolle. 1561 wurde in Innsbruck eines der ersten Ordenshäuser im deutschen Sprachraum gegründet, 1646 die nach dem Vorbild des Salzburger Doms gestaltete Kirche geweiht.

Die Aufgabe der Jesuiten war schwierig. Offenes Bekenntnis zu Wiedertäufertum und Protestantismus wurde zwar von den Behörden unterdrückt, traditionelle Moral und religiöse Überzeugung jedoch hatten weithin gelitten. Der „inneren Rekatholisierung" waren die sog. Volksmissionen gewidmet, die ab 1718 eine Hebung der öffentlichen Sittlichkeit, die Beachtung von Kleidungsvorschriften und mehr Gehorsam gegen die Obrigkeit bewirken sollten. Gleichzeitig wurde die Heidenmission propagiert, ausgehend von Franciscus Xaverius, dem neben Ignatius bedeutendsten Heiligen des Ordens (➜Kappl).

In der Franz-Xaver-Kapelle (rechts hinten) markieren vergoldete Landkarten am Gewölbe die Wirkungsgebiete des Missionars. Das Altarbild (Ende 17. Jh.) stellt die Taufe eines schwarzen Herrschers dar, umgeben von seinem prächtig ausstaffierten Gefolge. Daneben zwei Statuen: links Christus als der gute Hirte mit einem Lamm über den Schultern, rechts der Jesuitenmissionar mit

Chibueze Udeani berichtet (1987)

Innsbruck war interessant. Ich war das erste Mal in meinem Leben mit den Bergen konfrontiert, das war schon ein Hammer. Ich habe mein Zimmer im Heim dreimal wechseln müssen aus Angst, diese Berge kommen herunter, wenn ich schlafe. Und dann die verschiedenen Aspekte, dieses Verlorensein mit der Sprache, das war auch eine Erfahrung. Dann das Essen, die Küche, völlig anders. Damals war die Situation besser als in den neunziger Jahren oder heute. Besser weswegen? Damals war die klassische Frage „Sind Sie Student?" Wenn wir ja sagten, dann merkten wir einen gewissen Respekt oder Wohlwollen uns gegenüber. Innsbruck hatte dieses Universitätsstadt-Flair, es waren Studenten aus aller Welt inskribiert. Und es gab viele Touristen, darunter natürlich auch Afroamerikaner usw. Es war so eine Art von multikultureller Gesellschaft. Später in Linz, in den neunziger Jahren, da war die Frage anders. Die Frage hieß „Sind Sie Flüchtling?" und dann, wenn ich sage „Nein", war es für die Leute „Ja" … Und die nächste Frage war dann: „Wann wollen Sie wieder zurück?" (John 2003, 104).

einem (ziemlich ungelenk gemeißelten) afrikanischen Knaben in ähnlicher Pose.
Die Szene beruht auf einem Traum Franz Xavers: „… als wann er einen wilden Mohren tragen müste auf seinen Schultern / dessen Schwäre so heftig / daß XAVERIUS wegen dem Last erwachet …". (Schinl 1719, 2). Die Vision wurde als Allegorie für die Herausforderungen der Mission interpretiert: „… dann FRANCISCUS XAVERIUS ware durch gantze 10 Jahre der jenige unerdichte [nicht erfundene, Anm.] Atlas, welcher die schwartze Welt auf seinen Schultern / ja Händen getragen / da er das Evangelium in Indien geprediget / und mit disem Volck gelebet / welches so viel heißet / als das rasende Feuer in dem Busen / und die giftigen Schlangen tragen in seinen Händen."
Wie in anderen Regionen mit starkem Jesuiteneinfluß (z. B. Oberösterreich) markieren auch in Tirol zahlreiche exotische Taufszenen das Wirken der Gegenreformation und legten eine Basis für die Missionsbewegung des 19. Jhs.
In den umliegenden Gebäuden ist die theologische Fakultät der Universität untergebracht, ebenfalls eine Gründung der Jesuiten. Im Sommersemester 2013 waren hier 34 afrikanische Studierende im Hauptfach inskribiert, häufigste Herkunftsländer waren Nigeria und Tanzania.

Museumstrasse 15
Tiroler Landesmuseum „Ferdinandeum"

Durch den Hof der Theologischen Fakultät gelangen wir auf kurzem Weg zum Museum. Quasi-ägyptische Sphingen markieren den Aufgang zu der in der 2. Hälfte des 19. Jhs. entstandenen bildungsbürgerlichen Institution. Wer die „Morisken"-Reliefs vom Goldenen Dachl (➔ Herzog Friedrich-Strasse) aus der Nähe und im Original sehen will, ist hier richtig. Afrika spielt in der Dauerausstellung zwar keine Rolle, indirekt aber schleichen sich – wie in allen Museen – Afrikabezüge ein. Versuchen Sie, Hinweise auf schwarze Menschen zu identifizieren: Sklaven, die für den ägyptischen Josef Getreidesäcke tragen? Pagen mit der Schleppe der Königin von Saba? Eine Tempelprostituierte? Ein lüsterner „Mohr" bei einem Überfall auf die Frauen von Venedig? Oder die afro-brasilianische Wäscherin? 2006 beherbergte das Museum eine Ausstellung von Felsbildern aus dem Messakgebir-

Abstecher: KAISERJÄGERSTRASSE 6, Kapuzinerkirche. Daß es nicht immer die Unterwerfungsperspektive der Jesuiten sein mußte, um einen Zugang zu anderen Kulturen zu schaffen, zeigt das Hochaltarbild dieser Kirche – die paar Gehminuten lohnen sich. Die „Anbetung des Christuskindes durch die Drei Könige", ein Werk des italienischen Malers Cosimo Piazza von 1606, besticht durch ihre Fröhlichkeit und Farbigkeit: Himmlische Musik begleitet die Verehrer des göttlichen Kindes, die in prachtvolle Gewänder gekleidet sind und von einem vielfältigen, exotisch ausgestatteten Gefolge begleitet werden. Andersartigkeit wird hier als Bereicherung spürbar. Die Gabe des schwarzen Königs ist eine Kokosnuß in goldener Fassung, wie sie fast gleichartig in der fürstlichen Kunst- und Wunderkammer zu sehen ist (➡SCHLOSS AMBRAS).

Die Kapuzinerprovinz Österreich-Südtirol engagiert sich in der Missionsarbeit in Madagaskar, wo der Orden seit 1933 aktiv ist *(http://2mission.org)*.

Abstecher: GUMPPSTRASSE 71, Caritas-Integrationshaus Innsbruck. Eine bekannte Anlaufstelle für Migrant/inn/en. Ursprünglich von Land und Stadt als „Haus der Jugend" gegründet, wurde das Gebäude später von der Diözese Innsbruck übernommen, war ab 1992 „Haus der Flüchtlinge" und wurde im August 1998 als „Integrationshaus" eröffnet. „Hier leben etwa 50 Personen zusammen – alte und junge Menschen, Alleinstehende und Familien, Gesunde und Kranke, Berufstätige und Arbeitslose, Menschen aus dem Inland und aus dem Ausland", formuliert Jussuf Windischer, langjähriger Leiter des Hauses. „Es gibt spezielle Projekte für Frauen, Kinder und Jugendliche, Platz für kleine Betriebe, für Begegnungen, für fachliche Hilfe und Räume für das Gebet verschiedenster Konfessionen und Religionsgemeinschaften." (Windischer 2005, 23–30 [gek.]). Im Haus treffen sich afrikanische Communities, z. B. aus Ghana, Nigeria u. a. Immer wieder werden auch Asylwerber/innen beherbergt, afrikanische Themen behandelt, afrikanische Feste gestaltet *(www.caritas-integrationshaus.at)*.

Eine neue afrikanische Gemeinschaft, die Free Ghana Community Tirol, trifft sich zwei Mal pro Woche im Integrationsbüro (ING.-ETZEL-STRASSE, BOGEN 37). Die Gemeinschaft mit ca. 70 Mitgliedern versteht sich nach eigener Aussage als christliche Gruppierung.

ge im südwestlichen Libyen, zusammengestellt von Rüdiger Lutz, Leiter des Projektes Felsbildforschung in der Sahara am ehemaligen Institut für Ur- und Frühgeschichte der Universität Innsbruck *(https://felsgravuren-com.prossl.de/index.html)*. Wäre es nicht eine Idee, einen Raum des Museums Tirolerinnen und Tirolern mit Afrika- (oder jedenfalls Übersee-)Erfahrung zu widmen – von Balthasar Springer bis Anna Dengel?

HERZOG FRIEDRICH-STRASSE 26
Unterberger & Comp.

Heutzutage ist „Fair Trade" ein gutes Marketing-Argument. In früheren Jahrzehnten war das anders, da hielt man sich eher den Kolonialhandel zugute. So auch in diesem Fall – das Überseeschiff ist das Werbezeichen einer alteingesessenen Firma, die vor allem im Groß- und Einzelhandel mit Lebens- und

Genußmitteln, nicht zuletzt mit Kaffee, tätig ist. So war es generell zur Kolonialzeit: Tee kam aus Indien, Kakao aus Ghana, Kaffee aus Brasilien, Gold aus Südafrika – da spielte „Fair Trade" keine Rolle. Erst ab den 1970/80er Jahren wurde das Kaufverhalten der Konsument/inn/en zum entwicklungspolitischen Thema, nicht zuletzt durch den Früchteboykott gegen den Apartheidstaat Südafrika. Auch in Innsbruck gab es eine Gruppe von Aktivist/inn/en.

Franziskanerplatz: Werbung für „Kolonialwaren" (1905)

HERZOG-FRIEDRICH-STRASSE 15
Goldenes Dachl

Innsbruck zur Zeit der Renaissance – Lifestyle war angesagt, zumindest für die High Society. Auch das Wahrzeichen Innsbrucks spielte dabei eine Rolle. Auf den Reliefs des berühmten Erkers wird ein „afrikanischer" Tanz präsentiert. Genauer gesagt: ein Tanz, der den afrikanischen Herrschern Südspaniens und ihren Nachkommen, den Morisken, zugeschrieben wurde und der durch besonders wilde Bewegungen charakterisiert war (ein Vorläufer des Breakdance?). Trotz aller Konflikte mit den „Mauren" war man von ihrer hohen Kultur und Lebensart fasziniert. Neben den Porträts Kaiser Maximilians und seiner beiden Gemahlinnen zeigt der Künstler – vermutlich Niclas Türing – jeweils zwei Männer, die in groteske Bewegungen verfangen sind und vermutlich bald über die Affen zu ihren Füßen stolpern werden. Einer der Tänzer ist als Hofmeister des Kaisers erkennbar. Für den Sieger hält Bianca schon einen Apfel bereit.

Wie bei anderen Gelegenheiten – nicht zuletzt den Verhandlungen mit einer osmanischen Gesandtschaft in Stams 1497 – umgab sich der glamouröse Maximilian auch hier mit orientalischem Flair. Das unterstreicht das Spruchband mit erfundenen „sarazenischen" Zeichen. Auch der turbantragende Mann auf dem Relief an der linken Schmalseite des Erkers und vor allem die nackte Frau neben ihm, die von Stadthistoriker Lukas Morscher als Afrikanerin assoziiert wird, erwecken einen exotischen Eindruck. Vor einem freilich schreckte man zurück – die Tänzer selbst als Afrikaner darzustellen, wie dies Erasmus Grasser im Münchner Rathaus getan hatte. Immerhin handelte es sich um das engste Gefolge des Kaisers.

Das von 2.657 vergoldeten Schindeln gekrönte Goldene Dachl wurde im Auftrag Maximilians I. errichtet; im Jahr 1500 war das Bauwerk vollendet (über die Entstehungsgeschichte informiert das interessante kleine Museum). Der Erker, einem bestehenden Verwaltungsbau hinzugefügt, war von allen Stadttoren aus gut zu sehen und ermöglichte es dem Landesfürsten besser als die Residenz, sich der Bevölkerung zu zeigen oder Festlichkeiten auf dem Hauptplatz zu verfolgen – Turniere, Tänze oder „Mummereien", bei denen oft Türken- oder „Mohren"-Masken Verwendung fanden.

HERZOG-FRIEDRICH-STRASSE 3
(DURCHGANG ZU BADGASSE 2)
Stadtmuseum

Die Ausstellung zeigt das Porträt des Innsbrucker Schützenoffiziers Joseph Mörz, der 1797 gegen die französischen Invasoren im Eisacktal (Südtirol) kämpfte. Stand er persönlich dem gefürchteten „schwarzen Teufel" gegenüber, dem legendären Kavalleriegeneral Alexandre Dumas? Zumindest vom Hörensagen wußte er wohl, mit wem er es zu tun hatte. Dumas hatte eine Schlüsselrolle bei der Eroberung von Mantua gespielt und kommandierte 1797 den Stoßtrupp der Armee in Richtung Brenner. Obwohl die durch Tiroler Schützen verstärkten österreichischen Truppen in der Überzahl waren und das alpine Gebiet besser kannten als die Franzosen, gerieten sie in die Defensive. In Tramin nahm Dumas sechshundert Gefangene, erbeutete zwei Geschütze und lockte die flüchtenden Verteidiger in einen Hinterhalt. Am 23. März kam es zu einem erbitterten Gefecht an der Brücke von Klausen, ca. 40 km nördlich von Bozen, in dessen Verlauf Dumas allein den Brückenkopf gegen eine österreichische Übermacht verteidigte, was ihm in Frankreich den Ehrennamen „Horatius Cocles von Tirol" eintrug. Dumas, 1762 als Sohn eines weißen Farmers und einer schwarzen Frau in Saint-Domingue, dem heutigen Haiti, geboren, begann seine militärische Laufbahn in Paris und trat nach Beginn der Revolution der

Kavalleriegeneral Alexandre Dumas

„Schwarzen Legion" bei, einer aus zweihundert außereuropäischen Freiwilligen und Soldaten bestehenden Einheit. Seine spektakulären Erfolge bei der Verteidigung Frankreichs gegen die Intervention der konservativen Mächte und bei der Eroberung Italiens hatten eine steile Karriere zum Divisionskommandanten zur Folge. Kritik des überzeugten Republikaners an Napoleon führte allerdings zur Degradierung. Alexandre Dumas starb 1806 verarmt und politisch kaltgestellt. Sein Sohn, der Schriftsteller gleichen Namens, verarbeitete Elemente aus der Biographie des Generals im Roman „Der Graf von Monte Christo".

Am Vorstoß der französischen Armee gegen Tirol und Kärnten waren verschiedene Einheiten karibischer und westafrikanischer Soldaten beteiligt, einige Offiziere übernahmen Verwaltungsaufgaben in den besetzten Gebieten (➡ VILLACH/KTN.). Tiroler Quellen und die darauf aufbauenden Traditionen des „Abwehrkampfs" geben interessanterweise keinen Hinweis auf die schwarzen französischen Soldaten.

HERZOG-FRIEDRICH-STRASSE 6
„Zum Goldenen Adler"

Ein „König von Tunis mit 4 Begleitern" soll sich 1548 laut Aufstellung prominenter Gäste hier aufgehalten haben (Tafel unter den Arkaden). Der Historiker Christian Kayed, der sich im Kontext spezieller Stadtführungen damit beschäftigt, entdeckte im Landesarchiv tatsächlich einen Beleg dafür, „auf dem allerdings nur von einem namenlosen ‚jungen kunig von tunis' die Rede ist, der Geld für die Reise nach Augsburg bekommen hat. Das heißt", so Kayed weiter, „es handelt sich entweder um den Hafsiden-Herrscher Mulay Hassan (Muhammad V.), der nachweislich am Reichstag 1548 bei Karl V. in Augsburg war, oder um einen seiner Söhne, der ihm nach manchen Texten nachgereist sein soll."

Abstecher: MARIAHILFSTRASSE 34: Schon 1639 wird an dieser Stelle ein Gasthaus „Zum Schwarzen Mohren" erwähnt – einer der frühesten heimischen Belege für eine derartige Benennung von Lokalen (➡ WIEN I). Leider wurde das alte Hausschild vor einigen Jahren ersetzt.

Etwas weiter flußabwärts, INNSTRASSE 87, bestand bis 1910 das alte Gasthaus „Zum Elephanten". Wahrscheinlich hält der Name die Erinnerung an den sog. „ersten Elefanten Österreichs" fest, vielleicht war dieser sogar hier untergebracht: ein zwölfjähriger Bulle, den die spanische Prinzessin Johanna aus Portugal geschenkt bekommen und an ihren Cousin weitergegeben hatte, den späteren Kaiser Maximilian II. Den Quellen zufolge handelte sich sich um einen Elefanten aus Indien; gezähmte afrikanische Elefanten, wie sie in der Antike Verwendung gefunden hatten, tauchten im Europa der Frühen Neuzeit selten auf. Künstlerisch freilich wurde AFRICA häufig mit Hilfe von Elefanten symbolisiert, und daher nehme ich den Elefanten trotz seiner indischen Herkunft in diesen Führer auf. Maximilian und seine Gemahlin hatten seinen Transport von Spanien her begleitet – zu Schiff nach Genua, dann über Land nach Trient, wo gerade das Konzil tagte, nach Brixen und mitten im Winter über den Brennerpaß nach Innsbruck, wo der Elefant am 6. Jänner 1552 eintraf. Wie überall stieß der Koloß auch hier auf größtes Interesse. Ein ungenannter gelehrter Autor verglich sein Verhalten mit den zoologischen Berichten des Plinius und des Aristoteles und fand diese zum Großteil bestätigt. Die „Reise des Elefanten" (© Saramago) führte weiter nach ➡ HALL.

1535 hatte Kaiser Karl V. das vom Korsaren-Führer Khair ad-Din Barbarossa (➡ SCHLOSS AMBRAS) dominierte Tunis erobert und den früheren Herrscher, eben Mulay Hassan, als seinen Vasallen wiedereingesetzt. Dieser verlor jedoch an Popularität und wurde 1543 gestürzt. Daraus resultierte die Reise nach Augsburg – „ein spannender Hintergrund, um sich all den west-östlichen Beziehungen im 16. Jahrhundert zu nähern", so Kayed *(www.storyguide.at)*.

Herzog-Siegmund-Ufer 1–3
Markthalle

Apropos Tunis: „Touareg Gewürze" nennt sich der Stand, den Bechir Benattia aus Tunesien und seine Tiroler Ehefrau Bettina seit 1999 betreiben *(www.markthalle-innsbruck.at/kulinarium-a-z/tuareg)*. Neben Gewürzen, Trockenfrüchten und Datteln stehen Handwerk aus Olivenholz, Körbe sowie Kosmetika und handgewebte Hamamtücher im Angebot. Die Reaktionen der Innsbrucker/innen seien positiv, sagt Frau Benattia. „Immer mehr Menschen interessieren sich für orientalische Küche, sowohl Junge als auch Ältere sind bei uns regelmäßige Kunden."

Fallmerayerstrasse
Straßenname

Kritzeln auf historischen Bauten, das tut man eigentlich nicht – aber selbst Berühmte sind vor Versuchungen nicht gefeit. So verewigte sich auch Jakob Philipp Fallmerayer im Ramses-Tempel von Abu Simbel – und das gleich eingraviert!
Fallmerayer (1790–1861) stammte aus Südtirol, war aber nach Beendigung seines Studiums hauptsächlich in Bayern tätig, als Lehrer und Orientalist. Seine These, das antike Griechentum wäre ausgestorben und durch ethnische Slawen ersetzt worden, richtete sich gegen die britische Militärintervention, die zur Unabhängigkeit Griechenlands führte, und wurde von philhellenischen Kreisen wütend bekämpft. Auch seine Kritik an der religiösen Intoleranz im Vormärz und sonstige liberale Ansichten brachten ihm Probleme ein. 1848 wurde er ins gesamtdeutsche Parlament (Paulskirche, Frankfurt) gewählt, wo er im Rahmen der Linken für eine Trennung von Kirche und Staat sowie für die Gründung eines demokratischen deutschen Staates mit gewähltem Präsidenten (!) plädierte.
Fallmerayer unternahm zahlreiche Reisen nach Griechenland, Kleinasien und in den Nahen Osten. Sein Aufenthalt in Ägypten 1831 allerdings war nur kurz, er begleitete damals einen russischen General auf einer Reise durch den Orient.

Maria-Theresien-Strasse 42
Servitenkirche

Auf Ersuchen Roms übernahm die Tiroler Servitenprovinz 1913 Missionsstationen in Swaziland; mehrere Ordensangehörige wurden nach Mbabane entsendet. Allerdings stand das Unternehmen unter keinem guten Stern. 1914 wurde der Missionspriester Franz Mayr (➜Nussdorf-Debant) von einem Kriminellen ermordet, und nach Ende des Ersten Weltkriegs mußte das Innsbrucker Kloster die Niederlassungen des Ordens in Ostösterreich übernehmen. Schon 1920 gab man daher die Verantwortung für Swaziland wieder ab. Heute erinnert in der Kirche nichts mehr an die afrikanische Mission. Es besteht aber ein Missionsbund, der kirchliche Projekte in Südafrika, Moçambique und Uganda sowie in Südamerika und Indien unterstützt *(www.serviten.de)*.

LEOPOLDSTRASSE 2
Südwind Tirol

„Ob Mansura Eseddin aus Ägypten oder Tendai Huchu aus Zimbabwe – unter dem Titel ‚Literatur des Südens' lädt die entwicklungspolitische Organisation Südwind Tirol immer wieder auch Autor/inn/en aus verschiedenen Ländern Afrikas ein, in Tirol zu lesen. Mehr als 600 Materialien, darunter auch Lehrmaterialien und CDs mit einschlägigen Afrika-Bezügen führt die Nord-Süd-Bibliothek in Innsbruck. Bildungs- und Öffentlichkeitsarbeit zu Themen wie Globalisierung, Fairer Handel, Menschenrechte und Arbeitsbedingungen in den Ländern des Globalen Südens ergänzen das Tätigkeitsfeld. Ein Beispiel von vielen sind Kampagnen gegen die unmenschlichen, umwelt- und gesundheitsschädigenden Bedingungen in der Elektronik-Industrie. Hier werden unter anderem die Bestandteile von Handys unter die Lupe genommen und aufgezeigt, unter welchen Gefahren Arbeiter den Rohstoff Kobalt aus Minen in der Demokratischen Republik Kongo und in Zambia fördern, oder daß der Abbau von Coltan im Kongo einen schrecklichen Bürgerkrieg mitverursacht hat." (*www.suedwind-agentur/tirol;* Eigendarstellung).

LEOPOLDSTRASSE 53
Glockenmuseum Grassmayr

Etwas außerhalb der Altstadt, im Stadtteil Wilten, stoßen wir auf die älteste noch existierende Glockengießerei Österreichs (seit 1599). Laut Firmeninformation erklingen die Erzeugnisse des Innsbrucker Betriebs heute in über hundert Ländern der Welt, darunter auch in Ägypten, dem Kongo, Kenya, Südafrika und Madagaskar – meist in Missionsstationen. Seniorchef Christof Grassmayr ist auch Honorarkonsul von Südafrika.

KLOSTERGASSE 7
Prämonstratenserstift Wilten

Ein Deckenfresko in der Stiftskirche stellt das Martyrium des hl. Laurentius dar. Das pastellfarbige Gemälde stammt vom Tiroler Maler und Bildhauer Hans Andre (1902–1991), der nach dem Zweiten Weltkrieg in vielen bombengeschädigten Innsbrucker Kirchen zerstörte Kunstwerke durch Neuschöpfungen ersetzte. So auch in der Stiftskirche Wilten, deren ursprüngliche Freskenausstattung von Kaspar Waldmann (Anf. 18. Jh.) 1944 zum Teil zerstört worden war. Während sich Andre im Aufbau weithin an die alte Vorlage hielt, setzte er farblich einen gewichtigen neuen Akzent: Der heidnische König, der die Folterung des Heiligen befiehlt, ist schwarz, ebenso ein turbantragender Folterknecht! Physiognomisch handelt es sich zwar nicht um Afrikaner – die Hautfarbe steht für die Bösartigkeit des Charakters –, die bei Waldmann als „Feindbild Orient" angelegte Farbsymbolik wurde von

Andre 1952 aber noch verstärkt. Vielleicht unbewußt schuf er dadurch eine Referenz zum Dom: Ohne „Jakobsschlacht" würde der dunkle Herrscher regieren! Ob man dabei an den Nationalsozialismus denkt – im Hintergrund wird die brennende Stiftskirche sichtbar, im Vordergrund der von den Nazis vertriebene Prälat Heinrich Schuler – oder an die vielbeklagte Kirchenverfolgung im „Ostblock", bleibt den Besucher/inne/n überlassen.

PASTORSTRASSE
Pfarrkirche „Zu den vier Säulen"

Afrikaner/innen als Statussymbole werden in der gegenüberliegenden Pfarrkirche von Wilten gleich zweifach angesprochen. Die erste Station des 1736/37 von Johann Balthasar Riepp gemalten Kreuzwegs zeigt uns den römischen Statthalter Pilatus, der „seine Hände in Unschuld" wäscht. Ein „mohrischer" Diener hält ihm das Wasserbecken hin.
Das Sujet des schwarzen Sklaven des Pilatus ist leider kaum erforscht. Vermutlich über Italien gelangte es in die barocke „Via Crucis", verschwand aber wieder um die Mitte des 19. Jhs., zu einer Zeit, die durch die Dominanz des nazarenischen Führich-Kreuzwegs geprägt war. Erst in orientalistisch oder vom Jugendstil beeinflußten Kreuzwegserien taucht der schwarze Bursche um 1900 wieder auf. In Tirol finden wir mehrfach die barocke Variante, so in Straß oder ➡ ELBIGENALP.
Das farbenfrohe Fresko „Esther vor Ahasver" in der östlichen Langhauskuppel schuf 1754 der Augsburger Maler Matthäus Günther, ein Schüler des erwähnten Asam. Auf der Freitreppe der Terrasse lagert ein blau angezogener schwarzer Jüngling, offensichtlich ein Hundeführer, in Warteposition. Zwei Beispiele barocker Ikonographie als Spiegelbild einer Gesellschaft, in der afrikanische Sklaverei Realität war!

SCHLOSS-STRASSE 20
Schloß Ambras

Ferdinand II. – ein Landesfürst mit einem Faible fürs Spektakuläre: Hochzeit mit einer Bürgerlichen (aus einer der reichsten Familien Deutschlands), prunkvolle Umzüge mit Drachen und Wilden Männern, Turniere zwischen Rittern und „Mohren", eine Wunderkammer mit Objekten aus vier Kontinenten ... Noch heute lassen die Sammlungen im grandiosen Renaissanceschloß zwischen der Stadt und den Bergen den exotischen Glanz des ausgehenden 16. Jhs. erahnen.
In der Waffensammlung („Türkenkammer") werden u. a. eiserne „Mohren"-Masken für die Turniere gezeigt, und neben Beutestücken aus den osmanischen Kriegen ist ein angebliches Porträt des nordafrikanischen Korsarenführers Khair ad-Din Barbarossa bemerkenswert (italienisch, um 1580) (Abb. S. 338).
Anschließend die Kunst- und Wunderkammer: Kostbare Materialien und Gegenstände sowie ausgestopfte Tiere aus Europa, Afrika, Amerika und Asien holten die Vielfalt des

ARIADENVS BARBAROSSA

de um 1537 auf der afrikanischen Insel Teneriffa geboren und gehörte den Guanchen an, der von den Spaniern versklavten Urbevölkerung der Kanarischen Inseln. Als zehnjähriger Knabe wurde er dem französischen König geschenkt, und aufgrund einer physischen Anomalie erreichte er in Paris hohe Bekanntheit: Sein Körper, inklusive des Gesichts, war krankheitsbedingt stark behaart („Ambras-Syndrom"). Bilder des „Wilden Mannes", seiner französischen Frau und seiner zum Teil ebenfalls behaarten Kinder wurden von verschiedenen europäischen Herrschern bestellt – jene in Schloß Ambras etwa kamen aus München.

Menschen „außerhalb der Norm" – sei es durch dunkle Hautfarbe, physische Deformation oder geistige Verwirrung – spielten im Lifestyle dieser Hocharistokratie offensichtlich eine wichtige und zwiespältige Rolle. Es war eine Gesellschaft im Luxus, die unter dem Grinsen der dunkelhäutigen Fratzen im Spanischen Saal ihre Grenzen ausloten wollte.

Universums in den landesfürstlichen Haushalt. Und nicht nur die Kuriositäten der Natur interessierten den Erzherzog, sondern mindestens ebenso sehr auch das Monstrum Mensch: Riesen und Zwerge, Behinderte und Invalide, die er entweder direkt an seinem Hof beschäftigte oder von denen er Kenntnis erhalten hatte, ließ er verewigen. Aus wissenschaftlichem Interesse? Oder zur allgemeinen Belustigung? Sehr anzunehmen, daß so manche exzentrische Figuren mit der Zeit Eingang ins Tiroler Brauchtum fanden (➔ NASSEREITH).

Mehrere Porträts sind den „Stars" dieser Sammlung gewidmet. Pedro Gonzalez wur-

Abstecher: GÖTZENS. Sie gilt als eine der schönsten Rokokokirchen überhaupt – und das mit Recht! 1772–75 wurde sie von „Paumaister u Stuckhador" Franz Singer mit Hilfe lokaler Sponsor/inn/en errichtet. Damals bestand in der Pfarre eine Franz-Xaver-Bruderschaft, was die überseeischen Bezüge erklärt. So zeigt das Altarbild des rechten vorderen Seitenaltars den Heiligen bei seinen Taufen in Indien (Werkstatt des Franz Anton Maulbertsch, 1775/76), und die verglaste Wandnische gegenüber birgt eine Prozessionsfigur mit demselben Motiv. Der linke vordere Seitenaltar (Gemälde von Andreas Nesselthaler) zeigt die von Repräsentanten der vier Erdteile verehrte Maria Immaculata, die zugleich die Schlange des Bösen zertritt. Europa und Asien befinden sich im Vorder-, Amerika und Afrika gut erkennbar im Hintergrund.

OBERLAND

Abstecher: Richtung BRENNER: Ein afrikanischer Sklave trägt gerade das Essen auf, als der heilige Nikolaus den geraubten Christenknaben Adeodatus aus dem Palast des heidnischen Sultans befreit. Die dramatische Visualisierung dieser in Tirol beliebten Legende durch Josef Anton Zoller (1759) finden wir in der Pfarrkirche von MUTTERS. Wie anderswo kennzeichnen auch im Wipptal und seinen Nebentälern starke exotische Bezüge den Tiroler Barock. In FULPMES im Stubaital schuf der Maler Johann Georg Bergmüller eine großformatige „Verehrung des Namens Jesu" im Langschiff (1747). „Die im Himmel, Auf Erden Und unter der Erden seynd", heißt das Motto, und die Verehrung im irdischen Bereich wird durch Vertreterinnen der Erdteile symbolisiert. Afrika, in Person einer oben unbekleideten schwarzen Königin, trägt den aus der Antike bekannten Elefantenkopfschmuck, ein federgeschmückter Diener hält ihr den Sonnenschirm.

Eindrucksvoll ein Deckengemälde in der Pfarrkirche von PFONS: „Salomon geleitet die Königin von Saba zum Thron" (Josef Adam Mölck, 1755). Die Königin selbst ist weiß, aus ihrem Gefolge aber aber sticht ein schwarzer Höfling heraus. Ein weiteres Fresko Mölcks, der damals von Maria Theresia zum Hofkammermaler ernannt wurde, ist dem Thema „Karl VI. erhält Kunde vom Sieg über die Türken" gewidmet; links wird ein gefesselter Sultan herbeigeführt, von einem pausbäckigen afrikanischen Sklaven begleitet.

ST. ANTON AM ARLBERG
St. Jakob

Nicht selten erwies sich die enge Verquickung von Kolonialherrschaft und Mission als fatal – das Schicksal des ersten Missionsbischofs in Deutsch-Ostafrika ist dafür ein Beispiel. Franz Anton Spiß wurde 1866 in St. Jakob geboren (Gedenktafel am sog. Ganderhof, St. Jakober Dorfstraße 206), studierte Theologie und trat 1892 ins Missionskloster St. Ottilien bei München ein (Ordensname: Cassian). Ein Jahr später wurde Pater Cassian in die Kolonie Deutsch-Ostafrika (heute Tanzania) geschickt. Dort gründete er das Kloster Peramiho im Süden des Landes, 1902 wurde er zum Bischof geweiht. Die Mission folgte der Ausbreitung der deutschen Herrschaft. Gegen diese erhoben sich aber 1905 große Teile der Bevölkerung. Dem sog. Maji-Maji-Aufstand fielen am 14. August 1905 auch Cassian Spiß und fünf Begleiter/inne/n zum Opfer.

Erst nach zweijährigen Kämpfen konnten deutsche Truppen den Aufstand niederschlagen; der mutmaßliche „Mörder" des Bischofs wurde gehängt. Missionare errichteten am Ort des Überfalls ein Gedenkkreuz, Anhänger des Aufstands gaben die liturgischen Geräte des Bischofs, denen man geheimnisvolle Kräfte zuschrieb, von Generation zu Generation im Untergrund weiter. Erst 1983 gelang es einem deutschen Missionsbruder, den Meßkelch zu erwerben und nach St. Ottilien zu bringen.

In Österreich beschränkte sich die Erinnerung zunächst auf die Gedenktafel in der Kirche von St. Jakob, die allerdings jeglichen Hinweis auf den politischen Hintergrund der Anschlags vermeidet. Erst der Journalist Hubert Gundolf rief Bischof Spiß 1984 mit seinem Buch „Maji Maji – Blut für Afrika" in Erinnerung.

St. Antons damaliger Pfarrer, Bruno Decristoforo, wurde aufmerksam. „Mein Anliegen war: Wie können wir die koloniale Vergangenheit bewältigen, aus ihr etwas Positives für die Versöhnung zwischen Europa und Afrika machen?" 1994 entstand ein Wandgemälde in der Kirche St. Anton, das Hand in Hand gehende junge Menschen aller Hautfarben unter einer Friedenstaube zeigte (2012 bei Kirchenrenovierung entfernt). Durch Zufall wurde man mit Tumaini Ngonyani bekannt, der in Innsbruck Theologie studierte und aus derselben Region Tanzanias stammte, in der Spiß tätig gewesen war. Er wurde von Angehörigen der Pfarre finanziell unterstützt, und über seine Vermittlung nahm der Erzbischof von Songea, Norbert W. Mtega, im November 2002 an den Feiern zum Jubiläum von Spiß' Bischofsweihe in St. Anton teil. Zwei Jahre später reiste eine Gruppe aus St. Anton zu Tumainis Priesterweihe nach Songea.

Ironie der Geschichte: In St. Anton und dem Oberen Stanzertal wirkt heute ein „Missionar" aus Afrika: Pfarrer Augustin Kouanvih aus Togo.

> *Abstecher:* PAZNAUNTAL. Ein Jesuitenpater aus Brixen schenkte der Gemeinde KAPPL anläßlich einer Volksmission 1724 ein Tafelbild des betenden Franz Xaver – heute auf dem rechten Seitenaltar. Sechs Jahre später rief der aktive Kurator Adam Schmid eine Bruderschaft zur Verehrung desselben ins Leben. Ihr ist das Gemälde neben dem Eingang zu verdanken, auf dem Franz Xaver von zwei „edlen Wilden" begleitet wird (1796). Beachten wir auch die barocken Gewölbebilder im Langhaus (Philipp Jakob Greil, 1774): Eines zeigt die Disputation Franz Xavers mit einem buddhistischen Mönch in Gegenwart des japanischen Herrschers Ōtomo Yoshishige, der sich daraufhin zum Christentum bekehrte – ein in Österreich seltenes Motiv.
>
> Noch ein Stück weiter, nach ISCHGL. Lifestyle war nicht nur in der Renaissance. „Party und Pulverschnee, Ski und Schampus nach dem Einkehrschwung: Der Ski-Zirkus in Verbindung mit Spaß und Rummel rund um die Uhr … haben Ischgl zu einer der reichsten Tiroler Gemeinden gemacht – und zu einer Bühne der Eitelkeit." Schrieb jedenfalls der „Kurier" im Februar 2007. Der kleine Sklave in der Kirche beobachtet das alles und denkt sich seinen Teil dazu. Er betreut den Jagdhund des bösen Sultans, der den Sohn des frommen Nachbarn geraubt hat. Aber auch hier geht der Krug so lange zum Brunnen, bis er bricht. Schon schwebt der heilige Nikolaus herbei, um den Buben zu retten. Vermutlich freut sich der kleine Afrikaner darüber, aber er zeigt es nicht (Gewölbefresko von Anton Kirchebner, 1756).

GRINS
Pfarrkirche

Die spätbarock ausgemalte westliche Langhauskuppel (Matthäus Günther, 1779) zeigt die Huldigung der vier Erdteile an die Kirche; eine kostbar gekleidete Africa tritt mit großem Gefolge und einem reichbeladenen Elefanten auf, eine Asia mit Kamelen, eine America mit einer Art von Lama. Alle schaffen sie kostbare Güter herbei – nur die Europa nicht, die außerdem auf einer höheren Stufe steht und gegenüber den anderen merklich hervorgehoben ist. Europa fühlte sich also bereits als etwas Besseres – eine Einstellung, die für das kolonialistische 19. Jh. grundlegend werden sollte.

LANDECK
Pfarrkirche

Das bedeutendste Kunstwerk der gotischen Pfarrkirche ist der nach seinem Stifter benannte Schrofensteiner Altar. Im Mittelteil ist die „Anbetung der drei Weisen" dargestellt. Einen prächtig gekleideten schwarzen König zu zeigen, war zu Anfang des 16. Jhs. in Tirol schon state of the art, wie eine „Epiphanie" aus dem Stift Wilten (1489, Marx Reichlich), heute im Landesmuseum, erkennen läßt.

IMST
Hermann-Gmeiner-Straße

Vieles in Imst erinnert an den Gründer der SOS-Kinderdorfbewegung. Hermann Gmeiner (1919–86) studierte nach dem Krieg Medizin in Innsbruck, wo er 1949 gemeinsam mit katholischen Kaplänen einen Verein zur Betreuung von Waisenkindern gründete. Als erste Gemeinde stellte Imst ein Grundstück zur Verfügung – am Sonnberg, etwas oberhalb der Stadt, wurde das erste „Kinderdorfhaus" errichtet. Obwohl Gmeiner von manchen der „kommunistischen Unterwanderung" der Jugend beschuldigt wurde, setzte sich seine Idee durch. Noch im Verlauf der 1950er Jahre kam es zur Errichtung von Kinderdörfern nicht nur in Tirol, sondern auch in anderen Bundesländern, in der BRD, Frankreich und Italien.

1970 fand eine fact-finding mission nach Afrika statt. Gmeiner und sein langjähriger Generalsekretär Hansheinz Reinprecht besuchten Äthiopien, Kenya, Zaire, Nigeria, Ghana, Côte d'Ivoire und Sierra Leone. „Die SOS-Kinderdorfidee kommt der Mentalität des Schwarzafrikaners sehr entgegen. Ein Kind im Waisenhaus ist für den sehr sippenbewußten Afrikaner unverständlich. Die SOS-Kinderdorfmutter, die ein solches Kind als Mutter aufnimmt, liegt ihm näher. Ebenso das Haus, der eigene Herd." (Rein-

Kinderdorf in Gambia

Abstecher: PITZTAL. In der Pfarrkirche von ST. LEONHARD wieder einmal ein Altarbild mit dem taufenden Franz Xaver (P. I. Greil, 1767) – unglaublich, wie die Bildsprache der Gegenreformation Tirol bis in die entlegensten Täler geprägt hat.

Daß es dabei auch um die Auseinandersetzung mit bäuerlichen Traditionen ging, läßt eine Sage aus dem ÖTZTAL erkennen. Unter einer mächtigen Felswand, ihrer Form wegen die „Mohrin" genannt, sollen die Saligen Frauen ihren Wohnsitz gehabt haben – magische Gestalten, die den Menschen schützen, ihn aber auch strafen, Relikte eines vorchristlichen Weltbilds (Hans Haid hat darüber einen lesenswerten Essay geschrieben). Ist es Zufall, daß sich in der Pfarrkirche von LÄNGENFELD ein barockes Gnadenbild nach dem Vorbild von Maria Einsiedeln findet, also eine Schwarze Madonna? Vielleicht nicht. Das später entstandene Gewölbegemälde hingegen, „Maria und die vier Erdteile in Verehrung der Eucharistie" (1852), zeigt schon eine domestizierte Frauengestalt. 1908 wurde in Längenfeld übrigens das Hotel „Drei Mohren" eröffnet. Ein exotischer Touch für den beginnenden Tourismus? Oder hätte es doch „Drei Mohrinnen" heißen sollen?

precht 1984, 399). Heute sieht man das anders, zunehmend werden Waisen im Verband ihrer Großfamilien belassen und dort unterstützt.

2011 gab es in allen Staaten Afrikas außer Libyen fast 700 SOS-Einrichtungen, in oder von denen mehr als 600.000 Kinder betreut wurden.

Haus der Fasnacht

Das Museum (Streleweg 6) informiert über das Imster Schemenlaufen, 2010 von der UNESCO zum immateriellen Kulturerbe erklärt. Filmausschnitte sowie Ton- und Textcollagen geben Einblick in die Hintergründe und Vorbereitungen zu dem ziemlich archaischen Brauch. Alte und neue Masken ergänzen die Ausstellung – darunter auch die für den sog. Mohrenspritzer (➔ NASSEREITH; *www.fasnacht.at/imscht/imster-fasnacht.html*).

STAMS
Zisterzienserstift

Im Garten vor der Basilika begrüßt uns eine Steinskulptur aus Zimbabwe. Sie erinnert an die Ausstellung „Who is behind me?" im Jahr 2011, in der Werke von insgesamt zwölf Angehörigen der Bildhauerfamilien Mashaya, Ngoma und Nygato vorgestellt wurden; zwei von ihnen, Ngoni und Cephas Mashaya, nahmen persönlich daran teil.

Zum Hintergrund der Aktion sagt Kulturmanagerin Ruth Haas: „Zu dieser Ausstellung (vielfach ohne sie gesehen zu haben) haben interessanterweise gerade Intellektuelle und (,einheimische') Künstler massiv rassistisch gefärbte Urteile abgegeben …, während sich die Oberinntaler Bevölkerung, Besucher des Stifts, Touristen etc. z. T. ganz intensiv auseinandergesetzt und interessiert haben. Ich habe in den letzten Wochen mehr über das Entstehen der Übereinkunft, was denn nun überhaupt Kunst ist und was nicht und warum, über den Zusammenhang oder Nichtmehr-Zusammenhang von Kunst und Handwerk und über unser eurozentristisches Weltbild gelernt als je zuvor." Die Skulptur im Garten wurde dem Stift im Anschluß an die Ausstellung geschenkt.

Nassereith
Fasnachtmuseum

Das alle drei Jahre stattfindende „Schellerlaufen" ist – so wie das „Schemenlaufen" in ➡Imst oder das „Schleicherlaufen" in Telfs – einer der bedeutendsten Tiroler Fasnachtsbräuche. Der Kampf eines Bären gegen seinen Treiber symbolisiert den Kampf des Frühlings gegen den Winter, den schlußendlich der Frühling (der Bär) gewinnt. Die Figuren und Larven, die dabei Verwendung finden, sind im Fasnachtmuseum im Gemeindeamt (Sachsengasse 81a) ausgestellt. Die meisten schnitzte der lokale Bildhauer Franz Josef Kranewitter (1893–1974) aus Zirbenholz.

Mehrere fratzenhaft gestaltete afrikanische Masken fallen dabei auf – sie gehören zu einer wichtigen Figur im Umzug: „Scheller, Roller u. Kehrer werden von einer weiteren Figur begleitet, nämlich dem Spritzer, den es in zwei verschiedenen Formen (Engel- oder Mohrenspritzer) gibt. Die Kleidung besteht aus einem pelzverbrämten weiten Mantel und kurzen Röckchen aus bunten Stoffen.

In der Hand halten sie eine ca. 1 Meter lange Spritze aus Messingrohr und bespritzen damit das Publikum mit Wasser. Unter Mantel und Rock tragen die Engelspritzer einen weißen Pullover und eine weiße Strumpfhose, der Mohrenspritzer dasselbe in schwarze. Die Maske ist beim Engelspritzer eine helle Mädchenlarve, beim Mohrenspritzer eine dunkle Mohrenlarve. Auf dem Kopf tragen beide eine Perücke, weiß bei diesem, schwarz beim anderen, auf dieser sitzt eine Krone mit Straußenfedern. Die Spritzer flankieren und umkreisen ihre Gruppe." (*www.fasnacht-nassereith.at*).

Wir fahren weiter ins Außerfern – auf der im 16. Jh. für den Export des tirolischen Kupfers (➔ SCHWAZ) ausgebauten Straße über den Fernpaß.

BIBERWIER / EHRWALD
Skulpturen

1939–46 war er Professor an der Akademie der Bildenden Künste in Wien, nach seiner Entlassung übersiedelte er nach Tirol, wo ihm die Landesregierung 1948 (!) die österreichische Staatsbürgerschaft verlieh: Fritz Behn (1878–1970), einer der „wichtigsten deutschen Tierbildhauer" (Zeller 2002, 111), aber ein flammender Anhänger des Nationalsozialismus.

Fasziniert von tierischer und menschlicher „Animalität" war Behn von Reisen nach Deutsch-Ostafrika 1907 und 1909 zurückgekehrt. Resultat war der „Bogenspanner", die einzige ausgeführte Brunnenfigur für den Tiergarten Hellabrunn in München – heute in einem kleinen Skulpturenpark bei der Ortseinfahrt von Biberwier (Abb.).

Neben seiner künstlerischen Tätigkeit trat er in Publikationen für Kolonialismus und Diskriminierung ein; nur durch eine „strikte Trennung zwischen Schwarz und Weiß" sei die europäische Vorherrschaft zu sichern, Mischehen seien abzulehnen, schrieb er 1918. „Rassengefühl bedeutet hier [in Afrika], wie überall, alles. Unser weißes Prestige allein setzt uns in den Stand, unsere Kolonien zu halten. Wie könnten wir es sonst wagen, mit diesen paar Tausend Europäern Millionen Schwarzer im Zaume zu halten? Ein warnendes Beispiel sei uns Amerika, das längst seine Humanitätsideen [sic!] in der Negerfrage bereut." (Behn 1918, 48). 1932 schuf er das umstrittene „Koloniale Ehrenmal" in Bremen, einen riesigen Ziegelelefanten.

Nach Kriegsende erwies sich Behns Begeisterung für den Faschismus karrieremäßig als hinderlich. Seinen letzten Erfolg konnte er nicht zufällig in Windhoek, der Hauptstadt des von Apartheid-Südafrika besetzten Namibia, verzeichnen: Seit 1960 befindet sich dort der „Kudu", eine seiner berühmtesten Plastiken.

Mehrere Bronzegüsse Behns („Sämann", „Röhrender Hirsch", „Wildschwein", „Sterbendes Pferd") sind heute auf Ehrwalds Straßen aufgestellt, die meisten wurden – so wie Gemälde, die im Gemeindeamt besichtigt werden können – dem Ort von der Witwe (Ehrenbürgerin) geschenkt.

Spätestens seit der Ausstrahlung eines kritischen ORF-Berichts in „Tirol Heute" 1994 (Christoph Rohrbacher) ist die Aufstellung der Skulpturen des NS-Bildhauers in Ehrwald und Biberwier umstritten. Während Kritiker ihre Entfernung fordern, verweisen Honoratioren auf den künstlerischen Stellenwert.

Könnte hier das Beispiel Bremens eine Lösung sein? Hier wurde das viel problematischere „Ehrenmal" ab 1988 mit kritischen Inschriften versehen und 1996 vom Senat der Freien Hansestadt und dem namibischen Staatspräsidenten Sam Nujoma zu einem Mahnmal für die Opfer der deutschen Kolonialherrschaft erklärt. Parallel erfolgte eine breite Information der Bevölkerung in lokalen Medien und Schulen.

Auf dem Weg nach Reutte verbindet das Mohr Life Resort in Lermoos Lifestyle und Exotismus

Reutte
**Breitenwang,
Metallwerk-Plansee-Str. 71**

Plansee ist eines der größten Unternehmen Tirols und Weltmarktführer bei pulvermetallurgisch hergestellten Werkstoffen. Der Fokus liegt dabei auf der Herstellung und Verarbeitung von Wolfram und Molybdän *(www.plansee.com)*. Produziert wird an 29 Standorten in Europa, Asien und Amerika. Afrika – als der am wenigsten industrialisierte Kontinent – spielt hingegen als Rohstofflieferant eine wichtige Rolle.

Seltene Erden und Metalle, wie sie gerade für die Telefon- und Computerindustrie Verwendung finden, werden meist unter menschenunwürdigen Bedingungen produziert. Bewaffnete Banden kontrollieren zum Beispiel die Bergwerke in der kongolesischen Ostregion und finanzieren mit dem Erlös ihre Waffen; die Arbeitsbedingungen sind katastrophal, Vergewaltigungen an der Tagesordnung. Nichtregierungsorganisationen fordern eine Verbesserung ein (➡Innsbruck).

Zumindest verbal ist sich Plansee der Problematik bewußt: „Als verantwortungsbewußtes Unternehmen beziehen wir keine Rohstoffe, die als ‚Konflikt-Materialien' bezeichnet werden. Solche Materialien werden in Zentralafrika, vor allem in der Demokratischen Republik Kongo (DRC), abgebaut. Insbesondere der Handel mit Tantal, Zinn, Wolfram und Gold kann unbeabsichtigt Kriege finanzieren und zu Menschenrechtsverletzungen beitragen. … Mit zahlreichen Maßnahmen stellen wir sicher, dass wir keine Rohstoffe aus sozial, ethisch und ökologisch bedenklichen Quellen einsetzen. Unsere Lieferanten … müssen sich uneingeschränkt an das Menschenrecht, das Arbeitsrecht und das internationale Handelsrecht halten, strenge Umweltstandards erfüllen und uns die unbedenkliche Herkunft ihrer Rohstoffe nachweisen." (Firmenwebsite).

Eine klare Position – hoffentlich auch in der Praxis! Versteht sich der Betriebsrat dafür als Kontrollinstanz?

Vils
Museum

So manches in der kleinen Stadt an der bayrischen Grenze erinnert an den hier geborenen Balthasar Springer, den ersten Österreicher, der Afrika umrundete und bis Indien gelangte. Biographisch ist über ihn nur das wenige bekannt, was er selber in seinem Buch „Die Meerfahrt" berichtet; es erschien 1508, erlebte mehrere Auflagen bzw. Übersetzungen und wurde von Andreas Erhard und Eva Rammingcr liebevoll neu ediert. Demzufolge begleitete Springer im Auftrag des Augsburger Handelshauses Welser 1505/06 eine portugiesische Flotte. Die Reise führte über die Sklaveninsel Gorée (Senegal), Mossel Bay und Algoa Bay in Südafrika und entlang der ostafrikanischen Küste nach Norden, wo man die Städte Kilwa und Mombasa (heute Kenya) eroberte. Von Malindi aus setzten sie nach Indien über.

Mit ziemlicher Genauigkeit gibt Springer Beobachtungen über Land und Leute wieder. „Die Einwohner dieses Landes sind ein halbwildes Volk", beschreibt er etwa die Khoi in Südafrika. „Alle gehen nackt herum, nur die Scham bedecken sie mit hölzernen oder ledernen Scheiden … Es gibt so viel Sand, daß Männer und Frauen auf breiten Lederstücken gehen – beinahe wie mit großen Pantoffeln. Etliche von ihnen hängen sich Kleidung aus Tierfellen um, wie man in unseren Landen kurze Mäntel trägt …" (zit. n. Erhard/Rammingcr 1998). Über die Eroberung von Kilwa schreibt er: „… fuhren wir früh am Morgen machtvoll mit acht Schiffen hin zu der Stadt, wohl gewappnet für einen Gegenstoß der Feinde, und schossen etliche Heiden tot. Alsbald plünderten wir die Stadt und fanden viel Reichtum an

> *Abstecher:* LECHTAL. Auch hier ist barocke Religiosität stark präsent. Die den Heiligen Drei Königen geweihte Pfarrkirche von ELMEN ist das Zentrum der Verehrung derselben in der gesamten Region, ihre vergoldeten Skulpturen von Josef Georg Witwer (um 1760/70) sind bemerkenswert. In der Pfarrkirche ELBIGENALP – dem Geburtsort der „Geier-Wally" – stoßen wir bei der ersten Kreuzwegstation auf den schwarzen Diener des Pilatus. STEEG ist durch Anna Maria Dengel bekannt, eine der ersten Ärztinnen Tirols (1892–1980). Nach dem Studium ging sie nach Indien und gründete 1924/25 – zunächst nicht zur Freude der Amtskirche – eine Frauengemeinschaft mit missionsärztlichem Auftrag. Die Medical Mission Sisters (MMS) sind inzwischen auch auf anderen Kontinenten tätig, im August 2013 feierten sie das fünfzigjährige Bestehen ihrer Mission in Uganda und Kenya.

Abbildung aus Springers Buch (1509): Khoi in Südafrika

Gold, Silber, Perlen, Edelsteinen sowie auch kostbare Kleidung." Die erste Auflage des Buches war mit Holzschnitten des berühmten Graphikers Hans Burgkmair illustriert, der später einzelne Motive für den „Triumphzug" Kaiser Maximilians verwendete. Im lokalen Museum (Stadtgasse 17) ist das gemeißelte Wappen von Balthasars Vater Hans ausgestellt, ebenso ein Faksimile der „Meerfahrt". Die Stadt ist stolz auf ihren prominenten Sprößling. 1998 habe auf einer Großleinwand die Uraufführung des ORF-Films „Der Jäger des schwarzen Goldes – Die Schiffreise des Vilsers Balthasar Springer nach Indien im Jahr 1505" stattgefunden, teilt mir Amtsleiter Reinfried Brutscher mit, und ein Jahr später sei in einer neuerrichteten Siedlung ein „Balthasar-Springer-Weg" eröffnet worden.

Mehr als ein Jahrhundert später sollte ein weiterer Österreicher das Kap der Guten Hoffnung besuchen (➡Vorchdorf/ OÖ).

UNTERES INNTAL

Hall in Tirol
Stadtmuseum (Burg Hasegg)

Ist ja unglaublich! 1500 hatte Florian Waldauf, Hofkanzler Kaiser Maximilians, in der Pfarrkirche Hall eine Kapelle zur Aufbewahrung seiner Reliquiensammlung weihen lassen, 1700 wurde das zweihundertjährige Jubiläum begangen. Man veranstaltete einen barock inszenierten Festzug, bei dem der „Heiltumschatz" inmitten zahlreicher Symbolfiguren gezeigt wurde. Auf Heilige, Jungfrauen und Schulknaben folgten z. B. sieben Reiter mit den Fahnen der Bekennertugenden. Und danach: „In drastischer Schwarz-Weiß-Malerei werden von einem gepanzerten Reiter die Laster in Gestalt von Mohrenknaben angeführt, die auf

Schildstangen benannt sind: ‚Hoffart, Geiz, Geilheit, Neid, Fraß, Zorn.'" (Quintern, in: Ammann 1988, 146). Schwarze Menschen stehen für die Sünde, weiße für die Tugend! Die Darstellung der Prozession auf zwei Holztafeln zähle zu den Highlights des Museums, so Christine Weirather, die engagierte Leiterin.

Auch in Hall spielte der Jesuitenorden eine wichtige Rolle. Seine Allerheiligenkirche erhielt 1663 eine Franz-Xaver-Kapelle angebaut, deren barocken Altar „edle Wilde" schmücken; nach dem Erdbeben sieben Jahre später wurde der Heilige sogar zum Stadtpatron erklärt. Daher zeigt ihn ein Deckenfresko von Josef Adam Mölck in der Pfarrkirche als Missionar bei der Taufe. Medaillons desselben Meisters bieten Allegorien der vier damals bekannten Erdteile – Afrika in Form einer reichgekleideten Königin mit Federkrone und Perlengehänge, von einem Löwen begleitet.

LANGER GRABEN 5
Ehem. Taverne „Zum Elephanten"

Vermutlich hält der Hausname die Erinnerung an die spektakuläre Ankunft des sog. ersten österreichischen Elefanten fest, der von Innsbruck her eintraf: „Es hat auch hochgedachter Maximilian etlich 100 pfärdt, mit hussern [Husaren] trefflich wol erputzt auf ungerisch und vil behaimisch herrn vom adl … Hochgedachter Maximilien hat auch mit im pracht aus Hispania ain elephanttn, ist 12 schuech hoch gewesen und zwen zendt, ainer elln lang und maussfarb", wurde berichtet (Kramml 1987, 53).

Ob der Dickhäuter tatsächlich in dem malerischen Bürgerhaus übernachtete? Am 22. Jänner 1552 schiffte man ihn wieder ein und transportierte ihn den Inn abwärts ins salzburgische Mühldorf; vielleicht gibt auch das Elefantenrelief am Gasthof „Goldener Stern" in Rattenberg (1723) eine Erinnerung daran wider (➜STADT SALZBURG).

KAISER-MAX-STRASSE 13
BHAK/BHAS

2007 begannen Schüler/innen und Lehrer/innen, PCs für eine Partnerschule in Burkina Faso zu sammeln. Erwin Schreckensperger war gerade von dort zurückgekehrt und hatte den Kontakt zum Lycée Professionnel in Bobo Dioulasso, der zweitgrößten Stadt des Landes, mitgebracht. Was als Schulprojekt begann, hat sich mittlerweile zu einer breiten Partnerschaft „Élèves pour Élèves" entwickelt, an der neben mehreren Tiroler Schulen auch die Universität Innsbruck, der Landesschulrat und das Land Tirol einerseits sowie das Unterrichtsministerium von Burkina Faso, die Universität von Ouagadougou und mehrere Bildungseinrichtungen in Bobo Dioulasso beteiligt sind. In Zusammenarbeit mit Firmen, privaten Förderern und Hilfsorganisationen wurden EDV-Anlagen und Lehrsäle eingerichtet, alternative Energieanlagen installiert, die erste Optikerschule in Westafrika errichtet und Austauschprogramme für Schüler/innen und Student/inn/en initiiert. Die Tiroler Fachberufsschule für Fotografie, Optik und Hörakustik ermöglichte es drei jungen Burkinabés im Jahr 2012, eine Optikerausbildung in Hall zu absolvieren. Prof. Schreckensperger heute zu den Aktivitäten: „Bildung und Ausbildung sind für

Eröffnung der Optikerschule in Bobo Dioulasso (2012)

unsere Schüler/innen und Student/inn/en eine Selbstverständlichkeit, in Burkina Faso jedoch ein Privileg. Unsere Projekte eröffnen den Schüler/inne/n und Student/inn/en in Bobo Dioulasso neue Möglichkeiten und Perspektiven." *(www.elevespoureleves.at)*.

Absam
Pfarrkirche

Was arbeiteten die schwarzen Sklaven eigentlich, wenn sie nicht gerade ihre Herrschaften gut aussehen ließen? Nun ja, speziell in Tirol ist das gut zu verfolgen. Sie waren Botengänger (➡Innsbruck), Trommler (Ebbs), Hundehalter (➡Wilten, Ischgl), brachten Wasser zum Händewaschen (➡Elbigenalp), waren Knechte beim Militär (Kartitsch), Prostituierte (➡Innsbruck) oder Kutscher – wie hier auf einem Fresko im rechten Seitenschiff, das die Begegnung des Ägyptischen Josef mit seinem Vater zeigt (Josef Anton Zoller, 1780).

St. Josefs-Missionare von Mill Hill

1866 gründete der Erzbischof von Westminster, Kardinal Herbert Vaughan, im Londoner Vorort Mill Hill die erste englische katholische Missionsgesellschaft. 1891 entstand in Brixen die erste Niederlassung im deutschsprachigen Raum, von hier aus wurde das Haus in Absam gegründet (Samerweg 11). Mill Hill war als Gegengewicht zur evangelischen Mission in Afrika gedacht, sowohl in den britischen Kolonien als auch in den französischen. Uganda und Kenya waren die ersten Einsatzorte, später kamen der Kongo hinzu und Kamerun. Schwerpunkte waren u. a. medizinische Hilfe und die Ausbildung eines indigenen Klerus. Mitte der 1930er Jahre ersetzte Mill Hill die italienischen Missionare, die den Südsudan auf Weisung der britischen Behörden verlassen mußten, weil sie der Kollaboration mit den Italienern in Äthiopien verdächtigt wurden.

Durch die Dekolonisation und das Zweite Vatikanische Konzil haben sich die Rahmenbedingungen natürlich verändert. Mittlerweile wurde eine Niederlassung in Südafrika errichtet, und auch nach Asien und in den pazifischen Raum expandierten die Millhiller. Ausbildungsstätten bestehen in London und Nairobi (Kenya).

Schwaz
Fuggerhaus

„Swatz ist aller perckhwerck muater", schrieb ein Lehrer Mitte des 16. Jhs.; 30.000 Menschen waren damals im Bergbau beschäftigt. Zwischen 1470 und 1525 sollen allein am Falkenstein ca. 590.000 kg Brandsilber und 43.130 Tonnen Kupfer gefördert worden sein. Schwaz wurde zu einem Rohstoffzentrum von kontinentaler Bedeutung, sein Silber in Form des Talers zu einer gängigen Währung (1477 Verlegung der Münzstätte von Meran nach Hall).

Vor allem ein Unternehmen beherrschte um 1500 sowohl den Silber- als auch den Kupferbergbau: die Augsburger Fugger, Hauptfinanziers des „tirolischesten" aller Tiroler Landesfürsten, Kaiser Maximilians.

Zugriff auf die Rohstoffe Tirols zu haben, war für das international gut vernetzte Unternehmen von strategischer Bedeutung. Portugal hatte Indien erreicht, Spanien Amerika. Schon zu Beginn der Kolonialexpansion nach Übersee war der Schwazer Bergbau integriert in die entstehende europäische Weltwirtschaft. „Welche Bedeutung die Fugger Schwaz zumaßen, beweist die Tatsache, daß als erster ein Mitglied des Hauses selbst, Ulrich Fugger, die Stelle des Vertreters in Schwaz innehatte. Als er 1525 starb, wurde er in der Schwazer Pfarrkirche begraben und erhielt eine prachtvolle Bronzetafel und einen großen Marmorgrabstein als Gedenken."(Egg 1971, 280). Als Firmenzentrale, die für ganz Tirol zuständig war, errichtete die Firma 1525 das repräsentative Fugger- oder Kreuzwegerhaus (Ludwig-Penz-Str. 21; Büste Ulrich Fuggers von Sepp Baumgartner). Als Augsburg im Schmalkaldischen Krieg auf der kaiserfeindlichen Seite stand, leitete Firmenchef Anton Fugger 1546 bis 1548 den gesamten Konzern von hier aus.

Museum der Völker

1995 gründete Gert Chesi in einem ehemaligen Kloster (St. Martin 16) das „Haus der Völker" und öffnete seine über tausend Exponate umfassende Sammlung asiatischer und westafrikanischer Kunst für das Publikum. Jahre später führte die geplante Einstellung der Förderungen des Landes zur Krise. Langwierige Verhandlungen und politische Interventionen trugen dazu bei, den Standort für das „einzige Völkerkundemuseum zwischen Wien, München und Zürich" (Eigendarstellung) zu sichern. Die bisherige Privatsammlung wird nun von einem Verein getragen und wurde im April 2013 als „Museum der Völker" neu eröffnet.

Gert Chesi (geb. 1940 in Schwaz) hatte als freier Journalist und Fotograf lokaler Zeitungen begonnen. 1960 gründete er mit „Studio 12" in Schwaz den ersten Jazzclub Westösterreichs, später die „Galerie Eremitage" – ein im stockkonservativen Klima der 60er mißtrauisch beäugtes Unterfangen. „Es war der Versuch, eine Insel der Freiheit zu schaffen", sagt er mir im August 2004, „aber ich wurde als Außenseiter, als Spinner hingestellt."

Seine ersten Afrikareisen führten ihn Anfang der 60er Jahre in den Sudan, dann in Schweitzers Urwaldspital in Lambarene, wo er die ersten Objekte erwarb. Warum er gerade Westafrika gewählt habe? Weil die Afrikaner/innen eigentlich nur dort den Klischees entsprachen, von denen er als Bub geträumt habe; er habe weg gewollt von der „Dominanz der Mission" und der ideologischen Enge, wollte ins „ursprüngliche" Afrika. Chesis Kollektion steht nach wie vor im Zentrum. Über eine Rampe erreicht man die Archäologische Abteilung, aus der eine

Ahnenfigurgruppe (Michel Komlan, Lomé)

Sammlung von Figuren und Figurfragmenten der Nok-Kultur (Nigeria, 2500–2000 v. Chr.) hervorsticht – ziemlich einzigartig in Europa angesichts des von Nigeria verhängten Ausfuhrverbots; alle Objekte seien legal erworben, betont Chesi.

Ein weiterer Schwerpunkt sind religiöse Zeugnisse aus dem westafrikanischen Voodoo – bizarre Figuren, Kultobjekte und Totenmasken. Beachtenswert u. a. eine „Große Voodoo-Figurengruppe", geschnitzt von Agbagli Kossi († 1992) und seinem Sohn Fofo, die Nachbildung eines Tempels aus dem Dorf Amete Kuewe oder die „Ahnenfigurgruppe" des Schnitzers Michel Komlan, alle aus Togo. Ausgewählte Fotos vermitteln den rituellen Kontext.

Ein irrationales, synkretistisches Afrika wird uns hier präsentiert. Voodoo, aus Zentralamerika zurück nach Westafrika importiert, sei heute zum Teil identitätsstiftender als die traditionelle afrikanische Kultur, sagt Chesi, angesichts all der Korruption und zerbrechender Strukturen. Nicht zufällig publizierte er 1983 einen gemeinsamen Bild- und Textband mit Susanne Wenger (➜KREMS/ NÖ). Anders als Wenger jedoch, die sich auch religiös in diese Gedankenwelt integrierte, blieb Chesi in der Rolle des Beobachters von außen, zunehmend enttäuscht von der Entwicklung in Westafrika, aber fasziniert von seiner hybriden Subkultur. Diese scheint im Museum unkontextualisiert als das „eigentliche" Afrika auf, die Darstellung bleibt einer exotistischen europäischen Optik verhaftet.

Vielleicht hat man den Fokus auf afrikanische Irrationalität auch in Tirol als problematisch erlebt. Vielleicht bringen die nun hinzugekommenen Objekte der Grazer Schell Collection oder der Münchner Stiftung Lindner mehr Balance. Auch Sonderausstellungen moderner (säkularer) außereuropäischer Kunst sollen in Zukunft mehr Bedeutung erhalten – wie die 2013/14 präsentierten westafrikanischen Künstler in „Afrika Heute!" oder der 1998 verstorbene Maler Luis Meque aus Moçambique/Zimbabwe *(www.hausdervoelker.at)*.

VOMP
Missionsmuseum Stift Fiecht

Erst durch den Anschluß an die Kongregation von St. Ottilien trat Mission in den Blickpunkt des Benediktinerstifts St. Georgenberg-Fiecht. Durch eine sog. Missionsprokura werden heute Missionare in Ost-, West- und Südafrika, China, Indien, auf den Philippinen sowie in Latein-

Abstecher: STRASS liegt an der wichtigen Straßenverbindung ins Zillertal und zugleich auch am Jakobsweg – daher das Patrozinium der 1736/37 von Jakob Singer barockisierten Kirche. Vom Umbau stammen auch die Fresken Anton Kirchebners, besonders eindrucksvoll an der Decke des Kirchenschiffs der „Hl. Jakobus in der Maurenschlacht". Auf dem Weg nach ➜INNSBRUCK wurde der Pilger hier auf ein zentrales Thema eingestimmt: den vom Heiligen zum Sieg geführten Kampf gegen die dunklen Mächte des Heidentums.

amerika unterstützt. Im Stiftsmuseum ist der Mission eine eigene Abteilung gewidmet. Unter den Objekten hervorzuheben sind Masken und Schnitzereien der Makonde sowie Tinga Tinga-Gemälde aus Kenya und Tanzania. Eine Gedenktafel erinnert an den „Märtyrer"-Bischof Cassian Spiß (➡ St. Anton).

Rattenberg
Augustinermuseum

1993 eröffnet, sieht das liebevoll gestaltete Museum (Klostergasse 95) eine seiner Hauptaufgaben in der (Wieder-)Entdeckkung verschollenen oder vergessenen Kultur- und Kunstgutes, das auf Kirchen- und Widum-Dachböden oft ein dornröschenartiges Dasein führt. Auf diese Weise konnte man gotische Statuen, wertvolles Altargerät und andere historisch interessante Gegen-

Abstecher: von Wörgl aus ins Brixental. In Hopfgarten zeigt eine Altarfigur in der Mitte des 18. Jhs. barock erbauten Kirche wieder einmal Franz Xaver; sein afrikanischer Täufling hält eine Tafel mit der Aufschrift: „Wir aber predigen die Lehren Christi (1 Kor)". Wächst hier ein Katechist heran? Auf dem linken Querhausaltar ein seltenes Motiv: der hl. Antonius als Führer der Armada gegen die algerische Hafenstadt Oran (➡ Wien III). Auch in der Pfarr- und Dekanatskirche Brixen im Thale, einem spätbarock-klassizistischen Bau von Wolfgang Hagenauer, ist dem heiligen Franz Xaver ein Altarblatt gewidmet, unter den von ihm getauften Exoten befindet sich auch ein federbekrönter dunkler Jäger. Das Bild stammt vom Salzburger Hofmaler Andreas Nesselthaler. Dieser ist auch der Urheber des Deckengemäldes in der Kuppel, „Anbetung der Eucharistie durch die Erdteile und Nationen" (1795). Dasselbe Motiv, um 1786 von Mathias Kirchner als Deckenfresko gestaltet, finden wir auch in der Pfarrkirche von Kitzbühel, ebenfalls mit dezenten exotischen Anspielungen. Eindrucksvoll im rechten Seitenschiff ein großformatiges Gemälde „Anbetung der Könige" von Simon Benedikt Faistenberger (1724), im Vordergrund eine ägyptische Sphinx.

stände sichern und der Öffentlichkeit zugänglich machen. Für uns ist die Fahne der Trinitarierbruderschaft von Aurach (1756, Abb.) von Interesse, die der Befreiung europäischer und afrikanischer (!) Sklaven gewidmet ist (➡ Wien VIII).
Auch die barocken Klosterräumlichkeiten sind sehenswert. In der Ecce-Homo-Kapelle stellt ein Wandbild auf der Empore die Ermordung des 1930 heiliggesprochenen Jesuitenmissionars Isaac Jogues durch nordamerikanische Mohawks dar, die als „Mohren" charakterisiert werden (Alois Norer, 20. Jh.).

KUFSTEIN
Friedrich-List-Denkmal

Am Waldrand östlich der Stadt steht das Denkmal des deutschen Nationalökonomen Friedrich List, der am 30. November 1846 an dieser Stelle freiwillig aus dem Leben schied. Das repräsentative Monument wurde 1906 von dem in Berlin tätigen Kufsteiner Bildhauer Norbert Pfretzschner errichtet; Auftraggeber war ein Komitee nationalliberaler Bildungsbürger und Industrieller aus Deutschland und Österreich (Renovierung 2006).

Zu Lebzeiten hatte der 1789 in Reutlingen geborene List angesichts der politischen Verhältnisse im Vormärz kaum Fuß fassen können; zeitweise ins politische Exil getrieben, war er ab 1832 als US-amerikanischer Konsul in verschiedenen deutschen Kleinstaaten tätig. Sein Eintreten für Schutzzollpolitik, Industrialisierung und Eisenbahnbau richtete sich auf die Entwicklung eines einheitlichen gesamtdeutschen Wirtschaftsraums und widersprach sowohl der von Großbritannien vertretenen Freihandelspolitik als auch der zersplitterten staatlichen Struktur des Deutschen Bundes – daher seine spätere Vereinnahmung durch die Deutschnationalen.

Lists volkswirtschaftliche Konzeption inkludierte koloniale Expansion, v. a. durch Auswanderer, um überseeische Absatzmärkte für deutsche Waren zu erschließen bzw. Deutschlands Rohstoffversorgung zu sichern; daß tropische Länder sich auf Agrarprodukte beschränken, solche in klimatisch gemäßigten Zonen hingegen Industrieprodukte erzeugen sollten, war eine seiner Maximen. Die „Zivilisierung und Kolonisierung aller Länder von Südamerika, Afrika, Asien und Australien" erschien ihm als zentrales Erfordernis (Fenske 1978, 356).

Der afrikanische Kontinent war für ihn „ein Pfuhl der abscheulichsten Barbarei", im Inneren von despotischen Königen regiert, angesichts seiner ungeheuren Ressourcen jedoch wirtschaftlich vielversprechend: „Man bedenke, wie diese Menschen- und Ländermassen von der Natur selbst ausschließlich darauf angewiesen sind, die Schätze zu sammeln, welche ihnen die Natur bietet, und sie gegen europäische Kunsterzeugnisse zu vertauschen, zu deren Verfertigung sie weder günstiges Klima, noch Geschick, noch Mittel besitzen; man erwäge die Nähe von Europa und Afrika, die Verkehrserleichterungen, welche die Natur bietet und wie sehr die Erfindungen der neuesten (Zeit) darauf abzielen, die Länder sich noch näher zu bringen und man wird nicht verkennen, daß die Civilisation von Afrika dem Gewerbefleiß und dem Unternehmungsgeist aller europäischen Nationen unerschöpfliche Quellen der Thätigkeit und des Wohlstandes zu eröffnen verspricht." (List 1845, 377–383 [gekürzt]).

OSTTIROL

Matrei in Osttirol
Heimatmuseum „Medaria"

Matrei – eine Welthauptstadt? Fast wäre es so gekommen, zumindest nach den Plänen des Sozialutopisten Peter Waller, des „Messias von der Lobau". 1891 in Budapest geboren, machte er seine Karriere in der k. u. k. Armee, trat 1918 der „Roten Garde" bei, kämpfte aber ein Jahr später in einem rechtsradikalen Freikorps gegen die Münchner Räterepublik und kehrte 1920 nach Wien zurück. Dort schloß er sich der entstehenden Umwelt- und FKK-Bewegung in der Lobau an.

1926 begann er, für Auswanderung in das angeblich dünn besiedelte Äthiopien zu werben. Seit dem „Freiland"-Projekt in Kenya und den jüdischen Siedlungsplänen für Angola und Uganda tauchte die organisierte Emigration von Arbeitslosen im politischen Diskurs der Ersten Republik häufig auf. Wallers Plänen zufolge sollten sogenannte Wardanier (Pflanzer) zunächst im fruchtbaren ostafrikanischen Hochland eine Siedlerkolonie gründen, später auch in vormals deutschen Kolonien sowie auf anderen

Abstecher: HINTERBICHL (PRÄGRATEN). Ein enger, dunkler Talabschluß. Das Wasser habe man von hinten holen müssen, wenn nicht gerade Schneeschmelze war, erzählt Anna Egger, die Wirtin am Groderhof, ständig sei es finster gewesen, solange das kleine E-Werk nicht errichtet war. Kein Wunder, daß hier Fernweh entstand. Manche Verwandte oder Freunde wanderten aus, gingen in die Mission oder Entwicklungshilfe, nach Uganda, Kenya, Südafrika oder Zimbabwe. Und für die Daheimgebliebenen gab's zumindest einen kleinen Trost: 1886 hatte Cassian Groder, der damalige Inhaber des Hofes, eine kleine Kapelle errichtet, sieben Jahre später wurde an der Decke die „Flucht nach Ägypten" vollendet – ein exotischer Lichtblick inmitten des schweren Alltags!

Kontinenten. Dieses quasi-staatliche koloniale Netzwerk wollte er selbst als „Großwodosch" leiten. 1928 war es dann soweit. Wallers Arbeitslosengruppen aus Wien und München begannen zu marschieren, vereinigten sich in Villach und wollten die italienische Grenze überschreiten. Die Behörden reagierten rasch: Einen Tag vor Abmarsch lieferten sie Peter Waller in eine psychiatrische Klinik ein, Hunderte seiner Anhänger wurden wegen Vagabondage eingesperrt.

Trotz dieses Rückschlags übersiedelte Waller 1932 von Wien nach Matrei, das er zum „Zentrum der Deutschen in der Welt" ausbauen wollte – eine Perspektive, die den damaligen Bürgermeister zunächst freute. In zahlreichen Veröffentlichungen forderte Waller eine Revision des Friedensvertrags von St. Germain sowie die Wiedervereinigung Südtirols mit Österreich, trat für die Verlegung des österreichischen Parlaments nach Matrei ein und plante neue Emigrationen nach Paraguay und Abessinien. Als nichts davon realistisch erschien, komplementierte man ihn Ende 1932 aus Matrei hinaus. Nicht einmal das Interesse Hitlers konnte er 1938 gewinnen. 1971 starb Peter Waller vereinsamt in Wien. Seine Vision „Wardanien" ist im Museum dokumentiert.

LIENZ
Stadtpfarrkirche

Heute sind es nicht selten afrikanische Missionare, die Österreich zum Glauben bringen wollen. Einer von ihnen ist der Stadtpfarrer von St. Andrä, Jean Paul Ouédraogo. 2002 mußte er aus seiner Heimat, Burkina Faso, flüchten und fand Aufnahme in Tirol (katholische Geistliche gelten als Schlüsselkräfte und sind daher von den Bestimmungen des Ausländer- und Niederlassungsrechts ausgenommen). In der eindrucksvollen Kirche selbst erinnert wenig an Afrika. Ein großes Wandgemälde im linken Seitenschiff ist der „Anbetung der Könige" gewidmet. Der Trend, den dritten König als Afrikaner darzustellen, hatte Lienz um 1470/80 noch nicht erreicht; alle Könige sind also weiß.

PUSTERTAL

Ein von prachtvollem Tiroler Barock und demgemäßer Ikonographie stark geprägtes Gebiet! Ein Seitenaltarbild in der Wallfahrtskirche Mariae Himmelfahrt in ASCH

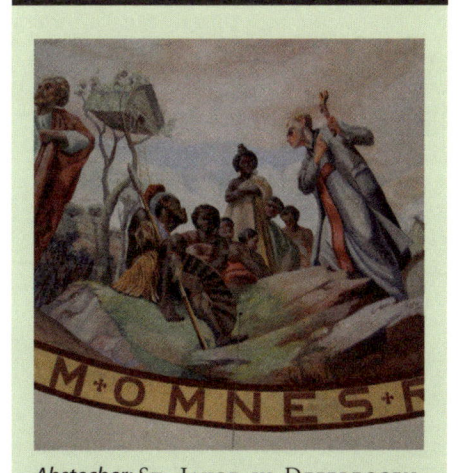

Abstecher: ST. JAKOB IN DEFEREGGEN, Pfarrkirche. Ein Werk, wie es seit den großen Barockmeistern in den Tiroler Kirchen kaum mehr gemalt worden wäre, schrieb der „Tiroler Anzeiger" über die Gewölbemalerei des Südtiroler Priesters Johann Baptist Oberkofler (10. 9. 1935). Neben der künstlerischen Qualität wurde die politische Botschaft gerühmt, die mit dem Sujet „Verherrlichung Christi als König" verbunden war. „Von links zieht das Tiroler Volk in feierlicher Prozession heran, von rechts kommen die Vertreter der Regierung, unter ihnen Kaiser Karl hoch zu Roß und bescheiden im Hintergrund die Gestalt des Heldenkanzlers Dollfuß." Neben diesem noch die Vertreter der Heimwehr, insgesamt also eine Apotheose des austrofaschistischen Regimes, das gerade die Demokratie abgeschafft hatte. „Den übrigen Raum des Bildes füllen die verschiedenen Völker der Erde, die unter Führung [!] der Glaubensboten sich dem Kreuze nähern." Oberkofler kombiniert das Christkönigsfest mit der Darstellung der Kontinente, zeigt uns also die Welt mit den Augen der österreichischen Rechten jener Zeit. Während das „Tiroler Volk" Christus direkt verehrt, blicken die Außereuropäer/innen mehr oder weniger dumpf auf die ihnen zugewiesenen Missionare. Selbst in ihrem Christentum werden sie als Abhängige vorgestellt.

Abstecher: NUSSDORF-DEBANT, Franz Mayr-Straße. Benannt nach einem Tiroler Afrikamissionar, 1865 auf einem Bergbauernhof nahe Lienz geboren. Von Kindheit an schwächlich und durch eine Wirbelsäulenkrümmung behindert, absolvierte Franz Mayr den Großteil seiner Ausbildung in Brixen; 1888 wurde er zum Priester geweiht. Zwei Jahre später stellte er sich in den Dienst der Mission in Südafrika. 1890/91 war er im Kloster Mariannhill bei Durban (➜LANGEN/VBG.), wurde später jedoch, wohl aus Gesundheitsgründen, als Weltpriester in Pietermaritzburg tätig. Später ins heutige Zimbabwe berufen, publizierte er eine mehrmals aufgelegte Grammatik des isiZulu und schloß sich nach einigen Jahren der Innsbrucker Servitenmission in Swaziland an; am 15. Oktober 1914 fiel er in der Nähe von Mbabane einem Raubmord zum Opfer. Seine gesammelten Schriften wurden 2004 von dem aus Lienz stammenden Historiker Clemens Gütl herausgegeben. „Es bedurfte einer langen akribischen Suche, bis ich Näheres über diesen Mann herausfinden konnte, dessen Geburtshaus vom Balkon meiner elterlichen Wohnung in Dölsach zu sehen ist …" (Gütl 2004, Prolog).

ist dem Motiv „Franz Xaver predigt den Indern" gewidmet und zeigt eine Reihe von orientalischen, meist asiatisch aussehenden Personen, die dem Heiligen lauschen. Im Ortsteil Abfaltern von ABFALTERSBACH („Mohren"-Wappen!) wurden offenbar die „Drei Könige" besonders verehrt. Sowohl das Deckengemälde Josef Anton Zollers (1768/70) als auch ein Seitenaltarbild von Johann Mitterwurzer (1776, Abb.) stellen die Anbetungsszene dar.

Letzterer gestaltete auch ein Altarbild in der Dreifaltigkeitskirche von STRASSEN, das den sterbenden Franz Xaver gemeinsam mit einem Chinesen und einem Afrikaner zeigt. Vier der acht Bildfelder in der Kuppel dieser Kirche zeigen Szenen aus der Missionstätigkeit des Heiligen und wurden 1768 vom Brixener Hofmaler Franz Anton Zeiller (1716–94) geschaffen. Die Pfarrkirche des Ortes, dem hl. Jakobus d. Ä. gewidmet, führt uns ins Mittelalter zurück. Fresken, die zu den Hauptwerken des Meisters Leonhard von Brixen gehören (1458/60), zeigen „Zug und Anbetung der Drei Könige" (noch alle weiß) sowie die Heilige Familie auf der Flucht nach Ägypten – die heidnischen Bauwerke stürzen in der Gegenwart des Sohnes Gottes ein – ein bis ins 19. Jh. häufig dargestelltes Motiv.

VORARLBERG

AFRIKANISCHES VORARLBERG AKTUELL

Außenpolitik: Seitens der Landesregierung bestehen keine Beziehungen zu afrikanischen Regionen, aber regelmäßige Kontakte auf Botschafterniveau (zuletzt Nigeria, Südafrika); es gibt keine afrikanischen Honorarkonsulate.

Wirtschaft: Vorarlberg verfügt über eine leistungsfähige industrielle Basis, international stark vernetzt; erste Investition in Südafrika 1949 F. M. Hämmerle; in Folge weitere Investitionen in Südafrika (Zumtobel/Tridonic, Liebherr, Grass, Alpla), Marokko (Hirschmann Automotive) u. a.; ab Anfang 1960er Jahre Stickereiexporte nach Westafrika/Nigeria mit stark steigender Tendenz, heute noch immer wichtig; Exporteure u. a. auch Getzner Textil (Westafrika), Pfanner Fruchtsäfte (Maghreb, Südafrika, Côte d'Ivoire, Gambia), SAPA Group (Angola, Südafrika, Moçambique).

Entwicklungszusammenarbeit: 1960 erstmals Ansatz im Landesbudget; Mittel ursprünglich etwa zu einem Drittel für die katholische Kirche Tanzanias zweckgewidmet, dzt. keine geographischen Schwerpunkte, Projekte i. d. Regel mit Bezug zu Vorarlbergern im Ausland; im privaten Bereich wichtig Caritas/„Bruder/Schwester in Not"; epol. Bildungsarbeit durch „Südwind" in Dornbirn, „Eine Welt Gruppe" in Schlins-Röns u. a. NGOs, zahlreiche engagierte Lehrkräfte; individuelle Hilfsaktivitäten häufig durch Vereine, Schulen, Firmen oder Pfarren unterstützt (z. B. Elisabeth Neier, Kamerun); alternativer Auslandszivildienst über Pfarre Frastanz.

Kultur: Bei Bregenzer Festspielen gelegentlich afrikabezogene Opern oder Dramen (Othello 1952, „Porgy and Bess" 1971 und 1997, „Aida" 2009 sowie vielbeachtet „Soliman" 1991); „Spielboden" Dornbirn mit Weltmusik, „African Night"; thematisch relevante Ausstellungen wie Ostafrika-Sammlung (Landesmuseum 1994), Candice Breitz (Kunsthaus Bregenz 2010), „Lustenau Lagos" (Vorarlberg Museum 2013).

Diaspora: 900 geborene Afrikaner/innen 2013 gemeldet, größte Einzelgruppen aus Nigeria und Südafrika; Flüchtlings- und Migrantenhilfe der Caritas sowie entwicklungspolitischer Gruppen und Pfarren; Anlaufstellen sind z. B. African Club (Wolfurt), Marokkanischer Verein (Feldkirch).

BREGENZ

Kornmarkt 1
Vorarlberg Museum

Als im Juni 2013 das Vorarlberger Landesmuseum seine Pforten wieder öffnete – nach Salzburg ein weiteres neu konzipiertes Regionalmuseum –, präsentierte es eine „afrikanische" Überraschung: eine Ausstellung zu einem Dauerbrenner der Vorarlberger Exportwirtschaft seit der Mitte der 1960er Jahre. „Lustenau Lagos African Lace" entsprach im wesentlichen der Schau, die 2010/11 von Barbara Plankensteiner und dem nigerianischen Museumsdirektor Nath Mayo Adediran im Weltmuseum (➜Wien I) gestaltet und anschließend auch in Lagos und Ibadan gezeigt worden war. Die Präsentation thematisierte Produktion und Ausfuhr von Vorarlberger Stickereiprodukten nach Nigeria (➜Lustenau), verbunden mit einer opulenten Aufbereitung westafrikanischer Kleidungs- und Designkultur. Im Bregenzer Begleitprogramm traten Menschen auf, die im Handel mit Nigeria aktiv waren, oder nigerianische Flüchtlinge, die über ihre Situation informierten. Es war freilich eine Sonderausstellung, befristet bis Jänner 2014. Ob und in welcher Form die spezielle Beziehung Vorarlbergs zu Nigeria auch weiterhin berücksichtigt werden wird, ließ Direktor Andreas Rudigier zunächst offen.

Afrikabezüge in der Landesgeschichte aufzufinden, ist gerade im Fall Vorarlbergs nicht einfach. Lange Zeit abseits der politischen und ökonomischen Zentren Mitteleuropas gelegen, waren fördernde Rahmenbedingungen einer Afrikarezeption in geringem Ausmaß gegeben: eher Quell- als Zielgebiet von Migration („Schwabenkinder"), wenig adeliges oder kirchliches Mäzenatentum, eine schwächere Rolle der Jesuiten in der Gegenreformation, geringes Überseeinteresse der liberalen Unternehmerschaft im ausgehenden 19. Jh. (keine Vorarlberger als „Entdecker" in Afrika), aber auch – bis Pfanner – wenig Missionsengagement der katholisch-konservativen „Kasiner".

Ansatzpunkte boten die kurze Phase der Renaissance, die sowohl zur wissenschaftlichen Beschäftigung mit der „Entdeckung" neuer Kontinente führte (Hieronymus Münzer) als auch zur Präsenz Vorarlberger Landsknechte auf dem nordafrikanischen Kriegsschauplatz (➜HOHENEMS), oder die Emigrationsbewegung, die Vorarlberger/innen schon im 19. Jh. nach Johannesburg führte.

Abstecher: REICHSSTRASSE. Von Norden her war Bregenz lange Zeit nur durch die sog. Klause erreichbar, eine schmale Passage am Berghang, die den Verkehr behinderte. 1831/32 wurde deshalb eine neue Straße gebaut, nach den Plänen von Alois Negrelli. „Die Klause blieb eine Engstelle, aber nun gelangten die Fuhrwerke in die Stadt, ohne lästige Steigungen und Gefälle überwinden zu müssen." (Stadtarchiv). Der Architekt, der später den Wettbewerb für die Trasse des Suezkanals für sich entscheiden sollte, war damals als Kreisingenieur bei der Vorarlberger Verwaltung beschäftigt. Verschiedene Bauwerke aus der Zeit des Vormärz gehen auf ihn zurück, etwa die Pfarrkirchen von Satteins und Sulzberg oder eine Brücke in Lingenau (➜WIEN XXI).

Und natürlich die Rezeption von Afrikabezügen aus Schrift und Tradition, die selbst in den ländlichen Gebieten stattfand. Charakteristisch das Votivbild des Bezauer Gastwirts Gabriel Feuerstein, welches das Leben der heiligen Familie „in Egitenn" darstellt – geradezu eine „Alpinisierung" afrikanisch-orientalischer Erzählungen der Bibel.

OBERSTADT
Martinskapelle

Die bedeutenden Fresken aus der 2. Hälfte des 14. Jhs. sind von der „Hellenisierung" des Christentums geprägt. Es war in heilsgeschichtlicher Perspektive nicht relevant, wo ein biblisches oder frühchristliches Ereignis stattgefunden hatte und welcher Nationalität die involvierten Personen gewesen wa-

Ägyptische Heilige: Katharina und Anton der Einsiedler (Martinskapelle, nach 1362)

ren – und so wurden sie eben alle weiß und europäisch. Wir stoßen auf die eindrucksvolle Darstellung einer Madonna mit Kind, flankiert von der heiligen Katharina und dem Abt Antonius – beides große Persönlichkeiten des ägyptischen Christentums. Auch die Weisen aus dem Morgenland – drei verschiedene Altersstufen repräsentierend – sind alle noch Europäer.

KIRCHSTRASSE
Stadtpfarrkirche hl. Gallus

Vögel aus Afrika sollen die Bekehrung Vorarlbergs durch die Heiligen Columban und Gallus ins Wanken gebracht haben. Wie das?
Unter Schutz von König Theodebert waren die irischen Mönche 610 ins Land gekommen. Ihre Methoden waren wenig zimperlich – so, wie man sie in der Kolonialzeit in Afrika praktizierte: „Heidnische Götzenbilder" wurden einfach zerstört. Im gegenständlichen Fall ging es um drei vergoldete Bronzestatuen, Thor, Wotan und Freya. Beliebt machten sich die Mönche dadurch nicht, und die widerständigen Brigantier sannen auf Rache. Beim Vertreter des Königs erhoben sie Klage gegen die Missionare wegen „Störung der öffentlichen Jagd".
„Bregenz liegt und lag schon damals, wie der Bodensee überhaupt, an einer Hauptzugstraße der Vögel, die alljährlich im Frühling aus Afrika kommen und im Herbst dorthin fliegen", berichtet Benedikt Bilgeri. „Das Vogelfangen mit Netz, Garn und Ruten samt Klebemitteln ist denn auch am Bodensee und gerade in Bregenz altüberliefert … Nun wirkt aber nichts schädlicher auf den Erfolg als Lärm und gar lautes und häufiges Glockengeläute. Das alte Recht gab darum dem Vogelfang besonderen Schutz." (Bilgeri 1980, 14).
Daß die Sorge um den Vogelfang nur ein Vorwand war und es eigentlich um die Ablehnung des Christentums ging, wußte natürlich auch der Herzog. Aber der Sturz des Königs stand bevor, und als kluger Politiker hatte er schon die Seiten gewechselt. „Gunzo beeilte sich, der Klage aus Bregenz stattzugeben und die Iren durch seine Boten auszuweisen." Die Bregenzer triumphierten, und die Jagd auf die aus Afrika einfliegenden Vögel ging munter weiter.
In der Kirche erinnert nichts mehr daran, immerhin aber finden wir (rechts vom Chorbogen) ein Wandbild mit einer vielfigurigen „Anbetung" aus der 1. Hälfte des 17. Jhs. – um diese Zeit natürlich schon mit einem schwarzen König, der freilich eher wie ein dunkler Türke aussieht. Man hatte eben noch kaum Erfahrung mit schwarzen Menschen.

RÖMERSTRASSE 24
Villa Wacker

In Berlin wurde der in Bregenz geborene Maler Rudolf Wacker (1893–1939) erstmals mit der Kunst der außereuropäischen Völker konfrontiert. „… es ist unerhört, daß wir – unsere Zeit – erst anfängt zu ahnen, was es alles außer unserm Europa / außer Antike u. Renaissance, gibt! Wie blind waren wir! – oh, große Erde, voller Menschen, kleiner Himmel voller Sterne! …'/", schrieb er 1922 an seine Mutter. (Wacker 1993, 323 u. 326 f.). Tagelang zeichnete er vor allem westafrikanische Plastiken und Masken (viele Zeichnungen heute im Vorarlberg Museum) und schrieb darüber in seinem Tagebuch. „In den Tagebuchstellen und in der Auswahl der porträtierten Objekte kommt Wackers Faszination durch den freien Umgang der ‚Naturvölker' mit der Sexualität und deren deutlicher Umsetzung in der Kunst zum

> *Abstecher:* BAHNHOFSTRASSE 31: Hier wohnte der Maler Bartle Kleber (1884–1953, Gedenktafel an der Hausfassade zum 100. Geburtstag). 1903/04 absolvierte er eine Orientreise, die ihn u. a. nach Ägypten führte (Aufenthalte in Alexandria, Kairo und Port Said). Der zeichnerische und malerische Ertrag dieser Fahrt war erheblich – Bauwerke, Landschaften, Tiere –, spiegelt im Wesentlichen aber eine sehr touristische Optik wider. Eine Pyramidenansicht mit Sphinx wurde 1924 ins „Vorarlberger Lesebuch" aufgenommen.

**Rudolf Wacker, Afrikanische weibliche Figur
(Bleistiftzeichnung 1921)**

Ausdruck … Die Beschäftigung mit der außereuropäischen Kunst diente ihm nicht zuletzt zur Positionierung seines eigenen Umgangs mit der Sexualität." Wie wenig andere in Vorarlberg (➡THÜRINGEN) war Wacker erfaßt von der aus Frankreich kommenden Strömung der „Negrophilie".
Wacker gilt heute als einer der bedeutendsten Vertreter der Neuen Sachlichkeit in Österreich. Seine Teilnahme an Friedenskundgebungen in der Zwischenkriegszeit und seine offene Kritik an der Kulturpolitik der Nationalsozialisten brachte ihn 1938 in Schwierigkeiten; bei einem Verhör durch die Gestapo erlitt er seinen zweiten Herzinfarkt, an dessen Folgen er schließlich verstarb. Sein Geburtshaus, die von seinem Vater 1887 erbaute Villa Wacker, wurde vom Land Vorarlberg 1994 erworben und restauriert und fungiert heute als Amtsgebäude. Auch eine Straße wurde in Bregenz nach Rudolf Wacker benannt.

ANTON-BOCH-STRASSE
Straßenname

Anton sen. (1818–1884) gilt Kunsthistorikern als der bedeutendste Vertreter der Vorarlberger Malerfamilie Boch. Er wurde in München und Rom ausgebildet und betätigte sich nicht nur als Maler (vorwiegend Porträts), sondern auch als Bildhauer. Nur wenige seiner Werke sind erhalten. Auch das Gruppenporträt einer afrikanisch-deutschen Familie, von dem die „Vorarlberger Landeszeitung" 1866 berichtete, ist leider verschollen:
„Schon seit einiger Zeit erfreute Herr Boch durch die Ausstellung seiner Gemälde manchen kunstsinnigen Einwohner von Bregenz … Gegenwärtig sind in einem Rahmen Porträts einer Mulattenfamilie zu sehen, ein Neger, Franz Fall aus Senegall [!] in Afrika, aus dem Stamm der Joloffs, dann seine Frau, eine Kern-Deutsche, und zwischen den Eltern ihr kraushaariges, prächtiges Kind. Die Drapierung dieser Figuren ist ungemein passend. Die Köpfe sind so voll Leben und Feuer, als wären sie auch unter einem südlichen Himmel gemalt." (Zit. n. Vallaster 1979, 359).
Ob diese Familie Fall irgendwo in Vorarlberg wohnte oder ob sie der Künstler auf einer Reise nach Deutschland oder anderswo kennenlernte, ist unbekannt.

HELDENDANKSTRASSE
Pfarrkirche Mariahilf

Wieder ein afrikanischer König – bemerkenswert, zumal er in der Kunst des 20. Jhs. nicht oft vorkommt. Auf einem der Glasfenster des Gebäudes, das in den 1920er Jahren von Clemens Holzmeister im Stadtteil Rieden-Vorkloster als Pfarr- und zugleich Gedächtniskirche für die Gefallenen des Ersten Weltkriegs erbaut wurde, setzt er sich unübersehbar ins Bild. Der Entwurf zu dieser „Christi Geburt" stammt vom Salzburger Künstler Anton Faistauer († 1930), einem der Pioniere der modernen Malerei in Österreich.

Seligsprechung?

Franz Pfanner – der bedeutendste Afrika-Missionar Vorarlbergs im 19. Jh. Bis heute ist seine Verehrung in Vorarlberg und anderen Bundesländern, zum Teil sogar in Südafrika, spürbar. Der Orden betreibt seine Seligsprechung in Rom.

1825 wurde er in ➤LANGEN geboren, sein Zwillingsbruder Johannes übernahm später den Hof. Wendelin, so der Taufname, ging ins Gymnasium, wurde 1850 in Brixen zum Priester geweiht. Von Mission war noch keine Rede: Kaplan in Dornbirn, Gefängnisseelsorger in Zagreb, 1863 Beitritt zu den Trappisten. Aufgrund interner Konflikte nahm er die Gründung neuer Klöster in Angriff, 1880 ging er nach Kapstadt. Zwei Jahre später gründete Pfanner das Kloster Mariannhill, damals außerhalb von Durban in isiZulu-sprachigem Gebiet gelegen. 1885 wurde er zum Abt geweiht, 1892 jedoch abgesetzt. Pfanner starb 1909 auf der von ihm errichteten Außenstelle Emaus.

Eine instabile, von Widersprüchen geprägte Biographie. Sein autoritärer Führungsstil, theologische Differenzen, aber auch die oft fragwürdige Motivation der ersten Mönche führten zu Streit. Dann die grundsätzliche Unvereinbarkeit: Paßten Trappistenmönche, die zum Schweigen verpflichtet waren, in die Mission? Durch die Abspaltung vom Orden, also die Gründung der „Kongregation der Missionare von Mariannhill" wurde das Problem schließlich beseitigt (bemerkenswert: ein im kolonialen Afrika gegründeter Orden, der sich in Europa etablierte!).

Die Gründung vieler Außenstellen in Südafrika und Zimbabwe sowie die Errichtung einer bis heute renommierten Schule bezeugen die Dynamik der von Pfanner initiierten Missionsarbeit. Dessenungeachtet war sein Verhältnis zur lokalen Bevölkerung ambivalent. Motiviert durch materielle Angebote und vor allem die Aussicht auf schulische Bildung schickten ärmere Familien ihre Buben nach Mariannhill, Wohlhabende und sozial Höherstehende aber lehnten dies im Regelfall ab; gesellschaftliche Konflikte waren die Folge.

Mit der britischen Kolonialverwaltung, die sich in der Region und 1902 in ganz Südafrika etablierte (➤WIEN XVIII), arbeitete Pfanner eng zusammen. Missionsstationen wurden auf enteigneten Grundstücken angelegt – einige davon wurden von Mariannhill in den späten 1990er Jahren als Beitrag zur Landreform Südafrikas restituiert.

Pfanners Grabdenkmal auf dem Friedhof von Mariannhill

LANGEN BEI BREGENZ
Geburtshaus Franz Pfanner

VORARLBERG LAND

Im Ortsteil Hub in LANGEN BEI BREGENZ befindet sich das Geburtshaus von Franz Pfanner, dem Gründer des Missionsklosters Mariannhill in Südafrika und der Mariannhiller Ordenskongregation (➔RIEDEGG/OÖ). Eine Gedenktafel über dem Eingang erinnert an den 21. September 1825. Immer wieder kämen Touristen mit der Bitte um Besichtigung, erzählen mir Angehörige der Familie Fink, die den „Pfannerhof" bewirtschaftet, auch schwarze Geistliche und Schwestern seien schon hiergewesen. Umgekehrt hätten sie mit anderen aus der Gemeinde im Jahr 2000 Mariannhill und Südafrika besucht. Insgesamt seien die Verbindungen zwischen Langen und Südafrika nie abgerissen. Das merkt man auch im Ortsbild. An der Südwand der Pfarrkirche erinnert eine Gedenktafel an den Missionar, und 1969 stifteten Pfarre und Gemeinde im Ortszentrum ein Altenpflegeheim und nannten es Abt-Pfanner-Haus; es wird von Schwestern aus dem weiblichen Zweig des Ordens geführt (➔WERNBERG/KTN.).

WOLFURT
Inselstraße 1

An den beschaulichen Gebäuden erinnert nichts mehr an die Proteste, die 1977 die Errichtung moderner Wohneinheiten mit Flachdach begleiteten. „Hart und fremd" sei das Gesicht der Reihenhäuser an der Inselstraße gewesen, schreibt die Wolfurter Chronik (Mohr/Heim 1994, 52), und in verschiedenen Gesprächen klingt noch heute die Empörung durch: „Die Flachdächer waren im Volk verschrieen, das könne man in Algerien bauen oder in Kairo, aber nicht bei uns. Das passe nur in den Süden, nach Afrika", so der pensionierte Geschichtslehrer Siegfried Heim im Gespräch mit dem Autor. „Kairosiedlung" sei der gängige Spitzname gewesen.

Vorbild Afrika? Die „Kairosiedlung" 1977, noch mit Flachdächern

Spitzen für Nigeria

LUSTENAU – Zentrum der österreichischen Maschinenstickerei. Die Geschichte der ersten Familienbetriebe reicht bis ins 19. Jh. zurück. Schon früh wurden Erzeugnisse nach Großbritannien und Nordamerika ausgeführt. „Um die Jahrhundertwende war die Stickereiwirtschaft größte Devisenbringerin und Arbeitgeberin Vorarlbergs." (Mennel, in: Plankensteiner/Mayo Adediran 2010, 93).
Afrika als Exportmarkt fand Interesse mit dem Ende der Kolonialzeit. Der wachsende Mittelstand in den unabhängigen Staaten verfügte über mehr Kaufkraft, und eine stärkere regionale Streuung des Außenhandels war möglich geworden und zum Teil erwünscht. So hatte das neutrale Österreich seine Chance. Neben dem Sudan, Ghana und Senegal gewann vor allem Nigeria an Bedeutung, wo der Ölboom zu einem Anstieg von Luxusimporten führte. Vermittelt durch den damaligen Handelsdelegierten Heinz Hundertpfund bearbeiteten Lustenauer Firmen ab den frühen 1960er Jahren den nigerianischen Markt. Es kam zu einem „Afrikaboom", mehr als 90 % der Produktion sollen in den späten 1970er Jahren nach Westafrika geliefert worden sein. 1982 erreichten die Stickereiexporte nach Nigeria den Rekordwert von über 3 Mrd. Schilling (ca. 220 Mio. Euro).
„Sowohl in Lagos als auch in Lustenau hatten sich Angebot und Nachfrage herumgesprochen", schreibt Barbara Plankensteiner. „In Lustenau führte es zu einer zunehmenden Spezialisierung auf das sog. ‚Afrikageschäft' und zu einer Vielzahl von entsprechenden Firmengründungen, in Nigeria begannen immer mehr Geschäftsfrauen, Kontakte zu Lustenau aufzubauen und selbst dorthin zu reisen." (Plankensteiner, in: ebda. 117). Die Einkäuferinnen aus Westafrika wurden zu einem vertrauten Bestandteil des Stadtbilds.
Maßnahmen der Regierung in Abuja, aus Devisengründen Luxusimporte zu bremsen, führten Ende der 1970er Jahre zu einem ersten „Nigeria-Schock". Infolge der Erschließung alternativer Vertriebskanäle (über Benin) hielten sich die Auswirkungen zwar in Grenzen, aber die Abwertung des Naira 1984 und vor allem der Verfall der Rohölpreise, der das exportabhängige Nigeria wirtschaftlich schwer in Mitleidenschaft zog, führten zu weiterem Exportrückgang. Auch die Verschärfung des heimischen Visumregimes, das sich auf das Reiseverhalten der nigerianischen Händlerinnen auswirkte, tat ein Übriges. Von den ursprünglich fast 1.400 Maschinen der Vorarlberger Stickereiindustrie waren 2011 nur mehr 240 aktiv (mit rund 600 Beschäftigten), der Prozentsatz der Exporte nach Nigeria ist auf 51 % gesunken (Angaben der Wirtschaftskammer für 2012) – freilich immer noch ein ziemlich hoher Wert.

Afrikanisches Spitzendesign (African Lace, 2013)

In der Tat hatte die in Algerien entwickelte Kolonialarchitektur in den 1950/60er Jahren einen merklichen Einfluß auf die Entwicklung des Wohnbaus in Frankreich ausgeübt, und dieser Trend strahlte wohl auf die moderne Architektur Vorarlbergs aus. Nachhaltig war das Experiment allerdings nicht: Bereits nach wenigen Jahren setzten sich Bewohner/innen und Gemeindevertretung durch, und die Baufirma mußte die Häuser mit „richtigen" Dächern versehen. „Geliftet und freundlich" – so präsentiert sich die Siedlung heute, laut Chronik.

LAUTERACH
Pfarrkirche

Über den Seitenaltären thematisieren Wandgemälde entscheidende Situationen im Kampf zwischen dem wahren Glauben und den Mächten der Finsternis. Rechts wird in dramatischer Weise der Zug der Israeliten durch's Rote Meer und der Untergang der Ägypter geschildert. Links ein Gegenstück aus der Frühen Neuzeit: die Seeschlacht von Lepanto 1571, in der Spanien, Venedig und der Papst („Heilige Liga") die Kriegsflotte des Osmanischen Reiches zerstörten. In der dramatischen Inszenierung des Gemäldes stößt das Christuskind ein Schiff mit einem türkischen Würdenträger und einem afrikanischen (!) Soldaten in den Abgrund. Wahrscheinlich fühlte sich der junge Künstler, Josef Huber aus Feldkirch, durch den um 1880 akuten Kulturkampf zwischen Katholiken und Liberalen motiviert.

DORNBIRN
Marktplatz 11

Insgesamt ging die Zahl der Soldaten aus den afrikanischen oder asiatischen Kolonien, welche die westlichen Alliierten im Zweiten Weltkrieg zum Einsatz brachten, in die Hunderttausende. Und die Propaganda des faschistischen Deutschlands versäumte es nicht, diesen Umstand für ihre Zwecke zu nutzen und Feindbilder und Rassismen, die bereits aus dem Ersten Weltkrieg vorhanden waren, noch zu verschärfen. Darüber, daß man selbst über außereuropäische

> *Abstecher:* LUSTENAU, Pontenstraße 20. Für den Bestand der Vorarlberger Stickereiindustrie ist der Export nach Westafrika und zunehmend auch in den arabischen Raum immer noch von großer Bedeutung (➜ BREGENZ). Eine Wandkarte im 1971 eröffneten Stickereimuseum zeigt die Ausfuhrdestinationen der Branche auf. Der Schwerpunkt der Ausstellung liegt auf der historischen Entwicklung und Technologie des Stickereiwesens mit besonderer Berücksichtigung Vorarlbergs; zum Beispiel werden historische Textilien (Muster) gezeigt, u. a. das Fragment einer Tunika aus dem spätantiken Ägypten sowie ein ebenfalls ägyptisches Kinderkleid (beide aus dem 6./7. Jh., Leihgaben des MAK in Wien). Träger des Museums ist der Vorarlberger Stickereiverband, eine Fachgruppe der Wirtschaftskammer *(www.austrianembroideries.com)*.

Kontingente verfügte – in Vorarlberg waren z. B. 600 indische SS-Soldaten im Einsatz – sah man großzügig hinweg. Vor allem in den Monaten vor Kriegsende wurde die Angst vor den „schwarzen" alliierten Truppen geschürt, z. B. durch Plakate, von denen eines im obersten Bereich des Stadtmuseums erhalten ist. Das Motiv wurde in ähnlicher Form auch in Italien eingesetzt: ein affenartiger schwarzer Krieger, der sich einer weißen Frau bemächtigt (➡ WIEN XIII). Die Kampagne blieb wohl nicht ohne Wirkung. Als Vorarlberg ab 1. Mai 1945 von marokkanischen Truppen befreit wurde, standen ihnen Teile der Bevölkerung „mit gemischten Gefühlen" gegenüber … (➡ FELDKIRCH).

Dr. Waibel-Straße 2

„Mohrenwappen" gibt es in Österreich viele (➡ KLAGENFURT/KTN.) – aufgrund seiner starken Präsenz steht das Logo der ältesten Vorarlberger Bierbrauerei, der Dornbirner „Mohrenbrauerei August Huber", aber besonders in öffentlicher Kritik. 1784 wurde ein Gasthaus „Zum Mohren" erstmals erwähnt, angeblich nach dem damaligen Inhaber benannt, der ein altes Familienwappen führte. In der Werbung der Brauerei (seit 1834 Familie Huber) findet der „Mohr" aber erst seit den 1920er Jahren Verwendung. Stand diesem Logo eher der Appell an die Familien-/Bier-Tradition Pate oder doch ein exotisches Marketingkonzept, das mit gängigen Afrikaklischees eines Teils der Bevölkerung spielte?
„Wir sind uns sehr wohl bewusst, dass es für ‚Nicht-Vorarlberger' im ersten Moment überraschend sein mag", so die Website des Unternehmens *(www.mohrenbrauerei.at)*, dessen Marketing die Kontroverse offensiv aufnimmt. Neben dem „Mohrenbier" selbst, das in einheitlich mit Logos versehenen LKWs ausgeliefert wird, schaffen Plakate, Werbeaktionen, der „Mohren Braukeller" mit Museum, „Community"-Aktionen wie „Mohren Jaß" oder „Mohren Apps" und nicht zuletzt das Sponsoring der lokalen Fußballmannschaft, des „FC Mohren Dornbirn", emotionale Verbindlichkeit. „Unser ‚Mohr' hat Sympathiewerte wie kaum eine andere Marke in unserer Region und ist über die vielen Jahre zu einem Kulturgut geworden", so die Firmensicht.
Im Gefolge der Kritik am Meinl-Logo (➡ WIEN XVI) entwickelte sich darüber – hauptsächlich außerhalb Vorarlbergs – ein kritischer Diskurs, der im Logo einen wirksamen Beitrag zu Alltagsrassismus vermutet. „Schlauchbootlippen, krauses Haar, affenartige Gesichtszüge, markante Nase. Das sind stereotypische Charakteristika von Schwarzen, wie sie in Vorarlberg tagtäglich im öffentlichen Raum verbreitet werden." *(www.m-media.or.at/politik/no-mohr-mohrenbrau)*. Der aus Kamerun stammende Journalist simon INOU und der senegalesische Künstler Serigne Mor (Mara) Niang erstellten ein alternatives Logo, das einen Baobab-Baum symbolisiert und somit ein unumstrittenes Afrika-Image in die Diskussion einführt (Abb.).

Dornbirner Kirchen

Bei der Verarbeitung von religiösen Afrikabezügen ist Dornbirn von einer größeren motivischen Vielfalt gekennzeichnet als andere Städte Vorarlbergs. So findet sich hier eine der seltenen Darstellungen des „mohren"-taufenden Jesuitenmissionars Franz Xaver, und zwar im Aufsatz des linken Seitenaltars der Pfarrkirche zum hl. Sebastian in DORNBIRN-OBERDORF. Sie ist ebenso wie die „Anbetung der Könige" am rechten Seitenaltar ein Werk von Josef Keller (um 1830), einem dem bayrischen und Tiroler Barock verpflichteten Künstler.

Vergleichen wir damit das Fresko der „Anbetung" in der Stadtpfarrkirche zum hl. Martin (MARKTPLATZ), so werden deutliche Unterschiede erkennbar. Der aus Dornbirn stammende und in München als Nazarener ausgebildete Maler Johann Kaspar Rick hatte offenbar Scheu davor, einen afrikanischen Typus im Kontext der Weihnachtserzählung zu zeigen. Sein dritter heiliger König ist bei näherem Hinsehen ein dunkelgrauer Europäer … (um 1876).

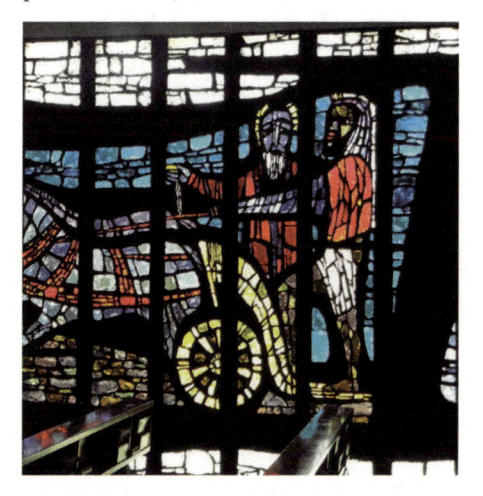

Wiederum ein auswärtiger Künstler, der Berliner und 1946 in Österreich eingebürgerte Albert Birkle, gestaltete die farbenfrohen Glasfenster in der Pfarrkirche in DORNBIRN-ROHRBACH (errichtet 1963/64). Neben der „Flucht nach Ägypten" sticht hier vor allem eine „Taufe des äthiopischen Kämmerers durch Philippus" hervor. Hier fungiert die schwarzbraune Gesichtsfarbe des afrikanischen Würdenträgers geradezu als Blickfang und wird in keiner Weise vertuscht. Selbstbewusst steht der Kämmerer auf seinem Streitwagen und hört den Ausführungen des Apostels zu (Abb.).

Hämmerlestraße

Die Benennung erinnert an das ehemals größte Textilunternehmen Österreichs, F.M. Hämmerle, die erste Vorarlberger Firma, die in Südafrika investierte. Zusammen mit Schweizer Partnern (Salzmann und Brunschweiler) gründete sie die Tochterfirma S.B.H. Cotton Mills in Kapstadt. War es Zufall, daß dies ausgerechnet 1949 erfolgte, ein Jahr nach dem Wahlsieg der Nationalpartei in Südafrika, der die legistische Umsetzung der Rassendiskriminierungspolitik („Apartheid") einleitete? 1951 begann in Epping, einem Industrievorort von Kapstadt, die Produktion. Als das Apartheidregime 1960 den Ausnahmezustand verhängte und alle oppositionellen Bewegungen verbot, schrieb man in Dornbirn: „S.B.H. hat in Südafrika einen guten Ruf und kann ruhig in die Zukunft blicken." (Hämmerle 1961, o. S.). Technische Fachkräfte wurden immer wieder nach Südafrika entsendet, viele traten nach ihrer Rückkehr aktiv für das Regime in Südafrika ein, nicht zuletzt der Gründer des Tennisclubs Dornbirn, Willi Hladik, der 1961 um „ein tiefes Verständnis für alle Vorgänge in diesem Stück Abendland an der Südspitze des afrikanischen Kontinents" bemüht war (Hladik 1961, 1). Nicht erstaunlich, daß dies in späteren Jahren zu (Leserbrief- u. a.) Kontroversen mit der Vorarlberger Anti-Apartheid-Bewegung führte. In Kapstadt gaben die Arbeitsbedingungen zu

Abstecher: DORNBIRN-WATZENEGG, Parzelle Romberg: In der malerisch gelegenen kleinen Kapelle „Maria vom Siege" findet sich ein Porträt mit Gedenkinschrift für den 1903 in Südafrika verstorbenen Emanuel Zimmermann, einen ehemaligen Pfarrer in Oberdorf. Er war als Weltpriester in Mariannhill und seinen Außenstationen tätig gewesen und soll auch eine Grammatik der isiZulu-Sprache verfaßt haben.

Abstecher: DORNBIRN-GÜTLE. Am Eingang zur Rappenlochschlucht finden wir das kleine Museum, das der Krippenverein 2003 in einem leerstehenden Pferdestall eröffnet hat. Unter den etwa 150 Exponaten gibt es auch afrikanische, darunter eine sehr schöne Krippe aus Tanzania, 1983 vom Makondeschnitzer Edward Nangundu aus einem einzigen, 150 kg schweren Stück Ebenholz hergestellt. Während man Krippen aus Europa über Kontakte bei internationalen Kongressen beziehe, berichtet eine Vertreterin des Vereins, würden afrikanische Krippen in der Regel bei Missionaren in Auftrag gegeben und von ihnen nach Dornbirn geschickt. Die tanzanische zum Beispiel sei mehr als ein Jahr auf Reise gewesen.

Protesten Anlaß; 1987 z. B. streikten die Beschäftigten (erfolgreich) gegen die Weisung, um Erlaubnis für Toilettengänge fragen zu müssen (➔ FELDKIRCH).

HOHENEMS
Pfarrkirche und Renaissanceschloß

„JACOBO HANNIBALI …" Dem Jakob Hannibal, Anführer der deutschen Truppen bei Einsätzen in Frankreich, dem Königreich Neapel, an der afrikanischen Küste und in Burgund, habe sein Sohn Kaspar das Grabmal setzen lassen, lesen wir auf dem marmornen Epitaph über dem Kirchentor. Ursprünglich im Inneren des Gotteshauses aufgestellt, wurde das Monument beim Neubau Ende des 18. Jhs. an dieser Stelle angebracht.

Ähnlich wie die Schweiz hatte sich das „Landsknechtsländle" als Lieferregion von Söldnern profiliert. Das Leben war hart, und viele Bauernsöhne hofften, durch Kriegsdienst zu mehr Wohlstand zu gelangen. Auch die Grafen von Ems hatten sich einen Namen gemacht – in Kriegen in Norditalien, Frankreich und gegen die Osmanen sowie bei der Unterdrückung von Protestantismus und Widerstand in ihrer Heimat selbst. Durch Heirat mit den Medici erhielten sie Zugang zu höchsten Kreisen; Jakob Hannibal (1530–87) und seine Brüder waren Neffen von Papst Pius IV. Philipp II. von Spanien beauftragte ihn 1564 mit der Rekrutierung eines Regiments – er bereitete eine Intervention gegen die „weißen Mohren" an der gegenüberliegenden afrikanischen Küste vor, also gegen Marokko. Werbung und Musterung fanden im Juni in Altenstadt, Rankweil, Göfis, Satteins, Schnifis und Schlins statt. Aus anderen Regionen stießen Adelige dazu, sodaß Jakob Hannibal schließlich um die 3.000 Mann kommandierte. In Malaga vereinigte man sich mit spanischen, portugiesischen und maltesischen Truppen.

Ziel der Intervention war die Eroberung eines „Seeräubernests" auf der Insel Peñón de Vélez und der am Festland gelegenen Stadt Gomera, um einen spanischen Brückenkopf für spätere Eroberungen zu schaffen. Beides gelang nach kurzer Belagerung. Quellen berichten von großen europäischen Verlusten, das Heer des Sultans von Fez kam zu spät. Als Sieger kehrte Jakob Hannibal zurück. Ein Jahr später wurde er mit Hortensia, der Halbschwester von Kardinal Carlo Borromeo getraut und vom Papst zum Oberbefehlshaber des Kirchenstaats ernannt. Die Hochzeit soll glanzvoll gewesen sein („Hortensia schmeißt eine Party", hieß eine Aus-

Fresken in der Kirche Hohenems (1798): Jacob Hannibal …

... und ein afrikanischer Page

stellung darüber im Vorarlberg Museum). Von „maurisch ausstaffierten" Tambouren wird uns berichtet, von „als Mohren verkleideten" Pagen, „türkisch aufgeputzten" Knappen oder „damaszenisch herausstaffierten" Reitern.

Ab 1567 residierte Jakob Hannibal auf der hoch über dem Ort gelegenen Burg Altems, die er zu einer Festung ausbauen ließ und wo er eine bedeutende Kunstsammlung verwahrte. Sein Bruder Merk Sittich, der es vom Condottiere zum Kardinal gebracht hatte, begann 1560 mit der Errichtung des Renaissancepalastes in Hohenems mit Gartenanlagen, Tiergärten, Fischweihern und einem Lusthaus. Die Pfarrkirche war als familiäre Gedächtnisstätte der Grafen gedacht, was nicht nur in den Grabmälern, sondern auch in den Deckengemälden zum Ausdruck kommt. Über der Orgelempore bemerkenswert die Allegorie auf das Konzil von Trient: Die Symbole von Kirche und Staat werden links vom heiliggesprochenen Karl Borromäus mit den Kardinälen aus dem Hause Ems und rechts von den Feldherren Merk Sittich I. und seinem Enkel Jakob Hannibal flankiert.

BATSCHUNS
Friedhof

Mit der im Laternser Tal gelegenen Ortschaft ist der Name des Priesters und Sprachwissenschaftlers Albert Drexel (1889–1977) verbunden. Aus Hohenems stammend, begann sich der junge Theologe ausführlichen Sprachstudien zu widmen. In Zusammenarbeit mit Wilhelm Schmidt (➡MARIA ENZERSDORF/NÖ) verfaßte er u. a. eine „Gliederung der afrikanischen Sprachen", in der er sich als erster von der damals im deutschen Sprachraum dominierenden „Hamitentheorie" – kulturelle Überlegenheit einwandernder asiatischer Völker über Afrikaner – distanzierte. „In diesen Arbeiten beschritt Drexel bahnbrechende, neue Wege." (Rohrbacher, in: *www.afrikanistik.at/personen/drexel_albert.htm*). 1924 gründete er ein Afrikanisches Institut in Innsbruck, das bis zur Auflösung durch die Nationalsozialisten 1938 existierte, weiters bewog er den für Tirol und Vorarlberg zuständigen Bischof zur Gründung einer Missionshochschule in Innsbruck. Diese Initiative sowie Drexels Kritik an der von Schmidt vertretenen „Kulturkreislehre" führten zum Bruch zwischen den beiden. Mehrmals nahm Drexel gegen die NS-Rassenlehre Stellung und mußte 1938 ins Schweizer, später liechtensteinische Exil flüchten. Obwohl er auch nach dem Krieg in Sprachwissenschaft publizierte, wurde seine akademische Reputation durch eine Neigung zu mystischen Spekulationen und Kontakte zu fundamentalistischen katholischen Kreisen zunehmend verdunkelt. Als für Batschuns zuständiger Seelsorger veranlaßte Drexel 1923 die Errichtung der heutigen Pfarrkirche nach Plänen von Clemens Holzmeister. Auf dem kleinen Ortsfriedhof ist er in der Nähe des Kriegerdenkmals begraben.

FELDKIRCH
Marokkanerstraße

Unter den Einheiten der ersten französischen Armee, die das „Ländle" Anfang Mai 1945 befreiten, befanden sich Truppen aus Nordafrika, darunter die 2. marokkanische Infanterie- und die 4. marokkanische Gebirgsdivision. Diese Einheiten wurden

u. a. in Feldkirch stationiert und bildeten den Sommer hindurch das wichtigste Element der französischen Befreiungstruppen in Vorarlberg. Zwar wurden die Soldaten bereits Mitte September wieder abgezogen und durch weiße Einheiten ersetzt, ihr tapferes Verhalten während der letzten Kriegstage wurde jedoch durch eine persönliche Ehrung General De Gaulles sowie durch einen Besuch von König Mohamed V. sowie Kronprinz Hassan in Bregenz anerkannt. Teile der Bevölkerung lehnten die afrikanischen Truppen ab – immerhin hatte die NS-deutsche Propaganda in den letzten Kriegsmonaten stark auf die rassistische Karte gesetzt (➡ DORNBIRN) –, andere standen ihnen jedoch mit Offenheit und Interesse gegenüber. Intime Beziehungen zwischen jungen Vorarlbergerinnen und afrikanischen Soldaten endeten infolge des Abzugs derselben meist abrupt; die zurückbleibenden Frauen und Kinder wurden z. Tl. stark diskriminiert. Die Marokkanerstraße liegt an Stelle eines ehemaligen Stadttors, das in den ersten Nachkriegstagen abgerissen wurde, um den französischen Panzern die Passage zu ermöglichen (wenige Schritte weiter, auf Neustadt 24, finden Sie das Atelier des als „Trommelmeister" bekannten Senegalesen Moris Sow). Eine weitere Erinnerung an die marokkanische Präsenz ist der ursprünglich in grüner Farbe gehaltene Stern, der 1945 von marokkanischen Pionieren bei der Wiederrichtung der Felsenau-Brücke in die Wand gehauen wurde (Vorarlberger Straße in Richtung Frastanz, links vor der Abzweigung nach Maria Grün). Heute ist der Stern Teil eines Klettergartens und ganz in Gelb ausgemalt, die Symbolik somit nicht mehr erkennbar.

Kirchgasse 13

Ein schönes Beispiel für die esoterische Rezeption Ägyptens bietet die Jugendstildekoration der Stadtapotheke, die „Naturmenschen" mit Heilkräutern der ägyptischen Heilkunst gegenüberstellt (um 1900).

Besuch des Sultans von Marokko in Bregenz, 22. Juni 1945

Aus der Sicht der Frauen

In der Beurteilung der französischen bzw. marokkanischen Besatzungssoldaten schieden sich die Geister. Auffallend dabei war, daß sich die Intepretationsmuster der Frauen entlang zweier unterschiedlicher Standpunkte orientierten. Ein Teil der Frauen verharrte auch nach Kriegsende in einer rassistisch geprägten Denkweise, wobei jedoch das Ausmaß dieses Rassismus variierte. Die Franzosen waren „schon edlere Geschöpfe", „gebildeter", während die Marokkaner als „Naturmenschen", „nächste Stufe", als „kulturlose" „Afrikaner" bezeichnet wurden.

Der andere Teil der Frauen sah in den Marokkanern mehr ein von den Franzosen unterdrücktes und ausgebeutetes Kolonialvolk, das „Kanonenfutter von den Franzosen". Diese Metapher, diese Vorstellung bot den Frauen eine Identifikationsmöglichkeit, da sie ja selbst in gewisser Weise von der französischen Besatzungsmacht abhängig waren. Dadurch konnten sie sich mit den Marokkanern „solidarisieren".

Zweifelsohne wies die französische Armee eine von Rassismus geprägte Hierarchie auf, die sich sehr augenscheinlich am folgenden Beispiel zeigte und von zwei Frauen angeschnitten wurde: Während die einquartierten Marokkaner ihr Essen im Waschkessel in der Waschküche zubereiten mußten, beanspruchten die Franzosen das Privileg, ihre Mahlzeiten in der Küche ihrer jeweiligen „Gastgeberinnen" zu kochen.

Renate Huber

FELDKIRCH-LEVIS
Magdalenenkirche

Eine etwas verblaßte Wandmalerei unter dem Vordach zeigt die heiligen Drei Könige, auf Dromedaren reitend. Während die Literatur schon seit langem von dieser Szene berichtete („… daß die [Könige] ritten auf Tieren, die sind so schnell, daß sie an einem Tag so viel laufen als ein Pferd in dreien; davon haben sie den Namen dromedarius, das ist gesprochen Laufekraft, von dromos Lauf und ares Kraft" [Iacobus de Voragine 1917, Sp. 137]), ist dies möglicherweise die älteste künstlerische Wiedergabe dieses Motivs in Österreich (um 1350/60).

Ein qualitätsvolles spätgotisches Gemälde in der Kirche (niederländischer Einfluß, um 1470–80) widmet sich der „Epiphanie" und zeigt bereits einen schwarzen König. Experten sind der Ansicht, daß sich dessen Image von hier aus ins Klostertal verbreitete, wo einige um 1480 entstandene Anbetungsaltäre mit schwarzem König vorhanden sind, so in Schlins-Frommengärsch (Annenkapelle), Bartholomäberg (Knappenaltar) oder Silbertal (Agathakirche). Die frühe Entstehungszeit (wenn die Datierungen stimmen) läge nur wenig später als das erste Auftreten des Motivs in ➔WIEN I.

Der berühmte Altar Wolf Hubers im Dom St. Nikolaus hingegen (1521) nähert sich noch sehr zögernd dem Phänotyp des afrikanischen Mannes …

Friedhof Levis

1998 wurde auf dem Grab des Feldkircher Malers Eugen Jussel (1912–1997) eine Büste des Verstorbenen enthüllt. Jussel war Anfang der 1930er Jahre an der Akademie in Wien ausgebildet worden und wurde nach 1938 sehr geschätzt. Er „war kein NS-Parteimitglied, doch kam seine ‚Schönmalerei' (im Sinne der Ausblendung der Schrecken des Krieges) der herrschenden Ideologie entgegen" (Wanger 2012, 46). Die Jahre 1962–66 verbrachte er in Kapstadt und Johannesburg, wo seine Werke großen Anklang fanden; er porträtierte mehrere hohe Apartheid-Politiker, darunter auch den Staatspräsidenten sowie Premierminister Hendrik Verwoerd. Nach Vorarlberg zurückgekehrt, zeigte Jussel seine in Südafrika entstandenen Werke 1968 in einer Ausstellung in Feldkirch, die vom südafrikanischen Botschafter eröffnet und von den Medien beifällig aufgenommen wurde. Es gab allerdings auch Kritik daran. Aktivisten um Werner Ahamer aus Bludenz riefen zum Boykott der Schau auf – mit Bezug auf die „Tatsache, daß unseren schwarzen Brüdern die elementarsten Bürgerrechte, die Ihnen zum Glück selbstverständlich sind, beharrlich verweigert werden." (Flugblatt, 1968). Mutige Pioniere der Anti-Apartheid-Bewegung (➜Wien IV)!

BLUDENZ
Dominikanerinnenkloster St. Peter

Die Gedenktafel mit den Namen der Verstorbenen liegt zwar schon innerhalb der Klausur, eine freundliche Schwester läßt mich dennoch ein. Tatsächlich sind für 1858 die „Morenkinder" Maria Kreszentia Klara und Maria Anna Josefa (Taufnamen, früher hatten sie Bachita und Rosina geheißen) verzeichnet. Drei Jahre vorher waren die Mädchen von einem italienischen Priester nach Bludenz gebracht und an die Dominikanerinnen abgegeben worden. Die etwa vierzehnjährige Rosina soll von Jada in Äthiopien gebürtig gewesen sein, die zwölfjährige Bachita stammte aus Khartoum. Am 1. Mai 1856 wurden sie „in Gegenwart einer unbeschreiblich großen Volksmenge" in der Klosterkirche getauft.

Die Hoffnung, sie nach vollendeter Assimilation bei der Missionierung ihrer Heimat einsetzen zu können, erfüllte sich nicht. Ihre Betreuerinnen waren pädagogisch wie integrativ überfordert, und die jungen Afrikanerinnen hatten mit extremen Kulturschocks zu kämpfen. „Sie waren auch lange Zeit ganz mißtrauisch gegen uns", schreibt die Chronik, „so zwar, daß je liebevoller u. zärtlicher wir sie behandelten, desto mehr fürchteten sie sich, weil sie glaubten, es geschehe alles nur zum Schein, u. wenn wir ihnen recht gut zu essen gaben, so glaubten sie, es geschehe nur, damit sie recht fett werden, daß man sie dann schlachten könne" (zit. n. Sauer 2004, 295). Es kam zu körperlicher Züchtigung, Fluchtversuchen und gewalttätiger Gegenwehr, letztendlich starben beide Mädchen früh, offiziell an „Auszehrung" und dem kalten Klima. Sie liegen auf dem Klosterfriedhof in St. Peter begraben (➜Linz/OÖ).

Da sich solche Erfahrungen häuften, nahmen die kirchlichen Behörden von der Verschiffung afrikanischer Sklavenkinder nach Europa zunehmend Abstand. Nun sollten sie in ihren Heimatländern selbst erzogen werden, wofür Spenden benötigt wurden. Die Idee der Kinderpatenschaft war geboren (➡Bergheim/Sbg.)!

Thüringen
Villa Falkenhorst

Ob Norman Douglas selber „negrophil" war, weiß ich nicht, aber jedenfalls war er mit einer Hohenpriesterin der Pariser Afroszene befreundet, mit Nancy Cunard. 1923 hatten sie sich erstmals getroffen. Douglas (1868–1952), Sohn einer schottischen Industriellenfamilie, die in Thüringen eine Baumwollfabrik betrieb, war nach dem Ende einer Diplomatenkarriere in britischen Diensten zum erfolgreichen Literaten geworden und mit der englischsprachigen Intelligenz seiner Zeit (u. a. mit Joseph Conrad und Graham Greene) eng vernetzt. Cunard wiederum (1896–1968) lebte damals in Paris und verkehrte in avantgardistischen Kreisen. 1928 gründete sie einen erfolgreichen Verlag und begann eine skandalumwitterte Beziehung mit dem afroamerikanischen Jazzpianisten Henry Crowder. Sie engagierte sich gegen Rassismus und trat aktiv gegen den italienischen und spanischen Faschismus auf, später im Rahmen der Résistance auch gegen das nationalsozialistische Deutschland.

Nancy Cunard – in den Worten der frühverstorbenen Kunsthistorikerin Petrine Archer-Straw – gehörte einer künstlerischen Avantgarde Frankreichs an, die sich für Afrika begeisterte. Afrikanische und ozeanische Artefakte und Moden sowie die Fraternisierung mit gebildeten Schwarzen schufen einen typischen Lifestyle. „Diese Spielart des Surrealismus förderte eine romantisierende Stereotypisierung des Schwarzen als eines primitiven, aber edlen Wilden, verbunden mit dem Gedanken der Verjüngung der weißen Rasse. Selbst so kritische Schriftsteller wie Douglas unterstützten diese Ideen. Der sogenannte ‚Eingeborene im Busch' war für Douglas der ‚reine und unverfälschte Afrikaner … und besser als so manche Weiße.' Diese Bewunderung von Schwarzen war charakteristisch für die negrophile Tendenz der Bohemiens-Szene in Paris." (Archer-Straw 2002, 11).

1925 fuhr Douglas nach Tanganyika und Kenya. Für Cunards Buch „Negro. An Anthology" (1934) trug er einen kurzen „Letter from Arusha" bei, in dem er die Schwierigkeiten der Kommunikation mit der lokalen Bevölkerung reflektierte – er hätte die europäische Szene in Arusha besser verlassen und sich mit einem einheimischen Führer allein durchschlagen sollen, dann hätte er vielleicht etwas gelernt …

Norman Douglas in Arusha (1925)

Norman Douglas wuchs in der Villa Falkenhorst auf, einem repräsentativen Fabrikantenhaus mitten in einem englischen Garten. Es fungiert heute als Kulturzentrum und beherbergt eine Ausstellung über die Familie Douglas und ihre Zeit. Eine Douglas-Forschungsstelle, die bereits mehrere Symposien über den Schriftsteller veranstaltet hat, ist an der Landesbibliothek angesiedelt.

DAMÜLS
Pfarrkirche

Verschiedene Glasgemälde zeigen religiöse Motive, darunter den Vorarlberger Ordensgründer Pfanner (➡LANGEN). Es handelt sich um Jugendwerke von Hubert Dietrich, später Professor an der Akademie der Bildenden Künste und Chefrestaurator am Kunsthistorischen Museum in Wien (1961). Die Fresken in der Laibung zwischen den Fenstern entstanden zu Ende des 15. Jhs. und zeigen u. a. eine Anbetungsszene mit drei weißen Königen. Anderswo hatte der schwarze König zu dieser Zeit bereits Einzug gehalten (➡FELDKIRCH), offensichtlich aber noch nicht im inneren Gebirge.

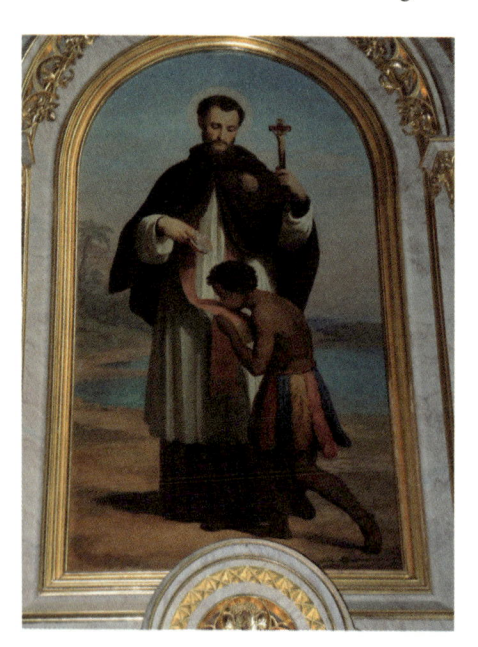

SCHNEPFAU
Pfarrkirche

So hätte man sie halt gern, die „kolonialen Subjekte" – als demütige Untergebene, die dem Europäer die Hände küssen, oder halt die Stola. Das farbenprächtige Gemälde mit dem in Vorarlberg seltenen Franz Xaver-Motiv stammt vom Schweizer Melchior Paul Deschwanden (1875). Er gehörte der Nazarenerschule an, war aber unter den Kirchenmalern seiner Zeit einer, der zumindest gelegentlich exotistische Andeutungen zuließ. Seine vier Jahre später entstandene Taufszene in Thal z. B. zeigt im Hintergrund einen Chinesen. Interessant, daß das Taufmotiv im Bregenzer Wald erst so spät und in einem antimodernistischen Kontext rezipiert wurde.

MELLAU
Pfarrkirche

Auch hier ist ein Hauch des Orients spürbar: auf dem Hochaltarbild, in den 1870er Jahren gemalt von Karl Georg Kaiser in Anlehnung an Deschwanden, der ähnliche Bilder zuvor in Düns und St. Anton im Montafon verfertigt hatte. Antonius der Einsiedler war in den Alpen sehr populär. Geboren um 250 n. Chr. im Dorf Kome (heute Qimanal-Arûs) in Mittelägypten, zog er sich später als Eremit in die Wüste zurück. Askese war wohl auch für die Bergbauern erforderlich, die kaum besser als Einsiedler in den Gebirgstälern lebten und ebenso wie sie im Krankheitsfall auf Betreuung durch den 1382 gegründeten Antoniter-Orden hofften. Dieser hielt für die Verköstigung der Kranken Schweine, die auf der Weide mit Glöckchen gekennzeichnet waren – daher wurde der ägyptische Antonius (der „Sautoni") mit Schweinen oder (wie hier) mit Glocken dargestellt.

Bezau
Pfarrkirche

Neben der beeindruckenden barocken „Anbetung der Könige" von Matthäus Zehender (1684) auf dem Hochaltar zeigt die erste Kreuzwegstation den römischen Statthalter Pilatus mit einem schwarzen Sklaven, ungewöhnlicherweise nicht als Nebenfigur, sondern ins Zentrum der Darstellung gerückt und somit – wie Sie selbst – Betrachter der unheilvollen Szene. Das Bild wurde von dem in Wien tätigen Maler und Kunstkritiker Josef Reich aus Bizau verfertigt (1925). Das Motiv des schwarzen Sklaven des Pilatus kam vermutlich in der Barockzeit aus Italien in unsere Breiten (➜Innsbruck/T).

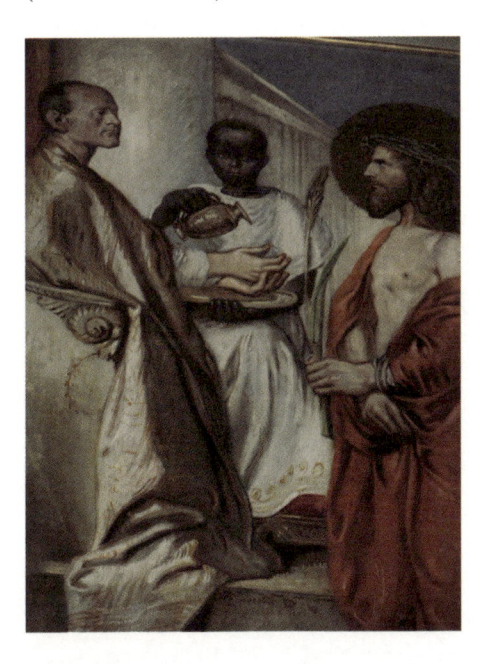

Schwarzenberg
Pfarrkirche

Das Gemälde auf dem rechten Seitenaltar der Pfarrkirche, ein „Tod des hl. Franz Xaver", stammt aus dem 18. Jh., also aus der Zeit der berühmten Vorarlberger Malerin Angelika Kauffmann, an die das lokale Mu-

Abstecher: Hittisau. Das engagierte Frauenmuseum, gegründet von lokalen Aktivistinnen im Jahr 2000, erinnerte vor einigen Jahren mit einer Ausstellung an die Varietékünstlerin Therese Judith Zauser. 1910 in Feldkirch geboren, machte sie eine Ausbildung zur Tänzerin, begann später in Varietés in verschiedenen Ländern zu arbeiten,

Zauser-Ausstellung im Frauenmuseum

nicht zuletzt in Nordafrika. Aus den Postkarten, die sie an ihre Eltern gesendet hat, zeigt sich, daß sie 1933 für zwei Monate in Alexandria war, danach in Kairo, Port Said und Suez. 1934 bis 1936 folgte wieder ein längerer Aufenthalt in Alexandria, 1937 und 1938 in Casablanca. Den Einmarsch Hitler-Deutschlands verfolgte sie in Portugal, das damals von der faschistischen Salazar-Diktatur beherrscht wurde, 1941 wurde sie des Landes verwiesen. Wegen einer als „Wehrkraftzersetzung" eingestuften Bemerkung wurde sie bereits von der Gestapo gesucht. Ende Oktober 1941 wurde sie ins Konzentrationslager Ravensbrück eingeliefert und schon kurz darauf, im Februar 1942, hingerichtet (nach Sophia Bischof).

seum erinnert. Der sterbende Heilige wird hier – nicht häufig in Vorarlberg – von einem in weiße Federn und eine blaue Schärpe gekleideten „Mohren" betrauert.

ALBERSCHWENDE
Pfarrkirche

Der ungewöhnlich große und helle Kirchenraum präsentiert sich seit der Renovierung als ein Schmuckstück des Historismus aus der Mitte des 19. Jhs. An der linken Chorwand finden wir ein großformatiges Fresko, die „Anbetung der Könige" des Tiroler Malers Johann Kärle (1880/81), ein im Bregenzer Wald häufiges Motiv; es gibt in der Gegend auch mehrere „Drei Königs"-Gasthöfe. Allerdings: In der Regel wird der „Mohrenkönig" nicht als Afrikaner dargestellt, sondern als dunkel eingefärbter Europäer – so etwa in Andelsbuch (Kaspar Rick, 1862) oder selbst in Hittisau, in einem monumentalen Hochaltarbild von Josef Bucher („Opfer der drei Weisen aus dem Morgenlande", 1852), das Historismus mit einem gemäßigten Orientalismus verbindet. Ganz extrem aber ist es hier in Alberschwende – der dritte König als Europäer mit leicht geröteten Wangen! Seine Zugehörigkeit zur unexotischen Nazarenerschule konnte Kärle eben nicht leugnen. Als „role model" für die Begegnung mit „wirklichen" Afrikanern waren solche Darstellungen kaum geeignet.
Bemerkenswert scheint mir die Gestaltung der ersten Kreuzwegstation („Christus wird von Pilatus zum Tod verurteilt"): Die Schale, in welcher der römische Statthalter seine Hände in Unschuld wäscht, wird von einem afrikanischen Sklaven getragen. Der Kreuzweg wurde 1934 von Alois Waldner aus Egg gemalt. Als Vorlage wird der Kreuzweg des Münchner Akademieprofessors Martin Feuerstein genannt. Dessen Bild allerdings unterscheidet sich in einem für uns wichtigen Detail: Feuerstein zeigte einen weißen Knaben beim Halten des Beckens! Ihn zum Afrikaner zu machen, muß Waldner also wichtig gewesen sein, warum auch immer.
Die wenige Schritte entfernt gelegene Wendelinskapelle dient seit Jahrhunderten Wallfahrern zur Verehrung des seligen Mönchs Merbod, der 1120 in Alberschwende ermordet worden sein soll und in einer kleinen Krypta unter der Kapelle begraben liegt. In früheren Jahrhunderten wurden seiner Fürsprache auch Befreiungen aus osmanischer Gefangenschaft zugeschrieben – so fern lag Vorarlberg nicht vom Orient (➔HOHENEMS)!

STEIERMARK

AFRIKANISCHE STEIERMARK AKTUELL

Außenpolitik: Außer in Form von Entwicklungszusammenarbeit bestehen keine afrikarelevanten Aktivitäten der Landesregierung; in Graz gibt es Honorarkonsulate von Marokko und Tunesien.

Wirtschaft: Die steirische Industrie konzentriert sich v. a. auf das Südliche Afrika. Über Tochterfirmen in Südafrika verfügen z. B. der Kraftwerksbauer Andritz (Graz) oder der Mautsystem-Anbieter Efkon (Raaba); AVL (Graz) arbeitet mit Vertriebspartnern in Südafrika und Ägypten. Exporte u. a. von Siemens nach Südafrika, VA-Schienen nach Namibia, Andritz nach Angola; Know How-Transfer im Bereich erneuerbare Energien durch AEE Intec (Gleisdorf) in Südafrika, Namibia, Lesotho, Moçambique und Zimbabwe. Papiererzeuger Leykam (Gratkorn) 1997 von SAPPI-Konzern aufgekauft – insgesamt sind südafrikanische Investitionen in Österreich höher als umgekehrt.

Entwicklungszusammenarbeit: Projekte wurden von der Landesregierung seit 1971 unterstützt, 1981 richtete Landeshauptmann Josef Krainer jun. einen Beirat unter Beteiligung von NGOs und politischen Parteien ein. Ziel ist die Unterstützung eines möglichst breiten Spektrums epol. Initiativen; faktischer Schwerpunkt der letzten Jahre ist Tanzania, zurückgehend auf die bahnbrechende „Erklärung von Graz" (1976, Peter Pritz) sowie auf kirchliche Organisationen; weiters wurden in Afrika u. a. Projekte in Rwanda und Uganda gefördert.

Kultur: Afrika ist häufig Thema in Musik- und Filmfestivals: Diagonale (bes. 2008), Styriarte (2009), Psalm (2013); bildende Kunst wurde mehrfach im Kunsthaus präsentiert. Autoren u. a. aus DR Kongo und Zimbabwe fungierten als „Stadtschreiber" von Graz, 2003 gab es eine Kooperation mit dem Teatro Avenida Moçambique im Schauspielhaus. Das Fotoarchiv der Feldforschung Pierre Bourdieus in Algerien 1958–61 ist in der „Camera Austria" zugänglich.

Diaspora: Lt. Statistik Austria waren 2013 in der Steiermark 4.816 in Afrika geborene Personen gemeldet, das ist der zweithöchste Afrikaner/innen-Anteil aller Bundesländer. Die größten Gruppen stammten aus Ägypten und Nigeria. Westafrikanische Maler und Bildhauer sind im BAODO-Kunstverein organisiert. 2014 kritisierte die Antidiskriminierungsstelle Steiermark eine Zunahme an Rassismus-Fällen; es bestehen zahlreiche Integrationsinitiativen sowie Organisationen der Betroffenen; Straßenzeitung „Megaphon".

GRAZ

I. INNERE STADT

Sackstrasse 7–13
Kastner & Öhler

Abdullah Javer soll er geheißen haben, aus Kamerun gebürtig und mit einer Münchnerin verheiratet gewesen sein: der schwarze Liftboy im Kaufhaus Kastner & Öhler. Viele Steirer/innen erinnern sich bis heute an ihn, einige deponierten ihre Aufzeichnungen im „Berg der Erinnerungen", einer alltagsgeschichtlichen Ausstellung in den Schloßbergstollen 2003.
Von der Exkursion einer ländlichen Volksschule nach Graz Mitte der 1930er Jahre wurde z. B. berichtet: „Der Herr Direktor D. [Name red. gekürzt] machte es recht spannend. Er sagte uns: ‚Buabn, da werdets ihr schauen! Dort im Aufzug, bzw. Pater Noster könnt ihr einen echten Neger sehen, ihr könnt ihn sogar angreifen, um festzustellen, dass die Farbe schwarz nicht weggeht, dass die echt ist.' ... Obwohl ich heute nicht mehr der Jüngste bin – dieses Kastner + Öhler Erlebnis habe ich bis heute nicht vergessen. Wir einfache Bauern- und Arbeiterbuabn durften das damals größte Kaufhaus der Steiermark (wenn nicht sogar das größte Österreichs?) besuchen. Wir wurden durch alle Abteilungen geführt – einige haben wirklich den ‚Neger' angegriffen und dann miesstrauisch ihre Finger betrachtet, ob die nicht schwarz geworden seien." (Zit. n. Hofgartner/Schurl/Stocker 2003, 251).
Herr Javer erlebte das vermutlich ganz anders, zumal es ihm gegenüber auch zu rassistischen Beschimpfungen gekommen sein soll (mit Alltagsrassismus kämpfen Menschen schwarzer Hautfarbe in Graz ja bis heute). Angeblich wurde er danach vom Lift in den Innendienst versetzt. Welches Schicksal er und seine Frau 1938 erfuhren, ist unbekannt.

Sackstrasse 18
Graz Museum

„Die explodierende Stadt" nennt sich ein Segment der themenorientierten Ausstellung „360 Graz. Die Stadt von allen Zeiten"; behandelt werden Stadtentwicklung und Lebensverhältnisse im 19. Jh. Direkte Beziehungen zu Übersee gab es damals zwar kaum, aber man verarbeitete Rohstoffe, die über den Fernhandel in die Steiermark kamen. Einer davon war Baumwolle aus den Vereinigten Staaten, und diese fand sogar Eingang in die Werbung, wie das um 1850 gemalte Firmenschild „Zum Wollbaum" zeigt. „Bürger träumen von Baumwollfeldern. Die fantasievolle Darstellung der Baumwollpflanze an einer tropischen Küste und die Verladung von Baumwollballen weisen auf die Produktpalette der ehe-

Abdullah Javer, Porträtzeichnung (1930)

maligen Current- und Modewarenhandlung Geymayer im Haus Luegg am Hauptplatz 11 hin. Kleider, Bänder, Stoffe und modische Accessoires wurden in dem Geschäft verkauft, das sich diese künstlerisch hochwertige Form einer Geschäftstafel leistete." (Museumstext). Das großformatige Schild ist von einer gewissen Exotik geprägt, zu der ein schwarzer Sklave, der beim Verladen der Waren eingesetzt ist, beiträgt.

Ob man in Graz damals den 1852 erschienenen Roman „Onkel Toms Hütte" kannte und sich über die Lebensbedingungen von Sklaven in den Vereinigten Staaten und ihren Stellenwert für den gutbürgerlichen Lebensstandard in Europa Gedanken machte? Sklaverei ist heute natürlich weitgehend vorüber, aber ausbeuterische Arbeitsbedingungen im Plantagen- und Textilsektor sind auch in der kapitalistischen Weltwirtschaft nicht selten. Die Regionalstelle Steiermark der Südwind-Agentur setzt sich daher im Rahmen der Clean Clothes-Kampagne für mehr Gerechtigkeit in der Textilwirtschaft ein *(www.suedwind-agentur.at)*.

HAUPTPLATZ
Erzherzog-Johann-Denkmal

Er war ein kluger Beobachter, der Erzherzog Johann, noch heute ein Bezugspunkt für steirische Identität. Mit Afrika kam er auf seiner Studienreise nach England 1815/16 zumindest indirekt in Berührung. In Liverpool dachte er über den transatlantischen Sklavenhandel nach, Produkte aus Asien und Afrika erregten seine Aufmerksamkeit, und überall fanden sich Erinnerungen an den britischen Krieg gegen die französische Besetzung Ägyptens.

Interessiert befaßte er sich mit Experimenten im Armenschulwesen, wie sie von Pädagogen wie Andrew Bell oder Joseph Lancaster durchgeführt und in die Kolonien exportiert wurden. „Wir sahen hier mehrere Schwarze, welche mit besonderem Fortgange sich bildeten, um als Lehrer in den Colonien und nach Africa, ihrem Vaterlande, zurückzukehren." (Zit. n. Ableitinger/Brunner ²2010, 347). Am „Vorgebürg der Guten Hoffnung" zum Beispiel, so wurde der Erzherzog informiert, hatten die Herrenhuter nach dem Lancaster'schen System eine Schule für die Khoi errichtet; diese Missionsstation, in Genadendal bei Greyton, war in der Tat die älteste in Südafrika; 1838 wurde hier das erste Lehrerbildungsseminar am Kap gegründet.

Wahrscheinlich hätte Erzherzog Johann gern weiter über den europäischen Tellerrand hinausgeblickt, doch kam eine geplante Reise in den Orient (Konstantinopel, Palästina, Ägypten) nicht zustande. Immerhin: Die von ihm notierte „Entwicklungshilfe" konnte er Jahre später selbst praktizieren (➧VORDERNBERG).

Über die NEUE WELTGASSE (Haus „Zum Kleinen Elefanten") geht es weiter zum Franziskanerkloster.

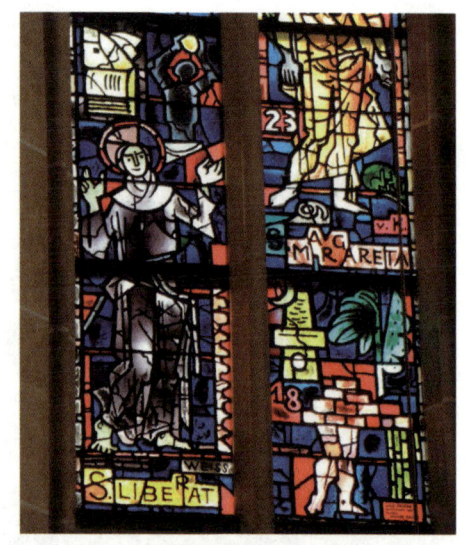

Steinigung des Liberat Weiss (Glasfenster von Franz Felfer, Anf. 1960er Jahre)

FRANZISKANERPLATZ 14 /
NEUTORGASSE 3
Kirche

Afrika war noch unabhängig – bis weit ins 19. Jh. beschränkte sich die Präsenz der Europäer auf Stützpunkte an den Küsten. Missionare, die sich ins Landesinnere wagten, gingen ein ziemliches Risiko ein. Die Erfolge der Heidenbekehrung waren gering, ein koloniales Sicherheitsnetz nicht vorhanden, und einheimischer Widerstand, interkulturelle Mißverständnisse oder schlicht persönliche Rivalitäten kosteten viele das Leben.

Einer von diesen war der Bayer Lorenz (Ordensname Liberat[us]) Weiss, der 1693 ins Grazer Franziskanerkloster eintrat. Zehn Jahre später wirkte er schon als Stadtprediger von Graz. 1704 wurde er von Rom als Missionar für Äthiopien ausgewählt. 1712 erreichten sie Gondar, die Kaiserstadt. Liberat, zum Präfekten der Mission ernannt, stand im Gespräch mit Negus Justos über eine Vereinigung der koptischen und der katholischen Kirche. Das Vorhaben stieß aber auf Widerstand, von einer religiösen Begegnung war keine Rede. „Äthiopien ist der Erdteil, der außerhalb der Erde liegt", schrieb Liberat in einem seiner Briefe. Schließlich wurde der ihnen freundlich gesonnene Herrscher gestürzt, und sein Nachfolger, Negus David, stellte Liberat und zwei weitere Mönche vor Gericht. Am 3. März 1716 wurden sie in Gondar gesteinigt.

Erst über hundert Jahre später nahm Rom die Missionierung Äthiopiens wieder auf (➧WIEN XVIII).

In der franziskanischen Ordenstradition (z. B. ➧WIEN I) ist die Erinnerung an die „grausamen Schwarzen" lebendig geblieben. Hier in Graz sehen wir aber eine interessante Entwicklung. Ein Anfang der 1960er Jahre geschaffenes Glasgemälde in der Apsis zeigt das Martyrium des Liberat mit einem schwarzen Henker – also den althergebrachten Zugang. Die schlichte Plakette im Langhaus hingegen, aus der Zeit nach der Seligsprechung 1988, baut kein Feindbild gegen Afrika auf, sondern ruft den Schutz Gottes auf Graz genau so wie auf Äthiopien herab. Da hat jemand das Zweite Vatikanum ernst genommen! Irgendwann in den 1970er Jahren begann man in Graz ein neues Verhältnis zu Afrika zu entwickeln.

NEUTORGASSE 45
(Eingang KALCHBERGGASSE)
Joanneumviertel

Das pädagogisch gut gestaltete Naturkundemuseum präsentiert als einen seiner Schwerpunkte die Mineralogie – nicht verwunderlich angesichts der Wichtigkeit des Bergbaus für die Regionalökonomie (➜LEOBEN). Die Sammlung geht zum Teil auf die Kollektion von Erzherzog Johann zurück und wurde um die Wende zum 20. Jh. vor allem aus den deutschen Kolonien in Afrika ergänzt – daher die historischen Aufschriften wie „Deutsch-Südwestafrika" etc. Auch wenn der Fokus der Ausstellung auf der Steiermark liegt, werden auch afrikanische Mineralien präsentiert: Diamanten aus Südafrika und dem Kongo, Halbedelsteine aus Tanzania usw. Es wird klar, wo die Rohstoffkorridore Afrikas liegen. Im Zusammenhang mit steirischen Vorkommen kommt u. a. der Kobaltabbau in Schladming zur Sprache. Dieser wurde in der 2. Hälfte des 18. Jhs. mit Hilfe von Kleinaktionären erschlossen – und einer von diesen war Angelo Soliman (➜WIEN III).

Die Neue Galerie zeigt im wesentlichen Gemälde aus dem 19. und frühen 20. Jh. Die 1828 entstandene „Komische Szene im Atelier" von Josef Danhauser führt uns die Karikatur eines „Negers" vor Augen, der mit einem Speer ein Nilpferd attackiert und ziemlich affenartig gezeichnet ist – eine deutliche Abwertung des „edlen Wilden" der Barockzeit. Andere Maler nahmen auf Ägypten Bezug, etwa die Orientalisten Leopold Carl Müller und Alois Schönn (➜WIEN II). Eines der schönsten Werke des letzteren, die „Geschmückte Mohrin", ist leider derzeit im Depot. Das Bild entstand auf einer Reise nach Ägypten und Tunis und strahlt einen gewissen Respekt vor der jungen Frau aus.

HANS-SACHS-GASSE 7
Palais Welsersheimb

Das intime Stiegenhaus wurde Ende des 17. Jhs. mit einem komplex programmierten Freskenzyklus dekoriert: Szenen aus der griechischen Mythologie, begleitet von den im Manierismus beliebten Assoziationen zur Zahl 4: vier Elemente, vier Jahreszeiten, vier Kontinente. Letztere befinden sich im Aufgang zum zweiten Obergeschoß und werden durch halbfigurige Putti (alle weißer Hautfarbe) und Tiere symbolisiert; sowohl das Kamel als auch der Elefant könnten für Afrika stehen.

BÜRGERGASSE 2
Welthaus

Auch das Welthaus hat mit vier Kontinenten zu tun, allerdings aus einer anderen Sicht. 1970 gegründet, begann sich die entwicklungspolitische Einrichtung der Diözese Graz-Seckau ab Anfang der 90er Jahre auf Schwerpunktländer zu konzentrieren.

Alois Schönn, Geschmückte Afrikanerin (1852/53)

Projektimpression aus Tanzania

Lokale Impulse, aber auch die Kooperation mit dem Institut für Internationale Zusammenarbeit (2001 in Horizont3000 eingegliedert) gaben den Ausschlag für zwei Staaten in Afrika: In Tanzania werden laut Jahresbericht 2012 Programme zur Sicherung der Landrechte der bäuerlichen Bevölkerung und zur Ernährungssicherheit unterstützt, in Senegal stehen nachhaltige Lebensmittelproduktion und -vermarktung im Vordergrund.

Daß neben Projekt- und entwicklungspolitischer Bildungsarbeit der Schwerpunkt auf Anwaltschaft liegt, ist für Geschäftsführer Dietmar Schreiner wichtig: „Wir setzen uns verstärkt für eine gerechte globale Landwirtschaft ein. Das heißt, daß wir nicht nur Menschen in Entwicklungsländern dabei unterstützen, ihre Lebensgrundlagen nachhaltig und selbstbestimmt zu sichern, sondern wir treten auch gegen politische Rahmenbedingungen in Europa auf, die das Menschenrecht auf Nahrung und Land einschränken." *(www.graz.welthaus.at)*.

Das Welthaus ist in einem Seitentrakt des 1572/79 errichteten Jesuitenkollegs untergebracht. Im Eingangsbereich des heutigen Priesterseminars erinnert eine Gedenktafel an umgekommene Missionare in Asien und Amerika, im Garten symbolisiert die Figurengruppe „Der hl. Franz Xaver tauft einen Heiden" die Tätigkeit des Ordens.

Domplatz
Dom zum heiligen Ägydius

Die gegen Mitte des 15. Jhs. erbaute Hallenkirche wurde 1577 den Jesuiten übergeben und fungierte als Zentrum der Gegenreformation in der Steiermark. Eine der barock angebauten Seitenkapellen ist konsequenterweise dem Franciscus Xaverius geweiht. Gemalte Medaillons zeigen seine missionarische Tätigkeit im Inland und in der Ferne. Neben verschiedenen Tauf- und Predigtszenen findet sich auch die Episode, in welcher der Heilige einen „Mohren" auf seinem Rücken trägt (➜Innsbruck/T).

Eine besondere Kostbarkeit des Doms sind die Brauttruhen der Gräfin Paola Gonzaga aus Mantua mit ihren in Elfenbein geschnittenen Reliefs. Die Bilder symbolisieren Liebe, Keuschheit und Tod bzw. Ruhm, Zeit und Gott. Die Themen werden jeweils in Form römischer Triumphzüge behandelt, in deren Rahmen exotische Tiere auftreten: Ein Elefant symbolisiert z. B. den Ruhm, zwei Büffel, die über ein leichenbedecktes Schlachtfeld ziehen, den Tod. Die beiden Truhen entstanden in den 1470er Jahren nach Entwürfen von Andrea Mantegna; in ihnen wurde der Brautschatz transportiert, der einen Teil von Paolas Mitgift bei ihrer Hochzeit mit dem Grafen Leonhard von Görz bildete; die Jesuiten verwendeten die Truhen später zur Aufbewahrung von Reliquien.

Hartiggasse 4
Pichlers Spielzeugmuseum

Die private Sammlung, die sich auf Puppen, Bären und Blechspielzeug von gehobener Qualität konzentriert *(www.puppenmuseum-graz.at)*, führt uns in eine viel spätere Zeit. Europa hatte einen großen Teil der Welt erobert, und das bürgerliche Publikum wurde mit den unterworfenen „Rassen" vertraut gemacht. Nicht zuletzt geschah dies durch Kinderbücher oder Spielzeug. Von beidem finden sich hier ausgewählte Exemplare. „Negerpuppen" wurden seit der Wende zum 20. Jh. vor allem in Deutschland hergestellt und waren noch bis in die 1950er Jahre beliebt. In der Regel handelte es sich um Puppenmodelle mit „europäischen" Gesichtern, die schokoladebraun gefärbt wurden, es gab aber auch abwertende, geradezu rassistische Typen. Eine Sonderform war das sog. „Nicknegerlein", das in Kirchen zum Spen-

> *Abstecher:* Schlossberg. 1532 operierte das Hauptheer des Osmanischen Reiches unter der Führung seines bekanntesten Sultans, Suleiman I. (1520–1566), in der Steiermark und belagerte angeblich auch Graz. Überlieferungen berichten, heimische Truppen hätten 1532 sechs Elefanten von den Osmanen erbeutet und diese beim Bau der Schloßbergfestung eingesetzt. Der Schädel eines Elefanten soll später auf einem Gerüst bei der Thomaskapelle ausgestellt gewesen sein mit der Tafel: „Elephas! me elevas fers arma ferentis alis turim, tu arcem" („Oh Elephant! Du erhobst mich, trugst die Gewaffneten und ernährtest Turm und Burg"). Ob die Geschichte stimmt, ist ungewiß.

densammeln für die katholische Mission verwendet wurde. Wenn man Geld in eine Box einwarf, bedankte sich die Figur durch das Neigen des Kopfes – ein infantiles und demütigendes Afrikabild!

Baden-Powell-Allee
Straßenname

1995 wurde im Stadtpark die kurze Verbindung vom Platz der Menschenrechte zur Glacisstraße nach dem Gründer der Pfadfinderbewegung benannt. Man wollte „international bedeutende Persönlichkeiten mit hohen humanitären Leistungen" würdigen. Auch der Gründer des Roten Kreuzes, Henri Dunant, kam damals zu einer Allee.
Freilich könnte man sich kaum einen größeren Gegensatz vorstellen als den zwischen diesen beiden. Während sich Dunant für die Opfer bewaffneter Konflikte engagierte, war Robert Baden-Powell (1857–1941) ein Täter. Als Kavallerieoffizier der britischen Kolonialarmee war er in Südafrika, Ghana und im heutigen Zimbabwe an der Zerschlagung des antikolonialen Widerstands beteiligt. Berühmt wurde er durch die 217 Tage lange Verteidigung von Mafe-

**Zuprostender Afrikaner
(Schaufensterdekoration mit Uhrwerksantrieb, Firma G. Zimmer)**

king (heute Mahikeng, Südafrika) gegen die burischen Truppen (➡Baden/NÖ).

1907 gründete Baden-Powell eine Jugendorganisation – die spätere Pfadfinderbewegung –, der er seine in Jahrzehnten kolonialen Militärdienstes erworbenen Wertvorstellungen mitgeben wollte. Es handelte sich zunächst um eine Organisation nur für Weiße. Auch wenn Baden-Powell betonte, unter Schwarzen viele Freunde zu haben, hielt er „Neger für dümmer als Ochsen" und war der Meinung, „ein Hund würde in der halben Zeit begreifen, was man will" (Parsons 2004, 51). Erst in späterer Zeit wurden Afrikaner als Boy Scouts zugelassen, vor allem, um sie besser indoktrinieren zu können.

II. ST. LEONHARD
III. GEIDORF

Rittergasse
Leechkirche

Ein großer Schild an der rechten Emporenwand zeigt einen großen „Mohren" im Wappen (und in der Wappenbekrönung) – nackt und eine rote Keule schwingend. Die furchterregende Darstellung ist das Logo des Komturs des Deutschen Ritterordens, Thomon von Sigessdorff zu Groswinkhlarn, verstorben im Februar 1560. Mohrenwappen waren in aristokratischen Kreisen nicht ungewöhnlich, meist fielen sie allerdings weniger aggressiv aus (➡Klagenfurt/Ktn.).

Die gegenüberliegende spätbarocke Kanzel trägt auf dem Schalldeckel die „Vier Kontinente", denen das Evangelium verkündet wird. Die Erdteile werden durch vergoldete Herrschaftszeichen symbolisiert, die von kleinen weißen Putti gehalten werden. „Erdteil"-Allegorien auf Kanzeln sind in Kärnten und der Steiermark nicht selten. Die Leechkirche gilt als die älteste katholische Kirche von Graz, der frühgotische Bau wurde 1293 geweiht.

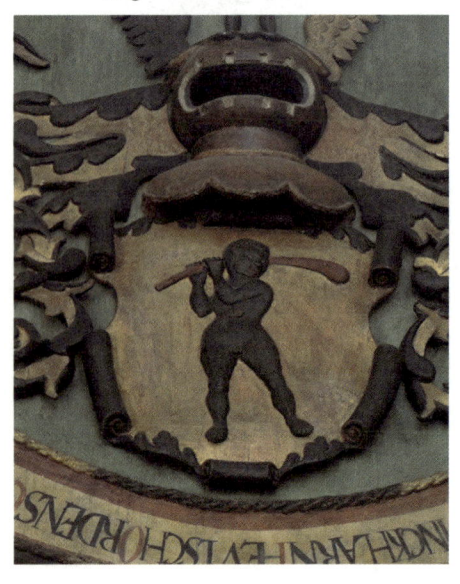

Universitätsplatz 3
Karl-Franzens-Universität

In Lehre und Forschung der Uni spielt Afrika in verschiedenen Fachbereichen eine Rolle, etwa in Archäologie, Soziologie, Geschichte, den Erdwissenschaften oder der Zoologie; auch einen Studiengang *Global Studies* gibt es.

Persönlich ist für mich das Thema „KFU und Afrika" mit dem Namen von Konrad Ginther (1934–2012) verbunden – ehemals Professor für Völkerrecht und internationale Beziehungen. „Besonders hervorzuheben sind seine Forschungsarbeiten zur österreichischen Neutralität, zur Bedeutung Afrikas für die Entwicklung des Völkerrechts, zur Überwindung der Apartheid im Südlichen Afrika, zum Recht auf Entwicklung, zum internationalen Menschenrechtsschutz und zur Verbindung zwischen Entwicklung und Umwelterhaltung im Konzept der nachhaltigen Entwicklung." *(www.uni-graz.at/vrewww/Nachruf_Ginther.pdf)*. Ginthers Engagement in Wissenschaft und Lehre gegen die Rassendiskriminierung im Südlichen Afrika – u. a. trat er für eine österreichische Anerkennung des African National Congress als Befreiungsbewegung nach dem Muster der PLO ein – gab den Anstoß zur Gründung einer Aktionsgruppe, aus der später die steirische Anti-Apartheid-Bewegung entstand.

In Form des APPEAR-Projekts „Academic Partnership on Legal and Human Rights Education", das der Stärkung der menschenrechtlichen Bildungskapazitäten an zwei Partnerinstitutionen in Äthiopien gewidmet ist, ist die Afrikatradition am Institut für Völkerrecht erhalten geblieben.

Leechgasse 22
Afro-Asiatisches Institut

1964 wurde das Institut von der Diözese Graz-Seckau gegründet und feiert somit etwa zeitgleich mit dem Erscheinen dieses Buches sein fünfzigjähriges Jubiläum.

Das AAI Graz versteht sich als Kommunikations- und Begegnungszentrum für Studierende aus Afrika, Asien und Lateinamerika. Neben dem Wohnheim mit 42 Plätzen wird das traditionelle Stipendienprogramm weitergeführt, obwohl dieses „nach dem Ausstieg der Austrian Development Agency (➔Wien I) erheblich schwerer und nur in einer verkleinerten Form erhalten werden kann", wie Institutsleiterin Claudia Unger anmerkt. „Auch die Erhöhung der Studiengebühren stellt angesichts der schwindenden Stipendienmöglichkeiten eine zusätzliche große Belastung für unsere Studierenden dar." Stipendien und Wohnungszuschüsse werden aus dem Erlös des Multikulti-Balls sowie mit Hilfe des Landes Steiermark, der Stadt Graz und privater Unterstützer/innen finanziert *(www.aai-graz.at)*.

Der gemeinsam mit der Universität veranstaltete Multikulti-Ball zählt jedes Jahr zu den wichtigsten integrationspolitischen Ereignissen in Graz. Darüber hinaus betreibt das AAI ein Veranstaltungsprogramm zu entwicklungspolitischen, interkulturellen und interreligiösen Themen und ist immer

Konrad Ginther († 2012)

wieder in interessante Kulturprojekte involviert.

2008 z. B. richtete das AAI gemeinsam mit dem *steirischen herbst* eine Ausstellung aus, in deren Rahmen ein 18 Meter langer Bilderzyklus des aus Ghana stammenden Künstlers Emanuel Nkrumah Kwabena ENKS (➧Lazarettgasse) an der Fassade angebracht wurde. Erst als die Glasfront, die 2013 durch den Umbau entstand, diese Hängung nicht mehr erlaubte, wurden die Gemälde teils vom Künstler zurückgenommen, teils verkauft.

Alle zwei Jahre findet weiters „Crossing Cultures" statt, ein Dialog steirischer Künstler/innen mit solchen aus anderen Ländern, zuletzt 2011 mit Niger. Drei heimische Designer/innen erhielten im Rahmen von „Crossing Fashion Niger" die Möglichkeit, sich mit nigrischen Kolleg/inn/en auszutauschen und Mode zu kreieren. Ziel der Reise war die Stadt Agadez im Norden des Landes, wo die Österreicherin Eva Gretzmacher seit 1996 lebt und das Kompetenzzentrum Agadez leitet *(www.agadez.info)* – eine der wenigen bilateralen Kooperationen zwischen Niger und Österreich (➧Goldegg/Sbg.).

Crossing Fashion Niger, 2011

Tegetthoffplatz
Denkmal

Eine Ironie der Geschichte: 1877, genau zwanzig Jahre, nachdem Wilhelm von Tegetthoff (1827–1871) im Auftrag des Marinekommandanten eine Kolonie im Roten Meer in Besitz nehmen hätte sollen, wurde ihm von Kaiser Franz Joseph dieses Denkmal gesetzt; ursprünglich stand es im kroatischen Pula und wurde 1935 nach Graz gebracht.

Im März 1857 war der junge Schiffsleutnant zu einer Erkundungsmission ins Rote Meer geschickt worden. Angesichts des in Bau befindlichen Suezkanals dachte die Kriegsmarine daran, eine Insel oder einen Küstenstrich als Stützpunkt für den heimischen Schiffsverkehr nach Asien zu besetzen; Sokotra, eine Insel im Golf von Aden, kam in die engere Wahl. Die mühevolle Passage an den Küsten des Sudans und Eritreas entlang erlebte der interkulturell unerfahrene Steirer als belastend: „Gegessen wird mit den Händen; sobald eine Schüssel aufgetragen und der Hausherr sein Itfaddal (belieben Sie) gesprochen, holen sämmtliche Gäste ihre Hände aus und baden sie in der Sauce. Dass dies sehr appetitlich aussieht, will ich gerade nicht behaupten, besonders wenn Mohren mit zu Tische sitzen und gerade ein Milchreis verarbeitet wird ..." (zit. n. Beer 1882, 171). Es sollte noch schlimmer kommen ... (➧Wien II).

Nach seiner Rückkehr machte der junge Offizier rasch Karriere, sein Sieg gegen die italienische Flotte bei Lissa 1866 änderte zwar nichts an der Niederlage gegen Preußen, war für die schwächelnde Monarchie aber psychologisch wichtig. Daher die heroisierende Aufschrift auf dem Monument.

LEONHARDPLATZ 14
Friedhof St. Leonhard

In einer orientalisierenden Kapelle, deren Eingang mit der goldenen Sphinx seines Wappens dekoriert ist, fanden Anton Prokesch von Osten und seine Gattin Irene die letzte Ruhe. Der auffällige Kuppelbau wurde von Theophil v. Hansen entworfen. Prokesch war *der* Orient- und Ägyptenexperte der österreichischen Außenpolitik im 19. Jh. Österreichs Staatskanzler Fürst Metternich hatte ihn in den 1820er Jahren in die Levante geschickt, u. a. um den Kontakt zu Muhammad Ali, den reformfreudigen osmanischen Statthalter Ägyptens, zu verbessern. Prokeschs Berichte und Publikationen trugen maßgeblich zum positiven außen- und handelspolitischen Klima bei, das zwischen Österreich und Ägypten in den 1830er Jahren herrschte, bis es gegen Ende des Jahrzehnts auf britischen Druck hin zu Ende ging (➔ECKARTSAU/NÖ). Als Botschafter in Athen und anschließend in Konstantinopel blieb Prokesch außenpolitisch dem Orient verbunden. Darüber hinaus beschäftigte er sich auch wissenschaftlich mit verschiedensten Fachgebieten und hielt Kontakt zu europäischen wie türkischen Experten.

In seinem Beharren auf der Metternich'schen Vision europäischer Stabilität geriet Prokesch in Widerspruch zur aggressiven Außenpolitik der europäischen Staaten, die seiner Meinung nach auf eine Zerschlagung des Osmanischen Reiches hinauslief. Prokesch, ein Wertkonservativer, beharrte auf dem Primat des Völkerrechts gegenüber militärischer Eroberung: „Was mir wie das Kainszeichen an der Stirne der heutigen politischen Welt erscheint, ist die Macht der Lüge und Täuschung, der Hohn mit welchem das Recht, die Erhalterin der Staaten, niedergetreten wird. Was sollen die Völker daraus lernen und zu was werden sie erzogen", schrieb er in einem seiner letzten Briefe (zit. n. Bertsch 2005, 615). Prokesch starb 1876. Das Palais, in dem seine Frau einen großbürgerlichen Salon geführt hatte, befindet sich auf Elisabethstraße 38. Weiters erinnert in Graz noch die Prokesch-Osten-Gasse in der Nähe des Zentralfriedhofs an den bemerkenswerten Diplomaten.

WITTEKWEG 7
Gedenktafel

Eine kleine rot-blaue Tafel, entstanden im Rahmen der Grazer Frauenspaziergänge, erinnert an May Török von Szendrö, ab 1900 mit Abbas Hilmi, dem jungen Vizekönig von Ägypten, liiert. Als „Weltbürgerin in Graz" lebte sie hier bis zu ihrem Tod am 5. August 1968.

Geboren 1877 in Philadelphia, hatte die Tochter eines ungarischen Offiziers den zukünftigen Statthalter bereits 1890 in Wien kennengelernt, wo er die Mittelschule (das Theresianum ➔WIEN IV) besuchte. Ihre Zeit im ägyptischen Harem – offiziell durften die beiden erst 1910 heiraten – beschrieb Djavidan Hanum 1930 in einem Erinnerungsbuch, das zum Bestseller wurde.

Nach einem wechselvollen Leben als Schriftstellerin, Malerin und Pianistin ließ sie sich 1954 mit ihrem russischen Lebensgefährten in Graz nieder. Das Begräbnis der verarmten Prinzessin auf dem Friedhof St. Leonhard wurde von den muslimischen Studenten der Universität gestaltet.

Abstecher: AUTALER STRASSE 1, Afrika-Haus. Weit außerhalb des Zentrums, in Messendorf, befand sich seit 1908 eine Ausbildungsstätte der Comboni-Missionare. Nach einer wechselvollen Geschichte wurde das kleine Gebäude mit Kircherl 1997 für Flüchtlinge und mittellose Studenten aus Afrika adaptiert *(www.messendorf.at)*. Im Durchschnitt werden 17 bis 19 Personen betreut, sie finden hier während ihres Asylverfahrens juristische und psychologische Unterstützung, besuchen Deutsch- und Computerkurse. Unterkunft und Verpflegung wird in der Regel durch die Grundversorgung und eine Beihilfe des Hauses abgedeckt. Die meisten jungen Männer kommen aus Westafrika und gehören verschiedenen Religionen oder Freikirchen an. Viele spielen am Samstag Fußball, einige sind kulturell tätig oder verkaufen die Obdachlosenzeitschrift „Megaphon".

Bruder Eduard Nagler, der Zuständige seitens der Comboni-Gemeinschaft, war früher im Missionseinsatz in Kenya und engagierte sich dann in der ehemaligen DDR, wo er mit Langzeitarbeitslosen und Afrikanern aus verschiedenen Ländern arbeitete. Seit 2001 leitet er das Afrika-Haus. In Kontakten mit den verschiedenen Behörden, mit Rechtsanwälten oder Firmen hat er mittlerweile eine reiche Erfahrung, ebenso im Umgang mit den Asylwerbern selbst. „Wen wundert es, wenn das lange Warten auf Asyl und den unsicheren Ausgang des Verfahrens manche Bewohner auch mal an den Nerven zehrt und es dadurch zu Unstimmigkeiten kommt."

Angesprochen auf seine Beurteilung der heimischen Asyl- und Fremdengesetze hält sich Bruder Eduard bedeckt, da gebe es Berufenere, etwa den Caritaspräsidenten, der wisse schon, was Sache sei. Aber gern erzählt er von den schweren Schicksalen seiner Schützlinge: von dem jungen Mann aus dem Nigerdelta zum Beispiel, der die Sprengung einer Erdölpipeline vereitelt habe und dann an Leib und Leben bedroht worden sei; oder von jenem aus Somalia, dem religiöse Extremisten die rechte Hand abgehackt hätten …

IV. LEND
V. GRIES

Lendkai 1
Kunsthaus

Afrika und die postkoloniale Auseinandersetzung mit dem Kontinent sind in den zeitgenössischen Kunstbetrieb von Graz stärker eingeflossen als anderswo in Österreich. Ein besonders gutes Beispiel dafür war im Herbst 2013 die Ausstellung des Konzeptkünstlers Romuald Hazoumè aus Benin: „Beninische Solidarität mit gefährdeten Westlern". Sechs speziell für das Kunsthaus ausgeführte Installationen zeigten eine ungewohnte Perspektive: „Was wäre, wenn die Verhältnisse sich derart änderten, dass sich die Dynamik von Abhängigkeiten und Machtverhältnissen umzukehren begänne? Der hegemoniale, eurozentristische Kulturanspruch wird genauso unterlaufen wie die damit einhergehenden politischen und sozialen Dynamiken." (Günther Holler-Schuster). Hier geht es ebenso um die Abschottung des Nordens (Stichwort Lampedusa) wie um Heile Welt-Klischees, um europäisches Voodoo („Déesse de l'Amour", siehe Cover) oder um afrikanische Solidarität mit der wachsenden Zahl der Armen in den industrialisierten Ländern. Hazoumè wurde 1982 geboren und lebt in Cotonou. 1993 nahm er am 1. Freiraum-Symposium Josef Bernhardts in Forchtenstein teil.

Südtiroler Platz 7
Mohren-Apotheke

Die ältesten Wirtshäuser in Graz hätten fast durchwegs Tierbezeichnungen geführt, schreibt Fritz Popelka in der „Geschichte der Stadt Graz". Als Ausnahme wird 1568 ein Gastwirt namens Mohrner erwähnt, der einen mit Speer und Bogen bewaffneten „Mohren" im Schild führte, also ein sog. sprechendes Wappen. Zweifellos handelte es sich bei diesem „Mohrenwirt", der im Eckhaus Griesgasse 2 situiert war, um einen der

Installation der Grazer „Fassadenfreaks" (Oktober 2013)

ältesten derartigen Hausnamen in Österreich; er existierte bis ins 17. Jh.; heute gibt es wieder ein Gasthaus dieses Namens, auf Mariahilferstraße 16.

1711 gründete Johann B. Turack auf Mariahilferstraße 3 die erste öffentliche Apotheke der Vorstadt und nannte sie „Zum schwarzen Mohren" – eine negative Bedeutung hatte der Begriff offenbar nicht. 1745 übersiedelte sie auf den heutigen Standort. Die Apotheke führte im 19. Jh. eine geschnitzte „Mohren"-Figur von Jakob Gschiel als Hauszeichen, die sich heute innerhalb der Apotheke befindet. Die Keramik über dem Eingang wurde 1933 von Hans Adametz geschaffen.

SÜDTIROLERPLATZ 11–13
Zum Elefanten

Um 1570 schon hatte es ein Elefantenhaus in der Inneren Stadt gegeben, vielleicht ein fernes Echo der Fahrt des Dickhäuters von Erzherzog Maximilian nach Wien (➧INNSBRUCK/T). Der Gasthof „Zum schwarzen Elefanten" in der Murvorstadt hingegen ist erst 1688 belegt und steht wohl mit jenem „Schau-Elefanten" in Zusammenhang, der 1629/30 von Amsterdam über Deutschland und Österreich nach Rom zog (➧STEYR/OÖ). Eine Inschrift erinnerte daran: „In dem 1629 Jahr / Dieß Monath October fürwahr, / That dieser Elephant allda stallung hann, / Un haben gesehn viel Frauen und Mann." (Oettermann 1982, 123). Später diente das Gebäude als Bürohaus des Gewerkschaftsbundes, ab 2007 wurde es zu Luxuswohnungen umgebaut und mit einem auffälligen Alu-Penthouse-Aufbau versehen.

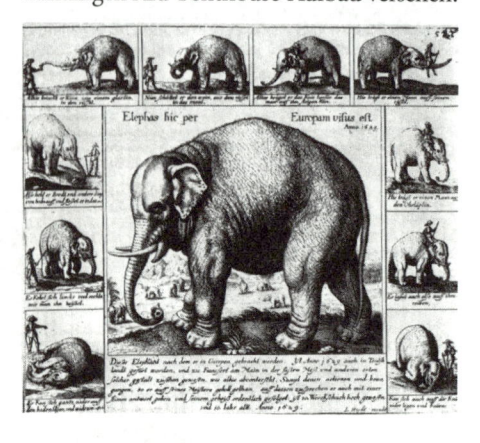

Der Schauelefant von 1629

GRIESPLATZ 13
Chiala

„Afrika bezeichnet James Fosu Nyame als sein ‚homeland', Graz ist für den gebürtigen Ghanesen eine ganz andere Welt. Zu Chiala kommt er, um Unterstützung bei der Arbeitssuche zu erhalten oder damit ihm der Inhalt der vielen in Amtsdeutsch verfaßten Briefe erklärt wird. Meist begrüßt ein turbulentes Stimmengewirr die BesucherInnen des unscheinbaren Hauses am Griesplatz.

Mütter mit ihren Kindern, Väter, Jugendliche und ältere Menschen – die meisten ursprünglich aus Nigeria. Ehrenamtliche SozialberaterInnen verfassen mit ihnen Lebensläufe und Anschreiben, suchen nach leistbarem Wohnraum oder füllen Ansuchen für Kindergartenplätze aus. Kurz gesagt erklären sie das Leben und die Kultur einer europäischen Stadt in einer verständlichen Sprache. Eine Schattenseite dieser Arbeit ist der Alltagsrassismus.

Kamdem MouPoh à Hom, Geschäftsführer des Vereins (Abb.), denkt an die Anfänge von Chiala zurück (vormals Chiala'Afriqas, gegründet 2002): ‚Meine Idee für den Verein hat eng mit der Bedeutung seines Namens zu tun. Chiala – die Bezeichnung für Hauptplatz in der Sprache R'hom à Hom (Westkamerun) – ist für mich ein Ort der Begegnung. Hier können Menschen mit oder ohne Migrationserfahrung zusammenkommen und sich austauschen.' Dieser Austausch erfolgt seit nunmehr elf Jahren auch jährlich im Rahmen des Afrikafestes. Laufend werden im Rahmen der antirassistischen Kulturtätigkeit des Vereins Workshops und Veranstaltungen an Schulen, in Vereinen und Kultureinrichtungen angeboten. James und Kamdem stimmen in ihren Wünschen für die Zukunft Chialas überein: Eine Mischung aus gesellschaftlicher Akzeptanz und harmonischem Zusammenleben in Vielfalt. ‚With less stress', sagt James und lächelt." (Christina Korak; *www.chiala.at*).

LAZARETTGASSE 5
NIL Kunstraum und Restaurant

Das Café wird vom BAODO-Kunstverein getragen, einer 2000 auf Initiative von Veronika Dreier, Eva Ursprung und mehreren Asylwerbern in Kooperation mit dem Verein Zebra gegründeten Kultureinrichtung. Das Café, das von Joseph Dim geführt wird, dient als Location für Ausstellungen und ist Treffpunkt mehrerer afrikanischer Vereine. Künstler, die mit BAODO zusammenarbeiten, sind zum Beispiel der nigerianische Bildhauer Samson Ogiamien, der die Tradition des Bronzegusses aus dem alten Benin weiterführt *(www.ogiamien.at)*, der Maler Victor Omede oder Emanuel Nkrumah Kwabena ENKS, dessen Wandgemälde auch den Hofeingang zum Café schmücken. ENKS wurde 1958 in Ghana geboren, absolvierte die Höhere Technische Lehranstalt in Accra und war Schüler des bekannten Malers Parkarts Glavee. 2003 mußte er seine Heimat verlassen – als Mitglied der christlichen Pfingstkirche wollte er nicht die Nachfolge seines Vaters als traditioneller Priester antreten – und lebt seither in Graz. Seine

Afrikanische Community und afrikanisches Unternehmertum in Graz

In den letzten zweieinhalb Jahrzehnten konnte sich in Graz eine afrikanische Community etablieren. In diesem Zeitraum war die Zahl der afrikanischen Migrant/inn/en in Graz auf ca. 1.550 Personen angestiegen. Zu diesen können noch etwa 800 weitere hinzugerechnet werden, die 2013 bereits die österreichische Staatsbürgerschaft besaßen. Die afrikanische Migration nach Graz war bislang vor allem westafrikanischen Ursprungs – mit den zwei primären Herkunftsländern Ghana und Nigeria. Sie ist, obwohl die Zahl der Migrantinnen seit einigen Jahren leicht ansteigt, männlich dominiert: 2013 standen den 918 Männern nur 636 Frauen gegenüber. Räumlich betrachtet leben 64 Prozent der afrikanischen Migrant/inn/en (inklusive Maghreb-Staaten) in den drei Grazer Stadtbezirken Lend, Gries und Jakomini.

Seit dem Jahr 1995, als eine Afrikanische Liste für die Wahl zum Grazer Ausländerbeirat antrat, gab es innerhalb der Afrikanischen Community zahlreiche Bemühungen, eine gemeinsame Interessenvertretung zu schaffen. Im Zentrum stand hierbei das Bedürfnis, sich gemeinsam gegen den kollektiv erfahrenen Rassismus zur Wehr zu setzen sowie die Lebenssituation für afrikanische Migranten zu verbessern. Dieser Prozeß führte in Graz zur Gründung des Afrikanischen Dachverbandes im Jahr 2002 und des Afrikanischen Forums im Jahr 2007. Im Jahr 2009 gelang die österreichweite Vernetzung mit anderen afrikanischen Communities durch die in Graz stattfindenden Afrikanischen Bundestreffen und der daraus hervorgegangenen Afrika Vernetzungsplattform. Die Bundestreffen wurden maßgeblich vom AfrikaZentrum Chiala'Afriqas (gegründet 2003) organisiert. Derzeit existieren 29 der afrikanischen Community zuordenbare Organisationen. Zu den ältesten noch bestehenden zählen die Ghana Union of Arts and Culture (1992), der Klub der nigerianischen Kulturfreunde (1995) und die IGBO National Union Steiermark (1995/1997). Meist versuchen diese Vereine, den Kontakt zwischen Personen aus der gleichen Herkunftsregion sowie deren Traditionen aufrecht zu erhalten oder die Lebensumstände von Migranten in Graz zu verbessern. Zur zweiten Gruppe zählen Vereine wie IKEMBA (2004), ProHealth (2007) und BAODO (2000). Ferner existieren über zehn religiöse Gruppierungen, die vor allem den evangelikalen Freikirchen angehören. Die beiden ältesten unter ihnen, House of Prayer Mission und International Christian Ministry, bestehen bereits seit über dreizehn Jahren, und das ständige Entstehen neuer Gruppierungen verdeutlicht die hohe Relevanz der Religion für viele afrikanische Migrant/inn/en in Graz.

Derzeit existieren in Graz über zwanzig Unternehmen, die von afrikanischen Migrant/inn/en geführt werden. Vereinzelt sind es kleine Gemischtwarenläden, in denen neben Kleidung, Lebensmitteln, Kosmetika und afrikanischen Kulturprodukten auch Friseurdienstleistungen angeboten werden. Andere Gründer sind im Kunstgewerbe tätig, exportieren gebrauchte PKWs nach Afrika, betreiben Call-Shops, Taxiunternehmen oder afrikanische Restaurants. Manchen Betreibern eines eher unscheinbaren Geschäftes in Graz gelang es sogar, zusätzliche Unternehmungen wie Palmölplantagen, Hotels usw. in ihren Geburtsländern aufzubauen und sich so ein zweites Standbein zu schaffen. **Michael Hauer** sozial- und kapitalismuskritischen Bilder (Abb.) verschmelzen afrikanische und Grazer Motive und thematisieren migrantische Identität – das Leben zwischen zwei Welten.

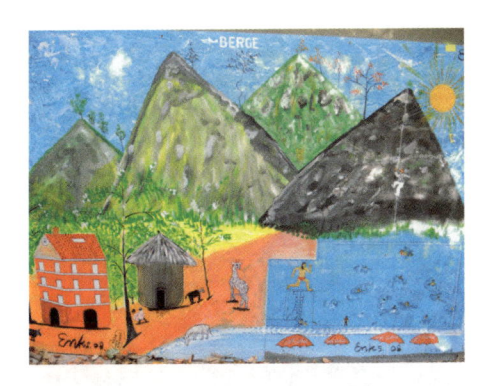

Kernstockgasse 9
Pfarrkirche St. Andrä

Eine barocke Kirche in einem traditionellen Einwandererviertel mit niedrigem Lebensstandard und vielfältigen Kulturen – da kann man schon von einer Herausforderung sprechen. Die Pfarre versucht sie durch einen Dialog mit zeitgenössischer Kunst und Kultur zu bewältigen. „Konflikte und Auseinandersetzungen waren an der Tagesordnung. Aber überwiegend und im Ertrag überzeugender sind die positiven Überraschungsmomente sowie die unzähligen Begegnungen und Erlebnisse, die neue Horizonte geöffnet haben" (http://kunst.st-andrae-graz.at).

G.R.A.M.: Negative aus Dakar (2010)

Unter den zahlreichen modernen Kunstwerken und Installationen, welche die barocken Altäre ergänzen und konterkarieren, finde ich die Glasfenster von G.R.A.M. bemerkenswert. Die Grazer Künstlergruppe (Günther Holler-Schuster, Ronald Walter, Armin Ranner und Martin Behr) „verwendete farbige Fotonegative, die sie in Dakar aufgefunden hatten. Die Negative wurden vergrößert und auf Glas gedruckt. Sie zeigen vier Frauen, porträtiert in ihrer traditionellen afrikanischen Tracht. Unser übliches Bild Afrikas ist meist geprägt von den in den Medien kolportierten Hungersnöten, Bürgerkriegen, Flüchtlingsströmen und anderen Katastrophen. Die Haltung der Afrikanerinnen auf diesen Fotos bringt hingegen deren Würde und Schönheit zur Geltung. … Die Vielfalt der einen Menschheitsfamilie ist erlebbar. In St. Andrä besteht seit 2002 eine eigene afrikanische Community" (Glettler 2011, o. S.).

Annenstrasse 27
IKU

IKU – der Name kommt aus dem nigerianischen Edo und bedeutet „spielend erleben" – ist ein Projekt von ISOP (Innovative Sozialprojekte) und leistet Bewußtseinsbildung unter Kindern und Jugendlichen. „Niemand wird als Rassist geboren", sagt Fred Ohenhen, der IKU 2006 initiiert hat. „Aber man muß schon in der Kindheit beginnen, Vorurteile abzubauen." IKU veranstaltet deshalb Workshops in Kindergärten und Schulen, die es Kindern und Jugendlichen nicht nur kognitiv, sondern vor allem emotional ermöglichen, andere Kulturen in einem ganzheitlichen Sinn kennenzulernen, z. B. durch Musik, die Zubereitung landestypischer Speisen, Märchenerzählungen usw. Dabei geht es nicht nur, aber doch schwerpunktmäßig um Afrika. Regelmäßig wird z. B. die „Afronacht" abgehalten, erstmals 2007 mit der zimbabwe'schen

Theatergruppe IYASA (➡Wien VII), finden Workshops mit Polizei und Justiz statt. „Wir wenden uns gegen jede Diskriminierung, auch z. B. von Inländer/inne/n, die aufgrund von Behinderung oder sexueller Orientierung schlecht behandelt werden. Je dunkler die Hautfarbe, desto größer ist die Chance, diskriminiert zu werden", so Ohenhen. „Graz nennt sich die ‚Stadt der Menschenrechte' – aber die Entwicklung ist leider zu langsam. Es gibt hier immer noch Lokale, wo Afrikaner nicht hineingelassen werden."

Immerhin: 2011 wurde Fred Ohenhen von der Leserschaft der Kleinen Zeitung zum „Grazer des Jahres" in der Kategorie „Soziales Gewissen" gewählt.

Mariengasse 31
Marienkirche

In dem 1863 errichteten Gotteshaus begegnet uns wieder die Äthiopienmission (➡Franziskanerplatz), wenngleich eineinhalb Jahrhunderte später. Die Seitenaltäre sind zwei französischen Ordenskongregationen gewidmet – den Barmherzigen Schwestern (links) und den Lazaristen (rechts). Letztere werden durch die Figuren von Ordensgründer Giustino de Jacobis und des äthiopischen Mönchs Michael Ghebre symbolisiert. Ghebre – als dunkelhäutiger Geistlicher mit Märtyrerpalme dargestellt – war ein koptischer Mönch in Äthiopien, der unter dem Einfluß italienischer Missionare zum Katholizismus übertrat. Führender Kopf derselben war de Jacobis, ursprünglich ein österreichischer Staatsangehöriger, der Ende der 1830er Jahre die ersten Kontakte zwischen dem reformorientierten Ras Dajazmach Wébé von Tigre und der Habsburgermonarchie hergestellt hatte und 1849 zum Bischof ernannt wurde (➡Wien XVIII). Michael Ghebre wurde zum Priester geweiht, verfaßte ein theologisches Lehrbuch und übersetzte den Katechismus ins Amharische.

Michael Ghebre (Altarfigur von Eduard Kubovsky, 1875)

Religiöser Dissens freilich war im damaligen Äthiopien nicht ratsam. Mächtige Fürsten kämpften um die Kaiserwürde, Großbritannien, Frankreich, Österreich und Italien suchten sich politischen Einfluß zu sichern (➡Eisenstadt/Bgld.). 1855 wurde Ghebre wegen Häresie hingerichtet, 1926 erklärte ihn die katholische Kirche zum „Seligen". Der Altar in Graz ist eines der seltenen Beispiele für die religiöse Verehrung eines Afrikaners in Österreich (➡Frauenkirchen/Bgld.).

VOM GRAZER BECKEN INS AUSSEERLAND

Rein
Stiftskirche

„Vier Kontinente" krönen die Kanzel in der Stiftskirche von Rein, des ältesten noch bestehenden Zisterzienserklosters in Österreich, nach Umbau 1747 neu geweiht. „Euntes in mundum universum" und „Praedicate Evangelium omni creaturae" („Gehet hin in alle Welt und verkündet die frohe Botschafter der ganzen Schöpfung") wird das Markusevangelium zitiert, und als Vertreter dieser Schöpfung treten vier goldgeschmückte Putten auf. „Erdteil"-Allegorien auf Kanzeln sind in Kärnten und der Steiermark nicht selten (➜St. Lambrecht). Malerisch tat man sich mit der Darstellung schwarzer Menschen im steirischen Barock des 18. Jhs. offenbar schwerer, die Figuren wirken steif und ungelenk. So auch auf dem Gemälde des Allerheiligenaltars: Etwas abgesetzt von den übrigen Figuren und in Rückenansicht zum Betrachter zeigt der Maler die Drei Könige. Der afrikanische wirkt freilich sehr perplex, während seine Kollegen intensiv diskutieren – geheuer war ihnen das alles doch wieder nicht.
Oder auf einem Gewölbefresko von Josef Adam Mölck 1766, das dem ungewöhnlichen Thema „Der ägyptische Joseph als Vorbild des hl. Joseph" gewidmet ist. Die Szene ist mehr barock als „ägyptisch", doch verleiht ihr ein schwarzer Diener (ganz links) einen exotischen Touch. Besonders souverän wirkt er allerdings nicht, wenn er angestrengt der Erklärung eines Wachsoldaten lauscht. Ähnlich naive Figuren stellte Mölck auch in Frohnleiten (Pfarrkirche) und in der Filialkirche von Adriach dar, wo er ein „Martyrium des hl. Georg" von einem „Mohren" in orientalischer Kleidung beobachten läßt (1773–75, ➜Freistadt/OÖ).
Über die Pyhrn-Autobahn und durch den Gleinalmtunnel, am nahegelegenen ➜Speikkogel vorbei, überqueren wir die Mur-Mürz-Furche und gelangen ins Liesingtal – in eine nicht nur landschaftlich, sondern auch kulturell unterschiedlich geprägte Region. Neue Ideen und Weltbilder verbreiteten sich im unwegsamen, dünn besiedelten Gebirge naturgemäß langsamer als im besser erschlossenen und vernetzten Grazer Becken, die Rezeption Afrikas blieb auf wenige Motive beschränkt.

Kalwang
Pfarrkirche

Eines dieser Motive war natürlich die „Epiphanie" – im 18. Jh. bereits gut eingeführt. In der von Admont aus betreuten Kirche sehen wir die großartige Weihnachtskrippe des Stiftsbildhauers Josef Theodor Stammel (1751) mit einem repräsentativen schwarzen König. Die barock anmutende Ruine links symbolisiert einen zerfallenen Tempel – den Sieg des Christentums über das Heidentum. Die Krippe ist in eine Nische eingelassen und mit geschnitzten Flügeln verschlossen, auf denen u. a. eine „Flucht nach Ägypten" zu sehen ist (geöffnet zwischen Heiligem Abend und 2. Februar).
Zweieinhalb Jahrhunderte früher hatte es der afrikanische König nicht leicht gehabt. Zwar gab es ihn in der Wallfahrtskirche von Oppenberg schon seit Ende der 1480er Jahre – als sein Schöpfer wird der bayrische Bildhauer Erasmus Grasser vermutet –, doch sah er Grassers „Moriskentänzern" ziemlich ähnlich und hinterließ einen eher clownesken denn royalen Eindruck; in ähnlich abgewerteter Pose findet

sich der schwarze König auch in Niederhofen im Ennstal. Vielleicht fand man das unpassend für eine biblische Szene. In Dietmannsdorf nahe Trieben jedenfalls malte der lokale Meister von Schöder noch Anfang des 16. Jhs. nur weiße Könige bei der „Epiphanie", und in Mautern (Fresko an der linken Seitenwand, Ende 15. Jh.) ist der dritte König zwar etwas dünkler, aber kein Afrikaner. Schriftliches ist in keinem Fall überliefert –, aber daß es Diskurse über die Einbeziehung schwarzer Menschen in die Ausstattung von jeder einzelnen dieser Dorfkirchen gegeben hat, scheint mir evident.

ROTTENMANN
Hauptstraße 9

Exotische Impulse kamen jedenfalls von außen. Möglicherweise zog der Jahrmarktselefant von 1629 hier durch (➡ GRAZ IV), und zum Andenken daran wurde ein Gasthaus benannt – heute „Zum Goldenen Elefanten" mit einer schönen sezessionistischen Fassade.

Speikkogel

Speik ist ein Baldriangewächs, das nur in wenigen Regionen Österreichs in einer Seehöhe von 1.800 bis 2.400 m wächst: in den Gurktaler Alpen, den Niederen Tauern und in den Seetaler Alpen. Daher traten historisch neben einigen Kärntner Handelsherren vor allem die steirischen Städte ➡ JUDENBURG und ➡ OBERWÖLZ als Lieferanten des kostbaren Rohstoffs auf.

„Der Speik wurde als Beigabe zu Seifen oder sonstigen Schönheitsmitteln verwendet und diente als wohlriechendes ‚Parfum' des Mittelalters. Auch als Heil- und Zauberpflanze hat man es über Venedig in den Orient gut absetzen können. Daher begann auf den Almen – in der Kor-, Stub- und Gleinalpe gibt es insgesamt vier Bergspitzen mit ‚Speik-Bezeichnung – förmlich ein Raubbau an dieser Pflanze. Auch in entfernteren Gebieten, wie Keutschach, Kreihg, Völkermarkt, im Lungau und im Raume Murau-Katsch sammelte man für die Judenburger Großkaufleute." (Andritsch 1989, 126).

Aus den Wurzeln der Pflanze wurde das intensiv riechende Speiköl gewonnen (für einen Liter mußten mehr als 400 kg Speik gesammelt werden), das teils als Heilmittel, teils in der Körperpflege Verwendung fand. Seine aphrodisierende Wirkung führte dazu, daß in Nordafrika Bräute vor der Hochzeit mit Speiköl parfümiert wurden und Speikprodukte in jedem osmanischen Harem vorhanden waren.

Ein großer Teil des steirischen Speikexports ging in den Orient und nach Nordafrika, aber auch in den Sudan.

**Speikwerkzeug und -butte
(Heimatmuseum Oberwölz)**

Die Königin von Saba in der Stiftsbibliothek (J. Th. Stammel, um 1775)

Admont
Benediktinerstift

Hochaufgerichtet und stolz steht die Königin von Saba vor dem gerade in einen schwierigen Richterspruch vertieften König Salomo. Ihr reich gekleidetes Gefolge – türkische und afrikanische Gesichter, besonders hervorgehoben der schwarze Kamelreiter im Hintergrund – füllt den linken Teil des riesigen Holzreliefs aus, mit dem Josef Theodor Stammel die Südseite des Bibliothekssaals (Besuchereingang) dekorierte. Auf der gegenüberliegenden Nordwand (Mönchseingang) sehen wir den zwölfjährigen Jesus im Tempel – irdische und göttliche Weisheit einander gegenübergestellt. Die Stiftsbibliothek von Admont gilt als der größte klösterliche Bibliothekssaal überhaupt, ihr Baumeister war Joseph Hueber.

Auch die Admonter Krippe, eine der schönsten Österreichs (um 1755/56), wurde von Bildhauer Stammel geschnitzt. Sie ist nur zur Weihnachtszeit geöffnet. Auch hier wird der „Mohren"-König von einem afrikanischen Kamelreiter begleitet, der im Gegensatz zu seinem selbstbewußt auftretenden und reich ausgestatteten Herrn Demut an den Tag legt und nur leicht bekleidet ist – Stammel hatte ein Auge für soziale Differenz.

Weissenbach
Afrika-Museum

1899 erwarb Hermann v. Wissmann – siegreicher General der deutschen „Schutztruppen" und erster Gouverneur von Deutsch-Ostafrika – das Gut „Moar in Langpolten" (Hermann v. Wissmann-Weg 64). Ärztlicher Rat hatte dem gesundheitlich angeschlagenen Politiker, dessen Karriere ins Stocken geraten war, zu einem Klimawechsel geraten. Hier widmete sich Wissmann seinen Sammlungen und seiner Korrespondenz. Am 15. Juni 1905 ging sein Leben allerdings unerwartet zu Ende – offiziell fiel er einem Jagdunfall zum Opfer. Drei Jahre später wurde ihm das nahegelegene Denkmal errichtet.

Für Kolonialrevisionisten der Weimarer Republik (➜Friedberg) blieb Wissmann „Deutschlands größter Afrikaner". Nach 1945 geriet er weithin in Vergessenheit. Sein Andenken wurde zunehmend als problematisch empfunden – angesichts seiner Kollaboration mit dem belgischen König Leopold II. und seiner Kriegsführung in Tanzania (Hinrichtung des aufständischen Großhändlers Bushiri ➜Wien III).

Wie umgehen mit einer solchen Geschichte? Den Weg umbenennen und die Sache vergessen?

2005 – eine überraschende Wendung: Über Vermittlung der deutschen Botschaft in Kinshasa wird ein Kontakt zwischen den

Senateur Kalamba 2010 in Weissenbach

Nachkommen der Familie und Senateur Emery Kalamba hergestellt, dem Urenkel des Königs Mukenge, der 1881 mit Wissmann „Blutsbrüderschaft" geschlossen hatte. Eine Partnerschaft entwickelt sich.

Wissmanns erhaltenes Arbeitszimmer mit den von ihm gesammelten Elefantenstoßzähnen, Fotos und Waffen bildet den Grundstein für das zu seinem hundertsten Todestag eingerichtete Museum (*www.afrikamuseum.org*, gegen Voranmeldung). Ein Verein „Aktion Brücke in den Congo" unterstützt heute Sozialprojekte im Kalamba-Gebiet. Und auf einer Rasenfläche unter dem Wissmann-Hof eröffnete der Senateur 2010 einen „Park Bashilange", der mit Holzkunstwerken der Luba ausgestattet ist.

„Wenn ich nun mit unserem kongolesischen Freund Bilolo und mit den Weissenbachern am Stammtisch über ‚Gott und die Welt' diskutiere", sagt Franz Wissmann-Kaltenbrunner, „oder meine Frau einen kongolesischen Gast mit in die Volksschule nimmt und das schon fast ‚normal' ist, dann habe ich das Gefühl, schon etwas erreicht zu haben im Sinne der Völkerverständigung, unabhängig vom Hilfsprojekt."

Historische Gegebenheiten, die nicht mehr verändert werden können, zum Ausgangspunkt von Entwicklungszusammenarbeit zu machen und so eine problematische Beziehung ins Positive zu wenden – auch das trägt zur kolonialen Vergangenheitsbewältigung bei!

TRAUTENFELS
Schloß

Eine reich stukkierte Decke überspannt das sog. Schreibzimmer des in der 2. Hälfte des 17. Jhs. von den Grafen Trauttmansdorff umgebauten, stark befestigten Schlosses. Oval eingefaßte Malereien zeigen die „Vier Erdteile" – als trauernde Frauen dargestellt. „Europa orbata lugens (Beraubt trauert Europa)" heißt es in begleitenden Inschriften, „Africa indignata fremens (Africa murrt entrüstet)", „Asia examinata suspirans (Asien stöhnt unter der Prüfung)" und „America afflicta gemens (Niedergeschmettert seufzt Amerika)" (Übersetzung nach Eckart). Die den Erdteilen zugeordneten Tiere sind Stier, Löwe, Elefant und Alligator.

Das Motiv der trauernden Vier Kontinente kommt gelegentlich im Kontext des „Huldigungstypus" vor. Vielleicht wirkte sich hier die Staatstrauer um den 1657 verstorbenen Kaiser Ferdinand III. aus? Oder ein privater Schicksalsschlag?

PÜRGG
Johanneskapelle

Die fast unversehrt erhaltene, um 1160 entstandene Kapelle außerhalb der Ortschaft ist mit Fresken aus der Zeit der Erbauung geschmückt. Damals befand sich halb Europa im Krieg mit dem Islam – und trotzdem fühlte man sich vom Orient fasziniert. Ein reicher kufischer Schriftzug umrahmt den

Triumphbogen zwischen Kapellenraum und Chor – gleichsam als Illustration der Überzeugung, das Heil komme von Osten.

Pfarrkirche

Später war man der Ansicht, das Heil komme von Norden. Daher die barocke Statue des heiligen Franz Xaver mit einem schwarzen Taufkind, um 1670/80 entstanden, wohl eine Markierung der jesuitischen Gegenreformation, die – ausgehend von Seckau – in der Obersteiermark sehr stark war.

BAD AUSSEE
Kammerhofmuseum

Ein wichtiger Bestandteil des Ausseer Faschings sind die sog. Faschingsbriefe. Sänger ziehen am Faschingssonntag durch den Ort und persiflieren unter musikalischer Begleitung aktuelle Begebenheiten des vorangegangenen Jahres. Häufig dienen überregionale Ereignisse als Kulisse für die Kritik lokaler Mißstände oder Ereignisse. 1926 wurde „Tutanchamuns Glück und Ende" gegeben – offensichtlich eine Referenz an die Entdeckung der Begräbnisstätte des Pharaos. 1930 trat die Ausseer Bürgermusik als „Aschantineger" auf – man kann sich vorstellen, wie das ablief.
Zeitgeschichtlich besonders interessant ist der Faschingsbrief von 1955, der sich mit dem Besuch des äthiopischen Kaisers Haile Selassie in Österreich befaßte. Autor war der Schuldirektor, Musiker und Volkskundler Hans Gielge (1901–1970).
„Aus Afrikas sonnendurchglühter Savanne, / mit großem Gefolge und niemals allane, / kam ein seltener Gast zu Besuch über Wien / hier ins Ausseerlandl mit neugierigem Sinn."
Nach der formellen Begrüßung stellt sich der „Chor der Äthyopier" vor: „he i a e i habare, he i a e i habare, wir kommen aus dem tiefsten Afrika und sind heut zum Besuch in Aussee da." Dem Kaiser werden im Anschluß Szenen über den Verlust denkmalgeschützter Gebäude, Probleme mit der Krankenkassa, die modernen Frauen oder die lokale Küche präsentiert, schließlich erhält er einen Nachkommen Mussolinis als Geschenk [!].
Der Dolmetscher bringt am Ende den Dank Haile Selassies zum Vortrag: „Seine Majestät ist hochbeglickt / und iber die Geschenke ganz entzickt. / Er wird seine Liebe zu Aussee beweisen / und täglich zweimal Griesknoden verspeisen, / er wird diese Gasselreim genauest studieren / und am Hofe das Fotzhobelspielen einführen, / er wird sich des herrlichen Thrones nicht schämen / und die Krankenkasse in die Maumau [!] übernehmen." (Gielge 1955).
Auch das heimatkundliche Museum im Kammerhof, bis 1924 Sitz der Salinenverwaltung (Chlumeckyplatz 1), setzt einen Schwerpunkt auf den Ausseer Fasching. Neben zahlreichen Faschingsbriefen sind Utensilien des Faschingsrituals ausgestellt, etwa eine 1867 in Auftrag gegebene Fahne der „Trommelweiber", auf der ein „Flinserl"

MUR-MÜRZ-FURCHE

Faschingsumzug in Grundlsee (2004)

in einem bunten, u. a. mit zwei „Mohrenköpfen" besetzten Gewand dargestellt ist. Den „Flinserln" ist im Ausseer Fasching der Dienstagnachmittag gewidmet. Ob ihre Kostüme tatsächlich venezianischen Ursprungs sind, ist umstritten, „Mohrenköpfe" und andere exotische Elemente finden sich am „Flinserl"-Kostüm jedoch bis heute. Vielleicht tatsächlich eine Referenz an die Präsenz von Afrikaner/inne/n in der Handelsstadt an der Adria, die gelegentlich mit Kaufleuten in den Norden gelangten (➡ STADT SALZBURG)?
„Mohren"-Figuren finden sich in alpenländischen Faschingsumzügen auch heute noch des öfteren – unschuldiger Humor oder kränkender Rassismus?

OBERWÖLZ
Heimatmuseum

In seinem volkskundlichen Teil informiert das Heimatmuseum über die Gewinnung und wirtschaftliche Bedeutung des Speik (➡ SPEIKKOGEL). Der Wohlstand der Fernhändler, aber auch jener der Zulieferer war durch die seltene Pflanze einigermaßen gesichert. Wie Gertrude Plattner, die Museumsbetreuerin, ausführt, wurde der Speik in Oberwölz gesammelt, getrocknet und dann von den sog. Säumern über die Alpenpässe nach Venedig oder Triest gebracht. In Oberwölz erinnert daran der Alte Moarhof (Neugasse 79) mit dem Symbol der Säu-

Wappen des Freisinger Bischofs della Scala in der Spitalskirche

Pfarrkirche St. Peter am Kammersberg, Dreikönigszug (um 1430)

mer – einem doppelt verschlungenen Seil – im Relief über dem Einfahrtstor.
Stadt und Herrschaft Oberwölz gehörten bis 1802 zum Bistum Freising und führen daher den „Mohren" im Wappen, der im Stadtbild mehrfach sichtbar ist (z. B. am Hintereggertor das Wappen von Bischof Nicodemus della Scala, um 1430). In der Stadtpfarrkirche finden wir den „Mohren" jedoch nicht als Herrschaftsträger, sondern in Demut – getauft vom Jesuiten Franz Xaver (Fresko von Josef Adam Mölck 1777, aus konservatorischen Gründen hinter Glas).

St. Peter am Kammersberg
Pfarrkirche

Afrikanische Figuren im Gefolge der Drei Könige finden sich erstmals an Nicola Pisanos Kanzel im Dom von Siena (1266/68) – zwei kamelreitende Sklaven, offenbar eine Erinnerung an die exotische Hofhaltung Friedrichs II. Von Siena aus verbreitete sich das Motiv über Oberitalien und Südtirol nach Norden. Die trinkende Afrikanerfigur (was sollte sie eigentlich bedeuten, Ihr Kunsthistoriker?), die wir in mehreren Dorfkirchen Kärntens und der Steiermark finden, steht wahrscheinlich damit in Zusammenhang. Im Vergleich mit St. Cäcilia bei Murau (2. H. 14. Jh.) oder ➡Hart/ Ktn. ist die hiesige Darstellung das ausgereifteste Beispiel: Mitten im Dreikönigszug geht ein gut gekleideter, bewaffneter afrikanischer Höfling, der aus einer Flasche trinkt. Auch ein Äffchen wird mitgeführt, und die Symbole auf den Fahnen stehen für Afrika (schwarzer Mann) und Asien (Halbmond). Das Fresko orientiert sich deutlich an einem Werk des Johannes von Bruneck in der Spitalskirche von Sterzing in Südtirol (ca. 1402).

Althofen
Filialkirche

Das Hochaltarbild der kleinen Kirche zeigt das brutale Martyrium des hl. Bartholomäus, eine religiöse Variante der „Schindung des Marsyas". Vorbild war offensichtlich eine Zeichnung des spanischen Künstlers Jusepe Ribera, der in Neapel tätig war (1624). Der an einen Baumstumpf gefesselte Heilige nimmt den mittleren Bereich des Bildes ein, auf der einen Seite hat der Henker bereits mit der Abhäutung begonnen, auf der anderen reckt ein grausam lächelnder Afrikaner seinen Kopf ins Bild. Welche Funkti-

Federkrone; für Europa eine schlanke Frauenfigur mit einem auf Hinterbeinen stehenden Schimmel (Courbette); für Asien eine ebenfalls hellhäutige Figur mit einem prächtig aufgezäumten Kamel; und für Amerika ein reichgekleideter Indio, der einen Puma an der Leine führt. Die Skulpturen stammen vom Bildhauer Balthasar Prandstätter aus Judenburg (1731/32) und strahlen eine positive Atmosphäre aus: Ohne Freude am Exotischen, am Fremden, an Mensch und Natur in Übersee hätte Prandstätter dieses Wunderwerk nicht schaffen können. Hier wird Leben in Fülle spürbar, das sich seinen Weg in die Bergtäler der oberen Steiermark bricht.

Judenburg
Stadtmuseum

Im ersten Stockwerk der Ausstellung (Kaserngasse 27) steht die Stadtentwicklung im Mittelpunkt. Ein Ölgemälde – eine Reproduktion, das Original befindet sich in der Fürstlich Liechtensteinschen Galerie in Vaduz – porträtiert einen der wichtigsten Judenburger Honoratioren in der 1. Hälfte des 16. Jhs.: Nikolaus Körbler. In der Inschrift des Bildes wird er als „armiraglio di Carlo V. a Tvnese" bezeichnet, d. h., er spielte eine Rolle bei der Ausrüstung der Armee gegen Khair ad-Din Barbarossa (➡Innsbruck/T). Vermutlich waren es lokale Schwertklingen und Schmiedewaren, die er an den Kaiser lieferte, möglicherweise

on den mit einer Kette verbundenen spitzen Gegenständen in seinen Händen zukommt, wird nicht klar, er dürfte aber eher den Tätern zuzurechnen sein als dem Opfer. Eine derartig krasse Negativpunzierung schwarzer Menschen ist in Österreich selten. Das Motiv stammt nicht zufällig aus Südeuropa, wo man intensiver in den Sklavenhandel involviert war und Afrikaner/innen daher stärker abgewertet wurden.

St. Lambrecht
Stiftskirche

In der frühbarocken Kirche des Benediktinerstifts wollte man den „Triumph des hl. Benedikt" veranschaulichen, und das Resultat war die eindrucksvollste Vier-Kontinente-Kanzel, die ich kenne. An der Spitze des gewaltigen Aufbaus auf dem Schalldeckel steht der Heilige in einem zweirädrigen Wagen. Dieser wird von Symboltieren der damals bekannten Kontinente gezogen, die wiederum von je einer typischen Person gelenkt werden – und das alles nahezu lebensgroß. Für Afrika stehen ein kompakter Elefant und ein schwarzer Jäger mit goldener unter Vermittlung des „Kriegskommissars" Gabriel von Salamanca (➡SPITTAL/KTN.). Körbler, seit 1532 geadelt, handelte ansonsten mit Speik, Stoffen, Wein und sogar Büchern; seine Niederlassung befand sich im sog. Körblerhaus (Hauptplatz 5), dessen Arkadenhof in derselben Zeit erbaut wurde. Er starb 1541 und wurde in der Pfarrkirche begraben (Grabstein erhalten).

SECKAU
Stiftskirche

„Eva als schwarze Urmutter der Menschheit" nennt sich eine Szene der Fresken, mit denen Herbert Boeckl 1952–1963 die sog. Engelkapelle der Basilika Mariä Himmelfahrt gestaltete – eines der bedeutendsten Werke moderner sakraler Kunst in Österreich. Boeckls symbolbeladene Gemälde sind der Apokalypse gewidmet, zeigen aber auch Begebenheiten aus anderen Büchern des Neuen Testaments sowie frühchristliche Heilige. Zwei Szenen stellen die „Bekehrung des äthiopischen Kämmerers" dar, ein von der Kirchenkunst damals wiederentdecktes Motiv (➡DORNBIRN/VBG.).

LEOBEN
Schwammerlturm

Seit Jahrhunderten steht die Stadt im Bannkreis des steirischen Erzbergs und ist von der Eisen- und Stahlerzeugung bzw. vom Handel mit Eisenerzeugnissen geprägt. Kein Zufall also, wenn auch das Wappen mit Eisen zu tun hat. Es zeigt einen weißen Vogel Strauß auf rotem Grund mit Hufeisen in Schnabel und Klaue (älteste Darstellung angeblich auf einem Siegel von 1298). Das Motiv geht auf eine antike Legende zurück, derzufolge der Strauß Eisen fressen würde. Das Wappen ist im Zentrum öfters zu finden, z. B. auf einem Sgraffito von August Raidl auf dem sog. Schwammerlturm (1954, Homanngasse). Auch eine Gasse ist nach dem Vogel benannt, und das Museum besitzt einen kostbar gefaßten Straußeneierpokal.

Stadtpfarrkirche

1660–66 wurde die Kirche von Pietro Francesco Carlone für die Jesuiten errichtet; einige Jahre später schenkte ihnen der spätere Kaiser Ferdinand II. seine lokalen Besitzungen, was den Aufbau eines großen Ordenszentrums ermöglichte. Das Verhältnis zur ehemals protestantischen Bevölkerung, die um die Jahrhundertwende zwangsweise „katholisch gemacht" worden war, gestaltete sich schlecht und führte zu Konflikten mit bürgerlichen Gewerken und Händlern, 1683 sogar zu einem Bauern- und Knappenaufstand in Eisenerz. Die Jesuiten konnten sich zwar auf die politische Macht stützen, standen zugleich aber auch unter Legitimationsdruck – was sich in besonders engagierter Überzeugungsarbeit äußerte.
Das über fünf Meter hohe Gemälde auf dem Hochaltar zeigt den in diesem Bereich profiliertesten Jesuitenheiligen – „Franz Xaver in der Glorie". Wohl mit Absicht hatte man einen prominenten deutschen Künstler, Johann Heinrich Schönfeld, damit beauftragt. Während der Heilige im oberen Bereich des Bildes gegen Himmel schwebt, symbolisieren die Figuren im unteren Teil seine Tätigkeit als Krankenheiler und als Missionar; ein schwarzer Herrscher mit roter Gewandung und roter Federkrone setzt einen auffälligen Akzent.

Afrikanischer König (Stadtpfarrkirche, Hochaltarbild, 1669)

Überzeugungsarbeit leisteten die Jesuiten auch in Leoben durch ihr Theater, das alle Register der Bühnentechnik einsetzte, um Zweifelnde von Kirche und Glauben zu überzeugen. Neben Märtyrerdramen führte „die ausgedehnte Mission und die damit verbundene Auseinandersetzung mit außereuropäischen Völkern, Kulturen und Religionen ... zu frühen Exotismen etwa in der Form der Schilderung des Schicksales japanischer Glaubenszeugen" (Jontes/Woisetschläger 1987, 20).

Montanuniversität

1849 übersiedelte die von Peter Tunner gegründete „Steiermärkisch-Ständische Montanlehranstalt" von ➡VORDERNBERG nach Leoben, 1904 wurde sie als „Montanistische Hochschule" den Universitäten gleichgestellt, 1910 war der Neubau fertig (Franz-Josef-Straße 18, www.unileoben.ac.at).
Schon früh suchte Österreichs einzige Universität für Berg- und Hüttenwesen Kooperationen mit ähnlichen Instituten bzw. Firmen im Ausland, wodurch sich Kontakte zu geologisch oder technologisch interessanten Kolonien ergaben. In Afrika traf dies in erster Linie auf den Süden des Kontinents zu, wo Südafrika und Namibia in der Kolonialzeit sowie während der Apartheid eine nicht unbeträchtliche Rolle bei Forschung und Kooperationen spielten. Exkursionen ins Südliche Afrika z. B. waren häufig und mit einschlägiger Propaganda verbunden – um Menschenrechte mußten sich die „wertfreien" Geologen ja nicht kümmern. Heute setzt sich die Tradition unter politisch unbedenklichen Rahmenbedingungen fort: So bietet die Montanuniversität seit 2007 eine zweijährige postgraduale Ausbildung zum „International Mining and Construction Engineer" an, bei der auch die Universität von Witwatersrand beteiligt ist.
Das Andenken an Peter Tunner (1809–97), den „Vaters der steirischen Eisen- und Stahlindustrie", ist in Leoben fast omnipräsent. Begraben sind er und seine Frau Marie in der Pfarrkirche Waasen; dort stiftete er auch ein prächtiges Glasfenster, das ihn in Bergmannstracht kniend vor der Madonna zeigt.

VORDERNBERG
Montanmuseum

Sie müssen Aufsehen erregt haben, die fünf ägyptischen Studenten, die 1843 gemeinsam mit einem Dolmetscher nach Vordernberg kamen. Bergwerksexperte Joseph Russegger (➡BÖCKSTEIN/SBG.) hatte für sie die Teilnahme am zweijährigen Abschlußkurs in der neuen berg- und hüttenmännischen Lehranstalt (➡LEOBEN) arrangiert. Leider wissen wir nicht, wie sich das Zusammenleben zwischen den sechs (muslimischen) Ägyptern und der Vordernberger Bevölkerung im Alltag entwickelte.
Der Unterricht, den Peter Tunner mit großer Strenge gestaltete, fand im heutigen Raithaus statt; für praktische Übungen stand eine sog.

Hasans Lehrbuch – viele Jahre lang im Unterricht verwendet

Lehrfrischhütte zur Verfügung (Rundgang Nr. 18 und 19). Die Studenten wohnten gemeinsam in einem „Elevenhaus". Der einsetzende Aufschwung der Berg- und Hüttentechnik rund um den Erzberg äußerte sich in der Modernisierung und Erweiterung von Betriebsanlagen wie der Neuerrichtung eines Hochofens (Radwerk IV, 1846) – zweifellos eine spannende Zeit für die Stipendiaten.

Allerdings absolvierten nur zwei von ihnen das erste Studienjahr positiv. Die drei anderen mußten die Anstalt wegen „auffallender Unzulänglichkeit ihrer Vorkenntnisse" verlassen. Einer von ihnen, Muhammad Hasan, kehrte nicht nach Ägypten zurück, sondern ging nach Wien, wo er als erster Afrikaner überhaupt eine akademische Karriere machte. Er wurde Sprachlehrer für (ägyptisches) Arabisch, u. a. an der Universität und der Orientalischen Akademie. Muhammad Hasan (nach seiner Konversion zum Katholizismus nannte er sich Anton Hassan) starb 1876.

Kapfenberg
Burg Oberkapfenberg

Eine „Zeitreise zu Kreuzrittern und Alchemisten" verspricht die Erlebnisburg insbesondere den Kindern. In einer Multimediapräsentation wird die Teilnahme Ulrichs von Stubenberg und seines Sohnes Wulfing am Fünften Kreuzzug dargestellt, der ins ägyptische Damiette führte (➜ LILIENFELD/ NÖ). Die Stubenberger hatten damals die Herrschaft Kapfenberg inne. Ulrich kam in den Kämpfen um die Hafenstadt ums Leben.

Abstecher: MARIAZELL, Basilika. Aus Ägypten seien sie zurückgekehrt, einem Land, das die Gnadenmutter auf der Flucht vor Herodes sieben Jahre mit ihrer Anwesenheit geheiligt habe, so die Stifter eines großen Votivbilds im Aufgang zur Schatzkammer. Durch ihren Schutz seien sie aus vielerlei Verfolgung und Krankheiten gerettet worden. Wenig Konkretes in einem Schwall von Demutsrhetorik, aber das Wenige läßt auf Dramatisches schließen. Vielleicht waren Christiano Giurgie Moravo aus Damaskus und Giacomo Neudorf, ein österreichischer Untertan aus Venedig, Levantehändler, in Schwierigkeiten, gar Gefangenschaft geraten? Bogenförmige Fenster im Hintergrund bieten Ausblicke auf unruhiges Meer und die Stadt „Gran Cairo" – wohl die Schauplätze des Geschehens. Datiert ist das Gemälde 1775.

Unter den etwa 2.500 Votivbildern – Mariazell besitzt die größte derartige Sammlung in Österreich – ist dieses eine Besonderheit. Die meisten Gegenstände, die nach der Rückkehr aus Gefangenschaft oder anderen Gefahrensituationen im Orient an Wallfahrtskirchen geschenkt wurden, gingen verloren (➜ WIEN VIII).

MÜRZZUSCHLAG
Städtepartnerschaft

In Kooperation mit dem ORF und lokalen Institutionen schloß der Gemeinderat 1977 eine Partnerschaft mit Arusha; die tanzanische Stadt – Symbol für den von Präsident Julius Nyerere anvisierten Aufbau einer neuen Gesellschaft – war von der „Erklärung von Graz" vorgeschlagen worden. Bereits 1980 konnte ein Krankenwagen zur Verfügung gestellt werden, und auf Wunsch der Partner wurde mit dem Bau eines Schlachthofs begonnen – ein großes Projekt, dessen Umsetzung sich lange hinzog und letztlich unter Einsatz von Bundes- und Landesmitteln zum Abschluß gebracht wurde. „Der Schlachthof funktioniert, davon konnte ich mich bei meinen Besuchen überzeugen", so Bürgermeister Rudischer.
In den letzten Jahren hätten sich die Aktivitäten allerdings abgeschwächt, so Karl Rudischer weiter. Eingehende Spendengelder seien zuletzt dem Verein „Africa Amini Alama" zur Verfügung gestellt worden, der damit eine Krankenstation und ein Wasserleitungsprojekt in der Region Arusha unterstütze. Nach wie vor sei die Partnerschaft in Mürzzuschlag bekannt, und daß immer wieder schulische Projekte zu Tanzania durchgeführt würden, stünde damit wohl in Zusammenhang.

OSTSTEIRISCHES HÜGELLAND

FRIEDBERG
Hauptplatz 17

Wohl kein anderer Friedberger könnte eine ähnlich ausgefallene Biographie aufweisen, hieß es zum 800jährigen Jubiläum der Stadt (Hutz 1994, 506). Robert Unterwelz wurde 1886 als Sohn eines prominenten Arztes geboren und wuchs in deutschnationalen Kreisen auf. Ein Vorzeigekind war er nicht: brauchte ewig bis zur Matura, studierte ein bißchen Medizin, jobbte schließlich beim Bahnbau (1910 wurde Friedberg mit der Aspanglinie verbunden). 1911 brach der 25Jährige nach Deutsch-Ostafrika auf. Mit Kriegsbeginn 1914 meldete er sich freiwillig zur „Schutztruppe" von General Lettow-Vorbeck. Seine Einheit, die im Süden Tanzanias und im nördlichen Moçambique operierte, mußte sich schließlich den Briten ergeben. Nach zweijähriger Gefangenschaft kehrte Unterwelz Ende 1919 in die Heimat zurück.
Ein gescheiterter Kolonialheld? Nicht für seinesgleichen. Der Verlust der Kolonien wurde zu einem Teil der „Dolchstoßlegende", mächtige Lobbies forderten die Rückgabe an Deutschland, ehemalige „Schutztruppler" spielten dabei eine wichtige Rolle. In kurzer Folge veröffentlichte Unterwelz drei Bücher, und die Vorträge, die er in der Steiermark, in Niederösterreich und Wien sowie überall im Sudetenland hielt, füllten die Säle. 1921 heiratete er (evangelisch) die 27jährige Theresia Groller, zwei Kinder kamen in den folgenden Jahren zur Welt.

Robert Unterwelz kurz vor seinem Tod

Letztlich befriedigte ihn dies alles nicht. Ende 1924 reiste er – samt Familie – zum zweiten Mal nach Afrika, diesmal ins portugiesische Moçambique. Weit im Hinterland Pembas sollte er im Auftrag einer deutschen Firma eine Tierfangstation errichten. Unfälle, Schlangenbisse und Krankheiten überschatteten diese Jahre. Am 27. März 1927 verstarb er. Witwe und Kinder, von den Trägern wirksam unterstützt, schlugen sich an die Küste durch und schließlich nach Friedberg.

Der Name Unterwelz blieb bei österreichischen Deutschnationalen zunächst populär, geriet aber bald in Vergessenheit. Nur ein kleiner Gedenkstein am väterlichen Ehrengrab erinnert an ihn. Jüngste Versuche, ihn als „außergewöhnlichen Friedberger" und „Afrikaforscher" aus der Versenkung zu holen, sind problematisch. Gerade in der Steiermark, in der deutschnationale Kolonialsympathien stark Fuß fassen konnten (➔Feldbach), stellt sich die Frage einer Aufarbeitung der Vergangenheit ohne patriotische Heroisierung.

Vorau
Augustiner-Chorherrenstift

Der Bibliothekssaal in der Prälatur führt uns in die 1. Hälfte des 18. Jhs. Die drei großen Deckenmedaillons wurden 1731 von Ignaz G. Kröll gemalt. Eines stellt das Urteil Salomons dar und steht für die Jurisprudenz, das zweite den Besuch der Königin von Saba, es symbolisiert die Philosophie, das dritte die Bekehrung des äthiopischen Kämmerers durch den Diakon Philippus, eine Illustration für die Theologie. Der vornehme Würdenträger der Königin Kandake und der Apostel sitzen in einem prachtvollen Wagen, dessen Pferdegespann von einem schwarzen Kutscher gelenkt und von ebensolchen Reitern und Knechten begleitet wird. Sie überschreiten gerade den Fluß, in dem die Taufe erfolgen wird, im Hintergrund das prächtige Jerusalem.

In den Ecken der Langhausfresken der Kirche (um 1700), wegen der Grisailletechnik nicht leicht erkennbar, sitzen oder knien männliche Personifikationen der Vier Erdteile. Europa und Afrika (im Eingangsbereich) beziehen sich auf den hl. Augustinus im Mittelfeld (Romberg 2010). Wesentlich farbenprächtiger und eindrucksvoller sind die Kontinente in den beiden Längsemporen ausgefallen, wo jeweils zwei „typische" Repräsentanten Afrikas, Asiens, Europas und Amerikas dort tätig gewesene Heilige bzw. Selige verehren (Öffnungszeiten beachten).

PÖLLAUBERG
Kapelle zur hl. Anna

Links neben dem Eingang ein Kindergrabstein für Virginea († 1579), die Tochter von Christoph Stürckh zu Plankenwart, Rat im innerösterreichischen Regiment, und seiner Ehefrau Virginea Cassandra, einer geborenen Widmannstetter. Daher der Elefant im Wappen! Unter steirischen Aristokraten erfreute sich dieses Symbol einer gewissen Beliebtheit, z. B. führten auch die Schauer, Höfner, Helfenberg oder der wegen seiner religiösen Intoleranz berüchtigte Hofvizekanzler Wolfgang Schrantz († 1594) heraldische Elefanten. Auch der Grabstein des ca. 1520 verstorbenen Dr. Johannes von Halweyl im Kreuzgang des Franziskanerklosters ➡ GRAZ I zeigt einen solchen; er erinnert vielleicht an einen Elefantenorden, der dem Gelehrten verliehen wurde.

HARTBERG
Karner und Stadtpfarrkirche

Das aus der 2. Hälfte des 12. Jhs. stammende Beinhaus ist ein wichtiges Bauwerk der Spätromanik. Von Bedeutung sind auch die Fresken aus der Zeit um 1200, wenngleich sie zu Ende des 19. Jhs. brutal „renoviert" wurden. Zum weitgehend originalen Bestand zählen die vier unteren Felder der Ostseite (links und rechts vom Triumphbogen). Der Prophet Daniel hatte laut Altem Testament eine Vision von vier Tieren, die vier Weltreiche symbolisierten, die vom ewigen Reich Christi abgelöst würden. In den Fresken wird Babylon durch Ninus auf einem Löwen versinnbildlicht, Makedonien durch Alexander auf einem geflügelten Leoparden, Ägypten durch Ptolemäus auf dem Apis-Stier und Rom durch Augustus auf einem Eber mit zehn Hörnern. Die Darstellung der ägyptischen Monarchie ist wahrscheinlich deren älteste Visualisierung in unseren Breiten!

> *Abstecher:* ANGER. „Hie Ligt Larentz Gigler mit sambt Seinen Hausfrauen Und Kindern Begraben", steht auf dem farbenprächtigen Epitaph des Marktrichters und Schuhmachers in der Pfarrkirche geschrieben. Es wurde 1553 vom Grazer Maler Ciperus Pömbstl im Auftrag der Familie hergestellt. Christus steht von den Toten auf, in einer gleißenden Lichtwolke und von Engelsköpfen umgeben, rings um das leere Grab reiben sich die Soldaten den Schlaf aus den Augen. Ein gut gekleideter, bewaffneter Afrikaner eilt heran und scheint den vordersten Landsknecht zu wecken. Gehört er zur Wachmannschaft oder zu den Gläubigen? Und warum war es der Familie wichtig, ihn auf der Gedenktafel für ihren Vater zu verewigen?

HERBERSTEIN
Schloß und Tierpark

In früheren Jahrhunderten zählten die Herberstein zu den vornehmsten Familien der Steiermark. Entsprechend prominent traten sie in den jahrhundertelangen Kriegen gegen das Osmanische Reich (den Islam, das Fremde …) auf. Einige Souvenirs aus diesem Engagement werden beim Rundgang durch das Schloß gezeigt, ein konservierter Haifisch zum Beispiel aus der Frühen Neuzeit. Damals war Johann Joseph v. Herberstein († 1689) Kommandant einer Malteser-Flotte im östlichen Mittelmeer. Vor allem operierte er im Gebiet der griechischen Inseln; eine beabsichtigte Intervention gegen das tunesische Hammamet kam im April 1686 wegen eines schweren Sturms nicht zustande. Wenn gegnerische Schiffe gekapert oder dem Sultan unterstehende Festungen erobert wurden, fielen regelmäßig afrikanische Sklaven in die Hände der Venezianer oder der Malteser. So lesen wir für Juli 1686: „181 Mohren, darunter auch Frauen und Kinder, waren eine begehrte Beute." (Graff

1988–90, 105). Ob Herberstein auch persönlich schwarze Sklaven besaß, wissen wir nicht. Seine Sammlung osmanischer Trophäen ist heute im slowenischen Ptui ausgestellt.

Feste Riegersburg

„Kein Feint noch Thirckn / Nicht zu Firchten" ließ die Bauherrin, die berühmt-berüchtigte Freifrau von Galler, 1653 über das Wenzelstor schreiben; ihr ist der Ausbau der mittelalterlichen Burg zu einer der mächtigsten Festungen der Steiermark zu verdanken. Einige Jahre später ließ sie den Weißen Saal errichten. Sein stukkierter Plafond bildet den Rahmen für Gemälde, darunter in den Ecken die „Vier Erdteile" – eine frühe Darstellung des Motivs, und noch in einem säkularen Kontext. Afrika wird genreartig durch ein Ehepaar mit Kind symbolisiert, das an einem Fluß entlanggeht und von einem Elefanten begleitet wird.

Feldbach
Hauptplatz 11

Das kleine Haus trägt eine Gedenktafel für den „Afrikaforscher und Burenkämpfer Franz Seiner", der hier 1874 geboren wurde. Die Tafel wurde vom deutschnationalen Bildhauer Wilhelm Gösser gestaltet.
Franz Seiner, Redakteur bei der radikal deutschnationalen „Tagespost" in Graz, war während des Burenkrieges als Söldner nach Südafrika gekommen (➜Baden/NÖ), im Verlauf der Kampfhandlungen aber gefangengenommen worden. Um eine schwere Tuberkuloseerkrankung auszukurieren, fuhr er Ende 1902 nach Deutsch-Südwestafrika. Einen Bericht darüber veröffentlichte er 1904 in Berlin. Die Kolonialabteilung des Auswärtigen Amtes begann, Reisen des steirischen Journalisten in die nordöstlichen Regionen zu finanzieren, die vom Deutschen Reich noch nicht kontrolliert wur-

**Kolonialrevisionismus war populär
(„Museum im Tabor", 2008)**

den, wobei Seiner als Gegenleistung Spionageaufträge zu befolgen hatte.
„Privat" bereiste Seiner also in den folgenden Jahren den östlichen Caprivi Strip samt Grenzgebiet auf der zambischen Seite (Sesheke und Livingstone), die mittlere Kalahari, die Omaheke von Gobabis bis Grootfontein sowie schließlich ein weiteres Mal den östlichen Caprivi; letzteres Unternehmen mußte 1912 infolge einheimischen Widerstands abgebrochen werden. Trotzdem „brachte [Seiner] die für die deutschen Kolonialbehörden so wertvollen Messdaten und zahlreiche Sammlungen mit …" (Kostka o. J., 137).
Neben der Beschaffung von politischen Informationen betrieb er wirtschaftsgeographische Studien – seine kartographische Aufnahme des Okavango-Deltas wurde 1999 vom Internationalen Gerichtshof zur Entscheidung eines Grenzstreits zwischen Namibia und Botswana (Kasikili/Sedudu Island) herangezogen –, lieferte aber auch Material für die „rassenanthropologische Untersuchung" der San, die er meist in den Gefängnissen vermaß.
Wie zahlreiche Kolonialforscher dieser Zeit zählte auch Seiner zu den Kritikern der deutschen Verwaltungspraxis, wobei er sich zunächst den Protest radikaler Siedler gegen die ihrer Ansicht nach zu „milde" Politik des Gouverneurs zu eigen machte und für eine rasche Eroberung des Ovambolandes ein-

trat. Mit zunehmender Landeskenntnis jedoch veränderte sich diese Haltung zu einer partiellen Kritik an brutalen Methoden der deutschen „Eingeborenenpolitik". Seiner kehrte später nach Graz zurück und spielte bis zu seinem Tod 1929 eine wichtige Rolle bei der Herausbildung der deutschnationalen Bewegung in der Steiermark. Leuten wie ihm oder Unterwelz (➧FRIEDBERG) war es wohl zu verdanken, daß die Forderung nach Rückgabe der Kolonien an Deutschland in der Steiermark sehr populär war.

LEITERSDORF IM RAABTAL
Schloß Hainfeld
(nicht öffentlich zugänglich)

Eine Verbindung von steirischem Vulkanland und dem Orient, eine Grenzüberschreitung regionaler Identität in Richtung globaler Zusammenhänge bezweckte die *regionale08*, das großangelegte Kulturfestival in der südöstlichen Steiermark. Nicht zufällig fand die zentrale Ausstellung „DIWAN – Grenzen und Kongruenzen" gerade hier statt – war das größte Wasserschloß der Steiermark, barockisiert durch die Grafen von Purgstall, 1835 doch durch Erbschaft an den kaiserlichen Hofdolmetsch und bekannten Orientalisten Joseph Freiherr von Hammer gefallen. Dieser hatte als junger Diplomat einige Jahre in Kairo verbracht und sich dort mit der Entzifferung der Hieroglyphen beschäftigt; mit Jean-François Champollion, dem diese Aufgabe schließlich gelang, stand er in brieflichem Kontakt. Später widmete Hammer-Purgstall seine Forschung der Geschichte und Kultur des Osmanischen Reiches, übersetzte Werke von Hafis sowie „1001 und eine Nacht" und inspirierte Goethe zu seinem „West-östlichen Divan".
Bei der ökonomischen und architektonischen Erneuerung seines nunmehrigen Besitzes ließ Hammer-Purgstall orientalische Inschriften und Motive anbringen und brachte einen Hauch orientalischer Exotik in die Steiermark. Über dem Schloßtor z. B. findet sich die arabische Inschrift: „Gott schütze Deinen Ruf, der gut / das Größte Deiner Güter. / Geh' sicher ein in Seiner Hut, / Er ist der beste Hüter. 1836". Als Liebhaber orientalischer Grabarchitektur (➧KLOSTERNEUBURG/NÖ) ließ er in der Schloßkirche einen Marmorkenotaph in altägyptischem Stil für Gräfin Johanna von Purgstall errichten.

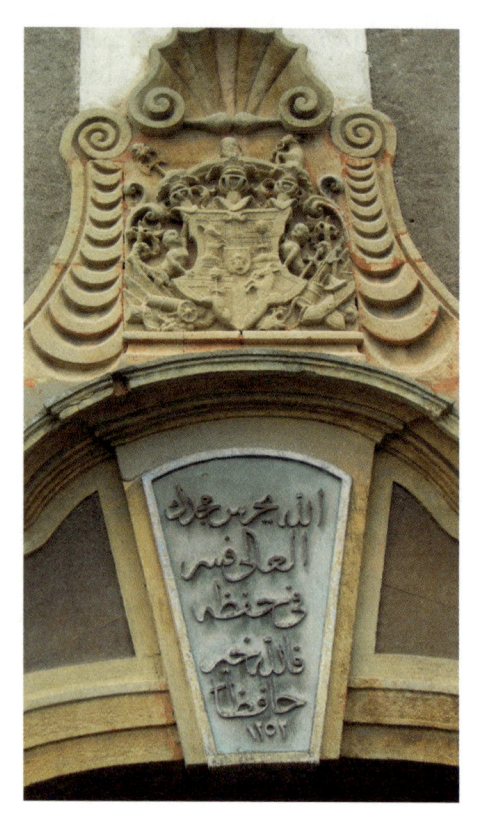

BAD RADKERSBURG

Viele Jahre lang war Radkersburg Sammelplatz für die Truppen vor dem Eintritt in die Militärgrenze, den unter Kriegsrecht stehenden *cordon sanitaire* zwischen habsburgischem und osmanischem Territorium. Der erklärte wie unerklärte Krieg zwischen Kaiser und Sultan (osmanische Angriffe in Richtung Graz ab der Mitte des 15. Jhs.) wurde zum dominierenden politischen Thema der

Region – auch wenn es zahlreiche andere Konflikte gab, die den Alltag prägten: zwischen habsburgtreuen und -feindlichen Aristokraten, zwischen österreichischem und ungarischem Adel, Bauernaufstände, Judenvertreibungen, die Zwangskatholisierung, die unerträgliche Anhebung der feudalen Lasten und Steuern sowie Plünderungen durch die „eigene" Soldateska. Die Lebenswirklichkeit für die Bevölkerung in der südöstlichen Steiermark – ebenso wie im Burgenland – war kompliziert, aber sie wurde von oben her in ein Feindbild kanalisiert, das die Gefahr nur im Osten sah, insbesondere im Islam. Mit Sensibilität geht die stadtgeschichtliche Ausstellung im Museum im alten Zeughaus (Emmenstraße) dieser Entwicklung nach.

Vielleicht hängt mit dieser Bollwerkmentalität auch zusammen, daß die Apotheke „Zum Mohren" (Langgasse 24) ihren Namen erst sehr spät erhielt, nämlich 1911 (analog ➧OBERPULLENDORF/BGLD.). Anderswo tauchen „Mohren"-Benennungen ja bereits im 16. Jh. auf (➧GRAZ IV).

EHRENHAUSEN
Eggenberger-Mausoleum

Die östliche Schmalseite des malerischen kleinen Marktplatzes wird vom Schloßberg beherrscht, auf dem sich in halber Höhe eine bastionsartige Terrasse mit dem sog. Mausoleum erhebt. Generalfeldzeugmeister Ruprecht von Eggenberg, Sieger in der Türkenschlacht bei Sissek 1593, begann in seinen letzten Lebensjahren mit der Errichtung; der Bauplan ging auf den innerösterreichischen Hofkünstler Giovanni Pietro de Pomis zurück.

Das Mausoleum der Eggenberger zählt zu den bedeutendsten Kunstwerken des Manierismus in der Steiermark. Architektur und ikonographisches Programm nehmen in vielfältiger Weise auf die militärischen Auseinandersetzungen mit dem Osmanischen Reich auf dem Balkan sowie im Mittelmeer Bezug. So beziehen sich die verwitterten Schlachtendarstellungen an den Sockeln der kolossalen Grabwächterfiguren auf den Sieg von Sissek bzw. die Galeerenschlacht bei Lepanto, 1571. Das Innere des Mausoleums ist als Oktogon mit symbolbeladener Stuckatur gestaltet. Das Altarbild (Hans Adam Weissenkircher, 1691) zeigt die Madonna und den hl. Rupert, die den Sieg über die Osmanen erflehen. An den Seitenwänden stellen lebensgroße Porträts den Bauherrn sowie seinen Erben Wolff von Eggenberg dar, der als „Obrister der Croat. und Mehrgränitzen" bezeichnet wird, also als Kommandant der kroatischen und Mittelmeergrenze – zuständig für die militärischen Operationen in der Levante und Nordafrika (➧HERBERSTEIN). Ein Gitter im Boden markiert den Zugang zur Krypta, in der beide Feldherren in Sarkophagen bestattet sind.

FRAUENBERG
Tempelmuseum und Grabungsgelände

Ausflug in eine andere Welt. Auf dem Gipfelplateau der Hügel entlang des Sulmtals wurde 1951 mit archäologischen Ausgrabungen begonnen. Heute zählt Frauenberg zu den bedeutendsten frühgeschichtlichen und antiken Fundstätten der Steiermark.

Die strategisch gut gelegene Siedlung nahe dem Kreuzungspunkt wichtiger Handelsstraßen war einer der zentralen Orte des keltischen Königreichs Noricum. Mit der Übernahme durch das Römische Reich verlagerte sich die Siedlung zwar in die Ebene (Stadtgründung von Flavia Solva/Leibnitz ca. im Jahr 70 durch Kaiser Vespasian), der Frauenberg aber wurde zum kultischen Zentrum der neuen Stadt ausgebaut. Dies inkludierte u. a. die Errichtung eines repräsentativen Podiumstempels (sog. Tempel I), dessen säulengeschmückte Fassade der Ebene zugewendet war.

Grundmauern des Isistempels in Frauenberg

Erhalten sind seine eindrucksvollen Grundmauern, auf und in denen sich heute zum Teil das Museum befindet, sowie der knappe Rest einer Weiheinschrift an die ägyptische Isis. Deren Verehrung lag im 1. nachchristlichen Jahrhundert voll im Trend, und die flavischen Kaiser – und ein solcher war Vespasianus, der Flavia Solva ins Leben rief – galten als Förderer des Isiskults.

Vom Kultbild der Leibnitzer Isis, das wahrscheinlich in einer apsisförmigen Nische an der Rückwand des inneren Tempelraums aufgestellt war, ist nichts erhalten. Vielleicht aber ist es kein Zufall, daß die nur wenige Schritte entfernt gelegene katholische Kirche – Vorgängerbauten gehen bis ins 4./5. Jh. zurück – gerade der Muttergottes gewidmet ist. Die Madonnenstatue auf dem Hochaltar sowie die prächtigen Kuppelfresken der Königin von Saba und Judiths mit Holofernes (Joseph Sattler, 1767/68) bringen zum Ausdruck, daß der Berg all die Jahrhunderte hindurch in den Händen starker orientalischer Frauen geblieben ist …

LEIBNITZ
Rathaus

1983 rief der damalige Bürgermeister Hans Stoisser den „Verein Städtefreundschaft Pedra Badejo – Leibnitz / Associação Amizade Pedra Badejo – Leibnitz" ins Leben; den Anstoß dazu hatte der damalige EZA-Referent der Landesregierung, Wolfgang Pumpernig, aufgrund eines Ersuchens des Bezirkshauptmanns von Santa Cruz gegeben *(www.pedrabadejo-leibnitz.at)*.

Seit 1975 unabhängig, erfreute sich die ehemals portugiesische Kolonie Cabo Verde in Österreich einiger Sympathien – nicht zuletzt aufgrund des Engagements von Friedensreich Hundertwasser (➜WIEN III), der eine Briefmarke für Kap Verde gestaltete. Neben privaten und staatlichen Initiativen entstanden Städtefreundschaften in Leibnitz und in ➜DEUTSCH-WAGRAM/NÖ. Schwerpunkt für Leibnitz war zunächst ein Stadtentwicklungsplan für Pedra Badejo mit Stadtteilsanierung und Kleingewerbeförderung (Tischlerei, Näherei, Mechanikerwerkstatt, Bau- und Fischereikooperativen), später der Bildungssektor. Mehr als hundert Klassenräume wurden renoviert und die Lehrerfortbildung unterstützt. 2004 wurde im Zentrum von Leibnitz eine Kap-Verde-Gasse benannt.

Zum dreißigjährigen Jubiläum der Partnerschaft 2013 – an dem der Bürgermeister von Pedra Badejo, Orlando Sanches, teilnahm – zog Vereinsobmann Karl Wabscheg folgende Bilanz: „Noch heute existieren die sanierten Gassen und Plätze in den alten Stadtteilen. Parallel dazu entstanden dauerhafte Arbeitsplätze in den neu gegründeten Gewerbebetrieben. Es gelang wirklich, Pedra Badejo zu einem gewerblichen Zentrum der Insel Santiago zu gestalten. Als größter Erfolg sind jedoch unsere Aktivitäten am Bildungssektor zu werten. Viele unserer lokalen Projektmitarbeiter treffen wir heute in politischen Führungspositionen oder in den Geschäftsführungen von Privatunternehmen." (Nachrichten 1/2014, [gekürzt]).

KÄRNTEN

30 km

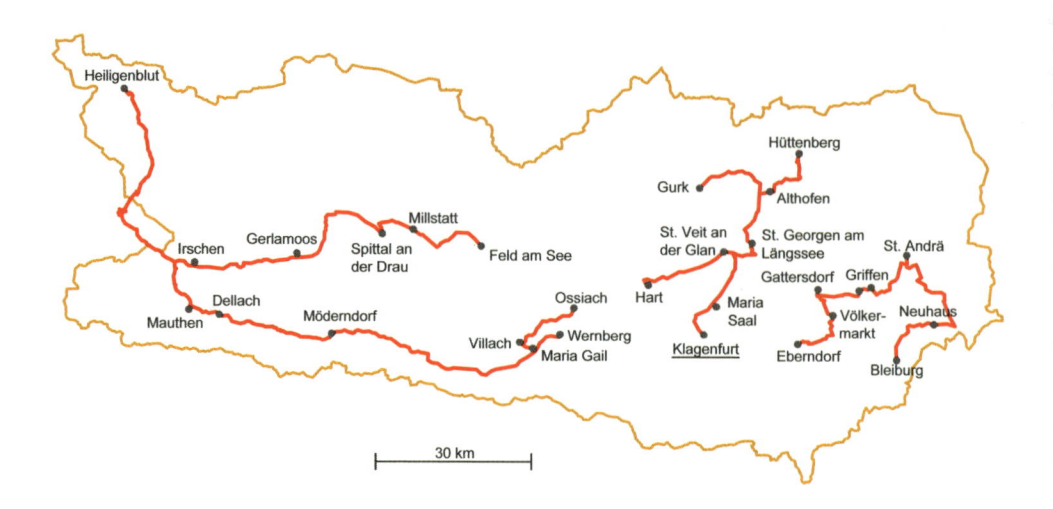

AFRIKANISCHES KÄRNTEN AKTUELL

Außenpolitik: 1992 Abschluß einer Landespartnerschaft mit der damaligen südafrikanischen Provinz Transvaal (nach Demokratisierung auf Mpumalanga übertragen), dzt. Status unklar. Die Sonderbeziehungen des ehem. Landeshauptmanns Jörg Haider zu Libyen sind heute obsolet. Einziges afrikanisches Honorarkonsulat mit Sitz in Kärnten ist Namibia.

Wirtschaft: Industrieexporte gehen hauptsächlich nach Südafrika (so der Autozulieferer Mahle Filtersysteme [Klagenfurt], der Industrieanlagenbauer Kresta [St. Andrä] oder der Kleinwaffenproduzent Glock [Ferlach]), vereinzelt nach Ghana (Hirsch Servo [Glanegg]). Die Firma NSP-New Solar Pump (St. Veit an der Glan) betreibt ein Referenzprojekt in Tanzania: sonnengetriebene Wasserpumpen für den ländlichen Raum. Abbau und Import von Industriemineralien durch den Schweizer Omya-Konzern (Gummern) in Ägypten und Marokko.

Entwicklungszusammenarbeit: dzt. direkt unter Verantwortung des Landeshauptmanns, ein epol. Beirat besteht seit 1993; es gibt keine dezidierten Schwerpunkte, de facto werden aber NGO-Projekte in Tanzania, Angola, Uganda, Madagaskar und Südafrika regelmäßig gefördert *(www.europa.ktn.gv.at)*, etwa die Hälfte der Projektanträge sind kirchlichen Ursprungs (wichtig u. a. Caritas, div. Ordensgemeinschaften). Die Fachhochschule Kärnten kooperiert mit Institutionen in Namibia, Uganda, Tanzania, Südafrika im Bereich Sozialarbeit, zu den Architekturprojekten s. u.

Kultur: Teilnahme von Singvereinigungen aus Namibia und Südafrika am Internationalen Chorwettbewerb Spittal; Tourneen des Musikers Ossi Huber nach Marokko und Südafrika („Mpumalanga", 2001); Afrika-Schwerpunkt des Musikforums Viktring 2014 mit Musiker/inne/n aus Burkina Faso, Zimbabwe, Südafrika, Senegal, Sudan, Ägypten und Marokko *(www.musikforum.at)*.

Diaspora: lt. Statistik Austria waren 1.451 Menschen mit afrikanischem Geburtsland im Bundesland gemeldet (2013), die größten Gruppen kamen aus Ägypten sowie – mit Abstand – aus Nigeria und Marokko.

KLAGENFURT

Landhaus

Ein beeindruckendes Spektrum der Kärntner Heraldik führen uns die beiden Wappensäle vor Augen. Als Ritter stilisierte Zeichen zu tragen, an denen man einander in gerüstetem Zustand erkennen konnte, geht auf die Zeit der Kreuzzüge zurück. Während sich die Hocharistokratie im Regelfall prominente Tiersymbole sicherte (Löwe, Adler, Drache etc.), blieben für die unteren Chargen die weniger prestigeträchtigen Logos, zum Beispiel die „Mohren".

Urbild ist die Seitenansicht eines afrikanischen Kopfes mit goldener Krone, im Wappen des Bischofs von Freising bereits im 13. Jh. (➜OBERWÖLZ/STMK.). Was man damit genau aussagen wollte? Vermutlich das Bestreben, sich Stärke und Bedrohlichkeit der gefürchteten afrikanischen Soldaten anzueignen bzw. Gegner damit zu erschrecken. „Mohren"-Wappen zählen zu den frühesten Formaten des Mittelalters zur Visualisierung schwarzer Menschen, die graphische Form der Darstellung war jedoch von Anfang an stereotypisiert. Die aufgeworfenen roten Lippen und stumpfen Nasen wurden Vorbilder für die moderne Karikatur und Werbegraphik (➜DORNBIRN/VBG.).

Ab dem Spätmittelalter mutierten die Köpfe gelegentlich zu Halb- oder Ganzfiguren und wurden mit verschiedenen Attributen ausgestattet (➜GREILLENSTEIN/NÖ, ➜STADT SALZBURG). In den Wappensälen finden sich dafür einige Exempel: Ein

Landhaus, Großer Wappensaal

Domplatz
Dom- und Stadtpfarrkirche

Neben dem Seiteneingang erinnert eine marmorne Gedenktafel an „jene Frauen und Männer aus der Diözese Gurk, die im 20. Jh. das Martyrium erlitten haben". Neben KZ-Opfern wird hier auch der Ordensschwester Maria Ferdinanda Ploner gedacht,

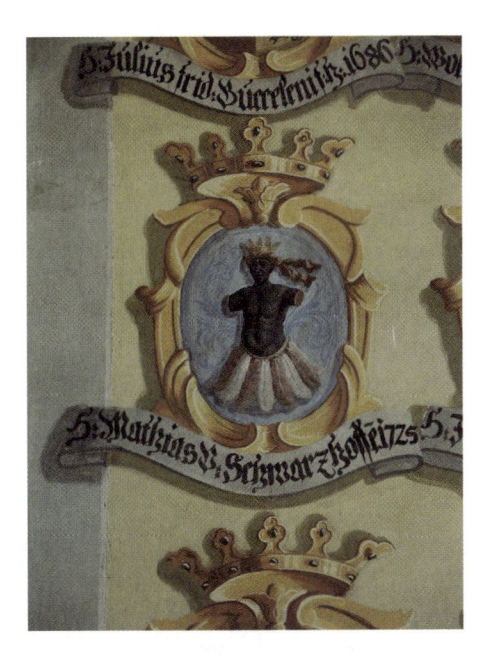

beliebter barocker Typus zum Beispiel war die aufrechtstehende, nur mit Lendenschurz bekleidete Figur mit Federkrone und einem Pfeil in der Hand (z. B. Joseph Ignatius v. Marburg, 1751); statt des Pfeils scheinen gelegentlich Blumenstrauß oder Keule auf. Manche „Mohren" sind mit einer goldenen Krone geschmückt (Mathias von Schwarzhoffen, 1647). Andere wiederum sind „sprechende Wappen", d. h. auf den Familiennamen bezogen (J. N. Morel, 1647, oder Christoph von Moro, 1816).

Das Landhaus ist der repräsentativste Profanbau Klagenfurts, es wurde in den 1580er Jahren errichtet und nach einem Großbrand 1723 erneuert. Der Barockmaler Josef Ferdinand Fromiller setzte die Tradition fort, die Sitzungssäle mit den Hoheitszeichen der Amtsträger sowie der Mitglieder zu dekorieren. Der große Saal zählt heute 665, der kleine 298 Wappen *(www.landesmuseum.ktn.gv.at)*.

Über den NEUEN PLATZ, 2007 mit Granitsteinplatten aus Österreich, Belgien und Südafrika belegt, und durch die Karfreitstraße kommen wir auf den

Abstecher: HEILIGENGEISTPLATZ, Ursulinenkloster. Vielleicht verfolgten sie den Gottesdienst durch die geschnitzten Gitter an der linken Seitenwand: die sechs schwarzen Mädchen aus Afrika. Bakitta, Adjamia, Teova, Hagida, Melle und Maritta stammten aus Äthiopien, dem Sudan und Ägypten. Ein italienischer Missionar hatte sie – zusammen mit vielen anderen – auf Sklavenmärkten gekauft und im Jänner 1855 gegen eine großzügige Spende den Ursulinen überlassen. Wie die Schwestern mitfühlend vermerkten, befanden sich die Mädchen, die zwischen sechs und vierzehn Jahre alt waren, bei ihrer Ankunft in einem furchtbaren Zustand. „Erbärmlich war es zu sehen, wie die armen Kleinen von Frost und Kälte sich zusammen kauerten, eisige Zapfen hingen an ihren Kleidern." (Zit. n. Sulzbacher, in: Sauer 2007, 116). Der Missionar, dem es um die Rettung der Seelen ging, hatte sich nicht um geeignete Winterkleidung gekümmert. Im Kloster wurden die Kinder offenbar gut behandelt, sie durften singen und ihre Muttersprachen gebrauchen, zum Unterschied von anderen Ordenshäusern, die ebenfalls afrikanische Mädchen gekauft hatten (➔ BLUDENZ/VBG.). Im September 1855 wurden sie vom Gurker Bischof getauft, starben aber in den folgenden Jahren. Die Auswirkungen ihres früheren Sklavenschicksals, das feindselige Klima nördlich der Alpen, der erlittene Kulturschock – all das mag dazu beigetragen haben.

> *Abstecher:* BENEDIKTINERPLATZ 3. Eine Gedenktafel erinnert an Felix Ermacora (1923–95), Professor für Staats- und Verwaltungsrecht an der Universität Wien und langjähriger NR-Abgeordneter der ÖVP. Ermacora ist als Südtirol-Spezialist in Erinnerung geblieben, weniger bekannt ist sein Afrika-Engagement. Als österreichischer Delegierter zur UN-Menschenrechtskommission trat er 1968 als einziger Europäer einer Expertengruppe zur Situation im Südlichen Afrika bei – sehr zum Mißfallen des damaligen Außenministers. Später sprach sich Ermacora als einer von wenigen ÖVP-Politikern in einem Interview mit den „Entwicklungspolitischen Nachrichten" 1984 für wirtschaftliche Sanktionen gegen das Apartheidregime aus. Einer seiner Assistenten war Manfred Nowak, der spätere UN-Sonderbeauftragte gegen Folter.

die am 9. August 1977 auf der Missionsstation St. Paul's in Lupane (Zimbabwe) ermordet wurde. Hier wird das alte Narrativ des „Missionarsmords" aufgegriffen.

Süd-Rhodesien wurde damals von einem weißen Minderheitsregime beherrscht, und der Aufstand der Befreiungsbewegungen gegen dasselbe gewann an Boden; 1980 wurde die ehemals britische Kolonie unabhängig und nannte sich nach dem vorkolonialen Königreich „Zimbabwe". Bis heute ist nicht geklärt, ob der fragliche Überfall von einer schwarzen Einheit des Regimes durchgeführt wurde, wie es öfter vorkam, oder von Guerilleros der ZAPU, was eine überlebende Schwester vermutete. Tatsache ist, daß das Shangani-Reservat, in dem sich St. Paul's befand, für beide Seiten strategisch wichtig war.

In jedem Fall eine tragische Episode. Aber: Erstens starb Schwester M. Ferdinanda nicht wegen ihres Glaubens, sondern weil sie als Repräsentantin eines europäischen Kolonialsystems gesehen wurde, gegen das sich der Aufstand der Bevölkerung richtete. Zweitens war die Vernichtungsmaschinerie des deutschen Nationalsozialismus vom Charakter her etwas völlig anderes als der Kampf afrikanischer Befreiungsbewegungen, die europäische Missionare oder Schwestern im übrigen nicht als legitime Ziele betrachteten. Sicher ist Mord – aus welcher Motivation auch immer – abzulehnen, dennoch ist die Sicht der Gedenktafel zu sehr vereinfacht.

Obwohl der Dom im Zuge der Gegenreformation 1604 den Jesuiten übergeben wurde, spielt die jesuitische Missionsikonographie keine größere Rolle – ein Unterschied zum flachen Land! 1660/61 ließ Graf Wolfgang Orsini-Rosenberg zwar einen dem Jesuitenheiligen Franz Xaver geweihten Anbau, die heutige Sakramentskapelle, errichten. Deren ehemaliges Altarbild, heute durch eine „Schwarze Madonna von Altötting" ersetzt, stellte den Heiligen aber nicht als Missionar dar, sondern als Patron eines gottgefälligen Todes. Und bei der Statue rechts vorne, die den Heiligen als Täufer zeigt, fehlt das schwarze Kind. Von Anfang an, oder wurde es später entfernt?

Klagenfurter Dom: Täufer ohne Taufkind

LIDMANSKYGASSE 10/3
Diözesanmuseum Klagenfurt

Eine sehenswerte Sammlung religiöser Kärntner Kunst! Ein besonderes Schmankerl ist die dem Kreis des Salzburger Malers Jörg Laib zugerechnete „Kreuzigung mit großem Gedräng" aus Innernöring im Bezirk Spittal. Ganz am linken Rand ist hier unter den zahlreichen Zuschauern ein schwarzer Bub erkennbar, der von einem Nebenstehenden zu trinken bekommt.

Kinder wurden auf Kreuzigungsbildern öfter als Teil der schaulustigen Volksmenge dargestellt (auch hier im Vordergrund), ihre jeweilige Funktion ist schwer interpretierbar. Dieses spezielle Motiv ist aber ungewöhnlich und scheint von der Kunstgeschichte unbeachtet geblieben zu sein. Sicher hatte es eine symbolische Bedeutung – aber welche?

Claudius Paternus Clementianus: als Statthalter von Mauretanien nach Noricum (1. Jh.)

„Kreuzigung" (ca. 1460/70, Detail)

MUSEUMSGASSE 2
Landesmuseum „Rudolfinum"

Vor knapp zweitausend Jahren verehrte die Kärntner Bevölkerung eine Muttergottheit aus Ägypten. Darauf weisen viele archäologische Zeugnisse ab der Mitte des 1. Jhs. hin – einige davon sind im Landesmuseum zu sehen. Eine besonders engagierte Fan-Gemeinde mit Isis-Tempel und Priesterschaft bestand in Virunum auf dem Zollfeld. Aus dem Bäderbezirk dieser Stadt stammt auch die eindrucksvolle, fast lebensgroße Marmorstatue der Göttin, die im zweiten Stock ins Auge springt (Abb. S. 12). In der linken Hand hält sie ein Füllhorn, das Symbol der Fruchtbarkeit, in der verlorenen rechten befand sich möglicherweise ein Wasserkrug. Wasser spielte bei der Verehrung der Noreia wie auch der Isis eine wichtige Rolle. Die am Kopf beschädigte Statue ist in lokale keltische Tracht gekleidet. Im Lapidarium des Museums befinden sich noch mehrere Altäre und Stelen für die Isis-Noreia, u. a. von Ausgrabungen in Hohenstein im Glantal, wo ein bedeutender Isistempel bestand.

Daß das Landesmuseum auch über eine interessante Sammlung ägyptischer Altertümer verfügt, ist wenig bekannt. Die Sammlung gehe im wesentlichen auf Geschenke von vier Mäzenen an den „Kärntner Geschichtsverein" Ende der 1850er Jahre zurück, erklärt der Klagenfurter Ägyptologe Gottfried Hamernik. Eine Mumie und ein einzigartiger spätägyptischer Sarg wurden 1867 aus dem Besitz des österreichischen Diplomaten Franz Ritter von Reyer, des Schwiegersohns von Graf Prokesch-Osten (➡ GRAZ II/STMK.), erworben. Prokesch selbst schenkte sechs kleine Uschebtis – wichtige Objekte des ägyptischen Totenkults – sowie zahlreiche türkische und griechische Antiquitäten. Ägyptische Münzen kamen vom Marinearzt Octav von Vest, und das älteste Stück der Sammlung, ein sog. Grabkegel aus der Regierungszeit Thutmosis III. (15. Jh. v. Chr.), wurde von Joseph Leodegar Canaval, der 1856/57 mehrere Monate zur Genesung in Ägypten verbracht hatte, gespendet. Derzeit ist die Sammlung nicht ausgestellt – wäre überlegenswert, oder?

LILIENTHALSTRASSE
Klagenfurt War Cemetery

Der von der Commonwealth War Graves Commission betreute Friedhof (auch als „Englischer Friedhof" bezeichnet) ist mit 599 Gräbern belegt. Teils handelt es sich um kriegsgefangene Luftwaffenangehörige, die über Österreich abgeschossen wurden, teils um hier stationierte Soldaten, die vor Ende 1947 verstarben. Die meisten stammten aus dem Vereinigten Königreich, aber auch Australien oder Neuseeland sind stark vertreten; vereinzelt finden sich auch Kolonialsoldaten aus Indien, Nigeria, Zimbabwe oder Sri Lanka. Mit 20 Begrabenen bilden Männer aus Südafrika, das als britisches Dominion im Zweiten Weltkrieg gegen die faschistischen Mächte kämpfte, die viertstärkste Gruppe. Ihre Grabsteine sind mit dem skulptierten Kopf eines Springbocks, dem früheren südafrikanischen Nationalsymbol, verziert. Ein einziger der hier bestatteten Soldaten war schwarz: S. Nkosi aus Nelspruit, ein Mitglied des Native Military Corps („Private" bedeutete den untersten Dienstgrad), gest. am 2. Oktober 1943 im Alter von 40 Jahren (Reihe 6A12).

VILLACHER STRASSE 241
Minimundus

Objekt 139 ist derzeit das einzige afrikanische Modell auf dem Ausstellungsgelände und überhaupt das älteste Bauwerk, das je für Minimundus nachgebildet wurde: Es handelt sich um den Tempel von Abu Simbel, im 13. Jh. v. Chr. von Pharao Ramses II. errichtet. In den 1960er Jahren drohte er im erweiterten Aswan-Staudamm zu versinken, wurde aber in einer großangelegten Rettungsaktion der UNESCO abgetragen und an einer höher gelegenen Stelle wieder aufgebaut. Die Aktion stieß in Europa auf großes Interesse, was wohl zur Anfertigung des Modells (1982) beigetragen hat.

Österreich bildete damals ein „Nationalkomitee für die Rettung der nubischen Altertümer", beteiligte sich aus Kostengründen jedoch nicht direkt an der Rettung des Tempels, sondern konzentrierte sich auf Ausgrabungen im Distrikt Ayala, ca. 120 km südlich von Abu Simbel. Unter Leitung des Prähistorikers Karl Kromer und des Anthropologen Wilhelm Ehgartner (beide Naturhistorisches Museum) wurden zwischen 1961 und 1965 über 4.700 von Überflutung bedrohte Felsbilder aufgenommen sowie Grabfelder und Siedlungen vom 2. vorchristlichen Jahrtausend bis in die koptische Zeit archäologisch untersucht. Die Ergebnisse wurden 1979 im Rahmen einer Ausstellung der Ägyptisch-Orientalischen Sammlung des Kunsthistorischen Museums (➡ WIEN I) vorgestellt.

KLAGENFURTER BECKEN

Maria Saal
Hauptplatz

Maria Saal ist der Geburtsort von Friedrich Welwitsch, der im Alten Schulhaus seinen ersten Unterricht erhielt (Gedenktafel). Welwitsch (1806–1872) studierte in Wien Botanik und ging nach seiner Promotion nach Portugal, wo er sich der Erforschung der Flora dieses Landes sowie der Azoren und der Kap Verden widmete. Explizit koloniale Forschungsaufträge blieben nicht aus. Lissabon war vor allem daran interessiert, seine Kolonie im südlichen Westafrika (das heutige Angola) ökonomisch zu nutzen, und dafür boten sich Baumwollplantagen an. Gleichsam als Nebenprodukt stieß Welwitsch 1859 im Hinterland von Moçamedes auf eine der Wissenschaft bisher unbekannte Pflanze, welche die lokale Bevölkerung N'tumbo nannte.

In einem Brief an Sir William Jackson Hooker, den Leiter der Royal Botanic Gardens in London, lieferte Welwitsch die erste wissenschaftliche Beschreibung dieses Gewächses – in Latein. Er schlug vor, die Pflanze als *Tumboa* zu bezeichnen. So, wie es zu Kolonialzeiten üblich war, benannte man sie aber lieber nach ihrem Entdecker: *Welwitschia mirabilis* (Abb.).

Wie so oft in Kärnten hat sich auch in der Dom- und Wallfahrtskirche das hochmittelalterliche Verständnis der „Epiphanie" als Auftritt weißer Personen erhalten. Ein beeindruckendes Beispiel dafür ist das Wandgemälde „Zug der hl. Drei Könige" an der linken Seitenwand des Presbyteriums, gestiftet 1435. Auf dem sog. Arndorfer Altar hingegen, einem um 1520 entstandenen Flügelaltar im linken Seitenschiff, wird bereits ein stattlicher schwarzer König gezeigt.

St. Veit an der Glan
Prof. Ernst Fuchs-Platz 1

Ob sie ins städtische Ensemble hineinpaßt, darüber scheiden sich die Geister, aber ägyptisch beeinflußt ist die Fassade des vom Altmeister des Phantastischen Realismus gestalteten Hotels allemal. 1998 wurde es an Stelle eines früheren Hotels feierlich eröffnet. Papyrus-Säulen in verschiedener Ausführung und großer Farbenpracht fügen sich zu einer vielstufigen Kuppel zusammen. Auf jeden Fall ein spektakulärer Kontrapunkt zur mittelalterlichen Herzogsstadt.

Unter den Tierfiguren auf dem Parkplatz neben dem Feuerwehrtor finden wir einen steinernen Gorilla – der wundert sich wohl über einiges …

St. Georgen am Längssee
Ehem. Stiftskirche

Der Dreifaltigkeitsaltar zeigt das Kreuz Christi auf einer Weltkugel, um die herum sich die Schlange der Sünde windet. Eine gute Gelegenheit für einen Globus. Allerdings zeigt uns der unbekannte Künstler eine eigenartige Geographie! Europa ist mit Nordafrika direkt verbunden (es fehlt das Mittelmeer), und Afrika scheint in zwei weitgehend getrennte Kontinente zerfallen. Die westliche Hälfte ist mit „Sklavenküste"

Abstecher: Filialkirche in Hart (b. Liebenfels). Ganz bemerkenswert: Auf dem Fresko „Zug der Heiligen Drei Könige" an der Langhausnordwand scheint eine trinkende Afrikanerfigur auf, ähnlich wie in ➡ St. Peter am Kammersberg/Stmk., jedoch älter (Ende 14. Jh.). Wieder ist die Bedeutung nicht klar.

überschrieben – die östliche wird als Gebiet der „Hottentotten" und „Kaffern" markiert. Zwei Interpretationsmöglichkeiten bieten sich an. Erstens: Auftraggeber und Künstler hatten keinen Atlas zur Hand und keine Ahnung davon, daß man um 1700 den Küstenverlauf Afrikas bereits einigermaßen gut kannte (➡Wien I). Der Globus würde uns also das geographische Weltbild der „ungebildeten Stände" vermitteln. Oder zweitens: Es ging ihnen gar nicht um ein kartographisches Bild Afrikas, sondern um seine Signifikanz. Der westliche Halbkontinent würde die in die atlantische (Sklaven-)Ökonomie integrierten Regionen symbolisieren, der östliche die von Europa noch relativ unbeeinflußten Gebiete. Welche Interpretation eher zutrifft?

Ein großformatiges Gemälde im Klostertrakt (Stiegenhaus, 2. Stock) zeigt eine Szene aus der Moseserzählung: Der Eßtisch des Pharaos wird von Fröschen überschwemmt – die zweite ägyptische Plage.

Frau Pharao ist in höchstem Maße schokkiert, auch der Herr Gemahl ringt verzweifelt die Hände. Die Szenerie ist barock, einzig der Turban des Herrschers weist auf den exotischen Kontext des Ereignisses hin (Ferdinand Steiner, 1. Hälfte 18. Jh.).

ALTHOFEN
Burgstraße 8

Das mit viel Engagement gestaltete technikgeschichtliche Museum informiert über den Werdegang und die Persönlichkeit des bedeutenden österreichischen Forschers und Großindustriellen Carl Auer von Welsbach (1858–1929), den Erfinder des Gasglühlichts, der elektrischen Glühbirne und des Feuerzeugs *(www.althofen.at/welsbach.htm)*. Basis dieser Entwicklungen war die chemische Gewinnung und Analyse sog. seltener Erden, die heute in industriellen Schlüsseltechnologien Verwendung finden. 1898 gründete Auer auf dem Gelände eines stillgelegten Eisenwerkes eine Forschungs- und Versuchsanlage, aus der später die Treibacher Industrie AG hervorgehen sollte.

Eine der Herausforderungen dieses Industriezweigs lag und liegt in der Rohstoffgewinnung. Seltene Erden kommen zwar häufig, meist aber in geringer Konzentration und in Verbindung mit anderen Elementen vor. Schon Auer von Welsbach bemühte sich daher um sichere Rohstoffversorgung vorwiegend aus den Vereinigten Staaten, Brasilien und Indien. Afrika war um die Wende zum 19. Jh. noch wenig erschlossen; erst in späteren Jahrzehnten entwickelten sich Gebiete wie z. B. der nordöstliche Kongo zu wichtigen Lieferquellen für strategische Mineralien.

Seitens der Treibacher Industrie AG wird aktuell betont, man sei infolge der Reduktion des Exports seltener Erden durch die Volksrepublik China „von der Versorgungsunsicherheit stark betroffen. … Lager von ‚Metallen der seltenen Erden' gibt es zwar

Abstecher: HÜTTENBERG. 1992/3 wurde in der ehemaligen Volksschule das Heinrich-Harrer-Museum eröffnet – zu Ehren des im Ort geborenen Bergsteigers und Reisenden (1912–2006). Harrer war 1939 mit der Deutschen Himalaya-Gesellschaft nach Asien gekommen. Die Suche nach „arischen" Wurzeln war ein Schwerpunkt der nationalsozialistischen „Auslandskulturpolitik", und Tibet war dabei besonders wichtig. Durch seine Freundschaft mit dem 14. Dalai Lama wurde er weltbekannt. Weniger geläufig ist, daß Harrer auch Reisen nach Afrika unternahm: 1957 zum Ruwenzori-Gebirge, damals noch Teil von Belgisch-Kongo, 1971 in den Sudan, 1977 wieder zum Ruwenzori sowie nach Uganda und Kenya. 1979 veröffentlichte er ein Buch „Geheimnis Afrika", dessen Auswahl an Fotos, Anekdoten und Gedanken weitgehend der kolonialen Sehnsucht nach dem „Unberührten" verpflichtet ist – Natur, Tiere, nackte Menschen. Mit seiner Ansicht, Afrikas Grundproblem bestehe im Vordringen der „Zivilisation", schließt sich Harrer einer weitverbreiteten Kritik am modernen Massentourismus an. Da er Afrikaner/innen v. a. als marginalisierte ethnische Minderheiten zeigt und die „modernen" Facetten des Kontinents – bekleidete Menschen, marktbezogene Wirtschaft, Urbanisierung, Verkehr, kulturelle Innovation, Staat und Politik – ausblendet, bleibt sein Afrikabild einer kolonialen Völkerkunde verhaftet *(www.huettenberg.at)*.

Am Ruwenzori: Harrer und sein Träger Mikinga

auch in Amerika, Australien und Afrika. Wegen der aktuellen Preissituation könnte sich auch ein Abbau wieder lohnen. Das wird sich aber erst in drei bis fünf Jahren realisieren lassen", so der damalige Unternehmensvorstand Reinhard Iro (ORF Kärnten, 12. 11. 2010). Vorwürfe von Aktivisten, das Unternehmen sei über eine Tochterfirma in Estland an der illegalen Ausbeutung einer Mine im östlichen Kongo durch Rebellen beteiligt gewesen, wurden seitens des Unternehmens 2006 mit einer gerichtlichen Klage beantwortet, die nach einem Vergleich „immerwährend ruhend gestellt" wurde.

GURK
Hauptstraße 3–5

1770 wurde hier Leonhard Eisenschmied geboren, der „Kärntnerische Robinson" († 1824 in Dravograd). Über „merkwürdige Land- und Seereisen durch Europa, Africa und Asien", auf denen er viele Gefahren erlebt hatte, berichtete er 1807 in einem autobiographischen Buch. Nicht alle Passagen wirken glaubhaft, in vielem aber spiegelt der Text die Verhältnisse im Mittelmeer wider. Für 1791 schildert der Autor z. B. die Ablieferung des Tributs, den die Republik Venedig an Algier, Marokko und Tripolis entrichten mußte, „wenn ihre Kauffahrtsschiffe von den Kapern unberaubt bleiben wollten" (alle Zitate nach Eisenschmied 2000); er diente damals auf einem venezianischen Kriegsschiff. Ein Jahr darauf geriet er in Gefangenschaft und wurde in Algier als Sklave verkauft. „... trieb man [uns] wie das Vieh durch eine lange Gasse hinab. Vor einer mit eisernen Riegeln und Schlössern wohlversehenen Türe wurde Halt gemacht. Man öffnete sie und – Hölle! Welch ein Anblick! Der Pestgestank von einem faulen Stroh, womit der Kerkerboden bestreut war, dampfte mir entgegen. Mit knapper Not konnte ich mich der Ohnmacht erwehren, die mich beim ersten Eintritt in diese Scheusalsgrube anwandelte."

Als guter Beobachter war er imstande, sein schweres Los in einen allgemeineren Kontext zu stellen: „Ich muss nun auch melden, dass das Schicksal der Sklaven in Algier sehr verschieden sei. Es finden z. B. jene, die an Juden und Türken in die Privathäuser verkauft werden, oft den besten Mann an ihrem Herrn. Sie haben genug und besser zu essen, werden reinlich gekleidet und im Ganzen leidentlich behandelt. Nur die des Dei [des Herrschers von Algier], worunter mich das Schicksal stieß, sind so unglücklich und werden so tyrannisch gemartert ... Doch, das ist ja etwas Allgemeines: Je mächtiger und reicher, desto grausamer und geiziger ..."
Durch eine Verkettung glücklicher Umstände gelang Eisenschmied die Flucht – für viele andere Gefangene lag die einzige Chance darin, vom Trinitarierorden losgekauft zu werden (➡WIEN VIII). Sein weiterer Lebensweg führte ihn kreuz und quer durch das Mittelmeer.
Sein weiterer Lebensweg führte Eisenschmied kreuz und quer durch das Mittelmeer. 1798 trat er über Venedig die Heimreise nach Kärnten an, wurde seines sonnengebräunten Gesichts und seiner türkischen Kleidung halber jedoch für einen „Mohren" gehalten, fand schwer Quartier und wurde von Verhaftung bedroht. Brieflich bat er seinen Bruder um Hilfe, „da ich mich ohne deine Begleitung nicht nach Klagenfurt getraue".

OBERKÄRNTEN

Feld am See
„Erlebniswelt Afrika"

Für viele Zeitgenoss/inn/en ist Afrika gleichbedeutend mit Nationalparks – die „großen Fünf" lassen das Herz höher schlagen. So war es auch bei Josef Scherzer sen., der in den 1980ern auf seinem Hof ein Wildgatter mit Besuchsmöglichkeit erbaute. 1993 wurde ergänzend eine Fischsammlung erworben, einige Jahre darauf die Kollektion eines kanadischen Museums („Grizzlywelt"). Wie viele Kärntner, so hatte auch Herr Scherzer Südafrika, Namibia und Zimbabwe aus der Jägerperspektive kennengelernt. 2008/09 wurde das obere Geschoß des Stadels ausgebaut und als „Erlebniswelt Afrika" eröffnet. Auf 500 m² Ausstellungsfläche werden ca. 50 lebensgroße Präparate von Wildtieren aus dem Südlichen Afrika gezeigt – Raubkatzen, Antilopen, ein Elefant, eine Giraffe, ein Krokodil usw. Es dauerte ein Jahr, bis alle Figuren von einer namibischen Firma hergestellt waren – der größte einzelne Auftrag, den das östlich von Windhoek situierte Unternehmen je hatte. Toninstallationen sowie Trophäen, Holzschnitzereien und Videos runden die Ausstellung ab. Entwicklungspolitische Reflexion darf man hier nicht erwarten – aber die touristische Attraktivität des Südlichen Afrika kommt zur Geltung.

Millstatt
Ehem. Stiftskirche

Überlebensgroß, streng und vergoldet blikken die Jesuitenheiligen von ihren Konsolen. 1598 waren Kirche und Herrschaft Millstatt (mit vielen Leibeigenen in Kärnten und der Steiermark) den Jesuiten übergeben worden; sie sorgten für die Rekatholisierung des weithin protestantisch gewordenen Territoriums (➡Innsbruck/T). Für die Mission im Inneren fungierte die Mission in Übersee als Referenz: Wenn sich selbst die

Menschen in Übersee dem wahren Glauben unterwarfen, dann mußte dies wohl auch die Bauern überzeugen. Daher das in jesuitischen Territorien weit verbreitete Sujet der „Mohrentaufe" – die hiesige Statue, um 1650 entstanden, ist möglicherweise das früheste erhaltene Beispiel in Österreich. Damit wurde das archetypische Image eines primitiven, demütig vor dem übermächtigen Weißen knienden Kindes im öffentlichen Raum verankert – weit entfernt vom prächtig gekleideten schwarzen König der Epiphanie, der im wesentlichen gleichberechtigt zu Europa und Asien vor Christus hintritt.

Millstatt spielte auch im Leben des aus Hollabrunn gebürtigen Anthropologen Felix von Luschan (1854–1924) eine wichtige Rolle. Eingebunden in eine deutschnationale und „rassenkundliche" Lobby machte er in Deutschland rasch Karriere. Als Direktor der anthropologischen Abteilung im Museum für Völkerkunde Berlin und als Professor für physische Anthropologie spielte er im kolonialen Wissenschaftsbetrieb des wilhelminischen Kaiserreichs eine entscheidende Rolle.

Die Bilanz seines Wirkens ist gemischt. Einerseits sind seine Begeisterung für (Menschen-)Präparate, die Obsession für „Vermessungen" oder seine „Forschungen" an Kriegsgefangenen während des Ersten Weltkriegs problematisch. Anderseits müssen seine Wertschätzung der Benin-Bronzen (Anerkennung der Fähigkeit von Afrikanern, künstlerisch tätig zu sein) sowie partielle kolonialkritische Äußerungen Erwähnung finden. Grundsätzlich befürwortete er den Kolonialismus aber und nützte den Vormarsch der deutschen Truppen in Afrika für „Erwerbungen" ethnographischer Objekte für sein Museum – deshalb war er ja ein erfolgreicher Direktor.

Luschans Villa in Millstatt existiert nicht mehr, und auch der Friedhof, in dem er im Familiengrab bestattet wurde, ist aufgelassen. 2007 zeigte das Stiftsmuseum im Kreuzgang eine von Peter Ruggendorfer und Hubert D. Szemethy (Univ. Wien) gestaltete Ausstellung über den bedeutenden, aber im Kolonialismus befangenen Wissenschaftler.

Spittal an der Drau
Villacher Straße 1

2004 wurde am Standort Spittal der Fachhochschule Kärnten die Studienrichtung Architektur etabliert, einige Jahre später begann Peter Nigst mit seinen Studierenden das Projekt „Ithuba Skills College": eine Schule mit Community Center nahe dem Township Magugula Heights, ca. 40 km südöstlich von Johannesburg *(www.schap.co.at)*. Das Projekt steht in der Reihe mehrerer Architekturprojekte, die von österreichischen Universitäten und Fachhochschulen in Südafrika realisiert wurden *(www.sarch.twoday.net)*, und konnte von deren Erfahrungen profitieren. „Wir nahmen schon im Vorfeld mit Organisationen vor Ort Kontakt auf und konnten auf eine soziologische Untersuchung zurückgreifen, die sich auf Basis von Interviews mit Familien mit den sozialen Verhältnissen in der Siedlung auseinandersetzte. Es war uns wichtig, uns mit ihren kulturell und sozial sehr unterschiedlichen Lebenswelten bewußt auseinanderzusetzen. Vorschläge von Eltern und Schüler/inne/n flossen in den Gestaltungsprozeß ein,

Abformung eines „Buschmanns" durch Luschan (1905; ➡ Stadt Salzburg)

und es wurden Materialien verwendet, die in Südafrika üblich und gut verfügbar sind." Seither wurden und werden noch Projekte in Südafrika realisiert, 2014 zum Beispiel eine Hängebrücke in der Nähe der südafrikanischen Kleinstadt Port Edward.

Ein kleines Schaufenster in der nahegelegenen Brückenstraße informiert über die Aktivitäten der FH, darunter auch die Architekturprojekte in Afrika.

Hauptplatz

1533 war mit dem Bau des ersten Renaissanceschlosses im habsburgischen Machtbereich begonnen worden. Auftraggeber war Gabriel von Salamanca, der führende Finanzberater Ferdinands I., der über enge Kontakte zu den Fuggern verfügte und für die Mittelmeerkriege Karls V. als Rüstungskommissär fungierte. 1662 wurden Ort und Grafschaft Spittal von den Porcia übernommen, deren Abstammung von manchen auf die Könige von Troja, von anderen auf den Ägypter Mesarim (Osiris), angeblich Sohn des Cham, zurückgeführt wurde. „Portia aut Porcia ex sanguine regum troianorum et sicambrorum progenitus", schrieb Balthasar Klenkh 1707 unter das Fürstenwappen im Innenhof.

Gerlamoos
Filialkirche hl. Georg

Der berühmte Freskenzyklus des Thomas von Villach aus den 1470er Jahren inkludiert auch eine interessante „Epiphanie" (Anbetung). Im Gefolge der (weißen) Morgenländer finden wir den schwarzen, aus einer Flasche trinkenden Knecht wieder, der in alpenländischen Dorfkirchen Kärntens und der Steiermark seit dem 14. Jh. vorkam (➧St. Peter am Kammersberg/ Stmk.).

Diese Tradition stammte offenbar aus Italien, während der schwarze König, der in dieser Region erst nach 1500 Fuß faßte, eher niederländisch beeinflußt war.

Irschen
Pfarrkirche

Auch im Oberen Drautal waren die „Heiligen Drei Könige" im Mittelalter ein beliebtes Motiv, aber durchwegs handelte es sich um Weiße. Die „Modernisierung" an der Wende zur Neuzeit erfolgte nicht überall; so mancher Ort bzw. Kirchenpatron konnte sich neue Fresken oder einen Schnitzaltar nicht leisten. So kommt es, daß der „Mohrenkönig" ungleichmäßig Eingang fand, hier z. B. erst um 1800 auf einem exotisch anmutenden Wandgemälde von Christoph Brandstätter.

Mauthen (Koče-Muta)
Pfarrkirche

Über den Gailbergsattel in den Bezirk Hermagor. Hier wird Franz Xaver als Nothelfer gegen die Pest verehrt – nicht nur durch den Altar im Seitenschiff, auf dem der Tod des Heiligen unter fremdländischen Menschen dargestellt wird, sondern auch im Brauchtum. 1743, einem Pestjahr, hatte man für das

Abstecher: HEILIGENBLUT, Pfarrkirche. Anders in wohlhabendem Ambiente! Hier im Mölltal, weit abseits unserer Route, befindet sich einer der schönsten spätgotischen Flügelaltäre Kärntens, 1520 vollendet. Das obere Feld auf der Innenseite des rechten Flügels zeigt eine holzgeschnitzte „Epiphanie" mit afrikanischem König vor einer gewaltigen Berglandschaft. Als Auftraggeber gilt der damalige Abt von Admont, der als Bischof von Ljubljana wohl mit der aktuellen Kunstentwicklung vertraut war. Der bisher nicht identifizierte Schnitzer kam jedenfalls von außerhalb Kärntens, manche rechnen ihn der Schule Michael Pachers in Bozen zu.

Ende der Seuche gebetet und im Fall der Erhörung eine jährliche Andacht in der Kirche gelobt. Diese finde noch heute statt, berichtet Kanonikus Heinrich Tschurtschenthaler, der zuständige Pfarrer; jeweils zwischen 25. November und 3. Dezember werde eine Statue des Missionars auf dem Hochaltar aufgestellt. Tatsächlich zeigt diese Franz Xaver als Taufenden, und wenn auch sein schwarzer Täufling bizarr aussieht, so hat sich hier doch eine Erinnerung an das außereuropäische Wirken des Heiligen erhalten.

DELLACH
GEOPARK-Besucherzentrum

„An dieser Gail habe sich etwas Atemberaubendes ereignet, wenn auch vor einiger Zeit", schrieb Christoph Brändle in seiner Novelle „Das Blutnetz an der Gail", erschienen in der Neuen Zürcher Zeitung (16./17. 2. 2002). „Es sei ja bekannt, erklärten ihm jene Geologen, die in den staubigen Leichenhallen der Versteinerungen zu lesen verstehen, dass sich die afrikanische unter die eurasische Kontinentalplatte schiebe. Ausgerechnet an der Gail sei sie offenbar bis an die Oberfläche durchgebrochen. Während nämlich die nördlichen Bergketten entlang der Gail, die Lienzer Dolomiten, zur eurasischen Platte gehörten, seien die Karnischen Alpen entlang des Südufers ein paar hundert Millionen Jahre älter und bildeten den Schluß oder Beginn des afrikanischen Kontinents. In Kärnten ist Afrika?" Eine faszinierende Vorstellung, die Harald Friedl zwei Jahre später in einer Dokumentation in ORF 2 verwertete, einen Wettstreit Kärntner und südafrikanischer Sangeskunst inklusive.

Lehrpfade, sog. Geotrails, führen kreuz und quer durch die Karnischen Alpen, um Besucher/inne/n die komplizierte Entstehungsgeschichte von Gail- und Lesachtal erfahrbar zu machen *(www.geopark-karnische-alpen.at)*. Das gut gestaltete Besucherzentrum hilft beim Vertiefen. Aber ach! In Wirklichkeit ist es natürlich viel komplizierter, das mit der Grenze zu Afrika. Einem geologischen Laien wie mir z. B. schwirrt bald der Kopf vor lauter Erdzeitaltern und Urkontinenten, dem periadriatischen Lineament, Spreizungen, Subduktionen und all der Plattentektonik (an deren Erforschung übrigens ein Bekannter von uns beteiligt war, nämlich Eduard Sueß: ➡MARZ/BGLD.).
Wenn ich es richtig verstehe: Ursprünglich war sowieso alle Landmasse vereinigt, in den aufeinanderfolgenden Superkontinenten

Rodinia, Gondwana und Pangäa. Wie seine Vorgänger, so begann auch letzterer vor etwa 200 Mio. Jahren auseinanderzudriften. Dadurch wurde zunächst der mit Afrika verbundene ost- und südalpine Raum von Europa getrennt. Gegenbewegungen führten dazu, daß sich der Nordrand des nunmehrigen Afrika auf die Europäische Platte schob, und ausgelöst durch diese „Kollision Afrikas mit Europa" bildeten sich im Tertiär (ab ca. 65 Mio. Jahren v. Chr.) die Alpen heraus. In Kürze: „Bei der tertiären Gebirgsbildung wurde durch südgerichtete Subduktion der afrikanische Rand (ostalpine Großeinheit) über den europäischen Rand (helvetische Großeinheit) geschoben." (Frisch/Meschede 2011, 173). Also doch: Geologisch ist Südkärnten Afrika!

Möderndorf
Schloß

Unter dem Motto „regional – global" habe man sich entschlossen, die ethnographische Sammlung eines Kärntner Afrikamissionars auf Dauer zu zeigen, erzählt Siegfried Kogler, Kustos des Gailtaler Heimatmuseums. Pater Gerhard Cuder, Angehöriger der Herz Jesu-Missionare (➜ Stadt Salzburg) und Pfarrer in St. Georgen im Gailtal, wirkte 1961–1974 im Nordwesten des gerade unabhängig gewordenen Kongo, in der Provinz Équateur. Aus seiner Ablehnung der linksgerichteten Regierung unter Ministerpräsident Patrice Lumumba (➜ Wien XXI) machte der Geistliche kein Hehl. Ob er deshalb oder aus anderen Gründen in die Gefangenschaft von „Rebellen" (welchen?) geriet, sei dahingestellt; befreit wurden er und ebenfalls inhaftierte Missionsschwestern durch exilkubanische Flieger.

Angeregt durch seinen Vater, einen Beamten in Arnoldstein, begann Pater Cuder, „traditionelle Objekte" zu sammeln, die nun den Grundstein der Ausstellung bilden. Hier finden sich Masken, Haushaltsgeräte und

Hermagor, Sammlung Cuder (2011)

Waffen, holzgeschnitzte Figuren etc., auch einige schöne Textildrucke aus Kinshasa aus neuerer Zeit. Schwarz-Weiß-Fotos zeigen Persönlichkeiten aus der Volksgruppe der Mongo (der viertgrößten im Kongo), wo sich Cuders Station Pokela befand. Eine sehenswerte Sammlung, die freilich einer zeitgeschichtlichen Kontextualisierung hinsichtlich der sog. Kongo-Krise bedürfte.

Maria Gail
Pfarr- und Wallfahrtskirche

Die heiligen Drei Könige (der dritte schwarzer Hautfarbe) finden sich hier nicht nur auf dem spätgotischen Flügelaltar von 1515/25, sondern auch auf der Krippe rechts vorne im Presbyterium. Sie ist das ganze Jahr über aufgestellt und wurde 1976 von Hans Klukker, einem Feriengast aus Oberammergau, verfertigt. Interessant ist die Kostümierung: Alle Königsfiguren sind in quasi-barocke Ornate gekleidet, nur der schwarze trägt zusätzlich – ein Leopardenfell. Damit klar ist, daß er eigentlich – König hin oder her – aus der Wildnis kommt. Eine typisch koloniale Perzeption!

Villach
Rathaus

Auf Anregung einer Villacher Entwicklungshelferin entschloß sich 1989 der Gemeinderat einstimmig, ein Projekt in der Stadt Canchungo im Nordwesten von Guinea-Bissau – einer ehemaligen portugiesischen Kolonie – zu übernehmen. Es ging um den Aufbau von kleingewerblichen Strukturen im ländlichen Raum zur Verarbeitung lokaler Rohstoffe, verbunden mit der Schaffung von Arbeitsplätzen für Schulabgänger/innen. Beginnend mit 1990 wurden dafür jährlich 200.000 Schilling im städtischen Budget vorgesehen, hinzu kamen Erträge von Spendensammlungen und Mittel der öffentlichen Entwicklungszusammenarbeit. Die mit viel Engagement begonnene Initiative stieß im Lauf der Jahre aber auf unvorhergesehene Probleme. Seitens des Außenministeriums wurden Anfang der 1990er Jahre sog. Schwerpunktländer festgelegt, zu denen Guinea-Bissau nicht gehörte; ein Sinken der öffentlichen Förderungen war die Folge. Hinzu kam die innenpolitische Instabilität im Partnerland, die konkrete Maßnahmen wie auch die Kommunikation erschwerte. Dennoch konnten 2001/02 die Vergrößerung der Volksschule und Renovierungen an öffentlichen Einrichtungen unterstützt werden. Villach hält im Prinzip an der Partnerschaft fest *(www.villach.at/inhalt/982.asp)*, die Aktivitäten gingen in den letzten Jahren allerdings zurück.

Stadtmuseum

Nicht erst im Zweiten Weltkrieg, schon zur Zeit Napoleons kamen erstmals Kolonialsoldaten nach Österreich (➜Innsbruck/T). 1797 bis 1814 stand Oberkärnten unter französischer Herrschaft und wurde von einem von Paris eingesetzten „Intendanten" regiert. 1810–13 bekleidete Louis de Raboteau (1790–1837) diese Funktion, ein junger

Abstecher: Missionskloster Wernberg. 1935 wurde das Renaissanceschloß von der Kongregation der Missionsschwestern vom Kostbaren Blut erworben, dem weiblichen Zweig der Mariannhiller Missionare (➜Alberndorf/OÖ). Deshalb auch das Denkmal für Klostergründer Franz Pfanner im Hof des Klosters; früher gab es auch eine kleine Gedenkstätte für Ferdinanda Ploner (➜Klagenfurt). Etwa 200 junge Frauen seien bis Anfang der 1970er Jahre von Wernberg aus in die Mission entsendet worden, berichtet die Historikerin Martina Gugglberger, die meisten ins Südliche Afrika. Seither habe der Zustrom erheblich nachgelassen, zumindest in Deutschland und Österreich; wenn überhaupt, komme der Nachwuchs aus Afrika selbst. Tatsächlich werden in Wernberg verschiedene Bildungsangebote schon von afrikanischen Schwestern durchgeführt *(www.klosterwernberg.at)*.

Mann afrikanischer Abstammung aus der Dominikanischen Republik. Sein von Johann Bartl gemaltes Porträt wird im Villacher Stadtmuseum (Widmanngasse 38) gezeigt.

Louis de Raboteau

Abenteurer und Kalter Krieger

Fritz Sitte (1924–2007) – durch die Verleihung des Kulturpreises der Stadt Villach (1988, begleitet von Protesten des Österreichischen Informationsdienstes für Entwicklungspolitik) und des Großen Kärntner Ehrenzeichens 1999 ist sein Name eng mit der Stadt bzw. dem Land verbunden. Sitte war 1938 aus Niederösterreich nach Villach gekommen und noch während der Schulzeit als Lokalreporter für eine deutschnationale und antislowenische Zeitschrift tätig. Ab 1951 war er als Reisereporter weltweit unterwegs, 1967 gelang ihm mit Reportagen aus dem Jemen der Durchbruch. In den 1970er und 80er Jahren konzentrierte er sich weitgehend auf Afrika, das er von kommunistischer Machtübernahme bedroht sah und wo er westlich und pro-südafrikanisch ausgerichtete Bewegungen unterstützte. Sein erstes Buch, „Flammenherd Angola" (1972) wurde unverständlicherweise mit dem Dr.-Karl-Renner-Publizistikpreis ausgezeichnet.

In diesem wie auch späteren Büchern und Filmen erweist sich Sitte als Propagandist der angolanischen Rebellenbewegung UNITA. Er war einer der ersten ausländischen Journalisten, die das von ihr kontrollierte Gebiet bereisten – was ohne die Unterstützung des portugiesischen Geheimdienstes kaum möglich gewesen wäre. In der publizistischen Vermarktung seiner „Abenteuerreisen" nach Südangola erwähnt er mit keinem Wort den Terror der UNITA gegen die Bevölkerung sowie ihre Finanzierung durch den Verkauf von Blutdiamanten. Sitte machte sich dadurch publizistisch mitverantwortlich für die Verlängerung des Bürgerkriegs in Angola, eines der längsten und blutigsten Kriege Afrikas; erst durch den Tod von Rebellenchef Jonas Savimbi wurde er 2002 beendet. Ohne Rücksicht auf das Völkerrecht unterstützte Sitte die illegale südafrikanische Besatzung in Namibia und die militärischen Operationen der südafrikanischen Armee und der UNITA im Norden des damals noch nicht unabhängigen Landes. Sittes Bücher zeichneten ein Bild des afrikanischen Kontinents, das geprägt ist von kolonialistischen und rassistischen Vorurteilen sowie von der Logik des Kalten Krieges. Mit offenem Hohn begegnete der aktive Unterstützer Jörg Haiders entwicklungspolitischen Aktivitäten – daß es nach dem Abzug der Weißen in Afrika nur bergab gehen konnte, war für ihn ausgemacht.

OSSIACH
Ehem. Stift

Heute durch den „Carinthischen Sommer" als ein musikalisches Zentrum des Bundeslandes bekannt, war der nur teilweise erhaltene Bau zunächst ein Benediktinerstift – das älteste Kärntens – und wurde 1782/83 aufgehoben. Das heutige Erscheinungsbild stammt aus der Zeit des Barock. U. a. wurde im Südflügel eine große Feststiege errichtet, die in einem großen Saal mit reicher Architekturmalerei endet. Darüber freskierte Johann Benedikt Fromiller um 1750 einen offenen Himmel, in dem sich die „Apotheose des hl. Benedikt" vollzieht. Der Ordensgründer ist von zahlreichen Engeln und Symbolfiguren umgeben und wird auch von den personifizierten Erdteilen verehrt. Afrika, eine bekleidete und bewaffnete schwarze Frau, ist von einem Elefanten flankiert. Einer der Engel, der den Heiligen trägt, scheint sich mit einem Fuß auf ihrem Kopf abzustützen.

UNTERKÄRNTEN

Darstellungen des hl. Benedikt im Kontext der „Vier Kontinente" (Huldigungstypus) waren im Benediktinerorden nicht selten (z. B. ➡Seitenstetten/NÖ).

Eberndorf im Jauntal
Ehem. Propsteikirche

Jahrhundertelang war das 1604 aufgehobene Augustiner-Chorherrenstift das kirchliche und kulturelle Zentrum des mittleren Jauntals. Kein Wunder, daß die Herren von Ungnad, das in der Region tonangebende Adelsgeschlecht, die Stiftskirche zu ihrer Grablege erwählten. In der 2. Hälfte des 15. Jhs. wurde das südliche Seitenschiff zu einer prächtigen Kapelle ausgebaut. In ihr dominiert die Tumba Christophs I., ein Hochgrab aus rotem Marmor mit Liegefigur des Verstorbenen, wie es in Kärnten selten ist (Abb.). Christoph Ungnad zu Sonneck gehörte dem engeren Kreis um Friedrich III. an und war u. a. an der Verteidigung Kärntens gegen die Osmanen beteiligt. Er verstarb im Jänner 1481.

1452 war Christoph nach einer Reise oder politischen Mission durch das afrikanische Königreich Granada in Lissabon mit einer Gesandtschaft zusammengetroffen, die für den zukünftigen Kaiser um die Hand von Prinzessin Eleonore anhalten sollte. Nach erzielter Einigung wurden Festlichkeiten abgehalten, u. a. ein Turnier, bei dem auf Seiten des Königs zwölf Ritter in den Ring stiegen: „auff der andern seiten des Königs Bruder / Phormandus (oder Ferdinandus) genannt / auch zwölff Stecher / unnd in der mitten der Stecher ward hinzugeführt ein grawsamer Elefant / von ungewönlicher gestalt / und grosser hohe / welcher auff seinem Rükken ein Thurn getragen / darauff Posauner unnd Trommeter / auch allerhand Spielleut / gesessen seind. Oben in den Thurn waren nackende Moren / die sprungen und frolokketen / In der mitte des Thurns / war ein wol gewapneter Mann / mit Schilden umbhangen." (Megiser 1981, 1103).

Christoph Ungnad hatte auf der Seite des Königs gefochten. Als Anerkennung seiner Tapferkeit schenkte ihm der Herzog von Sevilla den jungen „ethiops" Perablanco, der sich ebenfalls hervorgetan hatte – ob unter den „nackende Moren" in der Elefantenburg oder unter den Kämpfern, ist ungewiß. Der Herr von Ungnad akzeptierte das Geschenk, und wir müssen davon ausgehen, daß er – auch wenn das nicht schriftlich belegt ist – seine „Erwerbung" mit nach Hause nahm. Vielleicht hat Peroblanco also seine weiteren Tage in Kärnten verbracht, etwa auf der Burg Sonnegg, dem Hauptsitz der Ungnad südlich von Eberndorf – als erster (uns bekannter) schwarzer Sklave in Österreich.

Völkermarkt
Faschinggasse 1

Im Stadtmuseum interessieren uns weniger der „Kärntner Abwehrkampf" und die Volksabstimmung von 1920, sondern ein Abwehrkampf anderer Art, einige Jahrhunderte früher. Seit dem 15. Jh. war es zu Vorstößen des Osmanischen Reiches auf das Gebiet des damaligen Kärnten – das Slowenien inkludierte – gekommen. Bis ans Ende des 17. Jhs. stellte die sog. Türkengefahr im Süden Österreichs, ja sogar in Wien eine erstrangige Bedrohung dar. Darüber hinaus diente das „Feindbild Islam" aber auch dazu, soziale Proteste im Inland zu unterdrücken und die Feudalordnung, die durch die Reformation ins Wanken geraten war, zu stabilisieren (➡Ehrenhausen/Stmk.).

In diesem Zusammenhang steht ein bekanntes Gemälde in der kulturgeschichtlichen Sammlung des Museums: Das „Umkämpfte Schiff Christi" ist wohl um die Mitte des 17. Jhs. entstanden und stammt aus dem niederösterreichischen Hainburg. Es stellt die katholische Kirche dar, die vom heiligen Petrus durch hohe Wogen und feindselige Winde gesteuert wird. Aus kleineren Booten wird es von Protestanten (links) bzw. „Türken" und „Mohren" (rechts) angegriffen, diese werden von teuflischen Drachen unterstützt. Glaubensfeinde aller Richtungen werden also der Hölle zugeordnet – ein ziemlich starkes Statement. Daß einer davon aus Afrika stammt, kann eine Reminiszenz an reale schwarze Kämpfer der osmanischen Armee sein, die man im Verlauf der „Türkenkriege" kennengelernt hatte, zeigt aber auch die weitgehende Gleichsetzung „schwarz = feindlich" an. Allerdings: Auch innerhalb des Schiffes sind Menschen dunkler Hautfarbe erkennbar, das Afrikabild war also ambivalent.

GATTERSDORF
Wallfahrtskirche San Franzisci

Offensichtlich schwankte man zwischen Feind- und Freundklischees, propagierte einmal den Abwehrkampf, ein anderes Mal die Mission. Das Hochaltarbild der Kirche, die 1742 von den Ebendorfer Jesuiten fertiggestellt wurde, zeigt uns den Heiligen sterbend, und die reizvolle geschnitzte Holzumrahmung rückt zwei seiner Täuflinge in den Blick – schwarze „Mohren"-Figuren mit vergoldeten Federkronen und Federkleid. Hintergrund ist wohl die lokale „Gebetsbruderschaft des hl. Franz Xaver für einen glückseligen Tod und die Abwendung von Unwettern", die zur Zeit ihrer Aufhebung unter Joseph II. ungefähr 4.000 Mitglieder zählte. Ein ziemlich großes Potential. Ob es zur Bewußtseinsbildung in Sachen Überseemission genutzt wurde?

STIFT GRIFFEN
Stiftskirche

In seiner altertümlichen Verträumtheit ist das ehemalige Prämonstratenserstift einen Abstecher wert. In der Kirche stoßen wir wieder auf ein Gemälde des Jesuitenmissionars, aber mit einer von ➡GATTERSDORF leicht abweichenden Interpretation. Der Heilige wird hier als Prediger der Armen, Kranken und Leidenden dargestellt, also im Kontext der sozialen Unterschicht. In deren Schar reiht sich etwas ungelenk ein mit bunten Federn (weiß-rot-blau) bekleideter Schwarzer ein. Natürlich ist es abwertend, Menschen aus der Fremde auf eine gleiche Stufe mit Behinderten und Bettlern zu stellen. Auf der anderen Seite – und das wollte uns der unbekannte lokale Maler vielleicht sagen – sind gegenüber dem prominenten Nothelfer alle, egal welcher Hautfarbe oder Kultur, gleich.

GRIFFEN
Pfarrkirche

Der vermutlich zu Anfang des 20. Jhs. geschaffene Kreuzweg nimmt in seiner ersten Station das Motiv des afrikanischen Sklaven auf, der dem römischen Statthalter Pilatus einen Wasserkrug reicht, damit dieser „seine Hände in Unschuld waschen" kann (➡INNSBRUCK/T). Physiognomisch ist der junge Mann zwar eher europäisch gezeichnet, die dunkle Hautfarbe aber läßt keinen Zweifel offen. Das textile, von einem

Gürtel zusammengehaltene Gewand erinnert an ein Fell – ein diskreter Hinweis auf die „Primitivität" Afrikas?

Zum Gemeindegebiet von Griffen gehört die Saualpe, ein wunderschönes Wandergebiet, als Schauplatz Kärntner Asylpolitik leider diskreditiert. Auf Initiative des damaligen Landeshauptmanns Jörg Haider wurde hier 2008 in einem ehemaligen Kindererholungsheim auf 1.200 m Seehöhe ein Heim für „straffällig gewordene Asylwerber" eingerichtet. Nach zahlreichen Protesten der Betroffenen wie auch österreichischer Organisationen über schlechte Behandlung und Versorgung wurde es im Oktober 2012 geschlossen.

St. Andrä im Lavanttal
Wallfahrtskirche Maria Loretto

„Gehet in das Haus Eurer Mutter", heißt es über dem Eingangstor, aber was nicht dazugesagt wird: Diese Mutter ist – schwarz. Schon 1647 hatte der damalige Bischof, Franz Caspar von Stadion, eine „Casa Santa" errichtet – die Marienstatue unter dem goldstrotzenden Baldachin der Loretto-Kapelle stammt noch daraus –, also eine Kopie des angeblichen Wohnhauses der Jungfrau Maria, in dem ihr der Engel die Geburt Jesu verkündete; das Originalgebäude wurde der Legende nach von Engeln ins italienische Loreto übertragen (➜Wien I). Manche Fragen lassen sich aus heutiger Sicht kaum vermeiden. Verehrt man die Black Madonna trotz oder wegen ihrer schwarzen Haut? Symbolisiert sie afrikanische Weisheit oder Hexerei? Und wenn man sie verehrt: Wie wirkt sich das, wenn überhaupt, auf den Umgang mit schwarzen Menschen im Alltag aus?

Neuhaus / Suha
Museum Liaunig

Lange Zeit galten holzgeschnitzte Ritualobjekte und Masken aus dem ländlichen Raum Westafrikas in Österreich als typisch afrikanische Kunst (wobei „Kunst" unter Anführungszeichen zu setzen war). Ethnologen auf der Suche nach „Authentizität" stießen in immer abgelegenere Gegenden vor, denunzierten im gleichen Atemzug aber das dort vorhandene künstlerische Schaffen als „primitiv". Abgesehen von den Bronzegüssen aus Benin (➜Wien I), die als europäisch beeinflußte Ausnahme galten, fand die an den Königshöfen gepflegte Metallkunst nur mit großer Verzögerung Beachtung. Erst 2001 wurde in Österreich die erste diesbezügliche Schau gezeigt, nämlich in Linz.

In dieser Tradition steht auch die in Neuhaus gezeigte Ausstellung „Gold der Akan". Neben London, Houston und Kapstadt zählt sie, Experten zufolge, zu den erstrangigen Sammlungen afrikanischer Goldkunst weltweit. Der Kärntner Industrielle Herbert Liaunig erwarb den Großteil der Objekte Ende der 1990er Jahre von einer auf Ghana spezialisierten Galerie in Zürich und ergänzte sie durch Bestände französischer und deutscher Privatsammler aus Côte d'Ivoire

Schwertemblem in Form eines Löwen (2. H. 19. Jh.)

Der silberne Stuhl von Techiman (Ghana), vor 1945

und nochmals Ghana. Es handelt sich um royale Insignien, Zeremonialschwerter, kultische Figuren, Schmuckstücke etc. von hoher Qualität aus dem Königreich Asante und anderen mit ihm verwandten Herrschaftsgebieten der Akan (wie der Baule, Fante, Ewe etc.), meist aus dem 19. und 20. Jh.

V. a. für seine Sammlung moderner österreichischer Kunst ließ Liaunig 2006–08 das Museum in Neuhaus errichten, dessen in der Tat spektakuläre Architektur (entworfen von den Wiener „querkraft"-Architekten) einen Hügel in der Nähe des Dorfes durchschneidet und hoch über der Drau zu ihrem Abschluß kommt. In einem unterirdischen Saal werden teils in Vitrinen, teils in einer die Hofhaltung eines Akan-Königs andeutenden Schauwand mehrere hundert Objekte aus Gold, Silber, Holz und Elfenbein präsentiert *(www.museumliaunig.at)*.

Bleiburg / Pliberk
Ebersdorf 3

Im November 2012 wurde die geplante Errichtung eines weiteren Aufnahmezentrums für Asylsuchende in Bleiburg bekannt; die bestehenden in ➜ Traiskirchen/NÖ und Thalham/OÖ will man dadurch entlasten. Auch wenn es sich im Gasthof „Linde" nur um 30 Personen handeln wird, gingen die Ängste in Bleiburg hoch. „Wir haben uns darauf geeinigt, daß wir keine Afrikaner und keine Tschetschenen kriegen", so Bürgermeister Stefan Visotschnig (SPÖ) gegenüber dem „Standard" (27. 11. 2012). Jetzt wissen wir also, wer in der Werteskala ganz unten steht.

Schloß

Mindestens einen Afrikaner gibt es in Bleiburg allerdings – wenn auch unter Verschluß. Die private Kunstsammlung im Renaissanceschloß birgt das Gemälde „Martyrium des hl. Georg", eine Kopie nach Paolo Veroneses Original in der Kirche San Giorgio in Braida, Verona (um 1565). Ein schwarzer Page assistiert dem sich vorbereitenden Henker beim Ausziehen seines Hemds – es muß weit ausgeholt werden, der Kopf soll ja beim ersten Schwertstreich fallen.

Was dachten eigentlich all die afrikanischen Sklaven (und Sklavinnen), verstrickt in ein grausames System, über die Sitten der Europäer?

GEDRUCKTE QUELLEN UND LITERATUR

(Aus Platzgründen werden hier nur die zitierten und nicht alle verwendeten Werke angeführt.)

Neben den hier angeführten Werken wurden alle bis Ende 2013 publizierten Bände von Dehio – Handbuch der Kunstdenkmäler Österreichs und der Österreichischen Kunsttopographie (ÖKT) ausgewertet. Ferner wurden herangezogen: „trendtop500" (TREND, 11. Juni 2013 bzw. http://www.trendtop500.at) sowie „TOP 500. Österreichs erfolgreichste Unternehmen" (NEWS, Juni 2013).

Ableitinger Alfred / Brunner Meinhard (Hg.), Erzherzog Johann von Österreich. „Ein Land, wo ich viel gesehen." Aus dem Tagebuch der England-Reise 1815/16 (Graz 22010)

Altenberg Peter, Ashantee. Afrika und Wien um 1900. Hg. von Kristin Kopp und Werner Michael Schwarz (Wien 2008)

Ammann Gert, Heiltum und Wallfahrt. Tiroler Landesausstellung (Innsbruck 1988)

Andritsch Johann, Judenburg. Stadtchronik (Judenburg 1989)

Anwander Berndt, Wiener Museumsführer I: Klein-, Sonder- und Fachmuseen (Wien 1995)

Archer-Straw Petrine, Why not Afrika? Ideas about Black Culture between Norman Douglas and Friends, in: Meusburger Wilhelm / Swozilek Helmut (Hg.), Norman Douglas 2. Symposium (Bregenz 2002) 8–15

Bauböck Max / Mader Josef, Das Schwanthaler-Krippenwerk von Pram (Ried im Innkreis 1965)

Bauer Ingrid, „Von nützlichen und lästigen, erinnerten und vergessenen Fremden". Besatzungssoldaten, Displaced Persons und das Österreichische Gedächtnis, in: zeitgeschichte 27 (2000/3) 150–171

Beer Adolph (Hg.), Wilhelm von Tegetthoff. Aus seinem Nachlass (Wien 1882)

Behlmer Heike, Patriotische Heilige in Ägypten – Wunsch oder Wirklichkeit, in: Dieter R. Bauer u. a. (Hg.), Patriotische Heilige. Beiträge zur Konstruktion religiöser und politischer Identitäten in der Vormoderne (Stuttgart 2007) 157–178

Behn Fritz, „Haizuru". Ein Bildhauer in Afrika (München 1918)

Békesi Sándor, Verklärt und verachtet: Wahrnehmungsgeschichte einer Landschaft: Der Neusiedler See (Frankfurt/Main 2007)

Berg Erich Alban, Als der Adler noch zwei Köpfe hatte. Ein Florilegium 1858–1918 (Graz-Wien-Köln 1980)

Bergmann Joseph, Erzherzog Friedrich von Oesterreich und ein Antheil am Kriegszuge in Syrien im Jahre 1840 (Wien 1857)

Berndl Poldl, „... es wird ein Wein sein". Die Aufzeichnungen eines Poysdorfer Weinhauers (Neuaufl. Gösing 2007)

Bertsch Daniel, Anton Prokesch von Osten (1795–1876). Ein Diplomat Österreichs in Athen und an der Hohen Pforte. Beiträge zur Wahrnehmung des Orients im Europa des 19. Jahrhunderts (München 2005)

Bielak Valerie (bearb. Sander Auguste) Maria Theresia Gräfin Ledóchowska. Gründerin der St. Petrus Claver-Sodalität für die afrikanischen Missionen und die Befreiung der Sklaven. Lebensbild (Salzburg 1931)

Bilgeri Benedikt, Bregenz. Geschichte einer Stadt. Politik – Verfassung – Wirtschaft (Wien-München 1980)

Bisanz Hans, Peter Altenberg: Mein äußerstes Ideal. Altenbergs Photosammlung von geliebten Frauen, Freunden und Orten (Wien-München 1987)

Böhm Karlheinz, Nagaya. Ein neues Dorf in Äthiopien. Gespräche mit Rupert Neudeck (Reinbek bei Hamburg 1983)

Broadlahn LIVE, mit Bodo Hell und Otto Lechner (CD, Extraplatte 2001)

Cabuk Cornelia, Carry Hauser. Monografie und Werkverzeichnis (Wien 2012)

Czech Herwig, „Vorwiegend negerische Rassenmerkmale". AfrikanerInnen und farbige "Mischlinge" im Nationalsozialismus, in: Sauer Walter (Hg.), Von Soliman bis Omofuma. Geschichte der afrikanischen Diaspora in Österreich 17. bis 20. Jahrhundert (Innsbruck-Wien-Bozen 2007) 155–174

Czerny Ernst, Gustav Klimt und die ägyptische Kunst. Die Stiegenhausbilder im Kunsthistorischen Museum in Wien und ihre Vorlagen, in: Österreichische Zeitschrift für Kunst und Denkmalpflege LXIII (2009/3–4) 259–277

Czerny Ernst, Die ägyptischen Zeichnungen von Franz Caucig. Beiblatt zu: Lisa Schwarzmeier / Ernst Cerny / Mario Kramp (Hg.), Ägypten, Nubien und die Cyrenaika. Die imaginäre Reise des Norbert Bittner 1786–1851 (Ruhpolding-Mainz 2012)

Christern Elisabeth, Johannes von Hildesheim: Die Legenden von den Heiligen Drei Königen (München 1963)

Coudenhove-Kalergi Richard, Paneuropa (Wien-Leipzig 1926)

de Voragine Iacobus, Legenda aurea. Deutsch von Richard Benz (Jena 1917)

Debrunner Hans W., Negerheilige und Rassenfrage, in: Basler Nachrichten, 16. Juli 1967, o.S.

Denk Wolfgang, Susanne Wenger – Die heiligen Haine von Oshogbo, in: A 4 Magazin für Aussereuropäische Kunst und Kultur 01/05 (2005) 54–60

Denkschrift der österreichischen Kammern für Arbeiter und Angestellte anläßlich der wirtschaftlichen Expertise der Delegierten des Völkerbundes im Juli 1925, in: Kammer für Arbeiter und Angestellte in Wien (Hg.), 11. Bericht. XXIV. Vollversammlung am 20. Juni 1925, 17–24

Douteil Herbert, Die Concordantiae Caritatis des Ulrich von Lilienfeld. Edition des Codex Campiliensis 152 (um 1355), hg. von Rudolf Suntrup u. a. (Münster 2010)

Dorner-Brader Eszter (Bearb.), Protokolle des Ministerrates der Ersten Republik VIII/4: Kabinett Dr. Engelbert Dollfuß (Wien 1984)

Eberl-Elber Ralph, Werstafrikas letztes Rätsel. Erlebnisbericht über die Forschungsreise 1935 durch Sierra Leone (Salzburg u. a. 1936)

Eder Johann, Pilgerfahrt des Pinzgauer Bauers Johann Eder vom Ebengute in Alm nach Jerusalem und Rom im Jahre 1856. Nach dessen eigenhändigen Aufschreibungen zusammengestellt (Salzburg 1857)

Egg Erich, Schwaz ist aller Bergwerke Mutter, in: ders. (Hg.), Beiträge zur Geschichte Tirols. Festgabe des Landes Tirol zum Elften Österreichischen Historikertag in Innsbruck (1971) 259–298

Eipeldauer (Hg.), Briefe des jüngsten Eipeldauers ... an seinen Herrn Vettern in Kakran (Wien 1819)

Eisenschmied Leonhard, Merkwürdige Land- und Seereisen durch Europa, Africa und Asien. Eine wahre Geschichte aus den letzten Jahren des 18. Jahrhunderts. Bearbeitet und kommentiert von Wilhelm Wadl (Klagenfurt 2000)

el Saddik Wafaa (mit Heimlich Rüdiger), Es gibt nur den geraden Weg. Mein Leben als Schatzhüterin Ägyptens (Köln 2013)

Erhard Andreas / Ramminger Eva, Die Meerfahrt. Balthasar Springers Reise zur Pfefferküste (Innsbruck 1998)

Fahrngruber J[ohann], Aus dem Pharaonenlande. Eine Fahrt nach dem „hundertthorigen Theben" (Würzburg-Wien o. J. [1882])

Fenske Hans, Imperialistische Tendenzen in Deutschland vor 1866, in: Historisches Jahrbuch 97/98 (1978) 336–383

Feuchtmüller Rupert, Austria gloriosa. Der barocke Freskenzyklus Antonio Beduzzis im niederösterreichischen Landhaus, in: alte und moderne kunst 2 (1957/1) 2–4

Fischlhammer Hubert, in: Chercher l'Afrique – Auf der Suche nach Afrika. Galerie Sur (Wien 1997)

Fischlhammer Hubert, Faszination Afrika. Bilder einer Sehnsucht (Aspach-Wien-Meran 2005)

Frank Alison, 'The Children of the Desert and the Laws of the Sea: Austria, Great Britain, the Ottoman Empire, and the Mediterranean Slave Trade in the Nineteenth Century', in: American Historical Review (April 2012) 410–444

Franz Margit / Halbrainer Heimo (Hg.), Going East, going south. Österreichisches Exil in Asien und Afrika (Graz 2014)

Frisch Wolfgang / Meschede Martin, Plattentektonik (4. Aufl. Darmstadt 2011)

Fuchs Brigitte, „Rasse", „Volk", „Geschlecht". Anthropologische Diskurse in Österreich 1850–1960 (Frankfurt-New York 2003)

Fürst Andrea Christa, Hundertwasser 1928–2000. Werkverzeichnis – Catalogue Raisonné (Köln 2002)

Gassner Verena / Jilek Sonja / Ladstätter Sabine, Am Rande des Reiches. Die Römer in Österreich (Wien 2002)

Gielge Hans, Afrikanischer Besuch. Ausseer Faschingsbrief 1955 (Manuskript im Kammerhofmuseum Bad Aussee)

Girtler Roland, Irrweg Jakobsweg. Die Narbe in den Seelen von Muslimen, Juden und Ketzern (Graz 2005)

Glettler Hermann, Andrä – Kunst und Kirche (2011)

Graff Theodor, Frà Johann Joseph von Herberstein, Generalkapitän der Malteserflotte. Sein Einsatz gegen die Türken in der Levante und in Dalmatien in den Jahren 1686 und 1687, in: Zeitschrift des Historischen Vereins für Steiermark 89/90 (1988–90) 85–127

Groh Stefan, Amphitheater in Noricum, in: Jahreshefte des Österreichischen Archäologischen Instituts in Wien 74 (2005) 85–102

Grössing Helmuth, Wissenschaftsgeschichte und Biographie. Die Humanisten Georg von Peuerbach und Johannes Regiomontanus, in: Österreich in Geschichte und Literatur 58 (2014/1) 36–46

Grüll Georg, Der erste Elefant in Linz, in: Historisches Jahrbuch der Stadt Linz (1958) 386–392

Gründler Margarete, Die seltsame Gräfin. Meine Begegnung mit Marie Theres Ledóchowska, in: Institutum Beatae Mariae Virginis (Hg.), Nachrichten 1977 (St. Pölten 1977) 82–84

Gütl Clemens, „Adieu ihr lieben Schwarzen". Gesammelte Schriften des Tiroler Afrika-Missionars Franz Mayr 1865–1914 (Wien u. a. 2004)

Gugg Anton, Die Kunst der Balance. Korrekturen am Bild des Malers Wilhelm Kaufmann, in: Eva Schröcksnadel (Hg.), Wilhelm Kaufmann 1901–1999. Der Mechanismus des Zufalls. Lebenserinnerungen (Salzburg 2003) 141–147

Gugitz Gustav, Österreichs Gnadenstätten in Kult und Brauch, 5 Bde. (Wien 1955-56)

Häberlein Mark, Die Fugger. Geschichte einer Augsburger Familie 1367–1650 (Stuttgart 2006)

Hämmerle F. M. 125 – 1836–1961 (Dornbirn 1961)

Häupl Michael, Zum Geleit, in: Sauer Walter (Hg.), Das afrikanische Wien. Ein Stadtführer zu Bieber, Malangatana & Soliman (Wien 1996), 7–8

Haid Hans, Ötzis Göttinnen. Auf den Spuren von Sagen zu Stätten matriarchaler Kulturen in den Ötztaler Alpen (http://cultura.at/haid/matriarchat.html)

Haidenthaler Paulus (Red.), 15 Jahre Partnerschaft Michaelbeuern – Assesewa (Ghana), Projektbericht (2010)

Haja Martina, Die Gesichter der Sphinx. Aspekte der ägyptomanen Malerei im 19. Jahrhundert, in: Seipel Wilfried (Hg.), Ägyptomanie. Europäische Ägyptenimagination von der Antike bis heute. Schriften des Kunsthistorischen Museums 3 (Wien 2000) 135–157

Hajós Beatrix, Der Obeliskbrunnen in Schönbrunn – die Vision des Aeneas und die Geheimnisse der Isis, in: Lachmayer Herbert (Hg.), Mozart. Experiment Aufklärung im Wien des ausgehenden 18. Jahrhunderts (Wien 2006) 771–780

Hajós Géza, Romantische Gärten der Aufklärung. Englische Landschaftskultur des 18. Jahrhunderts in und um Wien (Wien-Köln 1989)

Hajós Géza, Die Römische Ruine im Gartenzusammenhang von Schönbrunn, in: Friedrich Dahm (Hg.), Die Römische Ruine im Schlosspark von Schönbrunn. Forschungen – Instandsetzung – Restaurierung (Wien 2003) 9–17

Hauer Michael, Die Afrikanische Community und das afrikanische Unternehmertum in Graz, in: Schmidlechner Karin / Sprung Annette / Sonnleitner Ute (Hg.), Migration und Arbeit in der Steiermark (Graz 2013) 216–230

Herkenhoff Michael, Der dunkle Kontinent. Das Afrikabild im Mittelalter bis zum 12. Jahrhundert (Pfaffenweiler 1990)

Hey Friedrich, Brauchen wir Kolonien?, in: Das Forum XII/9 (1918) 1–3

Hladik Willi, Das Rassenproblem in Südafrika (MS, Dornbirn 1961)

Höbelt Lothar, Die Marine, in: Die bewaffnete Macht (= Wandruszka Adam / Urbanitsch Peter [Hg.], Die Habsburgermonarchie 1848–1918, Bd. V, Wien 1987) 687–763

Hödl Gerald, Österreich und die Dritte Welt. Außen- und Entwicklungspolitik der Zweiten Republik bis zum EU-Beitritt 1995 (Wien 2004)

Höhnel Ludwig von, Zum Rudolph-See und Stephanie-See. Die Forschungsreise des Grafen Samuel Teleki in Ost-Aequatorial-Afrika 1887–1888 (Wien 1892)

Hofgartner Heimo / Schurl Katja / Stocker Karl, Berg der Erinnerungen. Die Geschichte der Stadt ist die Geschichte ihrer Menschen (Graz 2003)

Hofmann Emil, Wiener Wahrzeichen. Der schulmündigen Jugend als Erinnerungsgabe dargeboten vom Gemeinderate der k.k. Reichshaupt- und Residenzstadt Wien (Wien o. J. [1914])

Hormayr Frh. v. / Mednyansky Frh. von (Hg.), Taschenbuch für die vaterländische Geschichte IX (1828) 23–30

Huber Renate, „Als Mann hätte er mich interessiert, als Mann ...ʻʻ Beziehungen von Vorarlberger Frauen zu französischen Besatzungssoldaten auf der Basis lebensgeschichtlicher Interviews, in: Montfort 49 (1992/2) 177–196

Hüttner Michaela, Die lange und abenteuerliche Reise der drei Wiener Papyrusbündelsäulen von Assuan nach Wien, in: amun. Magazin für die Freunde ägyptischer Museen und Sammlungen 16/48 (2014) 43–48

Hutz Ferdinand, 800 Jahre Stadt Friedberg (Friedberg 1994)

John Michael, Afrikaner in Oberösterreich – historische und aktuelle Entwicklungen, in: kursiv 10-1/2/03, 87–111

Jontes Günther / Woiseitschläger Kurt, Die ehemalige Jesuiten- und heutige Stadtpfarrkirche St. Xaver zu Leoben. Geschichte und Kunst (Leoben 1987)

Juffinger Roswitha (Hg.), Zentrum der Macht. 2 Bde. (Salzburg 2011)

Kantorowicz Ernst, Kaiser Friedrich der Zweite (Nachdruck, Düsseldorf-München 1973)

Kaplan Paul H. D., The Rise of the Black Magus in Western Art (Ann Arbor/Michigan 1985)

Keller Fritz, Gelebter Internationalismus. Österreichs Linke und der algerische Widerstand 1958–1963 (Wien 2010)

Klotz Petrus, Mein Weg durch die Völker (Innsbruck 1951)

Knab Eckhart, Daniel Gran (Wien-München 1977)

Knapp-Menzl Klemens, Mönchtum an Donau und Nil. Severin von Norikum und Schenute von Atripe. Zwei Mönchsväter des fünften Jahrhunderts (= Frühes Christentum. Forschungen und Perspektiven 3, Thaur bei Innsbruck 1997)

Kodatsch Johannes / Rittsteuer Josef (Hg.), Loretto (Eisenstadt o. J.)

Köllmann Erich / Wirth Karl August u. a., Art. Erdteile, in: Reallexikon zur deutschen Kunstgeschichte V (1967) 1107–1202

König Hans, Der Aufenthalt von José Viera y Clavijo in Wien in den Jahren 1780 und 1781, in: Wiener Geschichtsblätter 62 (2007/2) 1–32

König Otto, Kif-Kif. Menschliches und Tierisches zwischen Sahara und Wilhelminenberg (Wien 1962)

Körner Stefan u. a., Esterházy Ahnengalerie (Eisenstadt 2006)

Kohler Alfred, Karl V. 1500–1558. Eine Biographie (München 22000)

Koller Christian, „Von Wilden aller Rassen niedergemetzelt". Die Diskussion um die Verwendung von Kolonialtruppen in Europa zwischen Rassismus, Kolonial- und Militärpolitik 1919–1930 (Stuttgart 2001)

Komlosy Andrea, Waldviertler Textilstraße. Reiseführer durch Geschichte und Gegenwart einer Region (Wien 21994)

Konrad Robert, Afrika-Schwerpunkt im Dschungel Wien. IYASA zehn Jahre in Österreich, in: INDABA 70/11, 23–25

Kos Wolfgang, Horizont-Verschiebungen. Zum Stellenwert von Nähe und Ferne, Enge und Exotik in den fünfziger Jahren, in: Jagschitz Gerhard / Mulley Klaus Dieter (Hg.), Die „wilden" fünfziger Jahre. Gesellschaft, Formen und Gefühle eines Jahrzehnts in Österreich (St. Pölten-Wien 1985) 174–186

Kostka Helga u. a., Seiner Zeit. Redakteur Franz Seiner (1874 bis 1929) und seine Zeit (Graz o. J. [2007])

Kotrba Franz, Karl May und sein Bild von Schwarzafrika (Hamburg 2005)

Kramml Peter Franz, Der erste Elefant in Österreich (1552) und die Geschichte des Salzburger „Elefantenhauses" in der Sigmund-Haffnergasse, in: Salzburg Archiv 4 (1987) 49–70

Krendl Peter, Ein neuer Brief zur ersten Indienfahrt Vasco da Gamas, in: Mitteilungen des Österreichischen Staatsarchivs 343 (1980) 1–21

Kusternig Andreas, Leopold Paur, Stadt im Träume, in: Niederösterreich-Archiv, Blatt 6020 (Wien 2002)

Kusternig Andreas, „Die Providentia erteilt der Austria den Auftrag zur Weltherrschaft". Probleme um das Deckengemälde im „Großen Saal" des Niederösterreichischen Landhauses – ein Werkstattbericht, in: Gerhard Ammerer u. a. (Hg.), Bündnispartner und Konkurrenten der Landesfürsten? Die Stände in der Habsburgermonarchie (Wien-München 2007) 533–581

Laimbeckhoven Godefridi, Neue Umständliche Reiß-Beschreibung. Von Wienn nach China abgeschickten Missionarii. Darinnen dessen ungemein beschwär- und gefährliche Schiffahrt von Genua bis Macao mit beygemengten vielen gar Lehr-reichen Astronomisch- und Geographischen Anmerckungen etc. (Wien 1740)

Landesmuseum Joanneum / Künstlerhaus, Susanne Wenger. Künstlerin, Olorisha und Aktivistin in Afrika (Graz 2004)

Ledóchowska Maria Theresia, Was geht das uns an? Gedanken und Erwägungen über das Werk der Antisclaverei und die kath. Missionsthätigkeit in Afrika (Salzburg 1892)

Lhotsky Alfons, Die österreichischen Länder im Hochmittelalter, in: Aufsätze und Vorträge I (Wien 1970) 245–261

Linné Caroli a., Systema Naturae etc., tomus I (Holmiae 121766)

List Friedrich u. a., Art. Afrika, in: Rotteck Carl v. / Welcker Carl (Hg.), Staats-Lexikon oder Encyklopädie der Staatswissenschaften in Verbindung mit vielen der angesehensten Publicisten Deutschlands herausgegeben I (Altona 21845) 877–383

Loacker Armin / Steiner Ines (Hg.), Imaginierte Antike. Österreichische Monumental-Stummfilme (Wien 2002)

Ludwig V. O., Das Hammer-Purgstall-Grabmal auf dem Weidlinger Friedhof, in: Stadt Klosterneuburg (Hg.), Hammer-Purgstall in Klosterneuburg-Weidling. Ein Führer durch die Hammer-Purgstall-Gedenkstätten in Klosterneuburg-Weidling (Klosterneuburg 1959) 43–50

Malfér Stefan, Kaiserjubiläum und Kreuzesfrömmigkeit. Habsburgische „Pietas Austriaca" in den Glasfenstern der Pfarrkirche zum heiligen Laurentius in Wien-Breitensee (Wien-Köln-Weimar 2011)

Mandorfer Peter, Eisenbahn verbindet, in: Südwind (Juli 1996) 6 f.

Marchand Suzanna, Priests among the Pygmies: Wilhelm Schmidt and the Counter-Reformation in Austrian Ethnology, in: Penny H. Glann / Bunzl Matti (Hg.), Worldly Provincialism. German Anthropology in the Age of the Empire (Michigan 2003) 283–342

Marienverein (Hg.), Die Mission von Central-Afrika zur Bekehrung der Neger und der Marien-Verein. Ein Aufruf (Wien 1851)

Martin Franz, Salzburgs Fürsten in der Barockzeit 1587 bis 1812 (Salzburg 31966)

Martin Peter, Schwarze Teufel, edle Mohren. Afrikaner in Bewußtsein und Geschichte der Deutschen (Hamburg 1993)

Matle Erwin, Aloys Zötl, ein Genie, das keine Ahnung von seiner Genialität hatte, in: Franz Kaindl (Red.), Eferding. Stadt an der Nibelungenstraße (Eferding 2003) 290 f.

Matsche Franz, Gegenreformatorische Architekturpolitik. Casa-Santa-Kopien und Habsburger Loreto-Kult nach 1620, in: Jahrbuch für Volkskunde NF 1 (1978) 81–118

Megiser Hieronymus (Hg.), Annalium Carinthiae Pars Secunda: Das ist Ander Theil der Chronicken des löblichen Ertzherzogthumbs Kaendten ... (Leipzig 1612, Faksimile Klagenfurt 1981)

Michel Eva / Sternath Maria Luise (Hg.), Kaiser Maximilian I. und die Kunst der Dürerzeit (München-London-New York 2012)

Mikoletzky Lorenz, Österreich, Italien und der abessinische Krieg 1935/36. Politik, Meldungen und Streiflichter, in: Mitteilungen des österreichischen Staatsarchivs 31 (1978) 487–501

Mohr Hubert / Heim Siegfried (Hg.), Wolfurt. Ein Dorf verändert sich (Wolfurt 1994)

Mrazek Wilhelm, Lustbarkeit und Anmut zur Sommerszeit. Die Fresken Johann Bergls im Melker Gartenpavillon, in: alte und moderne kunst 5 (1960/5) 20–23

Müller Hans-Harald / Eckert Brita (Hg.), Richard A. Bermann alias Arnold Höllriegel: Österreicher – Demokrat – Weltbürger. Eine Ausstellung des Deutschen Exilarchivs 1933–1945 (München 1995)

Müller Ulrich, Feirefiz Anschevin – Überlegungen zur Funktion einer Romangestalt Wolframs von Eschenbach, in: Négritude et Germanité. L'Afrique Noire dans la littérature d'expression allemande (Dakar 1983) 37–48

Nachrichten zur Städtefreundschaft Pedra Badejo – Leibnitz 1/2014 (Leibnitz 2014)

Natter Tobias (Hg.), Klimt persönlich. Bilder – Briefe – Einblicke (Wien 2012)

Novak Andreas, „Salzburg hört Hitler atmen": Die Salzburger Festspiele 1933–1944 (München 2005)

Österreichische Galerie (Hg.), Prinz Eugen und sein Belvedere (Wien 1963)

Oettermann Stephan, Die Schaulust am Elefanten. Eine Elephantographie curiosa (Frankfurt am Main 1982)

Opll Ferdinand, „... ein(e) vorhin in Wien nie gesehene Rarität von jedermann bewundert". Zu Leben, Tod und Nachleben des ersten Wiener Elefanten, in: Jahrbuch des Vereins für Geschichte der Stadt Wien 60 (2004) 229–273

Oppenauer Ingrid, Ausstellungen und Tagungen mit kolonialem Hintergrund in Wien 1939/40 (unveröffentl. Manuskript, 2003)

Oppert Gustav, Der Presbyter Johannes in Sage und Geschichte. Ein Beitrag zur Voelker- und Kirchengeschichte und zur Heldendichtung des Mittelalters (Berlin 1864)

Ottilinger Eva B., Interieurs im Wandel. Die „ägyptischen Räume" Kaiserin Ludovicas, in: Ilsebill Barta Fliedl / Peter Parenzan (Hg.), Lust und Last des Erbens. Die Sammlungen der Bundesmobilienverwaltung Wien (Wien 1993) 73–99

Parsons Timothy H., Race, Resistance, and the Boy Scout Movement in British Colonial Africa (Athens/Ohio 2004)

Pauli Elisabeth, Befreiung aus tyrannischer Gefangenschaft. Der Trinitarierorden in der Habsburgermonarchie und die Rückführung christlicher Sklaven aus dem Osmanischen Reich und seinen Vasallenstaaten (1688–1783), in: Archiv für Kulturgeschichte 90 (2008) 351–378

Pemmer Hans / Lackner Ninni, Der Wiener Prater einst und jetzt. Nobel- und Wurstelprater (Leipzig/Wien 1935)

Pesendorfer Brigitta, Die Gemäldesammlung der Grafen von Fries. Geistes- und kulturwiss. Diplomarbeit Univ. Wien (Wien 2001)

Petrin Silvia, Zur Ausstattung der Stiftsbibliothek von Gaming, in: Unsere Heimat 56/1 (1985) 48–57

Pfaundler Wolfgang, Fasnacht in Tirol: Telfer Schleicherlaufen (Wörgl 1981)

Pfeffer Clemens, Koloniale Fantasien made in Austria. Koloniale Afrikarepräsentationen im österreichischen Nationalrat am Wendepunkt zum Postkolonialismus, 1955–1965, in: Menrath Manuel (Hg.), Afrika im Blick. Afrikabilder im deutschsprachigen Europa, 1870–1970 (Zürich 2012) 99–122

Pfeiffer Franz (Hg.), Des schwabischen Ritters Georg von Ehingen Reisen nach der Ritterschaft (Stuttgart 1842)

Pichler Meinrad (Hg.), Nachträge zur neueren Vorarlberger Landesgeschichte (Bregenz 1982)

Pichler Meinrad, Quergänge. Vorarlberger Geschichte in Lebensläufen (Hohenems 2008)

Pietschmann Victor, Führer durch die Sonderschau „Ostmarkdeutsche als Forscher und Sammler in unseren Kolonien". Der Anteil der Ostmark an der Erforschung und Erschließung der deutschen Kolonialgebiete (Wien 1939)

Plankensteiner Barbara / Mayo Adediran Nath (Hg.), African Lace. Eine Geschichte des Handels, der Kreativität und der Mode in Nigeria (Wien 2010)

Plankensteiner Barbara / van Bussel Gerard W. / Claudia Augstat (Hg.), Abenteuer Wissenschaft: Etta Becker-Donner in Afrika und Lateinamerika (Wien 2011)

Popelka Fritz, Geschichte der Stadt Graz. 2 Bde. (Graz 1928–35)

Realis, Curiositäten und Memorabilien-Lexikon von Wien. Ein belehrendes und unterhaltendes Nachschlag- und Lesebuch in anekdotischer, artistischer, biographischer ... Beziehung II (Wien 1846)

Reil Johann Anton Friedrich, Der Wanderer im Waldviertel. Ein Tagebuch für Freunde österreichischer Gegenden (1823). Herausgegeben und eingeleitet von Wolfgang Häusler (Wien 1981)

Reinprecht Hansheinz, Abenteuer Nächstenliebe. Die Geschichte Hermann Gmeiners und der SOS-Kinderdörfer (Wien 1984)

Reiss Tom, Der schwarze General. Das Leben des wahren Grafen von Monte Christo (München 2013)

Rinnerthaler Alfred, Das Missionshaus Maria Sorg in Lengfelden. Wiege der Sodalität des Hl. Petrus Claver und Wirkungsstätte der Seligen Maria Theresia Ledóchowska, in: Gemeinde Bergheim (Hg.), Bergheim. Geschichte und Gegenwart (Bergheim 2009) 344–365 sowie 693–697

Ritschel Karl Heinz, Bruno Buchwieser, Auftrag und Ziel (Salzburg o. J.)

Rogl Bernhard, Österreichische Industrieanlagenexporte nach Afrika 1945–1993, in: Journal für Entwicklungspolitik XII/2 (1996) 143–164

Rohrbacher Peter, Die Geschichte des Hamiten-Mythos (Wien 2002)

Romberg Marion, In hoc signo vinces! Die Erdteil-Allegorien in der Kirche des Augustiner-Chorherrenstifts Vorau, in: Wolfgang Schmale (Hg.), Multiple kulturelle Referenzen in der Habsburgermonarchie des 18. Jahrhundert. Das achtzehnte Jahrhundert und Österreich 24 (2010) 75-102

Ruprechtsberger Erwin M., Verbindung zwischen Nordafrika und dem nördlichen Grenzgebiet von Noricum und Pannonien, in: Mitteilungen der Gesellschaft der Freunde Carnuntums (1981/1) 10–39 sowie (1981/2) 2–13

Sageder Anton, P. Beda Piringer OSB (1810–1876). Mönch, Politiker, Dichter und Gelehrter, in: Oberösterreichische Heimatblätter 37 (1983/1) 4–22

Sagmeister Rudolf (Red.), Rudolf Wacker und Zeitgenossen. Expressionismus und Neue Sachlichkeit (Bregenz 1993)

Samhaber Friedrich, Die Zeitzither. Georg von Peuerbach und das helle Mittelalter (Raab 2000)

Sauer Walter (Hg.), Das afrikanische Wien. Ein Stadtführer zu Bieber, Malangatana & Soliman (Wien 1996)

Sauer Walter, „Mohrenmädchen" in Bludenz, 1855-1858. Ein Beitrag zur Geschichte der afrikanischen Diaspora in Österreich, in: Montfort. Vierteljahresschrift für Geschichte und Gegenwart Vorarlbergs 56 (2004/4) 293–300

Sauer Walter (Hg.), K. u. k. kolonial. Habsburgermonarchie und europäische Herrschaft in Afrika (Wien 22007)

Sauer Walter / Wiesböck Andrea, Sklaven, Freie, Fremde. Wiener „Mohren" des 17. und 18. Jahrhunderts, in: Sauer Walter (Hg.), Von Soliman bis Omofuma. Geschichte der afrikanischen Diaspora in Österreich 17. bis 20. Jahrhundert (Innsbruck-Wien-Bozen 2007) 23–56

Sauer Walter, Angelo Soliman. Mythos und Wirklichkeit, in: ders. (Hg.), Von Soliman bis Omofuma. Geschichte der afrikanischen Diaspora in Österreich 17. bis 20. Jahrhundert (Innsbruck-Wien-Bozen 2007) 59–96

Sauer Walter, Österreich und Namibia. Ein schwieriges Verhältnis im langen 20. Jahrhundert, in: ders. (Hg.), Wien – Windhoek retour. 150 Jahre Beziehungen zwischen Österreich und Namibia (Wien 2008) 7–61

Sauer Walter, Ein Jesuitenstaat in Afrika? Habsburgische Kolonialpolitik in Ägypten, dem Sudan und Äthiopien in der ersten Hälfte des 19. Jahrhunderts, in: Österreich in Geschichte und Literatur 55 (2011/1) 2–27

Sauer Walter, Auswanderung und Apartheid. Österreichische Emigration nach Südafrika 1948–1994, in: Heuberger Andrea (Hg.), Rot-Weiß-Rot in der Regenbogennation. Geschichte und Geschichten österreichischer Auswanderer in Südafrika (Wien-Berlin 2012) 97–119

Sauer Walter, Habsburg colonial: Austria-Hungary's role in European overseas expansion reconsidered, in: Austrian Studies 20 (2012) 5–23

Schaller Sabine (Hg.), Die Tuareg (Schloß Goldegg 2000)

Schauerte Thomas Ulrich, Die Ehrenpforte für Kaiser Maximilian I. Dürer und Altdorfer im Dienst des Herrschers (Berlin 2001)

Scheicher Elisabeth, Ein Fest am Hofe Erzherzog Ferdinands II., in: Jahrbuch der kunsthistorischen Sammlungen in Wien 77 (1981) 119–153

Schinl Theophil, Wunderbarer Künstler, Heiliger Franciscus Xaverius etc. (Graz 1719)

Schlag Gerald, Mathias Wagner (1833–1871). Ein Eisenstädter als Abenteurer, Forschungsreisender und Sklavenhändler im Sudan, in: Burgenländische Heimatblätter 72 (2010/4) 171–175

Schmidlin [Joseph], Der österreichisch-ungarische Anteil an der Weltmission vor, in und nach dem Kriege, in: Zeitschrift für Missionswissenschaft 6 (1916) 97–108

Schöbel Judith, Pfarrkirche Rattersdorf (Ried im Innkreis 1997)

Schönerer Georg, Zehn Reden ... aus den Jahren 1882 bis 1888 (Wien 1914)

Schubert Ernst, Fremde im mittelalterlichen Deutschland, in: Peter Marschalck (Red.), IMIS-Beiträge 7 (Osnabrück 1998) 7–33

Schulz Klaus, Jazz in Österreich (Wien 2003)

Seipel Wilfried (Hg.), Spielwelten der Kunst. Kunstkammerspiele (Wien 1998)

Sealsfield Charles, Lebensbilder aus der westlichen Hemisphäre, 4. Theil: Pflanzerleben II (Stuttgart 1846)

Šedivý Miroslav, Metternich, the Great Powers and the Eastern Question (Pilsen 2013)

Seitschek Stefan, Karussell und Schlittenfahrt im Spiegel der Zeremonialprotokolle – nicht mehr als höfische Belustigung?, in: Pangerl Irmgard / Scheutz Martin / Winkelbauer Thomas (Hg.), Der Wiener Hof im Spiegel der Zeremonialprotokolle 1652-1800. Eine Annäherung (Innsbruck-Wien-Bozen 2007) 357–434

Smekal Giselher / Raderer Friederike / Schulz Klaus / Wetzelsdorfer Hans, follow the rhythm. Impressionen aus Wiesen (o. O. 1991)

Sokop Brigitte, Jene Gräfin Larisch. Marie Louise Larisch-Wallersee. Vertraute der Kaiserin – Verfemte nach Mayerling (Wien-Köln-Weimar 1992)

Springer Elisabeth, Maximilians Persönlichkeit, in: Maximilian von Mexiko 1832–1867 (Wien 1974) 12–23

Storch Ursula (Red.), Illusionen. Das Spiel mit dem Schein. 198. Sonderausstellung des Historischen Museums der Stadt Wien (Wien 1995)

Straganz Max, Beiträge zur Geschichte Tirols II: Die Autobiographie des Freiherrn Jakob v. Boimont zu Pairsberg (1527-1581), in: Programm des k. k. Ober-Gymnasiums der Franciscaner zu Hall (Innsbruck 1896) 4–139

Strobl Alice, Johann Baptist Reiter (Wien-München 1963)

Sulzbacher Christine, Beten – dienen – unterhalten. Zur Funktionalisierung von Afrikanern und Afrikanerinnen im 19. Jahrhundert in Österreich, in: Sauer Walter (Hg.), Von Soliman zu Omofuma. Geschichte der afrikanischen Diaspora in Österreich 17. bis 20. Jahrhundert (Innsbruck-Wien-Bozen 2007) 99–128

Szilágy András (Hg.), Die Esterházy-Schatzkammer. Kunstwerke aus fünf Jahrhunderten. Katalog der gemeinsamen Ausstellung des Kunstgewerbemuseums, Budapest, und der Eszterházy Privatstiftung, Eisenstadt, im Budapester Kunstgewerbemuseum (Budapest 2006/07)

Szilvássy Johann u. a., Anthropologie. Entwicklung des Menschen, Rassen des Menschen. Führer durch die anthropologische Schausammlung (Wien 1978)

Tafla Bairu, Ethiopia and Austria. A history of their relations (Wiesbaden 1994)

Thomas Hugh, The slave trade. The history of the Atlantic slave trade 1440–1870 (London, Paperback 2006)

Tichy Gottfried, Ein Grabstein mit kufischer Inschrift in Salzburg, in: Mitteilungen der Gesellschaft für Salzburger Landeskunde 134 (1994) 643–647

Vallaster Christoph, Die Malerfamilie Boch aus Bregenz, in: Jahrbuch des Vorarlberger Landesmuseumsvereins 1878/79 (1979) 356–371

Verlinden Charles, Wo, wann und warum gab es einen Großhandel mit Sklaven während des Mittelalters? (Köln 1970)

Wanger Thomas Ernst, Prof. Eugen Jussel – zum 100. Geburtstag, in: Feldkirch aktuell 2/2012, 46–49

Wegmann Heiko, Prof. Eugen von Philippovich – Nationale Integration durch Sozialstaat und Kolonialismus, in: www.freiburg-postkolonial.de/Seiten/Philippovich-Eugen.htm (2007)

Weidholz Alfred, Als Tiersammler im schwarzen Erdteil (Leipzig 1935)

Weiss-Krejci Estella, Abschied aus dem Knochenkabinett – Repatriierung als Instrument kultureller und nationaler Identitätspolitik am Beispiel österreichischer Restitutionen, in: Holger Stoecker / Thomas Schnalke / Andreas Winkelmann (Hg.), Sammeln, Erforschen, Zurückgeben? Menschliche Gebeine aus der Kolonialzeit in akademischen und musealen Sammlungen (Berlin 2013) 447–476

Werner Elke Anna, Embedded Artists. Augenzeugenschaft als visuelle Strategie in Kriegsdarstellungen des 16. Jahrhunderts, in: Thomas Knieper / Marion G. Müller (Hg.), War Visions. Bildkommunikation und Krieg (Köln 2005) 57–79

Wiemann Volker, „Das ist echte orientalische Gastfreundlichkeit". Zum Konzept kolonisierbarer, nicht-kolonisierbarer und kolonisierender Subjekte bei Karl May, in: kultuRRevolution 32/33 (1995) 99–104

Windischer Jussuf, 7 Jahre Caritas-Integrationshaus Innsbruck. Provokationen – Herausforderungen – Lernerfahrungen, in: Kritisches Christentum 290/291 (2005) 23–30

Winterstein Stefan (Hg.), Josef Schrammel im Serail. Die Aufzeichnungen des Wiener Volksmusikers über seine Reise in den Vorderen Orient 1869–1871 (Tutzing 2007)

Wurzbach Constant von, Biographisches Lexikon des Kaiserthums Oesterreich, diverse Bände

Zedler Johann Heinrich, Großes vollständiges Universal-Lexikon 21 (Halle u. a., 1739)

Zeller Joachim, „Afrika ist vielleicht das Land der Bildhauer". Der Tierplastiker Fritz Behn, in: Afrikanischer Heimatkalender 2002 (Windhoek 2002) 103–111

ABBILDUNGSVERZEICHNIS

Autor und Verlag haben sich mit großer Genauigkeit bemüht, alle Copyright-Inhaber ausfindig zu machen und von diesen die Erlaubnis zur Wiedergabe von Bildern zu erhalten. Sollte dies in einzelnen Fällen nicht gelungen sein, ersuchen wir um Kontaktaufnahme zur nachträglichen Vereinbarung einer Regelung.

Africanlife Portal: 116
Afro-Asiatisches Institut Graz: 390
P. Amand Kraml, Sternwarte Kremsmünster: 281, 285
AMREF Austria: 309
APA-PictureDesk GmbH: 192, 195, 197
Archiv der Salzburger Festspiele: 306
Archiv des Verfassers: 15, 31, 38, 49, 52, 55, 56, 63, 74, 75, 77, 79, 80, 82, 83, 84, 85, 86, 87, 89, 93, 98, 99, 104, 105, 107, 108, 109, 110, 118, 119, 123, 126, 127, 130, 133, 134, 137, 138, 143, 146, 147, 148, 149, 152, 154, 155, 158, 159, 160, 163, 166, 168, 172, 173, 174, 175, 178, 179, 180, 181, 184, 186, 189, 192, 194, 196, 207, 208, 209, 215, 217, 222, 223, 224, 226, 227, 228, 229, 230, 231, 232, 233, 236, 237, 240, 241, 243, 244, 246, 247, 249, 250, 251, 252, 253, 256, 265, 266, 270, 271, 272, 275, 277, 278, 279, 282, 288, 289, 290, 293, 298, 299, 301, 302, 303, 304, 306, 309, 310, 311, 312, 314, 316, 318, 322, 323, 328, 329, 331, 332, 335, 336, 337, 339, 341, 342, 343, 344, 345, 346, 350, 351, 352, 353, 354, 355, 356, 361, 365, 366, 367, 368, 369, 370, 371, 373, 374, 375, 376, 377, 378, 383, 384, 386, 388, 392, 393, 394, 395, 397, 398, 400, 401, 402, 403, 404, 405, 406, 407, 409, 413, 414, 416, 420, 421, 422, 423, 425, 426, 427, 429, 430, 432, 433, 434, 436, 437, 438, 439, 441
Belvedere, Wien: 76, 115
Bernhard Bouzek: 109, 112, 117, 138, 140, 155
Bezirksmuseum Hietzing: 164
Bildarchiv der Österreichischen Nationalbibliothek: 19, 114, 117, 167, 171, 185, 188, 190, 193, 204, 212, 233, 282, 302, 319, 339, 391
Bongani Ndodana-Breen: 204
BRG 6: 129
Bundesdenkmalamt: 26, 73, 91, 147, 152, 218, 226, 237, 408, 426, 431
Bundesministerium für Europa, Integration und Äußeres/Dragan Tatic: 248
Burgerbibliothek Bern: 25 (Cod. A 45, fol. 71v)
ceramicum: 68
Christine de Grancy: 321
Claudia Nister: 404
Clemens Gütl: 356
Deutsche Kinemathek: 214
Diözesanarchiv, Bibliothek u. Diözesanmuseum Eisenstadt: 205
Diözesanarchiv Wien: 286
Diözesanmuseum St. Pölten: 225
Dokumentations- und Kooperationszentrum Südliches Afrika (SADOCC): 96, 122, 172, 255, 318
Dreikönigsaktion: 178
Dschungel Wien/© Marianne Weiss: 136
Elisabeth Hackl: 364
Elisabethinen, Wien/Bernhard Kagerer: 36
Erwin Schreckensperger: 348
Esterházy Privatstiftung 202, 211
Evangelischer Presseverband/Archiv 145
Fachbereichsbibliothek Afrikawissenschaften & Orientalistik, Univ. Wien 157
Fair and Sensibel: 156
Fasnachtsmuseum Nassereith: 343
Festivals Wiesen / Helmut Riedl: 210
Filmarchiv Austria 153
Foto Prokosch, Linz: 65
Franz Kotrba: 205, 261
Frauenmuseum Hittisau: 377
Gemeinnützige Entwicklungszusammenarbeit (GEZA): 169
Ghana Minstrel Choir: 150
GRG 1 Stubenbastei, Wien: 88
Hans Schmid Privatstiftung: 103
Heeresgeschichtliches Museum Wien: 43
Prof. Heinz Schinner: 216
IMAGNO: 121
Ingrid Oppenauer: 411
Institut für Völkerrecht und Internationale Beziehungen, Univ. Graz: 389
Jazzatelier Ulrichsberg/ThomasMetzner: 269
Johann Murauer: 264
KASUMAMA Afrika-Festival: 239

Kunsthistorisches Museum Wien: 13, 33 (KK 5269), 338,
Landesmuseum für Kärnten: 12, 423
Licht für die Welt: 157
LIECHTENSTEIN, The Princely Collections, Vaduz–Vienna 142
MAK – Österreichisches Museum für angewandte Kunst/Gegenwartskunst @ Gerald Zugmann: 88
Markus Purkhart: 283
Menschen für Menschen: 128
menzel Galerie Nordafrika: 141
MIVA Austria: 289
Musée Alexandre Dumas, Villers-Cotterêts: 333
Museen der Stadt Linz – Lentos: 267
Museum Innviertler Volkskundehaus: 291
Museum Liaunig: 440
Oberösterreichisches Landesmuseum (und Bibliothek): 260 (Sammelband III 510, „Mohrenblatt"), 262, 273
ORF Burgenland/Walter Reiss: 213
Österreichische Jungarbeiterbewegung: 131
Österreichischer Gewerkschaftsbund: 59
Parlamentsdirektion/Bernhard Zofall: 95
Peter Kuthan: 260
Pichlers Spielzeugmuseum, Graz: 387
Präsidentschaftskanzlei / Peter Lechner: 187
Radio Afrika: 121
Robert Serbinek: 317
Salzburg Museum: 263, 307
Sandro Zanzinger: 150
Schönbrunner Tiergarten GmbH / Daniel Zupanc: 161
Seefestspiele Mörbisch: 127
SLUB / Deutsche Fotothek 170, 176
SOS-Kinderdorf Österreich: 341
Stadtarchiv Bregenz: 372
Stadtarchiv Eferding: 294
Stadtarchiv/Stadtmuseum Innsbruck: 332
Stadtmuseum Graz: 382
Stadtmuseum Hall in Tirol: 347
Stift Klosterneuburg: 22
Südwind-Agentur: 139
Susanne Wenger Foundation: 234
Tom Kevin Albrecht: 254
Universalmuseum Joanneum, Neue Galerie Graz: 385
Vorarlberg Museum: 360, 363
Welthaus: 386
Weltmuseum Wien: 90
Wien Bibliothek: 179
Wien Museum: 41, 67, 101, 120, 168,

ORTS- UND PERSONENINDEX

A

Abbas Hilmi II. 75, 391
Abbas Pasha 283
Abd er-Rahman, Mulay 42
Abdourahman, Schneider aus Niger 320
Abdullah Ibrahim (Dollar Brand) 7, 211
Abfaltersbach 356
Abidjan 113
Abraão, Abel 86
Absam 349
Abuja 116, 366
Abu Simbel 335, 424
Accra 135, 395
Adalbert von Tirol 17
Adametz, Hans 394
Adametz, Leopold 183
Addis Abeba 57, 58, 64
Addo, Eugene 225
Adediran, Nath Mayo 360
Adlhart, Jakob 203, 315
Admont 18, 399, 401, 432
Adowa 278
Adriach 399
Afghanistan 206
Agadez 320, 321, 390
Ägäis 42
Agorsor, Nyornuwofia und Kofi 86
Ägypten 11, 14, 15, 16, 17, 19, 20, 26, 32, 36, 39, 40, 42, 43, 44, 45, 46, 47, 53, 54, 63, 64, 71, 72, 81, 90, 91, 99, 101, 104, 105, 107, 121, 124, 125, 135, 139, 145, 148, 149, 155, 157, 160, 161, 168, 169, 175, 178, 184, 185, 190, 194, 195, 201, 204, 214, 217, 221, 225, 228, 229, 236, 240, 244, 249, 256, 259, 261, 262, 266, 271, 281, 290, 291, 292, 297, 304, 305, 306, 319, 323, 327, 335, 336, 356, 360, 362, 367, 369, 372, 376, 381, 383, 384, 385, 391, 399, 409, 412, 419, 421, 423, 426

Ahamer, Werner 374
Ajagemo, Oberpriester 234, 235
Ajaino, Isaak 224
Ajavv, Bootsknecht 40
Akan 291, 439, 441
Akinyosoye, Clara 87
Akkon 248
Alaba, David 9
Alatise, Peju 86
Albanien 58
Alberndorf in der Riedmark (Riedegg) 273
Alberschwende 378
Aleppo 99
Alexandria 27, 135, 145, 281, 285, 290, 292, 319, 362, 377
Alfonso VII., König v. Kastilien 238
al-Gaddafi, Muammar 183
Algeciras 26
Algerien 11, 14, 63, 67, 71, 109, 125, 154, 169, 189, 201, 221, 222, 238, 252, 259, 261, 267, 283, 304, 306, 320, 352, 365, 367, 381
Algier 28, 29, 39, 124, 137, 184, 189, 267, 428
Alicante 109
Alkover, Stefan 260
Almásy, László Ede 214, 215, 304, 311
Almohaden 26
Almoraviden 302
Alpha Blondy 211
Altenberg b. Linz 62
Altenberg, Peter 77, 102
Altenburg 241, 242
Altenstadt 370
Althofen 405, 427
Altmannus niger 24
Altomonte, Bartolomeo 226, 276
Altomonte, Martino 276, 307
Altötting 207
Altschwendt 293
Alves Vieira, Felisberto 285
Amete Kuewe (Togo) 351
Amstetten 221
Anatolien 47
Andalusien 26, 36, 302
Andelsbuch 378
Andre, Hans 336, 337
Anger 412
Angola 31, 36, 62, 84, 86, 113, 124, 161, 166, 171, 268, 277, 327, 354, 359, 381, 419, 425, 435
Anjou, Michael 40, 82, 166
Anna Elisabeth, schwarze Sklavin 30
Antarktis 143
Anthofer, Josef 319

Antonius, Einsiedler 15, 19, 154, 210, 242, 248, 361, 376
Antonius von Padua 109, 352
Antwerpen 27
Anzengruber, Leopold 68
Apa Johannes, Einsiedler 14
Apetlon 207
Apis, ägypt. Gottheit 13, 412
Apollonia, Heilige 15, 112, 154
Äquatorialguinea 274
Arabien 27, 120
Argentinien 218
Arko, Theresa Asare 264
Arktis 143
Artstetten 236
Arundel, Thomas und Alatheia Talbot 92
Arusha 375, 410
Asam, Cosmas Damian 328, 337
Asante 77, 102, 403, 441
Asch 355
Asesewa (Stadt in Ghana) 315
Asiimwe, Stella 108
Aspach im Innviertel 292
as-Sadat, Anwar 184, 297
Athah, Bootsknecht 40
Äthiopien (Abessinien) 14, 15, 19, 20, 23, 27, 44, 45, 53, 57, 58, 64, 71, 81, 83, 87, 99, 113, 117, 128, 139, 154, 155, 161, 163, 164, 165, 169, 171, 177, 178, 179, 180, 183, 188, 193, 195, 201, 205, 217, 225, 278, 309, 312, 316, 318, 327, 341, 349, 354, 355, 374, 384, 389, 398, 421
Attila, Hunnenkönig 202
Auaris, ägypt. Stadt 190
Auer von Welsbach, Carl 427
Augsburg 27, 212, 226, 322, 334, 335, 337, 346, 349, 350
Augustinus, Kirchenlehrer 14, 18, 19, 24, 154, 155
Aurach 352
Außerfern 27, 344
Ayyubiden, ägypt. Herrscherdynastie 17
Azoren 425

B

Babenberger 16, 25, 229
Babler, Andreas 252
Bad Aussee 64, 165, 237, 399, 403, 404
Bad Deutsch-Altenburg 224
Baden 252
Baden-Powell, Robert 387, 388
Bad Ischl 284, 285, 286

Bad Leonfelden 271
Bad Radkersburg 414
Bad Vöslau 254
Bailey, Brett 72
Baker, Josephine 61
Balthasar, afrik. Sklave 30
Banská Štiavnica (Schemnitz) 319
Barcelona 274
Bari 50, 206
Bartholomäberg 373
Bartl, Johann 434
Batschuns 371
Batthyány-Strattmann, Ladislaus 218
Bauchi 116
Bauer, Dolores 247
Bauer, Ingrid 300
Bauernfeind, Ernst 251
Baule 291, 441
Baumann, Oscar 48, 49, 50, 62, 107, 108, 253, 311
Baumgarten / Pajngrt 210
Baumgartner, Martin 26
Baumgartner, Sepp 350
Bayer, Leopoldine 247
Bayern 16, 248, 259, 346, 369, 399
Bayreuth 300
Beato, Antonio 267
Becker-Donner, Etta 60
Beckers von Walhorn, Nikolaus Wilhelm 73
Beda Venerabilis 18
Beduinen 83, 102
Beduzzi, Antonio 35, 77
Beethoven, Ludwig van 203
Behn, Fritz 344
Behr, Adelbert 299, 300
Behr, Martin 397
Beier, Ulli 235
Belgien 35, 49, 191, 196, 237, 243, 314, 421
Bell, Andrew 383
Benattia, Bechir 335
Benedetto, afrikan. Heiliger 85, 86, 208, 209
Benevent 16
Beni Hassan 92
Benin 71, 90, 91, 183, 366, 393, 395, 430, 439
Benin City 264
Beran, Rudolf 113
Berber 14, 26, 141, 194, 250, 302
Bergheim 297, 314
Berg, Karl 300
Bergl, Johann 40, 166, 173, 233
Bergmüller, Johann Georg 339
Berlin 77, 157, 353, 362, 369, 413, 430

Bernatzik, Hugo Adolf 155, 156, 184
Berndorf 47, 113, 221, 236, 254
Bernhardt, Josef 201, 393
Bernstein 214
Berthold von Emmerberg 17
Beust, Friedrich 46
Beuttler, Clemens 273
Bezau 361, 377
Biberwier 344, 345
Bidyogo 155
Bieber, Friedrich Julius 163, 164, 165, 167
Bieber, Klaus 165
Bieber, Otto 165
Bietak, Manfred 190
Bilêne Masoûmo 39
Bilger, Margret 293
Binder, Joseph 178
Birkle, Albert 369
Bischari 102
Bischofshofen 297, 318
Bissagos-Archipel 156
Bizau 377
Blaas, Carl v. 51, 118
Bleiburg/Pliberk 441
Blimlinger, Thomas 126
Bloemaert, Adriaen 271
Bludenz 374
Blumentritt, Ferdinand 53
Bobo Dioulasso 348, 349
Boch, Anton 363
Bock, Jacob 31, 86
Böckstein 319
Bodensee 362
Bodomo, Adams 140
Boeckl, Herbert 234, 407
Boehmer, Elleke 308
Bogner, Franz 211
Böhm, Almaz 128
Böhm, Karlheinz 128, 233, 311
Böhmen 16, 39, 48, 83, 231, 233, 240
Boiotro, Ort in Bayern 15
Bolts, William 39, 45
Bonn 157, 251
Boos, Franz 40, 161, 166
Borromeo, Carlo 370, 371
Borromeo, Hortensia 370
Botha, Johan 72
Botswana 48, 105, 162, 201, 413
Bouayad, Mohamed 274
Boutros-Ghali, Boutros 96
Boymont, Jakob v. 30
Bozen (Bolzano) 333, 432

Brandauer, Kuno 317
Brändle, Christoph 432
Brandstätter, Christoph 431
Brasilien 33, 36, 42, 56, 281, 332, 427
Braunau 259
Braxton, Anthony 269
Bregenz 61, 193, 359, 360, 361, 362, 363, 365, 372, 376, 378
Bregenzer Wald 376, 378
Breitz, Candice 359
Breker, Arno 306
Bremen 345
Brenner, Harry 256
Breton, André 294
Breu d. Ä., Jörg 226
Bridgetower, Friedrich Augustus und George August 202
Brink, André 308
Brioschi, Carlo 212
Briten 29, 43, 51, 57, 182, 205, 214, 235, 261, 335, 349, 364, 383, 391
Brixen 334, 340, 349, 356, 364
Brixen im Thale 352
Bucher, Josef 378
Buchwieser, Bruno 131
Budapest 131, 203, 216, 354
Bulawayo 136
Bulgarien 16, 126
Bumbry, Grace 300
Buren 51, 102, 182, 253, 261, 299, 300, 307, 413
Burgauberg 216
Burgenland 199, 201, 202, 203, 205, 206, 208, 210, 211, 213, 215, 216, 217, 218, 276, 311, 415
Burgerwiesen 242
Burgkmair, Hans 33, 347
Burgschlaining 212
Burkina Faso 71, 81, 88, 89, 113, 131, 132, 157, 177, 183, 201, 312, 327, 348, 349, 355, 419
Burnacini, Lodovico 75
Burundi 49, 108, 196, 201, 300
Bushiri 401
Bushiri bin Salim 107
Byzanz 16, 226

C

Cádiz 39, 240
Calheta de São Miguel 247, 248
Cameel, Johann Baptist 75
Canaletto (Bernardo Bellotto) 111
Canaval, Joseph Leodegar 424

Canchungo 434
Canda, Panaibra Gabriel 72
Canova, Antonio 82
Caprivi Strip 413
Carlone, Carlo Antonio 275
Carlone, Carlo Innocenzo 263, 289
Carlone, Carlo Martino 202
Carlone, Pietro Francesco 407
Carnuntum 13
Casablanca 124, 377
Cassianus, Johannes 14, 19
Castrofranco, Cosmas da 130
Cermák, Jaroslav 51
Césaire, Aimé 300
Ceuta 26, 203, 322
Chadidja 102
Cham 202, 431
Chanler, William Astor 117, 154
Charlemont, Theodor 311
Cherkaoui, Sidi Larbi 221
Chesi, Gert 350, 351
China 27, 36, 38, 42, 46, 58, 63, 120, 145, 155, 160, 203, 234, 251, 312, 351, 427
Chnumhotep II. 92
Christoph von Liechtenstein 26
Clementianus, Claudius Paternus 11, 423
Coetzee, J.M. 308
Colin, Alexander 236
Columban, Hl. 362
Comazzi, Giovanni 77, 78
Conrad, Joseph 375
Córdoba 16, 216, 302, 328
Corinth, Lovis 267
Correa, Hector de 203
Côte d'Ivoire (Elfenbeinküste) 62, 113, 130, 141, 175, 176, 217, 341, 359, 439
Cotonou 393
Coudenhove-Kalergi, Richard 56, 57
Crispinus, Publius Aelius 11
Crowder, Henry 375
Cuder, Gerhard 433
Cunard, Nancy 209, 375
Czegka, Bertha 77
Czermak, Emmerich 56
Czernetz, Karl 64, 66

D

Dachauer, Wilhelm 291
Dahomey 102
Dajazmach Wébé, Ras von Tigre 398
Dakar 113, 397
Damiette 17, 212, 229, 271, 281, 409
Damüls 376
Dänemark 16
Danhauser, Josef 115, 385
Danneberg, Robert 112
Dar es Salaam 310
Dava, Luís Júnior 95
David, Negus v. Äthiopien 384
Davies-Okundaye, Nike 86
De Gaulle, Charles 372
de Grancy, Christine 320, 321
de Kok, Ingrid 308
de Melo, Leslie 245
de Pomis, Giovanni Pietro 415
Decristoforo, Bruno 340
Delagoa Bay (Maputo) 39, 40
Dellach 432
della Scala, Nicodemus 404, 405
Delmonico, Ledgar 103
Dengel, Anna 331, 346
Deschwanden, Melchior Paul 376
Deutsche Demokratische Republik (DDR) 311
Deutsches Reich 52, 53, 413
Deutschkreutz 201, 212
Deutschland 16, 46, 49, 53, 54, 56, 58, 61, 87, 108, 128, 131, 141, 144, 188, 214, 246, 251, 274, 284, 289, 309, 337, 353, 363, 367, 375, 377, 387, 394, 401, 410, 414, 430
Deutsch-Ostafrika (Tanzania) 48, 57, 190, 302, 344, 401, 410
Deutsch-Südwestafrika (Namibia) 57, 288, 303, 385, 413
Deutsch-Wagram 247, 248, 416
Diabaté, Mamadou 72
Diallo, Salamata 175
Diawara, Fatoumata 72
Dietmannsdorf 400
Dietmar von Liechtenstein 17
Dietrich, Hubert 376
Dim, Joseph 395
Dimt, Heidelinde 262
Diodato, armen. Großhändler 30
Dittenberger, Johann Gustav 248
Dixon, Isobel 308
Djebar, Assia 96
Djibouti 48
Dogon 291
Dolischka, Subrinah 132
Döllersheim 238
Dollfuß, Engelbert 56, 355
Dolomiten 432

Dominikanische Republik 65, 434
Donaudorf 40, 173
Dorn, Alois 278
Dornbirn 359, 364, 367, 368, 369, 370
Douala 129
Douglas, Norman 375, 376
Drautal 431
Dravograd 428
Dreier, Veronika 395
Drentwett, Jonas 98, 116
Dresden 261
Drexel, Albert 371
Dube, Innocent Nkululeko 136
Dumas, Alexandre 333, 334
Dunant, Henri 387
Düns 376
Durban 356, 364
Dürer, Albrecht 208

E

Eastern Cape Province 221
Ebendorf 438
Ebensee 47, 262, 274, 280, 281, 283
Eberau 201
Eberndorf 30, 436, 437
Ebers, Georg 104
Eckartsau 248
Eder, Johann 290, 323
Eder, Otto 106
Edward VII., brit. König 284
Eferding 12, 294
Egbon, Cecilia 175
Egg 378
Eggenberg, Ruprecht von 415
Eggenberg, Wolff v. 415
Ehgartner, Wilhelm 424
Ehrenhausen 415
Ehrwald 344, 345
Eickstedt, Egon von 94
Eisacktal 333
Eisenerz 407
Eisenmenger, August 156
Eisenschmied, Leonhard 428
Eisenstadt 201, 202, 203, 204, 206, 212, 215, 252
Ekhart, Godwin 155
ElBaradei, Mohammed 197
Elbigenalp 337, 346
Elisabeth, Kaiserin 30, 72, 108, 167, 168, 232, 233, 285, 291, 312
Elisabeth von Thüringen 108

el-Kubanieh (Nubien) 157
El Masri, Attia 144
Elmen 346
El Mestikawy, Hazem 290
El Obeid 319
el Saddik, Wafaa 190
El Salvador 297
Eltayeb, Tarek 72
Emaus 364
Emeakaroha, Emeka 221
Engelbert von Auersperg 17
Engelhart, Josef 108
Engel, Karl 180
ENKS, Emanuel Nkrumah Kwabena 390, 395
Enzmilner, Reichsgraf von und zu Windhaag, Joachim 273
Erbler, Joe 300
Erdödy, István 216
Erhard, Andreas 346
Eritrea 180, 390
Ermacora, Felix 422
Erzpriester Johannes 20, 23, 86, 87, 276
Eseddin, Mansura 336
Esterházy 17, 30, 32, 202, 203, 210, 212
Esterházy, Fürst Nikolaus II. 203
Esterházy, Graf (Fürst) Paul 202, 203, 211, 214
Estoras, Emmerich 17, 203, 212
Esztergom 80, 236
Eugen v. Savoien 35, 38, 82, 116, 248, 328
Evora, Cesaria 72
Exinger, Otto 178
Eze, Joseph 86

F

Fabius Cunctator 159
Faenza 143
Fahrngruber, Johannes 229
Faistauer, Anton 310, 363
Faistenberger, Simon Benedikt 352
Faith47 150
Falkenhayn, Maria 227
Fall, Franz 363
Fallmayer, Jakob Philipp 335
Farah, Nuruddin 221
Fehring 217
Fekter, Maria 80
Feldbach 49, 62, 253, 411, 413
Feldkirch 29, 359, 367, 371, 372, 373, 374, 377
Feldmann-Rätz, Christine 145
Felfer, Franz 384

Fenzl, Eduard 171
Ferdinand II., Erzhg. 337
Ferdinand I., Kaiser 28
Ferdinand II., Kaiser 83, 283, 407
Ferdinand III., Kaiser 402
Ferdinand Maximilian 45, 50, 92, 100, 163, 188, 243
Ferlach 419
Fernando Póo (Bioko) 274
Fernberger, Christoph Carl 33, 281, 282
Fernberger, Georg Christoph 281
Ferrer, Ibrahim 211
Ferrero-Waldner, Benita 114
Ferstel, Heinrich 145
Fès 114, 237, 260, 297, 308, 322, 370
Feste Riegersburg 413
Feuerstein, Gabriel 361
Feuerstein, Martin 378
Fink, Familie (Pfannerhof) 365
Fischer, Heinz 187
Fischer v. Erlach, Joseph Emanuel 80
Fischer von Erlach, Johann Bernhard 75, 80, 301
Fischlhammer, Hubert 291, 292
Fixlmüller, Alexander 279
Flavius, Publius Aelius 11, 222, 256
Florenz 27, 80
Forchtenstein 32, 203, 211, 212, 393
Foullon-Norbeeck, Heinrich v. 113
Frankfurt 44, 111, 161, 202, 335
Frankreich 17, 35, 43, 44, 47, 49, 54, 56, 60, 63, 84, 131, 184, 189, 193, 202, 214, 226, 267, 274, 294, 322, 333, 334, 341, 363, 367, 370, 375, 398
Franz Ferdinand, Erzherzog 47, 236
Franz I., Kaiser 42, 134
Franz Joseph, Kaiser 44, 46, 91, 92, 145, 154, 157, 163, 251, 284, 285, 390
Franz von Assisi 229
Franz Xaver 36, 73, 85, 117, 130, 205, 217, 223, 230, 245, 255, 256, 266, 270, 283, 307, 330, 340, 342, 352, 368, 376, 377, 386, 403, 405, 422, 431, 432, 438
Frastanz 359, 372
Frauenberg 12, 415
Frauenkirchen 208, 209
Freetown 165
Freiburg 190
Freising 20, 21, 231, 320, 404, 405, 420
Freistadt 39, 271, 294
Frémiet, Emmanuel 168
Friedberg 410, 411

Friedl, Harald 432
Friedl, Josef 239
Friedrich, Erzherzog 43, 248, 249
Friedrich, falscher Kaiser 25
Friedrich II., Kaiser 20, 23, 24
Friedrich III., Kaiser 26, 29, 292, 293, 437
Friedrich von Chreuzpeck 26
Friedrich von Pettau 17
Fries, Johann v. 40, 254, 255
Frohnleiten 399
Fromiller, Johann Benedikt 435
Fromiller, Josef Ferdinand 421
Fuchs, Ernst 426
Fugger 27, 82, 349, 431
Fugger, Anton 350
Fugger, Ulrich 349, 350
Führich, Joseph v. 337
Fuhrmann, August 287
Fulpmes 339
Fürstenfeld 217
Fuschl am See 297

G

Gabun 71, 104, 113, 138
Gaisrucker, Simon 272
Gaki Sherocho, König v. Kaffa 165
Galler, Katharina Elisabeth 413
Gall, Franz Joseph 252
Gallus, Hl. 362
Gambia 201, 297, 341, 359
Gaming 230, 231
Ganges 254
Garsten 278
Garvey, Marcus 57
Gattersdorf 438
Gedeon, Thomas Friedrich 225
Geertgen tot Sint Jans 92
Geiger, Johann Nepomuk 229, 243
Genadendal 384
Genczik, August v. 281, 283, 285, 290
Genua 74, 281, 334
Georgia (USA) 259
Georg von Ehingen 26, 322
Gerlamoos 431
Geymüller, Johann Heinrich 40
Ghana 66, 71, 77, 86, 105, 122, 132, 135, 138, 140, 149, 150, 169, 176, 178, 221, 225, 251, 259, 264, 265, 297, 315, 327, 331, 332, 341, 366, 387, 390, 395, 396, 419, 439, 440, 441
Ghebre, Michael 398

Ghislain de Busbecq, Ogier 32
Gibraltar 42
Gielge, Hans 403
Giessauf, Ferdinand 238
Gigler, Laurenz 412
Gilf el-Kebir 214
Gillespie, Dizzie 211
Ginther, Konrad 389
Giza 32, 92, 190, 216, 292
Glanegg 419
Glantal 423
Glass, Philip 221
Gleisdorf 381
Gmeiner, Hermann 341
Gmünd 239
Gmunden 262, 282
Gnagora, Rose 141
Gnaore, Cecile 175
Gneis, Marco 213
Gobabis 413
Goddard, Keith 260
Göfis 370
Goldegg 320
Goldmark, Carl 212, 213
Goldseisen, Hans 305
Goleta 28
Göllersdorf 245
Gols 208
Gomera 370
Gondar 384
Gondokoro 110
Gonzaga, Paola 386
Gonzalez, Pedro 338
Gösser, Wilhelm 413
Göttweig 15, 18, 19, 228
Götzens 338
Grabner, Sabine 115
Gran, Daniel 80, 81, 99, 225
Grassberger, Wolfgang 303
Grasser, Erasmus 332, 399
Grassmayr, Christof 336
Gratkorn 381
Graz 36, 45, 72, 83, 87, 104, 121, 87, 145, 163, 180, 234, 235, 186, 320, 351, 319, 381, 382, 383, 384, 385, 388, 389, 390, 391, 392, 393, 394, 395, 396, 397, 398, 399, 410, 412, 413, 414
Greene, Graham 375
Greil, Philipp Jakob 340, 342
Gretzmacher, Eva 292, 320, 390
Grey Key, Carlos 274
Griechenland 335
Griffen 438
Grimes, Henry 269
Grins 341
Groder, Cassian 354
Grödig 297
Groller, Theresia 410
Grond, Walter 215
Grootfontein 413
Großbritannien 39, 42, 43, 47, 49, 57, 77, 101, 109, 175, 253, 284, 299, 307, 353, 366, 375, 398, 410, 424
Großenzersdorf 231
Großpiesenham 290
Groß-Siegharts 221, 240
Grzimek, Bernhard 162
Gschiel, Jakob 394
Guadalcanal 46, 113, 254
Guanchen 194
Guglielmi, Gregorio 158
Guinea 27, 140, 161, 175, 216, 281, 292
Guinea-Bissau 156, 434
Gummern 419
Gumpoldskirchen 221
Gundolf, Hubert 340
Günther, Matthäus 337, 341
Gunzo 362
Gurk 428
Güssing 207, 218
Gütl, Clemens 356

H

Haas, Helmut 285
Habsburger 27, 28, 30, 32, 35, 38, 78, 83, 88, 91, 114, 159, 243, 263, 276
Hadmar von Kuenring 17
Hadrian, röm. Kaiser 11
Hafnerberg 254
Hagenauer, K. 133
Hagenbrunn 248
Hahsan, Ali 103
Haiden, Günter 248
Haidenthaler, Paulus 315
Haider, Jörg 419, 435, 439
Haid, Johann Gottfried 239
Haile Selassie, Kaiser 64, 71, 165, 403
Hainburg 437
Haiti 333
Hakim-Ali, Ibrahim 143
Halina, Maria Xaveria 266
Hallein 315

Hall in Tirol 347, 348
Hamburg 274
Hamdaoui, Moh el 133
Hammamet 412
Hammarskjöld, Dag 65, 191, 192, 193
Hammer-Purgstall, Joseph v. 186, 414
Hanak, Anton 315
Hanak, Ilse 309
Hannibal 34, 159
Hansal, Martin Ludwig 109, 110
Hansen, Theophil 118, 391
Harare 307
Hardegg 243
Hargrove, Roy 211
Harnuphis, Magier 13
Haroun, Mahamat-Saleh 72
Harrach, Ferdinand Bonaventura 30
Harrach, Franz Anton v. 298
Harrer, Heinrich 427
Hart 426
Hartberg 412
Hasan, Muhammad (Anton Hassan) 409
Hasenauer, Karl 91
Haslach 270
Haslecker, Hannes 164
Hassan, Halim 135
Hassan II., König v. Marokko 114, 372
Hauser, Carry 164
Hauser, Michael 183
Hawad, Dichter aus Niger 320
Haydn, Joseph 202, 203, 204, 252
Haym, Christoph 272, 273
Hazoumè, Romuald 393
Hegel 89
Hegel, Georg Wilhelm Friedrich 89
Heidenreichstein 221
Heiligenblut 432
Heiligenkreuz 98
Heinrich II., Herzog 20
Hellmer, Edmund 149
Hemmel v. Andlau, Peter 307
Herberstein 412
Herberstein, Johann Joseph v. 412
Herero 288
Hermagor 431
Herzogenburg 226
Heß, Rudolf 309
Hetzendorf von Hohenberg, Johann Ferdinand 124, 159, 160, 254
Heuglin, Theodor 100
Hildebrandt, Johann Lukas v. 116, 245
Himalaya 160

Hindels, Josef 66
Hinterbichl (Prägraten) 354
Hinterstoder 279, 280
Hippo Regius 154
Hirsch, Maria 247
Hirson, Denis 308
Hitler, Adolf 190, 238, 309, 355
Hittisau 377, 378
Hladik, Willi 369
Hoffmann, Robert 303
Hohenau 206
Hohenems 370, 371
Hohenems, Jakob Hannibal 29, 370, 371
Hohenems, Merk Sittich 371
Hohenstaufen 17, 20, 25
Hohenstein 12, 423
Höhnel, Rudolf v. 49, 51, 117, 149, 154, 165
Holaubek, Johanna 190
Hollabrunn 244, 430
Holland 29, 281, 294
Hollein, Hans 224
Hollenstein 221
Holler-Schuster, Günther 397
Holub, Emil 48, 105, 149
Holub, Rosa 105, 149
Holzbauer, Wilhelm 301
Holzinger, Rudolf 110
Holzmeister, Clemens 310, 363, 371
Hongkong 204
Hooker, William Jackson 425
Hopfgarten 352
Horn 242
Houston 439
Hrdlicka, Alfred 148
Huber, Josef 367
Huber, Ossi 419
Hubert von Goisern (Hubert Achleitner) 259
Huber, Wolf 373
Huchu, Tendai 141, 336
Hueber, Joseph 401
Huetstocker, Sebastian 147, 279
Hums, Franz 318
Hundertwasser, Friedensreich 112, 416
Hüttenberg 427
Hutu 196
Hyppolitos, Heiliger (aus Ägypten?) 225

I

Ibadan 235, 360
Ibrahim Ibn Yaqūb, Kaufmann 16

Ila 105
Imst 341, 342
Indien 20, 27, 32, 33, 38, 39, 45, 63, 74, 75, 132, 179, 209, 217, 230, 238, 240, 245, 277, 281, 282, 330, 332, 334, 335, 338, 346, 347, 349, 351, 368, 424, 427
Indonesien 63
Innsbruck 30, 32, 34, 35, 215, 284, 300, 301, 327, 328, 329, 330, 331, 332, 334, 335, 336, 340, 341, 348, 356, 371
Innviertel 262, 287, 291, 293
INOU, simon 87, 178, 368
Irak 47, 238
Irschen 431
Isabella von Parma 159
Ischgl 340
Isidor von Sevilla 19
Israel 149
Italien 29, 34, 35, 45, 58, 64, 109, 127, 155, 164, 272, 281, 334, 337, 341, 368, 370, 377, 398, 431
Ituri 91

J

Jacobis, Justinus de 180, 398
Jada 374
Jaffa 20, 26
Jäger, Inge 95
Jakitsch, Richard 149
Jakobus d. Ä. 35, 115, 236, 250, 279, 317, 318, 328, 351, 356
Jamaika 57
Janssen, Arnold 52, 251
Japan 36, 46, 61, 102, 106, 119, 160, 340
Javer, Abdullah 382
Jemen 435
Jennersdorf 217, 230
Jerusalem 26, 107, 213, 230, 265, 281, 290, 306, 319, 411
Jjumba, Peter J. 247
Jogues, Isaac 352
Johanna, span. Prinzessin 334
Johann, Erzhg. 383, 384, 385, 430
Johannesburg 71, 124, 125, 303, 361, 374, 408, 430
Johannes von Bruneck 405
Johannes von Hildesheim 23
Johannes XXIII., Papst 273
Joseph II., Kaiser 39, 141, 160, 161, 438
Judenburg 29, 400, 406

Junker, Hermann 92, 157, 158, 190
Jussel, Eugen 374
Justos, Negus v. Äthiopien 384

K

Kabylen 102
Kadalie, Clements 58
Kaffa 165
Kafue (Fluß) 245
Kairo 17, 26, 64, 75, 88, 91, 113, 115, 124, 135, 144, 158, 179, 184, 190, 194, 195, 205, 244, 248, 281, 283, 290, 306, 362, 365, 377, 409, 414
Kaiserebersdorf 32, 75, 146, 147
Kaiser, Karl Georg 376
Kaisersteinbruch 276
Kalahari 413
Kalamba, Emery 401, 402
Kalifornien 33, 281
Kallhammer von Raunach, Jobst 281
Kalwang 399
Kamal Bellamine 114
Kamerun 59, 87, 122, 129, 164, 166, 176, 183, 217, 224, 268, 291, 297, 303, 349, 359, 368, 382, 395
Kampala 247
Kanada 310, 429
Kanarische Inseln 158, 160, 194
Kandake, äthiopische Königin 14, 411
Kaninisut, ägypt. Beamter 92
Kanton (Guangzhou) 38
Kap der Guten Hoffnung 27, 78, 282, 383
Kapfenberg 409
Kappl 340
Kapstadt 42, 48, 105, 124, 204, 259, 302, 303, 308, 364, 369, 374, 439
Kap Verde 81, 112, 225, 247, 248, 259, 281, 285, 416, 425
Kariba-Stausee 279
Karibik 334
Kärle, Johann 378
Karl v. Habsburg, Erzherzog 34
Karl IV., Kaiser 23
Karl V., Kaiser 17, 28, 29, 32, 34, 92, 93, 120, 174, 183, 334, 431
Karl VI., Kaiser 35, 38, 203, 279, 328, 329, 339
Karnak 285
Kärnten 12, 27, 39, 40, 54, 334, 388, 399, 400, 405, 419, 420, 423, 425, 428, 429, 430, 431, 432, 433, 435, 436, 437, 439
Karthago 28, 109, 159

Kassel 23
Katanga 191, 192, 193, 312
Katharina von Alexandrien 15, 154, 271, 323, 361
Katzelsdorf 256
Kauffmann, Angelika 377
Kaufmann, Wilhelm 138, 245, 305, 309, 310
Kaunitz 30, 255
Kedl, Rudolf 106
Keetmanshoop 319
Kefermarkt 272
Keïta, Salif 72, 221
Keitetsi, China 136
Keller, Alfred 189
Keller, Josef 369
Kentridge, William 72
Kenya 27, 47, 48, 49, 62, 71, 77, 121, 129, 154, 164, 166, 169, 177, 178, 179, 183, 195, 196, 201, 217, 226, 259, 278, 281, 297, 300, 309, 318, 327, 336, 341, 346, 349, 352, 354, 375, 392, 427
Kgama III., König 105
Khair ad-Din Barbarossa 28, 29, 93, 183, 334, 337, 406
Khartoum 71, 109, 110, 113, 125, 167, 171, 228, 239, 283, 285, 374
Khevenhüller 30
Khevenhüller-Metsch, Johann Carl Fürst v. 243
Khoi 346, 384
Kikwete, Jakaya 327
Kilimanjaro 11, 107, 210, 301, 302, 311
Kilwa 346
Kimberley 93, 105
Kinshasa 191, 221, 264, 303, 401, 433
Kirchebner, Anton 340, 351
Kirchl, Adolf 108
Kirchner, Mathias 352
Kirchschläger, Rudolf 306
Kirnberg an der Mank 230
Kitwe 244, 245
Kitzbühel 352
Klagenfurt 12, 45, 63, 267, 368, 388, 419, 420, 421, 423, 424, 425, 428
Klaner, Augustin 307
Klausen (Chiuso) 333
Kleber, Bartle 362
Kleinasien 32, 335
Kleinfrauenhaid 207
Kleinschwechat 250
Klein, Wolfgang 85
Klenkh, Balthasar 431
Kleopatra, Pharaonin 89, 90
Kleßheim 313

Klimt, Gustav 61, 91, 135
Klosterneuburg 18, 21, 23, 186
Klotz, Petrus 307
Kmunke, Rudolf 49, 276
Knoblehar, Ignacij 44, 109
Kohler-Heilingsetzer, Margret 282
Kollapen, Jody 122
Kollerschlag 270
Kolowrat 30, 34
Kome (Qiman-al-Arûs) 376
Komlan, Michel 351
Kongo 46, 48, 52, 64, 65, 94, 99, 107, 135, 161, 170, 177, 190, 191, 193, 196, 201, 209, 221, 251, 253, 264, 277, 289, 312, 327, 336, 341, 345, 349, 381, 385, 402, 427, 428, 433
Kongo, Volksrepublik 268
König, Kardinal Franz 256
Konstantinopel 32, 137, 186, 306, 384, 391
Koppers, Wilhelm 251
Körbler, Nikolaus 406
Kordofan 319
Korfu 168
Kossi, Agbagli und Fofo 351
Köstendorf 316
Kottingbrunn 255
Kotze, Robert 308
Kouanvih, Augustin 340
Kouyaté, Tiémoko Garan 274
Kranewitter, Franz Josef 343
Kraus, August 217
Kraus, Helmuth 304
Krawina, Josef 112
Kreisky, Bruno 65, 121, 124, 183, 184, 306
Krems 32, 44, 86, 116, 147, 221, 225, 234, 235, 278, 279, 285, 291
Kremsmünster 32, 44, 259, 278, 279, 285
Krenek, Ernst 61
Kröll, Ignaz G. 411
Kromer, Karl 424
Kronenberg, Andreas 165
Krüger, Paul 134, 182, 300
Krupp 46, 48
Krupp, Arthur 254
Kuba 433
Kubin, Alfred 267, 291
Kubovsky, Eduard 398
Kuefstein, Johann Georg III. 236
Kufstein 26, 353
Kum'a Ndumbe III. 129
Kuntner, Florian 255, 256
Kuruman 174
Kushiten 14

Kuthan, Peter 260

L

Lagos 64, 116, 124, 224, 303, 359, 360, 366
Laib, Jörg 423
Laimbeckhoven, Gottfried von 36
Lambach 289
Lambarene 137, 310, 350
Lambo, Thomas Adeoye 121
Lampedusa 218, 393
Lancaster, Joseph 383, 384
Lanckoroński, Karol 185, 304
Landau, Michael 218
Landeck 274, 341
Langen bei Bregenz 365
Längenfeld 342
Lang von Wellenburg, Mathäus 302
Larisch-Wallersee, Marie Louise 232
Laske, Oskar 267
László, Stefan 205
Lauterach 367
Lavigerie, Charles-Martial 314
Laxenburg 29
Lebzelter, Viktor 60
Lechtal 346
Lecomte, Tatiana 327
Lederwasch, Christoph 300
Lederwasch, Gregor IV. 319
Ledóchowska, Maria Theresia 101, 145, 223, 227, 314, 315
Leeb, Robert 98
Leeb, Zacharias 98
Lehár, Franz 127
Leherb (Helmut Leherbauer) 143
Leibnitz 11, 415, 416
Leitersdorf im Raabtal 414
Lemberg 168
Lenbach, Franz 304
Lenz, Oskar 253
Leoben 407, 408
Leonding 259
Leonhard von Brixen 356
Leonhard von Görz 386
Leonore v. Portugal 30, 437
Leopold III., Herzog und Heiliger 21
Leopold V., Herzog 20
Leopold VI., Herzog 17, 229
Leopold I., Kaiser 73, 75, 137
Leopold II., König der Belgier 46, 48, 52, 170, 209, 314, 401

Leopoldsdorf, Hieronymus Beck v. 32
Léopoldville (Kinshasa) 64, 191, 192
Lepanto 367, 415
Lerman, Dragutin 48
Lermoos 345
Lesachtal 432
Lesotho 81, 166, 381
Lettow-Vorbeck, Paul v. 410
Levante 27, 44, 212, 391, 409, 415
Liaunig, Herbert 439, 441
Libanon 319
Liberia 46, 53, 165, 221
Libyen 19, 21, 71, 104, 105, 125, 127, 183, 201, 214, 268, 304, 306, 331, 342, 419
Liechtenstein 30, 47, 111, 141
Liechtenstein, Alois 111
Liechtenstein, Fürstentum 141, 371
Liechtenstein, Johann Adam I. 141
Liechtenstein, Joseph Wenzel v. 40, 111, 141, 159
Lienz 355, 356
Liesingtal 399
Lilienfeld 20
Lindinger, Josef 290
Lingenau 361
Linné, Carl von 182
Linz 16, 58, 62, 65, 72, 240, 259, 260, 261, 264, 265, 266, 267, 268, 273, 274, 281, 293, 330, 439
Lissabon 27, 30, 292, 425, 437
List, C. P. 286
List, Friedrich 44, 353
Livingstone, David 48, 51, 105
Livingstone (Ort) 413
Ljubljana 432
Loader, James A. 96
Lobkowitz 30, 40
Lobkowitz, Johann Georg Christian v. 111
Lodron, Paris 154
Loipersdorf 217
Lomé 350
London 209, 253, 425, 439
Loosdorf 314
Loreto 83, 206, 439
Loretto 206
Lozi 105
Luanda 84
Luba 402
Lubumbashi (Elisabethville) 312
Ludwig XIV., König v. Frankreich 202
Luftenberg 260
Lugmayer, Karl 60
Lumumba, Patrice 191, 192, 193, 433

Lupane 422
Luschan, Felix von 303, 430
Lustenau 359, 360, 366, 367
Lutz, Rüdiger 331

M

Maasai 281
Machaieie, Baptista Ismael 95
Macho, Thomas 167
Madagaskar 56, 92, 104, 107, 129, 148, 161, 166, 171, 278, 289, 294, 331, 336, 419
Mader, Gerald 215
Madrid 93, 237
Mafeking (Mahikeng) 387
Magdalensberg 12
Magdeburg 23
Maghreb 141, 359, 396
Mahlatsi, Teboho 72
Mahrer, Karl 151
Maishofen 320
Makart, Hans 115, 119, 149, 185, 304, 305
Makeba, Miriam 195
Makonde 352, 370
Malaga 370
Malangatana, Ngwenya 123, 171
Malawi 62, 71, 318
Mali 71, 81, 113, 139, 177, 201, 221, 259, 274, 327
Malindi 346
Mallenthein, Johann Christoph Ferdinand v 240
Malmberg, Helga 102
Malta 298, 370, 412
Mamora (Mehdia) 237
Mandela, Nelson 9, 122, 173
Mangalore (Indien) 39
Mangat, J. S. 132
Mano Dayak 292
Mantegna, Andrea 386
Mantua 386
Manuel I., portug. König 27
Mao Tse Tung 63
Maputo 39, 95, 172, 201
Maratti, Carlo 210
Marboe, Peter 123
Marburg, Joseph Ignatius v. 421
Marc Aurel, röm. Kaiser 13
Marchegg 224
Marcus Antonius 90
Maria Aegyptica, Einsiedlerin 19, 242, 293
Maria Alm 323

Maria Anna Josefa (Rosina) 374
Maria Christina, Erzhgin. 82
Maria Einsiedeln 342
Maria Enzersdorf (St. Gabriel) 251
Maria Gail 433
Maria Kreszentia Klara (Bachita) 374
Maria Laach am Jauerling 236
Maria Ludovica d'Este 134
Maria, Mutter Jesu 19, 292, 409
Mariannhill 213, 273, 274, 275, 277, 356, 364, 365, 369, 434
Maria Saal 425
Maria Taferl 166
Maria Theresia 39, 40, 41, 121, 159, 160, 166, 173, 234, 339
Maria von Bayern 34
Mariazell 254, 409
Marienbad 284
Marie Valerie, Erzherzogin 167, 232
Markomannen 12
Markt Piesting 255
Marno, Ernst 175
Marokko 12, 21, 26, 28, 29, 35, 42, 46, 47, 58, 64, 71, 100, 112, 113, 114, 118, 125, 126, 133, 141, 182, 184, 189, 203, 221, 237, 252, 253, 259, 267, 272, 274, 278, 297, 322, 327, 359, 368, 370, 371, 372, 373, 381, 419, 428
Marrakesch 126
Martin, Johann Michael 329
Mashaya, Ngoni und Cephas 342
Masike, Hope 259
Massawa 205
Matabele 102
Mateer, John 308
Mateschitz, Dietrich 303
Mathai, Wangaari 195
Matha, Johannes v. 228
Mathuni, Josef 166
Matrei in Osttirol 354, 355
Mattersburg 207, 215, 218
Matthäus, Apostel 14, 15
Matthias, Kaiser 121
Matznetter, Josef 194
Maulbertsch, Franz Anton 250, 338
Maunz, Franz 7
Mauren 17, 36, 250, 279, 317, 318, 332
Mauretanien 11
Mauritius 23, 39, 40, 62, 93, 115, 166, 316
Mautern (Favianis) 228
Mautern (im Liesingtal) 400
Mauthausen 62, 274
Mauthen (Koče-Muta) 431

Maximilian I., Kaiser 27, 33, 332, 347, 349
Maximilian II., Kaiser 32, 75, 260, 305, 334, 348, 394
Mayer, Anna 303
May, Karl 175, 205, 256, 261, 323
Mayr, Christoph Anton 323
Mayr, Franz 323, 335, 356
Mayrhuber, Sepp 233
Mbabane 335, 356
Mboya, Tom 121
McEwen, Frank 307
Mechelen 74
Medlum, Mohamed 168
Meinl, Julius (I.) 177
Meinl, Julius (V.) 179
Meister von Schöder 400
Meixner, Johann 163
Melk 12, 17, 18, 26, 138, 225, 233
Mellau 376
Menelik II., Kaiser v. Äthiopien 91, 165, 278
Menzel, Renate Anna 141
Meque, Luis 351
Merbod, ermordeter Mönch 378
Messina 240
Metternich, Clemens Wenzel v. 42, 43, 183, 244, 249, 319, 391
Mexiko 46, 163, 188, 243, 244
Meyer, Hans 107, 301
Meytens, Martin van 159, 329
Michaelbeuern 315
Mikinga, Träger 427
Mill Hill 349
Millstatt 18, 20, 429, 430
Minghella, Antony 214
Mississippi 254
Mitterwurzer, Johann 356
Moçambique 36, 39, 40, 71, 72, 81, 95, 124, 169, 172, 177, 183, 201, 221, 318, 335, 351, 359, 381, 410, 411
Moçamedes 425
Möderndorf 433
Mödling 131
Mogadischu 99
Mohamed V., Kg. v. Marokko 372
Mohawks 352
Mohsen, Azer 292
Mölck, Josef Adam 339, 348, 399, 405
Mombasa 346
Mondsee 262, 286
Mongo, Volksgruppe im Kongo 433
Montere, Anton 298, 299
Moorbad Harbach 239

Moravo, Christiano Giurgie 409
Mörbisch 127, 203
Moro, Christoph v. 421
Mor, Serigne (Mara) 368
Mörz, Joseph 333
Moser-Piffl, Hans und Erna 239
Moskau 131
Moulay Hafid Mdaghri Aloui 114
MouPoh à Hom, Kamdem 395
Mtega, Norbert W. 340
Much, Placidus 242
Muhamed Ben Abdil Melak 114
Muhammad Ahmad, gen. Mahdi 167, 261, 284
Muhammad Ali, ägypt. Statthalter 42, 43, 161, 249, 319, 391
Muhayimana, Monique 264
Mühldorf 348
Mukarowsky, Hans Günther 140
Mukenge, Kg. der Bashilange 402
Mulay Hassan, Kg. v. Tunis 334
Müller, Leopold Carl 115, 156, 185, 267, 385
München 102, 147, 256, 275, 290, 310, 332, 338, 339, 344, 350, 351, 354, 363, 369, 378
Munggenast, Franz 226
Munggenast, Joseph 232, 241
Munkácsy, Mihály 91
Münzbach 273
Mürzzuschlag 410
Musa, Johannes 188
Museveni, Yoweri 247
Mussolini, Benito 58, 403
Mutters 339
Mutter Teresa 217

N

Nabadu 102
Nairobi 124, 196, 303, 309, 349
Najib, Samad 133
Nama 288
Namibia 27, 71, 104, 124, 162, 166, 170, 187, 188, 201, 221, 225, 259, 288, 294, 297, 301, 303, 308, 312, 318, 319, 344, 381, 408, 413, 419, 429, 435
Nangundu, Edward 370
Nanking 36
Napoleon Bonaparte 286, 334, 434
Nassereith 343
Nasser, Gamal Abdel 63
Navrátilová, Hana 190
Ndodana-Breen, Bongani 204
Ndola 193

Neapel 35, 370, 405
Negrelli von Moldelbe, Alois 149, 193, 361
Neier, Elisabeth 359
Nesselthaler, Andreas 338, 352
Neudorf, Giacomo 409
Neuguinea 173
Neuhaus / Suha 439, 441
Neumarkt an der Raab 206
Neuseeland 160, 424
Neutal 201
New York 64, 135, 196, 204
Ngonyani, Tumaini 340
Niamniam 93
Niederhofen 400
Niederlande 35, 39, 78, 116, 142, 152
Niederösterreich 32, 54, 62, 77, 186, 206, 218, 219, 221, 224, 236, 243, 248, 263, 281, 410, 435
Niger 106, 194, 292, 320, 359, 390
Niger, C. Censorinus 11
Niger, Quintus Septimius 12
Nigeria 62, 71, 81, 84, 86, 99, 104, 105, 116, 125, 126, 132, 166, 169, 175, 205, 217, 221, 235, 252, 259, 264, 268, 290, 297, 312, 327, 330, 331, 341, 351, 359, 360, 366, 381, 392, 395, 396, 419, 424
Nigrinus 12
Nigst, Peter 430
Nikobaren 39, 45, 163
Nikolaus von Verdun 22, 186
Nkosi, Lewis 308
Nkosi, S. 424
Nkrumah, Kwame 66
Nonnberg 307
Norer, Alois 352
Noricum 11, 12, 16, 415, 423
Nowak, Manfred 422
Nshimyimana-Neuberg, Alexis 120
Nubien 285
Nujoma, Sam 345
Nunwarz, Adolf 261
Nussdorf-Debant 356
Nyerere, Julius 410

O

Oberkofler, Johann Baptist 355
Oberösterreich 12, 16, 32, 36, 259, 262, 263, 266, 267, 273, 279, 283, 294, 330
Oberpullendorf 201
Obersiebenbrunn 248
Obertrum 315
Obervolta (Burkina Faso) 131
Oberwart/Felsőör 201
Oberwölbling 227
Oberwölz 404
Obi, Patricia 133
Obote, Milton 247
Octavianus Augustus 90
Ògbóni 235
Ogbonna, Samuel 120
Ogiamien, Samson 395
Ohenhen, Fred 397, 398
Ohrwalder, Josef 284
Okavango-Delta 413
Okpe, Tonie 290
Olbrich, Joseph Maria 90
Omaruru 288
Omdurman 167
Omede, Victor 395
Omofuma, Marcus 8, 80, 126, 156
Onyeji, Chibo 72
Onyemenam, Benedict C. 86
Oostende 38
Oppenberg 399
Oppitz, Albert 274
Oran 109, 283, 352
Oranje-Freistaat 299
Orosius, röm. Händler 12
Orsini-Rosenberg, Wolfgang 422
Oshogbo 86, 234, 235, 291
Ossiach 435
Ossiri, Richard Gnaore 87, 130
Osterinsel 155
Osterwitz 188
Oswald von Wolkenstein 26
Otto I., Kaiser 16
Otto von Freising, Bischof 20, 250
Ouagadougou 88, 89, 113, 131, 327, 348
Ouédraogo, Jean Paul 355
Ovamboland 413

P

Pacassi, Nikolaus 159
Pagl, Maximilian 289
Palästina 249, 281, 290, 306, 323, 384
Palermo 209
Pallikunnel, Prince 132
Pannonien 215
Papua-Neuguinea 179, 312

Paracelsus (Theophrastus Bombastus von Hohenheim) 305
Paraguay 355
Paris 61, 90, 235, 252, 267, 291, 310, 320, 333, 338, 375, 434
Parma 141
Passau 15, 21
Patzner, Anne 306
Paulitschke, Philipp 195
Paulus, Einsiedler 19, 210, 242
Paur, Leopold 242
Pausinger, Franz Xaver v. 290
Paznauntal 340
Pechlaner, Helmut 163
Pedra Badejo 416
Pekny, Elfriede 172
Pemba 411
Pennsylvania 310
Peñón de Vélez 370
Perablanco, Sklave 30, 437
Peramiho 339
Persien 27, 47, 281
Peru 218
Peschke-Schmutzer, Susanne 155
Peterlik-Roithinger, Elisabeth 291
Petermandl, Anton 171, 277
Peters, Carl 108, 190, 191
Petronell 12
Petrus Claver 53, 145, 227, 251, 252, 314
Peuerbach 293, 294
Peuerbach, Georg v. (Aunpekh) 293, 294
Pezzl, Johann 41
Pfanner, Franz 52, 273, 274, 361, 364, 365, 366, 376, 434
Pfarrkirchen bei Bad Hall 278
Pfeiffer, Ida 107, 148
Pfons 339
Pfretzschner, Norbert 353
Philipp II., Kg. v. Spanien 370
Philippinen 53, 351
Philippovich, Eugen v. 53, 190
Philippus, Diakon 14, 77, 369, 411
Phylae 93
Physiologus 18
Pichler, Anton Maria 145
Pienaar, Klaas und Trooi 124, 174
Pietermaritzburg 356
Pilgrim von Puchheim 26
Pilsen 277
Pilz, Werner 127
Pinzgau 290, 310
Pi-Ramesse, ägypt. Stadt 190

Piranesi, Giovanni Battista 134
Piringer, Beda 44
Pisano, Nicola 405
Pius II., Papst (Enea Silvio Piccolomini) 292, 293
Pius IV. Medici, Papst 370
Plankenstein 229
Plankensteiner, Barbara 360
Platzer, Johann Georg 115
Plaz, Joseph Anton v. 317
Plinius d. Ä. 19, 334
Plöchl, Ernst 275
Ploner, Maria Ferdinanda 421, 434
Pöchlarn 233
Pöch, Rudolf 60, 62, 149, 173, 174
Pöckstein 40
Podersdorf 208
Pöggstall 248
Polen 16
Pöllauberg 412
Pöllitzer, Philipp 319
Pömbstl, Ciperus 412
Pompe, Ilse 152
Ponger, Lisl 120
Porcia, Grafenfamilie 431
Port Edward 431
Port Said 362, 377
Portugal 26, 27, 28, 29, 30, 32, 36, 39, 49, 66, 194, 240, 292, 322, 323, 334, 349, 370, 377, 425, 434, 435
Pottenbrunn 255
Potuznik, Heribert 244, 245
Poysdorf 246
Pozzo, Andrea 85
Prag 16, 32, 105, 130, 131, 159, 253
Prambachkirchen 294
Pramet 290
Prammer, Barbara 95
Prandstätter, Balthasar 406
Prandstetter, Hans 277
Prandtauer, Jakob 223, 276
Přemysl 168
Pretoria 64, 84, 96, 122, 124, 172, 173, 204, 320
Preußen 103, 390
Preveza 29
Prochazka, Roman 57
Prokesch von Osten, Anton 391, 424
Pröll, Erwin 252
Prousek, Josef und Rosa 194
Ptolemaios I., Pharao 292
Ptui 413

Puccio, Thomas 80
Pühringer, Josef 259
Pumpernig, Wolfgang 416
Pürgg 21, 402
Purtscheller, Ludwig 301, 311
Pustertal 355
Pyrker, Ladislaus 174, 183

Q

Quaden 12, 13
Quebec 259
Quedlinburg 16
Quellinus, Jan Erasmus 130
Quendler, Albert 224

R

Raaba 381
Raabs 221
Raboteau, Louis de 434
Raffelstetten, Ort in OÖ 16
Raidl, August 407
Raimundus Lullus 252
Raimund von Fitero 237, 238
Rainië binti Abedi 108
Raitenau, Wolf Dietrich v. 300, 305, 306
Ramminger, Eva 346
Ramseiden, Georg v. 322
Ramses II., ägypt. Pharao 424
Ranavalona, Königin 107
Rankweil 29, 370
Ranner, Armin 397
Rassool, Ebrahim 259
Rattenberg 348, 352
Rattersdorf 213
Ravensbrück 377
Razak, Saliah 297
Rechnitz 215
Redditus, Q. Caecilius 11
Regensburg 323
Regiomontanus, Johannes 294
Reichersberg 293
Reich, Josef 377
Reichlich, Marx 115, 341
Reichl, Josef 218
Reimbert von Mureck 17
Rein 399
Reiner, Wenzel Lorenz 231
Reinisch, Leo 53, 188, 189

Reinprecht, Hansheinz 341
Reiter, Johann B. 51, 205
Reitz, Konstantin 44, 171
Remp, Franz Carl 278
Resetarits, Willi 104
Reslfeld, Carl von 223, 278
Retz 244
Reutte 345
Revoltella, Pasquale 46
Rey Buba, Sultanat in Kamerun 303
Rheinland 57, 110
Ribera, Jusepe 405
Rick, Johann Kaspar 369, 378
Ried im Innkreis 51, 259, 291
Riepp, Johann Balthasar 337
Rio de Janeiro 42
Rohrbacher, Christoph 345
Rohrbrunn 217
Rollett, Anton 252
Rom 12, 16, 17, 20, 23, 44, 57, 58, 61, 82, 109, 134, 159, 160, 180, 299, 335, 363, 364, 383, 384, 394, 412
Rommel, Erwin 194, 214, 238
Romney, Lionel 274
Roque „Nene", Carlos 201
Rotenturm an der Pinka 216
Rottenmann 400
Rottmayr, Johann Michael 35, 298, 299, 300, 301
Rubens, Pieter Paul 92, 142
Rudigier, Franz Joseph 265, 273
Rudolf II., Kaiser 92, 130
Rudolf IV., Erzherzog 26
Rudolf, Kronprinz 17, 48, 154, 233, 290
Rudolf von Melk 17
Rumänien 206
Rumbek 289
Russegger, Joseph 319, 408
Rußland 16, 43, 44, 56, 77, 206, 238
Rust 94, 168, 203, 208, 232, 233, 285
Rustimo 168, 232, 233, 285
Rüther, Kirsten 140
Ruwenzori 427
Rwanda 49, 71, 108, 120, 81, 196, 259, 217, 311, 264
Rwendeire, Abel 247

S

Saalfelden 297, 322, 323
Sabr Muhammad 214

Sadeler, Tobias 202
Saïd Mohammedi 238
Said Pasha, Vizekönig v. Ägypten 145
Salah, Ahmed Ben 121
Salamanca, Gabriel von 29, 407, 431
Salomonen 46, 48, 60, 113, 254
Salzburg 13, 18, 26, 36, 72, 108, 115, 154, 214, 286, 290, 295, 297, 298, 299, 300, 301, 302, 303, 304, 305, 306, 307, 308, 309, 310, 312, 313, 314, 316, 318, 319, 323, 329, 352, 360, 363, 423
San 303
Sander, Lore 127
Sandrart, Joachim 76, 77, 273, 289
Santiago de Compostela 250, 328
Santo Domingo 274
São Paolo 259
Sarajevo 236
Saramago, José 32, 334
Sarazenen 24, 29, 279
Sardinien 35
Sarsteiner, Hans 285
Satteins 361, 370
Sattler, Leonhard 275
Saualpe 439
Saudi Arabien 105
Saunders, Christopher 308
Saurer, Karl 32
Sauvy, Alfred 64
Sayala, John 86
Schagerl, Josef 113
Schallmoos 300
Schärding 292
Schatz, Otto Rudolf 102, 103
Schebesta, Paul 91, 251
Scheibbs 230
Schenk, Edgar 201
Schenuda III., kopt. Papst 194
Schenute von Atripe 228
Scherer, Lukas 29
Scherzer, Josef 429
Schicho, Walter 140
Schießer, Alois 261
Schinner, Heinz und Georg 216
Schladming 385
Schlägl 270
Schleibner, Kaspar 275
Schletterer, Jakob Christoph 238
Schlins 359, 370, 373
Schmid, Adam 340
Schmidjell, Walter 309
Schmid, Julius 119

Schmid, Leopold 89
Schmidt, Martin Johann (Kremser Schmidt) 60, 113, 236, 371
Schmidt, Rudolf 113
Schmidt, Wilhelm 60, 251, 371
Schnepfau 376
Schnifis 370
Scholl, Georg 166
Schönborn, Grafenfamilie 245
Schönerer, Georg v. 53
Schönfeld, Johann Heinrich 407
Schönlaub, Christoph 254
Schönn, Alois 104, 149, 385
Schrammel, Josef 179, 180
Schrantz, Wolfgang 412
Schrattenbach 30
Schratt, Katharina 168
Schreckensperger, Erwin 348
Schröcksnadel, Eva 309
Schröcksnadel, Judith 309
Schuler, Heinrich 337
Schütz, Franz 152
Schwanthaler, Thomas 262, 282
Schwarzenberg 377
Schwarzhoffen, Mathias v. 421
Schwaz 349, 350
Schwechat 35, 240, 250, 252
Schweitzer, Albert 137, 138, 144, 310, 350
Schweiz 131, 193, 369, 370, 371, 376
Schwertberg 259, 272
Schwingenschlögel, Anton 253
Sealsfield, Charles (Karl Postl) 244
Seckau 234, 385, 389, 403, 407
Seilern, Graf 30
Seiner, Franz 49, 62, 279, 413, 414
Seitenstetten 232
Seitzersdorf-Wolfpassing 245
Semlitsch, Karl 247
Semper, Gottfried 91
Senegal 62, 71, 112, 113, 140, 161, 177, 201, 221, 253, 259, 297, 306, 327, 346, 363, 366, 386, 419
Senghor, Léopold Sédar 297, 306
Seokolo, Tebogo 187
Serengeti 162, 303
Sesheke 105, 413
Severin, Heiliger 15, 16, 228
Sevilla 19, 27, 437
Seychellen 32
Shandong 259
Sharpeville 66
Shilluk 285

Sidi Bou Said (Tunesien) 112
Siena 292, 405
Sierra Leone 71, 165, 169, 268, 341
Sigessdorff zu Groswinkhlarn, Thomon v. 388
Silbertal 373
Singer, Franz 338
Singer, Jakob 351
Singida 297, 309
Sipopa 105
Sissek 415
Sitte, Fritz 435
Sitter, Franz 165
Sizilien 20, 30, 35, 40, 111, 112, 114, 208
Slatin, Rudolf 47, 49, 163, 167, 168, 282, 284, 288
Slowakei 27, 319
Smith, Wadada Leo 269
Smyrna (Izmir) 243
Sokoto 116
Sokotra 45, 100, 163, 390
Solano, Francisco 218
Soliman, Angelo 40, 41, 82, 110, 111, 120, 159, 166, 202, 239, 252, 359, 385
Soliman, Josepha 111
Soliman, Magdalena (verw. Christiano) 111
Somalia 100, 101, 169, 195, 221, 252, 297, 312, 392
Songea 340
Sonnweber, Maria 88
Sopron 210
Sow, Amadou 72
Sowjetunion 66
Sow, Moris 372
Spanien 17, 26, 27, 28, 30, 32, 35, 36, 38, 39, 47, 80, 194, 203, 216, 218, 236, 238, 240, 250, 274, 318, 322, 328, 334, 349, 367, 370, 405
Speikkogel 400
Spindelegger, Michael 116, 248
Spiß, Cassian 339, 340, 352
Spital am Pyhrn 279
Spittal 29, 407, 419, 423, 430, 431
Springer, Balthasar 27, 33, 331, 346, 347
Sri Lanka 74, 424
Staber, Johann 196
Stadion, Franz Caspar v. 439
Stadler, Michael 247
Stadtherr, Angela 149
Stadtschlaining 201, 215, 216
Staffe, Adolf 60, 183
Stammel, Josef Theodor 202, 399, 401
Stams 332, 342
St. Andrä 355, 397, 419, 439

St. Anton am Arlberg 339, 340
St. Anton im Montafon 376
Stanzertal 340
Starhemberg, Graf Kaspar 260
Statz, Vinzenz 265
St. Cäcilia bei Murau 405
Steeg 346
Stehle, Josef 88
Steiermark 36, 39, 54, 272, 379, 381, 382, 383, 385, 386, 388, 389, 396, 405, 406, 410, 411, 412, 413, 414, 415, 429, 431
Steiner, Chris Nii Laryea 135
Steiner, Ferdinand 427
Steinmayr, Thaddäus 278
Stellenbosch 308
Stelzhamer, Franz 290
Sterneck, Maximilian von 46, 48, 154
Sterzing 405
Steyr 214, 237, 276, 278
St. Florian 275
St. Georgenberg-Fiecht 351
St. Germain 167, 355
St. Gilgen 47, 286
Stifter, Adalbert 267, 268
Stift Griffen 438
Stift Zwettl 237
Stigler, Robert 61, 183, 276
Stinatz/Stinjaki 201
St. Jakob am Thurn 317, 318
St. Jakob in Defereggen 355
St. Johann im Pongau 309
St. Lambrecht 18, 19, 406
St. Leonhard (Pitztal) 342
Stockinger, Friedrich 56
Stoisser, Hans 416
Stoitzner-Millinger, Josef 133
St. Ottilien 339, 340, 351
St. Peter 18
St. Peter am Kammersberg 226, 405, 426
St. Pölten 62, 94, 221, 222, 225
Strache, Hans Christian 151
Strankmüller, Franz 134
Stransky, Eduard von 182
Strassen 356
Strasser, Arthur 90, 157
Straß im Zillertal 337, 351
Strasswalchen 317
Strudel, Paul 75
Strudel, Peter 147
St. Ulrich bei Steyr 278
Stürckh zu Plankenwart, Christoph und Virginea 412

Stürgkh, Barthold 64
St. Veit an der Glan 419, 426
Südafrika 33, 48, 51, 53, 54, 58, 62, 64, 65, 66,
    71, 72, 77, 79, 93, 94, 95, 105, 116, 122, 124,
    125, 127, 134, 150, 160, 161, 162, 164, 170,
    173, 178, 182, 187, 188, 193, 195, 201, 204,
    209, 213, 217, 218, 221, 253, 255, 259, 261,
    267, 268, 273, 275, 278, 281, 297, 303, 307,
    308, 312, 319, 320, 327, 332, 335, 336, 344,
    346, 349, 351, 354, 356, 359, 364, 365, 369,
    374, 381, 384, 385, 387, 388, 408, 413, 419,
    421, 424, 429, 430, 431, 435
Sudan 43, 44, 45, 50, 71, 81, 100, 109, 110, 113,
    122, 140, 143, 161, 167, 171, 175, 185, 190,
    205, 208, 227, 228, 261, 268, 277, 282, 283,
    285, 312, 319, 350, 366, 390, 400, 419, 421,
    427
Sudetenland 166, 410
Süd-Rhodesien (Zimbabwe) 268
Südsudan 44, 81, 99, 104, 109, 113, 152, 177, 178,
    283, 289, 309, 349
Südtirol 30, 36, 65, 115, 327, 333, 335, 355
Südwestafrika (Namibia) 57, 385
Sueß, Eduard 209, 432
Suezkanal 43, 44, 45, 46, 63, 66, 144, 149, 155,
    168, 193, 243, 244, 285, 361, 377, 390
Sulzberg 361
Surulus, röm. Händler 12
Sutterlüty, Matthias 275
Swahiliküste (Ostafrika) 28
Swakopmund 288
Swaziland 71, 99, 335, 356
Syrien 63, 78, 306, 319
Szombathely 215

T

Tambwe, Elisabeth Bakambamba 72
Tamsweg 319
Tanganjikasee 245
Tanganyika (Tanzania) 57, 307, 375
Tanger 114
Tanzania 48, 62, 71, 77, 107, 127, 81, 154, 162,
    177, 245, 178, 259, 261, 217, 278, 281, 289,
    297, 302, 303, 309, 311, 318, 327, 330, 339,
    340, 352, 359, 309, 385, 386, 401, 410, 419,
    370
Taormina 112
Tapsoba, Denis 131
Tawadros II., kopt. Patriarch 248
Taylor, Kojo und Akossiwa 149

Tegetthoff, Wilhelm von 45, 100, 390
Teleki, Samuel 48, 49, 154
Telfs 51, 343
Tell el-Dab'a 190
Tembe, Volksgruppe in Moçambique 39
Tencalla, Carpoforo 35, 84
Teneriffa 288
Tengenenge 307
Tertullian 271
Teschler-Nicola, Maria 94, 174
Tetteh-Klu, Millicent 132
Teufel, Hanns Christoph 32, 281
Teufenbach, Graf v. 292
Tewodros II., Kaiser v. Ärhiopien 205
Texingtal 229
Thailand 46
Thal 376
Thaler, Andreas 56
Thalham 252, 441
Thausing, Gertrud 190
Theodebert, Kg. v. Austrasien 362
Thomasin von Zirklaere 17
Thomas von Villach 431
Thom, Fritz 211
Threadgill, Henry 269
Thun, Johann Ernst von 30, 298
Thüringen 375
Thutmosis III., ägypt. Pharao 424
Tibesti 165
Tibet 427
Timbuktu 253
Tirol 27, 34, 36, 56, 227, 276, 323, 327, 328, 330,
    333, 334, 337, 339, 340, 341, 342, 343, 344,
    345, 348, 349, 351, 355, 369, 371, 378
Titinia Primula 11
Tiziano Vercelli 31
Tobruk 291
Togo 251, 265, 340, 351
Toguo, Barthélémy 297
Toledo 238
Toledo i Dertschei 178
Tonga 279, 280
Török von Szendrö, May 391
Toronto 204
Toumani Touré 71
Tragwein 272
Traian, röm. Kaiser 11
Traisental 222, 228, 229
Traiskirchen 80, 146, 221, 252, 441
Tramin (Tramino) 333
Transvaal 66, 171, 182, 253, 299, 300, 419
Traunkirchen 262, 282, 284

Trautenfels 402
Trauttmansdorff, Grafenfamilie 402
Trentino 327
Trient 334, 371
Triest 38, 43, 44, 53, 92, 188, 243, 270, 404
Trinks, Ulrich 144, 145
Tripolis 28, 29, 39, 71, 124, 127, 428
Truger, Ulrike 126
Tschad 72, 81, 99, 221
Tshombé, Moïse 191, 192
Tuareg 292, 320
Tubbu 165
Tulln 228
Tunesien 64, 71, 94, 104, 112, 121, 125, 161, 164, 169, 187, 221, 238, 259, 261, 285, 327, 335, 381
Tunis 20, 28, 29, 34, 39, 46, 62, 92, 93, 112, 120, 174, 183, 189, 267, 334, 335, 385
Tunner, Peter 408
Turack, Johann B. 394
Türkei 104, 306
Tutanchamun, ägypt. Pharao 403
Tutsi 196
Tutu, Desmond Mpilo 96, 173

U

Udeani, Chibueze 330
Uganda 47, 49, 71, 109, 132, 81, 139, 169, 177, 183, 201, 247, 178, 259, 276, 300, 247, 309, 316, 318, 327, 335, 346, 349, 354, 354, 419, 427
Ulrichsberg 269, 271
Ulrich von Eppan 17
Ulrich von Falkenstein 17
Ulrich von Klamm 17
Ulrich von Lilienfeld 20, 24
Ulrich von Stubenberg 17, 409
Umayyaden, islamische Dynastie 16, 328
Ungarn 16, 30, 35, 58, 111, 202, 206, 210, 212, 214, 215, 218, 250, 276, 304, 318, 391
Ungnad, Christoph 30, 436, 437
Unterolberndorf 247
Unterwelz, Robert 410, 411, 414
Unzeitig, Engelbert 275
Ursprung, Eva 395
USA 53, 54, 58, 61, 63, 65, 103, 117, 129, 132, 133, 138, 152, 154, 218, 244, 269, 300, 353, 382, 383, 427
Uweinat-Gebirge 214

V

Valois, Felix v. 228
Van Dyck, Anthonis 92
van Zyl, Bertie 320
Vasco da Gama 27
Vatikan (Rom) 251, 306
Vaughan, Herbert 349
Veith, Eduard 83
Venedig 17, 26, 27, 39, 183, 270, 277, 305, 367, 400, 404, 409, 412, 428
Verdi, Giuseppe 155, 194, 300
Vermeyen, Jan Cornelisz 92
Verona 441
Veronese, Paolo 92, 441
Versailles 62, 116, 161
Verwoerd, Hendrik 374
Vest, Octav v. 424
Victoria, schwarzes Mädchen 40
Victor Uticensis 18
Vietnam 63, 164
Viktring 419
Villach 334, 354, 424, 430, 431, 434, 435
Vils 27, 346, 347
Virunum 423
Vock, Franz 253
Vöcklamarkt 290
Vogelmayer, Christa 164
Vomp 351
Vorarlberg 29, 125, 193, 357, 359, 360, 361, 362, 363, 364, 366, 367, 368, 369, 371, 372, 374, 376, 377, 378
Vorau 50, 191, 411
Vorchdorf 281
Vordernberg 42, 319, 384, 408

W

Wacker, Rudolf 61, 362, 363
Wad Medani 206
Wagner, Mathias 205
Waidhofen a. d. Thaya 240
Waidhofen an der Ybbs 231
Wailand, Markus 178
Waldauf, Florian 347
Waldheim, Kurt 65, 187
Waldmann, Kaspar 336
Waldner, Alois 378
Waller, Peter 54, 354, 355
Walpersdorf 227
Walter, Ronald 397

Warri 116
Warschau 131
Weber, Anton 216
Weidholz, Alfred 60
Weidman, Josef 168
Weinberger, Ingrid 301
Weinsteig 245
Weinzinger, Erich 57
Weis, Hans 165
Weissenkircher, Hans Adam 415
Weiss, Liberatus 36, 83, 145, 270, 384, 401
Weitra 240
Welan, Manfried 183
Wels 222, 274, 287
Welser, Händlerfamilie 27, 346
Welwitsch, Friedrich 49, 161, 171, 425
Wendler, Johann 217
Wenger, Susanne 86, 116, 221, 234, 235, 351
Weninger, Rudolf 255
Wernberg 274, 434
Werndl, Josef 277
Western Cape Province (Südafrika) 259
Westsahara 47, 72, 166, 169, 182, 286, 320
Weyerburg 245
Wickenburg, Eduard Graf 303
Wickenburg, Graf 94
Wien 9, 13, 23, 24, 32, 34, 35, 39, 40, 46, 50, 51, 54, 57, 59, 61, 62, 63, 64, 65, 69, 71, 74, 81, 83, 91, 93, 94, 100, 101, 102, 103, 105, 106, 107, 108, 111, 113, 114, 119, 120, 126, 129, 131, 134, 139, 140, 141, 143, 144, 145, 146, 148, 152, 159, 166, 173, 174, 175, 181, 184, 188, 190, 193, 195, 196, 207, 209, 211, 212, 216, 232, 235, 237, 245, 246, 248, 251, 252, 253, 255, 267, 276, 281, 282, 284, 290, 291, 292, 294, 304, 310, 313, 328, 329, 344, 350, 354, 355, 376, 377, 391, 394, 403, 409, 422, 425, 437, 441
Wiesen 210
Wietersheim, Anton von 124
Wilda, Charles 90, 115, 156, 157
Wilfan, Hubert 186
Wilhelmsburg 221
Wimmer, Carlo 314
Windhoek 173, 187, 288, 344, 429
Winkler, Georg 96
Winterer, Georg 36
Winterhalder, Joseph 115
Wippersberg, Walter 259
Wissmann, Hermann v. 108, 401, 402
Witwer, Josef Georg 346
Wölfel, Dominik 194

Wolfram von Eschenbach 22, 23
Wolfurt 359, 365
Wolter, Charlotte 168
Wood, Michael 309
Wörgl 352
Wotruba, Fritz 164, 186
Wrede, Friedrich 47, 286
Wurawa, David 72

Y

Yacob, Roma-Führer 228
Yaya Li Fontaine 140
Ybbs an der Donau 232
Yoruba 235
Yoshishige, Ôtomo 340

Z

Zach, Michael 140
Zagreb 364
Zaki, Tarek 248
Zambezi 105, 245, 279
Zambia 48, 105, 124, 162, 193, 244, 245, 279, 318, 327, 336
Zanzibar 46, 48, 108, 129, 171, 260, 261
Zaunagg, Melchior 237, 238
Zauner, Franz Anton 255
Zauser, Therese Judith 377
Zehender, Matthäus 377
Zeiller, Franz Anton 356
Zentralafrikanische Republik 81, 99
Zibas, afrikan. Kammerdiener 202, 203
Zille, Helen 259
Zimbabwe 48, 62, 94, 105, 122, 124, 127, 136, 141, 162, 187, 201, 221, 253, 259, 260, 275, 279, 306, 307, 312, 318, 336, 342, 351, 354, 356, 364, 381, 387, 397, 419, 422, 424, 429
Zimmermann, Emanuel 369
Zimmermann, Reinhard Sebastian 262
Zöchling, Sepp 225
Zoerarde, ägypt. Einsiedlerin 210
Zoller, Josef Anton 339, 349, 356
Zosimus, Abt 242
Zötl, Aloys 294
Zulu 102, 261, 274
Zürich 165, 350, 439
Zwettl 238
Zwilling, Ernst Alexander 60, 62, 224, 304

Viermal jährlich informiert unsere Zeitschrift INDABA über das aktuelle Geschehen im Südlichen Afrika: Politik – Wirtschaft – Umwelt – Gesellschaft – Kultur. Seit 1994.

Wir bringen Interviews mit Politikern. Erfahrungsberichte aus der entwicklungspolitischen Praxis. Thematische Reiseberichte. Einblicke in die Geschichte und Szenarien für die Zukunft.

Die Unterstützung unserer Leserinnen und Leser wird dieses spannende Projekt der Solidarität weiterhin ermöglichen.

INDABA abonnieren Sie durch Einzahlung von Euro 13.- auf unser Konto: Bank Austria, BLZ 12000, Kto-Nr. 610 512 006. IBAN AT 571200 0006 1051 2006, BIC BKAUATWW.

Engagieren Sie sich mit uns für die Menschen im südlichen Afrika!

SADOCC
www.sadocc.at

Als Nachfolgeorganisation der Anti-Apartheid-Bewegung engagiert sich das **Dokumentations- und Kooperationszentrum Südliches Afrika** für die von Kolonialismus und Apartheid befreite Region im Süden Afrikas.

- Dokumentation und Bibliothek
- Quartalsmagazin INDABA
- monatliches „Forum Südliches Afrika"
- Spaziergänge „Afrikanisches Wien"
- Sportförderung von Schulkindern in Südafrika
- wissenschaftliche Studien
- Österreichische Namibia-Gesellschaft

Engagieren Sie sich mit uns!

- persönliche Mitarbeit in einer unserer Gruppen
- Beitritt als unterstützendes Mitglied: jhl. EUR 22,– (inkl. Abonnement)
- nur INDABA-Abonnement: EUR 13,–

Einzahlung bitte auf unser Konto: BA-CA, BLZ 12000, Nr. 610 512 006
IBAN: AT 571200000610512006
BIC: BKAUATWW

Kontakt:

A-1040 Wien,
Favoritenstraße 38/18/1
Tel. 01/505 44 84
E-Mail: office@sadocc.at

AM ANFANG WAR DAS GOLD

… das die Menschen anzog. Mittlerweile wohnen zehn Milllionen Menschen im Großraum Johannesburg. Welche Kleinstädte und Dörfer wirklich dazu gehören, ist kaum mehr feststellbar.
Optisch ist die Megastadt geprägt von Stadtautobahnen und künstlichen Hügeln, den Abraumhalden, die als Relikte des Goldabbaus zurückblieben. Geblieben ist die ehemalige Goldgräbersiedlung auch eines für viele Menschen: ein Sehnsuchtsort.
Die Region gilt als »Wiege der Menschheit« – ins globale Gedächtnis brannte sie sich allerdings als Ort schlimmster Ausbeutung und brutalster Rassentrennung ein. Zwanzig Jahre nach Beendigung der Apartheid, zwanzig Jahre nach den ersten demokratischen Wahlen stellt dieser Text- und Bildband eine Stadt voller Widersprüche und ihre EinwohnerInnen vor.
Die HerausgeberInnen Margit Niederhuber und Albie Sachs haben mit Menschen aus unterschiedlichem sozialem und kulturellem Hintergrund über ihre Stadt gesprochen: ob jung oder alt, arm oder reich, aus der alten oder der neuen Mittelschicht, die Orte, die sie zeigen oder beschreiben, das können ihr Wohnort, ihr Arbeitsplatz oder ihr Lieblingsort sein, überraschen durch ihre Vielfalt!

MARGIT NIEDERHUBER ist Kuratorin, Dramaturgin und arbeitet viel in Afrika. Künstlerische Beraterin und Organisatorin verschiedener Projekte – Konzerte, Festivals, Tourneen, Theater, Ausstellungen, Schallplatten und Bücher
ALBIE SACHS ist Anwalt und Menschenrechtsaktivist. Elf Jahre Exil in England, 1977 Exil in Moçambique. Bis 2009 war er Richter am Verfassungsgerichtshof Südafrikas. Er ist ein bekannter Autor und Professor an vielen Universitäten. Auf deutsch erschien von ihm »Sanfte Rache: der Überlebensbericht des südafrikanischen Bürgerrechtlers«.

Margit Niederhuber, Albie Sachs
MY/MEIN JOHANNESBURG
Euro 19.90 | 192 Seiten | Gebunden | viele farbige Abbildungen | deutsch und englisch | ISBN: 978-3-85476-438-0

mandelbaum *verlag*

ZWISCHEN UNO-SITZ UND GRÖSSTEM SLUM AFRIKAS

Blitzlichter auf Nairobi, eine der am schnellsten wachsenden Städte der Welt: das geschäftige Stadtzentrum, elegante, grüne Vororte mit internationalen Organisationen und Medienagenturen und dazwischen Kibera, Mathare Valley oder Korrogocho. Hier wohnen ganz Arme und nicht so Arme. Hier arbeitet die Internetgeneration an Landkarten, präsentieren Filmer ihre Dokudramas auf öffentlichen Plätzen, versuchen Fraueninitiativen die Gräben nach den Kämpfen der letzten Wahlen zu überbrücken. In den neu gebauten Wohnhäusern und alten Villen wohnt die Mittelschicht, gut ausgebildet und enttäuscht – von nicht erfüllten Versprechungen und alter Rhetorik. Sie suchen nach einer neuen, zukunftsweisenden Sprache für diese Stadt, diskutieren Entwicklung und Integration.
Das Buch versammelt Stadtgeschichten von schauspielenden Pastoren und Miss Kiberas, von LebenskünstlerInnen in street art Initiativen und community medias, von RaumplanerInnen und SchriftstellerInnen, von Menschen, die ihre Umwelt engagiert gestalten. Dadurch entsteht ein vielfältiges Kaleidoskop vom Alltagsleben in der Millionenstadt Nairobi.

Margit Niederhuber (text) studierte Romanistik und Germanistik. Sie ist Kuratorin und Dramaturgin, sowie unter anderem Beraterin für Frauen- und Kulturprojekte im südlichen Afrika.
Heike Schiller (Fotos) studierte Politikwissenschaften, Literatur und Rhetorik und ist seit 1980 freie Fotografin im Bereich Reportage, Dokumentation und Porträt.
Stephan Bruckmeier war als Regisseur, Schauspieler, Bühnenbildner und Autor an über einhundert Theaterprojekten beteiligt. Seit 2009 ist er Intendant beim Slumtheater Festival in Nairobi. Seit 2009 arbeitet er mit dem Hope Theatre in Nairobi.

Meeting Nairobi
Eine Reise, aufgezeichnet und fotografiert von Margit Niederhuber, Heike Schiller und Stephan Bruckmeier
Euro 19,90 | 160 Seiten | gebunden | viele farbige Abbildungen | ISBN 978-3-85476-384-0

mandelbaum *verlag*

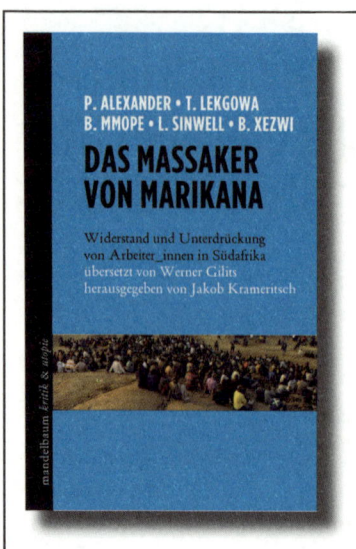

ANALYSEN ZUM MASSAKER VON MARIKANA

Am 16. August 2012 werden in Marikana 34 Minenarbeiter, im Streik für die Anhebung von Mindestlöhnen, von der Polizei kaltblütig ermordet. Es ist das größte staatliche Massaker an Bewohner_innen Südafrikas seit dem formellen Ende der Apartheid.

In den Massenmedien sind es jedoch die Arbeiter_innen, die kriminalisiert werden; es heißt, die Polizei hätte aus Notwehr gehandelt. Das Buch setzt dem die bisher marginalisierte Sicht der Arbeiter_innen entgegen. Die Analysen und Interviews zeigen, dass das Massaker ein geplantes Unterfangen mächtiger Agent_innen von Staat und Kapital waren. Das Ereignis verweist aber auch auf Geschichte und Gegenwart von Sklaverei, Kolonialismus, Rassismus, Apartheid und globaler kapitalistischer Ausbeutung.

Das Buch ist ein rares Beispiel für politisch engagierte Sozialwissenschaft, die Beforschte nicht als Objekte vorführt, sondern diese als widerständige, politisierte Subjekte ins Zentrum rücken lässt.

PETER ALEXANDER, Aktivist, Professor für Soziologie an der Universität Johannesburg, Inhaber des »South Africa Research Chair in Social Change«. THAPELO LEKGOWA, Aktivist, freischaffender Feldforscher innerhalb des »South Africa Research Chair in Social Change«. BOTSANG MMOPE, Aktivist, Kräuterheiler innerhalb »Green World Africa«, freischaffender Wissenschafter. LUKE SINWELL, Aktivist, Senior Researcher am »South Africa Research Chair in Social Change«. BONGANI XEZWI, Aktivist, freischaffender Feldforscher in Johannesburg. WERNER GILITS, freischaffender Arbeitsloser, Wien. JAKOB KRAMERITSCH, Historiker an der Akademie der bildenden Künste Wien.

Peter Alexander, Thapelo Lekgowa, Botsang Mmope, Luke Sinwell, Bongani Xezwi
Das Massaker von Marikana
Widerstand und Unterdrückung von ArbeiterInnen in Südafrika
übersetzt von Werner Gilits | herausgegeben von Jakob Krameritsch
Euro 19.90 | 272 Seiten Englische Broschur | ISBN: 978-3-85476-628-5

mandelbaum *verlag*

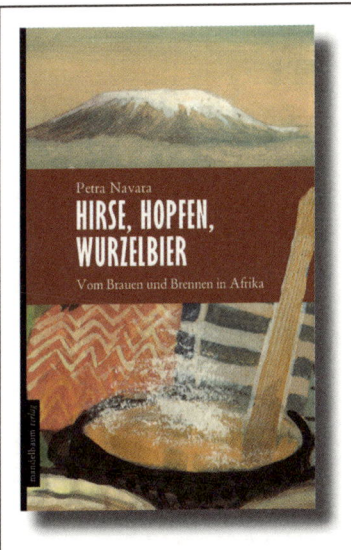

KEIN FEST OHNE BANANENBIER!

Wir Mitteleuropäer glauben, Bier wurde in Bayern erfunden (oder in Tschechien, Belgien …), und nur hier gibt es das echte. In Wahrheit ist Bier nicht nur ein Kosmopolit, sondern eigentlich ein Afrikaner, denn erfunden wurde es von den Ägyptern.

Afrika hat ein reiches Angebot an traditionellen und europäischen Bieren. Das Brauen von Bier ist eine verbreitete Tätigkeit quer durch alle afrikanischen Kulturen und Völker: die *Karamojong* etwa setzen süßliches Bier aus Wurzeln mit Honig und Wasser an. Der Honig wird den Wildbienen in der Savanne von den Männern abgenommen; die Frauen brauen. Gelagert wird es im Benzinfass und verkauft im Plastikkanister. Die *Lugbara* produzieren Bier aus Yamswurzeln. Vor dem Ausschenken siebt die Dorfälteste es für die Autorin durch eine Socke – denn »diese weiße Frau da« mag bestimmt keine kleinen Käfer auf ihrem Bier schwimmen haben. Das Bier von Rispenhirse hat die Farbe von Kakao, die Konsistenz von dünnem Porridge. In Zimbabwe trinken es die Männer aus Zweiliterkübeln, die sie dann stolz neben sich aufstapeln.

Das Themenspektrum des Buchs ist weitreichend. Legenden und Geister, Mythen und Riten rund um das Bier kommen ebensowenig zu kurz wie ein konkreter Index der Biersorten, die benötigten Ressourcen, sozio-kulturelle Aspekte der Herstellung, die materielle Kultur rund ums Bier oder ein Rezept zur Herstellung von Ingwer-Bier.

PETRA NAVARA studierte Ethnologie und Afrikanistik an der Universität Wien. Mehr als 20 Jahre war sie in der Entwicklungszusammenarbeit tätig. Sie war Geschäftsführerin bei HORIZONT3000 und leitete die Arbeitsgemeinschaft Globale Verantwortung. Seit August 2012 lebt und schreibt sie in Uganda.

Petra Navara
Hirse, Hopfen, Wurzelbier
Vom Brauen und Brennen in Afrika
Euro 19.90 | 216 Seiten | Klappenbroschur | ISBN: 978-3-85476-452-6

mandelbaum *verlag*